Das römische Imperium nach Caesars Tod

Werner Dahlheim

AUGUSTUS

Werner Dahlheim

AUGUSTUS

Aufrührer
Herrscher
Heiland

Eine Biographie

Verlag C.H.Beck

FÜR ANTONIA

Mit 33 Abbildungen und 11 Karten

Satz: Fotosatz Amann, Aichstetten
Druck und Bindung: CPI – Ebner & Spiegel, Ulm
Gedruckt auf alterungsbeständigem, säurefreiem Papier
(hergestellt aus chlorfrei gebleichtem Zellstoff)
Printed in Germany
ISBN 978 3 406 60593 2

www.beck.de

INHALT

Vorwort 11

I. DIE REPUBLIK DANKT AB

1. Das Vermächtnis Caesars 15
«Die Republik ist ein Nichts» – Die Aura des Göttlichen – Das Vermächtnis des Scheiterns

2. Die Pläne der Verschwörer 21
Vergangenheit ohne Zukunft – Die Eroberung der Ostprovinzen

3. Die Verkündigung der Götter: «Heute wurde der Herr der Welt geboren» 30
«Knabe, der du alles nur deinem Namen verdankst» – Kampf ums Überleben: Die politischen Fronten in der Hauptstadt

II DER KRIEG DER ERBEN

1. Zwischen den Fronten: Octavian und der Senat 38
«Worte gegen Waffen»: Ciceros Mission – Der Hochverrat Octavians – Die Absolution

2. Das Recht des Staates und der Ehrenkodex seiner Großen 45
Das neue Glaubensbekenntnis der Politik – Die Pflicht zur Rache

3. Die Stunde Ciceros 51
Sechs Monate der erste Mann in Rom: Krieg gegen Antonius – Der zerstörte Traum: Octavian erbeutet das Konsulat

III. DIE VORHERRSCHAFT DES ANTONIUS

1. Die Gabe der Pandora: Das Triumvirat 58
Militärdiktator nach Recht und Gesetz – Im Taumel des Bösen: Die Proskriptionen – Die moralischen Verwerfungen

2. «Bei Philippi sehen wir uns wieder» 67
14 Tage im Herbst – Die Unersättlichkeit der Veteranen

3. Die Spaltung des Reiches 74
Bruderkrieg und Herrschaftsteilung: Das Abkommen von Brundisium – Das geteilte Imperium

IV. DER GEFANGENE DES MEERES

1. Mare nostrum 80

2. Sextus Pompeius, der Sohn Neptuns 84
Der Aufstieg im Schatten der großen Politik – Der Krieg um Sizilien – Das Ende aller Illusionen

3. Organisierte Plünderei: Die Bilanz eines Freibeuters 91

4. Das Ende der Gefangenschaft 93
Die Freiheit des Handelns – Visionen eines neuen Rom

5. Der erste auswärtige Krieg in Illyrien 99

V. «RAUM WAR NICHT FÜR UNS BEIDE IN DER GANZEN WEITEN WELT»

1. Kleopatra, Königin Ägyptens 101
Der Traum von der Großmacht – Ägypten unter Kleopatra und Antonius

2. Die Ostpolitik des Antonius 109
Der Krieg gegen die Parther – Vielfalt ohne Leitidee: Schattenbilder einer neuen Ostpolitik

3. Der Krieg um die Einheit des Imperiums 120
Die Zerreißprobe: Der Auftritt der Agitatoren – Das Dilemma des Antonius – «Möge das Römertum herrschen durch die Kraft Italiens»: Die Mobilisierung des Westens

4. Ein Tag im September: Die Entscheidung von Aktium 130
Grenzgänger: Der Preis der Treue – Der Krieg duldet kein Zaudern

5. Was vom Leben blieb 138
Ruhm im Scheitern: Nachruf auf einen Besiegten – Das schöne Ungeheuer: Nachruf auf eine Königin

VI. ZERBRECHLICHE ORDNUNG
1. Der Kosmos Alexanders des Großen 144
2. Die Verfügungen des Siegers 147
Das Ende eines Alptraums – Die Ordnung des Ostens – Die Bruchstelle zweier Welten: Orient und Okzident
3. Die Zurschaustellung des Alleinherrschers 157
Der Triumph in Rom – Krieg und Eroberung als liturgische Feier
4. Im Zwischenreich von Alt und Neu 161
Die Macht und ihr Preis: Schein und Wirklichkeit der Republik – Der Befreier Roms
5. Gefährdete Allmacht 168
Gelöste Konflikte – Unentbehrlich und fügsam: Der Adel – Die Wiederkehr adliger Herrlichkeit – Der schmale Grat zwischen Befehlen und Gehorchen – Offene Zukunft

VII. «HERRSCHEN HEISST, DIE MACHT EINES GOTTES ZU BESITZEN»
1. Heilsame Furcht: Der Ausweg aus der Militärdiktatur 180
Politische Dressur – Die Macht der Vergangenheit
2. Große Erwartungen: Die Zustimmung der Himmlischen 186
Vorbilder und Lehrmeister – Der Schützling der Götter – Die Nähe zu Apoll
3. Augustus, der Auserwählte 190
4. Die Bürde der Welt 193
Der Ruf der Provinzen – Italien und der Westen
5. Ehren, jenseits menschlicher Maße 201

VIII. JAHRZEHNTE DER BEWÄHRUNG
1. Die Verletzbarkeit der Macht 204
2. «Schütze den Caesar, der ans Ende der Welt zu den Britanniern zieht» 206
3. Die Krisen der Jahre 23 bis 17 209
Auf Leben und Tod – Die Stunde des Generalissimus Agrippa – Die Umgestaltung der Rechtsgrundlagen – Letzte Korrekturen

4. Der unerfüllte Traum vom neuen Menschen 222
Gesetzlich verordnete Moral – Der Volksfreund

5. Die Frauen am kaiserlichen Hof 228
Livia, «Odysseus im Weiberrock» – Octavia, Schwester und Vertraute

IX. DIE GESICHTER DER MACHT

1. Steinerne Denkmäler monarchischer Autorität 235
Die öffentlichen Aufgaben der Architekten und Bildhauer – Rom: Der Mittelpunkt einer neuen Weltordnung – Die Städte des Reiches: Sehen und Gehorchen – Das Bildnis des Kaisers

2. Die Liturgie der Macht 246
Das Auftreten der Amtsträger – Feste und Spiele

3. Thron und Altar 248
Die Säkularspiele im Juni 17 – Andachtsbilder der Macht: Der Friedensaltar – Die Verbindung von Himmel und Erde: Die Sonnenuhr auf dem Marsfeld

X. DIE WIEDERKEHR DES GOLDENEN ZEITALTERS

1. Die Mission der Dichter 256
Macht und Verführung: Literaten im Dienst adliger Häuser – Die Versuchung: Politische Botschaften in Versen – Der Glanz des Einzigartigen – Die Wiederkehr des Goldenen Zeitalters

2. Wunschträume abseits der Politik 271
«Soll ein anderer tapfer sein im Krieg»: Tibull und Properz – «Sänger zärtlicher Liebesgefühle»: Ovid

3. Die Auskunft der Geschichte 276
Die Pflichten der Historiker – Patriotische Geschichtsschreibung: Livius – Erzählte Staatsbürgerkunde

XI. HERR ÜBER KRIEG UND FRIEDEN

1. Der Krieg als Berufung 286

2. Die Leitlinien der Außenpolitik 288
«Ein Reich ohne Ende habe ich verliehen» – Das unerreichbare Erbe: Der Verzicht auf Caesars unvollendeten Krieg

3. Der Angriff auf Mittel- und Nordeuropa 295
Der Kampf um die Elbgrenze – Die Folgen – Krieg auf dem Balkan – Das neue Gesicht Mitteleuropas

4. Die Zähmung des Wolfes: Die Umrüstung des Heeres 311
Die Armee verlässt den Mittelmeerraum – Die Mobilisierung der Provinzen

XII. DAS REICH UND SEINE DIENER

1. Das Zentrum der Macht 317
Der Kern – Die Peripherie

2. Die Beute des Siegers 322
Habgier und Willkür – Nach Gutdünken gewährte Gnade

3. Herrschaft und Verantwortung 328
Die Herrschaftsformen – Die Herrschaftspraxis – Gewalt und Herrschaft im Westen

4. Im Namen der Fürsorge 340
Die Fesseln der überkommenen Regierungspraxis – Der lange Weg zur Mäßigung

5. Das Reich und die Herrlichkeit 347

XIII. SATT AN LEBEN

1. Die letzten Jahre einer Epoche 350
Bittere Ernte: Der Kampf um die Nachfolge – Der Winter des Alters – Das politische Vermächtnis: Der Tatenbericht

2. Der Sieg über die Vergänglichkeit 358
Die letzten Tage – «Der König ist tot, es lebe der König» – Die Ikonographie des Todes: Vereint mit den Göttern

XIV. BOTSCHAFTEN DER GÖTTER

1. Die Botschaft der alten Götter 366

2. Die Botschaft des neuen Gottes 370
Die Mission des in Bethlehem geborenen Gottessohnes – Das neue Ziel des Lebens – «Die Herrschaft Caesars (Augustus) wurde wegen der Ankunft Christi vorbereitet» – Das Reich Gottes und der Menschen

3. Die Christianisierung der augusteischen Überlieferung 380
Vergil: Die Geburt des göttlichen Kindes – Die Prophetien der Sibyllen

XV. AUFRÜHRER, HERRSCHER UND HEILAND: DIE ERINNERUNG AN EINEN RÖMER

1. Der Mann 385
Widerstreit der Wahrnehmungen – Baumeister des Wandels

2. Das Werk 392
Staat und Imperium – Krieg und Frieden

3. Das Urteil der Nachwelt 396

4. Was bleibt 404

XVI. ANHANG

Anmerkungen 408

Zeittafel 429

Die Quellen 432
Quellensammlungen – Schriften des Augustus; der Tatenbericht – Die Dichter und Historiker – Die materielle Kultur

Ausgewählte Literatur 433
Forschungsberichte/Bibliographien – Biographien – Die Epoche – Die Bürgerkriege – Der Herrscher – Außen- und Reichspolitik – Die Rezeptionsgeschichte

Personenregister 437

Sach- und Ortsregister 442

Karten- und Abbildungsnachweis 448

VORWORT

«Die Hauptpersonen stehen im Vordergrund; die Menge ist in der Tiefe des Bildes. Wehe den Einzelheiten: die Nachwelt vernachlässigt sie alle. Sie sind wie ein Wurm, der die großen Werke tötet. Was das Jahrhundert kennzeichnet, was Umwälzungen bewirkt hat, was in hundert Jahren wichtig sein wird, das will ich heute niederschreiben.»

Voltaire über sein Buch «Das Zeitalter Ludwig XIV.»

Will man, hatte Metternich über Napoleon gesagt, das Maß an Genialität richtig einschätzen, das ein Mann haben soll, um sein Jahrhundert zu beherrschen, so «muss man dieses Jahrhundert beurteilen können». Der Satz gilt auch für Augustus. Seine lange Herrschaft begründete nicht nur eine neue Regierungsform, sondern erfasste alle Lebensäußerungen. Anders: Sein Leben ist mit allen Veränderungen der Zeit bis ins kleinste Detail verwachsen. Wer seine Spuren finden will, entdeckt sie in Politik und Gesellschaft ebenso wie in der Religion, der Kunst und der Literatur. Er trifft auf sie nicht nur in Rom und Italien, sondern ebenso im ganzen Mittelmeerraum und den angrenzenden Ländern. Denn Augustus war der Herr eines Imperiums. Er hatte es nicht geschaffen, aber vergrößert wie kein zweiter Römer. Weit über seine Grenzen hinaus entschied er über das Glück der Menschen, und ihr Beifall sprach das Urteil über die Dauer und den Wert seiner Regentschaft.

Auf den Anfängen des augusteischen Zeitalters lag der Schatten Caesars. Er hatte nach seinem Sieg in einem Bürgerkrieg, in dem er fünf lange Jahre seine Gegner von Provinz zu Provinz jagte, die Republik beiseitegeschoben. Wichtiger als ihre Reform war ihm ein Ziel, das allein das Weiterleben lohnte: der Feldzug gegen die Parther im Stile Alexanders des Großen. Als er an den Iden des März 44 fiel, einen Tag vor seinem Aufbruch in den großen Krieg, rüsteten sich seine Generäle, zu werden wie er. Einer von ihnen war sein Adoptivsohn Octavian, blutjung, aber eisern entschlossen, zu überleben und seinen Kontrahenten das Grab zu schaufeln. Er siegte nach 15 Jahren in einem Krieg, der Rom, seine großen Adelshäuser und das Imperium an den Abgrund führte.

Sein Leben zerfällt in zwei Hälften: eine vor 27 v. Chr. und eine danach. Die Frage, wie die beiden zusammenhängen, hat die Zeitgenossen wie die Nachwelt bewegt – nicht ohne Grund. In der ersten Hälfte starben im Kampf um die Macht Zehntausende, weit mehr stürzten in Armut und Elend, und der gesetzlich legitimierte Massenmord hielt grausame Ernte unter den Eliten Roms. In der zweiten blickten Millionen voll Hoffnung auf einen Herrscher, der Frieden und Wohlstand versprach und den Krieg in die Länder der Barbaren jenseits des Mittelmeerraumes trug.

Das eindrucksvollste Zeichen einer Zeitenwende setzte Augustus selbst. Er forderte und erhielt vom Senat im Januar 27 den Beinamen «Augustus». Er verlieh ihm eine bisher nie gekannte Würde. Der einstige Hochverräter und Aufrührer verwandelte sich in den von den Göttern erwählten zweiten Gründer Roms. Die Provinzen des Ostens – seit 12 v. Chr. auch die des Westens – verehrten ihn als Gott und Heiland. Dort traute man nur einem Monarchen, der sichtbar dem Himmel nahe war, die Fähigkeit zu, den Weg aus dem Elend zu finden, das Bürgerkrieg und Ausbeutung gebracht hatten.

Um diese gewaltige Aufgabe zu lösen, brauchte Augustus Helfer. Nur wenn er unter den politischen Eliten Roms bereitwillige Diener fand, konnte seine Herrschaft Bestand haben, die weite Teile Afrikas, Asiens und Europas umfasste. Die Helfer kamen, da die Bürgerkriege die überkommene politische Ordnung zum Einsturz gebracht hatten, nicht aber die soziale. So furchtbar die Opfer waren, die von den alten Adelsfamilien Roms gefordert wurden, ihre soziale Übermacht und die der in ihren Kreis Aufgestiegenen wurden nicht erschüttert. Sie herrschten nicht mehr, aber sie regierten als Diener des Monarchen das Reich und führten die Legionen – demgegenüber wogen die personellen Veränderungen wenig. Nirgends deutlicher als hier zeigt sich, dass Augustus wie jeder Mächtige seinen Willen nur unter den gegebenen Voraussetzungen und mit gegebenen Mitteln durchzusetzen vermochte. Auch als absoluter Monarch konnte er die Regierungsgewalt nur in Hände legen, die damit umzugehen wussten.

Wenn Augustus eins ist mit einem ganzen Zeitalter, muss sich der historische Blick über Staat und Gesellschaft hinaus auf die Lebenskultur richten und nach ihrer Abhängigkeit von dem Willen des Machthabers fragen. Das augusteische Zeitalter wird ausnahmslos als der Höhepunkt der römischen Kunst und Literatur gerühmt. Dem wird der Historiker nicht widersprechen wollen. Wohl aber wird er weniger nach ihrer Schönheit als nach ihrer Funktion fragen. Wie weit bestimmte Augustus die Themen der Dichter, welche Bauten und Bilder sprachen von seiner Herrschaft, in welchem Umfang dienten sie der Legitimation seiner Macht, welche Wertvorstellungen spiegelten Verse und Steine, welche erfassbaren oder unterschwelligen Motive wirkten auf sie ein? Statuen, Bilder, Triumphbögen, Villen und Tempel enthüllen ebenso wie Amphitheater, Rennbahnen, Wasserleitungen, Bäder und Kloaken oder Gedichte und Geschichtswerke ein politisches Grundverständnis, das dem Imperator die Rolle des Garanten von Frieden und Wohlfahrt zuschrieb. Sie sprechen darüber hinaus von Krisen und Aufbruchsstimmungen und sie bezeugen Legitimationsformeln der Monarchie, die jenseits der offiziellen Rechtfertigungslehre den göttlichen Universalherrscher und ein Weltreich feiern, das in Zeit und Raum keine Grenzen kennt. Lässt sich daran die Intensität messen, mit der sich die Lebensformen auf das Zentrum der neuen politischen Macht ausgerichtet haben?

Wer die Herrschaft des Augustus als Wegscheide der Weltgeschichte vorstellt, darf den Mann nicht vergessen, der als Untertan des Kaisers geboren und unter seinem Nachfolger hingerichtet wurde: Jesus von Nazareth. Er trat öffentlich nur eine kurze Zeitspanne auf. In den Dörfern am Nordufer des Sees Genezareth predigte er von einem kommenden Gottesreich, das mit Rom und seinem vergöttlichten Monarchen nichts zu tun hatte. Sein gewaltsames Ende am Kreuz und der Glaube seiner Anhänger, er sei von den Toten auferstanden, haben das Imperium und das Denken und Handeln der Menschen jedoch weit gründlicher verändert, als es Augustus tat. Trotzdem standen sich beide nach der Überzeugung der Christen sehr nahe: Als Gott entschied, seinen Sohn als Mensch auf die Erde zu senden, habe er Augustus der Welt den Frieden bringen lassen und damit den Missionaren des neuen Glaubens den Weg zu allen Menschen geebnet. Auch diese Sicht auf den Sohn Caesars gehört in eine Biographie über ihn. Denn sie hat den Blick der Nachwelt nicht minder eindrucksvoll bestimmt wie das Bild vom Terroristen, Weltherrscher, Friedensbringer und Förderer der Künste.

Die Jahrzehnte, in die der Autor seine Leser führen will, waren eine Zeit der Extreme, eine Zeit von Licht und Schatten, von tiefer Trauer und grenzenlosem Jubel, von abgründiger Gemeinheit und überwältigender Großmut, von staatsmännischer Klugheit und bitterer Emotion. Wie sollte es auch anders sein, als die alte Welt in Stücke fiel und der letzte der Generäle seine Macht festigte und als vererbbare einrichtete. Der Historiker ist herausgefordert, dies alles mit Leben füllen. Und er muss Neugier auch dort schaffen, wo von Rechtswegen gar keine sein kann, da jedermann das Ende der Geschichte kennt. Wie aber versetzt man den Leser in die Unwägbarkeiten der Zeit und ihre Entscheidungsnöte? Wie widersteht man der Versuchung, zu früh den Aufstieg derer aufzudecken, deren künftige Größe bekannt ist, oder allzu eilig den Niedergang derer kundzutun, von denen man doch weiß, dass sie zu den Verlierern zählten? Die Antwort, ob mir dies gelungen ist, gibt der Leser.

*

Ich schulde Dank:
Almut Herwig hat entschlossen den Rotstift angesetzt, wo es der Autor an Klarheit der Argumentation oder an stilistischer Feinheit fehlen ließ. Andrea Morgan scheute keine Mühen bei der Bildausstattung und half energisch bei den Korrekturen. Peter Palm zeichnete mit bewährter Meisterschaft die Karten. Stefan von der Lahr amtierte als Lektor, half über Jahre hin mit förderlicher Kritik und machte durch seine honorige Art die Zusammenarbeit zu einem reinen Vergnügen.

Gewidmet ist dieses Buch meiner Enkelin Antonia. Sie liest gerne und vielleicht auch eines fernen Tages, was ihrem Großvater zu Augustus einfiel.

I. DIE REPUBLIK DANKT AB

«Es scheint zunächst so, als ob man einen Menschen nach den Hauptzügen seines Lebens beurteilen könnte ... Zuerst wird ein Bild des Gesamtwesens konstruiert; dann werden alle Einzelhandlungen einer Persönlichkeit in dieses Gesamtbild eingeordnet ... Beim Kaiser Augustus ist das freilich nicht geglückt; denn bei diesem Mann sind die einzelnen Betätigungen so offenbar voneinander abweichend, sie ändern sich während seines ganzen Lebens immer wieder und oft so unerwartet, dass auch die kühnsten Beurteiler nicht zu einer Entscheidung kamen und es aufgeben mussten, ihn in seiner Ganzheit zu erfassen.»

Montaigne[1]

1. Das Vermächtnis Caesars

«Die Republik ist ein Nichts»

Octavian hat die alte Republik kaum erlebt. Im Jahr seiner Geburt beendete der Konsul Cicero die Verschwörung des Catilina, und sein Großonkel Caesar gewann mit den letzten Sesterzen, die er für die fälligen Bestechungen auftreiben konnte, die Wahl zum obersten Priester (*Pontifex maximus*). Drei Jahre später verbündeten sich Pompeius, Crassus und Caesar und sicherten sich und ihren Anhängern die Macht im Staate. Die Formel, auf die sie sich einigten, hob die Ordnung der Republik aus den Angeln: «Nichts solle im Staat künftig geschehen, was einem von ihnen missfallen sollte.»[2] So blieb es zehn Jahre, in denen Caesar Gallien eroberte, während Octavian fern von Rom in der italischen Provinz aufwuchs. Er wurde dreizehn, als es im Januar 49 zum Bürgerkrieg kam, und als er fünfzehn wurde, hatte Caesar gesiegt. Seine Laufbahn begann im Schatten dieses Mannes, der ihn früh an sich zog und ihn die Grundregeln von Politik und Krieg lehrte. Was davon wirklich zählte, erfuhr der Jüngling in den letzten Lebensmonaten seines Großonkels.

Dieser war Anfang Oktober 45 nach seinem Sieg in Spanien in Rom eingezogen und hatte seinen fünften Triumph ausgerichtet. Viele weinten, als sich der Sieger in strahlender Laune bejubeln ließ, feierte er doch als erster Römer einen Erfolg über die eigenen Bürger. Die Zahl der Gefallenen zu veröffentlichen, hatte der Diktator verboten – trotzdem lastete sie wie ein Alptraum auf der Zukunft. Als der Wagen des Triumphators an der Bank der Volkstribunen vorbeifuhr, blieb einer von ihnen sitzen, voll Zorn auf einen Helden, der sein Volk verhöhnte. «Fordere doch», rief ihm der Diktator zu und schüttelte die Faust, «fordere als Volkstribun die Republik von mir zurück.»[3]

Es ist leicht zu verstehen, was in diesem Augenblick in Caesar vorging, und es spiegelt das Selbstverständnis der großen Krieger Roms. Er hatte Gallien der Republik zu Füßen gelegt, fünf lange Jahre in nahezu allen Provinzen gekämpft und vielen, auch den hartnäckigsten Gegnern, Leben und Ehre gelassen. Was sollte er noch tun, um als der erste Mann anerkannt zu werden? Sollte die immer wieder und nur mühsam unterdrückte Ahnung doch Gewissheit werden, dass ihm weder die Toten noch die Lebenden vergeben würden? Sicher, er kam als der Herr Roms, aber doch wie ein auswärtiger Eroberer, dessen Herrschaft in Mord und Brand enden musste, wenn sie nicht den Verstand und das Herz der alten regierenden Klasse gewinnen konnte. Ihr Widerstand verdammte ihn zum Zerstörer der alten Ordnung, dem Vergebung nicht gewährt und dessen Gnade nicht genommen wurde. In seinen Augen ignorierten seine Gegner schlicht die Veränderung der Welt und schwenkten hochfahrend wie eh und je das Banner der Republik, hinter dem sich doch nur der eigene Hunger nach Macht und die eigene Gewalttätigkeit verbargen.

So wurde für den schwer Gereizten «die Republik zum Nichts, zum Namen ohne Körper und greifbare Gestalt». Die naheliegende Erinnerung an Sulla, der den Staat restauriert und die Diktatur niedergelegt hatte, empfand er als lästig. Sulla sei ein Analphabet gewesen, beschied er barsch seine Kritiker.[4] Er beschrieb damit die Wirklichkeit, wie er sie sah: Wer erwartete, mit den alten Spielregeln weiterwursteln zu können, wollte nicht begreifen, dass die Republik von sich aus nicht mehr lebensfähig war. So konnte er guten Gewissens erklären, «es liege mehr im Interesse des Staates als in seinem eigenen, dass er unversehrt bleibe. Er habe genug Macht und Ruhm gewonnen; wenn ihm etwas zustoße, werde das Land keine Ruhe finden, sondern von neuen Bürgerkriegen unter weit furchtbareren Bedingungen als bisher heimgesucht werden.»[5] Drei Wochen nach den Iden des März griff sein alter Freund Matius den

Gedanken wieder auf, dessen Logik Rom weitere 15 Jahre quälen sollte: «Wenn Caesar mit seinem Genie keinen Ausweg fand, wer wird ihn dann finden?»[6]

Beantwortet wurde die Frage erst in den zwanziger Jahren. Die Umstände, unter denen sie gestellt worden war, hatten sich nicht wesentlich geändert. Octavian wie Caesar verdankten ihre Macht dem Schwert, und auf ihm ruhte ihre Alleinherrschaft. Ihr Charakter war despotisch und bedurfte, um in Rom anerkannt zu werden, eines rechtlichen Überbaus. Wie man zu ihm gelangen konnte, zeigten die seit Sulla betretenen Pfade. Sie führten entweder zur altrömischen Diktatur, die Sulla in den Geschichtsbüchern entdeckt und mit allumfassenden Kompetenzen angereichert hatte, oder zum Konsulat, dem höchsten und ehrwürdigsten Staatsamt der Republik, oder zu den Ausnahmekommandos (*imperia extraordinaria*) des Pompeius, die den Krieg bis an die Grenzen der Erde möglich gemacht hatten. Wofür man sich auch entschied: Die Macht, die diese Ämter und Amtsvollmachten gewährten, gab es immer nur auf Zeit, und niemals wurde die Autorität von selbst dazugegeben. Sie floss namentlich aus dem Beifall der herrschenden Klasse, und diese war um keinen Preis gewillt, eine Macht ohne zeitliche und inhaltliche Schranken zuzulassen.

Ein gangbarer Weg schien die Diktatur. Im Herbst 48 übernahm Caesar sie für ein Jahr und ließ sie im April 46 auf zehn Jahre ausdehnen. Damit verlor wenigstens für die Wohlmeinenden das Amt nicht gänzlich seinen Charakter als Jahresamt. Mit diesen taktischen Finessen und Rücksichten war es 45 vorbei. Ende des Jahres kündigte Caesar eine unbefristete Amtszeit an, und am 15. Februar 44 führte er offiziell den Titel *dictator perpetuus*.[7] Damit büßte das Amt endgültig den Charakter eines Ausnahmemandats ein und ging über in die souveräne Gewalt. Jede Hoffnung auf Frieden mit der Republik war nun dahin. Seinem Stand galt Caesar fortan als Tyrann. Es war dies die treffende Bezeichnung für den Mann, der die politische Allgewalt des Senatsadels abschaffte und damit der Republik den wichtigsten Baustein ihrer Freiheit nahm. Das alte politische System ging aus den Fugen, und was das Ämterwesen ausgemacht hatte, zerfaserte: statt Annuität zählte nun die Dauer, die Kollegialität schwand zugunsten der Kumulation von Macht, und was einst gleich war, erschien nun hierarchisch geordnet. Die monarchische Gewalt begann ihre neuen Ordnungsprinzipien auszuprobieren.

Die Aura des Göttlichen

Die ihm aus allen Teilen des Reiches zuteilwerdenden Gesten gläubiger Demut haben Caesar zunächst kaum beeindruckt. Dann aber begann er den Götzendienst um seine Person ernst zu nehmen. Floss doch aus der Gewissheit der Massen, dass seine absolute Macht eine Heilsnotwendigkeit sei, die Autorität, die ihm viele seiner Standesgenossen beharrlich verweigerten. Nach den Siegen in Afrika und Spanien ergoss sich eine schier endlose Flut von Ehrungen über Caesar, gepaart mit mythischen Verklärungen seiner Ahnen. Selbst der Senat tat das Seine dazu. Willfährig riss er selbst die Schranken des guten Geschmacks ein, um der Macht die schuldige Ehre zu erweisen.[8] Anfang 44 proklamierte er den *Divus Julius* und gelobte seiner herrscherlichen Milde (*clementia*) einen Tempel. Der Kalender füllte sich mit Geburtstags-, Sieges- und Gelübdefesten zu seinen Ehren. Und schließlich sollte er – anders als alle anderen Sterblichen – dereinst innerhalb der Stadtgrenze Roms (*pomerium*) beigesetzt werden.

Alle diese Ehrungen hoben Caesar in die Sphäre des Göttlichen. Dort fand er ein der sozialen und politischen Wirklichkeit näheres Gesetz, als es die Berufung auf die Tradition der Republik war. Die Gebete, die in den Provinzen des Ostens laut und in Italien und den Westprovinzen noch verhalten dem allmächtigen Diktator galten, kündeten von einer monarchischen Herrschaft, die ihre Legitimation aus den Heilserwartungen der Untertanen bezog. Denn der omnipotente Weltherrscher, der in der Person Caesars zum ersten Mal die Bühne des Imperiums betrat, war nur vorstellbar als Sachwalter göttlicher Kräfte. Caesar wollte dies so. Es führte ihn und Rom weit in die Zukunft und über die republikanische Tradition hinaus.

Das Vermächtnis des Scheiterns

Was aber wollte er mit der Macht, die ihm der Sieg über seine Feinde verschafft hatte? Wie Sulla die Früchte aller Mühen auf seinen Landgütern zu genießen, war seine Sache nicht. «Vielmehr sehnte er sich», schrieb Plutarch, «nach neuem Ruhm, als sei der alte schon verbraucht.»[9] Zu finden war er allein in der Fortsetzung des imperialen Krieges. Ihm zu dienen, hatte Caesar in Gallien gelernt, und die Erfahrung aller großen Soldaten gemacht, dass der Kampf alle Leidenschaften befriedigte. Denn er forderte Phantasie und Tatkraft und schenkte eine

Abb. 1 Der an den Iden des März 44 ermordete Caesar blieb den Späteren wegen seiner schier unbegrenzten Schaffenskraft und seines kriegerischen Ruhmes im Gedächtnis. So malte 1812 der Bologneser Künstler Pelagio Palagi Caesar, wie er in einem Zelt seines Feldlagers einer diensteifrigen Schar von Schreibern seine Commentarien des Gallischen Krieges diktierte.

Selbsterfüllung, der sonst nichts gleichkam. Nach den verlorenen Jahren des Bürgerkrieges wollte er ihm wieder so gehorchen, wie es einem Römer zukam. Der Gegner brauchte nicht gesucht zu werden, ihn kannte jeder: Das Reich der Parther. Gegen sie Krieg zu führen, war populär. Ein Sieg versprach Beute in nie gekannten Ausmaßen und Rache für die seit zehn Jahren im syrischen Wüstensand bleichenden Knochen der bei Carrhae 53 gefallenen Legionäre.[10] Für einen Feldzug dorthin war Rom bestens gerüstet, da die Provinzen ungeachtet aller Verwüstungen ruhig geblieben waren und viele kampferprobte Legionen nur auf den Befehl warteten, einem entschlossenen Mann bis an die Grenzen der Erde zu folgen.

Der Entschluss zum Angriff stand seit langem fest. Die Verfügungsgewalt über die Mittel eines Weltreiches sollte ungehemmt zur Mehrung der eigenen Ehre eingesetzt werden. Es kam bekanntlich nicht dazu. Einen Tag vor seiner Abreise an die Front trafen den Diktator die Dolche seiner Mörder. Ihr Motiv brachte Cicero auf den Punkt: «Für Rat (*consilium)* und Autorität (*auctoritas)* war kein Platz mehr», schrieb er. Und Brutus ergänzte, nicht einmal seinem Vater, käme er aus dem Reich der Toten zurück, würde er gestatten, «mit meiner Zustimmung mehr zu gelten als Senat und Gesetze».[11] Was wie hohles Pathos klingt, enthielt das Lebenselixier des Adels, ihres ungebrochenen Willens zur Macht. Sie durfte mit niemandem geteilt werden, ebenso wenig wie die dazugehörigen Regeln, die den Wettstreit untereinander erträglich machten. Das eine setzte die lebenslängliche Diktatur, das andere die Kabinettsregierung der caesarischen Kanzleichefs außer Kraft. Da waren weiter die Ämter, Provinzen und Kriege, die Reichtum und Ansehen verschafften. Die Verfügung darüber raubte das Machtmonopol des Alleinherrschers, der nach Gutdünken gab und nahm. Und da war schließlich das Bewusstsein von der Ehre eines Standes, der eine Stadt in Mittelitalien zur Herrin der Welt gemacht hatte. Dessen Häupter wollten nicht Diener werden, sondern Herren bleiben. Diesen Anspruch bedrohte der künftige Monarch, der Gehorsam, nicht Rat oder gar Weisungen verlangte. Gründe genug für einen Mord.

Dem toten Caesar gehörte nicht die Zukunft. Ihm blieben der Nimbus des großen Kriegers und das richtige Urteil über die Folgen seines gewaltsamen Todes, der nichts heilen, sondern alles verschlimmern würde. Niemand sah in ihm den Märtyrer einer besseren Welt, niemand verstand sich als sein Jünger, der seinen Taten und Gedanken über den Tod hinaus Dauer verleihen wollte. Weder seine politische noch seine literarische Hinterlassenschaft enthielt Lehren, wie die Zukunft zu gestalten sei. Tränen vergossen an seinem Grab nur die Soldaten, die ihren Helden betrauerten. Sein Begräbnis endete nicht zufällig in Straßenschlacht und Chaos, und sein Tod löste nicht von ungefähr einen Bürgerkrieg aus, in dem alles zu Asche verbrannte, was ihn und seine Zeitgenossen bewegt hatte. Caesar war der erste Monarch Roms, aber er schuf nicht die Monarchie. Sie dämmerte als künftiges Schicksal Roms erst im Jahr 31 am Tag von Aktium herauf. Für den Mann, der sie schuf, war der Name Caesar nur die Zauberformel, mit der er die Soldaten an sich band.

Caesar hat die Furcht zur Gewissheit gemacht, dass ein zu allem entschlossener General den überkommenen Staat und die Welt in Schutt und Asche legen konnte. Dabei kam es gar nicht darauf an, ob er das wollte oder nicht. Allein das Ausmaß eines weltweit geführten Bruderkrieges veränderte alles und forderte Blutopfer, die Hass und Erbitterung immer neu schürten, bis es nur noch Sieg oder Untergang geben konnte.

Und wer am Ende bei den Siegern war, hatte Anspruch auf Lohn in nie gekannten Dimensionen, die nur ein allmächtiger Diktator gewähren konnte, der seine Macht auf Jahre hinaus festigte. Die Freiheit Sullas, das Nötigste zu ordnen und dann zu gehen, hatte keiner der späteren Generäle mehr, die um ihre und die Macht ihrer Gefolgschaft in den Kampf zogen. Sie waren wie Caesar Gefangene ihrer Siege, und nur lange Jahre geduldiger Restauration konnten ihnen Absolution für das Unglück erteilen, das sie über ihre Zeit gebracht hatten.

2. Die Pläne der Verschwörer

Vergangenheit ohne Zukunft

Im Januar 49 hatte der Senatsadel Caesar vor die Wahl gestellt, als Aufrührer oder als Rentner zu enden. Im Januar 44 stellte ihn Caesar vor die Wahl, entweder Diener oder Mörder zu werden. Die Entscheidungen fielen hier wie dort nach langem Zögern, am Ende aber entschlossen. Denn die Verschwörer gegen das Leben Caesars waren nicht bereit, ihre Interessen monarchischen Ansprüchen zu opfern. Für ihre Sicht auf Caesar fand Cicero das rechte Wort: «Mit seinem eigenen Heer unterdrückte er das römische Volk und seine Bürger, die nicht nur selbst frei waren, sondern über die Völker geboten.»[12] Von ihm wollten selbst die loskommen, die für seine Ehre gefochten hatten. Auch für sie war die Zukunft eines Befehlsempfängers nicht der erhoffte Lohn, wie immer er vergoldet sein mochte. Vor ihrem Bündnis mit den Republikanern gab es kein Entrinnen – nicht zuletzt, weil sich Caesar schon zu tief in seinen Traum von der Größe Alexanders verstrickt hatte, um die Gefahr einer solchen Koalition noch zu erkennen.[13]

So starb er allein gelassen an den Iden des März, einen Tag bevor seine Soldaten um ihren Feldherrn einen undurchdringlichen Kordon gebildet hätten. Seine Mörder hofften in den Stunden nach ihrer Tat auf Beifall. Er aber klang seltsam gedämpft. «Was sie vollbringen konnten», bilanzierte Cicero am 10. April, «haben sie getan – herrlich und ruhmreich.» Und er fügte hellsichtig hinzu: «Für das Weitere bedarf es Geld und Soldaten; daran fehlt es.»[14] Beides galt es nun zu beschaffen. Denn über die kommenden Jahre fiel immer tiefer der drohende Schatten eines eisernen Gesetzes: «Geschehen wird, was die wollen, die die Macht in Händen haben. Und die Macht wird immer bei den Waffen sein.»[15] Brutus und

Cassius fanden sie, ihre Gegner natürlich auch. Und keiner von ihnen dachte daran, sie vor der endgültigen Entscheidung aus der Hand zu legen. Jetzt sollte der Sieger alles haben. Obwohl die Republik an der Leiche Caesars triumphierte, wurde sie mit ihm begraben.

Schon der erste öffentliche Auftritt der Attentäter verhieß nichts Gutes. Anstatt den Toten in den Tiber werfen zu lassen, wie dies allen Feinden des Vaterlandes drohte, zogen sie vom Tatort zum Forum, die blutigen Dolche und die Filzkappe (*pileus*) in den Händen, die die Sklaven am Tag ihrer Freilassung aufsetzten. Die Freiheit, nach der sie unablässig riefen, war ein schönes Wort. Was aber sagte es den kleinen Leuten auf den Straßen Roms? Nichts. Zumal nicht einer unter ihnen war, der sich nicht an die offene Hand Caesars erinnerte; in ihren Augen musste die Welt das Andenken an einen solchen Mann segnen und nicht verfluchen. Also wandten sie sich ab, ballten insgeheim die Faust und warteten auf ihre Führer. So blieben Brutus und seine Freunde allein; gedeckt durch Gladiatoren und Sklaven besetzten sie das leicht zu verteidigende Kapitol. Im Grunde war das Spiel um die Hauptstadt bereits jetzt verloren.

Dass niemand wusste, welcher Schritt als nächstes getan werden musste, war kein Zufall. Vor dem Attentat war nicht strittig, worum es ging. Den meisten genügte die Parole, es müsse ein Ende haben mit der Diktatur und alles Weitere sei die Sorge eines anderen Tages. Die wenigen, die weiter dachten, lähmte die Angst, dass jeder Schritt zu viel, jede beliebige Veränderung des Status quo den Bürgerkrieg heraufbeschwören müsse. Jetzt kam die Undurchsichtigkeit der Verhältnisse zurück, jetzt galt es wieder zu lavieren und zu taktieren, Bündnisse zu schließen, Kompromisse auszuhandeln. Just hierfür jedoch hatten Brutus und die Männer um ihn keine Pläne geschmiedet. Sie wollten keine geschlossene Gruppe bleiben, schon gar nicht gemeinsam Politik machen. Vorsorgen dieser Art traf man bei einem Putsch, nicht bei einer Befreiungstat. Nichts sollte die Redlichkeit der eigenen Sache ins Zwielicht bringen. War erst einmal, so glaubte man, die verletzte Ordnung wiederhergestellt und das Altgewohnte zurückgekehrt, würde sich alles zum Guten wenden, so schwierig die Aufgabe des Aufräumens im Einzelnen auch werden mochte.

Die Attentäter hatten Antonius geschont, obwohl er Konsul und damit Herr der Exekutive war. Mangel an Konsequenz nannten das damals viele, denn die Rechtmäßigkeit des Tyrannenmordes allein beseitige nicht die Tyrannei. Cicero plädierte denn auch noch am Abend des 15. März für den Coup d'État, um die Initiative nicht aus der Hand zu geben. Als die Verschwörer nichts davon hören wollten, traf seine Kritik die vorherrschende Meinung: «Die Tat wurde mit männlichem Herzen, aber mit kindischem Verstand ausgeführt. Denn wer sah nicht, dass man der Monarchie einen Erben hinterließ?»[16]

Dieses Urteil floss leicht aus der Feder, als alles vorbei und entschieden war. Gegen seine vielbeschworene Treffsicherheit spricht, dass Antonius' Verhältnis zu Caesar nicht frei von Spannungen war. Auch er war ein großer Herr, dem das Dienen nicht in den Sinn kam. Auch für ihn und seine aristokratische Weltsicht war die Republik die beste aller möglichen Staatsordnungen. Die monarchischen Großstaaten, die er im Osten kennengelernt hatte, waren alle von der Republik gedemütigt worden – was sollte an ihrer Ordnung also vorbildlich sein? Antonius dachte über den Staat wie Brutus. Die Möglichkeit, dass sie sich verständigten, war durchaus vorhanden. Die Frage war nur: wann und zu welchen Bedingungen?[17]

Doch auch Antonius hatte nur den Handlungsspielraum, den ihm die Verhältnisse in der Hauptstadt einräumten. Und diese stellten ihn gegen die Verschwörer. Er war Konsul, in seinen Händen lag das Gesetz des Handelns. Die Richtung wiesen die Veteranen, die zahlreich in der Stadt versammelt waren. Dicht gedrängt und militärisch geordnet unter ihren alten Feldzeichen umlagerten sie die Tempel und warteten auf den letzten Marschbefehl, der sie als Bauern und Rentner in ausgewählte Städte Italiens führen sollte. Jetzt, nach dem gewaltsamen Tod ihres Patrons, hatten sie allen Grund, um ihre künftige Existenz zu bangen.[18]

Und da war auch noch Lepidus. Er kommandierte als Einziger reguläre Truppen in der Stadt und heischte Vergeltung. Antonius konnte sich diesem Ruf, der von Stunde zu Stunde lauter wurde, nicht entziehen, wollte er das Heft in der Hand behalten. So stellte er sich an die Spitze der Unruhen und rief weitere Veteranen aus den Kolonien nach Rom, damit sie dort ihre Landlose gegen die Mörder Caesars verteidigten. Sie kamen von Tag zu Tag zahlreicher und verstärkten ihre Kameraden in der Stadt. Diese waren inzwischen nicht untätig geblieben. Bereits in der Nacht zum 17. randalierten sie gemeinsam mit der städtischen Plebs, die ihren spendablen Gönner beweinte. Sie drohten jedem mit Aufruhr, der versuchen sollte, sie um den Lohn ihrer Triumphe und Leiden zu betrügen. Noch einmal traten sie für ihren Feldherrn ein, an dessen magische Kraft sie geglaubt und dem sie so vieles zu verdanken hatten. Sie hatten gute Gründe, den Senat zu fürchten: Wann immer es in den vergangenen Jahrzehnten um die Verteilung von Ländereien ging, hatte er erbitterten

Widerstand geleistet. Erst Caesar hatte seine Macht gebrochen und seinen Veteranen Land gegeben. Nichts davon durfte wieder rückgängig gemacht werden.

Antonius nutzte die Stimmung. Am Abend des 16. entschloss er sich, den Senat für den kommenden Tag einzuberufen: Unter dem Druck der Straße sollte den Verschwörern der Weg zur Macht im Staate verstellt werden. Ihre Position war verzweifelt schlecht, auch wenn in den ersten Rededuellen viele Senatoren ihren republikanischen Eifer kaum zügeln konnten. Antonius hatte die besseren Karten. Kalt erinnerte er daran, dass ein Beschluss, der Caesar zum Tyrannen erkläre, nach den geltenden Gesetzen zur Folge habe, dass seine Leiche geschändet werden müsse und alle seine Verfügungen zu annullieren seien. Dies betreffe nicht nur die Landlose der Veteranen; vielmehr müssten auch alle von Caesar verliehenen Reichtümer, Ämter und Würden – darunter mehrere hundert Senatssitze – für null und nichtig befunden werden. Dies gab den Ausschlag. Caesars Erlasse zu zerreißen, hieß in Italien und den Provinzen das Chaos heraufbeschwören. Die Tumulte vor dem von Soldaten umstellten Tempel ließen zudem keinen Zweifel, dass viele die moralische und rechtliche Vernichtung Caesars als Signal zum Bürgerkrieg hören würden. Jetzt stellte sich nach den Legionären auch das Werk Caesars schützend vor den Toten.

Der Senat beugte sich. Alle Verfügungen (*acta*) Caesars, darunter seine noch unveröffentlichten und seine im Voraus für einige Jahre getroffenen Ernennungen von Beamten und Statthaltern, wurden für rechtsgültig erklärt. Antonius hatte sein erstes Ziel erreicht, alles Weitere war nur noch Routine. Am folgenden Tag garantierten Senatsbeschlüsse den Altgedienten die bereits zugeteilten Landlose und ihre noch offenen Ansprüche.[19] Das Testament Caesars wurde anerkannt und ein Staatsbegräbnis für den 20. März beschlossen. Der kluge Bankier Atticus warnte: Alles sei verloren, wenn Caesar feierlich zu Grabe getragen werde. Er sollte Recht behalten.[20]

Die Trauerfeierlichkeiten gerieten schnell außer Kontrolle. Auf dem Forum türmte das Volk seinen eigenen Scheiterhaufen, und unter den Schreien einer außer Rand und Band geratenen Menge verbrannte der Eroberer Galliens, der fluchbeladene Sieger des Bürgerkrieges, der Abgott seiner Soldaten und der begnadete Krieger. Viele stürzten sich auf die Häuser der Mörder und verwüsteten, was ihnen in die Hände fiel. Der Rachekrieg hatte begonnen. Der Schatten des Toten begann zu leben und forderte Genugtuung. Sie sollte ihm überreich zuteil werden. Viele

Abb. 2 Caesar blieb auch in den Jahren nach seinem Tod das Schicksal Roms. Brutus, dem Drahtzieher der Verschwörung gegen ihn, erschien er vor der Entscheidungsschlacht bei Philippi, um ihm den Tag der Rache anzukündigen. Der englische Maler Richard Westall (1765 bis 1836) illustrierte Shakespeare und malte 1802, was dieser von Plutarch übernommen hatte: *Brutus and the Ghost of Caesar.*

Verschwörer fielen auf den Schlachtfeldern des neuen Bürgerkrieges; andere wurden gehetzt und auf der Flucht erschlagen oder in den Selbstmord getrieben. Die letzten, die im Dienst des Antonius überlebt hatten, D. Turullius und Cassius aus Parma, übergab Octavian nach dem Sieg in Ägypten dem Henker.

Die Eroberung der Ostprovinzen

Brutus und seine Komplizen haben nicht zum Dolch gegriffen, um ein moralisches Zeichen in einer ohnehin verlorenen Republik zu setzen. Das Gegenteil trifft zu. Auch sie wollten gewinnen, und am Ende fehlte nicht viel und über das künftige Schicksal Roms hätte nicht der Konflikt zwischen Octavian und Antonius, sondern der zwischen Brutus und Cassius entschieden. Auch sie kämpften mit wilder Entschlossenheit, auch sie warfen die alten Spielregeln der Politik beiseite, auch sie trugen die Kriegsfackeln in viele Provinzen des Reiches, auch sie waren wie ihre Gegner getrieben von dem Ziel, die Herren Roms und seines Imperiums zu werden – selbst um den Preis, die Welt an den Abgrund zu führen. Erst als die Niederlage ihnen alles nahm, was ihnen an Macht und Ehre einst wichtig war, gaben spätere Generationen ihren Taten eine zeitlose Würde, schufen ihnen das Anrecht auf dauernden Nachruhm. Vor ihm wogen Sieg oder Niederlage nichts, denn die Erinnerung maß allein nach moralischen Kriterien.[21]

Um Moral aber ging es nicht, als die Häupter der Verschwörung im August 44 Italien verließen. Vielmehr hofften sie, jenseits der Adria die Mittel zu finden, um den Kampf um Rom erfolgreich fortführen zu können.[22] So hatte es im Frühjahr 49 auch Pompeius getan, und gescheitert war er nur an seinem Ehrgeiz, Caesar in der einen, großen Schlacht bezwingen zu wollen.[23] Jetzt, im Sommer 44, sah die Lage noch weit besser aus als vor fünf Jahren. Decimus Brutus, einst treuer General Caesars, dann aber ein tatkräftiges Mitglied des Komplotts, regierte unangefochten die oberitalische Provinz (*Gallia Cisalpina*). In Gallien (*Gallia Comata*) kommandierte Lucius Munatius Plancus, auch er ein alter Caesarianer, aber mit spürbaren Sympathien für die Republik. In Spanien hatte Sextus Pompeius, von Caesar im April 45 bei Munda noch besiegt, den Krieg wieder aufgenommen und band mehr und mehr Kräfte. In Rom selbst war die Lage unübersichtlich geworden. Antonius, der es in den Wochen nach Caesars Tod sichtlich genossen hatte, alleiniger Herr der politischen Initiative zu sein, starrte Anfang Mai fassungslos auf einen jungen Mann, der, noch nicht neunzehn Jahre alt, in Rom auftauchte und die Erbschaft Caesars beanspruchte. Und schließlich erwachte auch der Senat aus seiner Erstarrung und warf Anfang September Antonius den Fehdehandschuh hin. Angetrieben wurde er von Cicero, der noch einmal hoffte, die Rolle des Retters des Vaterlandes wie einst gegen Catilina spielen zu können. Es sollte die Rolle seines Leben werden.

Nein, Cassius und Brutus hatten keinen Grund zur Resignation. In Italien hatten sie die Initiative zum Handeln verloren. In den Ostprovinzen konnten sie sie zurückgewinnen, falls sie dort Geld und Waffen fanden. Das allerdings konnte nur gelingen, wenn sie die Ideale der Republik gegen die Skrupellosigkeit von Aufrührern eintauschten. Es fiel ihnen nicht schwer. Denn jetzt galten die Gesetze des Krieges, und vor ihrem Richterstuhl zählte nicht das Recht, sondern der Erfolg.

Beide hatten Italien mit dem Auftrag verlassen, Kreta und Kyrene zu verwalten.[24] Antonius, der Betreiber ihrer Entsendung ins politische Niemandsland, atmete auf. Zwei Querulanten, die zudem als Prätoren staatliche Macht verkörperten und mit ihren Edikten auch ausübten, traten von der politischen Bühne ab, und es war nicht zu befürchten, dass sie jemals dorthin zurückkehren würden. Er sollte sich täuschen. Denn Cassius und Brutus verschwendeten keinen Gedanken an ihre bedeutungslosen Amtssprengel. Statt dort verpassten Gelegenheiten nachzutrauern, bemächtigten sie sich binnen Jahresfrist des ganzen Ostens, veränderten durch ihre Erfolge die politischen Konstellationen im Westen von Grund auf und forderten ihre Gegner zum Kampf auf Leben und Tod.

Dies kam so. Cassius hatte 53 als Proquästor am Feldzug des Crassus gegen die Parther teilgenommen und sich mit den Resten der geschlagenen Armee nach Syrien durchgeschlagen. Dort war er geblieben, hatte die Verteidigung der Provinz organisiert und im September 51 einen Angriff parthischer Reitertruppen abgewehrt; am 5. Dezember berichtete er dem Senat, der Partherkrieg sei erfolgreich beendet.[25] Das war, wie die folgenden Jahre zeigten, übertrieben, aber es änderte nichts an seinem Ruhm, als unerschrockener Soldat in schwierigen Zeiten seinen Mann gestanden zu haben. Dies tat er auch als Patron unzähliger Klienten, denen er nach seinem Abschied von der Truppe verbunden blieb. Bei ihnen war er willkommen, auch wenn ihn kein Rechtstitel ermächtigte, Syrien überhaupt zu betreten. Fraglich war nur, ob er es schaffen konnte, die Provinz auf seine Seite zu bringen, bevor Dolabella, der vom Senat bestellte Prokonsul, eintraf. Cassius gelang das Husarenstück mit Hilfe des Gaius Trebonius, auch er einer der Verschwörer gegen Caesar und jetzt als Statthalter der Provinz Asia willens und fähig, den aus Italien vertriebenen Gefährten mit Geld und Hilfstruppen zu unterstützen.

Entschieden war damit noch nichts. Aber Cassius kam entgegen, dass Syrien unter den Nachwehen des Bürgerkrieges litt und zum Spielball von Hasardeuren geworden war. Einer von ihnen war Caecilius Bassus, ein aus dem Nichts aufgetauchter Offizier mit bemerkenswerten diplomatischen und militärischen Fähigkeiten. Haudegen dieses Schlages erschienen in den Wirren des Bürgerkrieges wie die Reiter des Apokalypse, fielen aber, so plötzlich wie sie gekommen waren, zurück ins Dunkel. Bassus war es nach Pharsalos im Herbst 48 gelungen, versprengte Einheiten des pompeianischen Heeres unter sein Kommando zu bringen und seinen Einfluss über weite Teile Syriens auszudehnen. Caesar, gefesselt an die afrikanischen und spanischen Kriegsschauplätze, bekam erst Anfang 44 die Hände frei, um diesem Treiben ein Ende zu machen. Insgesamt sechs Legionen wurden mobilisiert, die Bassus im syrischen Apameia am Orontes stellten.

Caesar war seit Monaten tot, als sich der Belagerungsring schloss. So konnte Cassius die Offiziere und ihre Soldaten bewegen, ihn als Oberbefehlshaber anzuerkennen. Als sie es taten, liefen auch die Truppen des Bassus über, so dass Cassius, als vier ägyptische Legionen ins südliche Syrien einfielen, ihnen mit sieben entgegenziehen konnte. Anfang März 43 war alles entschieden. Auch die Brigaden aus Ägypten wechselten die Front und schlossen sich Cassius an. «Alle Armeen, die in Syrien standen, habe ich in meiner Hand», schrieb der stolze Sieger Anfang Mai nach Rom.[26] Damit war auch das Schicksal Dolabellas, vom Senat inzwischen wegen Hochverrats zum Staatsfeind erklärt, besiegelt. Zehn Legionen des Cassius nagelten ihn in der Hafenstadt Laodikeia am Orontes fest, zwangen ihn zur Kapitulation und trieben ihn in den Tod. Er war gerade einmal 26 Jahre alt, Spross einer alten, aber verarmten Patrizierfamilie. Sein von ihm wenig begeisterter Schwiegervater Cicero nannte ihn lasterhaft und grausam, aber wild entschlossen, seinem heruntergekommenen Adel im Dienste Caesars neuen Glanz zu verschaffen. Auch Dolabella war wie Bassus ein Kind des Bürgerkrieges, auch er starb nach dem eisernen Gesetz, dass Mut allein nicht zu den Sternen führt.

Doch blicken wir ein halbes Jahr zurück. Brutus, der zunächst in Athen römischen Studenten Vorlesungen über die Republik gehalten hatte, stiftete im Dezember den Statthalter Makedoniens an, die Region und die dort stationierte Legion nach Ablauf seiner Amtszeit nicht dem vom Senat bestimmten Nachfolger, sondern ihm zu übergeben. Der Coup gelang ebenso wie weitere Truppenanwerbungen, unter ihnen zwei starke Reiterverbände des Dolabella. Überhört man einmal den missionarischen Ruf nach der Freiheit der Republik, trägt der Erfolg des Brutus einen simplen Namen: Geld. In diesem Fall waren es die Tributzahlungen der Provinzen Asia und Syria. Sie lieferten die nach Rom zurückkehrenden Quästoren dem Brutus aus, der das Geld umgehend in die Taschen seiner Soldaten stopfte. Die Quellen sprechen von der ungeheuren Summe von 16 000 Talenten, die mehrere Schiffe gefüllt hätten.

Das reichte auch noch für die Bestechung von drei Legionen, die in Illyrien dem Prokonsul Vatinius davonliefen und auch von dem aus Rom gekommenen neuen Statthalter nichts wissen wollten – beide hatten ihnen nichts zu bieten. In wenigen Monaten hatte sich Brutus, der lange Wochen in athenischen Hörsälen vertan hatte und sich erst im Dezember entschlossen in den Kampf stürzte, zum Herrn der Balkanprovinzen gemacht. «Ich werde», schrieb er im Juni 43 an Atticus, «Krieg führen gegen außerordentliche Imperien, Gewaltherrschaft und jede Macht, die sich über die Gesetze hinwegsetzen will.»[27] Auf die Goldwaage gelegt, machte ihn dieser Satz zum Ankläger gegen sich selbst. In der rauen Wirklichkeit des Überlebenskampfes verdeckte er mühsam die Gier nach der Macht, die hinter der Maske der Ehrbarkeit lauerte.

In wenigen Monaten hatte sich der Osten des Imperiums den führenden Köpfen der Verschwörer ergeben und ihnen Truppen und schier unerschöpfliche Hilfsmittel zur Verfügung gestellt. Zur gleichen Zeit tobte im Westen der Krieg mit ungewissem Ausgang, und der Senat tagte unter der Stabführung Ciceros wie in alten Zeiten. Ein Jahr nach Caesars Tod schien es, als ob seine Mörder ihr Ziel doch noch erreichen könnten; Cicero sprach Anfang Juli 43 schon von Nachrichten, die Cassius und seine Armee auf dem Weg nach Italien wähnten.[28]

Dieser von niemandem vorhergesehene Umsturz im Osten veränderte in den Lagern der Caesarianer alles. Die Furcht, in Italien gesiegt zu haben, um am Ende mit leeren Händen dazustehen, machte sie nicht zu Freunden, warf aber eine gemeinsame Frage auf: War einer von ihnen allein stark genug, den zwanzig Legionen des Brutus und Cassius zu widerstehen, wenn sie tatsächlich in den süditalischen Häfen landeten? Die Antwort fand der Mann, den in den Wochen nach Caesars Tod niemand auf der Rechnung hatte: Gaius Octavius.

3. Die Verkündigung der Götter: «Heute wurde der Herr der Welt geboren»

«Knabe, der du alles nur deinem Namen verdankst»

Brundisium, die alte Hafenstadt am Endpunkt der Via Appia, die von Rom an die adriatische Südküste führte, war im Frühjahr des Jahres 44 kein Ort, um Besucher anzulocken. Wie so häufig in ihrer Geschichte drängten sich in ihren Gassen Soldaten, die auf Schiffe warteten, um mit Glück und gutem Wind in die illyrischen Häfen zu gelangen. Der Aufmarsch für den großen Krieg Caesars gegen das Partherreich hatte sie hergeführt; er sollte dem Diktator fern von Rom die Lorbeeren Alexanders verleihen und ihn von der schier übermächtigen Pflicht zur Reform des zerrütteten Gemeinwesens entbinden.

Die Kunde vom Gelingen des Anschlags gegen ihn trugen Boten in wenigen Tagen nach Brundisium und versetzte die dort biwakierenden Truppen in Aufruhr: Was sollte nun aus dem Krieg werden, der erhofften riesigen Beute, den versprochenen Belohnungen, den Landschenkungen am Ende des Krieges? An wen sich aber wenden? Die weiteren Nachrichten aus Rom verhießen nichts Gutes: An dem Komplott gegen Caesar waren viele seiner alten Waffengefährten beteiligt gewesen, der Senat hatte eine Amnestie für die Mörder beschlossen, Unruhen erschütterten die Hauptstadt, die Caesarianer Antonius und Lepidus blieben scheinbar untätig in Rom, und auch die bereits nach Illyrien verschifften und in Makedonien in Lagern zusammengezogenen Kameraden und ihre Offiziere sahen keinen Ausweg.

Da traf eine neue Nachricht ein, die wie ein Geschenk der Götter gefeiert wurde: Im südlich gelegenen stillen Landstädtchen Lupiae (dem heutigen Lecce) sei ein gewisser Octavius mit wenigen Freunden aus Apollonia angekommen; er sei der Großneffe Caesars und dessen Erbe. Die Ratlosigkeit der Soldaten schlug in Begeisterung um. Viele machten sich auf den Weg, um den Ankömmling zu begrüßen und ihm Hilfe bei einem Unternehmen anzubieten, an dessen Notwendigkeit niemand zweifelte: Rache für ihren getöteten Feldherrn. So übertrugen sie die Caesar gelobte Treue auf einen Mann, der sein neunzehntes Lebensjahr erst halb vollendet hatte, militärisch ein Lehrling war und sich mit ebenfalls unerfahrenen jungen Männern umgeben hatte, deren Namen in den ersten Häusern Roms unbekannt waren. Und dennoch – Bedenken mochte niemand hören – mit diesem Mann wollte man nach Rom marschieren.

Wenige wussten Genaueres. Dieser Octavius war am 23. September 63 in Rom im Sternzeichen des Steinbocks geboren worden. Er wuchs teils in der Hauptstadt, teils auf den Landgütern seiner Verwandten, teils in der alten Volskerstadt Velitrae am Südhang der Albanerberge auf. Seine Familie war dort seit langem ansässig und durch nicht sonderlich ehrenhafte, aber einträgliche Bankgeschäfte zu Vermögen und Ansehen gekommen. Der Vater hatte als Erster den Ausbruch aus der Enge der Kleinstadt gewagt und in Rom die Ämterlaufbahn eingeschlagen, wo er es bis zur Prätur und zur Statthalterschaft über Makedonien gebracht hatte; er starb im Jahre 58, als sein Sohn eben fünf Jahre alt geworden war. Die Mutter Atia war die Tochter des Atius Balbus, eines Senators aus dem benachbarten Aricia, und der Julia, der Schwester des Julius Caesar; Atia hatte sofort nach dem Tod ihres Mannes wieder geheiratet. Sie sorgte für eine strenge Erziehung und verbot dem Heranwachsenden allzu häufige Besuche der verderbten Hauptstadt. Ein einziges Mal, als Zwölfjähriger, durfte er dort öffentlich auftreten, um beim Begräbnis seiner Großmutter Julia die Gedenkrede zu halten. Sein beschauliches Leben endete, als Caesar nach dem Sieg über Pompeius den Sechzehnjährigen durch Ehrungen und Ämter zu fördern begann und kein Hehl daraus machte, dass dieser ferne Verwandte seinem Herzen nahestand. Octavius sollte ihn auch auf seinem Feldzug in den Orient begleiten und dort die Taten vollbringen, die ihn zum Nachfolger des alt gewordenen Diktators legitimierten.

Nichts davon konnte nun wahr werden. Geblieben war aber noch das Testament, und es wartete auf Anerkennung. So kam in der lärmenden Aufregung von Brundisium die Stunde der Entscheidung für einen Mann, der auf der politischen Bühne noch keinen Schritt allein getan hatte. Dieser hier entschied über sein ganzes Leben, und war er getan, so gab es kein Zurück mehr. Die Mutter und der Stiefvater rieten dringend, ein Erbe auszuschlagen, das Leib und Leben bedrohte. Durchdacht war ihr liebevoller Rat nicht. Caesar hatte ihren Sohn sichtbar ausgezeichnet und damit stigmatisiert; wer hätte ihn schonen wollen, nur weil er verzichtete? In Apollonia hatte Octavius die Gesandten der in Makedonien stationierten Legionen, die von Hilfe und einem Marsch auf Rom sprachen, noch hingehalten. Jetzt, auf italischem Boden, gab es kein Zögern mehr. Hier erklärte er sich unter dem begeisterten Gebrüll der Soldaten bereit, das Erbe des toten Diktators anzunehmen. Bald schüttelte er den alten Namen wie ein lästiges Insekt ab, nannte sich fürderhin Julius Caesar und vermied selbst den Zusatz *Octavianus*, der allein noch auf seine Herkunft hätte hinweisen können. «Jetzt gehe ich», schrieb er an Atia und zitierte, was Achill seiner Mutter Thetis sagte, als er Hektor zum Duell forderte:

> «Jetzt gehe ich, den Mörder des liebsten Hauptes zu treffen,
> Hektor, und dann empfange ich selber mein Los, wenn es immer
> Zeus zu vollenden beschließt und die anderen unsterblichen Götter.»[29]

Begleitet von einigen Getreuen machte er sich Anfang April auf den Weg nach Neapel, um sich dort gründlich darauf vorzubereiten, in Rom sein Erbe anzutreten. «Ich möchte doch wissen», schrieb Cicero, der zur selben Zeit nach Unteritalien reiste, «was bedeutet die Ankunft des Octavius?» Jahrzehnte später beantwortete Sueton die Frage: «Seit dieser Zeit», schrieb er, als er die historische Tragweite des Vorgangs würdigte, «stand Augustus an der Spitze großer Heere, zuerst mit Marcus Antonius und Marcus Lepidus, dann zwölf Jahre lang nur noch mit Antonius. Zuletzt war er 44 Jahre lang allein Beherrscher des Staates.»[30] Um das zu werden, musste er lernen, vor keiner Gemeinheit zurückzuschrecken und Mord, Totschlag und Betrug zu seinen Brüdern zu machen. Noch dazu brauchte er das Glück, das Caesar erst an den Iden des März verlassen hatte.

Das Testament verschaffte dem Erben Geld, Waffen und Männer. Antonius verfluchte später den Knaben, der alles dem Namen «Caesar» verdankte, von dessen magischer Kraft auch er überzeugt war.[31] Anfangs folgten Octavian nur wenige, auf deren Erfahrung Verlass war. Die meisten kamen aus dem Ritterstand, und gewiss nicht alle hatten ehrenwerte Motive. So mancher wäre in ruhigen Zeiten zu den Feinden der Gesellschaft gezählt worden: Schuldner, Bankrotteure, Söhne ehrenwerter Eltern, deren Vermögen verjubelt worden war, Veteranen, die ihre Landlose verspielt hatten, und Hasardeure, die auf jeden Umsturz setzten, gleich, wer ihn betrieb. Aber es gab andere, und ihre Loyalität und Hilfe waren entscheidend. Zu ihnen zählten Oppius und Cornelius Balbus, verschwiegene und unauffällige Männer, die schon Caesar unschätzbare Dienste erwiesen hatten. Nach Cicero waren sie während der Abwesenheit des Diktators die eigentlichen Regenten gewesen, und Tacitus schrieb beiden die Befugnis zu, «nach freiem Ermessen über Frieden und Krieg zu entscheiden».[32] Ihre auf Wissen und Einfluss gegründete Macht hielt die Gefolgschaft des neuen Caesar zusammen, erschloss neue Geld-

Abb. 3 Octavian wuchs im volskischen Velitrae (Velletri) auf, gelegen an den Abhängen des Artemisio 30 km südöstlich von Rom. Die Stadt war klein und wurde von einem konservativen Munizipaladel geführt. Der Vater hatte Rom treu gedient und sich durch Heirat mit dem hochadligen Haus der Julier verbunden: Seine Frau Atia war die Tochter eines Bürgers aus Velitrae und Julias, der Schwester des Caesar. Sie machte ihren Sohn, der oft an den Hängen der Albaner Berge gespielt haben mag, zum Erben des Diktators.

quellen und öffnete viele Türen der Vornehmen, an die der junge Abenteurer vergebens geklopft hätte.

Und es kamen die Truppenführer, allen voran Salvidienus Rufus und Vipsanius Agrippa. Beide kamen aus dem Nichts, beide waren Jugendfreunde und hatten Octavius ins Winterlager nach Apollonia begleitet, beide lehrten in den kommenden Jahren die Gegner des vermeintlich unreifen Knaben das Fürchten. Nur mit ihnen konnte die Aufstellung einer Armee gewagt werden, ohne die am Ende jedes noch so geschickte politische Taktieren doch nur leeres Stroh gedroschen hätte. Denn allein Soldaten sicherten das Überleben in einem Staate, in dem Ciceros Prophetie bittere Wirklichkeit geworden war: «Die Macht wird immer bei den Waffen sein.»

Kampf ums Überleben: Die politischen Fronten in der Hauptstadt

Octavian hatte keine Eile, nach Rom zu kommen. Er und seine Berater zweifelten nicht, dass dort der amtierende Konsul Antonius alles daransetzen würde, dem aus dem Nichts aufgetauchten Störenfried die Flügel für immer zu stutzen.[33] Also galt es, erst Bundesgenossen zu finden, bevor man das politische Minenfeld der Metropole betrat. Hitzköpfe, die den Aufruhr predigen und die Veteranen Kampaniens mobilisieren wollten, vertrösteten die Besonnenen auf spätere Zeiten.[34] Sie setzten auf das Volk von Rom, gewiss ein schwer kontrollierbarer Verbündeter, aber immer noch Herr des Gesetzes und immer noch in Trauer um seinen kapitalen Gönner Caesar. Um es zu gewinnen, musste Bargeld aufgetrieben und der Teil des caesarischen Testaments erfüllt werden, der das größte Problem aufwarf: Die Auszahlung von Legaten an etwa 300 000 Bürger der Hauptstadt. Jedem von ihnen hatte Caesar die beispiellose Summe von 300 Sesterzen versprochen – mit ihr hätten sich hunderttausend Legionäre ein Jahr besolden lassen. Das Barvermögen Caesars war längst in Antonius' Schatullen geflossen, und dieser zeigte keine Neigung, es mit dem Knaben aus Velitrae auch nur zu teilen. So halfen die Familie, Freunde und Finanzmagnaten, die einen hohen Einsatz nicht scheuten. Und es half – wie später so oft – das Glück, als es dem jungen Caesar die Kriegskasse des alten in die Hände spielte und als Zugabe den Jahrestribut der Provinz Asia, den in Brundisium Dockarbeiter aus den Schiffen geholt hatten, als die Nachricht von Caesars Tod eintraf.[35]

In der Hauptstadt, dies war bei jedem Schritt zu bedenken, hielt Antonius die Fäden in der Hand. Als Konsul lag die politische Initiative bei ihm, und als erfolgreicher Kriegsmann besaß er das Vertrauen vieler Caesarianer. In den Tagen nach Caesars Tod hatte er geschickt taktiert, die Diktatur per Senatsbeschluss für immer ächten lassen und das Vermögen des Toten genutzt, die eigenen und die Schulden guter Freunde zu tilgen. Die nachgelassenen Papiere Caesars, ergänzt von fleißigen Fälscherhänden, öffneten Gefängnistore, holten Verbannte in die Heimat zurück und verschafften bewährten Anhängern Senatorensitze und Ämter. Der einzige ebenbürtige Konkurrent war Marcus Aemilius Lepidus, Vertrauter Caesars, Statthalter von Südgallien (*Narbonensis*) und dem diesseitigen Spanien. Er erhielt den vakanten Posten des Oberpriesters (*Pontifex maximus*) und sein Sohn die Hand der Tochter des Antonius – damit zufrieden, kehrte er Rom den Rücken und ging in seine Provinzen. Antonius, nun der Einzige, der dank seiner Leibwache über bewaffnete Einheiten in der Stadt verfügte, konnte sich einer wachsenden Schar von Trabanten, der Mehrheit des Senates und der Sympathie des Volkes sicher sein. Zudem hatte er gute Gründe, als der einzig legitime Erbe Caesars aufzutreten und dementsprechend zu handeln.

Was in den verbleibenden Monaten seines Konsulats zu tun war, lehrten ihn die Umstände und sein großes Vorbild: Die Häupter der Attentäter mussten entmachtet, die Anordnungen Caesars gesetzlich abgesichert, die Veteranen versorgt und die eigene Macht auf Jahre hinaus gesichert werden. Das erste Ziel war erreicht, als der Senat Brutus und Cassius die Amtssprengel Kreta und Kyrene zuwies und sie damit auf vornehme Weise ins Exil schickte. Das zweite Ziel sicherte am 2. Juni ein Bestätigungsgesetz der Erlasse Caesars.[36] Das dritte erreichte ein Ackergesetz, das am 10. Juni das gesamte Staatsland in Italien den Veteranen und Bürgern Roms zusagte – ein leeres Versprechen, wie sich schon im Januar 43 zeigte, als der Senat das Gesetz für ungültig erklärte. Das vierte sicherte im Juni ein Plebiszit, das dem Konsul für fünf Jahre die Provinzen Gallia Cisalpina und Transalpina, also Norditalien und ganz Gallien mit Ausnahme der Narbonensis, übertrug. Die in Makedonien stationierten Legionen, kampferprobt und von Caesar für den Partherkrieg ausgewählt, sollten nach Gallien überführt und Antonius unterstellt werden.

Wie einst sein Lehrmeister verfügte Antonius nun für die kommenden Jahre über Legionen, folgsame Getreue und die wichtigsten Provinzen des Westens. Damit war er der mächtigste Mann des Imperiums, auch wenn seine Provinzwahl den Verzicht auf den Partherkrieg einschloss.

So fiel der große Krieg des Julius Caesar dem überglücklichen Konsul Dolabella in den Schoß, als ihm das Volk Syrien für fünf Jahre übertrug. Viel zu erwarten, da war sich Antonius sicher, war von dem notorisch verschuldeten Patrizier ohne nennenswerte militärische Fähigkeiten nicht, schon gar nicht ein Sieg, der den eigenen Ruhm in den Schatten hätte stellen können – die Ahnung sollte schneller und anders als gedacht zur Gewissheit werden (S. 28).

Antonius wähnte sich am Ziel. Wenige Monate später jedoch war er weiter davon entfernt denn je und kämpfte mit dem Rücken zur Wand. Zwei Ereignisse hatten das so sorgfältig geknüpfte Netz zerrissen: Die Ankunft Octavians in Rom am 6. Mai, die das Lager der Caesarianer spaltete, und die Entscheidung des greisen Cicero am 2. September, den Konsul herauszufordern und den Kampf um die Republik noch einmal aufzunehmen.

Octavian betrat die Hauptstadt, wie sich dies für einen politischen Niemand ziemte: auf leisen Sohlen. Jede übereilte Aktion konnte angesichts der übermächtigen Stellung des Antonius schon die letzte sein. So wandte er sich zunächst an den zuständigen Prätor, erklärte dort in Anwesenheit der vorgeschriebenen Zeugen die Annahme des Testaments seines Großonkels und stellte sich in einer formlosen Versammlung (*contio*) dem Volk als der Sohn Caesars vor. Dann begann er mit der Auszahlung der Legate an die Bürger und bereitete die Spiele vor, die noch zu Lebzeiten Caesars zu Ehren der Venus, der Stammmutter des julischen Geschlechts, gelobt worden waren. Das eigens dafür eingesetzte Priesterkollegium allerdings scheute die Herausforderung der republikanischen Partei. Es legte die Hände in den Schoß und machte Octavian den Weg frei, ganz nach Belieben den Glanz seines Geschlechts und die Größe seines Vaters zu inszenieren.[37]

Damit begann ein Spiel mit hohem Einsatz. Niemand im Lager Octavians durfte damit rechnen, dass Antonius diesem Treiben tatenlos zusehen würde. Denn jetzt ging es ganz offen auch um das politische Erbe Caesars, und wer heute die Gunst der Straße gewann, konnte morgen die gesetzgebende Volksversammlung auf seiner Seite haben. Antonius, zu seiner Verblüffung in die Defensive gedrängt, machte Fehler. Er lehnte nicht nur die Herausgabe des caesarischen Vermögens rundheraus ab, sondern überzog den Erben mit Eigentumsprozessen, um die Auszahlung der Gelder an die Bürger zu erschweren. Bei der ersten Begegnung Ende Mai trat er ganz als der große Herr auf und verwies seinen Besucher auf die Bank der Wartenden. Schließlich verhinderte er, als Ende

Juli die Spiele zu Ehren Caesars begannen, die Präsentation des goldenen Sessels des Diktators und die Vorführung seines Lorbeerkranzes, den zu tragen ihm der Senat gewährt hatte.

Octavian wehrte sich. Der Konsul, so tönten seine Getreuen, missachte das Andenken an den großen Wohltäter des Volkes und verrate die Pflicht zur Rache, die nun allein auf den Schultern des Sohnes liege. Dies löste lärmende Empörung bei allen aus, die in einer Mischung aus Habgier und sentimentaler Erinnerung den Namen Caesar wie ein Gebet vortrugen. Eine weit in die Zukunft weisende weitere Entscheidung Octavians sprach ihnen aus dem Herzen: im Schatten des gottähnlichen Vaters suchte er selbst die Nähe der Götter. Schon bei seiner Ankunft in Rom, so erzählten seine Anhänger, habe eine große Menschenmenge über seinem Haupt den Strahlenkranz der Sonne in den Farben des Regenbogens gesehen, und in das Grabmal der Julia, der Tochter Caesars, sei der Blitz Jupiters eingeschlagen.[38] Jetzt, bei den Spielen zu Ehren der Venus, habe sieben Tage lang unterhalb des Großen Bären ein Komet am Himmel gestanden, in dem die Gläubigen die zu den Göttern aufgestiegene Seele Caesars erkannten.[39]

Octavian nahm die Botschaft auf und befahl, die Statue des Vaters auf dem neu errichteten Forum mit einen Stern zu schmücken. Die sakrale Weihe, die Caesar nun für alle sichtbar umgab, hüllte auch den Sohn ein. Von diesem Tag an sah er sich von den Göttern beschützt und zu Großem berufen, denn nur seinetwegen sei der Stern des vergöttlichten Caesar erschienen und habe der Welt die wachsende Größe des Sohnes prophezeit. Der Vorgang habe, so interpretierte später Plinius, der ganzen Erde Rettung und Segen verheißen – Octavian hätte gewiss zugestimmt. Denn jetzt war das Fundament einer unerschütterlichen Siegesgewissheit gegossen: «Man glaubt», schrieb Cicero am 20. Oktober, «um der Anerkennung und des Ruhmes willen sei er zu allem fähig.»[40] Sehr bald sollte sich zeigen, wozu das führte.

Der Konflikt der Erben verstörte die Soldaten und Veteranen. Sie wollten nicht hinnehmen, dass ihre streitbaren Anführer alles aufs Spiel setzten, wofür sie ihr Leben eingesetzt hatten. So erzwangen sie die Versöhnung, feierlich auf dem Kapitol vor Jupiter vollzogen. Sie schloss die Front gegen die Republikaner und vertrieb die Caesarmörder aus Rom. Das Grundproblem der Caesarianer jedoch, ein Erbe und zwei Anwärter, blieb in der Welt. So war es nur eine Frage von Wochen, bis die Zwietracht neu aufflammte und die Kontrahenten zum ersten Mal nach der Waffe tasteten.[41]

II. DER KRIEG DER ERBEN

«Zwei Dinge gibt es, welche Herrschaft begründen, bewahren und mehren: Soldaten und Geld, und beide sind unzertrennlich. Fehlt eines von beiden, löst sich auch das andere auf.» *Caesar*

«Zu Würde und Freiheit sind wir geboren; daran müssen wir festhalten oder in Ehren sterben.» *Cicero*

1. Zwischen den Fronten: Octavian und der Senat

«Worte gegen Waffen»: Ciceros Mission

«Ich führe Krieg mit dem miesesten aller Gladiatoren, unserem Kollegen Antonius, aber von gleichen Bedingungen kann keine Rede sein: Worte gegen Waffen (*contra arma verbis*)». Cicero schrieb dies im Oktober 44 an Cornificius, Statthalter in Afrika, dessen Herz republikanisch schlug.[1] Viele trauten Augen und Ohren nicht, als für die verloren geglaubte Sache der Republik ein wortgewaltiger Anwalt auftrat, den in den letzten Jahren niemand mehr so recht ernst genommen hatte. «Ich habe mich vor Senat und Volk von Rom als erster Mann im Staat bekannt», schrieb er Ende Januar 43, und seit September 44 handelte er danach.[2] Der nunmehr 63jährige war nach den Iden des März nur selten in Rom gesehen worden, und nur widrige Seeverhältnisse hatten ihn im Sommer davon abgehalten, in den Osten zu gehen. Seine Freunde glaubten, der alte Feuerkopf habe mit der Politik abgeschlossen und widme sich ganz seinen staatstheoretischen Schriften.

Am 2. September aber betrat er den Senat und warf, sprühend vor Entschlossenheit, Antonius den Fehdehandschuh vor die Füße. Nichts mehr war zu erkennen von dem früheren Zauderer, nichts mehr von dem larmoyanten Senator, der sich gerne über die Ungerechtigkeit der Welt

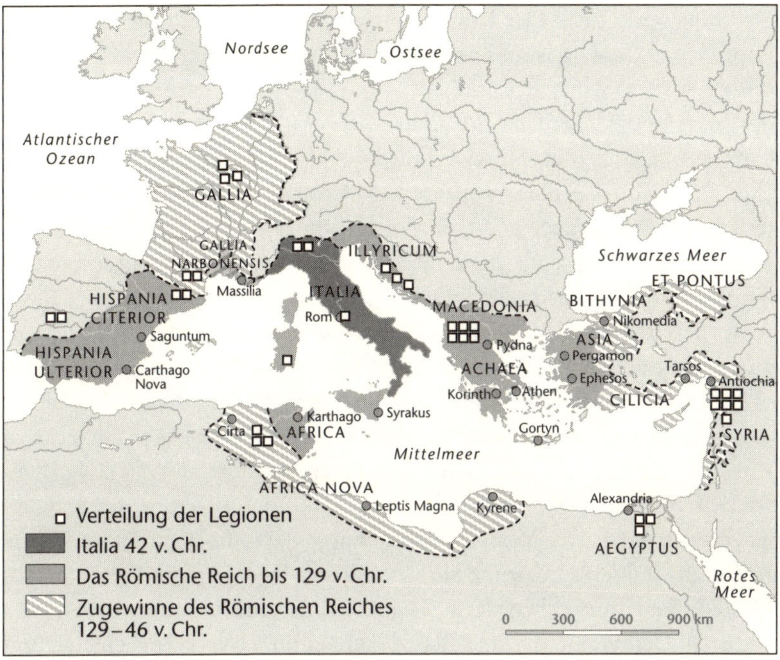

Karte 1 Die Verteilung der Legionen im Jahre 44

vernehmen ließ, nichts mehr von dem eitlen Pfau, der sich dem Himmel nahe wähnte, als er die Catilinarier zur Strecke gebracht hatte: «O glückseliges Rom», dichtete er damals, «geboren, da ich Konsul war.»[3] Jetzt, da er für das Leben nicht mehr viel, für den Ruhm aber alles zu gewinnen hatte, bäumte er sich noch einmal auf, um das höchste Ziel zu erreichen: die Erneuerung der Republik, die Wiederkehr der Senatsherrschaft und die Rolle des ersten Mannes im Staate. Er hat wohl nachgeschlagen, was er 63 zu Beginn seiner Amtszeit als Konsul erklärt hatte: Ich werde das tun, «was der Staat als Erstes verlangt: die Wiederherstellung des Ansehens unseres Standes, wie es zur Zeit unserer Vorfahren gewesen ist».[4] Zwanzig Jahre später war noch einmal der Tag gekommen, genau dies zu versuchen. Skrupel bei der Wahl der Mittel ließ die Größe des gesteckten Ziels nicht zu.

Was er Anfang September im Senat vortrug, war im Ton noch maßvoll, in der Sache aber unmissverständlich. Antonius, so führte er aus, habe die Verfügungen Caesars eigensüchtig missbraucht, verfassungswidrige Gesetzesvorlagen geduldet und durch seine Amtsführung Recht und

Ordnung verhöhnt.[5] Der Konsul, ohnehin gereizt durch die wachsende Popularität Octavians und seinen schwindenden Einfluss auf den Senat, schlug zurück. Am 19. September erklärte er den selbsternannten Vater des Vaterlandes zum Urheber allen Unglücks, das dem Staat in den vergangenen zwanzig Jahren widerfahren sei. Cicero habe das Recht gebrochen, als er die Catilinarier töten ließ, Cicero habe zwischen Pompeius und Caesar Misstrauen gesät, Cicero sei schuld am Ausbruch des Bürgerkrieges im Jahre 49, Cicero habe den Mord an Caesar angestiftet und Cicero sei der intellektuelle Urheber der Zerrüttung des Staates.[6] Dieser Ausbruch offenen Hasses machte beide Männer zu Todfeinden und vergiftete die politische Atmosphäre Roms in den kommenden Monaten.

Für Antonius verschlechterte sich die Lage von Tag zu Tag. Den eifernden Cicero und einen widerborstigen Senat im Nacken sah er sich Anfang Oktober erneut in einen schweren Konflikt mit Octavian verwickelt, dem er vorwarf, an einem Mordkomplott gegen ihn beteiligt gewesen zu sein. Der Vorfall blieb unaufgeklärt, da Wichtigeres keinen Aufschub duldete. In Brundisium verließen in diesen Wochen vier aus Makedonien zurückbeorderte Legionen die Schiffe, umworben von Agenten Octavians, die das Blaue vom Himmel versprachen und mit Geld um sich warfen.[7] Folgten sie dem neuen Caesar, war der Konsul verloren, da er diese Brigaden in seiner oberitalischen Provinz dringend brauchte. Denn dort hatte sich der Statthalter Decimus Brutus, von Cicero und Teilen des Senats angefeuert, entschlossen, Gallia Cisalpina nicht kampflos zu räumen. Am Ende des langen Geschachers um die Gunst der Soldaten teilte sich die makedonische Truppe: Zwei Legionen folgten dem Konsul, zwei liefen zu Octavian über, und alle vier trugen schwer an ihren prall gefüllten Taschen. Anfang Dezember marschierten die Heersäulen des Antonius nach Oberitalien und berannten die Mauern von Mutina (dem heutigen Modena), hinter denen sich Decimus Brutus verschanzt hatte.

In der Metropole verkörperte Cicero in diesen Monaten die Republik. Aber, wie die Bescherungen von Brundisium zeigten, diente er nur noch einem Traumbild. Es zeigte nur noch wenig von der realen Welt, die der ermordete Caesar in ein waffenstarrendes Militärlager verwandelt hatte. Realistischer dachte der Senat, auf dessen Wort kein einziger Legionär mehr hörte. So verschrieb er, als der Bürgerkrieg um die Gallia Cisalpina begann, seine Seele den Generälen und ermächtigte Ende Dezember Cicero, das Angebot Octavians anzunehmen, gemeinsam mit ihm und seinen Bewaffneten den Staat zu retten. Der fällige Preis war der Verrat aller Überzeugungen, die Cicero so oft und so gerne im Munde geführt und mit der Feder verteidigt hatte.

Cicero war kein Anfänger. Er hatte in seinem langen Leben alle Höhen und Tiefen durchschritten und gelernt, sich zu drehen und zu wenden, wenn das politische Überleben auf dem Spiel stand. Er war auch kein Prinzipienreiter wie einst Cato, die Symbolfigur des senatorischen Widerstandes gegen Caesar. Dieser altrömische Starrkopf hatte mit seinem langen Zeigefinger jeden zum Sünder verdammt, der einen Kompromiss auf Kosten des Herkommens empfahl. Spätere Jahrhunderte hätten einen Mann dieses Zuschnitts wohl als Großinquisitor gebrauchen können. Dazu passt das Übermaß an Donquichotterie, das in seinem politischen Handeln steckte, worüber sich auch Cicero keine Illusionen machte: «Unseren Cato schätze ich nicht weniger als du; aber in seiner anständigen Gesinnung und unerschütterlichen Zuverlässigkeit richtet er bisweilen Unheil in der Politik an. Er stellt Anträge, als ob er sich in Platons Idealstaat und nicht in Romulus' Schweinestall befände.»[8]

Die Regeln, die dort galten, kannte Cicero, und er wusste sie anzuwenden, wenn es nottat. In der Politik, räsonierte er, gehe es zu wie bei der Schifffahrt: Dort müsse man sich nach Wind und Wetter richten und notfalls die Segel umsetzen, wenn der Hafen anders nicht zu erreichen sei.[9] Dies fiel nicht immer leicht, und die Scham darüber beutelte ihn ab und an arg: «Sage ich über den Zustand des Staates, was sich gebührt, erklärt man mich für verrückt, sage ich, was die Umstände gebieten, gelte ich als Knecht. Schweige ich, so heißt es, ich sei gefangen und geknebelt.»[10]

Jetzt allerdings, als sich der Staat von machtbesessenen Heerführern umstellt sah, half es nicht mehr, die Segel umzusetzen. Jetzt musste den Interessen eines der mächtigen Krieger gedient werden, ohne Wenn und Aber. Erträglich machte dies allein die Zuversicht, dass eines nicht allzu fernen Tages die Politik die verfeindeten Militärs einfangen und zähmen konnte. «Denke immer daran», schrieb Cicero im März 43 an den Statthalter Nordafrikas, «dass deine Ehre mit den Interessen des Staates eins sein muss» – hinter den Palisaden der Legionslager verhallte der Ruf ungehört.[11]

Der Hochverrat Octavians

Octavian ließen die Gegnerschaft zu Antonius und die in Brundisium und Umgebung biwakierenden Truppen aus Makedonien keine Wahl. Ohne Männer und Waffen war er verloren. So wühlten seine Werber in Brundisium, während er selbst Mitte Oktober nach Kampanien aufbrach, um dort die angesiedelten Veteranen unter den Fahnen des neuen Caesar zu sammeln. Er sprach viel von den Taten ihres alten Kriegsfürsten, beklagte dessen trauriges Ende, rief, jetzt endlich könne man Rache an seinen Mördern üben, jammerte über das Unrecht, das ihm, dem legitimen Sohn, in Rom durch den Konsul Antonius widerfahren sei, und bat um ihren Schutz. Wer noch zögerte, den köderte ein Handgeld, welches das Zweijahresgehalt eines Legionärs überstieg.[12] Als die Angeworbenen wenig später erkennen mussten, dass sie getäuscht worden waren und ihr Führer sie nicht gegen die Mörder Caesars führte, sondern dem Senat seine und ihre Dienste für einen Feldzug gegen Antonius anbot, schnürten viele ihr Bündel und zogen heim. Den meisten jedoch war es auch so recht; solange der Krieg seine Getreuen fürstlich belohnte, war jeder Gegner willkommen.

Die Erinnerung an die Wochen, in denen Octavian zur Waffe griff, blieb lange lebendig. Und wenn sie ihn auch nicht mehr gefährden konnte, als alles längst Geschichte war, so hielt sie doch eine peinliche Wahrheit fest: Die Anfänge des allmächtigen Kaisers waren die eines gesetzlosen Abenteurers, der sich des Hochverrats schuldig gemacht hatte, als er eigenmächtig Truppen anwarb. Niemand, dafür war das erfahrene Leid zu groß, vergaß, dass mit dieser Tat im Herbst 44 der Bürgerkrieg erneut ausbrach, der fünfzehn Jahre lang das Unterste zuoberst kehrte. Wie aber sollte eine Herrschaft Bestand haben, auf dessen Gründungsakt die tiefen Schatten von Aufruhr und Verrat fielen, und wie sollte ein Mann vor der Geschichte bestehen können, der alles, was er besaß, letztendlich räuberischer Erpressung verdankte?

Noch Jahrzehnte nach den Ereignissen musste der alt gewordene Kaiser darauf eine Antwort finden. Sie brauchte nicht originell zu sein, musste aber überzeugen. Ihren Grundgedanken hatte bereits Cicero formuliert, als er in der Senatssitzung am 20. Dezember Antonius als Staatsfeind denunzierte und die Legalisierung der hochverräterischen Truppenanwerbung des Octavian verlangte. Die Veteranen und Soldaten, lockte er, hätten sich für die Selbstbestimmung des römischen Volkes erhoben, und ihr Führer habe vorbildlich gehandelt, als er mit seinem Geld der Republik einen großen Dienst erwiesen und ihr die Freiheit bewahrt habe; beide seien daher zu loben und vom Senat zu ehren – was dieser auch tat.[13]

Jeder Rebell hört solche Sätze erleichtert und dankbar. Augustus wird sich an sie oder ähnliche erinnert haben, als er sich entschloss, seinen

Tatenbericht mit der Entscheidung des Herbstes 44 zu beginnen. Gerade sie, die das Stigma des Verbrechens so offenkundig trug, bedurfte in seinem politischen Testament der Begründung. Denn sein Leben und seine Taten sollten als gültiges Leitbild einer Alleinherrschaft dienen, die sich bewusst in die Geschichte der Republik einordnete und den Segen der Götter erhalten hatte. So verdeckte er den Hochverrat mit dem Motiv, das allein geeignet schien, die Kritiker zum Verstummen zu bringen: der Rettung des Staates. «Im Alter von neunzehn Jahren habe ich als Privatmann aus eigenem Entschluss und aus eigenen Mitteln ein Heer aufgestellt, mit dessen Hilfe ich den durch die Willkürherrschaft einer bestimmten Gruppe versklavten Staat befreite.»[14]

Die Absolution

Mit den in Capua zusammengezogenen Veteranen, einem etwa 3000 Mann starkem Verband, glaubte sich Octavian stark genug, den Marsch auf Rom zu wagen. Dort hoffte er ein von Senat und Volk verliehenes militärisches Kommando (*imperium*) erzwingen zu können. Denn nur dies konnte seinen Hochverrat nachträglich heilen und seinen Veteranen und den angeworbenen makedonischen Legionen die Sicherheit geben, nicht doch eines Tages als Aufrührer zum Richtplatz geführt zu werden. Zudem wollten die einen ihre Güter in Kampanien und Samnium behalten und die anderen am Ende ihrer Dienstzeit eine ehrenvolle Entlassung, ohne die an eine Versorgung mit Land nicht zu denken war. Die Beharrlichkeit Octavians, in Rom seine Rüstungen legalisieren zu lassen, entsprang also der Einsicht, als Rebell nicht lange überleben zu können. Das tollkühne Vorhaben jedoch, das Ziel mit einer Horde altgedienter Soldaten zu erreichen, war zum Scheitern verurteilt und kostete seinen Urheber fast das Leben.

In Rom sprach er am 10. November vor dem Volk von der Pflicht zur Rettung des Staates, die ihn allein antreibe und die er gemeinsam mit dem Senat zuwege bringen wolle. Es zeigte sich jedoch schnell, dass er mit zu hohem Einsatz gespielt hatte. Der Senat zeigte ihm die kalte Schulter, und kein Magistrat war bereit, Gesetzesanträge einzubringen, um die eigenmächtigen Rüstungen des Caesarsohnes rechtskräftig zu machen. Weitere Veteranen machten sich daraufhin aus dem Staub, zumal sich Antonius mit einer Elitetruppe und in Eilmärschen der Stadt näherte. Octavian, mit seinen Freikorps zum eiligen Verlassen Roms genötigt, zog sich nach Ravenna und Arretium (Arezzo) zurück, gerettet und gesichert durch die von Antonius abgefallenen makedonischen Legionen, die allen Versuchen des Konsuls, sie zur Räson zu bringen, trotzten. Aber auch sie verlangten von ihrem neuen Herren, er möge sich endlich ein ordentliches Militärkommando verschaffen, mit welchen Mitteln auch immer, notfalls mit Waffengewalt. Das politische Ziel war damit endgültig festgelegt und das Mittel, es zu erreichen, konnte angesichts der militärischen Stärke des Antonius nur ein Abkommen mit dem Senat sein. Dies wiederum forderte den Verzicht auf die Rache an den Mördern Caesars. Dessen Geist hatte der Sohn noch am 10. November vor dem Volk mit bewegenden Worten und Gesten beschworen, als er die Ehren des Vaters forderte und mit der rechten Hand auf die Statue des Toten wies. Cicero schauderte es, als er davon hörte. «Von so einem möchte ich nicht gerettet werden», notierte er, und damit sprach er der Mehrheit seiner Standesgenossen aus dem Herzen.[15]

Es blieb nicht das letzte Wort des großen Redners. Ohne seinen Einsatz war im Senat nichts zuwege zu bringen. Octavian umwarb den Zögernden schon seit Monaten, jetzt vervielfachte er seine Anstrengungen. «Bedenke seinen Namen, bedenke sein Alter», hatte Cicero kopfschüttelnd noch im November an Atticus geschrieben und damit selbst überzeugende Gründe gegen ein Bündnis vorgetragen.[16] Am Ende aber gab er nach, verleitet durch die Zuversicht, die Caesarianer spalten zu können, und verführt von den Versicherungen des Unterhändlers Oppius, der Sohn werde den Mördern seines Vaters die Hand reichen. Vor allem aber beflügelte ihn die Erwartung, Octavian werde Krieg gegen den in die Gallia Cisalpina eilenden Antonius führen und sich den Entscheidungen des Senats unterwerfen, wenn der ihn in seine Reihen aufnehmen würde.

Im Hause Cicero rieb man sich die Hände: war erst einmal Antonius beseitigt, brauchte man auch nicht mehr um die Loyalität der in Gallien und Spanien stationierten Heere zu bangen; deren Kommandeure Asinius Pollio, Munatius Plancus und Aemilius Lepidus, alle Caesarianer und unsichere Kantonisten, würden auf sich allein gestellt den Kampf um Rom nicht wagen. Von den neuen Konsuln und von Decimus Brutus bekäme der Staat wieder eigene Legionen, und dann mochte auch der Tag der Abrechnung mit dem ungeliebten Verbündeten Octavian nicht mehr fern sein; Cassius und Brutus im Osten täten dann gewiss das Ihrige zur endgültigen Genesung der Republik. Und er, Cicero? Er würde dann noch einmal als «Retter des Vaterlands» bejubelt werden und in dem Bewusstsein sterben können, dass sich die Nachwelt an ihn als einen großen Römer erinnern würde.

Anfang Dezember machte er sich ans Werk, dem Senat den Pakt mit dem Teufel und den dafür zu zahlenden Preis schmackhaft zu machen. Vier Wochen später war er am Ziel. In den Worten des späteren Kaisers liest sich das so: Weil ich dem Staat die Freiheit zurückgewann, «hat mich der Senat unter ehrenvollen Beschlüssen in seine Reihen aufgenommen, wobei er mir konsularischen Rang bei den Abstimmungen zuerkannte. Ebenso verlieh er mir militärische Befehlsgewalt. Im Range eines Proprätors sollte ich zugleich mit den Konsuln Sorge tragen, dass der Staat keinen Schaden nehme.»

Dies war, was die Soldaten und ihr Kriegsfürst brauchten, um der Anklage, Rebellen zu sein, zu entkommen. Dafür nahmen sie in Kauf, für den Caesarmörder Decimus Brutus, der an Amt und Heer widerrechtlich festhielt, und gegen einen ordnungsgemäß bestellten Prokonsul kämpfen zu müssen. Dafür zahlten sie mit der Unterordnung unter die Befehle der Konsuln Hirtius und Pansa, die eigene Heeresverbände aushoben. Und dafür marschierten sie gegen einen General Caesars, dessen Schlachtruf doch auch einmal der ihre gewesen war: Rache für die feige Mordtat an dem Abgott der Soldaten.

2. Das Recht des Staates und der Ehrenkodex seiner Großen

Das neue Glaubensbekenntnis der Politik

Cicero, daran zweifelte niemand, liebte die Republik und focht für ihre Verfassung. Unter dem Druck der Verhältnisse brach er jedoch ihr und seiner Sache das Rückgrat. Um sich seinen Lebenstraum zu erfüllen, verriet er ihre Werte, als er im Senat den Antrag stellte, Hochverräter «für ihre Verdienste um den Staat» Ehre zu erweisen und Dank abzustatten. Jetzt stimmte er in die Rechtfertigungslitaneien der Umstürzler und ihrer Helfer ein und rief wie sie, was aus ihrer Tat folge, sei nicht nackte Gewalt, nicht bodenlose Willkür, nicht schreiendes Unrecht, nicht unverhohlener Rechtsbruch. Was sie getan, sei vielmehr nützlich und schön gewesen und habe allein dem Ziel gedient, freche Tyrannen zu strafen und den Raum der Freiheit, der Sicherheit und des Rechts wieder aufzubauen. Antonius, rechtmäßig gewählter Konsul, verwandelte sich dabei in einen zweiten Catilina, während Octavian, nach Recht und Gesetz nicht mehr als ein Freischärlerhauptmann, die Rolle des vom Himmel gesandten Retters des Staates zugewiesen bekam:

«Welcher Gott hat damals uns, wer dem römischen Volk diesen göttlichen Jüngling gesandt? Wer erschien plötzlich, als alle Hoffnung dahin schien und wir jenem Verbrecher ausgeliefert waren? Wer stellte ein Heer auf, um es dem rasenden Antonius entgegenzuwerfen?»[17]

Das Argument, der Soldat rette den Staat, hat eine lange Vorgeschichte. Sie hängt zusammen mit der Spirale von Krieg und Expansion, in die der ausufernde Ehrgeiz der großen adligen Familien die Republik getrieben hatte. Je schneller sie sich drehte, umso mehr wuchs die Macht der Armeen, die ihre Adler in immer fernere Länder trugen und dafür Lohn und Anerkennung forderten. Sie blieben lange Jahre an ihre Feldherren gebunden, die als Sieger über Mithridates wie Pompeius oder als Eroberer Galliens wie Caesar Anspruch auf soldatische Gefolgschaft erhoben. Nach Caesars Tod jedoch gab es niemanden mehr, der Legionäre mit dem Argument an sich binden konnte, sie seien mit ihm durch dick und dünn gegangen und der eine habe für den anderen gesorgt. Jetzt standen zahlreiche Korps und zehntausende Veteranen bereit, ihre Dienste an jeden zu verkaufen, der Sold und Beute in bis dahin undenkbarer Größe versprach. Der Soldat, einst willfähriges Instrument in der Hand ehrgeiziger Politiker und Kriegsherren, erkannte seinen Wert und verwandelte sich in ein Raubtier, das dem Staat die Zähne zeigte, wenn er in seinem Eifer nachließ, die Entlassenen zu versorgen. Seit Sulla hatten die Forderungen nach einer Ausdehnung imperialer Kriegszüge die Politik militarisiert; jetzt unterwarf das Militär die Politik seinen Interessen.

«Zwei Dinge sind es», hatte Caesar doziert, «welche Herrschaft begründeten, bewahrten und mehrten: Soldaten und Geld, und beide seien unzertrennlich. Fehle eines von beiden, löse sich auch das andere auf.»[18] Diesem Gesetz unterwarfen sich nun auch seine Gegner, ohne Wenn und Aber, ohne lästige Fragen nach der Rechtmäßigkeit des eigenen Vorgehens. Politik verkam nun endgültig zu der Kunst, Soldaten im Wettstreit mit anderen zu kaufen und ihre Loyalität möglichst lange zu sichern. Und wenn sich das republikanische Gewissen meldete, so war das Beruhigungsmittel längst griffbereit und wanderte wohlfeil mal in diese, mal in jene Hand: «Es gelte, die Stadt von einem Tyrannen zu befreien», skandierten die Abgesandten Sullas, als dessen Truppen 88 in Rom einmarschierten.[19] Eine kleine Gruppe machtgieriger Senatoren vergewaltige die Republik, schrie am 21. Dezember 50 der Volkstribun Antonius im Dienst des gallischen Prokonsuls Caesar. «Schluss mit der Tyrannei», riefen die Verschwörer an den Iden des März, als sie die Dolche hoben.

Hatte sich etwas geändert? Die zu den Fahnen des jungen Caesar geeilten Männer, erklärte Cicero in höchster Erregung, hätten ihre Waffen für die Freiheit des römischen Volkes erhoben und ihr Führer habe aus eigenem Entschluss und mit seinem Geld dem Vaterland einen großen Dienst erwiesen. Nicht anders tönte es aus dem griechischen Osten, wo Cassius und Brutus eigenmächtig Truppen an sich zogen, Provinzen okkupierten und Krieg führten, wo immer sie es für geboten hielten. Ich habe doch, schrieb Cassius Anfang Mai 43 aus dem syrischen Feldlager, nur gegen eine Räuberbande zu den Waffen gegriffen und ihr eine Armee zur Verteidigung des Staates und der Freiheit entrissen, Grund genug, dass alle Wohlgesinnten meine Ehre (*dignitas*) achten.[20] Kritische Stimmen erstickte Cicero: Cassius und Brutus seien ihr eigener Senat, und da sie die Wünsche des hohen Hauses kennen würden, seien sie auch ohne offizielle Beschlüsse handlungsfähig. Es gebe eben Zeiten, in denen man sich «mehr nach den Umständen richten als an dem Herkommen festhalten» müsse. Jupiter selbst habe gewollt, dass alles, was den Staat retten kann, gesetzlich und rechtmäßig ist; Cassius habe diesem Gebot gehorcht, als er in Syrien einfiel, obwohl ihm dies nach dem von Menschen gegebenen Recht nicht zustand. Da dies aber unterdrückt sei, nahm er die Provinz aufgrund des «Gesetzes der Natur.»[21] Die Götter segneten also den Gesetzesbrecher und die neue Lehre, nach der in Zeiten der Not die rechte politische Gesinnung an die Stelle des öffentlichen Rechts trete und dessen Missachtung legitimiere.

Wer so dachte und redete, schaffte die Republik und ihre Verfassung ab.[22] Wenn Rom überleben wollte, musste es diese Lehre wieder außer Kraft setzen oder eine neue Form des staatlichen Zusammenlebens finden, in der sie bedeutungslos wurde.

Die Pflicht zur Rache

In der Senatssitzung vom 17. März erhielten die Mörder «Amnestie» – ein Antrag Ciceros, dem zur rechten Zeit Begriff und Beispiel aus der Geschichte Athens einfielen; dort hatten 403 die Demokraten ihren oligarchischen Gegnern Straffreiheit zugestanden und damit den inneren Frieden gerettet. So sollte es auch diesmal sein. An diesem Tag war Cicero mit sich zufrieden: «Ich habe den Grund für den Frieden gelegt», rühmte er sich, denn das Gebot der Stunde sei es gewesen, «jede Erinnerung an die Wirren in ewigem Vergessen zu begraben.»[23] Selbst wenn Antonius und Lepidus das «ewige Vergessen» ernst genommen hätten – angesichts der tobenden Tausendschaften in Rom kaum vorstellbar –, Octavian konnte es gar nicht. Für ihn war die Parole der Vergeltung die einzige Eintrittskarte in die große Politik.

Aber da war doch noch mehr als das nüchterne Kalkül, mit dem Schlagwort «Rache für den toten Vater» Krisen überstehen zu können. «An denen, die Böses getan haben, sich zu rächen, ist gerecht», galt schon bei den Griechen,[24] und kein Römer sah dies anders. «Das Recht auf Vergeltung», lehrte Cicero, «ist wie das Recht auf Eigentum ein Naturrecht.»[25] Dem stimmte selbst der Himmel zu. Denn das Bild des rächenden Gottes war nicht nur im Alten Testament allgegenwärtig. Alle Weltenlenker forderten rauchende Altäre und tägliche Gebete, und wer sie vernachlässigte, hatte Grund zur Furcht. So war die Rache für den Tod des Vaters zugleich auch ein Akt der Frömmigkeit (*pietas*), zu dem der Sohn, wollte er sein Gesicht wahren, verpflichtet war. So hatten es auch die Altvorderen gehalten. Der alte Cato umarmte einen jungen Mann, der gegen den Feind seines Vaters erfolgreich prozessiert hatte, und rief: «Solche Totenopfer muss man seinen Eltern bringen, nicht Schafe oder Böcke, sondern die Tränen und Verurteilungen seiner Feinde.»[26]

Es war immer und überall die erste Pflicht des Staates gewesen, dem blinden Wüten der Rache Zügel anzulegen und sie gesetzlichen Normen und staatlichen Verfolgungen zu unterwerfen. So auch in Rom. Erst der Bürgerkrieg sprengte die Fesseln, mit ihm hatte die Rache das ihr gemäße Spielfeld gefunden. Die Regeln, die dort galten, hatte bereits Sulla seinem Offizier Licinius Crassus zugerufen, als dieser für ein gefährliches Kommandounternehmen mehr Truppen forderte: «Ich gebe dir als Bedeckung den Vater, den Bruder, die Freunde und Verwandten, die gegen Gesetz und Recht getötet wurden und deren Mörder ich zur Verantwortung ziehen will.»[27] Crassus schlug sich durch die feindlichen Linien und nahm nach dem Sieg die Rache, die er den Manen seines Geschlechts schuldig war. Er tat es nicht allein. Wer nach den Morden der 80er Jahre seine Ehre wahren wollte, übte Vergeltung wie die Helden Homers. So schleifte der Sohn des Lutatius Catulus, des Siegers über die Kimbern, den Mörder seines Vaters durch Rom und schlachtete ihn an dessen Grabmal: Erst jetzt war das Totenopfer richtig vollzogen, erst jetzt Heimzahlung geübt, ohne die der Tote keinen Frieden und die Lebenden keinen Platz in der Gesellschaft finden konnten.

Noch fand, wer nach Vergessen rief, kein Gehör – im Gegenteil. Mit jedem Erschlagenen drehte sich das Karussell von Gewalt und Rache schneller. Von den Tausenden, die seit den Gewaltorgien gegen die

Gracchen, die Sullaner und die Marianer starben, kennen wir nur wenige mit Namen und hören in den seltensten Fällen von ihrem Schicksal. Die Totengräber hatten sie eilends verscharrt, so als fürchteten sie, sie könnten nicht vollends tot sein. Sie waren es tatsächlich nicht. Die Hoffnung auf Genugtuung, befreit von den Fesseln von Recht und Moral, war mit ihnen. Und sie war mit Caesar.

Octavian hat nach seinem Eintreffen in Rom nur verhalten von der Rache gesprochen, was Cicero im Senat zu dem Satz verleitete, der junge Caesar werde im Interesse des inneren Friedens darauf verzichten. Dies aber war unmöglich. Bei allen Haken, die Octavian zu schlagen gezwungen war und viele seiner Anhänger an ihrer historischen Mission fast verzweifeln ließ – früher oder später würde der Sohn den Vater rächen oder ihm ins Grab folgen, ein Drittes gab es nicht.

Im Grunde war es so schon immer gewesen. Die Historiker Livius und Dionys von Halikarnass etwa schrieben die Geschichte von der Gründung der Republik als Moritat einer geglückten Rache: die tugendhafte Lucretia, Ehefrau des königlichen Vetters Collatinus, habe sich selbst den Tod gegeben, als der König Tarquinius Superbus während der Abwesenheit ihres Mannes über sie herfiel. Dieses Verbrechen habe die Familie genutzt, um das Königsgeschlecht aus Rom zu verjagen und die Republik zu begründen.[28] Das Prinzip der Vergeltung prägte auch das Ende der Aeneis des Vergil. Zu den Opfern der Rache gehört dort Turnus, Fürst der Rutuler und Anführer der italischen Stämme, die sich den trojanischen Eindringlingen in den Weg stellten und sie auf Leben und Tod herausforderten. Er hatte im Gefecht Pallas, den jungen Gefährten des Aeneas, getötet und forderte am Ende den Zweikampf um alles oder nichts. Als er unterliegt, zögert der Sieger, denkt an Versöhnung, dann aber stößt er dem vor ihm Knieenden das Schwert in die Brust, als er an dessen Rüstung das Wehrgehenk des toten Freundes blinken sieht:

> «Sollst du mir jetzt, mit den Waffen der Meinen
> prunkend entkommen? Pallas erschlägt dich hier mit dem Hiebe, Pallas
> nimmt an deinem, des Frevlers, Blute nun Rache.»

Die letzten Verse des römischen Nationalepos rühmen einen Akt der Abrechnung mit einem Gegner, der den Freund erschlug, vollzogen an einem Wehrlosen, vergleichbar dem Wüten des Achill gegen Hektor. Nicht eine Geste der Gnade (*clementia*), von Augustus später als Herrschertugend gepriesen, nicht die Gründung der neuen Stadt Lavinium, nicht die Hochzeit des Helden mit der Prinzessin Lavinia beschließen das

Epos – seinem heilsgeschichtlichen Grundzug hätte dies gewiss entsprochen. Stattdessen das Aufbäumen einer durch den Verlust des Gefährten tief verletzten Seele, die die Beherrschung über sich verloren hat und wie unter Zwang durch den Tod des Rivalen die persönliche Ehre zu retten versucht.

Als Vergil die Aeneis um 20 vollendete, hatte Octavian seine Sohnespflicht erfüllt und die Mörder seines Vaters Caesar um den Erdball gejagt und gestellt. Stolz schrieb der alte Kaiser am Ende seines Lebens in sein politisches Testament: «Die meinen Vater ermordeten, trieb ich in die Verbannung und rächte durch gesetzmäßigen Richtspruch (*iudiciis legitimis*) ihre Untat. Und als sie daraufhin Krieg gegen den Staat begannen, besiegte ich sie zweifach in offener Feldschlacht.»[29] Erst danach, und der alte Kaiser hat es nicht vergessen, konnte er hoffen, wie Aeneas mit seiner Tat eine neue Seite der Geschichte aufzuschlagen. Und erst sehr viel später durfte er an die erste Aufgabe des Herrschers denken, die in den Bürgerkriegen tobenden Rachegeister wieder durch Recht und Moral zu bannen. Gelang es nicht, den Zyklus von Schuld und Sühne aufzuhalten, drohte der Staat, seine Autorität zu verlieren – zu allen Zeiten der Anfang vom Ende. Denn kein Gemeinwesen kann ein Verhalten dulden, das nach dem Satz verfährt, «das Herz eines Mannes wird klein, wenn er sich großes Leid gefallen lassen muss, danach wird es wieder groß, wenn er es sich heimzahlen lässt.»[30]

«Du wirst sagen», soll die Mutter der Gracchen an ihren Sohn Gaius geschrieben haben, «es sei schön, sich an den Feinden zu rächen. Da ist niemand, dem das größer und schöner dünkt als mir – jedoch nur dann, wenn es ohne Schaden für das Gemeinwesen vollbracht werden kann.»[31] Wer immer diesen Brief tatsächlich verfasst hat, ist belanglos. Sein Dogma beschreibt präzise, welche Schlüsse der Sohn Caesars aus den ersten Jahren seines politischen Aufstiegs zu ziehen hatte. Der erste war, die eigene Tat vorzustellen als nach Recht und Gesetz und im Einvernehmen mit dem Willen der Götter vollzogen. Ovid trug denn auch in seinem Festkalender unter den Iden des März ein, was den Kern der Rechtfertigungslehre des späteren Kaisers ausmachte:

> «Sie, die den Frevel wagten und gegen den Willen der Götter
> Sich an dem Priesterhaupt schändlich vergriffen, sind nun
> Tot, und sie haben's verdient! Philippi, sei Zeuge, und jene,
> Deren Gebeine verstreut bleich werden draußen im Feld!
> Dies war die Tat, war die Pflicht, der Anfang der Leistungen Caesars
> War's: Mit gerechtem Schwert hat er den Vater gerächt.»[32]

Die zweite Lehre zielte auf die politische Pflicht, die selbsternannten Rächer verletzter Ehre von der politischen Bühne zu jagen, auf der sie allzu lange ihr Unwesen getrieben hatten.

3. Die Stunde Ciceros

Sechs Monate der erste Mann in Rom: Krieg gegen Antonius

Das Jahr 43 begann mit bösen Vorzeichen. Ein Sturm wütete in Rom, aus Italien kamen Nachrichten von schweren Epidemien und einen der Liktoren der Konsuln traf, gerade als er seinen Dienst antrat, ein tödlicher Schlag. Trotzdem beschloss der Senat, Octavian die Militärgewalt, das proprätorische *imperium*, zu geben und ihm die Senatorenwürde und das Stimmrecht eines Konsulars zu gewähren. Gleichwohl wiegte er sich noch in dem Glauben, den Frieden mit Antonius auf dem Verhandlungswege bewahren zu können.

Octavian übernahm sein Kommando am 7. Januar in Spoletum und vollzog die vorgeschriebenen Opfer. Seinen Soldaten versicherte er, nur ihrer Ergebenheit sei seine Befehlsgewalt zuzuschreiben, und er werde seine Dankesschuld alsbald abtragen.[33] Die Veteranen, die im Herbst seinen Werbern gefolgt waren, formierten sich zu Legionen und wurden auf volle Mannschaftsstärke gebracht. Antonius, auf sich allein gestellt, ohne Helfer und ohne Rückhalt in Rom, vertraute auf die Stärke und Treue seiner Truppen und schloss Decimus Brutus in Mutina ein. Über sein Ziel brauchte niemand zu spekulieren. Nur wenn es ihm gelang, die Stadt zur Kapitulation zu zwingen und Decimus aus Oberitalien zu vertreiben, konnte er hoffen, wie Caesar in den 50er Jahren die Politik in Rom in seinem Sinne zu lenken. Während er kämpfte, versuchten seine Diplomaten in Rom, die von Cicero geschmiedete unnatürliche Koalition mit dem Argument zu sprengen, kein Caesarianer dürfe mit den Mördern Caesars gemeinsame Sache machen – in diesem Punkt wusste sich Antonius mit den Statthaltern der Westprovinzen einig.[34] Diese aber warteten ab und mahnten dringend zum Frieden. Plancus erklärte auf dem Papier seine Loyalität mit Rom, Lepidus drohte mit militärischer Hilfe für Antonius, und beide belauerten ängstlich die Haltung ihrer Armeen, in denen die alten Soldaten Caesars den Ton angaben.

Die neuen Konsuln steigerten energisch die Rüstungen. Pansa hob neue Rekruten aus, und Hirtius, der über kein Heer verfügte, übernahm als der ranghöhere Beamte das Kommando über die Einheiten, die Octavian nach ihrer Ankunft aus Makedonien angeworben hatte. Formal war dies schwerlich zu kritisieren, politisch aber unklug, auch wenn Octavian auf Gedeih und Verderb an den Senat gebunden blieb, solange der Krieg nicht entschieden war. Cicero, der auch ohne Amt die Szenerie dominierte, hetzte zum Krieg und forderte, Antonius zum Staatsfeind zu erklären. Aus dem Osten kamen unterdessen Nachrichten, die jedes republikanische Herz höherschlagen ließen: Brutus hatte Makedonien übernommen und Cassius in Syrien elf Legionen unter sein Kommando gebracht. «Ich lasse dich wissen», schrieb er am 7. März an Cicero, «dass es euch und dem Senat an starken Truppen nicht fehlt.»[35] Diese aber waren fern und für eine Invasion in Italien nicht gerüstet.

Die Eruption der Gewalt war nun nicht mehr aufzuhalten. Ihr erster großer Ausbruch geschah vor Mutina. Dort gelang es den Truppen der Konsuln und des Octavian, in zwei verlustreichen Schlachten am 14. und 21. April den Belagerungsring des Antonius zu sprengen und ihn zu zwingen, den gefahrvollen Rückzug nach Südgallien anzutreten. Militärisch kam nun alles darauf an, dass der Sieger dem Flüchtenden auf den Fersen blieb und eine Verbrüderung mit den dort stationierten Truppen verhinderte. Politisch veränderte der Tod die Lage von Grund auf und beeinflusste das Schicksal der Republik weit nachhaltiger als der Fortgang der Kämpfe in Italien: In den Gefechten waren beide Konsuln gefallen, und eine sofortige Neuwahl war rechtlich nicht möglich.

Ein überglücklicher Cicero wollte von schlechten Nachrichten nichts wissen. Als die Siegesmeldungen im Senat verlesen wurden, wähnte er sich am Ziel: «An diesem Tag», schrieb er Brutus, «habe ich für meine gewaltigen Anstrengungen und manche durchwachte Nacht reichen Lohn empfangen ... In mir ist nichts Selbstgefälliges» – genau dies hatte ihm Brutus vorgeworfen, und niemand will dem bis heute widersprechen –, «aber die Einstimmigkeit aller Stände, ihre Glückwünsche und ihr Dank beeindrucken mich doch; es ist ein herrliches Gefühl, angesichts der Wohlfahrt des Staates populär zu sein.»[36]

Der zerstörte Traum: Octavian erbeutet das Konsulat

Der Fall aus diesen Höhen war tief und grausam. Zunächst glaubten viele, Freunde und Feinde, die Republik sei bei Mutina gerettet worden und der Senat nun Herr der Lage. Nur so ist zu verstehen, dass Cicero für Decimus Brutus, der bei den Kämpfen nur Zuschauer war,

Abb. 4 Eugène Delacroix, Cicero als Redner: Deckengemälde im Palais Bourbon, Paris (1863). Den Ruhm Ciceros begründete seine Anklage gegen Verres, berüchtigt bis heute als Ausbeuter Siziliens. Cicero setzte im Jahre 70 die Verurteilung des Statthalters wegen Amtsmissbrauchs durch und erwarb sich in den folgenden Jahrzehnten durch die Macht seiner Rede den Anspruch, zu den Ersten Roms gezählt zu werden. In den letzten 14 Monaten seines Lebens focht der alt gewordene mit derselben Leidenschaft wie einst der junge Adlige um die Republik und den Erhalt ihrer Werte – jetzt aber ohne Fortune und am Ende verurteilt, gedemütigt und erschlagen.

den großen und für Octavian, dessen Kohorten erbittert gefochten und gesiegt hatten, den kleinen Triumph (*ovatio*) beantragte. Damit nicht genug: Der so Herabgesetzte sollte den Krieg gegen den nunmehr zum Staatsfeind erklärten Antonius unter dem Oberbefehl des Decimus Brutus fortführen und dem neuen Oberkommandierenden zwei seiner besten Legionen übergeben. Es war, als hätten die Götter selbst die Senatoren mit Blindheit geschlagen. Als ihr Blick wieder klar wurde, sahen sie mit wachsendem Entsetzen auf die bittere Wirklichkeit. Die Chance – wenn es sie je gegeben hat –, Caesars Sohn zu benutzen, um die caesarische Partei zu ruinieren, war durch seine fortgesetzte Brüskierung für immer dahin.

Octavian, durch die Beschlüsse in Rom zum Narren gemacht, beharrte auf seiner Forderung nach dem Triumph. Er erklärte sich außerstande, die Verfolgung des Antonius aufzunehmen; schon gar nicht sei er willens, zwei seiner Legionen abzugeben. Zudem sei es an der Zeit, dass der Senat über die seinen Offizieren und Mannschaften versprochenen Geld- und Landgeschenke Beschlüsse fasse. Als nichts geschah, blieb er in seinen festen Stellungen in der Poebene, während Antonius mit seinen geschlagenen Truppen unbedrängt nach Westen abzog, da Decimus Brutus allein viel zu schwach war, es auf einen neuen Waffengang ankommen zu lassen. Und da war noch der Tod beider Konsuln. Er muss Octavian wie ein himmlisches Wunder und ein glückliches Vorzeichen für alles, was kommen sollte, erschienen sein. Das Konsulat, im April noch in unnahbarer Ferne, war jetzt für einen zu allem entschlossenen Mann zum Greifen nahe. Anfang Mai meldete er, der nach dem Senatsbeschluss von Anfang Januar frühestens im Jahre 30 hätte Konsul werden können, seinen Anspruch auf das höchste Staatsamt an.

Die verstörten Senatoren suchten nach Ausflüchten. Als die Nachrichten von der Westfront immer bedrohlicher klangen, forderten sie erst Brutus, dann auch Cassius zur Invasion in Italien auf und befahlen den beiden in Afrika stationierten Legionen die Landung in Ostia. Ende Mai verschaffte sich eine Kommission Zutritt zum Lager Octavians und versuchte über die versprochenen Belohnungen zu verhandeln. Die Soldaten lehnten ab: In Abwesenheit ihres Feldherrn würden sie von niemanden Befehle entgegennehmen. Das jahrzehntelange Misstrauen gegen den Senat, der auch diesmal die Versorgung aller Soldaten zu hintertreiben suchte, band die Truppe nur noch enger an ihren Befehlshaber; nur mit, nicht ohne ihn konnten ihre Wünsche in Erfüllung gehen.[37] Anfang Juni, während Decimus Brutus noch um Geld, Zugtiere und Reiterei bettelte, vereinigte sich Lepidus trotz aller diplomatischer Bemühungen der Regierung mit Antonius; Plancus tat es ihm gleich, Asinius Pollio folgte beiden wenig später. Jetzt debattierte der Senat erneut über das Konsulat und entschied, die Wahlcomitien im Staatsinteresse auf Januar 42 zu verschieben; Octavian wurde das Privileg zugestanden, sich dann um die Prätur bewerben zu dürfen.[38]

Die Gewährung eines Trostpreises war nun gewiss nicht das rechte Mittel, den General, der die einzige einsatzfähige Armee der Republik befehligte, von seinen Plänen abzubringen. Aber auch er durfte nichts unversucht lassen, um seinen Willen mit legalen Mitteln durchzusetzen. Denn seit Sulla ächtete die Republik jeden, der das Schwert als Mittel zur Durchsetzung politischer Ziele benutzte. Ohnehin lastete auf ihm, der im Herbst 44 mit seinem Marsch nach Rom gescheitert war, der Makel des Hochverrats – wie sollte er jetzt die militärische Besetzung der Hauptstadt rechtfertigen? Noch einmal schlug die Stunde der Diplomatie: Im Juli bot Octavian an, sich gemeinsam mit Cicero um das Konsulat zu bemühen; im Falle der Wahl wolle er dem älteren Staatsmann die Politik überlassen und sich selbst mit der Ehre des Amtes begnügen.[39] Cicero zögerte, die Mehrheit des Senates nicht. Sie erinnerte an den vor wenigen Wochen gefassten Beschluss, die Wahlen zu verschieben, und lehnte jede weitere Verhandlung über das Konsulat ab.

Man mag darüber streiten, was sich aus einem Konsulat Ciceros und Octavians ergeben hätte. Wie immer man das sehen will, es war der letzte Versuch einer gütlichen Einigung. Als sie scheiterte, blieb keine Zeit mehr für weitere Initiativen. Im Westen zeigten sich Antonius und seine Verbündeten kampfbereit, in Italien stand Octavians Armee wenige Tagesmärsche vor Rom, und im Osten hatten Brutus und Cassius die Streitmächte aller überseeischen Provinzen, von Ägypten bis Illyrien, an sich gerissen.

Im Heer des Octavian kam die Sache vor die Soldatenräte. Ende Juli erschien eine 400 Mann starke Abordnung vor dem Senat und unterbreitete ultimativ zwei Forderungen: das Konsulat für Octavian und der versprochene Lohn in voller Höhe für alle Soldaten. Als das hohe Haus zögerte, schlug ein gewisser Cornelius, Centurio wie die meisten Angehörigen der Delegation, mit einer obszönen Geste seinen Mantel zurück, deutete auf sein Schwert und brüllte: «Wenn ihr's nicht tut – dies wird es tun.»[40] «Wenn ihr so bittet», donnerte Cicero, «wird Octavian wohl das Konsulat erhalten.»[41] Sein Sarkasmus traf auf taube Ohren. Zum ersten Mal sah er einem unbeugsamen Hauptmann ins Gesicht. Dort las er sein Schicksal, begriff, dass er verloren hatte und dass man einen Tiger nicht reiten kann: «Wir sind ein Spielball bald der Launen der Soldaten, bald der Anmaßungen der Feldherren. Weder Vernunft, Gesetz, Herkommen oder Pflicht zählen etwas, nichts mehr gelten gesundes Urteil, Ansehen bei den Mitbürgern, Scheu vor der Nachwelt.»[42]

Nach der Rückkehr des Soldatenrates erhielten acht Legionen ihre Marschbefehle. Ausgesuchte Eliteverbände bildeten die Vorhut und ließen sich durch neue Erlasse aus Rom nicht aufhalten. Die Stadt öffnete die Tore, und die aus Afrika herbeigerufenen Kohorten kapitulierten ohne einen Schwertstreich. Hastig zusammengerufene Wahlcomitien wählten Octavian, der außerhalb der Stadt biwakierte, zusammen mit seinem unscheinbaren Vetter Quintus Pedius zum Konsul; am Himmel erschienen beim Vollzug der vorgeschriebenen Opfer zwölf Geier, so wie einstmals, als Romulus die Stadt gründete. Das Glück verheißende Omen huldigte dem neuen Romulus und umgab ihn mit der Atmosphäre des Göttlichen wie schon bei seinem ersten Besuch der Stadt. Man schrieb den 19. August; der Gewählte war 19 Jahre alt.

Die Senatoren beeilten sich, dem neuen Herrn ihre Aufwartung zu machen. Unter ihnen war auch Cicero. Er hatte in den zurückliegenden Monaten seine Bedenken gegen den jungen Caesar unterdrückt, alle Warnungen in den Wind geschlagen und sich für dessen Loyalität verbürgt. Sein politisches Konzept war einfach und wohldurchdacht gewesen: Mit Hilfe des Senats wollte er die Caesarianer spalten, sie wie tolle Hunde gegeneinander hetzen, um am Ende dem geschwächten Überlebenden mit Hilfe der im Osten erfolgreichen Republikaner den Garaus zu machen. Seine antiken und modernen Kritiker haben ihn dafür getadelt und ihm politische Blindheit vorgeworfen – zu Unrecht. Zwei Ereignisse, von niemandem vorherzusehen, zerstörten seinen Plan und machten ihn zu einem erbärmlichen Scherbenhaufen: Der Tod beider Konsuln im Krieg um Mutina, der Octavian erst den Weg zum höchsten Staatsamt frei machte, sowie die militärischen Erfolge von Brutus und Cassius, die die kühnsten Träume überstiegen und die auf den Tod verfeindeten Caesarianer bei Strafe des Untergangs zwangen, ihre Kräfte zu bündeln. Nicht Unfähigkeit, sondern das Schicksal oder besser: das Glück, das andere hatten und ihm versagt blieb, machte Cicero zum Verlierer.

Aber selbst wenn es anders gekommen wäre, es wäre der Sieg der Vergangenheit ohne Zukunft gewesen. Cicero war zeitlebens Zivilist und die Folgen der wachsenden Militarisierung von Gesellschaft und Politik hat er mehr beklagt als durchdacht. Sie aber war die logische Konsequenz des Weltreiches. Denn dies wollte wachsen, nicht schrumpfen. Als den Mittelmeerraum seit Sulla eine neue Eroberungswelle erfasste, war Rom in die weiten Räume asiatischer und mitteleuropäischer Länder vorgedrungen. Die Feldzüge zu ihrer Unterwerfung, geführt vom Atlantik bis zum Kaukasus, hatten nicht nur eine ständig wachsende Zahl von Männern gefordert, sondern ihre Kommandeure über ihren Stand und über den Staat erhoben.

Dagegen gab es kein Mittel, half keine Beschwörung des Gesetzes als die Grundlage der Republik. Niemand dürfe, flehte Cicero wieder und wieder, in einem Staat, der sich auf Gesetze stütze, von ihnen abweichen.

«Denn sie sind der Anker der Stellung, die wir im öffentlichen Leben einnehmen, sie die Grundlagen der Freiheit, sie der Quell der Gerechtigkeit; Geist und Sinn und Zweck und Gedanke des Staates beruhen auf ihnen.»[43] In den Monaten des Krieges gegen den verhassten Antonius verriet er selbst seinen Glauben, um ihn zu retten. Selbst wenn ihm die Vernichtung der Caesarianer gelungen wäre, so standen andere bereit, allen voran Brutus und Cassius, Rechtsbrecher auch sie, ihre Rolle zu übernehmen. Caesar hatte schon Recht, als er sich weigerte, die Republik zu restaurieren. Die imperiale Expansion und ihre innenpolitischen Konsequenzen hatten sie vernichtet. Die Frage, die Caesar nicht beantworten wollte, da er seinen Weg als zweiter Alexander suchte, konnte nicht lauten, ob die Republik wiederbelebt werden könne, sondern welche neu zu schaffende Ordnung in der Lage war, Rom die Weltherrschaft zu erhalten.

Nach seinem Sieg empfing Octavian Cicero kühl und mit dem hintergründigen Satz, er komme als der Letzte seiner Freunde. Die Bitte des Gedemütigten, Rom und den Senatssitzungen fernbleiben zu dürfen, wurde gnädig abgenickt. Ein gebrochener Mann zog sich auf seine Güter bei Tusculum zurück. Sein Dankschreiben an seinen Bezwinger ist die letzte von ihm überlieferte Äußerung: «Dass du mir Urlaub gewährst, freut mich doppelt: Du verzeihst, was war, und lässt auch für die Zukunft Gnade walten.»[44] Er sollte sich irren.

Der Sieger aber machte sich an die Arbeit, seine Position zu festigen und die Versöhnung der Caesarianer voranzutreiben. Dies war angesichts der immer bedrohlicher werdenden Depeschen aus dem Osten das Gebot der Stunde und eine Frage von Sein oder Nichtsein. Als Erstes wurde die Staatskasse geplündert, um den Soldaten den zehnfachen Jahressold auszahlen zu können. Dann kam die Abrechnung mit den Mördern des Vaters. Ein Gesetz des Konsuls Pedius ordnete die Einrichtung eines außerordentlichen Gerichtshofes an und bestimmte die Todesstrafe für alle Überführten. Octavian wurde mit der Auswahl der Geschworenen betraut und übernahm den Vorsitz – alle Beklagten wurden an einem einzigen Tag in Abwesenheit verurteilt. Der tote Caesar erhielt überreiche Genugtuung. «Von seinen Mördern», schrieb rückblickend Sueton, «überlebte ihn fast keiner länger als drei Jahre, und keiner starb eines natürlichen Todes. Nachdem sie alle verurteilt waren, fand der eine auf diese, der andere auf jene Weise ein gewaltsames Ende, ein Teil durch Schiffbruch, ein anderer in der Schlacht. Einige nahmen sich das Leben mit demselben Dolch, mit dem sie Caesar verletzt hatten.»[45]

III. DIE VORHERRSCHAFT DES ANTONIUS

«So zeigten sie, dass kein Tier bestialischer ist als der Mensch, wenn zu seiner Leidenschaft auch noch die Macht hinzukommt.» *Plutarch*

«Doch nun ist alles Hass geworden, auch das Teuerste, und wo einst Liebe war, greift er wie ein Krebsübel um sich.» *Euripides, Medea*

1. Die Gabe der Pandora: Das Triumvirat

Militärdiktator nach Recht und Gesetz

Im Oktober verließ der Konsul Caesar mit elf Legionen Rom und zog auf der Via Flaminia nach Norden, um gegen Antonius zu kämpfen – so das offizielle Bulletin. Bald aber fiel der Schleier. Obwohl er in Rom ohne Blutvergießen das höchste Staatsamt erreicht hatte, stand Octavian allein. Im Osten rüsteten sich die Caesarmörder zur Invasion in Italien, und im Westen lag er im Krieg mit den in Gallien vereinigten Caesarianern. Auf die Entscheidung im Osten hatte er keinen Einfluss, also musste er den Generälen im Westen ein Zeichen seines guten Willens zur Versöhnung geben. Es kam schnell und deutlich. Der Mitkonsul Quintus Pedius zwang den Senat, die Ächtungsbeschlüsse gegen Antonius und Lepidus zu widerrufen, während Abgesandte Octavians in die feindlichen Lager eilten, um die Chancen eines Zusammengehens auszuloten. Die Frage lautete angesichts der Nachrichten aus dem Osten ohnehin nicht mehr, ob, sondern wie es dazu kommen konnte.

Trotzdem stand alles auf des Messers Schneide. Denn das gegenseitige Misstrauen, geboren in den vergangenen Monaten in einer Atmosphäre tödlichen Hasses, saß tief. Es zeigte sich vor Beginn der Verhandlungen an den Sicherheitsvorkehrungen, die an das Kunststück erinnern, Skorpione in einer Flasche ruhig zu halten. Drei gefechtsbereite Armeen näherten sich dem vereinbarten Treffpunkt nördlich von Bologna, einer Halbinsel im Fluss Rhenus. Lepidus betrat sie als Erster, suchte sie nach versteckten Waffen ab und schwenkte den Mantel, als er nichts Verdächtiges fand. Antonius und Octavian, die am Ufer mit je 300 Bewaffneten warteten, gingen auf das vereinbarte Zeichen hin allein über die Brücken und prüften, ob einer von ihnen einen Dolch trug. Drei lange Tage, deren jeder die gleiche Prozedur sah, saßen sie beisammen, begruben die Streitäxte und teilten die Welt, soweit sie ihnen gehörte, unter sich auf. Als Freunde schieden sie nicht.

Antonius war der Stärkere und wusste es auch. Er hatte vor Mutina eine Schlacht, nicht aber den Krieg verloren. Als er nach Westen abrückte, stießen bereits Anfang Mai drei Legionen unter dem Kommando des Ventidius Bassus zu ihm, einige Wochen später folgte Lepidus mit seinen Bataillonen. Diese seien «außer Rand und Band» gewesen,[1] schrieb Munatius Plancus an Cicero, um wenig später erfahren zu müssen, dass dies auch für seine fünf Legionen galt; auch sie wechselten mit fliegenden Fahnen die Seiten und zwangen Anfang September ihren Feldherrn zur Kapitulation vor den vereinigten Caesarianern. Kurz zuvor hatte auch Asinius Pollio seinen Frieden mit Antonius gemacht und ihm aus dem jenseitigen Spanien (*Hispania ulterior*) zwei Legionen zugeführt. Von Decimus Brutus redete niemand mehr. Er war mit seiner ausgelaugten Streitmacht nach Gallien marschiert, um sich mit Plancus zusammenzutun. Von diesem verraten, suchte er sein Heil in der Flucht. Ein keltischer Häuptling erschlug ihn und sandte das Haupt an Antonius, hoher Belohnung gewiss.

Das Aufgebot Octavians war im November etwa gleich stark wie die vereinigten Westheere, aber keiner der Befehlshaber konnte sicher sein, dass seine Soldaten einem Angriffsbefehl folgen würden. Ihr Wille war längst Teil des politischen Spiels geworden und zügelte den Hang ihrer Anführer zu abenteuerlichen Entschlüssen. So begrüßten sie mit lautem Jubel die Nachricht, Octavian verlobe sich mit Claudia, der Stieftochter des Antonius. Sie war zwar noch ein elfjähriges Kind, aber die Verbindung bewies, dass die Feldherren entschlossen waren, den Frieden zu halten.

Die Unterhandlungen der Verbündeten kreisten um drei zentrale Probleme: Welche Provinzen fielen wem zu, wie waren die Gelder und Truppen zusammenzubringen, mit denen sich die Gewalthaber des Ostens bezwingen ließen, und welche Rechtsstellung galt es zu beanspruchen, um jeden Widerstand in Rom ersticken zu können. Man einigte sich auf ein dreiköpfiges Gremium, das den Titel «Dreimänner für die Neuordnung des Staates» (*triumviri rei publicae constituendae*) erhielt; es sollte per Gesetz eingerichtet werden und fünf Jahre die unumschränkte Regierungsgewalt ausüben. Die gewählte Funktionsbeschreibung erinnerte an Sulla, der sich als Diktator mit diesem Zusatz die Rolle des Retters auf den Leib geschrieben hatte; die Begrenzung der Amtsdauer auf fünf Jahre entsprach der Regelung für die außerordentlichen Kommanden des Pompeius und Caesars. Am 27. November brachte der Volkstribun Publius Titius das einschlägige Gesetz vor die Volksversammlung. Als sie zustimmte, hatte sie alle folgenden Gräuel formal legitimiert.

In den Beratungen sprach Antonius das letzte Wort und ließ Octavian und Lepidus nur die Rollen der Juniorpartner. Dementsprechend sah die Verteilung der wichtigsten Provinzen aus. Antonius nahm sich Oberitalien (*Gallia Cisalpina*) und das von Caesar eroberte Gallien (*Gallia Comata*) und gestand dem treuen Freund Lepidus die Narbonensis und ganz Spanien zu; Octavian erhielt den bescheidenen Rest, also die afrikanischen Provinzen, die noch in republikanischer Hand waren, und die Inseln Sizilien, Sardinien und Korsika, die Sextus Pompeius eingenommen hatte oder bedrohte (S. 84 ff.). Italien sollten alle drei gemeinsam regieren; es war römisches Bürgergebiet, unverzichtbare Rekrutierungsbasis und das Land, in dem die entlassenen Soldaten ihre Landgüter beanspruchten.

Es blieb die Vorbereitung des Krieges. Sie forderte eine Übereinkunft über den Oberbefehl, die Ausschaltung der Gegner in Rom und die Beschaffung von Geld. Der Staatsschatz war leer, geplündert von Octavian bei seinem Einmarsch in Rom. Die reichen Gebiete des Orients beherrschten die Gegner, die Westprovinzen waren verarmt, und Italien hatte seit hundert Jahren das Steuerzahlen verlernt. So mussten diktatorische Vollmachten helfen, den Mangel zu beheben, und dies schnell, denn wenn die Geldquellen versiegten, liefen die Soldaten davon. Der Oberbefehl war angesichts der militärischen Machtverhältnisse schnell geregelt. Antonius und Octavian erhielten je zwanzig Legionen; sie sollten den Krieg im Osten führen; Lepidus gab sich mit dreien zufrieden; sie hatten das Wohlverhalten Roms und Italiens zu sichern.[2]

Die Republik war wieder dorthin zurückgekehrt, wo sie zu Beginn des Jahres 44 gestanden hatte. Nur hörte sie jetzt nicht auf einen, sondern auf drei Diktatoren. Keiner von ihnen konnte ernsthaft daran denken, freiwillig die einmal errungene Herrschaft wieder aus der Hand zu geben. Ihre Gefolgschaft, ohnehin ständig von der Furcht geplagt, mit der

Macht ihres Patrons auch die eigene und schlimmstenfalls das Leben zu verlieren, hätten sie daran gehindert. Und keiner durfte dem anderen vertrauen. Denn nach der Logik der Bürgerkriege mündete auch dieser in den letzten Waffengang der Sieger.

Im Taumel des Bösen: Die Proskriptionen

Zehn Jahre dauerte das Triumvirat. Seine erste Tat war der durch Gesetz legalisierte Massenmord. Sein Erfinder war Sulla gewesen, der Ende der 80er Jahre die physische Vernichtung des Gegners als Mittel zur Wiederherstellung von Recht und Ordnung hoffähig gemacht hatte; damals verfielen mindestens 40 Senatoren und 1600 Ritter dem Beil des Henkers oder selbsternannten Kopfjägern. Jetzt wiederholte sich die Geschichte: Öffentliche Listen machten alle bekannt (*proscribere*), die als Feinde der Triumvirn galten. Familiäre Rücksichten halfen bei dem Gefeilsche um die Namensverzeichnisse nicht mehr, alte Freundschaften ebenso wenig, ja das Ausliefern von Angehörigen und Freunden galt unter den Triumvirn als Beweis unverbrüchlicher Loyalität.

Auf die ersten Listen folgten in den kommenden Wochen Ergänzungen, auf denen sich mehr und mehr Männer mit großen Vermögen wiederfanden: «Es war soweit gekommen, dass einer geächtet wurde, weil er ein schönes Stadtpalais oder Landgut hatte.»[3] Sie alle wurden für vogelfrei erklärt, ihr Vermögen versteigert, und jeder römische Bürger unter Strafe verpflichtet, Flüchtlinge anzuzeigen. Die Sklaven wurden aufgerufen, ihre Herren zu töten oder ihre Verstecke zu nennen; die Verräter erwartete eine hohe Belohnung und die Freiheit. Dieser Zugriff auf die Sklaven, die gegen ihre Herren aufgewiegelt wurden, setzte das absolute Verfügungsrecht des Bürgers über sein Hab und Gut außer Kraft – eine Anmaßung des Staates, die allerdings nicht von Dauer sein konnte.[4]

Es starben oder flohen ins Exil 300 Senatoren und 2000 Ritter – ein Aderlass, von dem sich die politische Elite Roms, in den Bürgerkriegen ohnehin dezimiert, nur schwer erholte. Ihre Sitze im Senat und in den Stadträten der italischen Gemeinden fielen ebenso wie ihre Reichtümer und ihre Ämter an treue Anhänger der Triumvirn, die während des Feldzuges im Osten und in den Jahren danach Widerständler im Zaum halten sollten. Die gesellschaftliche Ordnung blieb von dieser Umwälzung der Eliten unberührt.

Unter den Toten, deren Köpfe auf dem Forum zur Schau gestellt wurden, waren auch die Ciceros und seines Bruder Quintus. Sie hatten die

Abb. 5 Antoine Caron, Massaker unter dem Triumvirat (1566), Ausschnitt. Caron hielt sich detailgetreu an den Bericht Appians, dessen Geschichte der Bürgerkriege zwischen 1544 und 1560 ins Französische übersetzt worden war. Zwischen den Bauten des antiken Rom, zwischen Triumphbögen, Kapitol und Engelsburg entfaltet der Maler eine gespenstische Szenerie von Mord und Totschlag. Die Triumvirn, die im offenen Rund des Kolosseums unter einem Baldachin thronen, entledigen sich ihrer proskribierten Gegner. Ein Soldat trägt triumphierend Ciceros Kopf auf der Schwertspitze zu Antonius, der nach Appian gerade zu Gericht saß und den Anblick der schaurigen Trophäe genoss. Das Thema des gesetzlich legitimierten Totschlags hatte im Frankreich Katharina von Medicis (1519 bis 1589) eine besondere Aktualität gewonnen. Im April 1561 hatte der erste Feldherr Frankreichs, Anne de Montmorency, ein «Triumvirat» zur Verteidigung des Katholischen Glaubens gegründet, das den Religionskrieg zwischen Hugenotten und Katholiken vorbereitete. Er brach ein Jahr später aus, verwüstete Frankreich und fand in der Bartholomäusnacht im August 1572 seinen furchtbaren Höhepunkt; er dauerte bis zum Ende des Jahrhunderts. Die fanatische Grausamkeit, mit der dieser Bürgerkrieg ausgetragen wurde, führte Caron an seine Staffelei.

Flucht gewagt, aber nur halbherzig vorbereitet. So wurden sie von den Verfolgern gestellt, bevor sie das rettende Schiff erreichen konnten, das sie nach Makedonien bringen sollte. «So werde ich», soll Cicero gerufen haben, als ihn seine Mörder aus der Sänfte zerrten, «in dem Land sterben, das ich so oft gerettet habe.»[5] Der Anführer des Mordkommandos, der Kriegstribun Popilius, den Cicero einst vor Gericht gegen den Vorwurf des Vatermordes verteidigt hatte, verewigte seine Tat stolz in einem Standbild, das ihn sitzend neben dem Haupt des greisen Konsulars zeigte. Antonius war zufrieden und lohnte die Tat fürstlich.

Diese Jahre, in denen kaum eine angesehene Familie ihres Lebens sicher sein konnte, sahen Verrat, Treulosigkeit, Geldgier sowie Taten voller Grauen. Aber es gab auch bewegende Beispiele von Mut, List und trotzigem Widerstand, und unsere Überlieferung hat sie getreulich festgehalten. Zu ihr gehört die Trauerrede, die ein Unbekannter am Ende des Jahrhunderts in zwei Marmorplatten schlagen ließ, die das Familiengrab hüteten. Sie erzählt von dem Schicksal eines proskribierten Mannes, der sein Leben nur dank der Hilfe seiner Frau rettete. Sie hatte seine Flucht vorbereitet, ihn in der Verbannung mit dem Nötigsten versehen und in Rom nichts unversucht gelassen, um seine Rehabilitierung zu erreichen: «Damals wandtest du dich», bekundet der dankbare Gatte, «um die Restitution meiner Rechte zu erreichen, an Marcus Lepidus. Als du dich ihm zu Füßen warfst, hat man dich wie eine Sklavin weggezerrt, geschlagen und über und über mit blauen Flecken bedeckt; doch dein Mut blieb unerschüttert, und du erinnertest ihn an Caesars Edikt mit dem Glückwunsch zur Wiederherstellung meiner Rechte. Als du auch dann noch Schmähungen hören und grausame Verwundungen erdulden musstest, zeigtest du sie öffentlich, damit der Urheber meiner Prüfungen bekannt werde.»[6]

Die Proskriptionen sind nicht zu vergleichen mit Verfolgungen Andersdenkender oder den Untaten von Weltverbesserern. Die Triumvirn mordeten nicht als Kammerjäger einer verkommenen Welt, und sie hatten keine Visionen einer besseren. Sie waren Getriebene einer Situation, in der sie nur sich selbst oder die umbringen konnten, die sie als Gegner fürchten mussten, wenn sie – lief es schlecht, vielleicht auf Jahre hinaus – in den Osten zogen. Und sie brauchten unendlich viel Geld – nicht, um selbst reich zu werden, sondern um die weit aufgerissenen Mäuler ihrer Legionäre zu stopfen, von denen sie auf Gedeih und Verderb abhingen. Ihre Gegner, die bei Philippi Macht, Leben und Reichtum einbüßten, hätten im Falle ihres Sieges nicht anders gehandelt. Dies bezeugen die vom Senat verfügten Ächtungen oder die Forderung Ciceros, alle drei Brüder des Antonius zu töten. Brutus dachte nicht anders: Als jede Hoffnung auf eine Einigung mit Antonius dahin war, übergab er dessen Bruder, den er als Unterpfand gegnerischen Wohlverhaltens gefangen hielt, dem Scharfrichter.

Die moralischen Verwerfungen

Terror und Mord fanden jetzt ihren furchterregenden Höhepunkt. Niemand wusste, wann das aufhören sollte, und da nicht nur ein, sondern drei Diktatoren über das Zerstörungswerk wachten, gab es auch keine Akte der Gnade oder des Übersehens, wie dies noch unter Sulla möglich war. Die Bürgerschaft hatte ertragen müssen, dass unter dem Deckmantel von Recht und Gesetz oder den Rufen nach Rache oder dem Aufruf zur Freiheit alle Laster der Grausamkeit und des Verrats, der Begehrlichkeit und der privaten Vergeltung entfesselt worden waren. Und sie hatte erlebt, dass selbst die Mörder sich der Einsicht beugen mussten, das Überleben nicht der eigenen Tatkraft, sondern der Willkür eines Militärtyrannen zu schulden. Der wiedergewonnene Reichtum, der Zugriff auf die Provinzen und die Macht in der Politik – alles dies floss aus der Hand eines Despoten. Auf der anderen Seite die Unterlegenen: Sie hatten gelernt, soweit sie sich retten konnten, dem Staat zu misstrauen, der sie um alles gebracht und sie die Angst gelehrt hatte. Am Ende zerbrach die Integrität der Elite und der Glaube der Bürger an die schützende Hand des Staates. Und, was vielleicht noch schlimmer war, viele verloren den Glauben an die Kraft Roms, den Sturz in den Abgrund doch noch abwenden zu können: «Schon geht», schrieb Horaz, «ein zweites Menschenalter unter bürgerlichen Kriegen dahin, und Rom fällt durch seine eigenen Kräfte.»[7]

Gegen die sittliche Verwüstung gab es für die schuldige Generation kein Mittel. Sie lag in den Jahren nach Caesars Tod als schwere Last auf den mühsamen Versuchen, die Welt wieder ins Lot zu bringen. Sie blieb, solange Krieg und Gewalt für einen Mann die einzige Methode waren, um sich selbst und aller Welt zu beweisen, was er konnte und was er sein wollte. Die Historiker der Zeit sprachen viel davon, überzeugt, dass es ihre Pflicht sei, «dafür zu sorgen, dass tüchtige Leistungen nicht verschwiegen werden und Bosheit in Wort und Tat sich vor der Schande der Nachwelt hüten muss».[8] Beispiele aus den Zeiten, in denen Rom noch glücklich und die Moral seiner Bürger noch intakt war, sollten der eigenen Zeit den Spiegel vorhalten: «Ich wünsche», schrieb Livius in der Vorrede seines Werkes, «dass jeder genau darauf achtet, wie damals gelebt wurde und wie der sittliche Zustand gewesen ist.» (S. 276 ff.).

Sallust, Parteigänger Caesars, datierte den Beginn des Übels mit der Zerstörung Karthagos 146: Dieses Ereignis habe mit der Furcht vor dem auswärtigen Feind auch die innere Einheit beendet, Adel und Volk gegeneinander aufgebracht, den großen Familien die Macht über «Staatsschatz, Provinzen, Ämter, Ruhmestitel und Triumphe» geschenkt; schrankenlose Habsucht habe sich ausgebreitet, alles besudelt und verwüstet, «bis sie endlich sich selbst in den Abgrund stürzte». Diesen habe niemand überbrücken können, da jede Seite den Sieg um jeden Preis begehrte, um am Ende doch nur «mehr Angst als Macht» in den blutigen Händen zu halten – dies, so schließt Sallust seine Abrechnung, habe schon oft große Staaten ruiniert.[9]

Die Beobachtung, der Zusammenbruch der Moral sei die Wurzel des Unheils, das den Staat in die Selbstzerstörung trieb, ist nicht falsch. Aber sie übersieht, dass sich die Umstände, nicht die Menschen geändert hatten. Auf ihnen lastete seit langem das Weltreich, und es gab allen ihren Handlungen ein anderes Gewicht. Cicero sei, so liest man bei Plutarch, in eine Zeit hineingeboren worden, in der die römischen Feldherren und Statthalter zum offenen Raub übergegangen seien, «als ob das einfache Stehlen etwas Gemeines wäre»; so sei auch nicht die Ausbeutung, sondern allenfalls ihr Übermaß getadelt worden. «So zeigten sie, dass kein Tier bestialischer ist als der Mensch, wenn zu seiner Leidenschaft auch noch die Macht hinzukommt.»[10]

Augustus hat sich keine Illusionen über die Beschädigungen gemacht, die die öffentliche Moral heimgesucht hatten; sie galt es heilen, wollte die Monarchie nicht schon im Ansatz scheitern. Seine durchaus wunderlich erscheinenden Versuche, seinen Untertanen per Gesetz wieder einzutrichtern, was er für die Werte der Väter hielt, müssen unter diesem Blickwinkel gesehen werden (S. 222 ff.). Die wichtigste Voraussetzung dafür aber war, wer wollte daran noch zweifeln, der innere Friede. Das hatte bereits Sulla durchschaut und seine Reformen genau auf diesen Punkt ausgerichtet. Er vergaß nichts, was im Rahmen einer Verfassungsreform überhaupt zu regeln war. Aber es hatte nicht gereicht, konnte nicht reichen, da er an die Wurzel des Elends nicht herankam.

Warum das so war, erschließt sich nur im Rückblick. Wie sollten die Zeitgenossen auch verstehen, dass ihre größte Leistung, die Schaffung des Imperiums, das Chaos heraufbeschwor. Der Ausgangspunkt liegt tief verborgen in der Geschichte des römischen Adels. Seinem in die Disziplin des Staates eingebundenen Ethos verdankte Rom seine Größe. Diese Einbindung war in den Jahrzehnten der Unterwerfung Italiens so gründlich geschehen, dass politische Macht und gesellschaftliche Anerkennung nur dem winkten, der als General, Staatsmann, Jurist oder Priester seine Pflicht tat. Nur wer dem Land diente, hatte Anspruch auf Achtung und

Respekt. Nichts daran sollte sich je ändern. Aber die Dimensionen, in denen dieses Grundgesetz galt, verschoben sich. Als sich seit dem Ende des 2. Jahrhunderts die Expansionspolitik der Republik immer neue Ziele setzte und nach den Sternen griff, untergrub sie die Solidarität der regierenden Klasse und hetzte deren große Familien in den offenen Kampf um die Macht. Jede von ihnen wollte den ganz großen Krieg und – war er siegreich beendet – den Reichtum und den Ruhm, der den Einzigartigen gebührt.

Im Grunde ist die Tragödie der römischen Herrenkaste leicht zu entschlüsseln. Ihre großen Krieger hatten die Herrlichkeiten der absoluten Macht kennen- und lieben gelernt und verglichen sich, als sie beute- und ruhmbeladen aus immer ferneren Ländern heimkehrten, mit Alexander dem Großen. Ihre Standesgenossen, die sie im Senat wiedertrafen, erschienen ihnen ärmlich, beschränkt und unwissend. Jetzt wollten sie allein entscheiden und die Herren des Staates sein, jetzt sollte ihr Wort vor allen anderen Gehör finden. Ihr Anspruch auf Dankbarkeit und Wertschätzung, ihre Forderung nach neuen, großen Aufgaben und ihr Wunsch nach Unsterblichkeit passten sich der Dimension des Weltreiches an, das sie eroberten. Die neu Hinzudrängenden sahen und lernten, dass wirkliche Macht nur durch Krieg und Ausbeutung zu erringen war. So unterwarfen sie die Außenpolitik ihrem Zugriff und türmten immer ungehemmter große Militärkommandos aufeinander. Von Lucullus, der in den 60er Jahren im Osten kämpfte, erzählte man sich, er habe nach dem Sieg über Armenien davon geträumt, «drei Könige nacheinander niederzuringen und unbezwungen und unbesiegt die drei größten Reiche unter der Sonne zu durchziehen».[11] Wer so dachte und handelte, wurde zur tödlichen Gefahr für die Republik und forderte sie zum Zweikampf um die alleinige Macht.

Die Proskriptionen der Triumvirn waren Teil dieses Ringens und zugleich Ausdruck der Hilflosigkeit, anders als im Kampf um alles oder nichts die Streitfragen lösen zu können. Dies machte Antonius, Octavian und ihre Gegner zu Geiseln ihrer Soldaten. Sie verfügten wie kein Römer vor ihnen über die Mittel eines Weltreiches, um ihre Fehden auszutragen, aber nicht über die Möglichkeit, es einfach zu lassen. Kein auswärtiger Gegner, keine aufständische Provinz konnten sie zwingen, sich zu einigen. Unter der geltenden republikanischen Staatsordnung, kommentierte Anfang des 3. Jahrhunderts Cassius Dio den Konflikt des Jahres 42, konnte das römische Volk nicht mehr einträchtig miteinander leben. Denn eine «echte Demokratie, die zu einem mächtigen Reich herangewachsen ist, vermag sich nicht zu mäßigen; ihre Bürger hätten früher oder später Kämpfe ähnlicher Art begonnen und wären am Ende entweder versklavt oder vernichtet worden».[12] Erst als der General, der als Letzter übrigblieb, über die Ziele der Außenpolitik und die Regierung des Imperiums allein entschied und allein die Beute verteilte, konnte mit einer neuen politischen Ordnung auch eine neue politische Moral entstehen.

2. «Bei Philippi sehen wir uns wieder»

14 Tage im Herbst

Shakespeare liebte die Gespenster und ihre dramatischen Auftritte. Einen besonders eindrucksvollen räumte er dem Geist Caesars ein. In der Nacht vor der Schlacht von Philippi betritt er das Zelt des Brutus. Dem erstarrt das Blut, hört, sein böser Engel stehe vor ihm, ruft: «Weshalb kommst Du?», und erfährt, dass er ihn bei Philippi wiedersehen werde.[13] Shakespeare las die Geschichte bei Plutarch, der seine Biographie Caesars mit diesem Ereignis enden lässt. Beide, Plutarch und Shakespeare erfassten, dass nicht die Iden des März das Ende ihres Helden markierten, sondern der Tag, an dem seine Mörder erfahren mussten, dass ihr Tun umsonst war und der letzte Triumph ihrem Feind gehörte. «O Julius Caesar! Du bist mächtig noch, dein Geist geht um», rief Shakespeares Brutus, als alles verloren war. So war es, denn alle Opfer auch dieses Bürgerkrieges waren die seinen. Erst jetzt ging seine Diktatur über Rom wirklich zu Ende. Erst jetzt nahm ihn der Hades für immer auf.

Die antiken Historiker waren sich darüber einig. Appian machte die Rache für Caesars Tod zum Gliederungsprinzip seiner Darstellung der Begebenheiten von den Iden des März bis Philippi: «Wie die Attentäter ihre Strafe erlitten, zeichnen die folgenden Bücher auf.»[14] Und Sueton endete seinen Caesar mit ihrem Schicksal. Octavian tritt nicht auf. Die Rache war zu einer Schicksalsmacht geworden, die sich jenseits von ihm und Antonius mit der Konsequenz eines göttlichen Strafgerichtes vollzogen hatte.

Die Abfolge der Ereignisse der Jahre 43 und 42 enthält nichts Ungewöhnliches. In den Monaten nach der Gründung des Triumvirats arbeiteten die Waffenschmieden dies- und jenseits der Adria unter äußerster Anspannung, pressten die Steuereintreiber die letzten Reserven aus den

Abb. 6 Die Via Egnatia bei Philippi. Im Jahre 148 wurde Makedonien als Provinz eingerichtet und seine Bewohner, deren letzter bedeutender König Philipp V. noch fünfzig Jahre vorher von der Wiederherstellung des Reiches Alexanders geträumt hatte, römische Untertanen. Wenige Jahre später trieben römische Pioniere die Via Egnatia durch das Land. Von den illyrischen Häfen Epidamnos und Apollonia ausgehend durchquerte sie die Balkanhalbinsel und erreichte Thessalonike; ihre Verlängerung führte durch Thrakien nach Byzanz. Damit war eine direkte (und einzige) Landverbindung zwischen dem Adriatischen und dem Ägäischen Meer geschaffen und das Tor zum asiatischen Kontinent aufgestoßen. Auf dieser Straße marschierten im Oktober 42 dreiundvierzig Legionen aufeinander zu: Die einen, geführt von den Caesarmördern Brutus und Cassius, hatten bei Sestos den Hellespont überschritten und drangen in Thrakien ein, die anderen, kommandiert von Antonius und Octavian, waren in Illyrien gelandet, hatten Makedonien durchquert und stießen bei Philippi auf ihren Gegner.

geschundenen Städten, warben die Rekrutierungsoffiziere jeden tauglichen Mann. Widerstand war unmöglich oder töricht, wie das Schicksal der lykischen Städte zeigt. Als sie sich gegen die Zumutungen wehrten, sprengten die Belagerungsmaschinen des Brutus die Stadttore des Hauptortes Xanthos. Bar jeder Hoffnung steckten die Bewohner ihre Stadt in Brand und stürzten sich in die Flammen. Brutus soll bei dem Anblick geweint haben wie einst Scipio Aemilianus bei der Zerstörung Karthagos im Jahre 146. Cassius eroberte inzwischen Rhodos und nahm den Bewohnern alles.[15] In Italien und den Westprovinzen wiederholten sich die Bilder. Wie unter Caesar war der Bürgerkrieg zum Weltkrieg geworden und ruinierte den Wohlstand der Provinzen.

Im Sommer 42 führten Antonius und Octavian fast 100 000 Mann auf die Balkanhalbinsel. Ende Oktober stießen sie in Nordwestgriechenland bei Philippi auf die etwa gleich starke Armee der Republikaner. Der Sieg gehörte nach 14tägigen schweren Kämpfen ihnen. Cassius und Brutus nahmen sich das Leben; über den Körper des Brutus warf Antonius seinen Mantel – er liebte die große Geste. Den Kopf warfen später Soldaten in Rom vor die Bildsäule Caesars. Die geschlagenen Truppen wurden zu gleichen Teilen in die Armeen ihrer Bezwinger eingegliedert. Der tote Diktator durfte mit dem Werk seines Sohnes und seines Generals zufrieden sein.

Brutus und Cassius verkörperten, worum es den Männern ging, die sich gegen Caesar erhoben. Ihr Platz an seiner Seite war dank ihrer Verdienste und dank seiner Gnade herausragend. Aber ihr Aufstieg war nicht das Resultat unbedingter Treue zu sich und den eigenen Idealen, sondern eine Abfolge von Anpassungen an die Wünsche und Befehle des Diktators gewesen, auf die sie keinen oder nur geringen Einfluss nehmen konnten. So tauschten sie, als sie sich verschworen, eine glänzende Zukunft gegen ein ungewisses Schicksal ein, weil ihre Welt nicht die von Lohn und Gehorsam, sondern von Herrschaft und Kampf war. Caesar gab ihnen Reichtum und Ämter, nach denen sie wie alle ihre Standesgenossen gierten. Aber er stellte Bedingungen, während sie beides ungehemmt und in gewohnter aristokratischer Selbstherrlichkeit wollten. Sie waren habsüchtig, ehrgeizig, gewalttätig und hochmütig, wie es den Herren der Welt geziemte. Aber sie waren keine Helfer, sie wollten selbst sein wie Caesar: «Wir wünschen», schrieben Brutus und Cassius im Juni 44 an Antonius, «wir wünschen dich in einem freien Staate groß und geehrt zu sehen, wollen nicht deine Feinde sein, aber wir stellen unsere Freiheit höher als deine Freundschaft.»[16] Diese gab zweifellos viel, jene aber versprach unendlich viel mehr, vor allem das wunderbare Gefühl, nach eigenem Ermessen Entscheidungen treffen zu können. Dafür hatten sie Caesar umgebracht und reinen Gewissens von der Wiederherstellung der Verfassung der Väter gesprochen. «Freiheit», hieß die Parole, die sie bei Philippi an ihre Truppen ausgaben. Es war die Freiheit der großen Adelshäuser von jeder Bevormundung.

Die Nachwelt tat sich mit ihrem Urteil schwer. Solange die Julier an der Macht blieben, und das waren sie bis Neros Tod 68 n. Chr., durfte niemand wagen, die Mörder des Stammvaters zu rühmen. Vergessen waren sie nicht. 64 Jahre nach der Schlacht von Philippi starb in Rom neunzigjährig Iunia, die Schwester des Brutus und die Gattin des Cassius. Die Beisetzung fand mit dem üblichen Pomp statt und die Ahnenbilder von zwanzig großen Familien wurden dem Leichnam vorangetragen. «Aber über allen», berichtet Tacitus, «strahlten Cassius und Brutus gerade deshalb, weil ihre Bildnisse nicht zu sehen waren.»[17]

Als das Imperium längst dahin war, brachen die Anhänger der Monarchie den Stab über sie, und die Revolutionäre huldigten ihnen. Zu den Ersten zählte Dante, der sie in den tiefsten Kreis der Hölle verbannte. Dort, wo alles zu Eis erstarrt ist, regiert Luzifer, der Herr des Schattenreiches. Ausgestattet mit drei Gesichtern, einer Fratze der himmlischen Dreieinigkeit, vollstreckt er das Strafgericht Gottes:

> «In jedem Maul zermalmten seine Zähne,
> wie man den Flachs bricht, einen Sünder, so
> dass drei zugleich er auf der Folter hatte. …
> ‹Die schwerste Pein dort oben leidet dieser.
> Judas Ischariot ist es›, sprach mein Meister …
> ‹Der an der schwarzen Fratze Baumelnde
> ist Brutus, schmerzverkrümmt, und spricht kein Wort.
> Der andre, stark gebaut, ist Cassius.»[18]

Der Verräter des göttlichen Sohnes und neben ihm, ewiger Pein ausgeliefert, die Mörder des ersten von Gott bestimmten Kaisers – entschlossener ist das Urteil über die Verschwörer gegen das Leben Caesars nie wieder gefällt worden. Denn sie sind Sünder: Wie Judas die himmlische, so haben sie die von Gott verfügte irdische Ordnung verraten.

Was für Dante noch gewiss war, ist längst zweifelhaft geworden. Die Weltgeschichte hat ihre Rolle als Weltgericht ausgespielt, und Sieg oder Niederlage bestimmen nicht mehr allein das Urteil der Nachwelt. Die Dichter führte dies zurück zu ihrem großen Lehrmeister Homer. Er pries die Taten der Trojaner nicht weniger als die der Achäer und rühmte Achill nicht weniger als Hektor. Diesem Vorbild folgte Shakespeare. Er setzte dem Mörder Brutus, *the last of all the Romans*, ein unzerstörbares Denkmal, als er ihn darauf beharren ließ, Caesar nicht aus Eigennutz, sondern um der Gerechtigkeit willen getötet zu haben. An der unbeirrbaren Redlichkeit dieses Mannes, so will es Shakespeare, zerschellten alle Einwände und alle Drohungen:

> «Denn ich bin so bewehrt in Redlichkeit,
> dass sie vorbeiziehen wie der leere Wind,
> der nichts mehr gilt.»[19]

Der Achill der Herbsttage des Jahres 42 aber hieß Antonius. Seine Taktik, sein Mut und die Leidensfähigkeit seiner Legionäre hatten die Entscheidung erzwungen. Octavian, schwer erkrankt und in den Kämpfen fast ums Leben gekommen, musste sich mit dem Teil der Beute zufriedengeben, die ihm Antonius zuwies. Dieser nahm sich, nachdem Oberitalien (*Gallia cisalpina*) dem römischen Staatsgebiet zugeschlagen wurde, die gallischen Provinzen und die Länder des Ostens.

Die Aufgaben dort forderten allerdings einen zweiten Herkules. Zunächst kam Antonius nicht umhin, den seit Jahrzehnten schwer gebeutelten Provinzen und Klientelfürsten die Reichtümer abzupressen, die die Triumvirn ihren Armeen versprochen hatten. Dann waren die politischen Verhältnisse neu zu ordnen, nachdem viele kleine und große Gewalthaber in Kleinasien und Syrien die Wirren des Bürgerkrieges genutzt und die Grenzen ihrer Territorien selbstherrlich verschoben hatten. Auf den Meeren vagabundierten die Flotten des Brutus und Cassius; ihre Admiräle, Domitius Ahenobarbus und Staius Murcus, dachten nicht an Kapitulation. Schließlich drohten die Parther mit Krieg, und niemand konnte wissen, wie viel Rückhalt ihr Angriff in den Gebieten finden würde, auf denen die römische Hand allzu schwer gelastet hatte. Antonius machte sich keine Illusionen: Es würde ihn Jahre kosten, um alle Streitfragen zu lösen. So machte es durchaus Sinn, dem ungeliebten Bundesgenossen Italien und die dort aufgehäuften Probleme zu überlassen.

Die Unersättlichkeit der Veteranen

Zu ihnen gehörten die Rückgewinnung der verlorenen spanischen Provinzen und die Weisung, Sextus Pompeius zu zähmen. Diesem hatte der Krieg der Caesarianer gegen Cassius und Brutus reichen

Ertrag gebracht, konnte er doch ungehindert Sizilien und Sardinien besetzen. Seine Flotten kreuzten jetzt ungehindert im westlichen Mittelmeer und blockierten die Getreidezufuhr in die Hauptstadt, wann immer es ihnen gefiel. Ohne den Bau und die Bemannung einer Kriegsflotte war daran nichts zu ändern – es sollte Jahre dauern, bis dies gelang. Auch die zweite Aufgabe warf schier unlösbare Schwierigkeiten auf: Octavian sollte in Italien die entlassenen Soldaten, etwa 60 000, ansiedeln und damit eine schon beim Abschluss des Triumvirats getroffene Vereinbarung erfüllen. Ungeduld und Misstrauen der Abgemusterten ließen nicht zu, dies sorgfältig zu planen oder gar schonend ins Werk zu setzen.

Damit erfüllte sich das Schicksal achtzehn blühender Städte, unter ihnen Ariminum, Bononia, Capua und Benevent, deren Bewohner Haus und Hof neuen Besitzern zu übergeben hatten.[20] Noch einmal litt Italien wie eine geschundene Provinz, noch einmal kehrten alte Schreckensbilder zurück. Denn bereits Sulla hatte seinen Altgedienten weite Ländereien in Etrurien und Samnium ausgeliefert und sie dort in geschlossenen Verbänden angesiedelt. Später war es Caesar, der im August 47 jedem Veteran, der in Italien bleiben wollte, einen eigenen Bauernhof versprach.

Jetzt, unter Octavian, dem keine Zeit blieb, nach Alternativen zu suchen, glaubten viele, ein neuer Sulla führe noch einmal Krieg gegen die eigene Heimat und das militarisierte Proletariat zerre alles an sich, was es als gerechten Lohn für die lange Qual seines Kriegseinsatzes zu fordern hatte. Den von Haus und Hof Vertriebenen mochte es scheinen, dass nicht nur der Mensch dem Menschen ein Wolf, sondern dass jeder dem anderen ein Teufel und die Hölle bereits auf Erden ist:

> «Dazu, o Lycidas, lebten wir also, dass uns ein Fremdling
> Als unsres Gütchens Besitzer (wer konnte sich so etwas denken?)
> Sage: ‹Dies ist mein, ihr Eingesessenen packt euch!›
> Traurig und bedrückt, weil alles der Zufall nur lenket,
> Bringen wir ihm dieses Böcklein hier – und unseren Fluch mit!»[21]

Die Heimkehrer aus dem Osten hörten auf solche Flüche nicht. Sie stiegen in den Adria-Häfen aus den Transportschiffen, wild entschlossen, sich durch nichts und niemanden das versprochene Stück Land in Italien abluchsen zu lassen. Jetzt war Zahltag. Die Triumvirn hatten ihn schon vor Kriegsbeginn ihren Truppen versprochen, und nach dem Sieg ihr Wort auch den Überlebenden der bei Philippi Geschlagenen verpfändet. Im Grunde hatten sie keine Wahl, wollten sie nicht ehemalige Soldaten zu einem Leben als Vagabunden verurteilen, die ihre Dienste jedem anbieten würden, der willig und fähig war, sie zu bezahlen. Denn der Krieg hatte sie als Einziges gelehrt, andere Männer zu töten, ehe sie getötet wurden, immer im Namen einer großartigen Sache wie der Freiheit der Republik oder der Rettung des Staates oder der Ehre eines Feldherrn.

Willkommen waren sie nirgends. Viele erlebten, dass ihnen die, die sie im Namen des Vaterlandes in den Kampf geschickt hatten, ins Gesicht spuckten, als sie am eigenen Leib erfuhren, welchen Lohn sie forderten. Teilen wollte niemand, im Gegenteil. Dort, wo die Enteignungen nur schleppend vorankamen, griffen die Soldaten zur Selbsthilfe, vertrieben die alten Eigentümer und nahmen sich mit Gewalt, was ihnen brauchbar schien. Sie unterschieden sich in nichts von den Landsknechten Caesars, die schon krakeelt hatten, als sie von den großzügigen Spielen und Spenden hörten, mit denen der Diktator nach seinem Sieg im Spanischen Krieg die Plebs der Hauptstadt verwöhnt hatte.[22] Octavian traf es härter. Als er versuchte, den Grundbesitz der kleinen Leute und der Senatoren von der Verteilung auszunehmen, kam es zu schweren Tumulten, die ihn fast das Leben kosteten.

Das abgemusterte Offizierskorps war nicht minder raubgierig als der Soldat, obwohl es zumeist den alten Eliten angehörte. Schon Cicero malte einen sehr lebendigen Teufel an die Wand, als er dem Senat schilderte, wie sich nach einem Sieg des Antonius dessen Offiziere die Villen und Parks in Tusculum, Alba, Puteoli und anderswo aufteilen würden; in der Sache hatte er die Träume vieler Offiziere richtig analysiert, die – wie er seinem Schreckensbild hinzufügte – seit langem begriffen hatten, «auf welchem Wege selbst Bettler reich werden können».[23]

Viele der betroffenen Städte setzten sich zur Wehr. Ihre Magistrate forderten eine gleichmäßige Verteilung der Lasten, Hunderte Grundbesitzer demonstrierten in Rom, unterstützt von der hauptstädtischen Plebs, die das undurchschaubare Treiben der Triumvirn fürchten gelernt hatten. Tausende waren auf der Flucht, lange Elendszüge der Vertriebenen, marodierende Räuberbanden und plündernde Militärs drohten das Land vollends ins Chaos zu stürzen. Octavian, dessen Geldgeschenke einst die Massen bejubelt hatten, traf als Urheber allen Übels der Abscheu der Geschundenen.

3. Die Spaltung des Reiches

Bruderkrieg und Herrschaftsteilung: Das Abkommen von Brundisium

Warum also nicht versuchen, ihn für immer loszuwerden, schien doch die Gelegenheit so günstig wie nie? Die Initiative ergriffen Anfang des Jahres 40 die Anhänger des Antonius, angeführt von seinem Bruder Lucius, dem amtierenden Konsul, und Fulvia, der Gattin des Antonius.[24] Sie wagten das große Spiel auf eigene Faust, wiegten sich aber in der trügerischen Sicherheit, die Interessen des Siegers von Philippi zu wahren und daher im Falle ernster Schwierigkeiten mit seiner Hilfe rechnen zu können. Um die Unterstützung der vom Staat Beraubten und der Zivilbevölkerung Italiens brauchten sie nicht zu betteln, sie kam aus vollem Herzen. Auch der Senat schlug sich auf die Seite des Konsuls, als dieser die Abschaffung des Triumvirats in Aussicht stellte. Sextus Pompeius brachte mit seiner Blockade der italischen Häfen den Hunger als Verbündeten. Militärisch wähnten sich Lucius und Fulvia ohnehin im Vorteil. Dem Konsul gehorchten sechs Legionen, sieben weitere standen unter dem Befehl des Asinius Pollio in Norditalien und elf in Gallien unter Fufius Calenus. Dies war eine Streitmacht, der Octavian nichts Vergleichbares entgegenzusetzen hatte – vorausgesetzt, sie kämpfte, vorausgesetzt, Sextus Pompeius war zu einem gemeinsamen Vorgehen gegen Octavian zu bewegen.

Was so fein eingefädelt schien, zerriss schon bei der ersten Bewährungsprobe. Octavian zog im letzten Augenblick den Kopf aus der Schlinge. Ihr wäre er nicht entkommen, hätten die Truppen der Antonianer mit Sextus Pompeius gemeinsame Sache gemacht. Es retteten ihn die Vorurteile des auf seine Abkunft unmäßig stolzen Sextus, der nicht mit der zweiten Garnitur des Antonius zu verhandeln gedachte. Hinzu kamen die Skrupel der Generäle Pollio und Calenus, die nicht gewillt waren, ohne ausdrückliche Befehle aus dem Osten in Italien Krieg zu führen. Die Veteranen schließlich hielten zu Octavian, als sie das doppelte Spiel seiner Gegner durchschauten, die ihre politischen Fähnchen in den Wind hielten und heute nach schneller Landverteilung und morgen nach den Rechten der Enteigneten riefen. Dies, da war sich die kämpfende Truppe mit ihren entlassenen Kameraden einig, gefährdete ihren Lohn und schmälerte die Aussicht auf Versorgung –

Karte 2 Enteignete Städte Italiens nach 42

Gründe genug, das Schwert in der Scheide zu lassen und auf eine Einigung der Streithähne zu drängen. Wiederum bildeten sich Offiziersräte und luden die Parteien vor ein Schiedsgericht. Sie erhielten den Bescheid, den Soldaten sei das in Philippi versprochene Geld auszuzahlen und die Versorgung der Entlassenen müsse energisch betrieben werden; zwei Legionen der Antonianer seien dem Octavian für den Krieg gegen

Sextus abzutreten – Forderungen, unannehmbar für Lucius Antonius und Fulvia.

So kam es zum Krieg. Lucius verschanzte sich im festen Perusia (Perugia), bedrängt von Octavian, dessen Truppen die Stadt einschlossen. Entsatzarmeen des Pollio und des Ventidius Bassus zeigten sich am Horizont, griffen aber nicht ein. Sie hatten noch immer keine Anweisungen aus dem Osten und ihre Soldaten waren unzuverlässig. Warum sollten sie auch für Lucius, der für die italischen Grundbesitzer eintrat, ihre Haut zu Markte tragen, mochte er auch noch so laut schreien, er kämpfe für seinen Bruder Marcus, ihren Abgott. Ende Februar 40 kapitulierte der allein gelassene Konsul. Der Sieger, dem nichts daran gelegen sein konnte, Marcus Antonius in die Rolle des Rächers zu drängen, nahm den Besiegten mit allen Ehren auf und schickte ihn als Statthalter nach Spanien, wo er wenig später starb. Auch Fulvia blieb ungeschoren und erhielt freies Geleit nach Athen. Perusia aber traf der ganze Zorn des Siegers. Die Stadt, zur Plünderung frei gegeben, versank in Schutt und Asche. Die Ratsherren der Stadt fielen unter dem Beil des Henkers und die römischen Vornehmen, die nicht rechtzeitig die Flucht ergriffen hatten, gleich mit ihnen. Später verbreitete man Geschichten von weiteren Gräueltaten: So sollen an den Iden des März 300 Senatoren und Ritter am Altar des vergöttlichten Caesar geopfert worden sein.[25]

Die Niederlage machte die Gegner nicht mutlos, blieb doch die Lage Octavians verzweifelt schlecht. In Afrika und Spanien tobten Aufstände, Pompeius war nach wie vor der Herr der See, die Heeresverbände des Pollio und Calenus, die Perusia seinem Schicksal überlassen hatten, lagerten unbesiegt an der Adria und blieben unberechenbar, in weiten Teilen Italiens regierte die nackte Gewalt und die Hauptstadt hungerte. Die größte Gefahr aber drohte aus dem Osten, denn von dort nahte mit starken Truppenverbänden der große Antonius. Er verbündete sich mit Sextus Pompeius und belagerte Brundisium, entschlossen, von den Trümmern seines Einflusses im Westen zu retten, was zu retten war.

Noch einmal halfen dem Sohn Caesars das Glück und die Götter. Im Sommer starb in Gallien der Prokonsul Calenus. Sein Sohn übergab ohne Schwertstreich Provinz und elf Legionen, voll Furcht vor Octavian, der seine Beute witterte und eilends heranrückte. Im Herbst, als vor Brundisium der entscheidende Waffengang drohte, meuterten auf beiden Seiten die Legionen, müde des endlosen Bruderkampfes. Ihre Centurionen hatten in den Kriegen der vergangenen Jahre gelernt, nicht nur Krieger, sondern auch Geschäftspartner ihrer Feldherren zu sein. Was ihnen an diplomatischer Kunst fehlte, ersetzten sie durch Entschlossenheit. Der alte Zwist, so erklärten die Abgesandten beider Heere, müsse vergessen werden und die Zukunft der Freundschaft gehören. Antonius und Octavian fügten sich, zähneknirschend der eine, erleichtert der andere. So mussten nur die Details der Einigung festgelegt werden, und dies war Sache der Diplomaten. Asinius Pollio, der für Antonius, und Maecenas, der für Octavian verhandelte, legten schriftlich fest, was die von den Legionen geforderte Freundschaft dauerhaft begründen sollte.[26]

In Italien, so wollte es die Übereinkunft, sollte es allen Triumvirn möglich sein, Truppen auszuheben. Dies las sich als großes Zugeständnis Octavians, war aber schon an dem Tag, an dem Antonius in den Osten zurückkehrte, das Papier nicht wert, auf dem es stand. Dem Herrn des Westens konnte nichts daran gelegen sein, in den italischen Städten Rekrutierungsoffiziere die Trommeln für Kriegsdienste in fernen Ländern und für fremde Feldherren schlagen zu lassen. Warum sollte er einen Mann unterstützen, der eines nicht zu fernen Tages erneut zum Gegner werden konnte und dem die Soldaten nicht ein zweites Mal in den Arm fielen, wenn er zum tödlichen Schlag ausholte? Zudem: Octavian hatte mit Sextus Pompeius einen Gegner im Nacken, der aus der Welt geschafft werden musste, wollte er in Italien und den Westprovinzen dauerhaft herrschen.

Das Reich wurde neu geteilt. Octavian erhielt alle westlichen Provinzen mit Ausnahme Afrikas, das mit zehn Legionen erneut an Lepidus fiel. Der Krieg gegen Sextus blieb seine, die Bezwingung der Parther die Aufgabe des Antonius. Dieser nahm sich die Provinzen des Ostens; die Grenze beider Machtbereiche zog sich durch die Adria und erreichte bei Tripolis die nordafrikanische Küste. Die neue Brüderlichkeit besiegelte die Hochzeit des Antonius mit Octavia, der Schwester Octavians. Als Morgengabe lieferte der Schwager Salvidienus Rufus aus, offenbar in der irrigen Hoffnung, solche Akte der Ritterlichkeit zählten noch. Salvidienus hatte, von der Aussichtslosigkeit der Position Octavians überzeugt, insgeheim mit dem Stärkeren verhandelt; er büßte nun den Verrat mit dem Tod.

Als der Kontrakt unterzeichnet wurde, hatte sich der soldatische Diener zum Herrn aufgeschwungen. Wer immer am Ende das Erbe Caesars antrat, musste um jeden Preis diesen Tag vergessen machen, wenn seine Herrschaft Bestand haben sollte.

Der Verlierer der Einigung hieß Antonius. Die Einbuße der gallischen Provinzen konnte er verschmerzen, da die dort stationierten Legionen

Abb. 7 Octavia, Schwester des Augustus und Gemahlin des Antonius, dargestellt auf einer Goldmünze des Antonius (geprägt in Ephesos 40 v. Chr.). Die Haartracht entspricht der damaligen römischen Mode.

Marschbefehle in den Osten erhielten und befolgten. Kaum zu ertragen für den Sieger von Philippi aber war die Einbuße an Autorität bei seinen Soldaten. Meutereien hatte es in den Jahrzehnten nach Sulla immer wieder gegeben, und selbst der große Caesar war davon nicht verschont geblieben. Er aber hatte immer die Oberhand behalten und Aufrührer auf die Knie gebracht. Sein General hingegen, der jetzt das Schiff nach Osten bestieg, kommandierte von nun an eine Armee, die sich ihrer Macht bewusst geworden war.

Octavian hingegen konnte zufrieden sein. Zwar blieb ihm Pompeius im Nacken, und das Elend Italiens hing wie ein Damoklesschwert über ihm. Aber er hatte überlebt, seine Regimenter waren intakt geblieben, und der überlegene Gegner hatte im Osten Aufgaben vor sich, die ihn auf Jahre hinaus von Italien fernhielten. Verräter brauchte er vorerst nicht zu fürchten, da der tote Salvidienus Nachahmer abschreckte. Freunde im Lager des Antonius hatte er wenige, aber die Schwester wog dies auf. Octavia stand loyal zu Bruder und Gatten und konnte daher in Streitfällen immer wieder schlichtend eingreifen; sie bürgte für eine Zeit des Friedens. Es schien, als wiederhole sich die Geschichte der 50er Jahre. Damals hatte Caesars Tochter Julia bis zu ihrem Tod im September 54 alles getan, um das Bündnis zu festigen, das ihr Vater mit ihrem Mann, dem großen Pompeius, geschlossen hatte. Jetzt war es an Octavia, den Sohn Caesars und dessen General im Zaum zu halten.

Das geteilte Imperium

Das Triumvirat vom November 43 war der akuten militärischen Machtverteilung geschuldet und verschwand mit ihr. Geblieben war ein Duovirat, eine Miltärdespotie zweier Männer. Sie hatten die Welt unter sich aufgeteilt, ahnten aber schon beim Abschluss ihres Abkommens, dass es früher oder später nur einen Herrscher oder ein auf Dauer geteiltes Imperium geben konnte. Dies lag nicht daran, dass Antonius oder Octavian von Natur aus bösartig oder über das übliche Maß hinaus in die Macht verliebt gewesen wären. Es fehlte ihnen auch nicht der Wille zu einem vernünftigen Kompromiss, wenn es die Situation erforderlich machte und ein Konflikt zur Unzeit in Gewalt und Krieg umzuschlagen drohte. Selbst ein längerfristiger Ausgleich der Interessen, abgesichert mit den traditionellen Mitteln der Familienpolitik, schien lange möglich.

Am Ende aber hatte nichts davon Bedeutung. Die nackte Militärgewalt, die einzige unveränderliche Größe in einem unbeständigen Geflecht von objektiven Gegebenheiten und persönlichen Wünschen, verlangte immer gebieterischer den letzten Waffengang. Er kam keineswegs zufällig, als Ende 33 das Triumvirat auslief. Mit ihm fiel der letzte Schleier legitimer Macht und zeigte zwei bis an die Zähne bewaffnete Militärdespoten, deren Macht unermesslich und gänzlich illegitim geworden war.

Antonius war lange der Stärkere gewesen. Er konnte wählen zwischen der ungefährdeten Herrschaft als Gottkönig im Osten und der Unterwerfung seines Rivalen in Italien. Es obsiegte die Aussicht auf die Nachfolge Alexanders. So verstrich die historische Chance, über Octavian herzufallen, als dieser noch in inneren Querelen und in den Kampf gegen Sextus Pompeius verstrickt war. Als sich der Herr Italiens nach sieben schweren Jahren behauptet und seine Macht nicht mehr nur dem Terror, sondern auch dem wachsenden Einverständnis der Menschen verdankte, neigte sich die Waage zu seinen Gunsten.

IV. DER GEFANGENE DES MEERES

«Jüngst erst sah ich die Planken zertrümmert die Küsten bedecken,
Las nur zu oft auf den Gräbern, die leer, ohne Leichnam,
die Namen.» — *Ovid*

«Wer die See beherrscht, beherrscht den Handel der Welt, und wer den Handel der Welt beherrscht, dem gehören alle Schätze der Welt und tatsächlich die Welt selbst.» — *Walter Raleigh*

1. Mare nostrum

Rom war in Landkriegen groß geworden und hatte seit den Tagen Hannibals keine Invasion Italiens fürchten müssen. Die Kriegsschiffe erst der unteritalischen Bundesgenossen, dann auch die der Verbündeten in Griechenland, in Kleinasien und auf den Ägäischen Inseln übernahmen die Kontrolle des Meeres. Sie schützten die römischen Truppentransporter, die in Brundisium nach Griechenland ausliefen, und vertrieben feindliche Flotten. Dort, wo lange Seewege zu fürchten waren, bauten römische Pioniere Straßen, auf denen die Legionen auf die Schlachtfelder des Westens und Ostens marschierten. Die wichtigste wurde die *Via Egnatia*, die den Balkan von den illyrischen Häfen bis nach Thessalonike durchquerte und eine direkte Landverbindung zwischen dem Adriatischen und dem Ägäischen Meer schuf. Im südlichen Gallien war es die *Via Domitia*, die den Seeweg nach Spanien ersetzte.

Diese Politik entsprach dem Weltbild einer politischen Elite, die noch im Jahre 218 per Gesetz reich gewordenen Seehändlern die Tür des Senats verschlossen hatte. Die römischen Literaten und Dichter teilten einhellig die Auffassung Ciceros, dass die Nähe zum Meer die Menschen zu einem sittenlosen Leben verführe und daher Romulus zu preisen sei, der Rom nicht als Seestadt gegründet habe.[1] Was wunder, dass der Senat bis

Abb. 8 Das zwischen 37 und 32 geschaffene Marmorrelief stammt vom Sockel eines verlorenen Denkmals im Heiligtum der Fortuna in Praeneste. Es zeigt wahrscheinlich eine Parade der kombinierten Streitkräfte des Antonius. Zu ihnen zählte das abgebildete schwere Kriegsschiff der Flotte, bemannt mit schwerbewaffneten Seesoldaten und geschmückt mit einem Krokodil. Beide Kontrahenten, Antonius wie Octavian, hatten in den Jahren des Krieges gegen Sextus Pompeius gelernt, dass die Beherrschung der Seewege in einem weltweit geführten Krieg über Sieg oder Niederlage entscheiden musste.

in die 60er Jahre über keine nennenswerten Kriegsflotten verfügte. Kein Wunder auch, dass der römische Soldat den Kampf auf dem Meer verabscheute: «Ach, Imperator», rief ein Veteran dem Antonius am Ufer von Aktium zu, «warum setzt du deine Hoffnungen auf faules Holz? Lass Phöniker und Ägypter auf schwankenden Brettern kämpfen, uns gib festen Boden unter die Füße; dort werden wir sterben oder siegen.»[2]

Antonius schwieg. Wie hätte er auch einem alten Soldaten erklären sollen, dass sich die Welt und der Krieg gründlich geändert hatten, als die hellenistischen Königreiche zusammenbrachen und ihre Schiffe in den Häfen verrotteten. Damit begannen fette Jahrzehnte für die Seeräuber. Zu Beginn des ersten Jahrhunderts gerieten die Dinge mehr und mehr außer Kontrolle: Ganze Flottenverbände der Piraten kontrollierten die Seestraßen und griffen selbst die Städte der italischen Westküste an. Es gab niemanden mehr, der ihnen gefährlich werden konnte, da Rom von dem wilden Treiben profitierte. Denn als der Krieg den Bedarf an Sklaven in Italien nicht mehr decken konnte, sprangen die Seeräuber ein. Ohne politische Rücksichten nehmen zu müssen und im stillen Einvernehmen mit den römischen Großgrundbesitzern jagten sie an allen Küsten des Mittelmeeres Menschen und Schiffe.

Maßhalten ist keine Tugend, die Piraten auszeichnet. So kam der Tag, an dem ihre immer dreister werdenden Raubzüge den Herrschaftsanspruch Roms lächerlich machten und das königliche Selbstverständnis seines Adels verhöhnten. Warum sollte ein Kaperfahrer auch feine Unterschiede machen? Ein römischer Gefangener zahlte für seine Freiheit so gut wie ein syrischer Kaufmann, ein römisches Handelsschiff war eine ebenso fette Beute wie ein griechisches, und ein Transporter, der mit Nachschub für die Truppen den Hafen von Brundisium verließ, versprach nicht minder üppige Beute wie ein ägyptisches Getreideschiff aus Alexandria. Auf Dauer war dies eine Rechnung ohne den Wirt, aber warum schon ans Bezahlen denken, wenn das Fest auf seinem Höhepunkt ist?

Es war zu Ende, als Pompeius nach seinem Konsulat Anfang der 60er Jahre den großen Krieg suchte. Er fand ihn auf dem Meer. Die Sicherheit der Küsten, erklärte er seinen Standesgenossen, sei nur unter zwei Bedingungen zu haben: langfristig durch die militärische Besetzung der wichtigsten Küstenabschnitte des Mittelmeers, um den Piratengeschwadern die Häfen zu verschließen, kurzfristig durch die Einrichtung eines umfassenden Kommandos, das mehr als eine Provinz umfasste und zeitlich nicht an die übliche Jahresfrist gebunden war. Pompeius erhielt es im Januar 67, obwohl er nur wenige von seinem Vorhaben überzeugen konnte. Die schweren Auseinandersetzungen darum enthüllten den Preis, der für die Herrschaft über das Meer zu entrichten war. «Wenn einem alles zuzuerkennen wäre», rief im Senat der angesehene Hortensius, «so ist Pompeius der Würdigste; aber es darf nicht alles einem übertragen werden.»[3]

Aus der Sicht der inneren Stabilität der Republik traf der Satz ins Schwarze. Aus der Sicht des Imperiums aber war er töricht. Denn Piraterie konnten damals wie heute nur weiträumige Operationen von See- und Landstreitkräften eindämmen. Die Macht des Feldherrn jedoch, der sie durchführte, bedrohte den Anspruch des Senats auf die alleinige Führung des Staates und damit die Ordnung der Republik. Und dies wog in den Augen der Senatsmehrheit schwerer als die wachsende Anarchie auf den Meeren.

Das Imperium und alle, die an ihm verdienten, setzten sich durch. Ausgestattet mit außerordentlicher Befehlsgewalt feierte Pompeius Erfolge, die die römische Öffentlichkeit staunen machten. Binnen weniger Monate brannten an allen Küsten die Stützpunkte der Piraten und Hunderte ihrer Schiffe sanken auf den Grund des Meeres. Erst jetzt beherrsche Rom tatsächlich das Mittelmeer vom Ozean bis zum Pontos «wie einen sicheren und geschlossenen Hafen», jubelte Cicero, berauscht von den Siegesmeldungen. Pompeius sah es nicht anders. Im Tempel der Venus Victrix ließ er eine Weihinschrift anbringen, die ihn als Eroberer der Welt preist, der die Ozeane befreit, die Bundesgenossen geschützt und «die Grenzen des Reiches bis an die Enden der Erde vorgeschoben und die Einkünfte der Römer teils gerettet, teils vermehrt hat».[4] Und eine in den 50er Jahren geprägte Münze zeigte auf der Bildseite das Vorderteil eines Schiffes als Zeichen des Sieges über die Piraten und eine Kornähre als Symbol der sicher gewordenen Getreideversorgung der Hauptstadt.

Der im Januar 49 ausbrechende Bürgerkrieg beseitigte in Rom jeden Zweifel an der Wichtigkeit des Meeres. Pompeius war sich sicher, «dass der, welcher die See beherrscht, notwendigerweise den Krieg gewinnt».[5] Es kam damals anders, doch war dies allein der Tollkühnheit Caesars zu danken, der gegen alle Regeln der Seefahrt seine Truppentransporter im Januar 48 über die Adria schickte, die Patrouillen der feindlichen Geschwader täuschte und seine Legionen in den epirotischen Häfen ungefährdet an Land brachte. Von diesem Tag an bevölkerte sich das Meer in bisher unbekanntem Maß mit Kriegsflotten, deren Admiräle sich dem staatlichen Befehl häufig entzogen und vielfach auf eigene Faust und eigene Rechnung operierten. Die Korsaren feierten ihre Wiederauferstehung und ihre Kapitäne stiegen in die Kommandostäbe der Bürgerkriegsgegner auf. Wer immer in den kommenden Jahren des Bruderkrieges überleben wollte, hörte auf ihren Rat und hofierte sie, so schwer es auch fiel. So bat Octavian den Piraten Menodoros an seine Tafel, erhob ihn zum Ritter, ernannte ihn zum Legaten seines Flottenführers Calvisius Sabinus und befolgte den Rat, seine Geschwader durch gepanzerte Großkampfschiffe zu ergänzen.

Vor allem aber hielt man nach Ruderern, Häfen, Werften und Kriegsschiffen Ausschau. Denn ohne Begleitschutz für die Transportschiffe waren Truppenverschiebungen, die Versorgung der Legionen und die Ernährung der Menschen in den Städten Italiens zum Glücksspiel geworden. Die Entscheidung über die Zukunft Roms fiel daher nicht zufällig auf dem Meer. In den Kämpfen der 30er Jahre stießen in den Seegefechten von Naulochos und Aktium Hunderte Kampfschiffe aufeinander. Ihre Kapitäne machten am Ende den Sohn Caesars zum Herrn Roms.

2. Sextus Pompeius, der Sohn Neptuns

Der Aufstieg im Schatten der großen Politik

Nach Caesars Tod überwachten die Flotten des Sextus Pompeius das westliche Mittelmeer. Dieser Sohn des großen Pompeius hatte im Oktober 46 mit seinem älteren Bruder Gnaeus in Spanien den letzten Widerstand gegen Caesar organisiert, im März 45 jedoch bei Munda kapituliert. Die Häscher erschlugen seinen Bruder auf der Flucht und stellten seinen Kopf auf dem Marktplatz von Hispallis (Sevilla) zur Schau. Er selbst tauchte bei alten Freunden seines Vaters unter, sammelte die nach Munda versprengten Truppen und führte im Tal des heutigen Guadalquivier einen Guerillakrieg, dem die Statthalter Caesars hilflos zusahen. Nach dem Tod des Diktators öffneten ihm die südlichen Hafenstädte die Tore, während seine Truppen durch entwurzelte Abenteurer, Überläufer, geflohene Sklaven und Freibeuter weiter verstärkt wurden. Die Nachrichten von seinen Erfolgen fanden in Rom aufmerksame Zuhörer. Im Frühjahr 43 erreichten ihn Lockrufe Ciceros und des Senats, die ihm ein umfassendes Flottenkommando zur Bekämpfung der caesarischen Staatsfeinde anboten. Der Traum des Verfemten, Vermögen und Ansehen der Familie in Rom wiederherstellen zu können, schien in greifbare Nähe gerückt. Es sollte ein Traum bleiben, wie vieles andere in den kommenden Jahren. Denn weder Antonius noch Octavian dachten daran, dem von Caesar zum Freiwild Erklärten einen Platz an der Sonne einzuräumen; sie hätten bei ihrer ohnehin arg strapazierten Gefolgschaft jeden Kredit verspielt. So stieß das im September 43 vom Konsul Quintus Pedius erlassene Gesetz Sextus zurück in den Kreis der Geächteten.[6]

Geschadet hat ihm dies nicht. Seine Flotten beherrschten weiterhin unangefochten die See und bewiesen bereits wenige Monate nach der Bekanntgabe der lex Pedia, wozu sie fähig waren. Im Winter 43/42 eroberten sie Sizilien und damit die Insel, von der aus sich der gesamte

Abb. 9 Münze des Sextus Pompeius. Vorderseite: Sextus mit der Umschrift *MAG(nus) Pius IMP(erator) ITER(um)*; Rückseite: Pompeius der Große, der Vater des Sextus, und sein Sohn Gnaeus, den im April 44 die Häscher Caesars nach der Schlacht von Munda getötet hatten; die Umschrift betont die Legalität der Sextischen Seemacht: *PRAEF(ectus) CLAS(sis) ET OR(ae MARIT(imae) EX S(enatus) C(onsulto)*, «Durch Senatsbeschluss [im Frühjahr 43] Präfekt der Flotte und der Küsten des Meeres». Die Münze hebt, ganz im Sinne der aristokratischen Tradition, die Bindung (*pietas*) des Sohnes zum Vater und zur Familie hervor.

Handelsverkehr im westlichen Mittelmeer kontrollieren ließ und von der die italischen Küsten verheert werden konnten, wann immer man es wollte. Der Versuch, die Insel zurückzuerobern, scheiterte kläglich. Vergeblich mühten sich die unerfahrenen Kapitäne Octavians, ihre Schiffe durch die gefährlichen Strömungen der Straße von Messina zu manövrieren und in Rhegion Invasionstruppen an Land zu setzen. Als sie kapitulierten, streifte der Sieger den purpurnen Feldherrnmantel ab und schmückte sich von da an mit einem meerfarbenen: Neptun hatte einen Sohn bekommen.

Die Proskriptionen und die angedrohten Enteignungen italischer Städte setzten eine Flüchtlingswelle in Gang, deren größter Nutznießer der neue Herr Siziliens war. Das lag zunächst an der Nähe der Insel, die am sichersten zu erreichen war, dann aber an Sextus selbst, der die Heimatlosen mit offenen Armen empfing, auch wenn sie nur ihr nacktes Leben retten wollten. Seine Schiffe, die an den italischen Küsten kreuzten, nahmen die Proskribierten auf, und seine Agenten in Italien versprachen jedem Vertriebenen Geld, Ehren und Ämter. Die einen kamen allein, andere mit ihrer Familie und Gefolge, einige mit Bewaffneten. Die Sympathie, die dem Sohn des großen Pompeius in den kommenden Jahren in Italien und Rom entgegenschlug, hatte in der Rettung der Verfolgten ihre Wurzeln.

Zu ihnen zählte etwa Lucius Hirtius, der mit seinen Sklaven floh, auf seinem Weg nach Süden Gestrandete und Entflohene an sich zog, als Räuberhauptmann Städte überfiel und schließlich, bedroht von einer Einheit der regulären Armee, seine bunte Truppe aus Verzweifelten, entlaufenen Sklaven und Vagabunden stolz dem Sextus präsentierte.[7] Zu ihnen zählte auch Marcus Titius, der Jahre später (31) Konsul wurde. Als sein proskribierter Vater im Herbst 43 nach Sizilien floh, scharte er eigenmächtig Schiffe und Mannschaften zusammen und verheerte mit ihnen die Küste Etruriens. Im Jahre 40 griff ihn ein Flottenverband des Sextus auf, der nun nach dem Vater auch den Sohn in seine Dienste nahm. Dort hielt es ihn nicht lange. Bereits ein Jahr später finden wir ihn im Lager des Antonius, wo er zum Statthalter der Provinz *Asia* aufstieg.[8]

Nach der Niederlage der Republikaner bei Philippi schwoll die Zahl der Flüchtlinge weiter an. Unter ihnen fielen mächtige Männer wie L. Staius Murcus auf, einst General Caesars, dann, bis zum bitteren Ende, Flottenkommandant des Cassius im Osten. Nach Monaten voll abenteuerlicher Kriegszüge, die einem Piratenkapitän wohl angestanden hätten, kam er mit 80 Kriegsschiffen, zwei Legionen und 500 Bogenschützen zu Pompeius und verstärkte die Flotten, die die Seewege nach Italien blockierten. Die kriegerischen Verwicklungen in Italien eröffneten neue Möglichkeiten. Als Octavian nach der Einnahme Perusias Ende Februar 40 den Konflikt mit Antonius nicht mehr verhindern konnte, nutzte Sextus die Gunst der Stunde und nahm Sardinien. Jetzt, endlich, schien die Teilhabe an der Macht greifbar nahe. Wie immer der Konflikt zwischen Octavian und Antonius ausgehen mochte, der Gewinner musste den Würgegriff der pompeianischen Kampfschiffe um das vom Hunger bedrohte Italien lockern, und das konnte er mangels eigener Flotten nur durch Zugeständnisse an den Sohn Neptuns.

Antonius, der in Griechenland seine Streitmacht zum entscheidenden Schlag gegen Octavian sammelte, setzte alles daran, seine Truppen ungefährdet nach Brundisium überzusetzen. Im Frühjahr 40 ergriff er die Initiative. Er verbündete sich mit Domitius Ahenobarbus, der wie Murcus nach Philippi den Kampf gegen die Triumvirn fortgesetzt hatte und des-

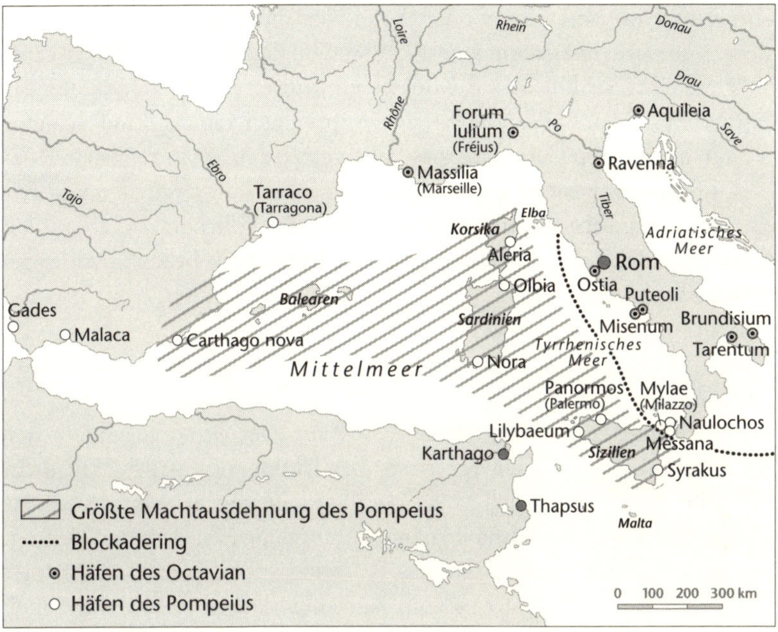

Karte 3 Der Krieg gegen Sextus Pompeius

sen Schiffe die Adria beherrschten.[9] Den Abgesandten des Sextus versicherte er, er werde sich, hielte Octavian Frieden, für eine Verständigung beider einsetzen, erwarte aber im Kriegsfall militärische Unterstützung.[10] Octavian, den die Furcht vor einem Mehrfrontenkrieg umtrieb, versuchte dagegenzuhalten. Er verstieß seine junge Frau Clodia und heiratete als Zeichen seines guten Willens Scribonia, die Schwester des Scribonius Libo, dessen Tochter Pompeius heimgeführt hatte. Genutzt hat es wenig. Als die Kämpfe um Brundisium begannen, fochten die Kapitäne des Sextus auf der Seite des Antonius.

Der scheinbar unausweichliche Waffengang blieb aus. Von ihren Soldaten zum Frieden gezwungen, einigten sich die Triumvirn (S. 77 f.). Die Übereinkunft enthielt kein Wort über die künftige Stellung des Pompeius. Tief gekränkt und verbittert verstärkte er die Blockade Italiens. Er hatte Erfolg. Die hungernden Städte forderten jetzt gemeinsam mit der römischen Stadtbevölkerung Frieden um jeden Preis und setzten sich durch. Unterhändler Octavians begleiteten Mucia, die Mutter des Pompeius, nach Sizilien, während dieser seinen Schwiegervater Scribonius Libo nach Rom entsandte. Im Frühjahr 39 einigten sich die Triumvirn im Vertrag von Misenum mit dem Sohn Neptuns: Dieser sollte den ungestörten Seeverkehr sichern, jene erkannten im Gegenzug seine Herrschaft über Sizilien, Sardinien und Korsika an und taten die Achaia auf der Peloponnes dazu.[11] Seine senatorischen Anhänger, die auf ihre Rückkehr drängten, erhielten Generalpardon, Zugang zu den Staatsämtern in Rom und ihren alten Besitz; nur die ehemals Proskribierten mussten sich mit einem Viertel zufriedengeben. Pompeius selbst sollte in den folgenden Jahren das Konsulat erhalten und für den Verlust des väterlichen Erbes entschädigt werden.

Der Krieg um Sizilien

Der jetzt 27jährige wähnte sich am Ziel. Blind gegenüber den Nöten der Triumvirn, die bei Strafe des Untergangs ihre Macht nicht teilen konnten, sah er sich ihnen gleichgestellt und als Mitinhaber des Reiches. Erst wenige Monate später durchschaute er, dass der Vertrag, feierlich beschworen und bei den Vestalinnen hinterlegt, das Papier nicht wert war, auf dem er stand. Antonius dachte nicht daran, auch nur Teile der Peloponnes zu räumen, kehrte Italien den Rücken und rüstete zum Krieg gegen die Parther. Octavian, der unter dem Damoklesschwert neuer Seeblockaden nicht weiter regieren konnte, hatte keine Wahl: Entweder er führte Krieg und gewann ihn oder er lebte künftig als Bürgermeister von Velitrae. Erneut brach im Frühjahr 38 Krieg aus, erneut hungerte Italien, erneut verwünschten die Geschundenen ihr Schicksal:

> «Wohin, wohin rennt ihr Unmenschen? Warum zückt ihr
> von neuem eure Schwerter?
> Ist noch zu wenig römisches Blut
> Auf Feldern und Meeren vergossen worden? ...
> Ein strenges Verhängnis
> und das Verbrechen eines Brudermordes verfolgt die Römer,
> seitdem das Blut des unschuldigen Remus zur Erde geflossen,
> für die Enkel ein Fluch.»[12]

Noch einmal behielt Pompeius die Oberhand, noch einmal wehrte er alle Angriffe auf Sizilien ab, noch einmal demütigte er seinen Gegner, der unbeholfen seine Armada ins Verderben schickte. Als sie vor der sizilischen Küste strandete, befehligt von unerfahrenen Kapitänen, war Octavians Ruf als Feldherr gründlich ruiniert:

«Da er», so höhnte man in Rom über den leidenschaftlichen Würfelspieler, «schon zweimal im Kampf besiegt, seine Schiffe verloren, macht' er sich standhaft ans Spielen, um endlich einmal zu gewinnen.»[13]

Ein weiterer Autoritätsverlust war nicht mehr wettzumachen. So wurde ein neuer Waffengang unvermeidlich, in dem es nur noch um alles oder nichts gehen konnte. Trotz der Niederlage gab es Hoffnung. Denn die Unruhe im Lager des Gegners wuchs, da die Abwanderung der römischen Eliten tiefe Lücken gerissen hatte. Der Erste, der trotz der vielen Siege den Wandel spürte und seinen Kurs änderte, war Menodoros, grau gewordener Pirat und erfahrener Stratege. Er war schon in den 60er Jahren in den Dienst des großen Pompeius getreten und hatte vor dem Vertragsabschluss von Misenum ungestüm für die Fortsetzung des Krieges plädiert. Als Sextus den Rat in den Wind schlug und Menodoros um sein Leben fürchtete, übergab er Octavian Sardinien und Korsika mit drei Legionen und sechzig Schiffen und trat in seinen Dienst.[14] Und er brachte mit, was angesichts neuer Kämpfe vor allem zählte: jahrzehntelange Kriegserfahrung zur See, die Vertrautheit mit den Tücken des Meeres und das Wissen um die Stärke des Gegners.

Am 1. Januar 37 trat der aus Gallien zurückbeorderte Agrippa das Konsulat an und übernahm die Rolle des ersten Seelords. Das Signal war unüberhörbar: Octavian war nun entschlossen, koste es, was es wolle, die bedingungslose Kapitulation des Gegners zu erzwingen. In den Häfen Süditaliens zimmerten die Baumeister Schiff auf Schiff, trieben Presskommandos Tausende Handwerker und Sklaven in die Werften und auf die Ruderbänke, zogen Steuereintreiber in die Häuser der Reichen, säten Agenten im Lager des Gegners Streit, während die Diplomaten um die Hilfe der Amtskollegen Antonius und Lepidus baten.

Das Ende aller Illusionen

Im Sommer 37 hatten sie Erfolg. Die Triumvirn einigten sich im Vertrag von Tarent auf ein gemeinsames Vorgehen. Für sie alle war der Herr Siziliens angesichts seiner bunt gewürfelten und unberechenbaren Gefolgschaft zum Desperado geworden. Lepidus versetzte zwölf seiner afrikanischen Legionen in Alarmbereitschaft und zog Transportschiffe zusammen. Antonius übergab Octavian 120 Kriegsschiffe; er erfüllte damit auch die dringenden Bitten seiner italischen Anhänger, die allzulange die Verwüstungen ihrer Ländereien ertragen hatten. Octavian selbst übernahm das Oberkommando über die Truppen, die im Osten Siziliens landen sollten. Die hauptstädtische Plebs gefiel sich, wenn die Nachrichten vom Kriegsschauplatz von Erfolgen des Sextus sprachen, erneut in Demonstrationen. Diesmal aber blieben sie Strohfeuer, die die einmal getroffene politische Entscheidung nicht mehr beeinflussten. Die jahrelange Drangsal und das Ausmaß der Rüstungen, die alles Bisherige in den Schatten stellten, gestatteten keine Kompromisse mehr.

Am 1. Juli 36 begann der Großangriff aller Triumvirn auf Sizilien. Lepidus landete im Westen bei Lilybäum, Agrippa im Osten der Insel. Nach zwei Monaten war der Krieg entschieden, obwohl die Flotten des Sextus und mächtige Stürme schreckliche Ernte unter den Alliierten hielten. Octavian ging in diesen Kämpfen durch die Hölle. Unweit von Taormina gelandet, verspielte er erst den Sieg, dann verlor er sein Schiff, floh Hals über Kopf und bat, die Verfolger dicht auf den Fersen, seine Begleiter um einen gnädigen Tod, sollten ihn die Feinde überwältigen. Aber er gab nicht auf, diesmal nicht und sonst auch nicht. Seine eiserne Entschlossenheit trug am Ende Früchte. Ende August durchbrachen seine Schiffe in der Bucht von Naulochos die gegnerischen Verteidigungslinien und zwangen den Sohn Neptuns, sein Heil in der Flucht nach Osten zu suchen. Der Vater des Sieges hieß Agrippa, hatte er doch die Initiative an der Ostküste an sich gerissen und Sextus gezwungen, sich auf eine Seeschlacht einzulassen. Von diesem Tag an trug er bei allen Triumphzügen eine goldene Mauerkrone, die mit Schiffsschnäbeln verziert war – niemals zuvor war ein Römer so ausgezeichnet worden.

In der Ägäis angekommen, inszenierte Sextus von Lesbos aus noch einige Monate abenteuerliche Kriegszüge in Kleinasien, bis ihn der Flottenkommandant des Antonius, M. Titius, gefangen nahm und in Milet hinrichten ließ. So starb der einstige Herr der Meere auf Befehl eines Mannes, den er einst begnadigt und in seine Reihen aufgenommen hatte. In Rom herrschte Erleichterung. Nicht an Octavians, sondern an den Händen des Antonius, dessen Order Titius eingeholt haben muss, klebte das Blut des letzten Sprosses des großen Pompeius. Für ihn war auf dieser Erde kein Platz mehr. Solange er lebte, zog er Abenteurer, Gescheiterte, Sklaven und Piraten magisch an sich und nährte den Krieg. Damit war es nun vorbei.

Der Sieg riss auch Lepidus in den Abgrund. Er hatte aus Afrika eine große Streitmacht nach Sizilien geführt, im Westen der Insel die Landstreitkräfte des Pompeius erfolgreich angegriffen und die kapitulierenden Einheiten in seine Armee eingegliedert. Der Erfolg stieg ihm zu Kopf. Spanien und die Gallia Narbonensis hatte er früh an Octavian verloren und im Vertrag von Brundisium nichts gewonnen. Jetzt, gestützt auf 22 Legionen, wähnte er sich stark genug, die alte Stellung als Triumvir zurückzugewinnen, und verlangte die Räumung Siziliens. Er hatte die Rechnung ohne den Wirt gemacht. In diesem Geschäft längst bewährte Werbeoffiziere des Octavian erschienen in seinem Lager, warfen mit Geld und Versprechungen um sich und brachten die Legionen zum Abfall. Der Gedemütigte flehte in Trauerkleidung gehüllt um Gnade und beugte dankbar den Nacken, als er für den Rest seines Lebens im idyllischen Seebad Circei seine Reichtümer in Ruhe verzehren und das Amt des *Pontifex maximus* behalten durfte; er starb unbehelligt und hochbetagt 12 v. Chr. Octavian erbte, womit bei Kriegsausbruch nicht zu rechnen war, neben Sizilien und den restlichen Stützpunkten des Pompeius die beiden afrikanischen Provinzen und alles, was Lepidus besaß: Kriegs- und Transportschiffe, Mannschaften, Legionen und die Kriegskasse.

3. Organisierte Plünderei: Die Bilanz eines Freibeuters

Sextus Pompeius war das Kind einer Zeit, in der Außenseitern alles möglich schien, wenig aber machbar war. Nur im Rückblick auf das Leben dieses Mannes, der Rom als Knabe verlassen und nie wieder gesehen hatte, wird deutlich, dass ihm allen bestechenden Erfolgen ungeachtet zu keiner Zeit die Zukunft gehörte. Gewiss, er hatte von seinem Vater gelernt, dass die Herrschaft über das Meer große Macht verlieh und das Instrument der Blockade jede Landmacht schier wehrlos machte. Tödlich treffen konnte man sie aber nur, wenn man stark genug war, Invasionstruppen an Land zu setzen und den Krieg dort zu führen. Eben dies vermochte Sextus nicht. Sizilien und andere Inseln konnte er nehmen, nicht aber Italien – er hat es denn auch nie versucht. So blieb sein großes politisches Ziel immer Wunschdenken. Die Ehre seiner Familie konnte er nicht wiederherstellen und die Rückgabe aller beschlagnahmter Güter nicht erreichen. Schon gar nicht vermochte er, sich den Triumvirn als gleichberechtigter Partner zuzugesellen. Wohl erst am Tag seiner Hinrichtung begriff er, dass Antonius und Octavian, General Caesars der eine, Sohn Caesars der andere, ein solches Bündnis mit dem Sohn des großen Pompeius nie hätten eingehen können.

Nicht minder gravierend bedingte die Zusammensetzung seiner Gefolgschaft sein Scheitern. Die Seeherrschaft verschafften ihm Piratenkapitäne, von denen einige, wie Menodoros, ganze Geschwader führten. Sie waren allesamt Freigelassene des Vaters und strotzten nicht grundlos vor Selbstbewusstsein. Ihr Lebenselixier war der Kaperkrieg, und die Welt erschien ihnen wunderbar, solange er dauerte. Drohte sein Ende, wie etwa durch den Frieden von Misenum, gingen sie ihrer Wege oder wechselten, wie Menodoros, die Fronten.

Neben ihnen kämpften senatorische Gefolgsleute. Die Furcht vor den Proskriptionen und die Niederlage von Philippi hatte sie nach Sizilien getrieben. Dort hofften sie, der Sohn schlüpfe in die Rolle seines Vaters, kämpfe gegen die Tyrannen und suche nach Wegen, die Republik wiederherzustellen; in ihr wollten sie als Sieger die Ersten sein. Andere hatten große Pläne. Unter ihnen waren Krieger, die wie die Piratenkapitäne den Krieg auf dem Meer beherrschten oder sich wie Staius Murcus mit eigenen Flottenverbänden auf die Seite des Pompeius schlugen. Er und andere hatten Sextus Schiffe und Truppen in der ruhigen Gewissheit zugeführt, sie würden als gleichberechtigte Admiräle freudig begrüßt und ihr Rat als Erstes gehört werden. Sie erfuhren leidvoll, dass sie neben Freigelassenen und Korsaren Platz nehmen mussten, denen großräumige Operationen, wie die Eroberung Sardiniens, übertragen wurden. Wer dies nicht ertragen konnte, fiel in Ungnade und verlor wie Murcus sein Leben, wenn ihm nicht die Flucht gelang.[15]

Sie alle waren Römer, und kaum einer von ihnen war willens, alle Brücken abzubrechen und Rom und der Familie auf immer Lebewohl zu sagen. Als sie erkannten, dass Sextus nur allzu gerne als neuer Triumvir den Part des geschwächten Lepidus übernommen hätte, schlossen sie Frieden mit Octavian oder Antonius, kehrten nach Rom zurück oder machten sich auf den langen Weg nach Ephesos.

Am Ende schlug auch in Italien die Stimmung um. Im November 40 hatte die hungernde Bevölkerung Roms noch die Statue Neptuns mit demonstrativem Jubel begrüßt. Als die Kriegführung des Sextus immer unverhüllter das Wesen eines Freibeuters verriet, wurde seine Unterwerfung zu einer nationalen Angelegenheit ganz Italiens. Dies führte auch Antonius und Lepidus an die Seite Octavians, als dieser das Papier von Misenum zerriss und die endgültige Entscheidung suchte.

Der Vertrag von Misenum im Frühsommer 39 markiert den Höhepunkt und zugleich das Ende der Karriere des Sextus. Je mächtiger er wurde, umso unvermeidlicher wurde sein Fall. Seine Flotten mochten siegen, wo immer sie auftauchten, aber je mehr ihnen gelang, umso schlimmer musste der Ausgang sein. Denn alle ihre Erfolge konnten den Herrn der See nicht zum Herrn des Landes machen. Wohl aber beschworen sie das Bündnis aller Triumvirn herauf, deren geballter Macht sie nicht gewachsen waren. Der römische Adel, den die schiere Not in die Arme des Pompeius getrieben hatte, wusste es natürlich und zwang ihren Schutzherrn, im Vertrag ihre ehrenvolle Heimkehr nach Italien durchzusetzen. Als sie ihn verließen, triumphierten die Korsarenkapitäne, glaubten sie doch, den Seekrieg besser als römische Admirale zu beherrschen. Richtig. Aber es reichte nicht, da sie im Raum der Politik nicht satisfaktionsfähig waren. Dort aber wurde auch über ihr Schicksal entschieden.

4. Das Ende der Gefangenschaft

Die Freiheit des Handelns

Die Entscheidungsschlacht gegen Sextus hatte Agrippa geschlagen. Den Krieg gewonnen hatte allein Octavian, und den Lorbeerkranz des Siegers, den ihm der Senat zusprach, trug er zu Recht. Viele Jahre lang hatte er, so schwer es ihm häufig gefallen sein muss, alle Niederlagen und Verluste durchgestanden und die feindselige Stimmung Roms und Italiens ertragen, deren Bürger in ihm den Urheber allen Übels sahen. Der Gegner trieb ihn häufig vor sich her, zwang ihn, sich zu drehen und zu wenden, demütigte ihn, machte ihn zum Lügner und Eidbrecher, aber nichts konnte ihn von der Einsicht abbringen, dass allein der Untergang des Pompeius seinem Herrschaftsanspruch Dauer und dem Westen des Imperiums stabile Verhältnisse gewähren konnte.

Nach Kriegsende hatte er zum ersten Mal in seinem Leben die Hände frei, nach Gutdünken zu bestimmen, was zu tun war. Von jetzt an lag das Gesetz des Handelns bei ihm, und er war entschlossen, es niemals wieder aus den Händen zu geben. Jetzt hatte er auch die Freiheit, seinem Volk zu sagen, wohin die Reise ging. Dies tat er gründlich und wohlüberlegt. Vor den staunenden Augen von Freund und Feind verwandelte sich der Bürgerkriegsgeneral in den Befreier der Meere, der soziale Unruhestifter in den Bewahrer gesellschaftlicher Stabilität, der Patron seiner Soldaten in den Schutzherrn aller Italiker, der Terrorist der Proskriptionen in den Beichtvater der verlorenen Schafe, der Krieger in den Friedensbringer. Jedermann wünschte zu glauben, was er zu hören bekam. Niemand wollte etwas von einem neuen Waffengang wissen, der früher oder später drohte, wenn die verlorene Einheit des Imperiums auf die Tagesordnung kam. Der Vertrag von Tarent hatte das Triumvirat um weitere fünf Jahre verlängert, Antonius zwang die Parther zu einem neuen, möglicherweise jahrelangen Waffengang, die Ehe mit Octavia hatte Bestand – warum also an das Schlimmste denken? Zudem: Wer mochte schon über den Ausgang des Partherkrieges spekulieren? Beschied er Antonius das Schicksal des Crassus oder machte er ihn zum zweiten Alexander? Nein, wer zehn Jahre Bürgerkrieg ertragen hatte, richtete sich auf das Hier und Jetzt ein und verbot sich Spekulationen über eine ungewisse Zukunft.

Die Armee, die Octavian nach dem Sieg kommandierte, war bunt gewürfelt und von ganz unterschiedlichen Interessen geleitet. Als Erstes war über die Mannschaften und Offiziere zu entscheiden, die kapituliert hatten; die meisten begnadigte der Sieger und gliederte sie in seine Streitkräfte ein. Die Kapitäne, die ihre Schiffe und Mannschaften auslieferten, wurden mit offenen Armen empfangen. Denn nichts führte an der Einsicht vorbei, dass das Kriegsschiff über Sieg oder Niederlage entschied. Es bedurfte wenig Phantasie, sich vorzustellen, wo ein möglicher letzter Waffengang gegen den Herrn des Ostens zu erwarten war. Umso drängender wurde es, sich der Dienste von Männern zu versichern, die das Meer nicht fürchteten.

Die zweite Aufgabe war nicht neu, aber gerade sie gestattete keine Fehler. Wie nach jedem Krieg riefen die Soldaten nach Land und Geld, während die Finanzberater achselzuckend auf die leeren Kassen verwiesen. Der fehlgeschlagene Putsch des Lepidus hatte das Heer und die Flotten verdoppelt, so dass jetzt eine Vielzahl von Kriegsschiffen, unzählige Transporter und etwa dreihunderttausend Soldaten auf neue Einsatzbefehle warteten oder auf Versorgung drängten. Abwarten und hoffen, dass sich die Entlassenen verliefen, verboten die Erfahrungen der letzten Jahre. So bürdete man die Kosten den sizilischen Städten auf und verwandelte einst reiche Landstriche auf Jahre hinaus in Armenhäuser.

Am nachdrücklichsten pochten die alten Kämpen von Philippi und Mutina auf einen vergoldeten Lebensabend. Geldgeschenke als Abschlagszahlung, Orden und Beförderungen wiesen sie zurück: Dies, so rief der Kriegstribun Ofilius, sei Spielzeug für Kinder; was der Soldat brauche, seien Land und Geld. Sein Geschrei brachte den Mann binnen Zwölf Stunden ins Grab, aber seine Kameraden bekamen, was sie wollten, und wer es von ihnen zum Centurio gebracht hatte, konnte gar Ratsherr seiner Heimatstadt werden. Eine Verpflichtung aber galt es beim Empfang der Entlassungsurkunde zu unterschreiben, und sie schreckte viele ab: Jeder, der seine Abfindung und seinen Bauernhof beanspruchte, konnte nicht mehr in die Armee zurück und musste Sizilien und seine Truppe sofort verlassen.[16]

Visionen eines neuen Rom

Am 13. November 36 kehrte Octavian nach Rom zurück. Eine festlich geschmückte Menschenmenge führte ihn im Triumph in die Stadt und zu den Tempeln der Götter. Dort hörte man dankbar die diesen geschuldeten Gebete und begleitete den Glücklichen bis zu seinem Haus. Am nächsten Tag verlas er vor Senat und Volk seinen Rechenschaftsbericht über seine gesamte bisherige öffentliche Tätigkeit, den er anschließend publizierte.

Gründe dafür gab es genug, denn seine Stellung in der Hauptstadt war prekär. Seine diktatorischen Vollmachten fanden im Krieg gegen Sextus noch ihre Legitimation. Dieser aber war nun auf der Flucht, Lepidus auf dem Weg in den Hausarrest, Afrika befriedet und Unruhen nirgends in Sicht – wozu also an einem Amt festhalten, für das es keine Aufgaben mehr gab? Ein Verweis auf Antonius half nicht viel, denn der führte im Osten Roms wichtigsten Krieg. Also galt es, den zentralen Auftrag des Triumvirats mit neuem Leben zu füllen und den zerrütteten Staat wiederherzustellen. Gleichzeitig mussten äußere Bedrohungen gefunden werden, die die Beibehaltung der militärischen Gewalt rechtfertigten und den Bürgerkriegsgeneral in einen Sachwalter römischer Interessen verwandelten. Für beides brauchte Octavian den Senat. Denn noch immer schlug dort das Herz der Politik.

Das Hohe Haus war nicht mehr so mächtig wie in den 50er Jahren, als es Caesar im Bewusstsein seiner Überlegenheit herausgefordert hatte. Zu groß war die Ernte gewesen, die Feldzüge und Proskriptionen unter den einst führenden Clans gehalten hatte, zu sehr war die Klientel geschrumpft, die im Ernstfall noch zu mobilisieren war. Die Männer aber, die jetzt auf den ehrwürdigen Bänken der Kurie saßen, hatten in den vergangenen Kriegen ihren Mann gestanden, hatten Siege gefeiert und Niederlagen ertragen, Reichtümer gehäuft und wieder verloren, die Fronten gewechselt, wenn es zweckmäßig schien, und gelernt, dass tief fiel, wer zu hoch hinaus wollte. Kurz: Sie hatten Erfahrungen gesammelt, die ausreichten, dem Senat Autorität zu verleihen.

Dazu trugen die Reste der ersten Familien der Republik das Ihrige bei. Der Bruderkrieg hatte sie dezimiert und herabgesetzt, aber nicht zerbrochen. Immer noch gaben ihnen ihre glanzvollen Namen eine soziale und politische Stellung, der nichts gleichkam. Sie hatten den Aufstieg des neuen Caesar mit Abscheu verfolgt und ihre Hoffnungen auf Antonius gesetzt, der in seiner Paraderolle als Ritter ohne Furcht und Tadel dem kalten Rechtsbrecher und Enteigner Octavian den Rang ablief. Jetzt vermerkten sie mit Wohlgefallen, dass sich dieser aller triumviralen Machtphantasien enthielt und ihnen Respekt bezeugte. Bereits sein Rechenschaftsbericht wurde als Werbung um ihr Vertrauen verstanden, nicht minder die als Signal der Versöhnung verfügte Verbrennung der alten Bürgerkriegsakten oder der Verzicht auf das Amt des *Pontifex maximus*, dessen Ansehen ein voreiliger Zugriff weiter beschädigt hätte. Alles dies waren vorsichtige Schritte eines Mannes, der sich keine Illusionen über das Misstrauen machte, das ihn auf Schritt und Tritt verfolgte. Eine Wahl hatte er nicht. Denn er würde niemals allein mächtig genug sein, den Staat von Grund auf neu zu gestalten. Mit wem hätte er es auch tun sollen, und welche Vorbilder hätte er dazu befragen können? Er war Teil einer Welt, die jedermann ungeachtet aller Wirrungen für die beste aller möglichen hielt. Also galt es, sich zu bescheiden.

Den ersten Schritt zur Verständigung mit den alten Eliten hatte Octavian bereits Anfang 38 getan, als er Livia Drusilla zur Frau nahm. Sie stammte von den Claudiern ab und war mit einem nahen Verwandten, Tiberius Claudius Nero, verheiratet gewesen. Ihr Vater hatte bei Philippi mit Brutus und Cassius gekämpft und den Tod von eigener Hand der zweifelhaften Gnade des Siegers vorgezogen. Ihr Gatte war aus Furcht vor der Rache Octavians aus Italien geflohen und nach der Einigung von Brundisium mit seiner hochschwangeren Frau und dem erstgeborenen Sohn Tiberius zurückgekehrt. Die Ehe mit Livia brachte Octavian, für viele immer noch der verachtete Enkel eines Bankiers, gesellschaftlich weit nach oben. Denn mit dem fürstlichen Clan der Claudier hielt der alte römische Adel Einzug in das Haus des jungen Triumvirn.

Die Senatoren zeigten auf die gewohnte Weise ihre Dankbarkeit für die kaum erhoffte neue Politik der Verständigung. Sie überschütteten den Urheber mit Ehren und stellten ihm frei, was er davon annehmen wolle. Was er begehrte, war wenig, aber das Richtige, um Rom erkennen zu lassen, dass der Herr der Legionen sich auch als Diener der Bürger verstand. Dazu gehörte auch die erbetene Unantastbarkeit (*sacrosanctitas*) eines Volkstribunen. Dies war ein Privileg aus der revolutionären Frühzeit des Amtes, in der sich alle Plebejer vor dem Ceres-Tempel auf dem Aventin eidlich verpflichtet hatten, jeden Angriff auf die Tribunen mit allen Mitteln zu rächen. Dieser sakralrechtliche Schutzschild umgab sie für immer mit der Aura der Heiligkeit und hütete nun auch Octavian. Er war damit, was seine rechtlichen Möglichkeiten anging, ihnen nicht gleichgestellt. Wohl aber hatte er das Recht, neben ihnen im Senat zu sitzen – eine besonders feinsinnige Art, ihre Aktivitäten zu kontrollieren.

Von beidem, Macht und Einsicht, sprach auch die vergoldete Statue Octavians, die auf einer mit Schiffsschnäbeln verzierten Säule über dem Forum schwebte. Die Inschrift des Sockels verkündete, dass der Geehrte die Bürgerkriege beendet und Rom den Frieden zurückgebracht habe.[17] Dort, so das feierliche Versprechen, sollte er für immer bleiben, geschützt durch die alte Verfassung, die nach der Rückkehr des Antonius und mit dessen Einvernehmen wieder in Kraft treten müsse.

Solche Losungen gehörten nicht auf die Goldwaage, und sie wurden auch nicht sonderlich ernst genommen. Aber sie waren neu und unerhört aus dem Munde des Machthabers, der in der Vergangenheit wie Pest und Cholera in Rom und Italien gehaust hatte. Auf seine Vertreibung durch Antonius hatten Unzählige gehofft und zu den Göttern gebetet. Jetzt schlug die Stimmung gewiss nicht von heute auf morgen um, und schon gar nicht glaubte man an die Wiederauferstehung der Republik. Aber der Friede entfaltete in allen gesellschaftlichen Schichten seine eigene, stille Überzeugungskraft.

Der lauteste Beifall kam vom italischen Bauernstand. Nach langen Jahren durch Konfiskationen und Sondersteuern verarmt, wagte er wieder zu hoffen. Denn die Versorgung der Veteranen ging nach Naulochos ohne Enteignungen vonstatten, und viele alte Krieger verschwanden auf Nimmerwiedersehen in den Provinzen. Auf Italiens Straßen stemmten sich eigens aufgestellte Polizeieinheiten gegen das Räuberunwesen. Steuererleichterungen, Entschuldungen und Pachtnachlässe erleichterten das Leben des Mittelstandes und der Staatspächter. Über das alles hinaus fand das Problem entlaufener Sklaven eine schon nicht mehr erhoffte Lösung. Zehntausende hatten das Chaos des Bürgerkrieges genutzt und waren zu Sextus geflohen. Dort hatten sie ihre Rücken auf den Ruderbänken der Trieren gekrümmt und an ihre künftige Rolle als freie Männer geglaubt, die ihnen ihr Kriegsherr versprochen hatte; im Vertrag von Misenum hatte Octavian diese Freilassungen bestätigt.

Davon war nun keine Rede mehr. Dreißigtausend aufgegriffene Sklaven wurden gegen das gegebene Wort an ihre alten Herren übergeben; sechstausend, deren Besitzer nicht zu ermitteln waren, kreuzigten die Henker. Es war eine brutale Rechtsbeugung, aber ein Akt mit hohem politischen Symbolwert, der lauten Beifall fand. Denn die Sklavenflucht hatte die italische Landwirtschaft so schwer getroffen, dass selbst die Vestalinnen zu den Göttern flehten, sie möchten «dem Überlaufen ein Ende machen». Ihre Gebete fanden jetzt Gehör und ließen den Triumvirn sein Wort brechen, als er die uneingeschränkte Verfügungsgewalt der Sklavenhalter wiederherstellte und den Großgrundbesitzern wie dem kleinen Bauern die lang entbehrten Arbeitskräfte zurückgab. Gleichzeitig machten die auf seinen Befehl errichteten Kreuze auch deutlich, dass der Unfreie, obwohl Eigentum seines Besitzers, auch Untertan des Staates war und in dessen Verfügungsgewalt überging, wenn die Sklavenhalter versagten und die Fundamente der sozialen Ordnung zu zerbrechen drohten.[18]

Octavian war sich der Bedeutung seines Vorgehens, die das gesellschaftliche Fundament Roms festigte und die italische Landwirtschaft wieder auf die Beine brachte, zeitlebens bewusst. Jahrzehnte später wies sein Tatenbericht die Erneuerung der Freiheit der Meere und die Restauration der Eigentumsrechte der Sklavenhalter als das Ziel des langen und mörderischen Krieges gegen Sextus aus: «Das Meer habe ich von der Seeräuberplage befreit. In diesem Krieg habe ich etwa 30 000 Sklaven, die ihren Herren entlaufen waren und gegen den Staat zu den Waffen gegriffen hatten, gefangen und ihren Besitzern zur Bestrafung übergeben.»[19]

Auch die Bevölkerung der Hauptstadt lebte auf. Das Gespenst des Hungers verschwand – und mit ihm Raub und Mord. Denn auch in Roms Gassen patrouillierten jetzt eigens aufgestellte Polizeieinheiten und sorgten für die Sicherheit. Zum neuen Wohlleben trug auch Wasser in Hülle und Fülle bei. Wasser, das zahllose Brunnen entlang der Straßen füllte, die jedermann mit dem nötigen Trinkwasser versorgten. Wasser, das allein 700 Schöpfbrunnen (*lacus*) und 500 Laufbrunnen (*salientes*) in die Stadt brachten, verziert mit hunderten Statuen und Marmorsäulen.[20] Wasser, das unterirdisch durch gemauerte Kanäle floss, die das anfallende Abwasser abführten und die Kloaken reinigten. Wasser schließlich, das in die heißen und kalten Bassins klimatisierter Thermen schoss, die bis dahin nie gekannte Genüsse versprachen – der kleine Mann konnte zufrieden sein und nach weiteren Wohltaten schreien.

Vieles lag noch im Argen, vieles war mehr Versprechen als Realität. Aber jeder spürte, dass die bürgerliche Sicherheit wieder in Italien einzog. In der Brust des kaltschnäuzigen neuen Caesar begann in seinem 28. Lebensjahr ein Herz zu schlagen, das sich für das Wohlergehen seiner Mitbürger erwärmte.

5. Der erste auswärtige Krieg in Illyrien

Anders als sein Vater Caesar war Octavian dem Krieg nicht verfallen. Aber er war kein Feigling, auch wenn das seine Gegner gerne glauben machen wollten. Im Krieg gegen Sextus hatte er zweimal sein Leben aufs Spiel gesetzt: Vor Taormina kämpfte er mit seiner Truppe bis zur völligen Erschöpfung, und im Heerlager des Lepidus erschien er selbst mit wenigen Begleitern und riskierte Kopf und Kragen, um die kriegsmüden Soldaten zum Abfall zu bewegen. In beiden Fällen entkam er knapp dem Tod. Dies waren Erweise eines persönlichen Mutes, die ein Volk, das seine großen Soldaten liebte, beeindruckten. Zeigten sie doch, dass dieser Mann nicht davor zurückschreckte, in kritischen Situationen sein Leben in die Waagschale zu werfen.

Er fand bald Gelegenheit, es erneut zu tun, diesmal im Kampf gegen auswärtige Feinde. Das Leben hatte ihm dazu bisher keine Chance gegeben – ein Makel, der unverzüglich getilgt werden musste. Denn im Osten verstärkte Antonius seine Kriegsanstrengungen, und die Truppen, die in Italien biwakierten, verlangten nach Betätigung. Und vor allem: Octavian war der Sohn Caesars und Roms, und beide verpflichteten ihn, das Reich zu mehren und es dem Antonius an Tapferkeit und militärischem Geschick gleichzutun.

Das Einsatzgebiet durfte von Italien nicht allzu weit entfernt sein. Es fand sich im Adriabecken und im Hinterland der illyrischen Küste. Dort hatten die Legionen seit zwei Jahrhunderten mit wechselndem Erfolg gegen Freibeuter und räuberische Stämme gekämpft, sie aber nie endgültig bezwingen können. Die Wirren der Bürgerkriege machten sie übermütig und verführten zu neuen Beutezügen, die sie ungestraft bis nach Istrien, die dalmatinischen Küstenstädte und das nördliche Italien ausdehnten. Als Caesar seinen Generälen Gabinius und Vatinius 46/45 den Durchmarsch durch illyrisches Gebiet befahl, verloren sie tausende Soldaten und die Feldzeichen ihrer Regimenter.[21] Octavian hatte also gute Gründe, den Krieg dahin zu tragen. Wer dort den Befehlen Roms Geltung verschaffte, konnte mit Fug und Recht beanspruchen, der historischen Aufgabe Roms gedient zu haben, Herrin des Erdkreises zu sein.

Das von der Natur stiefmütterlich behandelte Kriegsgebiet stellte hohe Ansprüche und gestattete keine großräumigen Operationen. Die fjordartigen illyrischen Küsten hatten zu keiner Zeit Ackerbauern angezogen.

Das Meer stößt hier schnell auf eine Kette unwirtlicher Inseln, die unmittelbar vor den hohen Gebirgszügen des Balkanfestlandes liegen. Jene endlose Mauer der Dinarischen Alpen liegt am Rande eines riesigen Karstplateaus, dem die dalmatinische Küste den Rücken zukehrt. Es war zu allen Zeiten ein Land der Räuber. Selbst in den Glanzzeiten der venezianischen Herrschaft, viele Jahrhunderte später, rissen die Klagen darüber nicht ab; ein venezianischer Senator – es hätte auch ein römischer sein können – mochte wohl recht haben: Es sei immer leichter gewesen, die Vögel mit bloßen Händen am freien Flug zu hindern, als in der Adria den Piraten den Seeweg zu versperren. Wer sie besiegen wollte, so rechneten die Strategen Octavian vor, kam nicht darum herum, den gesamten dalmatinischen Küstensaum unter seine Kontrolle zu bringen.

Octavian versuchte es. In einem ersten Feldzug bezwangen seine Truppen die pannonischen Stämme und eroberten die Festung Siscia an der Save; sie sollte als vorgeschobener Stützpunkt der Verteidigung Oberitaliens dienen. Ein zweiter Angriff konzentrierte sich auf Dalmatien. Er schwächte die einheimischen Völker bis zu den Dinarischen Gebirgen und bemächtigte sich der wendigen Schiffe der Seeräuber – sie sollten kurze Zeit später in der Bucht von Aktium ihre Tauglichkeit eindrucksvoll beweisen. Im Triumph nach Rom zurückgekehrt, führte Octavian die verlorenen Feldzeichen des Gabinius und des Vatinius mit sich und wies stolz auf seine Wunden, die er in vorderster Front davongetragen hatte. Niemand konnte jetzt noch an seiner soldatischen Tapferkeit zweifeln. Der erreichte territoriale Gewinn der Kampagnen hielt sich allerdings in Grenzen. Nicht darauf, sondern auf eine Demonstration der römischen Stärke war es angekommen. Italien, von den Plagen des Sextus befreit, sollte nun auch im Osten von jeder Bedrohung frei sein. Eine planmäßige Eroberung des Balkans konnte warten, bis das Schicksal über die Triumvirn entschieden hatte.

Den Ruhm teilte Octavian mit niemandem. Als er im Frühjahr 33 nach Rom zurückkehrte, referierte er vor dem Senat in unendlicher Ausführlichkeit seine Siege, nannte Dutzende botmäßig gemachter Völker und war sich jede Sekunde bewusst, dass dem hohen Hause die Nachrichten von der Niederlage des Antonius im Osten bekannt waren. Der Propagandakrieg hatte begonnen.

V. «RAUM WAR NICHT FÜR UNS BEIDE IN DER GANZEN WEITEN WELT»

«Jeder von beiden begehrte, nicht nur der Prinzeps Roms, sondern des ganzen Erdkreises zu sein.» — *Cornelius Nepos*

«Kein Grab der Erde schließt je wieder ein
Solch hohes Paar. Der ernste Ausgang rührt
Selbst den, der ihn veranlasst, und ihr Schicksal
Wirbt so viel Leid für sie wie Ruhm für den,
Der sie gestürzt.» — *Shakespeare, Antonius und Kleopatra*

1. Kleopatra, Königin Ägyptens

Der Traum von der Großmacht

Mit der Gründung Alexandrias 332/1 und der Entscheidung des ersten Königs Ptolemaios, die Residenz von Memphis dorthin zu verlegen, bekam Ägypten eine griechische Hauptstadt und kehrte sein Gesicht dem Mittelmeer zu. Allen politischen Katastrophen zum Trotz liefen in den kommenden Jahrhunderten von dieser Stadt regelmäßig die Schiffe aus, die die Reichtümer Ägyptens und sein Getreide in die Welt trugen. Sie übertraf als Handelsplatz alle anderen Städte des Mittelmeeres.

Das Land hatte zu Beginn des 1. Jahrhunderts seine Selbständigkeit verloren und schien nur darauf zu warten, als römische Provinz eingerichtet zu werden. Es kam nie dazu. Keiner im Senat wollte einer Familie den Triumph und die Reichtümer gönnen, die einem Sieger über Ägypten unvermeidlich in den Schoß fallen würden. So lernten die ptolemäischen Könige, obwohl immer wieder Spielbälle in den Händen geld- und machtgieriger römischer Adelscliquen, sich zu drehen und zu wenden, zu bestechen und zu drohen, bis sie am Ende das schier Unmögliche schafften und ihr Reich als den letzten souveränen Fleck auf der Landkarte des östlichen Mittelmeeres bewahrten. So konnte im Jahre 51 Ptolemaios XII., dem seine Manie, Chöre auf der Flöte zu begleiten, den wenig schmeichelhaften Beinamen «der Flötenspieler» (*Auletes*) eingetragen hatte, ungestört von römischen Blutsaugern sein Reich der ältesten Tochter Kleopatra und seinem unmündigen Sohn Ptolemaios hinterlassen, die in Geschwisterehe miteinander verbunden wurden. Das gute Einvernehmen zwischen Schwester und Bruder, Mann und Frau, die unverzichtbare Voraussetzung für Ruhe und Frieden im Lande, zerbrach jedoch schnell. Nach zwei Jahren voller Zank und Intrigen hofften die Berater des jungen Königs auf die ganze Macht und vertrieben die Königin. Als Pompeius nach Pharsalos in ihr Land floh, brachten sie ihn um. Der Beifall des Siegers Caesar, reichlicher Lohn und die Anerkennung der Alleinherrschaft des jungen Ptolemaios schien ihnen gewiss.

Sie machten die Rechnung ohne den Wirt. Caesar dachte nicht daran, mit den Mördern seines Rivalen zu paktieren. Den Streit um den Königsthron versuchte er im Vorbeigehen zu lösen, war dies doch seit langem gute römische Herrentradition; zudem bot der königliche Zank die willkommene Gelegenheit, sich eine der beiden Seiten aufs engste zu verpflichten. Also forderte er von den verfeindeten Geschwistern die sofortige Entlassung ihrer Heere und lud sie als Konsul Roms vor seinen Richterstuhl.

Kleopatra kam in aller Heimlichkeit. Ende Oktober 48 stand sie, 21jährig, vor Caesar. Der Thron, um den sie bat, war der älteste und ehrwürdigste der Erde. Mit 18 Jahren hatte sie ihn bestiegen und früh von ihrem Vater gelernt, welche Demütigungen zu ertragen waren, um zwischen den Intrigen im eigenen Haus und den römischen Potentaten den richtigen Weg zur Herrschaft zu finden. Die Kabalen der Höflinge ihres Bruders, eines hilflosen Knaben, hatten sie nicht einschüchtern können. Jetzt trat sie mit der Unbeugsamkeit einer drei Jahrtausende alten Dynastie vor Caesar, um ihr Diadem zu retten. Plutarch hat sie beschrieben, wie sie, sieben Jahre älter, Marcus Antonius im kilikischen Tarsos empfing:

«Ihre Schönheit war für sich genommen nicht ungewöhnlich. Lernte man sie jedoch näher kennen, übte sie eine unwiderstehliche Anziehungskraft aus. Durch ihre fesselnde Unterhaltung und allen Liebreiz, der in ihrem Wesen lag, wirkte ihr schönes Antlitz, als dränge einem ein

Stachel in die Seele. Ein Vergnügen war es auch, dem Klang ihrer Stimme zu lauschen.»[1]

Was sie Caesar zu sagen hatte, lässt sich unschwer erraten. Und sie bekam, was sie forderte. Denn Caesar sank ihr in die Arme. Die Monate in Ägypten sind wohl der einzige Abschnitt in Caesars Leben, den man mit dem Namen einer Frau überschreiben muss. Die Liebe zu Kleopatra warf ihn fast aus der Bahn, so dass er zeitweilig Rom, das Reich und seine Gegner vergaß. Als er zur Besinnung kam und im Juni 47 nach Syrien aufbrach, blieb Kleopatra zurück. Drei Legionen wachten über ihr Wohlergehen und seit September auch über das ihres neugeborenen Kindes, das die stolze Mutter *Kaisar* nannte. Die Königin hatte ihr wichtigstes Ziel und weit mehr erreicht: Der Thron gehörte ihr, ihre Feinde im Inneren waren auf der Flucht und der mächtigste Römer war ihr Verbündeter. Die Kühnheit, mit der sie handelte, ließ sie jedoch nicht vergessen, dass ihr Land losgelöst von Rom nicht bestehen konnte. Unabhängigkeit gab es nur noch als Geschenk, und dies täglich neu zu verdienen, erwies sich als einziger Ausweis hoher politischer Kunst.

Caesar war nach seinem Sieg der Herr der Welt. Aber er war sterblich. So galt es vorzusorgen, dass mit seinem Tod nicht alles mit Glück und Geschick Gewonnene dahin war. So durfte der Abschied Caesars kein endgültiger sein. Vierzehn Monate später kam Kleopatra nach Rom, an der Brust den Sohn Caesars, an ihrer Seite den Bruder. Nach der diplomatischen Etikette war dies ein Höflichkeitsbesuch der ägyptischen Könige, die als Gastfreunde ihres Schutzherrn reisten, dem sie Krone und Land schuldeten. Auch verfolgten sie ein klares politisches Ziel, um das schon ihre Vorgänger gerungen hatten: die offizielle Anerkennung Ägyptens als völkerrechtlich souveräner Bundesgenosse Roms. Sie bekamen sie.

Gleichwohl war dieser Besuch kein normaler diplomatischer Vorgang, sondern ein Skandal. Die Königin bezog ihre Residenz in den Gärten Caesars jenseits des Tibers, wo sie häufig Besuch von ihrem Geliebten empfing und alles tat, um sich den großen Familien der Republik so weltläufig und angenehm wie möglich zu präsentieren. Sie hielt Hof im königlichen Stil, entzückte ein über das andere Mal die Vornehmen Roms und gewiss auch Antonius durch rauschende Feste und geizte nicht mit Geld und Gefälligkeiten. Cicero beispielsweise musste sich nach den Iden des März gegen anzügliche Vorwürfe wehren und beteuern, es seien ihm nur einige Bücher versprochen worden und darüber könne er offen und ohne Scham reden.

Mit der Ermordung Caesars endete der Besuch. Wer sich über ihn empörte, wies auf den Ehebruch. Zu Unrecht. Calpurnia, die dritte Frau Caesars, stammte aus einem der ersten Adelshäuser in Rom, war im Jahre 59 mit Caesar eine politisch motivierte Ehe eingegangen und sah ihre Rolle als erste Frau Roms nicht gefährdet, solange ihr alter liebestoller Kater die Form wahrte. So blieb wenige Jahre später auch Octavia mit Zustimmung ihres Bruders die Frau Mark Antons, obwohl alle Welt von seinem Verhältnis mit Kleopatra wusste und er auch gar nicht versuchte, es geheim zu halten.

Anderes war in Rom weit tadelnswerter gewesen. Im Rahmen der Siegesfeiern im September 46 weihte der Diktator stolz sein eigenes Forum, das Forum Iulium, ein. In dessen Mitte erhob sich ein Tempel, in dem die Statue der Venus Genetrix («Erzeugerin») stand, der Stammmutter der Julier. Neben ihr aber und unübersehbar prangte eine goldene Statue der ägyptischen Königin. Niemand konnte das damit offenkundig Gemachte bezweifeln: Die Inkarnation der Aphrodite und der Sohn der Venus teilten nicht nur das Bett, sondern einen bisher den Göttern vorbehaltenen Raum mitten in Rom. Dies war anstößig, gänzlich unrömisch, und es zeugte von einer Selbstherrlichkeit, die sich nur noch einem eigenen Sittenkodex zu unterwerfen bereit war.[2] Es war eine Erfahrung, an die sich 14 Jahre später viele erinnerten, als Octavian der ägyptischen Königin den Krieg erklärte.

Schließlich war da noch der gemeinsame Sohn, Ptolemaios Kaisar, genannt Kaisarion, der kleine Caesar.[3] Er wurde nun offiziell von seinem Vater anerkannt – der eine oder andere glaubte später zu wissen, das Kind sei Caesar erkennbar ähnlich gewesen. Unmittelbare Folgen hatte die Bestätigung der Vaterschaft nicht, da sie nach römischem Recht folgenlos war. Aber der Vorgang sprach von besonderer Nähe zu Kleopatra und gab den Nährboden für weitergehende Gerüchte: Caesar wolle die Residenz nach Alexandrien verlegen, orakelten die einen, von einer bevorstehenden Heirat plapperten die anderen.[4] Sicher schien nur, dass die Einladung nach Rom zeitlich nicht begrenzt und die Königin Ägyptens damit eine unberechenbare Größe im Spiel um die Macht in Rom geworden war. In dieser Rolle konnte sie nicht willkommen sein. Was sie sich erhofft haben mag, lässt sich nur erahnen. Sah sie sich als Herrscherin eines Weltreiches an der Seite eines allmächtigen Römers und den gemeinsamen Sohn als zukünftigen Erben?

Ägypten unter Kleopatra und Antonius

Die gemeinsamen Jahre mit Antonius müssen solche Hoffnungen genährt haben. Zum Greifen nahe hätte sie ein erfolgreicher Krieg gegen die Parther gebracht. Dafür sprach nach Caesars Tod zunächst wenig. Die an den Nil zurückgekehrte Königin hatte alle Hände voll zu tun, Hunger, Pest und Misswirtschaft zu bekämpfen und ihre Herrschaft zu festigen. Dazu gehörte die Beseitigung aller Nebenbuhler, die Inthronisation ihres Sohnes als Ptolemaios XV. Kaisar und eine Politik, die 43/42 die Partei Caesars unterstützte, aber seine Mörder, die neuen Herren des Ostens, nicht über Gebühr herausforderte. Die in ihrem Land stationierten Legionen waren früh zu Cassius übergelaufen, und die ägyptischen Kriegsschiffe hielten Stürme in ihren Häfen fest oder zerstörten sie auf dem offenen Meer – selbst die Natur, so schien es, half der Königin, den offenen Krieg zu vermeiden. Als die Caesarmörder bei Philippi alles verloren, gab es nur noch Antonius. Ihm galt es nun zu gefallen und ihm alles zu gewähren, was er begehrte, nur eins nicht: den Thron der Ptolemäer.

Es bedurfte keines übergroßen Scharfsinns, um am alexandrinischen Hof herauszufinden, was der neue Herr des Ostens fordern würde: vorbehaltlose Hilfe im geplanten Partherkrieg und Geld, viel Geld, um seine Legionäre bei Laune zu halten. Außerdem galt es, seine Zornesfalten zu glätten, hatte er doch im Kampf gegen Cassius weit mehr als nur den guten Willen der ägyptischen Königin erwartet. Im Sommer 41 lud er sie in die kilikische Stadt Tarsos.

Antonius kannte die Königin. Er traf die Vierzehnjährige, als er im Jahre 55 als junger Reiteroffizier mit Gabinius in Ägypten einmarschierte, und er sah die Königin in den Monaten, in denen sie als Geliebte Caesars in Rom weilte. Beide Male war sie ihm, dem Soldaten und Diener eines großen Meisters, unendlich fern. Jetzt, in Tarsos, war alles anders. Er war der einflussreichste Mann Roms und Herr über Leben und Tod auch in Ägypten. Kleine und große Könige fielen vor ihm auf die Knie, Abordnungen der griechischen Städte erinnerten angstvoll an seine Griechenfreundschaft, und sie alle überboten sich in dem Bemühen, ihm die Tage und Nächte zu verschönen. In Ephesos, das er wenige Monate nach Philippi betrat, hatten ihn die Bewohner in feierlicher Prozession als Dionysos in die Stadt geführt und gezielt verbreitet, Herkules sei sein Ahnherr gewesen. Beide, der Gott und der göttliche Held, hatten den Menschen beigestanden, beide schenkten ihnen Freude, beide machten jetzt auch ihren Schützling zum göttlichen Wohltäter der Menschheit. Antonius, so meldeten die ägyptischen Agenten, genoss ungehemmt seine Rolle als Heilsbringer, und wer ihn ganz für sich einnehmen wollte, musste mehr zeigen als Demut und Gehorsam.

Kleopatra nahte auf ihrem von purpurnen Segeln und silbernen Rudern getriebenen Prunkschiff. Als sie den Kyndosfluss hinauf nach Tarsos fuhr, entfaltete sie die ganze Pracht Ägyptens und verzauberte Tausende Zuschauer, die die Ufer säumten. Sie kam als Aphrodite. Dies war die einzige Rolle, die sie Antonius, dem neuen Dionysos, ebenbürtig machte.[5] Er verfiel ihr, Caesar durchaus ähnlich. Der General, in erster Ehe mit der Tochter eines Freigelassenen und in zweiter mit Fulvia aus wenig angesehenem Haus verheiratet, konnte sein Glück nicht fassen: Wer mochte jetzt noch zweifeln, dass er so groß wie Caesar war? Alle unheilvollen Nachrichten von der syrischen Front schlug er in den Wind und verbrachte den Winter 41/40 mit der Königin in Ägypten, verliebt, verspielt, wissbegierig und jedes Amüsement unbekümmert genießend.

Bei allem Frohsinn, beide vergaßen keinen Augenblick ihre politischen Ziele. Antonius brauchte die geöffneten Schatzkammern Ägyptens, um den Krieg gegen die Parther zu führen. Deren Armeen, zum Teil geführt von römischen Deserteuren, sahen nach Philippi ihre Stunde gekommen und fielen in Syrien und Kleinasien ein. Kleopatra verlangte als Gegenleistung das Erbe der Ptolemäer im östlichen Mittelmeer. Sie spielte mit hohem Einsatz. Denn dem Römer war es jederzeit möglich, ihr Königreich zu erobern und sich mit Gewalt zu nehmen, was er begehrte. Damit aber hätte der Schüler seinen Meister gleich dreimal verraten: Ein Feldzug ins Nilland hätte Caesars letztes großes Ziel, die Offensive gegen das Partherreich, auf absehbare Zeit unmöglich gemacht, er hätte das von ihm geschlossene Bündnis mit Ägypten gebrochen, und er hätte der Geliebten und dem Sohn Caesars den Tod gebracht. Zudem galt es, die außenpolitischen Folgen einer Provinzialisierung Ägyptens zu bedenken. Die noch selbständigen Fürsten an den römischen Provinzgrenzen hätten, dasselbe Schicksal fürchtend, den Schutz des Partherkönigs gesucht und wären von ihm mit offenen Armen empfangen worden.

Neben der Liebe gab es also gute Gründe, das Ptolemäerreich zu erhalten und seine Herrscherin zu hofieren. Sie erhielt, was sie forderte. Das Bündnis mit Rom wurde bestätigt und ihr Thron gesichert. Dazu gehörte der Mord an ihrer Halbschwester Arsinoë, ihre ärgste noch lebende Rivalin um den Thron; die Flüchtige zerrten Abgesandte des Antonius in Ephesos aus ihrem Asyl und richteten sie hin. Die Tat war ebenso furchtbar wie konsequent, lehrte doch ein Blick in die Geschichte der Ptolemäer, dass für nahezu jeden Herrscher die eigene Familie der gefährlichste Herd der Auflehnung gewesen war. Damit war es nun vorbei. Mit dem Tod Arsinoës hatten alle fünf Geschwister Kleopatras ein gewaltsames Ende gefunden, drei davon als ihre Feinde.

Im Winter wurde die Königin schwanger, und niemand zweifelte an der Vaterschaft Mark Antons. Die Zwillinge, die sie gebar, Alexander Helios und Kleopatra Selene, dienten als Pfand der künftigen Zuneigung und des politischen Bündnisses. Jetzt schien die Erfüllung des Traums von der Erneuerung der alten Großmachtstellung nach Jahrzehnten der Erniedrigungen noch einmal in greifbare Nähe gerückt. Schon der erste Ptolemäer hatte den gesamten östlichen Mittelmeerraum zum Kampfplatz erklärt, um sein ägyptisches Kernland abzusichern und der mächtigste unter den Erben Alexanders zu werden. Seine Nachfolger hatten sich der Kyrenaika, Teilen Palästinas und Zyperns bemächtigt. An den Küsten Kleinasiens bauten sie Stützpunkte, und ihre Flotten kämpften in der Ägäis gegen die Herren Makedoniens um den Einfluss dort und in Griechenland. Ihre Handelsschiffe erschienen im Schwarzen Meer und fuhren bis nach Sizilien und Unteritalien.

Ihre Macht schwand, als im 2. Jahrhundert Rom zum Hegemon im östlichen Mittelmeer aufstieg. Sie war endgültig dahin, als im 1. Jahrhundert das Land in die Hände von römischen Beutelschneidern fiel. Zu ihnen gehörte etwa ein gewisser Rabirius Postumus, und seine Geschichte zeigt das ganze Ausmaß der römischen Heimsuchung Ägyptens. Er hatte, Ritter und verwegener Spekulant, 59 und 57 dem ägyptischen König Ptolemäus XII. eine große Summe geliehen, als der in Rom festsaß und seine Rückführung mal forderte, mal darum bettelte. Das Geld hatte Rabirius mit den größten Hoffnungen auf königlichen Lohn gegeben. Dafür «verlieh Rabirius nicht nur das eigene Geld, sondern auch das der Freunde», gestand etwas verschämt Cicero, der ihn im Winter 54/53 verteidigte.[6] Aus den erhofften Reichtümern wurde jedoch nichts: Der König bekam zwar im Frühjahr 55 seinen Thron, als der syrische Statthalter Gabinius seinen Truppen den Marschbefehl nach Ägypten aushändigte und dort ohne Federlesens Ordnung schaffte. Rabirius hingegen wanderte in Alexandria ins Gefängnis, nachdem er als königlicher Finanzminister allzu forsch darangegangen war, sein Darlehen zu vergolden. Schließlich wieder zurück in Rom und unter Anklage, blieb ihm nur noch Caesar, der seine Begabungen und seine weltweiten Geschäftsverbindungen nicht brachliegen ließ.

Abb. 10 Schönheit, Reichtum und maßlose Verschwendungssucht Kleopatras haben zu allen Zeiten Dichter und Maler beflügelt. Zu den beliebtesten Geschichten gehörte die von der Wette, die die Königin Antonius anbot: Sie werde, nachdem der Römer nur ärmliche Tafelfreuden zu bieten habe, ein Festmahl im Wert von Millionen Sesterzen ausrichten. Sie gewann, als sie eine unendlich wertvolle Perle, die sie als Ohrring trug, in einem mit Essig gefüllten Becher auflöste und austrank. Plinius der Ältere berichtet mit gebührender Empörung davon (Naturgeschichte 9,119/121), die Künstler des Barock hingegen blickten fasziniert auf dieses Schaupiel von Anmaßung und Liebreiz. So auch Giuseppe Bartolomeo Chiari (1654 bis 1727), der die Königin zeigt, wie sie ihr Ohrgehänge in den Trinkbecher taucht.

Es waren Herabwürdigungen der schlimmsten Art, die die Herrscher des Nillandes ertragen hatten. Die letzte fügte ihnen Caesar zu, als er auf der Jagd nach Pompeius im Spätsommer 48 in Alexandria Quartier nahm. Als er in die Stadt einzog, trug er die purpurgesäumte Toga des Konsuls, und seine Liktoren gingen ihm mit Rutenbündeln voran. Es war eine unverhohlene Zurschaustellung römischer Machtsymbole in einem freien Land, das wie eine Provinz herabgesetzt wurde und nach dem Abzug Caesars drei Legionen als Besatzungstruppe zu ertragen hatte. Alldem hatte Kleopatra ein Ende gemacht. Kein einziger römischer Soldat stand mehr auf ägyptischen Boden, und der allmächtige Triumvir Antonius weilte in Alexandria als Privatmann und Gast. Ihre Untertanen hatten allen Grund, sie als auf Erden weilende Göttin zu verehren. In ihren Gebeten verkörperte sie Isis, die Herrin des Alls, der Stern der Meere, die Gesetzgeberin und Erlöserin. Ihre Anhänger riefen sie als «Isis, die du alles bist» an, und ihre Hilfe erbaten sie als «aller Götter Gott».

Ab 34 führte Kleopatra den Titel «Nea Isis» (*Neue Isis*) oder «Jüngere Göttin» und trat bei offiziellen Anlässen im Gewand der Isis auf.[7] Schon bei ihrer ersten Begegnung mit Antonius zeigte sie sich als Aphrodite-Isis, als Mitregentin des Dionysos, der in Ägypten mit Osiris gleichgesetzt wurde. Sie war, versprach diese religiöse Symbolik, mehr als eine Klientin Roms. Sie existierte als gleichberechtigte Herrscherin und eines Tages vielleicht mit dem Sohn Caesars als Erbin Alexanders – hochfliegende Gedanken, in denen Rom nur als vorübergehendes Schicksal des griechischen Ostens vorkam.[8]

Antonius war klug genug, alle auch ihm zuteil werdenden göttlichen Weihen als notwendigen Bestandteil seiner Herrschaft zu akzeptieren. Zeitweilig schien es so, als ob er sie genoss und sich im Rausch der Jubelrufe, die ihn Tag für Tag einhüllten, selbst in göttliche Sphären versetzt glaubte. Die absolute Macht, die er besaß, und die Nähe zu Kleopatra, die seit 36 kaum von seiner Seite wich, haben die zunächst vorherrschende Einsicht in das politisch Notwendige in das Gefühl göttlicher Erwählung verwandelt.

Im Frühjahr 40 allerdings stand anderes im Vordergrund. Im März verließ Antonius Alexandria und sah Kleopatra erst drei Jahre später wieder. Geändert hatte sich nichts. Ihrer persönlichen Zuneigung hatte die Zeit nichts anhaben können, und noch immer hofften die Länder des Ostens auf eine Ordnung, die ihnen Frieden und Sicherheit brachte – wer immer der Souverän sein mochte, der künftig über sie gebot. Aber noch immer ließ die Bezwingung der Parther auf sich warten. Erst wenn sie gelang, war Caesars Erbe eingelöst und die Nachfolge Alexanders greifbar nahe. Scheiterte sie, stand alles auf dem Spiel.

2. Die Ostpolitik des Antonius

Der Krieg gegen die Parther

Der Herr des Ostens trug also eine schwere Hypothek im Gepäck, als er Italien den Rücken kehrte. Das Partherreich war nicht eines von vielen. Alexander hatte das Gebiet zu einer Satrapie seines Herrschaftsgebietes gemacht, seine seleukidischen Nachfolger aber verloren es, als dort iranische Reiternomaden aus den Steppengebieten südöstlich des Aralsees auftauchten. Um 250 warfen sie unter ihrem König Arsakes das Joch der Ausländer ab und begründeten eine eigene Dynastie. Die

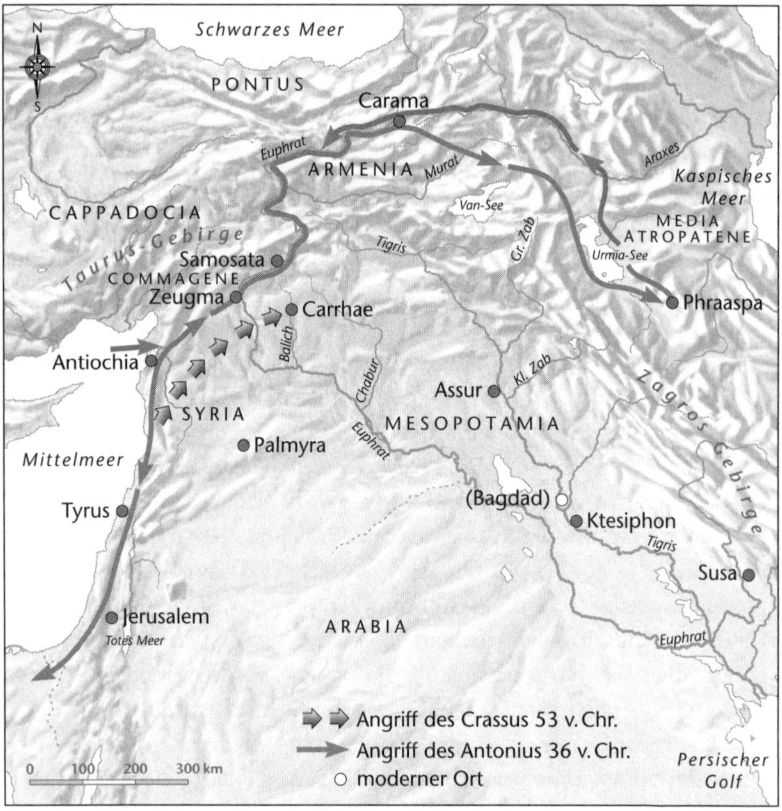

Karte 4 Der Partherkrieg

Eroberer verschmolzen rasch mit der einheimischen iranischen Bevölkerung und schufen das Partherreich. Seine Könige verstanden sich als die legitimen Nachfolger des persischen Großkönigs, unterwarfen Mesopotamien und dehnten ihre Machtsphäre bis an den Oberlauf des Euphrat aus. Seit dem 1. Jahrhundert zweifelte im Osten niemand mehr, dass im Mittleren Orient eine Großmacht gedieh, fähig und willens, das Imperium herauszufordern.

Die Vereinbarung, die die Triumvirn nach Philippi und in Brundisium über die Außenpolitik trafen, lautete unmissverständlich: Antonius sollte die Niederlage von Carrhae rächen. Verschuldet hatte sie Licinius Crassus, ebenso adelsstolzer wie seine kriegerischen Fähigkeiten überschätzender Aristokrat. Er hatte es in den 50er Jahren nicht verwinden können, seine Partner Pompeius und Caesar mit militärischen Lorbeeren überhäuft zu sehen, während er im Senat seine Zeit vertat und im Übrigen sein Vermögen mehrte. So brach er den großen Krieg vom Zaun. Alexander sollte ihm den Weg nach Indien und Baktrien weisen, und dort sollte sein Name unsterblich werden.[9] 53 lockten ihn parthische Verbände in der syrischen Sandwüste in die Falle. Bei Carrhae verlor er im Pfeilregen der gegnerischen Reiter drei Legionen, seinen Sohn und sein Leben. Einige Tausend konnten sich retten, aber die Legionsadler fielen dem Sieger in die Hände. Den Kopf des gefallenen Feldherrn trugen Boten in die parthische Hauptstadt und warfen ihn in den Saal, in dem gerade die abendliche Verlobungsfeier der Kinder der Könige Orodes und Artabazes aus Armenien stattfand. Der hässliche Fleck dieser Katastrophe haftete lange auf dem Schild der Weltmacht.

Aber es war nicht nur der Wunsch Roms nach Vergeltung, der Antonius zum Krieg trieb. Der parthische Hof hatte sich in den Jahren 49 bis 42 in die inneren Angelegenheiten Roms verwickeln lassen und die Republikaner unterstützt. Nun, da der große Pompeius und die Attentäter um Brutus und Cassius tot und die Parteigänger Caesars die Herren des Imperiums waren, lud sich der Ruf «Rache für Carrhae» mit der Forderung nach Genugtuung für den Verrat an der gerechten Sache auf.

Den ersten Zug tat der König Orodes. Er entschloss sich, die Gunst der letzten Jahre zu nutzen, in denen der Gegner seine Streitkräfte an der Ostgrenze ausgedünnt hatte, um sie in den Bürgerkrieg zu werfen. Die Nachrichten vom anhaltenden Zwist der Generäle Caesars versprachen zudem leichte Beute. So überfielen im Frühling 40 seine Truppen, geführt vom designierten Thronfolger Pacorus, Syrien und Phoinikien, während eine Reiterarmee unter dem Oberbefehl des Quintus Labienus nach Kleinasien vordrang. Dieser Römer war der Sohn jenes Mannes, der in Gallien als Caesars rechte Hand aufgestiegen war, sich im Bürgerkrieg auf die Seite der Republik geschlagen und als Märtyrer sein Leben in der letzten Schlacht gegen den Tyrannen gelassen hatte. Sein Sohn war 42 am parthischen Hof aufgetaucht, um Waffenhilfe für Brutus und Cassius zu erbitten. Sie kam, als es zu spät war, woraufhin die entsandten Hilfskontingente mordend und plündernd den Rückmarsch antraten. Jetzt aber schlug die Stunde der Rache für den vergebens gefallenen Vater und die Toten, die ungesühnt das Feld von Philippi deckten. Verstärkt durch römische Truppenteile, die sich von der Heimat im Stich gelassen sahen und eher im Dienst des Feindes überleben, als für eine verloren geglaubte Sache sterben wollten, nahm Labienus bis auf die stark befestigten Städte Kleinasien. Seine Vorhut erreichte die Ägäis;

stolz auf seine Siege ließ er Münzen mit der Aufschrift *Q. Labienus Parthicus imperator* prägen. Zur gleichen Zeit eroberte Pacorus bis auf Tyros Syrien und Palästina; von Jerusalem bis zur karischen Küste im Westen verlor Rom alles, was Pompeius in den 60er Jahren dem Imperium gewonnen hatte.

Die römischen Verbände verschanzten sich hinter den Mauern der Städte. Dort konnten sie die Angriffe der Reitergeschwader abwehren, die kein schweres Belagerungsgerät mit sich führten. Die Provinzialen hatten vielerorts die Eindringlinge zunächst als Befreier begrüßt, dann aber sehr bald leidvoll erfahren müssen, dass der neue Herr weit schlimmer als der alte hauste. So eindrucksvoll die Anfangserfolge der Invasoren waren, so wenig dauerhaft blieben sie, als sich der Widerstand der Städte versteifte und in Italien die Triumvirn nach dem Frieden von Brundisium alle Energien bündeln und massive Verstärkungen in den Osten verlegen konnten.

Zu ihrem Kommandeur machte Antonius, selbst noch in Rom gebunden, P. Ventidius Bassus. Dieser Italiker repräsentierte wie wenige die neuen Eliten, die in den Jahrzehnten der Revolution als Diener und im Schatten der Mächtigen aufstiegen, deren Geschäfte betrieben und an vielen Fronten das Kriegshandwerk studiert hatten. Lange Jahre Offizier unter Caesar hatte er von ihm gelernt, schnell und überfallartig den Gegner zu stellen und ohne Rücksicht auf die eigenen Verluste den Erfolg zu suchen. Dies widerfuhr jetzt auch den Parthern. Im Frühjahr 39 begann Ventidius, der über elf Legionen verfügte, den Feldzug und zwang in den kommenden zwei Jahren den Gegner zum Abzug aus allen eroberten Gebieten. Die Entscheidung fiel in drei großen Schlachten in Kilikien und in Syrien. Labienus floh nach Zypern, wurde dort gefasst und hingerichtet, Pacorus fand in der letzten Schlacht den Tod. Sein Haupt ließ der Sieger in den syrischen Städten zur Schau stellen, um den letzten Willen zum Widerstand zu brechen. Die einheimischen Fürsten, die es mit den Parthern gehalten hatten, zahlten beträchtliche Bußgelder.[10] Die Nachrichten von den Siegen seines Legaten müssen Antonius in seiner Entschlossenheit bestärkt haben, den großen Krieg auf den Spuren Alexanders im Orient zu wagen.

Als Ventidius im November 38 nach Italien zurückkehrte, feierte er als erster Römer einen glänzenden Triumph über die Parther, der lange in Erinnerung blieb. Als er wenig später starb, gewährte Rom dem Mann aus Picenum, der sechs Jahrzehnte vorher als Kind vor dem Triumphwagen des Pompeius Strabo durch die Straßen der Weltstadt gestolpert war, ein Staatsbegräbnis. Denn es war unendlich viel, was Rom ihm verdankte. Hatte er doch die römische Autorität in Asien und Syrien neu belebt und den letzten großen Vorstoß der Parther nach Westen zerschlagen; erst das sassanidische Perserreich sollte im 3. Jahrhundert n. Chr. wieder die Kraft finden, den Euphrat zu überschreiten.

Der in nur zwei Jahren errungene Erfolg löste im Westen einen Überschwang nationaler Begeisterung aus. Nach dem überwältigenden Meisterstück des Ventidius schien die Zeit nun reif, an weit mehr als nur an Revanche zu denken. Antonius, daran zweifelten nur wenige, war der richtige Mann, um Caesars letzten großen Plan zu erfüllen und Rom eine neue Welt zu Füßen zu legen.

Die Vorbereitungen begannen im Sommer 37 und konzentrierten sich auf die Flankensicherung des Kriegszuges. Antonius, der den Marsch durch die mesopotamische Wüste fürchtete, in der Crassus von den parthischen Reitern zu Tode gehetzt worden war, folgte dem Kriegsplan Caesars und organisierte den Angriff auf die medischen Kernlande von Armenien aus. Dort hatte bereits sein Legat Canidius Crassus die nötigen Voraussetzungen geschaffen, als er den König in die römische Klientel zwang und die Völker zwischen Armenien und dem Kaukasus unterwarf; seine Truppen überwinterten im Lande und warteten auf die Streitmacht des Antonius.

Sie kam. Bis nach Baktrien und Indien, so erzählt Plutarch, wuchs die Furcht vor ihrem Angriff. Die Verhältnisse schienen günstig wie nie. Die Beziehungen der Triumvirn zueinander hatten sich neu gefestigt, und auch Octavian konnte den Krieg offiziell nur begrüßen, entsprach er doch dem letzten Wunsch Caesars und dem Selbstverständnis Roms. In Parthien hatte Orodes im tiefen Gram über den Tod seines ältesten Sohnes Pacorus auf den Thron zugunsten des zweitältesten Phraates verzichtet. Dieser, seines Regiments keineswegs sicher und gepeinigt von krankhaftem Misstrauen gegen den Adel, tötete seinen Vater und seine Brüder und mit ihnen viele Vornehme; wer gewarnt war, suchte im römische Lager Schutz und verstärkte dort die Zuversicht, diesmal alles richtig zu machen.

Im Frühjahr 36 überschritten sechzehn Legionen, zehntausend gallische und spanische Reiter und zahlreiche Aufgebote der Vasallen den Euphrat, darunter die armenische Kavallerie, und fielen in die iranischen Kernlande ein. Ihr Ziel war Phraaspa, die medische Hauptstadt, 800 Kilometer fern von den armenischen Ausgangsbasen und nur durch schwieriges Terrain zu erreichen. Den Vormarsch hemmten immer wieder parthische und medische Reiterverbände, die die langen Verbindungswege, die Vorratslager und die Nachhut der römischen Armee erfolgreich angriffen. Diese konnte dem Tempo der ungeduldig vorandrängenden Hauptmacht nicht folgen, da sie den ganzen Belagerungspark mitschleppte. Als die Verbindung endgültig abriss, fielen die feindlichen Reiter über sie her, hieben die Bedeckungsmannschaft nieder, immerhin zwei Legionen, und steckten den Tross in Brand. Dies war das Signal für den armenischen König Artavasdes, sich aus dem Staub zu machen. Antonius selbst erreichte erst gegen Jahresende Phraaspa und schloss die Stadt ein – ohne das verlorene schwere Belagerungsgerät ein hoffnungsloses Unterfangen. Die Stadtmauern hielten stand und zwangen schließlich zum Abbruch der Belagerung, als der parthische König frische Truppen in den Kampf warf.

Ein Überwintern in Feindesland ohne feste Stützpunkte und ohne Versorgungslager war nicht möglich. So brach die Große Armee zum Rückzug auf. Von den berittenen Bogenschützen des Gegners gepeinigt, von Entbehrungen erschöpft und den Unbilden des Winters fast schutzlos ausgesetzt, schlug sie sich unter schweren Verlusten durch vielfach unwegsames Gelände zur armenischen Grenze durch. Von dort ging der Marsch trotz der immer rauer werdenden Jahreszeit bis nach Antiochia an der syrischen Küste weiter. Es war die wohl größte militärische Leistung des Antonius, sein Heer in diesen Wochen äußerster Not zusammenzuhalten und den Rückmarsch nicht in zügelloser Flucht enden zu lassen. Der Nimbus des Unbesiegbaren aber war dahin. Damit rückte der Tag näher, an dem die Propaganda des in Italien erfolgreichen Kontrahenten die Niederlage von Phraaspa mit dem Untergang des Crassus bei Carrhae gleichsetzen und den einst gepriesenen Kriegshelden auf seinem ureigensten Feld lächerlich machen konnte.

Mit dem Rückzug hatte Antonius nicht alles verloren. Die sich ab 35 verschärfenden Spannungen mit Octavian engten jedoch seinen außenpolitischen Spielraum mehr und mehr ein. Der Mangel an gut ausgebildeten Truppen und Offizieren lud zudem nicht zu großen Taten ein, zumal aus dem Westen statt der versprochenen 20 000 Legionäre nur 2000 und 70 Schiffe kamen, mit denen in Asien wenig anzufangen war. Erst 34 kehrte das Kriegsglück zurück. Der durch die Hinterlist der armenischen Reiterei schwer getroffene Antonius beglich nun die offene Rechnung. Er fiel in Armenien ein, nahm dem verräterischen Artavasdes den Thron und die Freiheit, übergab das Land dem bewährten Canidius und legte Besatzungstruppen in die Städte. Mit dem medischen König nahm er freundschaftliche Beziehungen auf und verlobte seinen Sohn Alexander Helios mit der Prinzessin Iotape.

Das Vorhaben aber, die Parther noch einmal auf Leben und Tod herauszufordern, verschwand von den Tischen der Planungsstäbe. Notwendig war es ohnehin nur für den, der die Entwürfe Caesars als Evangelium las und wie einst Crassus von Baktrien und Indien träumte. Wer die Welt nüchterner musterte, sah die Ostgrenze Roms durch den Besitz Armeniens und die geschlossenen Bündnisse gesichert und im Iran ein Land vor sich, dessen feudale Ordnung wenig Anhaltspunkte für die Errichtung einer dauerhaften römischen Herrschaft bot. Weit sinnvoller erschien es, den parthischen König wie so viele andere in die römische Klientel zu zwingen. Als Zeichen der Anerkennung der römischen Hoheit mochte die Rückgabe der von Crassus verlorenen Feldzeichen und die Heimkehr der in den letzten Kriegen gefangenen Römer ausreichen. Beides hatte Antonius bereits 37 gefordert, beides genügte dem Wunsch nach Rache für Carrhae, beides konnte Rom einen mörderischen Krieg mit ungewissem Ausgang ersparen. Der König Phraates aber lehnte jedes römische Verhandlungsangebot ab. 17 Jahre später sollte der Tag kommen, an dem er es annehmen musste.

Vielfalt ohne Leitidee: Schattenbilder einer neuen Ostpolitik

Antonius war zehn Jahre lang Herr des griechischen Ostens, und seine Macht war schrankenlos. Keinem Römer vor ihm, auch nicht Sulla oder Pompeius, war eine so lange Zeit gegeben, die Herrschaft Roms neu zu ordnen. Trotzdem sind seine Grundideen nur in groben Umrissen erkennbar. Das hat damit zu tun, dass alle praktischen Schritte hin zu einer neuen Ostpolitik abgebrochen wurden, als der Krieg um Italien unvermeidbar geworden war. Zudem ist sie vor Ausbruch der Feindseligkeiten durch die Propaganda Octavians gänzlich abgewertet worden. Jede Quelle, die darüber berichtet, folgte ihrem Urteil und tat als Schande und Landesverrat ab, was bei nüchterner Betrachtung nur die logische Fortsetzung der von Pompeius eingeführten Herrschaftsprinzipien war. So liegt vieles unter einer dicken Schicht von Verleumdung begraben, versetzt mit einer Liebesgeschichte, die jeder Deutung offen ist, sei sie romantisch verklärt oder hämisch verzerrt. Sicher ist nur eins: Als Antonius und Kleopatra nach dem großen Krieg zu Grabe getragen wurden, waren die Menschen in Italien und den Westprovinzen überzeugt, der

Sieg bei Aktium habe sie vor einer orientalischen Despotie bewahrt und die Freiheit des römischen Volkes gerettet.

Als Antonius im Jahre 40 griechischen Boden betrat, herrschten dort Verzweiflung und Resignation. Zu hemmungslos hatten die Bürgerkriegsgeneräle die Städte ausgeplündert, zu wenig wusste man über einen Mann, der sich allenfalls als General und Stratege einen Namen gemacht hatte. Hoffnung schöpften die Menschen aus der Erinnerung an Pompeius, dessen Entscheidungen nach wie vor das Maß aller Dinge darstellten. Seine Legionen waren in den Jahren 66 bis 63 bis an das Kaspische Meer vorgestoßen, hatten Armenien verwüstet und, sich nach Süden wendend, den alten Seleukidenstaat in Syrien zerschlagen. In Rom wurden damals Siege über Völker bestaunt, von denen noch niemand gehört hatte, und die Phantasie entzündete sich an der Vorstellung, zwölf Könige hätten dem Feldherrn Roms Geschenke gebracht. Pompeius hatte damals seine Erfolge mit einer umfassenden, weit in die Zukunft weisenden Neuordnung der Länder vom Bosporus bis Palästina gekrönt. Zwei neue Provinzen wurden eingerichtet (Pontos mit Bithynien und Syrien), das bis dahin zwar ebenso gültige, aber als solches nicht systematisch angewandte Prinzip der Urbanisierung der unterworfenen Länder wurde in die Tat umgesetzt, und ein Kranz von Klientelfürstentümern, von denen einige neu errichtet wurden, umgab das Imperium und schützte seine Ostgrenzen.[11] Es waren keine neuen Ideen, mit denen Pompeius die römische Macht festigte. Die Konsequenz und die Art und Weise jedoch, in der er die Länder Kleinasiens und Syriens neu ordnete, räumten ihm in der Geschichte des Imperiums einen einzigartigen Rang ein. Wer immer nach ihm kam, wer immer die Welt des Ostens unter dem römischen Schwert neu zu gestalten gedachte, wurde mit der Elle des Pompeius gemessen.

Aber da war noch mehr. Pompeius hatte vorgemacht, wie Weltherrschaft zu gewinnen und zu gestalten war. Alle Könige, Fürsten, Despoten und Stammeshäuptlinge, die ihm ihre Herrschaft verdankten, dazu Dynasten eigenen Rechts, die uralten Königs- oder Priestergeschlechter entstammten, endlich die politischen Eliten von Stadt und Land, wurden Teil der persönlichen Gefolgschaft des Mannes, der schon früh den Titel «der Große» beansprucht hatte. Ihre weit geknüpften persönlichen Beziehungen, ihre militärischen Ressourcen, vor allem aber ihre Reichtümer gaben ihrem römischen Patron eine einzigartige Macht. Zumal in den Zeiten des Krieges, der Widerspruch nicht duldete und nach Waffen und Geld hungerte, griffen die römischen Generäle ungehemmt in die

Kassen ihrer Klienten. Meist boten diese selbst feil, was sie ohnehin nicht retten konnten, und bestachen jeden Senator, der sich blicken ließ, in schierer Angst, einen der Mächtigen zu übersehen. So zahlte Tigranes von Armenien an Pompeius 6000 Talente und ein großzügiges Donativ an die römischen Truppen, um als König bestätigt zu werden. Caesar ließ sich von dem galatischen Fürsten Deiotarus finanzieren, der im Bürgerkrieg nach der Niederlage des Pompeius seine Krone neu verdienen musste. Brutus und Cassius erpressten in Asien gewaltige Summen, und der jüdische König Herodes zahlte an Octavian 800 Talente, nachdem auch er wie so viele andere vor Aktium das falsche Pferd gesattelt hatte.

Die Menschen des griechischen Ostens hatten allen Grund, Pompeius im Guten wie im Bösen als zweiten Alexander zu feiern. «Retter und Wohltäter, Hüter der Erde und des Meeres», stand auf den Ehreninschriften, die sie in den Städten Asiens in Stein schlugen. Der so Gepriesene sah es nicht anders, wenn auch mit römischen Augen. So rühmte ihn im römischen Tempel der Venus Victrix eine Weihinschrift als Eroberer der Welt, der die Ozeane befreit, die Bundesgenossen geschützt und «die Grenzen des Reiches bis an die Enden der Erde vorgeschoben und die Einkünfte der Römer teils gerettet, teils vermehrt hat».[12]

Als Antonius sein Amt im Osten antrat, wusste er, dass die eigene Zeit und künftige Generationen seine Leistungen daran messen würden. Zwei Wege standen ihm offen, um seine gewaltige Aufgabe zu bewältigen. Der eine war der Umbau des provinzialen in ein föderatives System. In diesem Rahmen durfte jeder König oder Fürst sein eigenes Haus bestellen, solange er den Befehlen des römischen Herren gehorchte. So konnte der armenische König auf seinem Thron bleiben, der Pharao über Ägypten herrschen und viele neu eingesetzte Landesherren Länder regieren, in denen ganz unterschiedliche Völker zusammenlebten. Dagegen stand eine Politik, die auf die Eingliederung aller eroberten Länder in das Provinzialsystem setzte und sie dem Spruchrecht von in Rom ernannten und nur dem Senat verantwortlichen Statthaltern unterwarf.

Auch hierzu fanden sich Anleitungen bei Pompeius: «Von den besiegten Völkern erhielten die einen die Autonomie wegen ihrer militärischen Unterstützung der Römer, die anderen wurden sofort der römischen Verfügungsgewalt unterstellt, während man die übrigen in Königreiche aufteilte.»[13] Dieses Verfahren enthüllt, dass Rom in der Einrichtung von Provinzen keineswegs der Weisheit letzten Schluss sah, sondern vorgefundene Herrschaftsformen tolerierte, wenn seine Feldherren gebeugte Nacken und geöffnete Schatullen vorfanden. So hatte auch Antonius freie Hand, nach Gutdünken zu verfahren – vorausgesetzt, niemand rüttelte am Machtanspruch Roms.

Die antiken Autoren berichten, der Triumvir habe in den Jahren 37 bis 34 Erstaunliches und Beunruhigendes verfügt. Ihnen jedes Detail zu glauben, fordert ein zu hohes Vertrauen in ihre Nachforschungen, zumal ihre Empörung über die vermeintliche Verschleuderung römischer Besitztümer offenkundig der octavianischen Agitation geschuldet ist. Sie lassen jedoch das Grundprinzip, dem Antonius folgte, erkennen: Künftig sollten nur zwei Provinzen, Asia und Syrien, römische Untertanengebiete bleiben, alle anderen Länder von Ägypten bis zum Schwarzen Meer durften ihre alten Staatsformen und Gesetze behalten, solange sie jeden Wunsch Roms als Befehl lasen.

Im Herbst des Jahres 34 enthüllte Antonius die Umrisse, in denen er sich die endgültige Ordnung des Ostens vorstellte. Im Gymnasium von Alexandrien verkündete er den zahlreich aus nah und fern herbeigeeilten Gästen, künftig regiere Kleopatra als «Königin der Könige» Ägypten, Zypern, Libyen und Koile-Syrien. Ihr 13jähriger Sohn, Abkömmling Caesars, sollte den Platz des Mitregenten einnehmen. Weiter «versprach Antonius, den Kindern, die er gemeinsam mit Kleopatra hatte, folgende Herrschaftsbereiche zu übergeben: Ptolemaios sollte Syrien und das ganze Gebiet westlich des Euphrat bis zum Hellespont erhalten, Kleopatra (Selene) die Kyrene in Libyen, ihr Bruder Alexander Armenien und die übrigen Länder östlich des Euphrat bis nach Indien»; das letzte Versprechen bedeutete zugleich die Ankündigung eines neuen Krieges gegen die Parther.[14] Die anwesenden Höflinge riefen Kleopatra feierlich zur Göttin Isis aus – selbst für die Ägypter, obwohl längst an Götter auf dem Thron gewöhnt, ein Affront, hatte doch noch niemand Isis in Menschengestalt gesehen. Jetzt thronte sie neben dem «neuen Dionysos».

Antonius, so lehrt dieses Spektakel, lebte in zwei Welten zugleich, der römischen und der hellenistischen. Die für sein politisches Überleben und die Durchsetzung seiner Pläne drängende Frage, ob und wie beide in Einklang zu bringen waren, ohne den universalen Machtanspruch Roms aufzugeben, konnte er nicht beantworten. Das Herz der Weltmacht schlug in Italien, und ohne die Zustimmung seiner Eliten und die Hilfe seiner Soldaten blieb alles, was in Alexandria einstudiert worden war, nur großes Theater. Antonius erfasste es wohl, und auch Kleopatra machte sich keine Illusionen: Nur wenn es gelang, den Konkurrenten im Westen zu töten und seine Anhänger das Fürchten zu lehren, konnte es eine abschließende Ordnung des Ostens geben. Denn niemand konnte sagen, wie der Herr des Westens auf die wundersame Kunde vom Nil antworten würde. Sie kam ihm schnell zu Ohren, da Antonius offiziell den Senat von seinen Erlassen unterrichtete und um ihre Bestätigung bat. Angesichts der Sympathien, die er dort noch immer genoss, schien ihm dies eine Formsache.

Sie war es nicht. Wohl nicht zuletzt deswegen, weil Antonius in Alexandria die Antwort auf die Frage schuldig geblieben war, welche Rolle er selbst in einem kunstvoll errichteten Bau zu spielen gedachte, in dem er die ersten Plätze bereits Kleopatra und dem Sohn Caesars zugewiesen hatte. Was er jetzt noch war, war unendlich viel und unendlich wenig. Als Triumvir und Herr der Legionen verfügte er über unbegrenzte Macht. Aber sein Amt war bis Ende des Jahres 33 befristet und eine Verlängerung in Rom unwahrscheinlich. Was dann?

In der Welt unterschiedlichster Kulturen, über die Antonius gebot, war die Monarchie die einzige Konstante, die diesen zersplitterten Raum einen konnte. War dies die Berufung, die ihn leitete? Sah er sich am Ende als hellenistischer Herrscher, dem Alexander gleich und den Götter ähnlich? Welcher Titel hätte dieser Machtstellung juristisch ein Gesicht gegeben, nachdem Kleopatra als «Königin der Könige» ausgezeichnet war? Kurz: mochte Antonius wirklich ernsthaft geglaubt haben, auf Dauer Herr des Ostens ohne die Hilfe Italiens und Roms bleiben zu können? Wo sollte er Legionen ausheben, Offiziere anwerben und die Männer finden, die die Provinzen regierten, die Fortsetzung des Partherkrieges planten und die diplomatischen Kontakte mit den Klientelfürsten in seinem Sinne aufrechterhielten?

Die von den Untertanen ersehnte und von Antonius selbst betriebene göttliche Legitimation konnte der römischen Gefolgschaft schwerlich genügen, so eindrucksvoll sie auch in Szene gesetzt wurde. Als «Neuer Dionysos» war Antonius in viele Städte eingezogen, begleitet von jauchzenden Bacchantinnen, Satyrn und Panen, umjubelt auf rauschenden Festen, Mittelpunkt großer Umzüge. Ganz Asien war von Opferrauch und Heilsgesängen erfüllt, berichtet Plutarch und übertrieb nur wenig. Denn Dionysos hatte viele Götter in sich aufgenommen: «Es gibt nur einen Gott», bekannten seine Anhänger. Er war längst weit mehr als der Gott des Weines und des Rausches, er war der bekannteste und am meisten verehrte Gott des gesamten hellenistischen Raumes, und kein Mythos war so lebendig wie der seine. Die Glaubensstarken verehrten ihn als Erlöser und beteten zu ihm als Helfer und Tröster, Wundertäter und Heiland. Zudem wollte eine frühe Überlieferung wissen, dass Dionysos als Eroberer weit in Asien eingedrungen war und Indien erreicht habe – auf seine Weise ein Vorläufer Alexanders und nun auch des Antonius. Kein Zweifel, dieser hatte sich mit dem Gott verbunden, der den Herzen seiner Untertanen am nächsten stand.[15] Seinen römischen Anhängern jedoch bedeutete er nichts. Sie warteten auf den Tag, an dem ihr Feldherr sie triumphierend zum Tempel des Jupiter auf dem Kapitol führte.

3. Der Krieg um die Einheit des Imperiums

Die Zerreißprobe: Der Auftritt der Agitatoren

Die schier grenzenlose Flut von Ehrungen, die Senat und Volk in den Jahren nach Naulochos über Octavian ausgegossen hatten, war Ausdruck der Erleichterung über den Ausgang des Krieges und die Erfolge in Illyrien. Einen Freibrief für einen Angriff auf Antonius bedeuteten sie nicht, auch wenn die Logik vergangener Bürgerkriege ihn früher oder später forderte. Aber war diese Logik tatsächlich zwingend? Schon zweimal hatten die Legionen ihren Feldherrn den Bruderkrieg verweigert, warum sollten sie es nicht ein drittes Mal tun? Überdies: Die Welt hatte sich nach Caesars Tod gründlich verändert, und warum sollte das Imperium nicht von zwei Herrschern regiert werden? Wer so dachte, übersah, dass dies eine Einigung der Rivalen und die Erfindung einer neuen Herrschaftsform notwendig gemacht hätte. Darauf aber konnte niemand hoffen. Und schließlich die politische Kernfrage: Konnte sich der zwanzig Jahre jüngere Octavian mit einer Trennung von Ost und West überhaupt abfinden, ohne sein Gesicht und damit sein Leben zu verlieren?

Das Triumvirat endete nach zehnjähriger Dauer am 31. Dezember 33. An eine weitere Verlängerung war nicht zu denken. Es war als Ausnahmegewalt gegründet worden, um den Bürgerkrieg zu beenden. Dies war längst geschehen. So rückte der Tag der Entscheidung näher, da keiner der Kontrahenten als Privatmann überleben konnte und wollte.

Die Auseinandersetzung begann als Krieg der Worte. Längst erprobte Muster wurden genutzt und die Welt zweigeteilt: hier die Guten, dort die Bösen. Alle gegenseitigen Anschuldigungen beruhten allenfalls rudimentär auf Tatsachen, aber sie zielten auf Gewissheit. Sie sollten die Entschlossenheit im eigenen Lager stärken und im feindlichen den Bazillus des Zweifels an der Richtigkeit der eigenen Sache verbreiten. Dazu brauchten die Kontrahenten Helfer, bereit und fähig, den Gegner herabzusetzen. Sie fanden sich ohne Mühe, taten doch Geld und das Versprechen einer großen Zukunft ihre Wirkung. Zu ihnen gesellten sich auch die um Maecenas versammelten Dichter, willig und begierig, die Ausschweifungen des Antonius und seiner ägyptischen Geliebten in Verse zu fassen.

Der Angreifer war ohne Zweifel Octavian. Er schlüpfte in die Rolle des edlen Ritters, ausgesandt, das von finsteren Mächten bedrohte Imperium zu retten. Der Verteidiger, Antonius, versuchte dieses Schreckensbild als Lüge zu entlarven und der Lächerlichkeit preiszugeben. Dabei verwandelte sich der edle Ritter in einen bösartigen Aggressor, dessen krankhafter Ehrgeiz alles in den Abgrund reißen musste, was Rom groß gemacht hat. Die Heilsgeschichte des Angreifers Octavian schrieb der Verteidiger Antonius in eine Apokalypse um.

Beide Parteien garnierten dieses Grundmuster mit Vorwürfen, die zu allen Zeiten Propagandakriege würzen. Der politische Rivale ist dem Trunk ergeben, ein Feigling, ein Ehebrecher, ein selbstherrlicher Narr, untauglich, die eigenen den Interessen Roms zu unterwerfen, talentiert, das Falsche zu wollen und das Richtige nicht zu können. Deftige und immer gleiche Formeln geißelten die Sittenlosigkeit und Perversität des Gegners, und die Lohnschreiber sparten keinen Einfall aus, um ihn zum Narren zu machen.[16] Ernsteres war natürlich auch dabei. So verlangte Antonius von Octavian die Niederlegung des Triumvirats, die Hälfte der in Italien ausgehobenen Legionen und die Ansiedlung seiner Veteranen, wohl wissend, dass sein Gegner dies als Aufforderung zum Selbstmord lesen musste. Dieser antwortete denn auch mit der Forderung nach der Teilung der armenischen Beute, wünschte den Verzicht auf die Beschlüsse von Alexandria, da sie römisches Eigentum an fremde Machthaber verhökerten, und empfahl, den Veteranen in Medien und im Partherreich Land zu verschaffen.

Dererlei, tausendfach wiederholt, wird die Zeitgenossen nicht sonderlich beeindruckt haben. Schon gar nicht taugte es dazu, einem schwer gebeutelten Land einen Bürgerkrieg schmackhaft zu machen. Auch die Nachrichten von im September 34 verschenkten Provinzen im Osten bewegten im Rom des Jahres 32 nur noch wenige. Dem kleinen Mann brannte anderes auf den Nägeln als die Frage nach den Folgen königlichen Gemauschels im Osten, und der große erinnerte sich an Pompeius und verstand sehr wohl, dass Antonius mit seinen Maßnahmen dessen Spuren folgte. Alle fürchteten einen neuen mörderischen Bruderkrieg, der sich möglicherweise über Jahre hinzog und den die Kriegsherren, wenn es ganz schlimm kam, wie einst unter Sulla auf italischem Boden austrugen. Diese Furcht ließ auch die Erinnerung daran verblassen, dass im Herbst 34 nicht Rom, sondern Alexandrien den Triumph des Antonius über Armenien bejubeln durfte. So laut Octavian und seine Agenten darüber Zeter und Mordio schrien und von einer Beleidigung der römischen Ehre sprachen, so sorgenvoll rechnete der Bürger die Lust des entgangenen Vergnügens mit den Kosten eines drohenden Krieges auf.

Nein, die Vorwürfe der Trunksucht, der sexuellen Verkommenheit und des erfolglosen Partherkrieges konnten ebenso wenig wie die Besserung der Verhältnisse nach dem Tod des Sextus Pompeius ausreichen, um das geschundene Italien kriegsbereit zu machen. Schon gar nicht für einen Bürgerkrieg. Seine Legitimation forderte ein politisches Ziel, das mehr enthielt als den Vorwurf moralischer Verfehlungen oder den Appell an alte Freundschaften und an die Treue der Gefolgschaft.

Auf diesem Feld entschied Octavian den Krieg für sich, bevor er überhaupt ausbrach. Da ihm jede rechtliche Legitimation fehlte, musste eine unerhörte politische Rechtfertigung an ihre Stelle treten. Sie gewährte die Berufung auf die Verteidigung der bedrohten Heimat und ein nie gesehener spektakulärer Akt der Loyalitätsbekundung. Beides verband sich miteinander, beides konzentrierte sich auf die Mobilisierung Italiens, beides fand in der Königin Ägyptens den Dreh- und Angelpunkt der Rechtfertigung. Ihr Bündnis mit Antonius verwandelte den Bürgerkrieg in einen auswärtigen Krieg, in dem niemand beiseitestehen durfte.

Das Dilemma des Antonius

Wie kam es dazu? Am 1. Januar 33 informierte Octavian den Senat über die Vorgänge von Alexandria, missbilligte sie scharf und lehnte eine Bestätigung der Entscheidungen des Antonius, die die Anerkennung Kaisarions als Sohn Caesars einschloss, strikt ab. Gleichzeitig entfesselten seine Lohnschreiber den Propagandakrieg, in dem Antonius als demütiger Sklave der ägyptischen Dirne Kleopatra die Hauptrolle spielte. Dieser, nunmehr überzeugt, dass Octavian mit dem Rücken zur Wand stand und ihn nur der Krieg retten konnte, brach den bereits begonnenen neuen Partherkrieg ab und begann, Truppen und Kriegsschiffe nach Kleinasien und Griechenland zu verlegen; er selbst schlug sein Hauptquartier in Ephesos auf. Dorthin kam mit großem Gefolge nebst ihrem Staatsschatz und der ägyptischen Flotte auch Kleopatra; sie harrte bis zum bitteren Ende im Lager des Antonius aus. Das politische Leitmotiv ihres Lebens, die ägyptische Großmachtstellung zu bewahren, ließ ihr keine Wahl. Alles bisher Erreichte schien gefährdet, wenn Antonius den Krieg nach Italien trug und dort als Sieger auf Jahre hinaus gebunden blieb. Für sie war er der Schutzherr Ägyptens, der Garant der Verfügungen von Alexandria, der Heiland aller. Er durfte den Osten nicht verlassen, und wenn der Krieg unvermeidlich war, so sollte er hier geschlagen und entschieden werden.

Antonius schwankte. Das Gold und die Schiffe Ägyptens durfte er nicht verlieren, und die Liebe der Königin wollte er nicht aufs Spiel setzen. Aber die besten seiner Männer und seine engsten Freunde kamen aus Italien. Überzeugt von der eigenen militärischen Überlegenheit und der politischen Schwäche des Gegners drängten sie energisch zum Angriff auf die alte Heimat und rieten, Kleopatra möge den Ausgang des Krieges in Ägypten abwarten. Ihren dringlichen Rat in den Wind zu schlagen, war gefährlich. Denn mit der dramatischen Zuspitzung der Krise stellte sich die Frage neu, wie loyal die Soldaten, Offiziere und Generäle in einem Krieg blieben, in dem es nicht gegen unbotmäßige Vasallen, sondern gegen Römer ging. Wie in jedem Bürgerkrieg war die schwere Bürde zu tragen, dass der Bruder gegen den Bruder, der Vater gegen den Sohn stritt. So kämpfte ein Meteller auf der Seite des Antonius, sein Sohn stand im Lager Octavians.[17] Hervorstechend aber: Alle Römer im Lager des Antonius fühlten sich der westlichen Welt zugehörig. Sie hatten im Osten nie die Hoffnung aufgegeben, eines nicht allzu fernen Tages in Italien belohnt zu werden, die einen mit Siedlerstellen, die anderen mit Geld und Ämtern, die Auserwählten mit Senatssitzen, Konsulaten, Auszeichnungen und Ruhm im Übermaß. Gewiss, sie waren als Herren in den Osten gekommen und dort mit Reichtümern und Ehren überschüttet worden. Aber der große Feldzug nach Mesopotamien war ein Traum geblieben, und mit ihm die Aussicht auf die Schätze sagenumwobener Länder. Statt ihrer sahen die alten Weggefährten, wie ihr Kommandeur mit der Königin Ägyptens das Bett und einen goldenen Thron teilte und im Kriegsrat auf sie hörte – hatte man dafür dem General Caesars die Treue gehalten, dafür Entbehrungen ertragen, dafür viele Kameraden in Feindesland begraben?

Viele beantworteten die Frage mit nein. Ihre Zahl wuchs, als die Flüchtlinge 33 und 32 aus Italien kamen. Dazu trug das Pathos bei, mit dem die Propagandisten Octavians den Kampf zweier Generäle in die endzeitliche Schlacht des freien Rom gegen die orientalische Despotie verwandelten. Überdies versprach Octavian, auf jeden Überläufer mit offenen Armen zu warten, und sicherte zu, wovon doch jeder geträumt hatte: die Rückkehr nach Rom und die Teilhabe an einer Weltherrschaft, deren Zentrum die von den Göttern berufene und gesegnete Stadt war.

Loyalität und Treue zerbrechen unter extremer Anspannung. So auch hier. Als viele im Lager des Antonius die Zuversicht verloren, eines Tages von Rom aus die Welt regieren zu können, wechselten sie die Fronten. Kleopatra aber blieb.

Das Schicksal Octavias spielte dabei eine Rolle. Sie hatte beim Abschluss des Vertrages von Tarent noch zwischen Gatten und Bruder vermittelt, war aber in Rom geblieben, als Antonius nach Syrien zurückkehrte. Im Frühsommer 35 führte sie auf die Bitte ihres Bruders 2000 Legionäre und weiteres Kriegsgerät nach Athen – vereinbart worden war in Tarent das Zehnfache. Der düpierte Empfänger nahm die dürftige Unterstützung zähneknirschend an und schickte seine Frau nach Rom zurück. Eine Fortführung der Ehe machte nun keinen Sinn mehr, da das in Athen ausgeladene Hilfskontingent allzu deutlich als Almosen daherkam und künftig aus Italien keine Hilfe mehr zu erwarten war. Kleopatra und die Ressourcen ihres Landes hingegen wurden gänzlich unverzichtbar und banden den General und die Königin nur noch fester aneinander. Der Scheidebrief an Octavia war nur noch eine Frage der Zeit; er kam im Mai 32 in Rom mit der Order an, das gemeinsame Haus zu verlassen. Dies verlieh den Scharfmachern Flügel, war doch eine ebenso vornehme wie ehrbare Dame zugunsten eines ägyptischen Flittchens verstoßen worden. Aber auch im Lager des Antonius wuchsen die Bedenken. Denn es war doch schwer zu bestreiten, dass der Scheidebrief auf Kleopatras Drängen hin ausgefertigt worden war und alle Aussichten auf eine Verständigung wie in Brundisium oder Tarent zunichte machte. Sollte am Ende ein Sieg über Octavian doch und für immer die Macht einer neuen hellenistischen Dynastie begründen?

Ein weiteres, nicht minder wesentliches Element kam dazu. Es war etwas in Antonius, das ihn hinderte, die Wirkung seiner Anordnungen und seines Auftretens auf Rom und Italien abzuschätzen und sich vor den Folgen zu fürchten. Er glaubte bis zu dem Tag, an dem die Flotte Agrippas am Horizont der Peloponnes erschien, dass die von Octavian lange malträtierten Senatoren, Ritter und die Honoratioren Italiens hinter ihm stünden, wenn es hart auf hart ging. Schon gar nicht würden sie zulassen, dass Rom seine Waffen gegen ihn kehren würde. Allzu lange schob er jeden Zweifel an der unbedingten Treue seiner römischen Gefolgsleute beiseite. Eingehüllt in das ungetrübte Bewusstsein seiner Einmaligkeit als Krieger, der bei Philippi gesiegt, den Osten geordnet, Armenien erobert und Truppen, Schiffe und Reichtümer in einer nie gekannten Größenordnung zusammengebracht hatte, schlug er alle Warnungen in den Wind. So stürzte er in wenigen Monaten von einer Höhe, auf der er sich geschmeichelt hatte, dem Krieg gebieten zu können, ins Nichts. Am Ende fand er kaum noch Zeit, das Unglück zu beklagen, das ihn getroffen hatte.

«Möge das Römertum herrschen durch die Kraft Italiens»: Die Mobilisierung des Westens

Die Lage im Westen war für Octavian weit misslicher als für Antonius im Osten. In Rom durchschaute jedermann, was jenseits der Adria wenig zählte: Die Triumvirn waren am 1. Januar 32 formal ohne Amt und nach geltendem Recht nur solange Herren ihrer Provinzen, bis dort die vom Senat bestimmten Nachfolger eintrafen. Es war nicht zu befürchten, dass ein solcher Beschluss zustande kam, und da der 1. Januar 31 als Antrittstag seines Konsulats längst feststand, mochte Octavian hoffen, gestützt auf willfährige Volkstribune und seine Getreuen im Senat, die Monate ohne Amt durchstehen zu können. So verließ er Ende 33 die Stadt, um seine prokonsularische Kommandogewalt (*imperium*), die in der Stadt sofort erloschen wäre, nicht zu gefährden.

Es zeigte sich jedoch schnell, dass seine Gegner entschlossen waren, ihre Chance zu nutzen und ihm mit dem Amt auch die Macht zu nehmen. Dazu musste der Senat seine Ablösung in den Provinzen beschließen. Die amtierenden Konsuln Gaius Sosius und Domitius Ahenobarbus, beide treue Paladine des Antonius, agitierten so geschickt und erfolgreich, dass der Senat zu wanken und das Veto höriger Volkstribunen stumpf zu werden begann. Octavian hatte nun keine Wahl. Noch einmal rettete nackte Gewalt, was im politischen Schlagabtausch verloren zu gehen drohte. Umgeben von Soldaten und Freunden, die unter der Toga nur schlecht die mitgebrachten Waffen verbargen, betrat er den Sitzungssaal des Senats und forderte den Amtssessel zwischen den Konsuln: Dort hatte er zehn Jahre als Triumvir gesessen, dort sollte für jeden augenfällig werden, dass der Herr der Westprovinzen nicht gewillt war, seine Macht kampflos aufzugeben.[18]

Die tödliche Drohung, die hinter dieser Geste lauerte, tat ihre Wirkung. Keiner begehrte auf, die Konsuln flohen zu Antonius und mit ihnen etwa dreihundert Senatoren, die missliebig geworden waren und in den Jahren der Proskriptionen gelernt hatten, wozu dieser Caesar fähig war. Ohne zu zögern ordnete er die Wahl neuer, ihm verpflichteter Konsuln an und steigerte die Kriegsvorbereitungen. Dazu gehörten Steuererhöhungen, die den Bürgern ein Viertel ihres Jahreseinkommens und den Freigelassenen ein Achtel ihres Vermögens nahmen – Gelder, die als Extrasold in die Taschen der Soldaten flossen und den Ausbau der Kriegsflotte finanzieren halfen. Antonius, dem alle Amtsbefugnisse und das für 31 vorgesehene Konsulat aberkannt wurden, und seine Anhänger verloren ihr Vermögen. Tumulte und schwere Unruhen in den italischen Städten warf die Armee nieder.

Trotz der neuerlichen Lasten und der Angst vor dem Krieg mehrten sich in Italien die Stimmen, die Octavian Hilfe versprachen. Zu ihnen gehörten Teile der alten senatorischen Elite, die die Furcht vor einem zum orientalischen Potentaten degenerierten Römer umtrieb. Ihre Dolche hatten an den Iden des März ja nicht nur den Diktator getroffen. Sie bedrohten jeden, der wie dieser handelte. So auch den Mann, dessen vertrauter Umgang mit der ehrgeizigen Fürstin eines uralten Kulturlandes den Verdacht nährte, beide strebten nach königlichen Würden und mit ihrer Herrschaft verlagere sich der Schwerpunkt des Imperiums in den Osten. So verließ die Mehrheit der Senatoren Antonius, als es im Frühjahr 32 hart auf hart kam. «Möge das Römertum herrschen durch die Kraft Italiens», lautete die Parole Octavians. Sie zerstörte alle Hoffnungen seines an Kleopatra gebundenen Widerparts, im Krieg auf Hilfe aus dem Westen rechnen zu können.

Und weiter: Octavian hatte durch die Heirat mit Livia Zugang zu den ersten Adressen Roms gefunden und zielstrebig begonnen, das Gefüge des römischen Führungspersonals zu verändern. Über das Konsulat durfte er nicht ohne Absprache mit Antonius verfügen. Aber niemand fiel ihm in den Arm, wenn er den Senat nach Gutdünken ergänzte. Einfluss und Geld verschafften den richtigen Männern die Ämter, an die Sitz und Stimme im Senat gekoppelt waren. Unter ihnen waren viele Honoratioren der italischen Städte, auf deren Dankbarkeit und Loyalität Verlass war.

Antonius hingegen war Italien allzu lange ferngeblieben. Die öffentliche Bühne gehörte dort allein Octavian, und er betrat sie nach dem Sieg über Sextus Pompeius und die illyrischen Stämme als Friedensbringer und Mehrer des Reiches. Dies allein garantierte allerdings nicht den Erfolg. Antonius war immer beliebter gewesen als der Sohn Caesars, der das Land geschröpft, reiche und geschichtsträchtige Städte den entlassenen Soldaten ausgeliefert und den unseligen Krieg gegen den Herrn der Meere erst nach Jahren beendet hatte. Die Feldpost aus dem Osten machte es den Antonianern jedoch zunehmend schwerer, den singulären Ruf des Siegers von Philippi zu beschwören. Denn der Partherkrieg, das wichtigste außenpolitische Erbe Caesars, kam nicht voran. Von dem fähigsten General Roms erwartete die Öffentlichkeit Siegesmeldungen aus den Königsburgen jenseits des Euphrats und harrte gespannt auf Nachrichten, die Erfolge kundtaten, die größer als die des unvergessenen Pompeius waren. Stattdessen hörte man Berichte von Fehlschlägen. Die bei Carrhae verlorenen Feldzeichen blieben in der Hand der Parther, und statt Namen besiegter neuer Völker las man lange Verlustlisten.

Den Ausschlag aber gab Kleopatra. Es war nicht sonderlich schwer, sie mit kräftigen Strichen als eine mit magischen Kräften begabte Zauberin zu malen und Antonius als ihr hörig darzustellen. Solches begründete aber noch keinen Krieg. Überzeugend wirkte allein das Bild von der Herrscherin eines feindlichen Landes, die Rom zu überfallen drohte und als Siegerin römische Lebensart der orientalischen unterwarf.[19] Alexandria würde dann, polterten die Lohnschreiber Octavians, als neue Weltstadt das überwältigte Rom ablösen. Dafür gab es Beweisstücke, die, ins rechte Licht gerückt, irritierten. So habe die Königin für sich und ihre Kinder römische Gebiete erschlichen. Dann habe sie den betörten Antonius gezwungen, seiner Frau Octavia den Scheidebrief auszuhändigen; damit sei eine untadelige Römerin zugunsten einer orientalischen Geliebten von zweifelhaftem Ruf verstoßen worden. Schließlich habe sie das Testament des Antonius beeinflusst, das Kaisarion als Caesars Sohn anerkannte, Legate für die gemeinsamen Kinder festlegte und als Begräbnisort Alexandria bestimmte. Wer fragte, warum dies für Rom gefährlich sei, dem empfahlen die Propagandisten, den Blick nach Osten zu richten. Dort versammelte sich in der Tat seit dem Frühjahr 32 eine gewaltige Armee aller Völker Asiens und bezog Stellungen an der Ostküste der Adria. Ihr Ziel konnte nach allen bisherigen Erfahrungen nur sein, im Frühjahr 31 nach Italien überzusetzen und das Land zu verheeren, das sich gerade von den Proskriptionen, den gewaltsamen Veteranenansiedlungen und der Not des Krieges gegen die Piratenkapitäne des Sextus Pompeius zu erholen begann.

Das reichte, um große patriotische Gefühle zu mobilisieren. Wer römisch fühlte, erfuhr nun, wofür es unter den Fahnen Octavians zu kämpfen galt: für die Werte der Ahnen, für die Götter Roms und für die von der Geschichte aufgetragene Führungsrolle der Stadt des Romulus. Rom war das Herz des Imperiums, das römische Italien sein Rückgrat. «Herrscherin und zweite Mutter der Welt», nannte es der ältere Plinius, «uralt und waffengewaltig» Vergil.[20] Solche Urteile sprachen von einer Zusammengehörigkeit, die 50 Jahre nach Sullas Vernichtungskrieg gegen die letzten Reste italischer Eigenständigkeit alles andere als selbstverständlich war. Damals hatten die italischen Bürger jedes Interesse an Politik verloren. Die Verleihung des Bürgerrechts nach dem Aufstand hatte ihnen ohnehin keine wirklichen Rechte verschafft. Denn Rom kannte die Repräsentativverfassung nicht, so dass sich das gesamte politische Leben weiterhin in Rom auf dem Forum und in der Kurie abspielte. Wer aber war schon geneigt, aus dem fernen Apulien oder auch nur aus dem nahe gelegenen Etrurien nach Rom zu reisen, um dort im unentwirrbaren Dschungel von Meinungen, Intrigen, Machtkämpfen und widerstreitenden Gesetzesvorlagen – dazu noch konfrontiert mit der verderbten Plebs der Weltstadt – Politik zu treiben? Nein, Rom war weit weg, und der Wettkampf um Macht und Ehre seiner Großen, die hie und da in ihren Villen am Golf von Neapel wie die Könige Hof hielten, war längst undurchschaubar geworden.

So hatten sich die meisten eingerichtet: behäbig die einen, die die Felder ihrer Heimat bestellten und die Freuden der Provinzstadt bewusst genossen; umtriebig die anderen, die als Kaufleute und Auswanderer in die römisch gewordene Welt drängten und dort ihr Glück machten oder ins Dunkel fielen. Cicero hatte, als Caesar über den Rubikon ging, schon richtig gesehen, was die Menschen Italiens wirklich bewegte: «Die Leute aus den kleinen Städten hier, die Bauern vom Lande sprechen oft mit mir. Sie kennen keine anderen Sorgen als um ihre kleine Landwirtschaft, ihre elenden Hütten und ihre paar Groschen.»[21]

Trotzdem entfaltete die reale Macht dieser unpolitischen Bevölkerung ihre Wirksamkeit. Ihre Zahl überstieg die der hauptstädtischen Bevölkerung um das Vierfache, die Söhne ihrer Bauern traten in die Legionen ein, und ihre Besten dienten dem Reich oder trieben diesseits oder jenseits der Grenzen Handel. Von ihrem sozialen und wirtschaftlichen Wohlstand hing wesentlich die Erhaltung der Weltherrschaft ab, und es waren schon lange ihre Offiziere und Mannschaften, die die Legionen füllten. Die führenden Adelsfamilien ihrer Städte konnten Meinungen artikulieren und den Senat in Rom durch eindrucksvolle Demonstrationen beeinflussen.

Nach Caesars Tod war der Krieg wieder in Italien angekommen. Er hatte Hunger, Elend, Enteignungen und neue Steuerlasten im Gefolge.

Trotzdem war vieles anders geworden. Niemand in Pompeji oder sonstwo dachte daran, seine Söhne zu opfern, um die römische Verfassung zu retten. Sie bedeutete von Etrurien bis Kalabrien nach wie vor nichts, weder in der sozialen Wirklichkeit noch als politischer Idealzustand. Auch mit Antonius hatte man keinen Streit. Aber was ein neuer Bürgerkrieg in den italischen Städten anrichten konnte, lehrten schmerzliche Erfahrungen. Auch die Sorge, asiatische Truppen im eigenen Land zu sehen und am Ende vielleicht der «königlichen Dirne von Kanopos»[22] huldigen zu müssen, änderte die Einstellung zu Octavian. Er, der schon den Piratenflotten des Sextus Pompeius das Handwerk gelegt hatte, erschien jetzt als der Einzige, der die Horden des Orients noch von den Grenzen Italiens fernhalten konnte.

Vergil hat wenige Jahre später das Herzstück der Agitation des Octavian in Verse gegossen, als er das Defilee der Flotten bei Aktium schilderte:

> «Hier der Caesar Augustus, die Italer führend zu Kampfe,
> mit den Vätern, dem Volk, den Penaten, den mächtigen Göttern ...
> Drüben mit Fremdvolks Macht Antonius, bunt seine Waffen.
> Sieger bei Völkern des Morgens, am Strande des Roten Meeres,
> führt Ägypten und Kräfte der Orients her und das ferne
> Baktra; es folgt ihm – Frevel und Schmach! – die ägyptische Gattin.»[23]

In diesem Zerrbild, einer Karikatur ähnlicher als der Realität, fiel Antonius die Rolle des Lakais einer Königin über Eunuchen zu: «Der römische Krieger – welche Schmach, unsere Kinder werden es nicht glauben wollen – steht jetzt in Diensten eines Weibes; für sie schleppt er Schanzpfähle, für sie trägt er Waffen, für sie hat er gelernt, runzligen Kastraten zu gehorchen.»[24]

In der Logik dieser Verunglimpfung lag es, dem auswärtigen Feind Ägypten den Krieg zu erklären. Um dem Vorgang die nötige sakrale Weihe zu geben, trat Octavian als Priester des uralten Kollegiums der Fetialen im Tempel der Bellona auf, schwor, dass die Sache Roms gerecht sei, und erklärte im Einvernehmen mit dem Senat den Krieg, falls das Rom zugefügte Unrecht nicht wiedergutgemacht werde.[25] Die Privatfehde zweier Römer, in der niemand zur Parteinahme verpflichtet werden konnte, hatte sich in einen auswärtigen Krieg verwandelt, gegen den öffentlich aufzutreten Hochverrat hieß. Als alles entschieden war, trugen die Priester in den *fasti Praenestini* zum 1. August ein, an diesem Tag habe der Imperator Caesar Augustus den Staat von einer großen Gefahr befreit.[26] Es war der Tag der Eroberung Ägyptens und nicht der Tag von Aktium.

Augustus selbst hat im Loyalitätserweis Italiens und der militärischen Klientel des Westens das Schlüsselereignis der Kriegsvorbereitung gesehen. Es war in der Tat einer der scharfsinnigsten Einfälle, die er und sein Beraterstab ausgeheckt hatten. Die Städte Italiens und der Westprovinzen bekundeten im Sommer 32 in einer Art Volksabstimmung durch einen feierlichen Eid ihre Treue und forderten ihren Patron auf, den Krieg nach Osten zu tragen. Wie viele dabei die Faust in der Tasche ballten, weil sie um ihr Leben fürchteten, verschweigen die Quellen. Nach außen jedenfalls schien es so, als sei der Senat in diesen Monaten auf Hunderttausende Mitglieder erweitert worden, um Octavian zu beauftragen, Rom und Italien zu retten. «Mir hat aus freiem Entschluss», schrieb Augustus stolz am Ende seines Lebens, «ganz Italien den Gefolgsschaftseid geleistet und mich als Führer für den Krieg erwählt, in welchem ich den Sieg bei Aktium errang. Ebenso legten auf mich den Eid ab die gallischen und spanischen Provinzen, Afrika, Sizilien und Sardinien».[27] Er fügte hinzu, dass ihm die Mehrzahl der römischen Elite in den Kampf folgte. Dies war damals so wichtig wie an dem Tag, an dem er sich dem Ende seines Lebens nahe sah und sein politisches Testament schrieb: «Unter meinen Fahnen fochten mehr als 700 Senatoren. Unter ihnen waren 83, die vorher oder später, bis zu dem Tag, an dem ich dies schreibe, Konsuln gewesen sind, sowie etwa 170 Priester.»

Auch die Götter geizten nicht mit Vorzeichen: Viele Tage lang erschien über dem Meer eine Fackel, wies nach Griechenland und stieg schließlich in den Himmel auf. Auf dem Albanerberg blutete das Standbild des Antonius und zeigte seinen Tod an, während die Kinder in den Straßen Roms Krieg spielten, in dem die Caesarianer die Antonianer besiegten.[28]

4. Ein Tag im September: Die Entscheidung von Aktium

Grenzgänger: Der Preis der Treue

Es war 1500 Jahre später Shakespeare, der Octavian auszusprechen erlaubte, was damals ungesagt blieb und schon gar nicht alle glauben wollten: «Raum war nicht für uns beide in der ganzen weiten Welt».[29] Was daraus folgte, fürchtete jedermann, niemand sah aber einen anderen Ausweg als das Urteil der Waffen: «Wenn wir Frieden wollen, dann müssen wir Krieg führen; scheuen wir ihn, werden wir nicht in Frieden leben können.»[30].

Antonius schlug im Frühjahr 32 sein Hauptquartier in Athen auf und begann im Herbst, Land- und Seestützpunkte von der Kyrenaika bis nach Epirus anzulegen; das Heer verteilte er über Griechenland, die Hauptmasse seiner Flotte konzentrierte er im Golf von Ambrakia. Mit der brüsken Trennung von Octavia verschärfte er den Konflikt unter seiner römischen Gefolgschaft, die zahlreiche senatorische und ritterliche Flüchtlinge verstärkt hatten. Die einen hielten ohne weiteres Nachdenken ihrem Feldherrn die Treue und vertrauten seinen Künsten. Andere forderten mit wachsender Erbitterung die Rückkehr Kleopatras nach Ägypten, da ihr Einfluss täglich zuzunehmen schien und ihre Anwesenheit der gegnerischen Propaganda, nicht aber der nüchternen Analyse der Kriegsziele diente. Als Antonius schwieg, verstärkte sich die Abfallbewegung. Zu denen, die sich jetzt heimlich davonschlichen, gehörten enge Vertraute wie Munatius Plancus, der Vornehmste unter den Freunden des Antonius, der zeitweise dessen Siegel führte. Nach seinem Frontwechsel zunächst kaltgestellt, war er drei Jahre nach Aktium wieder obenauf und durfte im Senat beantragen, Octavian den Beinamen «Augustus» zu verleihen. Dieser Auftritt bedeutete eine denkwürdige Auszeichnung des Mannes, den Velleius Jahre später einen krankhaften Verräter nannte und dem Horaz den wenig schmeichelhaften Rat gab, seine Sorgen im Wein zu ertränken.[31]

Mit Plancus floh sein Neffe M. Titius; er hatte die Flotteneinheit befehligt, die Antonius zur Niederwerfung des Sextus Pompeius nach Westen geschickt hatte. Beide Abtrünnige waren wie kaum andere in die Pläne des Antonius eingeweiht und gaben den Inhalt des Testaments preis, das Antonius den Vestalinnen anvertraut hatte. Octavian riss es gewaltsam an sich und verlas es erst im Senat, dann in der Volksversammlung. Es enthielt in der Sache wenig Überraschendes wie die Anerkennung Kaisarions als Caesars Sohn und die Schenkungen an die Kinder der Kleopatra. Wasser auf die Mühlen patriotischer Empörung aber war die Verfügung, Antonius wolle an der Seite Kleopatras in Alexandria begraben werden.

Nicht minder schwer als der Treuebruch des Plancus wog der des Quintus Dellius. Dieser Republikaner hatte nach Philippi die Seiten gewechselt und war ein treuer Gefolgsmann des Antonius geworden; stolz auf seine Feder besang er den Partherkrieg und schrieb Kleopatra erotische Briefe. Er lief wenige Wochen vor Aktium über, geplagt von der Vorstellung (oder Einbildung), die Königin trachte ihm nach dem Leben. Boshafte Zungen nannten ihn «den Zirkusreiter der Bürgerkriege», vorzüglich trainiert, von einem laufenden Pferd auf das andere zu springen.[32] Octavian nahm ihn mit offenen Armen auf, hatte er doch alle Kriegspläne des Gegners im Gepäck und breitete sie eilfertig im Generalstab seines neuen Herrn aus. In den Jahren danach hatte er Zeit genug, seine Energien auf die Mehrung seines Reichtums zu verwenden; Horaz widmete ihm eine Ode und rief ihm zu, er möge sich im Unglück «ein Herz von Gleichmut» erhalten, denn jeder, ob arm oder reich, wird «ein Opfer des unerbittlichen Orkus».

Wenige Tage vor dem 2. September ging auch Domitius Ahenobarbus, Konsul des Jahres 32, von der Fahne. Er hatte als überzeugter Republikaner erst Caesar, dann die Triumvirn befehdet, nach Philippi erfolgreich eine eigene Flotte geführt und sich erst nach langem Zögern Antonius angeschlossen. Er wurde sein Ratgeber auf vielen Feldzügen und ein unersetzlicher Freund. Unendlich stolz auf seine Abkunft sah sich der Aristokrat im Kriegsrat von der verachteten Ägypterin überspielt; bereits von einer schweren Krankheit gezeichnet, starb er wenige Tage nach seiner Flucht im Feldlager Octavians.[33]

Andere, Namenlose, kamen hinzu, Männer der Art, die heute mit diesem, morgen mit jenem Wind segeln. Sie waren Kinder eines langen Bürgerkrieges, in dem Treue und Verrat dicht beieinander liegen. Es fällt leicht, über sie den Stab zu brechen. Man vergisst in der Richterrolle allzu schnell, dass sie angesichts der wachsenden Abhängigkeit des Antonius von der ägyptischen Königin ihre Gründe gehabt haben und als Überläufer einen Schritt wagten, den sie bei einem Sieg des Antonius mit dem Leben bezahlt hätten. Für alle, ob sie gingen oder blieben, kam der Moment, an dem sie erfahren mussten, dass Antonius selbst seine Getreuen ihrem Schicksal anheimgab, als er sich am Tag der Entscheidung davonstahl und sich nach Ägypten durchschlug (S. 136f.).

Der Krieg duldet kein Zaudern

«Das Glück vermag das meiste in allen Dingen und ganz besonders im Krieg.» Caesar hatte diesen Satz immer wieder gepredigt, und beide Seiten erfuhren jetzt, wie sehr er alles bestimmte. Was die Generäle Octavians am meisten fürchteten, der Angriff auf Italien, fand nicht statt. Als sie erfassten, dass Antonius zögerte, übernahmen sie die Initiative und gaben sie bis Kriegsende nicht mehr aus der Hand. Agrippa,

Karte 5 Die Flottenbewegungen vor Aktium

auch in diesem Krieg der unumstrittene Meister der Planung, führte im Frühjahr 31 die Flotte an die Westküste der Peloponnes und nahm Methone im südlichen Messenien ein; in den kommenden Monaten eroberte er Korkyra, Leukas, Korinth und Patrai. Damit bekam er die Zufahrt in die Adria in seine Hand und schnitt Antonius von seinen griechischen Versorgungsbasen ab. Seine schnellen Kreuzer begannen mit der Jagd auf die Getreideschiffe aus Ägypten und Asien und machten es dem Gegner immer schwerer, seine im Golf von Ambrakia biwakierenden Truppen zu versorgen; bald waren die Proviantmeister gezwungen, Nahrungsmittel aus immer ferneren Gegenden eines ohnehin verödeten Landes heranzuschaffen. Octavian plagten solche Sorgen nicht. Als ihm die Landung seiner Armee in Epirus gelungen war, hielten seine Schiffe den Weg zu seinen Nachschubbasen offen. Im Kriegsgebiet standen ihm allerdings starke Verbände gegenüber, die einen Angriff auf Heer und Flotte des Antonius unmöglich machten.

Es folgten Monate des Zuwartens. Beide lauerten auf den Vorstoß des Gegners, beide glaubten sich in ihren stark befestigten Lagern sicher, beide fürchteten die Folgen, die die Nachrichten von Niederlagen, und seien sie noch so unbedeutend, in Italien anrichten würden. Je länger der Stellungskrieg dauerte, umso schwieriger wurde die Lage für Antonius. Noch einen Winter lang waren seine Brigaden und Geschwader nicht zusammenzuhalten. Das ausgebeutete Griechenland konnte die im Golf von Ambrakia versammelten Menschenmassen nicht mehr mit Nahrung versorgen, und in den heißen Sommermonaten ausbrechende Seuchen zerstörten die Moral der auf engstem Raum zusammengepferchten Soldaten. Octavian hingegen hatte die Zeit zum Verbündeten: Seine Marine sicherte die Versorgung der Legionen aus Italien, Dalmatien und den Inseln, und die Fouragiertrupps konnten sich auf die Beschaffung von Wasser aus dem Umland konzentrieren.

Antonius musste handeln, als der Spätsommer kam und Octavian jeder Versuchung widerstand, seine befestigten Stellungen nördlich des Golfs zugunsten einer offenen Schlacht aufzugeben. Zwei Möglichkeiten blieben, und beide waren wie ein Ritt durchs Feuer. Entweder zog Antonius seine Legionen nach Makedonien und Thrakien zurück, hoffend, den ihm folgenden Gegner wie einst bei Philippi schlagen zu können; der Preis war eine verlorene Flotte und ein Gesichtsverlust mit unabsehbaren Folgen bei seinen Verbündeten. Oder er sprengte den Belagerungsring mit seiner Armada und den Schiffen Kleopatras, belud sie mit ausgewählten Truppen, gruppierte seine Kräfte in Asien, Syrien und Ägypten

Abb. 11 Gemme, die den Seesieg von Aktium verherrlicht. Augustus fährt als siegreicher Neptun, nackt und mit einem Dreizack in der Rechten, auf einem Wagen über das Meer; er wird von Seepferden (Hippokampen) gezogen, deren Hinterbeine in einen Fischleib münden. Sie begraben unter ihren Hufen in den Wogen einen Gegner (Pompeius oder Antonius), dessen Kopf noch aus dem Wasser ragt. Später ändert sich die Bildsprache: Der nackte Neptun verwandelt sich in einen gepanzerten majestätischen römischen Feldherrn, begleitet von der Göttin Victoria, die die Bürgerkrone trägt.

um und mutete dem Gros seiner Armee den Rückzug auf dem Landweg zu. Wie immer sich Antonius entschied, er konnte den Gegner nicht mehr besiegen. Er konnte nur noch der tödlichen Blockade entrinnen.

Er wählte den zweiten Weg. Am 2. September liefen seine noch kriegstauglichen Linienschiffe aus. An Bord hatten sie die Kriegskasse und 20 000 ausgewählte Legionäre. Und sie führten die Segel mit sich, obwohl sie im Kampf nur hinderlich waren; aber sie ermöglichten nach dem Durchbruch durch die feindlichen Linien die ungehinderte Flucht. Auf der Reede vor Aktium stießen sie auf den Feind. Mitten im Kampf flohen die 60 Galeeren Kleopatras nach Süden, Antonius, der voreilig alles verloren glaubte, setzte mit einem schnellen Fünfruderer nach, während sich seine Seeleute und Legionäre verzweifelt gegen die leichten und wendigen Trieren und die zweireihigen Seeräuberschiffe (Liburnen) des Gegners wehrten. Vergeblich. Als die Nacht einbrach, hatte Octavian gewonnen. Die Beweglichkeit seiner Schiffe, bedient von eingeübten Mannschaften, siegte am Ende über die überlegene Armierung der gegnerischen Großkampfschiffe, deren Seeleute und Rudermannschaften Presskommandos, häufig aus Hirten, Eseltreibern und jungen Bauernburschen, zusammengetrieben hatten. Im Gefecht versagten sie, als komplizierte Manöver befohlen wurden.

Die Armee hatte die Katastrophe vom Land aus verfolgt, nicht aber bemerkt, dass Antonius seine Schiffe und sie selbst, 19 Legionen und viele tausend Reiter, im Stich gelassen hatte. Als die bittere Wahrheit nicht mehr zu verbergen war, verweigerten sie den Rückzugsbefehl und gaben auf. Als Erste flohen die orientalischen Fürsten und die Hilfstruppen – wer wollte es ihnen verdenken –, dann, nach sieben Tagen hilflosen Zögerns, auch die Legionen und der Rest der Flotte. Ein kleiner Teil zerstreute sich in Makedonien, der größere hörte auf die Versprechungen des glückstrahlenden Octavian und beugte sich seinen Befehlen. Jetzt, am 9. September, konnte er endgültig sicher sein, die Schlacht von Aktium und den Krieg gewonnen zu haben. Antonius hatte im Westen keinen Soldaten und kein Schiff mehr.

Der Flüchtige verfiel in tiefe Depressionen. Auf der Galeere Kleopatras erfuhr er die bitterste Lehre, die Besiegte zu tragen haben: Der Krieg macht allen Schein zunichte und beendet jede Illusion über die eigene Tüchtigkeit. «Anderswo», hatte der alte Cato erklärt, «kann man einen Irrtum nachträglich beheben; Fehler in der Schlacht jedoch lassen sich nicht wiedergutmachen, da die Strafe unmittelbar dem Irrtum folgt.»[34] Diesem ersten Lehrsatz des Krieges hatte Curio, in den Jahren 49 bis 48 allzu forscher und glückloser General Caesars, einen zweiten hinzugefügt: «Es ist doch so: Erfolge im Krieg lohnen die Soldaten ihrem Feldherrn mit Zuneigung, Niederlagen mit Hass.»[35] So auch hier. Als die Kundschafter ihrem Befehlshaber berichteten, dass sich seine Armee in Griechenland auflöste und 19 Legionen kampflos die Waffen streckten, musste sich Antonius wieder und wieder fragen, warum er sie im Stich gelassen hatte. Denn genau dies hatte er getan, als er auf den Schnellsegler sprang und Kleopatra folgte, während die Brandfackeln des Gegners auf seine Schiffe flogen. Weitere Fragen stürmten auf den Verlorenen ein: Warum hatte er sich in der Bucht von Ambrakia einschließen lassen, warum hatte er, der Sieger in so vielen Schlachten, nicht die Entscheidung auf dem Land erzwungen oder, als der Gegner sie ablehnte, schon im Sommer neue Stellungen bezogen, zumal die Versorgung immer schwieriger wurde? Warum war ihm die Rettung der Flotte wichtiger als sein Heer, warum den Kampf dort aufnehmen, wo der Feind erkennbar stärker und erfahrener war? Warum nach Ägypten segeln, wo nur der Tod wartete und wohin ihm die Flüche der im Stich gelassenen Getreuen folgten?

Der Römer, der auf der Galeere einer ägyptischen Königin kauerte, gab sich auf. Als der Versuch scheiterte, nach der Landung an der Westgrenze Ägyptens die in der Kyrenaika stationierten Legionen zu übernehmen, suchte er im Kampf den Tod, und als er ihn nicht fand, ließ er in Alexandria die Tage in Melancholie und die Nächte in hemmungslosen Gelagen verstreichen, ungerührt von allen Plänen der Königin, die mal von einem Feldzug nach Spanien, mal von einem Kriegszug ins ferne Indien, mal von der Großmut des heranziehenden Siegers träumte. Als dessen Vorhut im Juli 30 vor den Toren der Stadt auftauchte, raffte sich Antonius noch einmal auf: Ein kleiner Erfolg, den eine kühne Attacke seiner Kavallerie errang, verscheuchte für Stunden die Lethargie, in die er verfallen war. Der Tapferste seiner Reiter, der den Gegner bis vor das Lagertor verfolgt hatte, erhielt von Kleopatra eine goldene Rüstung und sollte den Soldaten zeigen, was sie alle im Falle des Triumphes erwartete. Der Geehrte nahm seinen Lohn und verschwand in der nächsten Nacht – er wusste besser als sein Feldherr, dass längst alles verloren war.

Auch die Götter wussten es. In der Nacht vor dem letzten Gefecht hörten die Teilnehmer eines üppigen Banketts plötzlich symphonische Klänge, Jubelrufe und einen lärmenden Festzug, der zum Stadttor hinaus ins Lager des Feindes zog. Die eilends um Rat gefragten Weisen zuckten die Schultern: Dionysos selbst, der Schutzgott des Antonius, wechsle gerade die Fronten.[36] Der nächste Tag, der 1. August 30, gab ihnen recht. Die ägyptische Flotte, kaum dass sie Gefechtsberührung hatte, hob die Ruder zum Zeichen der Kapitulation und verbrüderte sich mit dem Feind. Die Reiterei des Antonius tat es ihr nach, die Fußtruppen kämpften lustlos, und die Stadt öffnete bereitwillig ihre Tore, froh, einer Belagerung entkommen zu sein. Antonius stürzte sich in sein Schwert und starb in den Armen Kleopatras. Octavian weinte, als er die Nachricht erhielt, und zeigte den Freunden die Briefe, die die Schuld des Antonius am Bürgerkrieg beweisen sollten. Er wusste natürlich, dass der Tod des Gegners von eigener Hand für ihn die beste aller Lösungen war. Aber selbst der Tote, auch diese Lehre hatte Caesar hinterlassen, konnte gefährlich sein. So begannen Octavians Propagandastäbe jede Erinnerung an ihn auszulöschen. Ein Dorf im fernen Lydien behielt seinen Namen.

Den Bericht vom traurigen Ende des Antonius verlas auf dem Forum in Rom ein jubelnder Marcus Tullius Cicero, der Sohn des großen Redners. Er hatte nach dem Tod des Vaters auf Seiten der Republikaner gekämpft, dann unter Sextus Pompeius gedient und schließlich seinen Frieden mit den Triumvirn gemacht. Im rechten Moment Konsul, triumphierte er über den Mörder seines Vaters und ließ die Nachricht vom Tod des Gehassten auf der Rednertribüne anschlagen, auf der das väterliche Haupt zur Schau gestellt worden war. «So übertrug die Gottheit die abschließende Bestrafung des Antonius dem Hause Ciceros.»[37]

Kleopatra aber wehrte sich, wollte nicht wahrhaben, dass bei Aktium auch der Kampf um ihr Reich verloren war. Sie verhandelte mit Octavian, versprach ihm alle Reichtümer Ägyptens, nur nicht die Krone. Als sie einsehen musste, dass niemand ihr ernsthaft zuhörte, gab sie sich den Tod. Ihren letzten Weg trat sie zusammen mit Antonius an. Darum hatte sie in ihrem letzten Brief Octavian gebeten, der sie mit königlichen Ehren bestatten hieß.

5. Was vom Leben blieb

Ruhm im Scheitern: Nachruf auf einen Besiegten

Marcus Antonius war als Nachkomme eines berühmten, aber verarmten plebejischen Geschlechts aufgewachsen. Früh trat er in die Armee ein und zeichnete sich als ungestümer und tapferer Offizier aus. Über seine tollkühnen Reiterattacken und sein wüstes Privatleben wurden im klatschsüchtigen Rom mehr Anekdoten erzählt, als seinem Ruf guttat. Für Caesar, zu dem er in Gallien gestoßen war, wurde er schnell unentbehrlich. Bei Pharsalos kommandierte er den linken Flügel und herrschte danach für länger als ein Jahr über Italien. Als ihn in Rom ein Aufruhr der Straße zum Einsatz von regulärer Infanterie zwang, war sein politischer Kredit fürs erste dahin, und er fiel für zwei Jahre in Ungnade. Dann tauchte er wieder auf, vom Licht der neugewonnenen Gunst des Diktators heller umstrahlt denn je. Das Konsulat für 44 lohnte seine Treue, und er konnte mit Fug und Recht das Erbe des Mannes beanspruchen, den er mit einem Staatsbegräbnis geehrt und dessen Gefolgschaft er um sich geschart hatte.

Sein Abgott aber machte alles zunichte. Ganz römischer Aristokrat gab er testamentarisch seinem nächsten Verwandten Octavian seinen Namen und sein Vermögen und verurteilte mit dieser Entscheidung zwei Männer zu einem Kampf auf Leben und Tod. Ein Schlupfloch gab es für keinen von beiden. Selbst der Weg ins Privatleben blieb ihnen verschlossen. Er wird ohnehin keinem von beiden in den Sinn gekommen sein, waren sie doch im eigenen Verständnis unnachahmlich groß und zum Herrschen geboren.

Antonius hat in den zehn Jahren seiner Regentschaft im Osten Octavian im Westen freie Hand gelassen und vieles hingenommen, was ihm geschadet hat. So ertrug er, dass dieser im Jahre 40 die gallischen Provinzen an sich riss, er sah tatenlos zu, als Lepidus nach dem Sieg von Naulochos das Amt, die afrikanische Provinz und seine Legionen verlor, er unterstützte Octavian im Krieg gegen Sextus Pompeius, der doch den Rivalen über Jahre hinaus schwächen konnte, und er tat nichts, um die Unruhen in Italien für seine Zwecke zu nutzen. Die Gründe sind leicht zu verstehen. Er war als römischer Beamter aufgebrochen und im Osten als Gottkönig angekommen. Dort warteten auf ihn Aufgaben, die den ganzen Mann beanspruchten: die Wiederherstellung des römischen Spruchrechts in den durch Krieg und Ausbeutung zerrütteten Ländern, die Reform des Herrschaftssystems und der Krieg an der syrischen Grenze. Damit rückte Rom in weite Ferne. Hinzu kam eine nach dem Erfolg im Überlebenskampf des Jahres 43 wachsende Selbstherrlichkeit, die den Gegner nicht ernst nahm. Shakespeare traf ins Schwarze, als er Antonius im Angesicht des Todes ausrufen ließ: «Nicht Caesars Kraft besiegte Mark Anton, nein, Mark Anton erlag sich selber nur!»[38]

Es hat 15 Jahre gedauert, bis der Konflikt zweier Erben entschieden war. Der Sieger nahm dem Besiegten alles, die Herrschaft und die Ehre. Denn die Zeitgenossen erlagen den Propagandakünsten Octavians so gründlich, dass sie den in Alexandrien Begrabenen verachteten. Es war, als ob der wilde Zorn, mit dem ihn Cicero nach Caesars Tod verfolgt hatte, wie ein finsterer Schatten selbst über die Gruft des Antonius fiel. Der Sieger strich seinen Namen aus den Fasten, den offiziellen Jahrbüchern, stürzte seine Standbilder um und löschte die ihm gewidmeten Inschriften. Die Dichter und Historiker sprachen nicht minder hart ihr Urteil: «Seinen Charakter», psychologisierte Plutarch, «zeichnete eine gewisse Harmlosigkeit aus, er begriff langsam, hatte er aber verstanden, bereute er begangene Fehler und war bereit, sie denen, die Unrecht erlitten hatten, auch einzugestehen.»[39] Ein solches Lob war schlimmer als jede Kritik, setzte es doch dem so Geehrten die Narrenkappe auf. Zu weit, jammerten die Dichter, habe sich der Gefolgsmann Caesars von Rom entfernt, zu ungehemmt die Rolle eines hellenistischen Gottkönigs genossen, zu ungeniert seine Rolle als «huldreicher Dionysos» gespielt. Vor Kastraten habe er sich verbeugt und Kleopatra wie ein Kriegsknecht die Waffen getragen, empörte sich Horaz, und viele klatschten Beifall.

So wollte auch niemand wissen, dass mit Antonius der letzte Gefolgsmann Caesars dahinging, der sich das große Ziel des Diktators zu eigen gemacht hatte, die Parther zu besiegen und die Macht Roms auf Armenien, Medien und ganz Mesopotamien auszudehnen. Und niemand wollte hören, dass er zehn Jahre von der Adria bis zum Euphrat, vom Kaukasus bis zum Nil herrschte. Und schon gar nicht durfte ausgesprochen werden, dass er wie Pompeius die zerrütteten Provinzen des Ostens reformierte, die Klientelfürsten bändigte, und dies so erfolgreich, dass der Sieger seine Entscheidungen weitgehend übernahm.

Der Verfemte blieb vergessen. Erst Shakespeare rief ihn wieder ins Leben zurück. Bis heute allerdings wagt niemand sich auszumalen, was ein Sieg des Antonius für Rom und das Imperium bedeutet hätte. Wäre auch er fähig gewesen, eine neue Ordnung zu finden, vergleichbar und dauerhaft wie die des Augustus? Oder hätten die Opfer von 13 Jahren Bürgerkrieg nur dazu gedient, Antonius (und an seiner Seite Kleopatra) für eine wie immer begrenzte Zeit zum absoluten Gebieter der Welt zu machen?

Sein Schicksal wurden die unbesiegt gebliebenen Parther und Octavian. Sein Leben aber bestimmten Caesar und Kleopatra. Wie jener war er ein furchtloser Soldat, der im Feld mit seinen Männern Not und Leid teilte. Mit ihr lebte er im Glück, mit ihr und den Mitteln ihres Königreiches regierte er wie ein Monarch von Gottes Gnaden, mit ihr zog er in den Bürgerkrieg, auf ihrem Flaggschiff entkam er der Niederlage von Aktium, in ihren Armen starb er. Sie möge, soll der Sterbende gesagt haben, sein Unglück nicht beklagen, sondern sein Glück preisen, habe er doch unter den Menschen höchsten Ruhm und große Macht besessen. Am Ende deckte beide derselbe Grabhügel.

> «Kein Grab der Erde schließt je wieder ein
> Solch hohes Paar. Der ernste Ausgang rührt
> Selbst den, der ihn veranlasst, und ihr Schicksal
> Wirbt so viel Leid für sie wie Ruhm für den,
> Der sie gestürzt.»[40]

Abb. 12 Unter dem Eindruck Shakespeares wenden sich die Maler des 19. Jahrhunderts dem Tod des Antonius zu. Sie folgen dem Bericht Plutarchs, nach dem der von eigener Hand Schwerverwundete zum Grabmal Kleopatras getragen und von Dienern mit Seilen hinaufgezogen wird: «Keinen jammervolleren Anblick habe es geben können, sagen diejenigen, die dabei gewesen sind. Denn mit Blut bedeckt und mit dem Tode ringend schwebte er nach oben, während er die Arme nach ihr ausbreitete.» (Antonius 77). Eugène Ernest Hillemacher (1818 bis 1887) malte das Drama 1863, als wollte er dem Wort des shakespearischen Octavian Farbe verleihen: «Antonius Tod ist nicht ein einzeln Sterben; denn so hieß die halbe Welt.» (Shakespeare, Antonius V 1).

Das schöne Ungeheuer: Nachruf auf eine Königin

Die Menschen und Ideen, die damals stritten, sind lange dahin. Vergessen wurden sie nie. Alle folgenden Jahrhunderte blickten nicht ohne Bewegung auf Pompeius, Caesar, Cicero und Antonius. Sie erfuhren Lob und Tadel, und beides war, wie immer die Zeiten waren, heikel und verfänglich oder groß und rühmenswert. Kleopatra aber blieb gefangen in den Netzen augusteischer Kriegspropaganda und wanderte als das schöne Ungeheuer durch die Geschichte. In dieser Rolle gewährte ihr der römische Dichter Lucan, der unter Nero ein Epos über die Schlacht von Pharsalos schrieb, den ersten großen Auftritt. Der Held seiner Verse ist Caesar, aber nur als Antiheld, als Verkörperung des Bösen. Kleopatra tritt vor ihn und verlangt von dem Zaudernden Unmögliches: den Thron. «Doch ihr Antlitz», so Lucan, «half ihr, die lockende Schönheit errang den Erfolg. Und die ganze Nacht verbrachte sie mit dem Richter, den sie bestochen.»[41]

Dieses sorgfältig zurechtgemachte Porträt einer Verführerin ist nicht falsch, aber es entspricht gewiss nicht dem Original, das reicher an Würde und Widersprüchen war. Es blieb lange verborgen, und alle Wirkung ging von der Schreckgestalt der teuflischen Schönen aus, die das Kapitol zerstören und das Reich vernichten wollte. Zugleich aber übte ihr Bild einen unwiderstehlichen Zauber aus, der sie schließlich im Reich der Kunst und der Literatur unsterblich wie kaum eine zweite Frau der Geschichte machte. Alle, die über sie schrieben, rühmten ihre körperliche Schönheit, und sie verhinderte, auch wenn ihre moralische Missgestalt an den Pranger kam, eine einstimmige Verurteilung.

Dante sah sie im zweiten Kreis der Hölle, der die Wollüstigen strafte. Boccaccio gab ihr als Erster wieder ein erzählbares Leben, aber das Urteil, das Dante in einem Satz fällte, war am Ende auch das seine: «eine von Natur aus böse Frau», die «Hure der Könige des Orients», die Habgier, Grausamkeit und Begierde angetrieben habe.[42] Die christliche Sexualmoral des Mittelalters ließ beiden keinen Spielraum. So wie Eva das Übel in die Welt brachte, so auch Kleopatra, deren sexuelle Hemmungslosigkeit die Seele jedes Römers verdarb, der mit ihr in Berührung kam.

So war es Shakespeare, der sie Anfang des 17. Jahrhunderts aus den Schlingen der überkommenen Kategorien von «gut» und «böse» befreite und das Urteil aufhob, das die antiken Autoren ebenso wie das christliche Mittelalter gesprochen hatten. Shakespeare machte sie zur Göttin, ohne ihre Verführungskünste zu beschönigen, und er schickte sie auf die

Bühne als hemmungslos Liebende, um derentwillen Antonius blind gegenüber der realen Macht die Welt verspielt. Für sie ist im kalten Raum der Politiker und der Moralisten kein Platz, ihr bleibt nur der heroische Liebestod, der sie in den Himmel zu Antonius führt. Und über allen steht ihre überirdische Schönheit, die selbst der Natur den Atmen raubt:

> «Nicht kann sie Alter
> Hinwelken, täglich Sehn an ihr nicht stumpfen
> Die immer neue Reizung; andre Weiber
> Sätt'gen, die Lust gewährend; sie macht hungrig,
> Je reichlicher sie schenkt; denn das Gemeinste
> Wird so geadelt, dass die heil'gen Priester
> Sie segnen, wenn sie buhlt.»[43]

Die Historiker, die seit dem 19. Jahrhundert ihr Geschäft als Wissenschaft betrieben, liegen ihr selten so zu Füßen. Aber ihr Streit um die richtige Einordnung der schönen Ptolemäerin in die Geschichte vom Untergang der Republik nimmt zu. Sicher aber ist: Ihr Schicksal wurde Antonius, ihr Leben aber gehörte Ägypten und dem Diadem der Ptolemäer. Sie verlor beides, nicht ihren Stolz. «Welch gewaltiger Triumph das wäre: eine Frau auf den Straßen, über die einst ein Jugurtha geschleppt wurde!» Der Gedanke machte Properz vor Wonne schwindeln, Wirklichkeit wurde er nicht. Auch den Becher, den Horaz kreisen ließ, als die Nachrichten aus Alexandrien eintrafen, enthielt einen Tropfen Wehmut. Denn die Königin war gestorben wie ein Römer, als ihr nur die Wahl zwischen Tod und Schande blieb. Sterben ist gewiss, schrieb Tacitus, ob man ihn im Kampf finde oder auf den Knien; «es kommt einzig darauf an, ob man den letzten Atemzug unter Hohn und Schimpf tut oder tapfer erträgt.» Dies allein fordert Achtung, und sie wird Kleopatra nicht verweigert:

> «Im freien Tod selbst noch von höchster Art;
> Denn sie versagt den römischen Seglern stolz,
> Sie schmachvoll, bar der Königswürde –
> Welch eine Frau! – im Triumph zu zeigen.»[44]

VI. ZERBRECHLICHE ORDNUNG

«Du hast noch nicht einmal die Fundamente dessen gelegt, was du erreichen möchtest. Soll unter diesen Umständen wirklich das Maß deines inneren Abstandes zu unserem Staat dein Leben bestimmen und nicht die Rücksicht auf sein Heil?» Cicero an Caesar

«Möge es mir vergönnt sein, den Staat fest und sicher zu begründen, und möge ich die Frucht meiner Mühen reifen sehen, damit man mich den Baumeister der bestmöglichen Regierung nennt und ich die Hoffnung mit ins Grab nehmen darf, dass die von mir gelegten Fundamente unverrückbar sind.» Augustus

1. Der Kosmos Alexanders des Großen

Der makedonische König und sein Name waren längst zum Symbol unbegrenzter Macht geworden. Alexander verkörperte in idealer Form die Möglichkeit, durch die individuelle Tat alles auf Erden bewirken und die Unsterblichkeit erlangen zu können.[1] Der erste Römer, der in diesen Dunstkreis geriet, war Scipio Africanus, 202 der Bezwinger Hannibals und 189 des Seleukiden Antiochos III. Scipio selbst hat die Erinnerung an Alexander nicht von sich aus gesucht. Seine Zeit und die Nachwelt taten es dafür umso eifriger. So kolportierten sie, er sei wie dieser von Jupiter in der Gestalt einer Schlange gezeugt worden, und seine Siege verdanke er einer besonderen Nähe zu den Göttern, die nur wenigen Auserwählten erlaubten, an ihrem Glanz teilzuhaben.

Die Feldherren, die nach Scipio die römischen Waffen in immer fernere Länder trugen, suchten von sich aus die Nähe Alexanders. Als Sulla, Lucullus, Pompeius und Crassus in den Orient aufbrachen, bot ihnen der Makedone den Rahmen, in den sie auch ihr Bild stellten. Pompeius stilisierte sich ganz und gar als zweiter Alexander. Als er im März 79 als Sieger aus Afrika heimkehrte und in Rom triumphierte, trug er stolz den Beinamen «der Große» (*Magnus*). Der damals 26jährige huldigte sich damit selbst im Stile eines Weltherrschers. Jahre später, nach seinem Sieg über Mithridates, zog er feierlich in Rom ein, als Bezwinger des Ostens eingehüllt in den Sternenmantel Alexanders. Wie dieser bei Issos, gründete er am Ort der Entscheidungsschlacht in Armenien eine Siegesstadt, Nikopolis.

Für Caesar lag es noch näher, Alexander für seine politischen Pläne zu nutzen und seinen persönlichen Visionen eine greifbare Gestalt zu geben. Im Winter 48/47 in Alexandria eingeschlossen, hatte er zusammen mit Kleopatra, in der die Menschen eine Blutsverwandte Alexanders verehrten, an seinem Grab gestanden. Dort und bei ihrem Aufenthalt in Rom wird ihn die Königin daran erinnert haben, dass seit Menschengedenken Weltreiche von Monarchen regiert wurden, die den Göttern nahe oder eins mit ihnen waren. Ihnen wollte er sich nach seinem Kriegszug gegen die Parther zugesellen. Die Iden des März machten alle Pläne zunichte. Als Antonius im Osten die Herrschaft antrat, übernahm er das Erbe des Pompeius. Ihn galt es zu übertreffen, residierte er doch in der glänzendsten Metropole des Ostens, gründete mit Kleopatra eine Dynastie, verteilte Königreiche, forderte seine Verehrung als Gott und schaltete und waltete nach Belieben. Er trat als Nachfahre des Herakles auf und erschien in Ephesos und Athen als neuer Dionysos, womit er sich auf die göttlichen Vorbilder Alexanders berief.

Die Eroberung Parthiens, die ihn tatsächlich zum zweiten Alexander gemacht hätte, war ihm wie Caesar verwehrt. Dessen Adoptivsohn besiegte ihn und dankte im August 30 in Alexandrien dem Apoll, der ihm den Neuen Dionysos und die Neue Isis bezwingen half. Aber auch ihn zog es zu Alexander. Griechen und Orientalen brauchte er dies nicht zu erläutern, denn die Formen, in denen sie die Macht anbeteten, waren die Alexanders. Jetzt waren sie auch die seinen. Dies den Untertanen in einem eindrucksvollen Spektakel auch vorzuführen, war ein Gebot der Stunde. So befahl er nach seiner Ankunft in Alexandria, den Sarg des Monarchen zu öffnen, beugte sich über ihn, setzte dem Toten eine goldene Krone auf, bestreute ihn mit Blumen und legte seine Hand auf sein Gesicht. Das Angebot, auch die Grablege der Ptolemäer zu besuchen, lehnte er ab: Er habe einen König sehen wollen, keine Toten.[2]

Mit dieser Geste, die lange in Erinnerung blieb, stellte sich Octavian, obwohl er doch als römischer Patriot in den Krieg gezogen war, erstaunlich offen in die Tradition Alexanders. Als er ihn berührte, sollte die magische Kraft dieses den Göttern so nahen Mannes auf ihn übergehen. Zugleich fertigte er der Ptolemäerdynastie den Totenschein aus; sie hatte endgültig abgedankt und wies weder dem neuen Herrn noch seinen Untertanen einen Weg in die Zukunft. Wohl aber tat dies die Rückschau auf Alexander als Reichsgründer. Die Zeitgenossen und die Späteren haben dies sehr genau verstanden. Noch der Kaiser Caracalla nannte Anfang des 3. Jahrhunderts Alexander den Augustus des Ostens, und er fügte hinzu, der Makedone sei in dem Julier wiedergeboren worden.[3]

Nach seiner Rückkehr aus dem Osten siegelte Octavian einige Jahre mit dem Bild Alexanders; erst nach 23 verwendete er sein eigenes. Der Bauplan seines Mausoleums auf dem Marsfeld, begonnen 30/29, folgte wahrscheinlich dem Vorbild der Grablege des Makedonen in Alexandria.[4] In diese Jahre fällt auch die Ausbildung der Legenden, die wie bei Scipio von wundersamen Erscheinungen bei der Zeugung und Geburt des Augustus erzählen; der Kaiser hat diese Geschichten gerne gehört und sie in seine Autobiographie aufgenommen (S. 37).

In den folgenden Jahren werden die Bezüge auf Alexander spärlicher, bleiben aber von hoher Symbolkraft. Als im Jahre 2/1 ein neuer Partherkrieg möglich schien, bestaunten die Römer vor dem neu errichteten Marstempel zwei Statuen, die das Zelt Alexanders getragen haben sollen. Und das Forum des Augustus schmückten zwei Alexanderbilder des königlichen Hofmalers Apelles. Das erste zeigte den gefesselten Krieg, wankend vor dem Wagen des triumphierenden Alexander. So wie jener über seine Gegner gesiegt hatte, so auch Augustus, der den Frieden brachte. Das zweite stellte die Dioskuren Kastor und Pollux dar, eingerahmt von der Siegesgöttin und Alexander.[5] Es war das Jahr, in dem C. Caesar, der Enkel des Kaisers, in den Orient zog, um in Armenien einen neuen, Rom ergebenen Vasallen an die Macht zu bringen.

Für Augustus symbolisierte Alexander die individuelle Größe eines weltbeherrschenden Fürsten. In Rom aber zählte anderes mehr. Dort verlangte der Glaube Respekt, nicht ein Einzelner, sondern das römische Volk sei mit dem Einverständnis der Götter und aus eigener Kraft Herr der Welt geworden. So schärften die Literaten ihre Waffen, als griechische Streitschriften erklärten, Roms Aufstieg sei allein dem Zufall zu danken, dass Alexander der Tod zu früh ereilte. Was wäre wohl das Schicksal der Tiberstadt gewesen, wenn der Sieger über Asien seine Truppen nach Westen geführt hätte, welcher römische Feldherr wäre seiner Kriegskunst gewachsen gewesen? Plutarch hat die Frage auf griechische Art beantwortet und Alexander mit Caesar konfrontiert. Livius, ganz der augusteischen Denkart verpflichtet, verwarf den Vergleich als methodisch falsch: Wer so frage, der begreife nicht, «dass er die Taten eines Menschen, dazu eines jungen Mannes, mit denen einer Nation vergleicht, die schon 800 Jahre Krieg führt».[6] Nicht die individuellen Fähigkeiten einzelner Krieger hätten Rom die Herrschaft über den Erdkreis gegeben, sondern das römische Volk und seine Tugenden; nicht das Einmalige zähle, sondern das Beständige.

Das Trennende ließ sich vertiefen. Plutarch erzählt, Augustus habe auf den Hinweis eines Verehrers, Alexander habe bereits mit 32 Jahren große Teile der Erde unterworfen und schließlich nicht mehr gewusst, was denn noch zu tun sei, verwundert gefragt, ob er es «denn nicht für eine größere Aufgabe gehalten habe, ein Reich zu regieren, als es in Besitz zu nehmen».[7] Die Geschichte ist vermutlich erfunden, aber sie traf ins Herz der Verehrer Alexanders, denn niemand schrieb ihm die Rolle des Reichsorganisators auf den Leib. So war es keine Laune des Zufalls, dass Augustus auf seinem Siegelring die Darstellung des Königs durch sein eigenes Bild ersetzte. Anderes, Eigenes war wichtiger geworden. Horaz glaubte auch zu wissen, was: «Legtest du ihm (Alexander) Schriften vor und Gaben der dichtenden Musen, – du würdest schwören: der Mann ist ein Böotier; ihn drückt die Nebelluft seines Geburtslandes.»[8] Schmeichelei und Bosheit führen auch die Feder großer Dichter.

2. Die Verfügungen des Siegers

Das Ende eines Alptraums

In den Monaten nach Aktium führten die Soldaten erneut vor, wie gründlich die Bürgerkriege sie in selbstbewusste Raubtiere verwandelt hatten. Viele Zehntausend waren nach dem Ende der Kämpfe abgemustert und nach Italien verlegt worden. Dort rotteten sie sich zusammen und forderten ungestüm, was ihnen versprochen worden war. Als die Zahlmeister und die Landverteiler säumten, kam es zu Meutereien, die im Winter 31/30 den ratlosen Agrippa zwangen, Octavian um Hilfe zu bitten. Dieser kämpfte sich durch schwere Wetter von Samos nach Brundisium durch, gab den Aufrührern, was er gerade auftreiben konnte, und erbot sich in seiner Not, die eigenen und die Güter seiner Freunde zu verkaufen. Er erreichte in der Sache nichts, erhielt aber Zahlungsaufschub.[9] Erst als die Reichtümer Ägyptens eintrafen, gelang es, den Wolf, in den sich die Armee verwandelt hatte, bei den Ohren zu halten.

Dieses Zerwürfnis mit den Geistern, die man selbst gerufen hatte, entsprach dem, was in der Regel militärische Usurpatoren erwartet: Es ist leichter, eine Streitmacht unter die Fahnen wohlfeiler Losungen und Versprechen zu sammeln, als sie wieder zu entwaffnen und aufzulösen. So stellte das Kriegsende dem künftigen Kaiser eine Aufgabe, die er auch in einer langen Regierungszeit nicht endgültig lösen konnte. Allzu sehr glich sie der des Sisyphos, der in der Unterwelt verurteilt war, einen Felsen bergan zu wälzen, der unweigerlich wieder abwärts rollte. Octavians Felsen war der Soldat. Ihn musste er aus der Politik herausdrängen, wenn er nicht auf Dauer mit der Frage leben wollte, ob seine Verfügungen dessen Wünschen nach Geld und Versorgung am Ende der Dienstzeit nützte. Für welche Heilmittel er sich auch immer entschied, sie durften dem Heer nicht seine Fähigkeit und seinen Willen nehmen, die Macht des Monarchen jederzeit und gegen jedermann zu verteidigen. Und es musste stark genug bleiben, das Imperium zu mehren, wie es dem Herrn der Welt gefiel.

Als im Winter 30/29 die letzten Einheiten in Italien die Schiffe verließen, waren es insgesamt 230 000 Männer, die ungeduldig nach Lohn oder Beschäftigung drängten. Die Schätze der Ptolemäer und die Macht des Alleinherrschers, die jetzt auch der Soldat fürchten lernte, da es keinen Frontwechsel mehr gab, erleichterten das Geschäft. Ein Drittel der Legionen, etwa 80 000 Mann, wurde abgemustert und mit Land abgefunden, diesmal aber nicht nur in Italien, sondern auch in den Provinzen Südfrankreichs, Afrikas und Spaniens. Großzügige Geldgeschenke halfen ihnen, eine bäuerliche Existenz aufzubauen und Familien zu gründen.

Schwierig blieb der Umgang mit den Offizieren. Sie hatten in den Jahren seit 43 den Meuterern Sprache und Respekt verschafft und die Angst der Feldherren zu nutzen gewusst, statt loyale Befehlsempfänger potentielle Fahnenflüchtige zu kommandieren. Viele schieden jetzt aus dem aktiven Dienst aus. Die meisten von ihnen waren keine Männer von ausgeprägter Loyalität gegenüber dem Staat, sondern Haudegen und Glücksritter, die die Front zu oft gewechselt hatten, um über den Esprit de Corps hinaus noch weitere Werte anzuerkennen. Sie drohten am wirkungsvollsten mit Widerstand, wenn das verheißene Utopia nicht sofort vom Himmel fiel oder der Raub in den falschen Taschen verschwand. Für Männer dieses Zuschnitts wurden Umsturz und Revolution leicht zur Gewohnheit. Der Rat Machiavellis, der kluge Usurpator müsse, einmal an der Macht, die Ehrgeizigen unter seinen Anhängern unter Anklage stellen und sie beseitigen lassen, ist selten gegen Soldaten durchzusetzen, die gelernt haben, ihren Wert richtig einzuschätzen.

Abhilfe versprach daher nur die Versorgung der Offiziere mit Posten, in denen sie eine ihren Fähigkeiten entsprechende zivile Aufgabe und das daraus fließende Ansehen erreichen konnten. So sicherte ihnen Octavian den Aufstieg in die lokalen Senate (*ordo decurionum*) ihrer neuen Heimatstädte zu, wo sie sich ohne weiteres Zutun deren Führungsschichten zugesellten. Dies kam einem massiven Eingriff in die Gesellschaftsordnung und die Rechtsverhältnisse der Städte gleich. Aber er wog leichter als die lauernde Gefahr, die von denen ausging, die die Nahtstelle zwischen Mannschaft und Führungskader bildeten; sie sollten bereits während ihrer Dienstzeit die Lockungen einer großen zivilen Karriere daran hindern, bei Empörungen mit den Soldaten gemeinsame Sache zu machen.

Einer dieser Männer ließ sich in Bononia (Bologna) nieder. Er hatte noch den armenischen Feldzug des Antonius mitgemacht und nach seiner Abmusterung in der Stadt Fuß gefasst, die viele Veteranen seines Feldherrn aufgenommen hatte. Eines Tages war der Kaiser zu Gast in seinem Hause und fragte, ob es wahr sei, dass der Centurio, der aus dem Tempel der iranischen Göttin Anaitis eine goldene Götterstatue stahl, auf der Stelle blind und lahm geworden sei. Mitnichten, antwortete der Veteran, er sei dieser Centurio und er habe sein ganzes Vermögen diesem kleinen Raubzug zu verdanken und Augustus speise jetzt bestimmt von den Beinen dieser Trophäe.[10] Die zufällig erhaltene Geschichte macht anschaulich, wie man sich den Einzug solcher Männer in ihre neue Heimat vorstellen muss: Bepackt mit Kriegsbeute, ein oder mehrere Sklaven hinter sich, das Geldgeschenk des Kaisers in den Taschen und die Landzuweisung in der Hand, waren sie willkommen, mehrten sie doch den Kreis der vermögenden Bürger.

Viele einfache Soldaten indes waren für ein geordnetes bürgerliches Leben verloren. Sie hatten zu lange gekämpft, um sich jetzt an das ruhige Leben eines Bauern zu gewöhnen und die Künste des gewinnbringenden Wirtschaftens zu lernen. So verkauften sie ihre Äcker wieder, lebten von der Hand in den Mund und blieben Außenseiter in einer auf den so mühsam errungenen Frieden stolzen Welt. «Die Soldaten lieben das ihnen durch die langen Dienstjahre bekannte und vertraute Lager wie Haus und Herd», beobachtete Tacitus in der Zeit der sesshaft werdenden Grenztruppen. Das Schreiben eines ägyptischen Soldaten gab ihm Recht: «Auch wenn ich in fremden Ländern bin», beruhigte er seine wegen der Verlegung der Truppe besorgte Ehefrau, «bin ich tatsächlich in der Heimat und nicht in der Fremde.»[11] Jahrzehnte davor war es nicht anders.

So hatten schon Sulla und Pompeius ihre Veteranen geschlossen angesiedelt, da sie in einer fremden Stadt allein auf sich gestellt weder Hoffnung noch Wärme finden konnten. Dies zu verstehen, ist nicht schwer: Der Soldat, der seine Truppe verließ, hatte weder Beruf noch Arbeit, häufig auch keine Adresse.

Einem dieser Männer begegnete Ovid. Der Dichter, der Kunst der Liebe und nicht des Krieges zugetan, saß an einem bewölkten Nachmittag neben ihm im Circus und hörte den Graukopf über alte Zeiten schwatzen:

> «Einmal, am dritten Tag der Spiele, da saß so ein Alter,
> Während ich zusah – genau weiß ich es noch – neben mir.
> ‹Heut ist der Tag›, sagte der, ‹an dem Caesar an Libyens Küste
> Juba, den mutigen, der treulos gehandelt hat, schlug!
> Caesar war mein General. Voll Stolz sag' ich, dass als Tribun ich
> Unter ihm diente; er gab mir Befehle im Kampf!
> Ich hab' den Sitz hier durch Kriegsdienst, du hast ihn im Frieden
>   erworben,
> Denn du hast einmal das Amt eines Dezemvirn gehabt.›
> Weitere Gespräche verhindert ein plötzlicher Schauer ...»[12]

Von der Warte des friedlichen Städters aus war dieser Alte ein aufgeblasener Niemand, den man gerne mied. Alles, was ihm noch gehörte, waren der Stolz des professionellen Kriegers und die sentimentalen Erinnerungen an seine Erlebnisse. Nichts davon reichte aus, um sich in der zivilen Gesellschaft zurechtzufinden. Also blieb er wie viele Altgediente bei seinesgleichen, solange es eben ging. Wo es nicht ging, begehrte er auf. Als etliche als Siedler nach Tarent und Antium kommandiert wurden, um dort dem Bevölkerungsschwund abzuhelfen, liefen sie davon und kehrten in die Provinzen zurück, in denen sie den Kriegsdienst abgeleistet hatten. Denn in ihrer neuen Heimat fehlten ihnen die vertraute militärische Kommandostruktur und die Kameraden; dort waren sie nur ein verlorener Haufen gestrandeter Landsknechte.[13]

Trotz allen Schwierigkeiten: Octavian erreichte sein Ziel, den Übermut der Veteranen zu dämpfen. Der Schatten drohender Aufstände aber blieb, da kein Soldat die Erfahrungen der Bürgerkriege vergaß. Sie hatten ihn Selbstbewusstsein gelehrt und seine Erwartungen auf reichen Lohn geprägt. In den 20er Jahren reichte die Plünderung Ägyptens aus, um eine Politik des leichten Geldes zu betreiben und aufsässige Troupiers in zufriedene Veteranen zu verwandeln. In den Jahren 7 bis 2 taten es auch Geldzahlungen, die Augustus aus der eigenen Tasche leistete. So aber konnte es nicht bleiben, als alle Schätze verbraucht und die Kriege an Rhein und Donau Rom neue Legionen und neue Gelder abnötigten. Jetzt kehrten die Soldaten zurück auf die Bühne der Politik. Im Jahre 5/6 n. Chr. musste ihre Dienstzeit um vier Jahre erhöht und für ihre Versorgung ein Militärfonds (*aerarium militare*) gegründet werden, für den der Kaiser als Anschubfinanzierung die Kosten für zwei zur Entlassung vorgesehene Jahrgänge übernahm. Der Rest floss aus einer neuen Erbschaftssteuer von 5 %, gegen die die Betroffenen vergeblich Sturm liefen. Vergeblich, da sich im Norden die Niederlagen häuften und Gewinne in den von Natur aus armen Gebieten des Balkans und Germaniens kaum zu erwarten waren.[14] Der Wert des Soldaten stieg und mit ihm seine Ansprüche auf Abfindung. Am Ende beanspruchte er annähernd zwei Drittel aller Staatsausgaben.

Die Ordnung des Ostens

Mit dem Tod Kleopatras im August 30 entschied sich das Schicksal Ägyptens. Das an Korn und Menschen reichste Land des Mittelmeerraumes wurde Provinz und zugleich Kronland des Augustus. Als Kaiser schrieb er in seinen Tatenbericht, er habe das römische Volk zum Herrn Ägyptens gemacht. Dies ist allenfalls die halbe Wahrheit. Denn der Sieger über die Ptolemäer trat ihre und die Nachfolge der Pharaonen an und behandelte wie sie das Land als seine Domäne. So folgte in der Jahreszählung auf das letzte Jahr der Kleopatra genauso nahtlos das erste Octavians wie bei den Thronwechseln der Vergangenheit. Die Priester verehrten ihn in denselben Formen wie seine königlichen Vorgänger, und die uralten Götter standen ihm ebenso wie die neuen griechischen zur Seite. Als sein Vizekönig, der auch die im Land stationierten Legionen befehligte, amtierte ein nur ihm und nicht dem Senat verantwortlicher Ritter. Senatoren waren in der neuen Provinz unerwünscht und bedurften einer kaiserlichen Erlaubnis, wenn sie sich dort aufhalten wollten. Es entsprach dies der Logik einer Herrschaft, die nur in der Person des Augustus Rom mit Ägypten verband. Die dort an sich gerissene absolute Verfügungsgewalt schien wie die Morgenröte, die den künftigen Monarchen ankündigte, der die Reichtümer der bedeutendsten Provinz des Imperiums mit niemandem teilte.

Er konnte es auch nicht. Denn jetzt war Zahltag für alle, für die immer Treugebliebenen ebenso wie für die, welche gerade noch rechtzeitig die Fronten gewechselt hatten. Ihren Hunger stillten die Kriegsbeute,

Abb. 13 Jeder fremde Eroberer Ägyptens schlüpfte in die Rolle des Pharao, um von seinen Untertanen anerkannt zu werden. Dazu gehörte die Referenz vor den alteingesessenen Gottheiten. Dies tat auch Augustus. Im Tempel von Dakke tritt er als Pharao auf, der Isis das Zwölfmeilenland von Philae schenkt. Die Göttin antwortet huldvoll: «Ich gebe Dir alle Länder in Frieden.» Genau darauf hatte der Schenkende gehofft.

eine hohe Sondersteuer, die jährlichen Tribute und die den Klientelfürsten abgepressten Geschenke.

Die Kapitulation Ägyptens besiegelte auch das Schicksal der königlichen Kinder. «Eine Menge von Caesaren ist keine gute Sache», zitierte Plutarch einen griechischen Ratgeber, und Octavian handelte danach.[15] So starb der 17jährige Kaisarion, in dem jedermann den leiblichen Sohn Caesars sah. So hatte ihn vor Kriegsausbruch Antonius landauf landab vorgestellt, um dem Adoptivsohn Octavian zu schaden. Jetzt trug dies zu seinem Todesurteil bei. Zudem war er zusammen mit seiner Mutter «König der Könige» und Herr Ägyptens. Selbst in den fernsten Winkel des Reiches verbannt, wären dieser Mann und seine Nachkommen als Erben Caesars ins politische Spiel gebracht worden, ob sie wollten oder nicht. Zudem: Octavian wusste seit langem, dass er mit Livia keine Kinder bekommen würde und alle Hoffnungen des julischen Clans auf seiner einzigen Tochter Julia ruhten. Nein, die Interessen des noch ungefestigten Herrscherhauses und des von Bürgerkriegen erschütterten Reiches ließen keine Wahl. So töteten die Häscher Kaisarion, der vergeblich versuchte, nach Äthiopien zu flüchten. Dieselbe Staatsräson forderte auch den Tod des Antyllos. Als der älteste Sohn des Antonius zur Rache verpflichtet, konnte er nicht auf Gnade hoffen. Sie erfuhren nur die drei minderjährigen Kinder Kleopatras, die beim Triumphzug in Rom vor dem Wagen des Siegers liefen, dann aber im Haus der Octavia wohlbehütet aufwuchsen.

Nach diesen Entscheidungen wartete der gesamte Osten auf sein Urteil. Viel Zeit hatte Octavian nicht. Seine Macht war schrankenlos, aber ohne rechtliche Legitimation. Sie verlangte eine schnelle Rückkehr nach Rom. Zum Glück hatten sich seit Jahrzehnten die von Pompeius eingeführten Herrschaftsprinzipien bewährt, so dass grundlegend Neues nicht gefunden werden musste. Wer vorher lautstark kundtat, alles, was Antonius getan hätte, sei schlecht gewesen, musste nun kleinlaut erfahren, dass Octavian anderer Meinung war.

Als Erstes verschob er den Krieg gegen die Parther auf bessere Zeiten; die dort ausgebrochenen Thronwirren ließen hoffen, dass in den kommenden Jahren die Euphratgrenze ruhig blieb. Die Schenkungen an Kleopatra und ihre Kinder wurden für ungültig erklärt, Cypern und Kyrene wieder römische Provinzen, ansonsten blieb es aber im Wesentlichen bei den Verfügungen des Antonius. So behielten auch die meisten Vasallen ihre formale Souveränität, zahlten aber Tribute und verzichteten auf jede eigenständige Außenpolitik. Armenien, das während des Krieges die römische Herrschaft abgeschüttelt hatte, blieb selbständig – dies hätten schon die Vorfahren für richtig befunden, erklärte viele Jahre später Augustus seinen Verzicht auf eine Rückeroberung.[16]

Wer sich beizeiten auf die richtige Seite geschlagen hatte, öffnete willig seine Schatullen, und mancher durfte sich über neue Gebiete freuen. So hatte der Galaterfürst Amyntas Octavian früh nützliche Dienste geleistet und nahm beglückt die ehemals römischen Gebiete in Isaurien, ein Bergland im inneren Kleinasien, und Kilikien entgegen. Herodes, König von Judäa, rettete Kopf und Krone als Meister der diplomatischen Kunst. Leicht war dies nicht, hatte er doch bis zuletzt zu Antonius gehalten. Von Octavian vorgeladen, verzichtete er auf jede Rechtfertigung, legte sein Diadem nieder und erklärte, wenn der neue Herr es wolle, werde er ihm genau so treu dienen wie dem alten – er sollte Wort halten. Dieser, tief gerührt, setzte ihm das Diadem wieder auf, nahm ihm 800 Talente und übergab ihm die Teile Palästinas, die Kleopatra gehört hatten; sie brachten Herodes endlich den lang ersehnten Zugang zum Meer.[17]

Von den unzähligen Städten und Zaunkönigen, deren Zukunft auf dem Spiel stand, bekam nicht jeder, was er erhoffte. Octavian folgte altem römischen Herrenrecht und dosierte seine Gunst nach Verdienst, auch wenn dies ab und an wenig sinnvoll war. So durfte der kleinasiatische Räuberhäuptling Kleon, der mit Antonius gegen die Parther gekämpft, aber im richtigen Moment den Verrat nicht gescheut hatte, sein Gebiet in Mysien erweitern; der alte Wegelagerer starb nach einem langen Leben zufrieden als Priesterfürst im pontischen Komana.[18]

Die strafende Hand des Siegers lastete schwer auf allen, die es an betriebsamer Loyalität hatten fehlen lassen oder im Bürgerkrieg allzu stolz auf der falschen Seite gestanden hatten. Dazu gehörte Athen. Seine Bürger waren vergnügt mit Antonius von Fest zu Fest gezogen und hatten ihm und der ägyptischen Königin Gastfreundschaft gewährt. Nach dem Tod des großen Gönners schlug die Stunde der Abrechnung und der Demütigung. Sie begann mit der Gründung einer neuen Stadt unweit von Aktium. Nikopolis, «Stadt des Sieges», lautete ihr stolzer Name. Um sie schnell wachsen zu sehen, entvölkerte Octavian ohne langes Bedenken weite Landstriche in Epirus, Akarnanien und Ätolien. Denn sie sollte als neues prachtvolles Zentrum Griechenlands Athen seine angestammte Rolle als kultureller Mittelpunkt nehmen, die großen Geister des Ostens in ihre Akademien locken und die Olympischen durch die Aktischen Spiele ersetzen.

Die Investitionen lohnten sich. Nikopolis, so zeigt ihre Geschichte, blühte unter der schützenden Hand seines Gründers auf, wurde unter

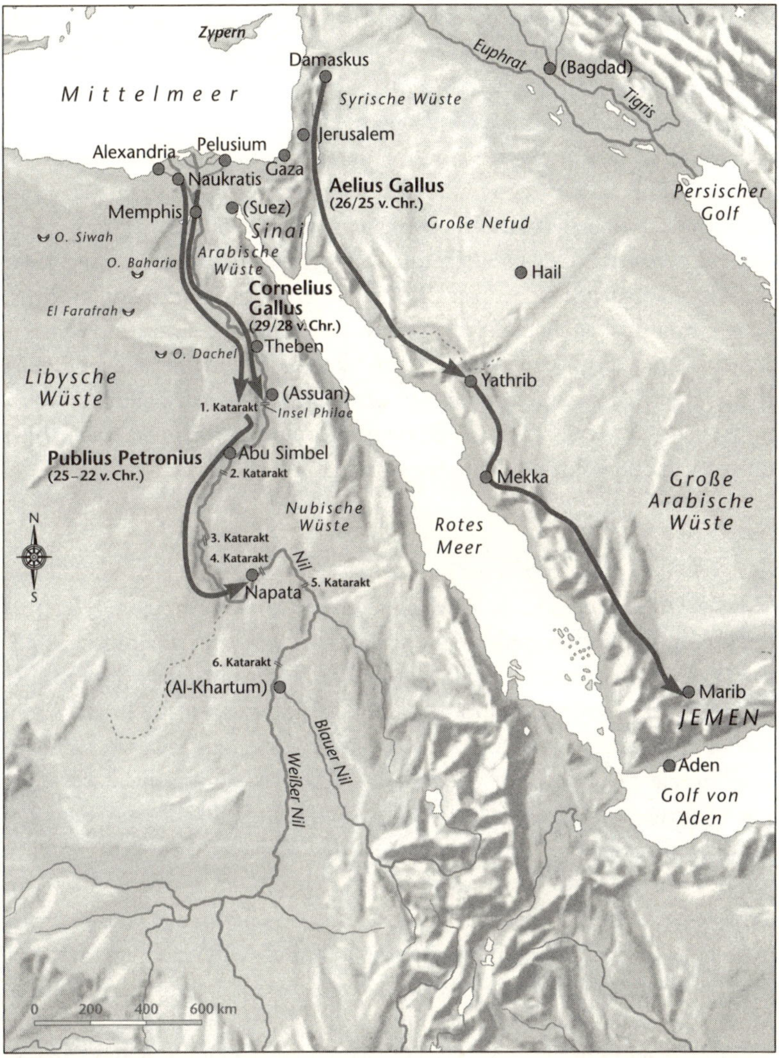

Karte 6 Römische Vorstöße nach Äthiopien und Arabien

Nero Hauptstadt der neuen Provinz Epirus und erlebte unter Justinian den Neubau ihres Mauerrings, bevor sie langsam ins Vergessen sank und in ihren Prachtbauten Hirten und Schafe Unterschlupf fanden. Ihr Gründungsziel aber, Athen vom ersten Platz in Griechenland zu verdrängen, blieb nur ein böser Traum – so sehr die monarchische Noblesse sie verwöhnte. Im Jahre 19 schloss Augustus Frieden mit der Stadt des Perikles, schmückte sie wie dieser mit Bauten für die Ewigkeit und trieb die abhängigen Klientelkönige an, es ihm gleichzutun.

An Ende der Schlange der Wartenden und Bangenden standen die kleinen Orte, die der römische Weltkrieg häufig weit mehr gebeutelt und an den Rand des Ruins getrieben hatte als die Großfürsten. Für sie sprach niemand, über sie verfügte man nach Belieben, wie über die in Nikopolis zusammengetriebenen Menschen Ätoliens oder Akarnaniens. Nur manchmal fällt ein zufälliger Lichtstrahl auf einige aus dem namenlosen Heer der Geschlagenen. Nach Korinth, wo sich Octavian kurzfristig aufhielt, kam ein einfacher Fischer von der Kykladeninsel Gyaros, ein wasserarmer und schwach besiedelter Felsbrocken, von dem die Sage ging, dort hätten die Mäuse das Eisen benagt, um nicht Hungers zu sterben. Trotz ihres Elends hatten die Bewohner dem Antonius jährliche Tribute zahlen müssen, um deren Ermäßigung sie jetzt fußfällig baten.[19]

Die Bruchstelle zweier Welten: Orient und Okzident

Die Länder des griechischen Ostens mit ihren großen Metropolen, Kulturzentren und weitverzweigten Handelsbeziehungen waren materiell und kulturell reicher als die Länder des Westens. Die Römer haben, als sie sie im 2. und 1. Jahrhundert unterwarfen, Gehorsam und Tribut verlangt, ansonsten aber alles so belassen, wie sie es vorfanden. Die Sprache der Unterworfenen blieb griechisch, ebenso die städtischen Lebensformen, das Denken und das tief wurzelnde Bewusstsein der eigenen Überlegenheit über die Barbaren des Westens. Die Sprachgrenze folgte etwa dem 20. Längengrad: In Kyrene sprach man griechisch, in Tripolis lateinisch. In der Adria war Lissus, das heutige albanische Lesh an der Drina-Mündung, die südlichste lateinische, Dyrrachium, das heutige Durazzo, die nördlichste griechische Küstenstadt. Als bei Aktium beide Welten erneut aufeinandertrafen, hing das Schicksal von Orient und Okzident in der Schwebe. Der Westen siegte auch diesmal. Octavian wurde Kaiser und sicherte Rom für vier Jahrhunderte die Herrschaft von der Westküste Spaniens bis zum Euphrat.

Der Gegensatz von Ost und West, der sich von Pompeius und Caesar über Brutus und Cassius bis Antonius und Octavian hinzog, erscheint im Rückblick wie ein Wetterleuchten einer Spaltung, die den lateinischen Westen vom griechischen Osten trennte. Sie kam spät, Ende des 4. Jahrhunderts, aber sie kam, da es trotz der langen Dauer des Imperiums nie zu einer organischen Verbindung von lateinischer und griechischer Kultur und Lebensart kam, sondern bei einem Nebeneinander blieb. Kein Grieche konnte vergessen, wer der Herr und wer der Diener war, auch wenn er anerkannte, dass das Imperium Friede, Recht, Sicherheit und Fürsorge auch für ihn gebracht hatte. So blieben die Erinnerung an die eigene Vergangenheit, die Pflege der eigenen Sprache und die offene Ablehnung des Lateinischen eiserne Klammern der griechischen Identität. Sie wurde lange überlagert von der «unermesslichen Majestät des Friedens», die Rom nach dem Ende der Bürgerkriege auch dem Osten für zwei Jahrhunderte gewährte. Als sein Schutzschild zerbrach, verwandelte sich das Wetterleuchten in Geschichte.

3. Die Zurschaustellung des Alleinherrschers

Der Triumph in Rom

Im Sommer 29 kehrte Octavian nach Rom zurück. Zwanzig Jahre Bürgerkrieg waren zu Ende und die Tore des Janus-Tempels schlossen sich zum Zeichen des inneren und äußeren Friedens (S. 163). Eine erschöpfte Welt richtete sich darauf ein, künftig von einem Mann regiert zu werden, dessen Macht umfassend und schrankenlos geworden, aber nicht auf Dauer eingerichtet war.

In welche Epoche der römischen Geschichte man auch blickt: Der Krieg war allgegenwärtig. So war die Rückkehr des Heerführers nach dem Sieg über die Feinde Roms das prachtvollste Fest, das die Bürger zu feiern wussten. Schon beim Aufbruch ihres Generals ins Feld begleiteten ihn die bangen Fragen der Zuschauer, die ihn zum Stadttor gefolgt waren, ob sie ihn bald wieder sähen, «wie er mit seinen siegreichen Truppen im Triumph zum Kapitol hinaufsteigt, zu denselben Göttern, von denen er aufgebrochen war.»[20] Die unvergessliche Antwort darauf hatten, was Pracht und Glamour anging, Pompeius und Caesar gefunden. Der eine war im Jahre 60 in den Mantel Alexanders des Großen gehüllt in die Stadt eingezogen, der andere feierte im August 45 einen mehrtägigen Triumph, der auch den Siegen über die eigenen Bürger galt. Beide zu übertreffen, war nach Aktium das Gebot der Stunde, hatte Octavian doch mit göttlichem Beistand die ägyptische Hexe gebändigt und die Bürgerkriege beendet.

So zog er Mitte August 29 mit herrischer Pracht, aber in der ehrwürdigen Tradition der Republik und unter Zustimmung des Senats dreimal in die Stadt ein, gab es doch Erfolge in drei Weltteilen zu bejubeln: Am ersten Tag triumphierte er über pannonische, dalmatische und andere Barbarenvölker, am zweiten über seine Gegner bei Aktium, am dritten über Ägypten.

Auf dem Marsfeld formierte sich der Zug. Er führte in die Stadt durch das Triumphaltor der Servianischen Mauer und zog über die Heilige Straße (*Via sacra*) zu den Stufen des Kapitols. Voran trugen lange Kolonnen Beutestücke, Schätze und Schautafeln, die die Größe der eroberten Länder, die Zahl der getöteten Feinde und die Härte der geschlagenen Schlachten zeigten. Es folgten die Scharen prominenter Gefangener, unter ihnen die Angehörigen des ägyptischen Königshauses, und ein Bild der sterbenden Königin Kleopatra – sie nicht selbst durch die Straßen Roms schleppen zu können, war der einzige Wermutstropfen im Glück dieses Tages. Und schließlich kam Octavian selbst, in der Gestalt des triumphierenden Jupiter, das Gesicht rot gefärbt und begleitet von einem Sklaven, der den Goldkranz des Gottes über ihn hielt und in den Stunden des höchsten Glücks an das Los aller Sterblichen gemahnte: «Bedenke, dass du ein Mensch bist.» Den Abschluss des Zuges bildeten die Marschsäulen der Legionäre, die ihr Privileg, an diesem Tag Lob- und Spottlieder auf ihren Feldherrn singen zu dürfen, weidlich auskosteten.

Als das Kapitol erreicht war, opferte der Sohn Caesars vor dem Tempel weiße Stiere und gab dem einsam thronenden Gott den Lorbeerkranz zurück: Der Sieg gebührte ihm, denn der Mensch verdankte ihm alles.[21] Eine Änderung der Zugordnung übersahen wohl nur wenige, und sie wies weit in die Zukunft: Statt wie bisher den Triumphator und sein Heer in die Stadt zu führen, schritten der zweite Konsul und die Magistrate hinter ihm. Das alte Verhältnis von Amtsträgern und Heerführer, der doch Krieg im Auftrag der staatlichen Organe geführt hatte, kehrte sich um. Sie, die einst die Befehle gaben, zeigten sich öffentlich als Werkzeuge, und er, der als Diener des Staates ausgezogen war, kehrte als sein Herr heim.

Der Jubel übertönte in diesen Tagen alle Bedenken: «Freude und Spiel», so liest man bei Vergil, «und lärmender Beifall durchdröhnten die Straßen ... Der Zug der Besiegten dehnte sich weithin, vielfach verschieden an Sprache, verschieden an Kleidung und Waffen.» Von der Rheinmündung kamen sie, frohlockte der Dichter, aus Afrika und Persien, bezwungen und unterworfen von einem Mann:

> «Er selbst sitzt auf schneeweißer Schwelle des strahlenden Phoebus,
> prüft die Geschenke der Völker und lässt sie heften an hohe Pfosten.»[22]

Rom, so lautete die Botschaft der mitgeschleppten Gefangenen und ihrer Schätze, hat sich trotz jahrzehntelanger Bürgerkriege, Machtkämpfe und Hungersnöte wieder zur vollen Größe aufgerichtet und den Erdkreis seinem Gesetz unterworfen. Octavian ist sein siegreicher Arm, und er herrscht in Rom. So hatten es die Götter bestimmt.

Der Ritus dieses Aufmarsches gab ihm die Weihe eines Gottesdienstes. Allein durch den Krieg, so lautete seine von Generation zu Generation weitergegebene Predigt, näherte sich der Mensch der Herrlichkeit der Götter und dem Glanz des Jupiter, in dessen Rolle der Heerführer für Stunden hineinwuchs. Beim Anblick des triumphierenden Octavian schien der römischen Öffentlichkeit die Fiktion der Wirklichkeit so nahe wie nie zuvor. Der da zum Kapitol zog, war im Besitz der absoluten Macht und durfte sich mit Fug und Recht als Herrscher der Welt vorstellen. Von ihm erwarteten die Hundertausende, die die Straßen säumten, ihr künftiges Heil und die Erleichterung ihres irdischen Loses. Die schier grenzenlose Freigebigkeit, mit der er sie in diesen Tagen überschüttete, nährte solche Phantasien noch; in ganz Rom aßen, tranken und amüsierten sich die Menschen viele Tage auf Kosten des Imperators. Tausende von Kriegsgefangenen, Gladiatoren und Freiwilligen führten in blutigen Spektakeln die Erfolge der vergangenen Jahre vor.

Nach Hause ging man schließlich noch einmal reich beschenkt: die gemeinen Soldaten, die Offiziere, die das Doppelte oder Vierfache eines einfachen Legionärs erhielten, und der einfache Bürger, der 400 Sesterzen bekam. Ein gewaltiger Geldstrom, so berichtet Cassius Dio, durchfloss die Stadt. Die Gläubiger sahen ihre Schuldner von heute auf morgen zahlungswillig, die Zinsen fielen ins Bodenlose, und die meisten verdrängten im allgemeinen Freudentaumel das Bild der hinter dem Helden von Aktium laufenden Amtsträger Roms.

Krieg und Eroberung als liturgische Feier

Im Rausch dieser Festtage wollte niemand düstere Prophezeiungen vom Ende der Republik hören. Falsch waren sie trotzdem nicht. Denn was in diesen Augusttagen in Rom enthüllt wurde, war das Bild des Alleinherrschers. Dessen Autorität hatte sich in anderen Ländern schon immer in einzigartigen Auftritten, grenzenloser Noblesse und in dem Staunen und der gläubigen Dankbarkeit der Massen gespiegelt. Jetzt war es auch in Rom so, und dies für die kommenden Jahrhunderte.

Natürlich haben die Römer ihre Krieger immer hymnisch gefeiert. Diesmal aber war es mehr. Denn der jetzt triumphierend durch die Stadt zog, hatte im Grunde Rom in Besitz genommen. Daher gebührte nur ihm aller kriegerischer Ruhm, und jeder Sieg, den die Legionen künftig errangen, war der seine. Die Feldherren, die er in den Krieg entließ, kamen mit seinem Erfolg zurück. Lohn maß er ihnen nach Gutdünken zu; die Besten zeichnete er mit den Insignien des Triumphators (*ornamenta triumphalia*) aus und gewährte ihnen eine Ehrenstatue auf dem Augustusforum. Durch die Straßen Roms aber fuhr zum Kapitol als Letzter der Prokonsul Cornelius Balbus, der in Afrika die Garamanten unterjocht hatte und am 27. März 19 die Ehre des Triumphes als ein treuer Freund des Kaiserhauses genoss. Mit seinem Namen endete das Verzeichnis römischer Triumphatoren, die den Bogen des Augustus auf dem Forum Romanum schmückten (S. 240).

Selbst Agrippa, der Treueste der Treuen, gewiss der erste Krieger des Reiches und seit 23 mit einer von Augustus unabhängigen Befehlsgewalt ausgezeichnet, schlug jetzt alle Senatsbeschlüsse aus, die seine Erfolge nach der Väter Sitte auszeichnen wollten. Erst Tiberius durfte im Januar 7 mit seinen Truppen in Rom einziehen – er war der Stiefsohn des Kaisers, auch er Inhaber einer eigenen Kommandogewalt und damals kein Konkurrent um die Macht. Ansonsten gehörte jeder militärische Erfolg ebenso wie seine liturgische Feier allein dem Kaiser, war er doch der alleinige Garant der Weltherrschaft. Auf der *Gemma Augustea*, einem geschnittenen Halbedelstein, dessen Bild Krieg und Unterwerfung rühmt, hält die Gestalt des Erdkreises den Lorbeer über sein Haupt und offenbart seinen einsamen Rang als immerwährender Triumphator, dem Jupiter ähnlich (Abb. S. 308).

Dass diese Rolle das sinnfälligste Zeichen der Macht war, unterstrich der Kaiser in seinem Tatenbericht: «Ich habe zwei kleine und drei große Triumphe gefeiert, und ich bin 21-mal zum Imperator ausgerufen worden. Obschon der Senat mir noch mehr Triumphe zuerkannte, habe ich das jedesmal ausgeschlagen. Den Lorbeer von den Rutenbündeln legte ich auf dem Kapitol nieder, als ich die Gelübde einlöste, die ich im Krieg gemacht hatte. Wegen der glücklichen Erfolge zu Wasser und zu Lande, die ich selbst oder meine Legaten unter meiner Leitung errangen, beschloss der Senat den unsterblichen Göttern 55-mal Dankfeste. Die Tage aber, an denen sie auf Beschluss des Senats gefeiert wurden, beliefen sich auf 890. Bei meinen Triumphen wurden vor meinem Wagen neun Könige oder Kinder von Königen geführt.»[23]

Niemand konnte diese Sätze missverstehen. Ihr Leitmotiv steht wenige Sätze davor: «Kriege zu Wasser und zu Lande, gegen innere und äußere Feinde, habe ich auf dem ganzen Erdkreis geführt.» Daraus spricht der Stolz eines Kriegsherrn, der weiß, dass ohne diese Taten Alleinherrschaft nicht zu beanspruchen war. Denn den Frieden, den er Rom und der Welt versprach (S. 261), garantierte nur das Schwert und nur dies sicherte und erweiterte das Imperium. So nennt die (wohl später hinzugefügte) Überschrift des Tatenberichts als Erstes die Kriege, durch die der göttliche Augustus «den Erdkreis der Befehlsgewalt des römischen Volkes unterwarf (*orbem terrarum imperio populi Romani subiecit*)». Dies war – Vergil brachte es auf den zeitlosen Nenner – die Berufung Roms. Daher hatten seine Krieger gelernt, einen ursprünglichen Dankgottesdienst zu Ehren des Jupiter in ein mehrtägiges grandioses Weihefestspiel zu verwandeln, in dem sie sich selbstgefällig den Spiegel vorhielten. So war die Bindung der liturgischen Feiern von Krieg und Eroberung an den einen, der wie kein Zweiter das Reich mehrte, notwendig und überzeugend.

4. Im Zwischenreich von Alt und Neu

Die Macht und ihr Preis: Schein und Wirklichkeit der Republik

Als Octavian von Alexandria nach Rom aufbrach, wusste er genau, was er nicht tun würde, aber was er tun sollte und wie, wusste er nicht. Sicher war nur: Rom war sein Schicksal geworden, und jetzt war er, der Sohn des Caesar, das Schicksal Roms. Das Ziel, für immer Herr zu bleiben, lag klar vor Augen, die Wege aber, die dorthin führten, galt es noch zu finden.

Octavian war damals 33 Jahre alt und ließ sich Zeit, bis er der Welt die Frage beantwortete, wie ihre Zukunft aussehen sollte. Leicht war die Suche nach dem rechten Pfad nicht. Hilfreiche Vorbilder, wie sie die Generäle Alexanders in den altorientalischen Königen hatten, gab es nicht. Die hellenistische Monarchie war die Staatsform der von Rom Besiegten und schon deswegen kein brauchbares Modell. Zudem hatte sie die Kriegspropaganda gründlich als die Herrschaft eines Privaten über ein Volk von Sklaven abgewertet. Auch Caesar taugte nicht zum Archegeten einer neuen Ordnung. Seine lebenslängliche Diktatur und seine Gleichgültigkeit gegenüber der Tradition hatten ihm den Tod gebracht. Schon gar nicht reizte das altrömische Königtum. Es war verfemt, und der Titel «König» (*rex*) verhasst. Rom hielt mit hohem Pathos an dem Dogma seiner Gründungsgeschichte fest, nach der das Volk den letzten König vertrieben und einen heiligen Eid geschworen habe, nie wieder einen Despoten zu ertragen.

Formal ruhte Octavians Macht auf dem Konsulat, das er von 31 bis 23 ununterbrochen bekleidete. Faktisch floss sie aus der usurpierten Bürgerkriegsgewalt, für die der Gefolgschaftseid des Jahres 32 die notdürftige Legitimationshülse geliefert hatte. Nach Kriegsende konnte dies kein gangbarer Weg sein, Rom und Italien von der Dringlichkeit einer dauerhaften Alleinherrschaft zu überzeugen. So hob Octavian, um dem Dunstkreis angemaßter Macht zu entkommen, Ende 28 die Sondergesetze des Triumvirats auf.[24] Welche davon im Einzelnen betroffen waren, lässt sich nur ahnen. Auf Details kommt es auch nicht an. Weit wichtiger war der Akt selbst. Er zog einen unübersehbaren Schlussstrich unter die Willkür der vergangenen Jahre und tat dar, dass dem, was im November 43 mit der Einrichtung des Triumvirats begonnen hatte, keine Zukunft beschieden sein sollte.

Wie sie am Ende aussah, wissen die Historiker, da sie den letzten Akt gesehen haben. Octavian verwandelte sich in Augustus und begründete die Monarchie, deren Dauer welthistorisch ein Wunder war, umfasste sie doch eine Zeitspanne wie die ganze Geschichte der Neuzeit. Aber was zweitausend Jahre später so zwingend und dem Gang der römischen Geschichte so naheliegend erscheint, ist alles andere als dies. Denn ihr Anfang war so zerbrechlich wie die Lebenserwartung ihres Schöpfers.

Der für jede Herrschaft gefährliche Punkt ist ihr Ursprung. Octavian war ein Usurpator, der sich seine Macht auf den Schlachtfeldern eines Bürgerkrieges genommen hatte. Dort war kein Platz gewesen, den Geboten der republikanischen Tradition zu folgen. Dort bestimmte alles die Doktrin, im Lärm der Waffen könne niemand die Stimme des Gesetzes hören.[25] Der Satz leitete auch die Generäle, die im November 43 die Militärdiktatur in der Form des Triumvirats durchsetzten, er beherrschte die Kriege gegen die Mörder Caesars, gegen Sextus Pompeius, gegen Antonius, er verlangte die physische Vernichtung der Familien des alten Adels, wenn sie das Knie nicht beugen wollten. Vor ihm gab es kein Entrinnen, auch nicht für den Befreier Roms.

So stand im Jahre 30 Octavian dort, wo Caesar angekommen war, als er im April 45 die letzten Republikaner besiegt hatte. Er war Herr der Welt, aber nicht im Besitz einer auf Dauer angelegten Herrschaftsgewalt.

Sie verlangte nicht nach Waffen, nicht nach einem aus akuter Not geborenem Ausnahmekommando. Sie forderte formale Legitimität und öffentliche Zustimmung. Wie aber war beides zu erreichen? Wie wollte man dem Circulus vitiosus entrinnen, der sich nach zwanzig Jahren Bürgerkrieg und angesichts einer zerstörten politischen Moral zwischen Gewalt und Herrschaft auftat? Wie konnten die Zweifler überzeugt werden, dass das Staatsschiff eben nicht ohne Lotsen und ohne Kompass zu unbekannten Ufern fahren durfte und unter den alten Steuerleuten dem Schiffbruch näher war als der glücklichen Landung?

Eine Einsicht bestimmte alles, was nach Aktium zu tun war. Millionen von Menschen in und außerhalb Italiens flehten darum, dass der Friede dauern möge. Wer sie erhörte, war ihr Mann – nicht bedingungslos, aber eben doch. Zunächst und gut verbürgt betraf dies die Generation, die Leid und Krieg erfahren hatte. So standen die ersten Jahre nach Kriegsende ganz im Zeichen ihrer einmütigen Zustimmung, die Kritik als Nörgelei ächtete.[26] «Darin besteht des Kaisers Größe, darin sein Ruhm: die Hand, mit der er siegte, legte die Waffen nieder.»[27] Friede bedeutete also als Erstes das Ende des Bruderkrieges, dann aber auch das Ende des Hungers, Hoffnung auf Wohlstand und die Befreiung von der Last, den Veteranen Land und Vieh ausliefern zu müssen. Die Papagenos Roms und Italiens und um das Auskommen ihrer Familien besorgte Väter bildeten das Parkett, aus dem der lauteste Beifall für Octavian kam. Von ihm erwarteten sie einen gut gedeckten Tisch, ein solides, schützendes Dach über dem Kopf und sichere und saubere Straßen; die Ordnung, die dies gewährleistete, war die ihre.

Zum Zeichen, dass sie kommen würde, befahl der Senat am 11. Januar 29, die Türen des Janus-Tempels in Rom zu verriegeln. Jedermann sollte sehen und hören, dass Octavians Politik die Reiter der Apokalypse gezähmt hatte. In seiner emotionalen Wirkung ist das Getöse der sich schließenden Tempeltore mit dem Läuten der Kirchenglocken vergleichbar, die im christlichen Europa Städten und Dörfern die Nachricht vom Waffenstillstand verkündeten. Der Stolz darauf spiegelte sich noch im Tatenbericht des Kaisers, hatte er doch immer und immer wieder den inneren Frieden als seine größte Leistung herausgestellt: «Den Tempel des Janus Quirinus, der nach dem Willen unserer Vorfahren geschlossen werden sollte, wenn der Friede, durch Siege gefestigt, zu Wasser und zu Land eingekehrt sei, befahl der Senat unter meiner Regierung dreimal zu verriegeln. Die Überlieferung sagt, dass dies seit der Gründung der Stadt nur zweimal geschehen sei.»[28] Der Friede gehörte Italien und den

Abb. 14 Der französische Maler Louis de Silvestre (1675 bis 1760) malte 1757 am sächsisch-polnischen Hof die Schließung des Janus-Tempels. Hinter seinem Augustus verbirgt sich kaum verschleiert August III., Kurfürst von Sachsen und König von Polen. Er hatte im Siebenjährigen Krieg gerade eine Niederlage hinnehmen müssen und war zur überstürzten Flucht gezwungen worden. Sein Hofmaler verwandelte den Gedemütigten in den triumphierenden ersten Kaiser Roms, dem Apoll die Künste und den Reichtum, die Früchte des Friedens, vorstellt. Mars, der Gott des Krieges, wendet sich ab.

Provinzen, nicht der ganzen Welt. Die jenseits der Reichsgrenzen lebenden Völker mit Krieg zu überziehen, war und blieb die von den Göttern gewollte Aufgabe Roms.

Die Dichter kleideten in Verse, was die Zeit bewegte und Octavian hören wollte. Auf seinem Weg nach Rom kurierte er in dem kampanischen Städtchen Atella ein Halsleiden. Dort traf er Vergil. Er bat ihn, aus dem gerade fertig gestellten Lehrgedicht über den Landbau (*Georgica*) vorzulesen. Bezaubert lauschte er vor seiner Rückkehr in die Hauptstadt vier Tage lang dem Preislied auf Italien, dem «Land der Mitte und des Maßes». Und er hörte, warum ihn, «bald Gott unter Göttern», die Menschen als Retter verehrten, der sie von der Erbschuld der trojanischen Ahnen erlöste.

Jahrzehnte später trug Ovid in seinen Festkalender zum 30. Januar ein, was Vergil bewegt hatte:

> «Wende dir um deine Haarpracht den Lorbeer aus Aktium, Frieden!
> Komme zu uns und bleib mild überall auf der Welt!»[29]

Dem Heiland, der den alten Geschlechterfluch bannte und den Frieden brachte, stand die Republik gegenüber, die das hemmungslose Machtstreben ihrer Generäle und die Gottesgeißel des Bürgerkrieges nicht hatte zähmen können. Dafür zahlte sie mit ihrer Abdankung. «Verleidet war den Menschen», erinnert sich Tacitus, unerbittlicher Gegner aller Monarchen, «Senats- und Volksherrschaft wegen der Machtkämpfe der führenden Männer und der Habsucht der Beamten; schwach war der Schutz der Gesetze, die durch Willkür, politische Umtriebe, zuletzt durch Korruption unwirksam gemacht wurden.»[30] Bitterer ist über die Republik und ihre Regentschaft selten das Urteil gefällt worden. Es enthält zugleich Absolution und Segen für den Mann, der sich nach seiner Rückkehr anschickte, zu nehmen, was die alten Familien nicht hatten bewahren können.

Dies aber konnte er, Frieden hin oder her, nicht in der Funktion und mit der ungezügelten Macht eines Militärdiktators. Über ihn hatten die vergangenen Jahrzehnte ihr Urteil gesprochen. Noch immer begehrten die Eliten Roms eine Satzung, die ihre Einrichtungen und Ideale ehrte und diese nicht wie überflüssig gewordene Requisiten in die Asservatenkammer schob. Ihr mächtiger Bundesgenosse war die historische Erfahrung, die jeden Römer prägte: Die Vorfahren hatten als Republikaner die Welt erobert, und ihre Taten forderten Ehrfurcht vor den Normen, die das alles erst möglich gemacht hatten.

Mit der realen Macht hat dies sehr viel zu tun. Denn aus ihrer Verkleidung floss die Zustimmung derer, die an die Kraft der Tradition und das Vorbild der Väter glaubten. Selbst wer von der Unabwendbarkeit einer politischen Revolution überzeugt war, wollte sie nicht unverhüllt ertragen. Auch wenn die Republik nur noch als Ornament blieb, ein nützlicher Rahmen für jede staatliche Handlung, ein gefälliger Topos, um Denkmäler zu setzen, ein emphatischer Schnörkel staatsmännischer Bekundungen, so war sie doch da. Denn das ganze Zeitalter berief sich unermüdlich auf sie, auch wenn es sich insgeheim damit abgefunden hatte, die Herrschaft des ersten Bürgers im Staate zu ertragen.

Das unnachgiebige, fast starrsinnige Festhalten an der Republik hatte noch einen anderen, tiefer sitzenden Grund. Jeder Römer blickte, wenn er die wesentlichen Elemente des Staates benennen wollte, in die Vergangenheit. Die Zukunft zählte nicht ohne sie, Utopien erst recht nicht. Jedes Urteil, ob ein politischer Weg oder gesellschaftliche Verhältnisse oder staatliche Zustände richtig oder falsch waren, forderte den Blick zurück in das gelobte Land der Ahnen. «Kein Staat war je größer, heiliger und an guten Vorbildern reicher», schrieb Livius um 25.[31] So taugte der Bezug auf das Alte selbst dort, wo das Bestehende umgestürzt wurde. Denn die Alternative zur Unordnung blieb selbst am Abgrund der durch die Geschichte ausgewiesene Staat. Gemeint war damit nicht alles, was in den Geschichtsbüchern stand, sondern das, was im Bewusstsein der Zeitgenossen noch lebendiger Bestandteil der staatlichen Existenz und somit nicht vergangen war. Die Institution des Volkstribunats gehörte beispielsweise dazu, unabhängig von dem Wert, den man den Vorführungen der Tribunen noch beimaß, oder das Zwölf-Tafel-Gesetz. Deren Regeln verstand so gut wie niemand mehr, und keiner hatte sie auf Stein oder Bronze gelesen, aber man lebte mit ihnen.

Die Heilung staatlicher Unordnung, der Schutz vor einem sozialen Umsturz und die Verteidigung der Weltherrschaft schien also nur aus dem Geiste möglich, der Rom groß gemacht hatte. Das auf den Staat bezogene Ethos der Ahnen, ihre altväterlichen Lebensformen und ihre konservative Moral sollten das Werk der Restauration beleben. Anders: die Erinnerung an sie sollte die Energien freisetzen, die das Verhängnis der Gegenwart bändigen halfen. Eine solche Sehweise befähigte in der Tat zu politischen Entscheidungen, da sie die die führende Klasse in ihre gedanklich nie aufgegebene staatliche Pflicht zurückzwangen, auch wenn sie künftig das Dienen vor das Befehlen setzte. Aber auch in Rom galt, dass die Erinnerung ihre Macht nur dem verleiht, der seine eigenen Ziele mit der führenden sozialen Schicht abstimmt.

Für Octavian war diese Art, politische Probleme zu durchdenken, Teil seines Selbstverständnisses. Seine Vision von der Zukunft Roms kam nicht ohne den Blick in die Vergangenheit aus. Dort fand er eine Staatsform, die von der Teilhabe an der Macht keine politisch gewichtige Gesellschaftsschicht so ausschloss, dass sie ihre von der Geschichte legitimierten Rechte verletzt sah und zum Widerstand rüstete.

Der Befreier Roms

Rom begrüßte ihn als Befreier (*vindex libertatis populi Romani*), eine vertraute Formel, die nichts und alles besagte. Trotzdem waren die Umstände diesmal anders als in den 40er Jahren. Damals lautete die Parole, Octavian habe den Staat aus der Hand einer Partei (*factio*) befreit, die den Staat unterdrückte. Jetzt war es die Rettung aus der Hand fremder und als Knechte geborener ägyptischer Unterdrücker, «die kriechende und sonstige Tiere wie Götter verehren und ihre eigenen Leichen einbalsamieren lassen, um ihnen den Anschein der Unsterblichkeit zu verleihen».[32] Wer sie bezwang, durfte sich mit Fug und Recht «Retter der Freiheit des römischen Volkes» nennen – so eine in Ephesos im Jahre 28 geprägte Münze, deren Rückseite die Friedensgöttin (PAX) zierte, die das Schwert, Symbol militärischer Gewalt, in den Staub tritt.[33]

Die Freiheit allerdings, wollte sie nicht als Feigenblatt belächelt werden, bedurfte der Taten. Im allgemeinen Bewusstsein stand sie für den Glauben an die Genesung der Republik. Sie wiederum war ohne den Anspruch des Senats nicht denkbar, in der Politik das letzte Wort zu haben. Zwar hatten nur die Beamten das Initiativrecht und ihre Entschlüsse trafen sie dem Buchstaben des Gesetzes nach autonom. Der Geist der Verfassung jedoch machte sie zum exekutiven Arm des Senats; ihn hatten sie einzuberufen, seine Beschlüsse herbeizuführen und diese in die Tat umzusetzen. In der Praxis hieß dies: Jeweils auf ein Jahr beschränkt, traten vom Volk gewählte Staatsdiener aus dem Senat heraus und ihm gegenüber, um die militärische, politische und rechtsprechende Gewalt nach den Vorstellungen der senatorischen Elite auszuüben: «Den Senat haben die Vorfahren zum Wächter, Bewahrer und Verteidiger des Staates bestimmt; sie wünschten, dass sich die Beamten nach dem Willen dieses Standes richteten und die Diener dieses Hohen Hauses seien.»[34]

Soweit Cicero. Seine Sätze enthüllen auf den Punkt genau das Gerüst der römischen Staatsordnung und die Bedingungen, denen jede politische Tat unterworfen war. Solange es stand, atmete die Republik. Erst der Übermut der großen Militärs, dann die ausufernden Expansionskriege und schließlich die weltumspannenden Bürgerkriege hatten es zerstört. Aber ihr Bild entfaltete weiterhin seine politische Wirksamkeit, da die alte Gesellschaftsordnung fortlebte und der Adel, obwohl von neuen Familien überschwemmt, überlebt hatte und mit ihm die alten Ansprüche auf die Herrschaft. Jetzt, am Ende des Bruderzwists, schien so manchen der letzte Triumvir gänzlich überflüssig.

Octavian brauchte keine Phantasie, um die Wirkung solcher Überlegungen einzuschätzen. So begann er sofort nach seiner Heimkehr mit der Reform des Senates, war er doch die einzige Institution, die seine tatsächliche Allmacht im Staat überzeugend rahmen konnte. Und sie beherbergte die Wenigen, die er als Gegner fürchten musste. Die Einrichtung des reichen Ägypten als Kronland, in dem kein Senator willkommen war, zeigt, wie tief die Furcht saß. Zu den Häuptern des Hohen Hauses zählten seit langem die engsten Vertrauten. Aber in der auf nahezu tausend Mitglieder aufgeblähten Körperschaft gab es viele, die offen oder heimlich zu Antonius gehalten hatten, etliche, die, obwohl gänzlich untauglich, ihren Sitz der Laune eines der Militärdespoten verdankten, und so manchen, dessen anstößiger Lebenswandel das Ansehen des Gremiums beschädigte. Nicht wenige standen vor der Tür und begehrten auf Grund ihrer Verdienste um Octavian und seine Sache Einlass. Eine Senatsreform war also fraglos ein heikles Geschäft, und es wurde nur unwesentlich leichter, als sich Octavian zusammen mit Agrippa die Aufgabe des Zensors übertragen ließ, der seit altersher die Liste der Senatoren überprüfte. Einige der unliebsam gewordenen gingen freiwillig, die meisten gezwungen, alle aber behielten den Titel Senator – eine weiser Entschluss, um ihnen nutzlose Demütigungen und sich selbst überflüssige Feindschaften zu ersparen.

In diesen Monaten wurde Octavian zum «Ersten des Senats» (*princeps senatus*) gewählt. Diese Anrede beanspruchte bisher der Senator, den der Vorsitzende als einflussreichsten unter den Konsularen bei jedem Punkt der Tagesordnung zuerst um seine Meinung fragte. Jetzt führte sie Octavian als auf Lebenszeit verliehenen Ehrentitel und bekundete damit, dass er in der sozialen Hierarchie der Erste der vornehmen Bürger Roms war. Rechtlich besagte dies nichts, faktisch aber sehr viel, da der Begriff *princeps* die Herrschaft des Einen ideell mit der Zustimmung des Senats und der politischen Elite verband.[35]

5. Gefährdete Allmacht

Gelöste Konflikte

Grundlegendes harrte noch der Klärung, obwohl viele Aufgaben in den drei Jahren nach Aktium gelöst worden waren. Die Jagd nach Geld, die Unzählige ins Elend gestürzt hatte, war zu Ende. Das Eigentum war wieder sicher und die Reichtümer Ägyptens entfalteten allerorten ihre wohltuende Wirkung. Die Provinzen blieben ruhig und schöpften Hoffnung. Die Veteranen zogen in ihre Kolonien, die ewig unruhige Bevölkerung der Hauptstadt, die längst gelernt hatte, an die Großzügigkeit der hohen Herren besondere Ansprüche zu stellen, genoss das Leben. Generöse Getreidespenden verbannten den Hunger, großartige Spiele und Feste vertrieben die Langeweile. Vergleichbares forderten die Bürger der italischen Landstädte nicht. Sie hatten begehrliche Altgediente und unersättliche Steuereintreiber ertragen und erwarteten voller Ungeduld, dass der Prinzeps, dessen Familie aus einer italischen Provinzstadt stammte, ihnen das Leben wieder erträglich und sicher machte. Ihre Stimme fand Gehör, da ihre Macht zusammen mit der des Heeres die Stabilität des monarchischen Regiments garantierte. Velleius Paterculus sprach ihnen aus dem Herzen, als er Jahrzehnte später den Segen des Prinzipats feierte: «Die Äcker fanden wieder Pflege, die Heiligtümer wurden geehrt, die Menschen genossen Ruhe und Frieden und waren sich ihres Eigentums sicher.»[36]

Der Senat fand sich damit ab, dass der neue Zensor Dutzenden seiner Mitglieder die Tür wies. Der Ritterstand war seit langem Nutznießer jeder Veränderung gewesen und wartete nun auf neue lukrative Aufgaben. Die Gefolgschaft erhielt, was sie erträumt hatte. Zu ihr gehörten neben den Soldaten die in Krieg und Not Aufgestiegenen, die Parteigänger, die sich in allen Konflikten der caesarischen Sache ohne Wenn und Aber verschrieben hatten, die Überläufer und die Kriegsgewinnler, die immer wussten, «auf welchem Wege selbst Bettler reich werden können».[37] Sie alle erfreuten sich an Land, Geld, Ämtern und Senatssitzen. So hörte man, als der Lärm der Waffen verstummt war, über lange Jahre hin das Schmatzen der Sieger, die ihren Raub verzehrten.

Denn auch das gehörte zu den Grundgesetzen der Macht, denen der Alleinherrscher zu gehorchen hatte: Hände, die man zum Regieren braucht, aber zugleich fürchten muss, beschwert man mit Gold und schmückt sie mit allen Attributen, die öffentliches Ansehen bewirken. So stärkte Octavian das soziale Gewicht seiner im Bürgerkrieg gewonnenen Klientel, wohl wissend, dass er dabei nicht stehen bleiben konnte. Auch die Anhängerschaft musste sich wandeln und ausweiten, als der siegreiche Parteiführer zum Monarchen aufstieg und um die Zustimmung aller Schichten der Gesellschaft warb.

Dazu trug der innere Friede bei, je länger er anhielt und je eindrucksvoller mit ihm geworben wurde. Das Ihrige tat auch die überlegt inszenierte Sorge um das Verhältnis zu den Göttern. Ohne sie, mahnte der neue Herr seine Untertanen, sei das Glück nicht beständig, und ihre Verehrung, allzu lange vernachlässigt, müsse daher das Gebot der Stunde sein. Nach dem Leid des Bürgerkrieges war man allzu gern bereit, das Erlebte als wohlverdiente Strafe oder mit den Dichtern als Folge trojanischer Erbsünde zu verstehen. Nicht zu Unrecht leben wir im Unglück, klagte Properz, denn «Spinnen weben in den Tempeln ihre Netze und um den verlassenen Altar wuchert das Unkraut».[38] Das war dick aufgetragen, aber ganz im Sinne Octavians, fiel doch vor dieser schwarzen Kulisse das Licht auf seine Religionspolitik besonders hell. Warum auch sollte er sich scheuen, seine durchaus ernst gemeinte Frömmigkeit politisch zu nutzen? Letztendlich hatte sie Erfolg. Längst tot geglaubte Priesterschaften, denen Octavian und die vornehmsten Senatoren beitraten, lebten wieder auf.

«Zweiundachtzig Tempel der Götter», lobte sich der alte Kaiser, «habe ich in der Stadt während meines sechsten Konsulats auf Ermächtigung des Senats wiederhergestellt, und ich habe keinen übersehen» – die Mischung aus tiefer Religiosität und Großmannssucht ist unüberhörbar und Teil des kaiserlichen Selbstverständnisses. Beides gehörte zu einer Welt, die ihre Tempel wie in Baalbek aus schierer Lust an der Monumentalität bis in den Himmel türmte und zugleich demütig bekannte, bis ins letzte Glied alles den Göttern zu schulden, da ihnen alles zu danken war. «Du wirst», erklärte Horaz die Plagen seiner Zeit, «wenn auch schuldlos, die Vergehen deiner Vorfahren büßen, Römer, bis du die Tempel und verfallenden Heiligtümer der Götter wiederaufgerichtet hast und die vom schwarzen Rauch entstellten Bilder.»[39] 29 weihte Octavian den Tempel des Divus Julius auf dem Forum ein, ein Jahr später auch den des Apoll auf dem Palatin. Beide Götter waren bei ihm, als es um alles oder nichts ging – der vergöttlichte Caesar bei Philippi, Apoll bei Aktium.

Die folgenschwerste Entscheidung war bereits vor Kriegsbeginn gefallen: Rom sollte für immer das Haupt und Italien das Zentrum des Weltreiches sein und bleiben. Dies entsprach nicht nur einer zweihundertjährigen Geschichte, in der der Westen über den Osten triumphierte. Es passte auch zu dem Bewusstsein eines Mannes, dessen Wurzeln in einer italischen Kleinstadt lagen. Für ihn war eine friedliche Welt des Mittelmeerraumes nur unter der Herrschaft des Westens denkbar. Als es dahin kam, wurde im Osten durch einen jüdischen Prediger aus Nazareth eine neue Hoffnung geboren. Sie versprach denen, die an seine Mission glaubten, Frieden nicht nur auf Erden, sondern auch in den Himmeln; er wurde auf Befehl eines römischen Statthalters gekreuzigt (S. 371).

Unentbehrlich und fügsam: Der Adel

Alles bisher Erreichte konnte jedoch nicht genügen, der Herrschaft des Einen Dauer zu verleihen. Sie brauchte starke Motive der Anhänglichkeit, das Einverständnis der Götter und obendrein eine überzeugende Rechtsform. Mit der Rückgabe der triumviralen Gewalt an Senat und Volk war es nicht getan. Sie war ein Kniefall vor der öffentlichen Meinung, schuf aber nichts Neues. Das Konsulat, das zum staatlichen Handeln in Rom und in den Provinzen legitimierte, war an die Prinzipien eines kollegialen Jahresamtes gebunden und nur in Ausnahmefällen über mehrere Jahre wahrzunehmen. Wer es für eine lange Zeit oder gar auf Lebenszeit beanspruchte, war ein Usurpator und im Grunde noch anstößiger als der Triumvir, da er das ehrwürdigste Amt der Republik missbrauchte. Denn er ersetzte Annuität durch Dauer, Kollegialität durch Kumulation von Macht, Gleichheit durch Hierarchie.

Warum nicht einen Mittelweg versuchen, der den Machtanspruch Octavians anerkannte, aber begrenzte? Der Gedanke war verlockend, aber nicht durchführbar. Seine Umsetzung verbot die Militarisierung der Politik, die Kompromisse nicht mehr vertrug. Selbst wenn Octavian mit solchen Überlegungen gespielt hätte, seine Gefolgsleute hätten aus schierem Eigennutz eher den Aufstand geprobt, als ihnen zugestimmt. «Hat Caesar denn für sich allein gesiegt? Warum soll nicht denen, die gemeinsam gefrevelt haben, auch die Beute gemeinsam sein?»[40] Dieses Glaubensbekenntnis war unantastbar. Denn wenn es hart auf hart kam, schützten Octavian vor dem Schicksal Caesars nur die tief sitzende Angst vor dem Chaos und seine Klientel. Ihr war so manches zu gewähren, was nicht weise, aber unumgänglich war, denn «vieles muss der Sieger nach dem Willen derer tun, die ihm den Sieg verschafft haben, auch wenn er es nicht will».

Was also konnte die alte Staatsordnung Octavian bieten, ohne seine Befehlsgewalt zu schmälern? Wäre sie noch so gewesen wie einst, dann hätte der Senat den Legionen und ihren Feldherren ihre Einsatzorte befohlen. Es war aber nicht mehr so. Das jahrhundertelang selbstverständliche Wissen, dass die Welt im Senat bewegt wird, war seit Sulla tiefer Verunsicherung gewichen. Immer öfter wurde der einstige Herr Roms – was schlimmer sein kann, als bekämpft zu werden – zum Zuschauer. Gewiss, er fasste Beschlüsse, aber er entschied nicht mehr. Seine Mitglieder waren unverzichtbar, um das Imperium zu ordnen, aber sie beherrschten es nicht mehr. Sie waren wie Leute, die den Takt noch schlagen, obwohl die Musik zu spielen aufgehört hat. Cicero fand ein anderes, nicht minder treffendes Bild: «Wir saßen am Heck und hielten das Steuer in der Hand; jetzt gönnt man uns kaum einen Platz im Kielwasser.»[41]

Die Macht des Senates schwand, die seiner Mitglieder nicht. Denn der Adel blieb. Seine Taten umschlossen alle inneren und äußeren Erfolge

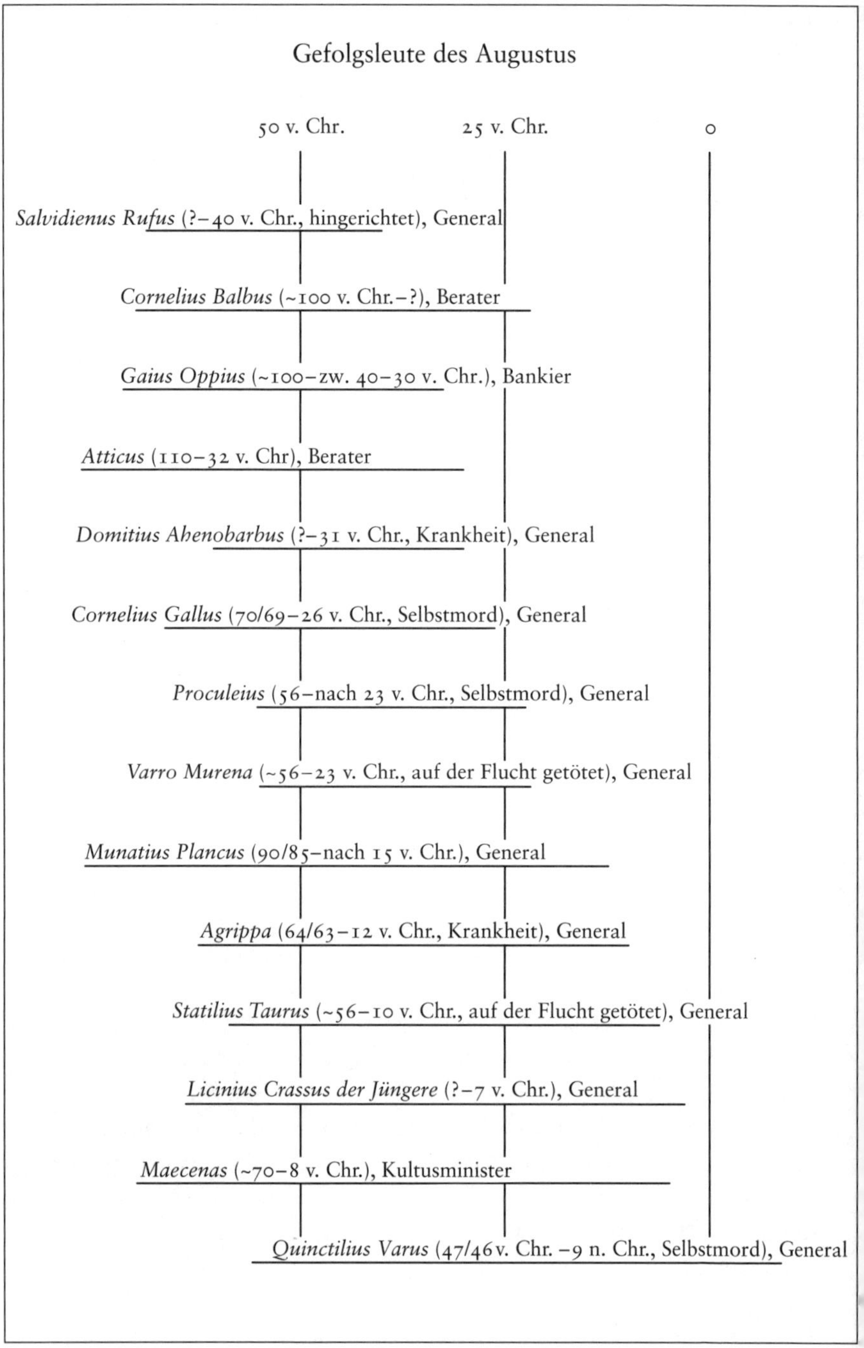
Gefolgsleute des Augustus
50 v. Chr.
25 v. Chr.
0
Salvidienus Rufus (?–40 v. Chr., hingerichtet), General
Cornelius Balbus (~100 v. Chr.–?), Berater
Gaius Oppius (~100–zw. 40–30 v. Chr.), Bankier
Atticus (110–32 v. Chr), Berater
Domitius Ahenobarbus (?–31 v. Chr., Krankheit), General
Cornelius Gallus (70/69–26 v. Chr., Selbstmord), General
Proculeius (56–nach 23 v. Chr., Selbstmord), General
Varro Murena (~56–23 v. Chr., auf der Flucht getötet), General
Munatius Plancus (90/85–nach 15 v. Chr.), General
Agrippa (64/63–12 v. Chr., Krankheit), General
Statilius Taurus (~56–10 v. Chr., auf der Flucht getötet), General
Licinius Crassus der Jüngere (?–7 v. Chr.), General
Maecenas (~70–8 v. Chr.), Kultusminister
Quinctilius Varus (47/46 v. Chr. –9 n. Chr., Selbstmord), General

der Republik, und seine militärische und politische Erfahrung konnte nichts und niemand ersetzen. Wer herrschen wollte, musste regieren und Krieg führen können. Dies aber ging nicht ohne die Senatoren und Ritter. Fraglos, der Bürgerkrieg hatte unter ihnen blutige Ernte gehalten. Schon Cicero hatte darüber geklagt und im August 45 seinem Freund Atticus geschrieben, wenn Caesar unter den ersten Familien Bundesgenossen finden wolle, müsse er sich schon aufhängen, denn sie befänden sich längst im Reich der Toten.[42] Ganz so war es nicht. Sicher, die Bänke des Senats drückten seit Caesar und erst recht seit Aktium mehr und mehr Männer ohne Stammbaum; aber was bedeutete das schon? Sie hatten sich wie alle Emporkömmlinge rasch und eifrig die Künste, das Ethos und den Standesdünkel des alten Adels angeeignet. Selbst die aus dem Nichts aufgestiegenen Gefährten Octavians wie Agrippa, wie sehr sie auch die auf ihre Herkunft stolzen Häupter des Senats verachten und wie vernehmlich sie auch auf ihre Leistung pochen mochten, sie dachten und handelten längst in den Kategorien ihrer einstigen Gegner und wollten leben wie sie.

Überdies war es für die großen Geschlechter so schlimm nicht abgelaufen, wie es auf den ersten Blick scheinen mag. Freilich, viele hatten ihr Leben gelassen und viele Besitztümer waren dahin. Und natürlich begegnete den Heimkehrern, die Jahre bei Antonius ausgeharrt hatten, ein manchmal nur schwer zu unterdrückendes Misstrauen. Aber es gab keine Enteignungen großen Stils und Proskriptionen schon gar nicht. Gründe zu lauter Beschwerde hatten unter den Überlebenden nur wenige, ob sie nun in Italien geblieben oder reumütig heimgefunden hatten. Selten sind Verlierer so glimpflich davongekommen, selten sind verlorene Söhne so wohlgelitten nach Hause zurückgekehrt. Viele wurden gar bei ihrer Rückkehr mit Komplimenten empfangen und nahmen wieder auf den Bänken des Senates Platz, als ob nichts gewesen wäre. Das hat sie nicht abgehalten, über den einstigen Blutsäufer Octavian und seine Entourage die Nase zu rümpfen, wenn man unter sich war oder zu sein glaubte. Auf Verschwörungen aber ließ man sich – bis auf wenige Draufgänger, die teuer dafür bezahlten – nicht mehr ein. Man trug die alte republikanische Selbstherrlichkeit im Herzen, doch solange schwer vorauszusehen war, welche Wendungen die Dinge vielleicht noch nehmen mochten – wer dachte nicht an einen frühen Tod des kränklichen Herrschers –, nahm man die Zuvorkommenheit des Siegers gerne an.

Die Wiederkehr adliger Herrlichkeit

Selbst der äußere Glanz kehrte wieder, auch wenn jetzt die rauschendsten Feste und die aufwendigsten Tafeln den Gewinnern des Krieges nicht streitig zu machen waren. Zur Daseinsform der alten und neuen Adelsfamilien gehörten außerordentliche Besitztümer, ein aufwendiger Lebensstil, ein königlicher Haushalt, Villen im Golf von Neapel, Ländereien in Italien und den Provinzen, eigene Getreidespeicher am Tiber, reichlich Klienten und so viele öffentliche Auftritte wie möglich. Die großen Adelshäuser waren und blieben Meister der Sichtbarkeit. Ihre Angehörigen zeigten sich mit großem Gefolge auf dem Forum und in den Straßen Roms, und noch immer empfingen sie täglich ihre Klienten, Bittsteller und Freunde. Auch dies waren seit alters eingeübte Rituale, und obwohl keiner mehr Wahlkämpfe führen musste und sein Rang von der Nähe zum Kaiser und seinen amtlichen Funktionen abhing, blieben sie ein unverzichtbarer Teil adliger Existenz. «Sobald sich einer», spottete Tacitus, «durch seinen Reichtum, seinen Palast und seine Prachtentfaltung bemerkbar machte, galt er aufgrund seines Namens und seiner vielen Klienten als Mann von höherem Rang.»[43] Ein enormes Vermögen war das erste, und es zur Schau zu stellen, das zweite Kriterium, das den Adel aus der Masse hervorhob. Beide Kriterien behielten ihre Gültigkeit. Die Folgen konnte jeder mit Händen greifen, der unter Augustus Rom durchwanderte. Dort war das Kaiserhaus nur das erste unter vielen strahlenden Gestirnen.[44]

Wer die private Muße suchte, fand sie vornehmlich im Golf von Neapel, wo man unter sich blieb. Die großen Familien bauten dort ihre Villen und Kurorte und genossen die überirdische Schönheit dieser Landschaft. Dort besuchten sie die Badeanstalten des um seiner Mineralquellen beneideten Baiae, das seinen Namen einem gewissen Baios, legendärer Gefährte des Odysseus, verdankt. Es war eine Kapitale der Lüste, in deren Bucht, laut Horaz der anmutigste Busen der Welt, sich die vornehme Gesellschaft vergnügte und – wenn es denn nottat – die Arthritis kurierte. Die Fisch- und Austernzucht des nahe gelegenen Lukriner Sees versorgte die verwöhnten Gaumen: Für ein einziges Bankett sollen einmal sechstausend Muränen geliefert worden sein.

Selbst dort, fern von Rom, pflegte man alte Freundschaften, gegründet auf Blutsbande, Heiraten, landsmannschaftliche Bindungen, wie beispielsweise die Herkunft aus bestimmten italischen Städten oder Gegenden, ökonomische Interessen, gemeinsame Karrieren in Krieg und Verwaltung, und dies alles auf das Sorgfältigste behütet. Diese verwobenen Fäden hielten über Generationen, und sie waren weit zäher und langlebiger, als sie der Kaiser durch ausgesuchte Wohltaten begründen konnte. Er war sterblich und sein Wohlwollen flüchtig; die Verbindungen hingegen, die adlige Geschlechter vereinigten, waren dauerhaft und fest. Selbst wer dem Kaiser alles verdankte, Karriere und Geld, verwandelte sich eines Tages in einen sorgenden Familienvater, der das Schicksal der Seinen nicht bedingungslos an das Glück des Regenten binden wollte. Naturgemäß unterlag auch dieses Geflecht familiärer und freundschaftlicher Beziehungen dem Wandel. Aber es blieb als solches bestehen. Augustus, der selbst seine gesellschaftlichen Netzwerke pflegte, ohne die er nicht Kaiser geworden wäre, kannte deren Macht und hütete sich, sie ohne Not herauszufordern.

Unverändert galt weiterhin das alte Standesethos des Adels, auch wenn sein herrscherliches Gebaren nur noch als Fassade existierte und der Gehorsam als neue Tugend hinzugekommen und einzuüben war. Munatius Plancus, der die übermäßigste Form der Selbstdarstellung wählte, als er sich bei Gaeta eine fast hochverräterisch monumentale Grabstätte baute, hielt auf ihr für die Ewigkeit fest, was für ihn und seinesgleichen das Leben lebenswert machte – ob nun als Herr oder als Diener:

«Lucius Munatius Plancus, Sohn, Enkel und Urenkel eines Lucius, Konsul, Zensor, zweimal als siegreicher Feldherr akklamiert, Septemvir Epulonum; er feierte einen Triumph über die Räter, erbaute aus Kriegsbeute den Saturn-Tempel (neu), verteilte Ackerland (an die Veteranen) in Italien bei Benevent, gründete in Gallien die Städte Lugudunum und Raurica.»[45]

Da war es, unbeschadet vom Verlust der Macht, das uralte Grundgesetz aristokratischen Lebens: Politik und Krieg. Beide waren gestrenge Herren und forderten asketische Hingabe. Denn nur in ihren Diensten war zu gewinnen, was allein lohnte: Ruhm und Ehre (*gloria et dignitas*). Männer, die sich wie Plancus diesem Ziel verschrieben und ihm selbst die Treue geopfert hatten, sah Augustinus vor sich, als mit der Eroberung Roms durch die Westgoten 410 eine ganze Weltordnung zusammenbrach. Er fällte ein Urteil über sie voller Emotionen: Einzig dünkelhafte Selbstsucht habe sie bis an die Grenzen der Erde getrieben, «Ruhm liebten sie glühend, für ihn gingen sie ohne Zögern in den Tod; die übrigen Begierden drängten sie zurück aus grenzenloser Sucht nach Ruhm und nichts als Ruhm.»[46] So war es wohl.

Auch dieses Verständnis vom Leben führte den Adel an die Seite des Alleinherrschers. Im Beraterstab Octavians konnte allerdings niemand die bange Frage beantworten, wie weit die Loyalität solcher Männer wie Munatius Plancus reichte, wenn stürmische Zeiten drohten. Sicher schien nur, dass sie die Republik verloren gaben und die Regeln außer Kraft gesetzt sahen, nach denen sie einst die Macht unter sich verteilt hatten. Die meisten dankten den Göttern, dass sie am Leben geblieben waren. Sie wollten nun nichts mehr aufs Spiel setzen. Und sie kannten den Preis, der für eine politische Karriere zu zahlen war: dienende Teilhabe an der Macht statt selbstherrliche Verfügung. Es galt sich zudem abzufinden mit den Untaten der Triumvirn und ihrer Handlanger, und offene Rechnungen mussten zerrissen werden. «Die beste Verteidigung gegen den Bürgerkrieg ist das Vergessen», lautete die jetzt gültige Lebensweisheit. Sie hatte schon Cicero beschworen, als er am 17. März 44 im Senat dazu aufrief, «jede Erinnerung an die Wirren in ewigem Vergessen zu begaben», da anders der innere Friede nicht zu retten sei. Natürlich ließ sich Vergessen nicht befehlen und Erinnerung nicht verbieten. Aber mehr denn je kam es darauf an, den Schmerz der Bürgerkriege nicht zu verlängern und keine Anlässe für neue Kämpfe zu schaffen.[47]

Wer sich daran hielt, ertrug es, im Senat seinen Todfeinden zu begegnen. Den Grund, warum es die meisten lernten, hat vierhundert Jahre später Augustinus benannt. Octavian hatte ohnehin keine Wahl. Die unangetastete soziale Hierarchie verbot, den Adel auf seine Landgüter zu verbannen und durch eine neue Führungsschicht zu ersetzen – sie existierte nicht. Nur die alte Herrenschicht und die im Krieg Aufgestiegenen verbanden die eigene Zukunft untrennbar mit dem Schicksal des Imperiums. Nur sie konnten Legionen kommandieren und Provinzen verwalten, und darauf kam es in einem Weltreich an, das sich noch lange nicht am Ziel aller Wünsche sah.

Fraglos fiel der Gedanke an eine Zukunft als Diener eines Mächtigen den Söhnen der alten Familien schwerer als den Debütanten, die jetzt die durch Krieg und Mord verwaisten Plätze im Senat einnahmen. Die meisten hatten sich als Truppenführer den Weg nach oben gebahnt und das Gehorchen gelernt und gefordert. Sie entschädigten der gesellschaftliche Glanz ihrer Stellung und das Ansehen ihrer Ämter für vieles, was ihnen der Alleinherrscher an tatsächlichem politischem Einfluss vorenthielt. Tacitus urteilte über sie boshaft und doch treffsicher: Je unterwürfiger sie sich aufgeführt hätten, umso steiler seien sie durch Reichtum und Ehrenstellen nach oben gelangt; dort angekommen, hätten sie als «Günstlinge der neuen Verhältnisse die Sicherheit der Gegenwart den Gefahren der Vergangenheit vorgezogen».[48]

Der schmale Grat zwischen Befehlen und Gehorchen

Aber es gab auch andere. Wer einmal dem Lied der Sirenen gelauscht hatte, wenn sie von der Macht sangen, verlor die Fähigkeit, sich mit der Rolle eines Untergebenen zu begnügen, so nobel sie vergoldet wurde.

Der Erste, der aufbegehrte, war Cornelius Gallus, Ritter, umschwärmter Dichter populärer Liebeselegien, glänzender Militär, enger Vertrauter Octavians und voll unbändigem Tatendrang. Als erster Vizekönig Ägyptens marschierte er im Frühjahr 29 mit drei Legionen nach Süden, schlug im Gebiet von Theben einen Aufstand nieder und drang bis an die ägyptische Grenzstadt Philae vor, die noch nie ein römisches Heer gesehen hatte. Der benachbarte König von Äthiopien scheute den drohenden Waffengang und wurde Vasall Roms. Gallus wähnte sich ganz oben. Im ganzen Land aufgestellte Statuen, Inschriften und Darstellungen seiner Taten, eingemeißelt in die Pyramiden, feierten seine Erfolge im Stil der alten Pharaonen. Dies sprach von einer Machtverliebtheit, wie es einem Pompeius oder Antonius, nicht aber einem Assistenten des eigentlichen Herrschers über Ägypten geziemte. Was in früheren Zeiten Ruhmsucht und übersteigerter Ehrgeiz hieß, bedeutete jetzt, in den Jahren einer noch ganz ungesicherten Herrschaft, Anmaßung und Verrat.

Die Antwort ließ nicht auf sich warten. Um die Jahreswende 28/27 wurde Gallus abberufen. Als er in Rom ankam, verbot ihm Octavian/Augustus sein Haus und seine Provinzen. Dabei aber blieb es nicht. Der kaiserlichen Ungnade folgte die förmliche Anklage vor dem Senat. Verbannt und seines Vermögens zugunsten des Kaisers beraubt, stürzte sich der stolze Offizier in das Schwert, das er so tapfer für Octavian und das Imperium geführt hatte. Sein Schicksal erteilte den kommenden Generationen zwei Lehren: Wer durch die Gunst des Hofes emporkommt, endet im Elend, wenn das Wohlwollen des Herrschers umschlägt, und dieser, so beklagte sich Augustus selbst, kann mit einem Freund nicht brechen, ohne ihn zugleich zu vernichten.[49]

Der Zweite, der den Kopf zu hoch trug, war M. Licinius Crassus, Spross einer hochadligen Familie und ein Enkel des bei Carrhae gescheiterten Liciniers. Er hatte in den 30er Jahren erst Sextus Pompeius, dann Antonius und seit Aktium Octavian gedient, wofür er 30 mit dem Konsulat belohnt wurde. In den folgenden beiden Jahren regierte er als Prokonsul Makedonien, unterwarf das Land zwischen Balkan und Donau und festigte die römische Herrschaft über Thrakien. Dies waren Kriegszüge im Stile eines Pompeius oder Caesar, und sie bezweckten weit mehr als die Sicherung der Grenzen. Wie bei seinen Vorbildern entsprangen sie der wilden Entschlossenheit, das Reich zu mehren und mit dieser Tat wie in den Tagen der Republik politischen Einfluss und Ruhm zu finden. Von seinen Soldaten zum *imperator* ausgerufen, kehrte er Ende 28 nach Rom zurück; der Senat ehrte ihn mit dem Triumph. Erneut hatte ein Römer große Siege über auswärtige Völker errungen und sich, glücklicher als Gallus, als Triumphator in den Straßen Roms auch bejubeln lassen. Dies nahm Octavian/Augustus noch hin, nicht jedoch den Anspruch des Gefeierten auf eine zweite Ehrung.

Crassus hatte bei einem Überfall einer Schar Bastarner deren Häuptling eigenhändig niedergemacht und träumte davon, die Rüstung des Erschlagenen an derselben heiligen Stelle Jupiter zu weihen, an der einst der Stadtgründer Romulus und nach ihm nur noch zwei Feldherren Roms die von ihnen gewonnenen Spolien niedergelegt hatten. Wer diesen Akt als Träger eines der berühmtesten Namen der vergangenen Jahrzehnte wiederholte, zog als wiedergeborener Romulus zum Kapitol und eignete dort dem höchsten Staatsgott eine Trophäe zu, die den persönlichen Mut auszeichnete, den so mancher bei Octavian vermisste. Dazu durfte es nicht kommen. Dem Heimgekehrten wurde bedeutet, der Triumph sei genug und eine weiterer Auftritt auf der politischen Bühne für ihn nicht vorgesehen. Crassus verstand und gab sich mit dem erreichten Ruhm zufrieden. Man hat nie wieder etwas von ihm gehört.[50]

Auch dieser Vorfall enthielt zwei Lehren: Noch immer bewegte sich Octavian auf schwankendem Boden, noch immer lag der Schatten des Bürgerkrieges über ihm, und noch immer konnte er sich selbst seiner eigenen Anhänger nicht sicher sein. Zudem wurde angesichts der Siege im Süden Ägyptens und auf dem Balkan die Frage drängender, wann der neue Caesar den großen Kriegszug wagte, der die Generäle der Republik in den Schatten stellen konnte. Die Fortsetzung des imperialen Krieges war in Rom immer die Voraussetzung politischer Macht gewesen. Niemand konnte dieses Gebot straflos missachten, auch nicht der Mann, der Italien und den Provinzen den Frieden gebracht hatte.

Vorrang hatte aber die Sicherung der Regierungsgewalt in Rom. Octavian war Konsul, aber Herr seiner Heere und Provinzen nur so lange, wie der Senat keine Nachfolger bestellt hatte. Wie immer er es drehte und wendete: Wollte er nicht das ganze Staatsgebäude einreißen und die Herrschaft des Schwertes als Ordnung ausgeben, führte kein Weg am Senat vorbei. Dessen Ohnmacht zu betonen, den Gang der Politik zu bestimmen, beschreibt nicht die ganze Wahrheit. Noch immer bildete er zusammen mit den Magistraten die Mitte des staatlichen Lebens, und er repräsentierte, was nicht minder bedeutsam war, die soziale Realität. Sie beruhte wie eh und je auf einer aristokratisch geprägten Gesellschaftsordnung.

Offene Zukunft

Gänzlich ungeklärt war die Frage der Nachfolge. Auf sie die richtige Antwort zu finden, konnte angesichts des rein persönlichen Charakters der Alleinherrschaft und der anfälligen Gesundheit Octavians nicht auf die lange Bank geschoben werden. Ein Sohn war als präsumtiver Nachfolger nicht vorhanden und auch nicht zu erwarten, solange die Ehe mit Livia dauerte, und sie dauerte bekanntlich lebenslänglich. Also musste er künstlich gezeugt werden, wie dies schon Caesar durch die Adoption des Octavian getan hatte. Hinweise gab es. So ritt beim Triumph 29 rechts neben Octavian Marcellus, der Sohn Octavias, und links der jüngere Tiberius, der Sohn Livias. Wie aber würden sich die Paladine im Erbfall verhalten? Alle Augen waren natürlich auf Agrippa gerichtet, der zweite Mann im Staat und als Krieger ausgezeichnet wie niemand sonst. Würde er eine Nachfolgeregelung tolerieren, die ihn beiseite schob? Und vor allem: War er fähig, ein Wiederaufleben der Bürgerkriege zu verhindern?

Der Gedanke daran machte die Gegner des neuen Caesar stumm und die Anhänger zittern. Die so lang ersehnte und nun Wirklichkeit gewordene innere Eintracht hing an einem dünnen Faden – dem Leben Octavians. Da zählte nicht, dass der Friede nur noch als Geschenk des Siegers zu haben war. Sein Leben war unendlich wertvoll geworden, und die Menschen hatten allen Grund, für seine Gesundheit zu beten:

> «Stammväter, Vaterlandsgötter! Du Romulus, du, Mutter Vesta,
> die du den uralten Tiber und Roms Palatin schirmst,
> diesen Herrscher im Jugendglanz, wollt *ihn* doch nicht hindern,
> Retter zu sein der zerrütteten Welt. Wir büßten doch wahrlich
> übergenug den lastenden Fluch für trojanischen Meineid.»[51]

VII. «HERRSCHEN HEISST, DIE MACHT EINES GOTTES ZU BESITZEN.»

«Der Despotismus verbannt alle Formen der Freiheit; die Usurpation braucht diese Formen, um den Sturz dessen zu rechtfertigen, dessen Platz sie nun einnimmt; doch wenn sie sich ihrer bemächtigt, entweiht sie sie.»
Benjamin Constant

«Augustus trachtete danach, eine Regierungsform zu schaffen, die in möglichst großen Ausmaß gefallen konnte, ohne seine eigenen Interessen zu beeinträchtigen. Er schuf daher eine Staatsverfassung, die im zivilen Raum aristokratisch, im militärischen hingegen monarchisch war.»
Montesquieu

1. Heilsame Furcht: Der Ausweg aus der Militärdiktatur

Politische Dressur

Alte Zustände können durch Revolutionen abrupt beendet werden. Sie aber sind nicht Teil der antiken, sondern der modernen Welt. Hier haben sie neue Staatsordnungen geschaffen und die gesellschaftlichen Grundlagen verändert. Den Römern aber waren Revolutionen unbekannt, als Begriff wie als Tat. Eine Stunde null, in der alles anders wird, hat es bei ihnen nie gegeben. So war die Republik selbst dann nicht vorbei, als der Letzte ihrer Vorkämpfer begraben war. Sie lebte in dessen Kindern fort, und es dauerte Generationen, bis all das, was einst ihre Größe ausgemacht hatte, zu den alten Geschichten gehörte, die die Lehrer ihren Schülern erzählten. Für immer unzerstörbar aber blieb die Überzeugung, dass jede Anpassung der alten Ordnung an neue Aufgaben nicht auf Gewalt oder Zufall gegründet werden kann, sondern rechtlicher Legitimation bedarf. Diese verliehen in Rom allein Senat und Volk.

Selbst die Götter hatten dies hinzunehmen, waren sie doch die Schutzpatrone, nicht aber die Quelle politischer Macht – dies gestand ihnen erst das europäische Mittelalter und die ihm folgenden Jahrhunderte zu.

Octavian war in dieser Tradition aufgewachsen, und ihre Regeln zu missachten wäre ihm nicht in den Sinn gekommen. Seine Ratgeber wussten so gut wie er, dass das Schwert jeden Widerstand brechen, aber keine dauerhafte Regentschaft begründen konnte. Und eben darum ging es, nachdem die Kriegsbeute verteilt, aber nicht für alle Zeiten gesichert war. Der Friede hatte den großen wie den kleinen Mann glücklich gemacht, zugleich aber die Zeiten vor der Anarchie der Bürgerkriege in ein mildes Licht getaucht. In ihm erschien so manchem Träumer die alte Republik wie die Fata Morgana einer besseren Welt. Dorthin zurück freilich wollte auch er nicht. Noch überlagerte alles die Furcht vor einer Wiederkehr der Iden des März, vor zügellosen Generälen, vor Unruhen in der Hauptstadt, vor Aufständen in den Provinzen, vor der Willkür des Militärdiktators und seiner Landsknechte. Daher konnte Octavian nach seiner Rückkehr noch über seine Pläne schweigen, aber der Druck, endlich Klarheit zu schaffen, wuchs.

Im Januar 27 war es soweit – am 13. betrat der Sieger von Aktium, zum siebten Mal Konsul, den Sitzungssaal des Senats. Ausführlich und bewegt sprach er von seinen Taten, die allein dem Wohl des Staates und der Rache an den Mördern seines Vaters gedient hätten; beide Ziele seien nun erreicht und die Zeit sei gekommen, alle seine außerordentlichen Befugnisse, die er unter Zustimmung aller (*consensus universorum*) erhalten habe, in die Hände von Senat und Volk zurückzulegen. «Ich habe den Staat aus meiner Verfügungsgewalt entlassen und dem freien Ermessen des Senates und des römischen Volkes übertragen», heißt es in seinem Tatenbericht. Dies betraf den Verzicht auf das Kommando über die Armee und die Provinzen, nicht aber auf das Konsulat und die verliehenen Ehren und Privilegien.[1] Dennoch zog Octavian in diesem Augenblick entschlossen den Schlussstrich unter die Ära der Bürgerkriege und machte glauben, dass auch für ihn nur die Reform der Republik den Weg in eine bessere Zukunft weisen könne. Es war eine staunenswerte und kaum mehr erwartete Botschaft. Denn sie lehrte, dass der Senat die Mitte des politischen Lebens sei und bleibe und als Quelle des öffentlichen Rechts Anerkennung finden müsse. So viel Republik wie in diesen Stunden, mochte mancher meinen, war nie.

Wer dies ernst nahm, sollte sich irren. Denn dies war nur der erste Schritt eines sorgfältig inszenierten Coups. Der zweite folgte am 16. Januar und war ein Akt vollendeter politischer Dressur. Der Senat, sorgfältig eingestimmt und durch die drei Tage zuvor bejubelte Erklärung in euphorischer Stimmung, teilte das Reich. Er behielt die Verfügung über die Provinzen, die seit langem als befriedet galten und in denen keine nennenswerten Truppen standen. Zu ihnen zählten etwa die Gallia Narbonensis, Asia, Kreta, die Cyrenaica und Africa; dort sollten, wie es immer gewesen war, von ihm bestimmte Gouverneure gebieten. Octavian bekam alle Grenzprovinzen. Zu ihnen gehörten Syrien, Kilikien, zwei spanische Provinzen und ganz Gallien; sie wurden befehligt durch von ihrem Dienstherrn ernannte Statthalter (*legati*).

Der Senat segnete mit diesem Beschluss, dem die Volksversammlung zustimmte, seine eigenhändige Entmachtung. Der Oberbefehl über die Armee, deren Kerntruppen an den Grenzen stationiert wurden, gehörte fortan nach Recht und Gesetz dem Prinzeps, ebenso die Befugnis, neue Soldaten zu rekrutieren. Zu den regulären Einheiten kam das Kommando über die Wachbataillone in Rom (*cohortes urbanae*), über die in den italischen Häfen liegenden Flotten, deren Seesoldaten in einem weitgehend entmilitarisierten Land von großem Wert waren, über die Elitetruppe der Prätorianer, deren Kohorten Kasernen in und um Rom bezogen, und über die germanische Leibwache. Militärisch konnte Augustus fortan nur noch von aufrührerischen Paladinen, nicht jedoch von einem vom Senat bestellten Magistrat angegriffen werden.

Die Reichsteilung schmiedete den rechtlichen Schlüssel, der die Tür zur Alleinherrschaft weit öffnete. Sie beendete die republikanische Regierungspraxis, die dem Senat die Entscheidung über die Provinzen überlassen hatte. Die Zögernden sollte die Befristung der Befehlsgewalt auf zehn Jahre beruhigen, ebenso die Ankündigung, Augustus werde, wenn es die Umstände zuließen, seine Provinzen schon vor Ablauf der Frist zurückgeben – beides war nicht ernst gemeint, verfehlte aber seine Wirkung nicht in einem Gremium, das weit einschneidendere Verfügungen erwartet hatte und die noble Sprache des Angebots zu würdigen wusste.

Jeder Senator durchschaute natürlich, worauf dies alles hinauslief. Die in den Provinzen begründete Machtstellung beendete den Anspruch des Senats auf das letzte Wort im Staat und nahm ihm die Kontrolle über die Außenpolitik. Die Geschichte war in diesem Fall eine überzeugende Lehrmeisterin: Wer, wie einst Pompeius oder Caesar, ausgestattet mit Kommanden ohne die üblichen zeitlichen Befristungen und territorialen Begrenzungen zahlreiche Legionen kommandierte und Krieg nach Belieben führte, war Herr in Rom. Ciceros pathetische Klage kam nicht von ungefähr und galt auch jetzt: «Mit Caesars Heer wurde das römische Volk unterdrückt und seine Bürger, die nicht nur selbst frei waren, sondern über die Völker geboten, zum Sklavendienst gezwungen.»[2]

Trotzdem stimmten die Senatoren zu. Viele taten es aus der berechtigten Furcht, als Neinsager in Ungnade zu fallen oder gar um Leben und Eigentum fürchten zu müssen. Die meisten werden sich überdies daran erinnert haben, dass Octavians Truppen bereits zweimal in Rom einmarschiert waren und keinen Augenblick zögern würden, es auch ein drittes Mal zu tun. Alle diese Ängste waren nicht aus der Luft gegriffen, aber sie enthielten nicht die ganze Wahrheit. Schon lange argwöhnte die führende Klasse, dass die Pflichten, die das Imperium und die ungehemmte Expansion auf ihre Schultern legten, mit den alten Spielregeln nicht mehr zu meistern waren. Der ahnungsvolle Sulla hatte noch geglaubt, er könne die militärische Macht durch ihre Aufsplitterung und Isolierung wieder dem Senat gefügig machen. So hatte er die Konsuln und Prätoren auf ihre zivilen Kompetenzen verwiesen und sie erst nach ihrem Amtsjahr als Statthalter in ihre Amtssprengel ziehen lassen; dort, so lautete die gesetzlich verankerte Dienstanweisung, war ihnen jeder Kriegszug ohne Auftrag des Senats verboten.

Dies hätte in einem saturierten Weltreich unter straffer Kontrolle vielleicht funktionieren können. Nicht jedoch in einem Imperium, dessen Elite stürmisch weitere Eroberungen verlangte und durchsetzte. Da sie den an die Grenzen ihrer Provinzen gebundenen Statthaltern verwehrt waren, fielen die großen Kriege an andere. Sie ließen sich vom Volk und gegen den Willen des Senats außerordentliche Kommandos (*imperia extraordinaria*) zuweisen und machten den Krieg über Jahre hin zu ihrem eigentlichen Beruf. Fern von Italien und als Herren über Truppen, die zu allem bereit waren, bestimmten sie über Krieg und Frieden und feierten Siege in fernen Ländern, deren Namen in Rom nur wenige kannten. Dort entschied sich auch das Schicksal der Republik, die den Ehrgeiz der Heimgekehrten nicht mehr bändigen konnte.

Den letzten Ausschlag gab aber das jahrhundertealte Selbstverständnis des Senats. Es ist in dem Verzicht auf den Einsatz der militärischen Gewalt erkennbar, der auf den ersten Blick als Akt der Kapitulation erscheint. In den Augen der Senatoren war er das gerade nicht. Ihre Würde konnte es nicht zulassen, dass ihnen etwas genommen wurde; akzeptieren konnten sie jedoch, dass sie etwas überließen. Dies war ein Akt politischer Klugheit, der ihnen zudem als Verdienst angerechnet werden konnte, auch wenn sie hingaben, was ihnen an sich längst entrissen war.

Ihre Besten, darunter die in den Bürgerkriegen Aufgestiegenen, sahen sich unverändert dazu berufen, die Welt zu beherrschen. So paktierten sie mit Augustus – nicht, weil sie sich mit der Alleinherrschaft abgefunden hätten, sondern um sich selbst und ihren Machtanspruch zu retten.

Beide Akteure, Senat und Octavian, verschafften in diesen Januartagen der Schauspielerei in der Politik eine neue und wichtige Dimension. Das ausgedehnte Palaver, das die Beschlüsse des Senates begleitete, konnte nur wenige glauben machen, es ginge um die Zukunft der Republik. Trotzdem waren die großen Phrasen von ihrer Wiederherstellung und von der Rückkehr zur Ordnung der Vorfahren unverzichtbar, da sie die Befriedung der Gesellschaft förderten. Sie dienten dazu, dem Hohen Haus, dessen Wille zu Krieg und Expansion Rom zur Weltmacht geführt hatte, die Würde zu lassen, die ihren Mitgliedern die Last des Dienens leichter machte. Sie hatten das Imperium gegründet, und ohne sie war es nicht zu regieren. Daher war die Verneigung vor ihrer Tradition ein Akt politischer Klugheit. Wenn ein Schauspiel jemals Teil praktischer Staatskunst war, dann hier. Es verlangte eine szenische Abfolge und eine Sprache, die der Tradition auch dort huldigte, wo sie sie beiseite schob.

So wurde der Gründungsakt der Monarchie als Hochzeit des Usurpators mit der Republik, als Versöhnung alter Gegensätze und als Verzicht auf die Militärdiktatur gespielt. Die Aufführung machte die Herrschaft des Einen erträglich und verschaffte ihr die Anerkennung, ohne die sie keinen Bestand haben konnte. Wer im Staat der Vorfahren das Maß aller Dinge sah, konnte ihn auch jetzt noch erkennen. Denn er lebte weiter in einer Ordnung, die rechtlich normiert war und viele Formen der Machtausübung der Tradition entlehnt hatte, ohne sie zu parodieren. Wie lebenswichtig dies für ihn war, betonte Augustus noch im seinem Tatenbericht: «Seit dieser Zeit habe ich alle Bürger an persönlicher Autorität (*auctoritas*) überragt, an Rechtsmacht (*potestas*) jedoch besaß ich hinfort nicht mehr als alle meine jeweiligen Kollegen im Amt.»[3]

Der Satz schärfte noch einmal den Gedanken von der neubelebten Republik ein, als alles längst anders entschieden war. Er sagt nichts über die tatsächliche Macht. Ihre Quellen werden von den rechtlichen Normen nur ungenügend erfasst. Auf sie spielt allein der Hinweis auf die überlegene *auctoritas* des Prinzeps an. Der Begriff war in der sozialen Welt beheimatet und in der politischen gar nicht scharf normierbar gewesen. Was er meinte, verstand trotzdem jeder Römer, da er immer Teil adligen Selbstverständnisses war: Materieller Besitz in kaum vorstellbarer Größe, militärische Erfolge, eine riesige Gefolgschaft aus allen sozialen Schichten, die Treue gegenüber der Tradition und schließlich die Rettung des Staates – all dies zusammengenommen verlieh dem Wort des Prinzeps ein nahezu grenzenloses Maß an Durchsetzungskraft.

Die Macht der Vergangenheit

Wer die Ereignisse des Januar 27 beurteilen will, darf nicht der Versuchung erliegen, sie als Betrugsmanöver abzutun; er würde die Macht der Geste entwerten, die – zur rechten Zeit genutzt – politisch nicht minder schwer wiegen kann als die getroffene Entscheidung. Im Senat überdeckte der erfolgreiche Aufrührer die Rohheit seiner Herrschaft durch eine künstliche historische Patina und verlieh ihr damit eine Milde, die sie erst erträglich machte.

In einer tieferen Schicht des historischen Verständnisses kommt eine zweite Wahrheit ans Licht. Augustus war in seiner Weltsicht Kind einer Zeit, die die Zukunft in düsteren Farben sah. Wer den Blick dorthin richtete, war nicht erfüllt von Visionen einer neuen oder gar besseren Erde. Er wappnete sich vielmehr mit der Berufung auf das, was einst war. Die Toten und ihre Taten waren die Instanz, vor der alles Gegenwärtige und alles Zukünftige zu bestehen hatte. Im Umgang mit der Zukunft gab es den Glauben nicht, man könne sich aus Herkunft, Dauer und überkommenen Verantwortungen lösen. Jeder war immer und überall der Erbe eines anderen, vergangenen Menschen oder längst festgelegter Gegebenheiten. Die Maßstäbe der Vergangenheit maßen die Schritte aus, die der Gegenwärtige tat. Sie besaßen magische Kräfte, da die Angst vor einer Verletzung ihrer Regeln größer war als die Hoffnung, ein Umsturz brächte Segen.

So konnte im Verständnis der Zeit die größte Leistung Roms, die Herrschaft über den Erdkreis, nur von den fernen Vorfahren ausgegangen sein. Wenn Augustus den Beifall seiner Zeitgenossen forderte und erhielt, so nicht, weil er eine neue Welt schuf, sondern die alte wiederherstellte: «Die goldenen Zeiten bringt er nach Latium wieder, wo einst Saturn [der Gott des untergegangenen Goldenen Zeitalters] regierte», sang Vergil, und dies war in den Augen jedes Römers die größte Tat, die ein Mensch vollbringen konnte.

Die Toten als Wegbegleiter in die Zukunft zu verstehen, war ebenso hilfreich wie misslich. Hilfreich, weil sie nach Belieben in den Zeugenstand gerufen werden konnten, misslich, weil sie Augustus die Pflicht auferlegten, bei allem, was er tat, auf die Alten zu hören und im Raum der Politik ihren Institutionen Respekt zu zollen. Ihre Allgegenwart hatte nicht zuletzt mit der Einsicht in die Kürze des Lebens zu tun, die sich immer an der Dauer des Gewesenen messen lassen musste. Über die Abgründe der vergangenen Zeit hinweg blieben sie Verbündete, die dem eigenen Handeln Orientierung und Anschauung gaben. Denn für einen Römer blieb beständig, was war, nicht das, was ist oder sein wird.

2. Große Erwartungen: Die Zustimmung der Himmlischen

Vorbilder und Lehrmeister

Die Formel von der neubelebten Republik war eine Geste der Versöhnung mit der Geschichte Roms. Als Augustus sie glaubhaft vollzog, gab er seinen Gegnern im Senat die Handhabe, als Sieg zu feiern, was doch nur das Ende ihrer einstigen Machtvollkommenheit war. Nichts hatten so die alten Eliten, unentbehrlich für die Regierung des Reiches, von ihrer Selbstachtung preisgeben müssen. Gedemütigt hätten sie die Einrichtung einer auf Dauer ausgerichteten Alleinherrschaft hemmen können – wenn schon nicht zu Lebzeiten des Siegers von Aktium, wohl aber danach.

Der Grund dafür ist leicht zu verstehen. Für jeden Usurpator kann die Frage nach dem Ursprung der Macht zur tödlichen Gefahr werden. Dies galt für Augustus umso mehr, als er seinen Aufstieg mit einem Staatsstreich begonnen hatte und dreizehn Jahre später Alleinherrscher durch einen Sieg über römische Bürger geworden war. Damit hing sein politisches Überleben davon ab, eine Instanz zu finden, welche die Frage, «Wer hat dich zum Herrscher gemacht?», überzeugend beantworten konnte. Unstrittig halfen dabei die Masken der Republik und das Regelwerk ihrer Gesetze, hinter denen sich der Monarch verbarg. Erprobt waren auch die Treue einer wohlversorgten Gefolgschaft und die Loyalität der Armee. Aber wirklich festen Halt konnte nur eine Instanz geben: der Himmel.

Er hatte schon Caesar seine Hilfe nicht versagt. Über ihn hatte ein willfähriger Senat eine schier endlose Flut von Ehrungen, Titeln, Vorrechten und mythischen Verklärungen ausgegossen, die ihn dieser Welt entrückten.[4] Bereits das neu geschaffene Zeremoniell des öffentlichen Auftretens führte jedermann vor Augen, dass der Julier nicht mehr mit irdischen Maßstäben gemessen werden wollte. Seine Schuhe waren die hohen purpurfarbenen seiner sagenumwobenen Vorfahren, der Könige von Alba Longa, sein Haupt bedeckte ein goldener Kranz, der das Herrschaftszeichen der etruskischen Könige von Rom war, und seinen Körper umhüllte eine Toga, die nicht nur wie die der kurulischen Magistrate einen roten Saumstreifen auf weißem Grund trug, sondern durchgehend aus rotem Stoff gewebt war. Der triumphierende Feldherr trug sie, denn sie war das Gewand Jupiters.

Noch beeindruckender verkündeten die Statuen Caesars die neue Lehre von der göttlichen Legitimation der Macht. Eine davon führten die Priester bei den Zirkusprozessionen unter den übrigen Götterbildern mit, eine zweite stand als Kultbild im Haus des Quirinus, des ehrwürdigsten der römischen Staatsgötter, versehen mit der Aufschrift «Dem unbesiegten Gott» (*deo invicto*). Eine dritte ergänzte die Reihe der Standbilder der sieben Könige Roms. Anfang 44 proklamierte ein Senatsbeschluss den Divus Julius und gelobte seiner Milde (*clementia*) einen Tempel, in dem Antonius als Priester dienen sollte – was er im Jahre 40 nach seiner Verlobung mit Octavia auch tatsächlich tat. Der Kalender füllte sich mit Geburtstags-, Sieges- und Gelübdefesten zu seinen Ehren.

Der Schützling der Götter

Was lag für Octavian näher, als diesem Vorbild zu folgen? Mussten sich die Spannungen zwischen Alt und Neu, zwischen Einst und Jetzt, nicht auflösen, wenn dem Sieger des Bürgerkrieges die Götter zu Hilfe kamen und seine dem Schwert geschuldete Macht legitimierten? Warum ihn nicht als Retter und Heiland feiern, dessen göttliche Kraft das Elend der Geschundenen mildern konnte? Zu allen Zeiten haben sich Menschen ein Leben in Fülle, Gerechtigkeit und Hoffnung für alle gewünscht. Jetzt, nach Jahrzehnten von Krieg und Not, von denen niemand wusste, ob sie für immer vorbei waren, sehnte sich die ganze römisch gewordene Welt nach dem Einen, der die Trennwand zwischen Himmel und Erde niederreißen konnte, hoffte auf den allmächtigen Römer, der sich nach der Unterwerfung Ägyptens anschickte, den Ruhm Alexanders zu verdunkeln. Wer schon in Caesar den «leibhaftig erschienenen Gott» gesehen hatte, glaubte, die überzeugende Formel für die seit langem umlaufende Vorstellung von einem auf die Erde herabgekommenen Gott und von einem universellen Wohltäter gefunden zu haben.

Octavian wollte sich der sakralen Feierlichkeit, die diese Sehnsüchte auszeichneten, gar nicht entziehen. Ja er sog sie geradezu auf, mit allen

Fasern seines Verstandes und seines Herzens, und das nicht erst nach dem endgültigen Sieg, der dem Bewusstsein, zu den Auserwählten zu zählen, rauschhafte Züge verlieh. Bereits als der Senat 39/38 offiziell die Vergottung Caesars vollzog, begann der Adoptivsohn, sich als *Divi filius* der menschlichen Welt zu entrücken. Bald liefen in Italien geschickt gesteuerte Erzählungen über geheimnisvolle Vorzeichen um, die vor und nach der Geburt Octavians beobachtet wurden. So habe Apoll sich in der Gestalt einer Schlange mit der Mutter Atia vereinigt, als diese nachts im Tempel des Gottes eingeschlafen war, und auf dem Körper der jungen Frau habe er den Abdruck einer Schlange hinterlassen, der sich nicht entfernen ließ – zehn Monate später sei Augustus geboren und als Gottessohn begrüßt worden. Atia, so erzählte man sich weiter, habe vor der Geburt geträumt, ihr Leib habe sich zu den Sternen erhoben und sich über Himmel und Erde ausgebreitet, und der Vater Octavius träumte, aus dem Schoß Atias sei das strahlende Licht der Sonne hervorgebrochen. Weitere, uralte mythische Vorstellungen füllten das Bild: Schon vor der Geburt sei das Leben des Kindes in Gefahr gewesen, als der Senat auf die Kunde hin, Rom werde ein König geboren, die Tötung aller Neugeborenen angeordnet habe, und nur die Intervention der Senatoren, deren Frauen schwanger waren, habe die Ausführung verhindert.

Geschichten von der Not des auserwählten Kindes waren ebenso wenig neu wie die Vorstellung von der göttlichen Zeugung. Erstere erzählte man sich auch von Moses und Romulus, Letztere von Alexander. Die Lehre, die sie vermittelten, war immer gleich: Geburt und Kindheit betrachtete man als Ursprung und Ausgangspunkt von vielem, was sich dann im weiteren Leben zeigte. So begleiteten die Götter die Geburt ihrer Auserwählten mit Wundern und gaben damit zu erkennen, dass ihre schützende Hand stets über ihnen sein würde. Für jedermann erkennbar waltete sie immer dann, wenn ihr Günstling am Scheideweg stand; so flogen an dem Tag, als Octavian sein erstes Konsulat antrat und die Priester die Auspizien einholten, zwölf Geier über den Himmel, und die Lebern der Opfertiere kündeten von einer glücklichen Zukunft des Staates. Am Tag von Philippi versprach ein thessalischer Seher Octavian im Auftrag des göttlichen Caesar, der ihm auf einem abgelegenen Weg erschienen sei, den bevorstehenden Sieg.[5]

Niemand war gezwungen, diese Geschichten zu glauben. Ihre Botschaft aber verlangte Gehör. Denn sie war wichtig, ja für den Bestand der neuen Herrschaft schwerwiegend. Wer sie taktlos oder gar lächerlich fand, lebte gefährlich.

Die Nähe zu Apoll

Die Gottheit, die in den Kämpfen um die Macht ihre Hand stets fürsorglich über Octavian hielt, war nicht Jupiter, der Erste der römischen Götter. Es war der Grieche Apoll. Er hatte im Jahre 36 durch einen Blitz, der auf dem Palatin neben dem Wohnhaus seines Schützlings einschlug, den Ort seiner künftigen Verehrung bestimmt. Es war ein ganz und gar ungewöhnliches Begehren, gab es doch bisher für ihn nur eine Andachtsstätte außerhalb der Stadtmauer, den die dankbare Gemeinde 431 dem Befreier von der Pest geweiht hatte. Trotzdem taten Octavian und der Senat wie befohlen. Nach kurzer Bauzeit bildeten Tempel und Wohnsitz des Triumvirn einen Gebäudekomplex, der, verbunden durch einen Privatzugang, den Herrschersitz heiligte.[6]

Zuvor hatten die Kapitäne, die bei Naulochos Sextus Pompeius schlugen, die Hilfe Apolls und seiner Schwester Diana angerufen. Vier Jahre später siegten sie bei Aktium mit dem Schlachtruf «Apollo». Dort, wo am Tag des Kampfes auf dem aktischen Vorgebirge das Feldlager des Siegers stand, erhob sich wenig später ein Heiligtum des Helfers. Gestützt wurde es durch eine mächtige Mauer, aus der dreißig bronzene Rammsporne ragten, die den Untergang der feindlichen Kriegsschiffe versinnbildlichten. Seit dem Jahre 30 schmückte Octavian, so wollte es der Senat, stets ein Lorbeerkranz, das Symbol des Apoll und des Triumphators, und die Statue des Gottes trug die Züge seines Günstlings.

Zu Apoll gesellten sich andere Götter und liehen ihre schützende Hand. Einer von ihnen war Mars, der Gott des Krieges. Er hatte vor dem Feldzug gegen die Mörder Caesars dem Rächer seinen Segen gegeben und dafür einen Tempel gefordert. Ihn weihte im Jahre 2 der Prinzeps zusammen mit dem Augustusforum ein (S. 241). In seinem Giebel stand Mars zwischen Venus, der Stammmutter der Julier, und Fortuna, der Herrin des Glücks, die ihrem Schutzbefohlenen nie untreu geworden war. Im Inneren blickte der Kriegsgott auf die Feldzeichen, die die Parther bei Carrhae erobert und im Sommer 20 als Zeichen ihrer Friedfertigkeit zurückgeben hatten. Dort sollte künftig der Senat über Krieg und Frieden verhandeln und auswärtige Herrscher empfangen, und dort sollten die siegreich heimkehrenden Feldherren ihre Triumphalinsignien niederlegen. Im neuen Zentrum des Staates, neben dem Forum der alten Republik, forderte von nun an Mars, der göttliche Stammvater der Römer und des julischen Geschlechts, die ihm zustehenden Opfer.

Auch Vesta versprach Beistand. Sie war die älteste Schutzgottheit, und ihre Hilfe erbat der Staat in allen Nöten. Sie besaß am Forum ihren zentralen Kultort und hütete das ewige Herdfeuer, über das die jungfräulichen Vestalinnen Tag und Nacht wachten. Als Augustus im Jahre 12 unter dem Beifall ganz Italiens das Amt des *Pontifex maximus* antrat, verstaatlichte er einen Teil seines Palastes, verlegte das priesterliche Amtslokal dorthin und schuf der Vesta eine zweite Verehrungsstätte. Dort, so beschied der Senat, standen fortan ihr Standbild und ein Altar. Die Göttin, die den Staat schützte, hielt nun Einzug auf dem Palatin, erfuhr auch dort die schuldige kultische Verehrung und verwandelte die Heimstätte eines Privatmannes in einen Göttersitz. Dort lebte Augustus zwischen Apoll und Vesta, dort lag nun der sakrale Mittelpunkt des Staates:

> «So steht die ewige Gottheit Caesars dem ewigen Feuer
> Nunmehr vor: Unsres Reiches Bürgen – man sieht sie vereint!
> Vesta, das Haupt deiner Verwandten beschütz!
> Glücklich brennst du, Feuer, weil er dich mit heiliger Hand hegt;
> Ewiges Leben sei euch, Flamme und Herrscher, vergönnt.»[7]

Aber es waren nicht die Götter allein, die den Wohnsitz Octavians zu einem geweihten Ort machten. Er lag nahe der Hütte des Romulus, des in den Himmel aufgefahrenen Gründers der Stadt, dort, wo sich einst die *Roma quadrata* erhob, die viergeteilte Kapelle des Sehers, der die Grenzen der Stadt bei der Gründung ausgemessen hatte. Unweit davon befand sich das Lupercal, die Grotte am Hang des Palatins, in der eine Wölfin Romulus und Remus gesäugt hatte. Octavian restaurierte die Gedenkstätte und ordnete das Fest, die *Lupercalia*, neu, mit dem ganz Rom den Tag der Gründung der Stadt festlich beging. So rückte das Haus der Julier ganz nahe an den Stadtgründer heran, der dem größten Sohn des Geschlechts den Ruhm lieh, Vollender der mit ihm begonnenen Geschichte Roms zu sein.

3. Augustus, der Auserwählte

Alles dies hob den Sohn Caesars in eine sakrale Sphäre, in der irdische Kritik zur Gotteslästerung wurde. Noch aber fehlte der rechte Beiname, der den Schützling der Götter ebenso wie den Retter des Staates auszeichnen musste. Sulla hatte sich «Der Glückliche» und Pompeius «Der Große» genannt. Beide galt es zu übertreffen.

Wie, das hörte Rom zum ersten Mal wenige Tage nach der Senatssitzung des 13. Januar 27. Schon einmal hatte Octavian nach seiner Adoption durch Caesar seinen Namen geändert: Im Jahre 38 warf er den Vornamen *Gaius* ab und nannte sich *Imperator*, schmückte sich also mit dem Titel, den der Magistrat im Feld trug. Er sollte jetzt als Vorname den Mann auszeichnen, der als militärischer Führer seinen Soldaten für immer verpflichtet blieb und ihnen neue Kriegszüge und neue Beute versprach. Bereits die mit dieser Namensgebung erreichte Erhöhung der Person war einzigartig, aber sie verharrte im irdischen Raum: Losgelöst von dem aktuellen Anlass des Sieges beanspruchte der Sohn Caesars von nun an allen künftigen militärischen Ruhm und die daran gebundene Anerkennung. Dies aber reichte nach Aktium nicht mehr. Jetzt galt es, mit mehr als sterblichem Maß zu messen, musste auch der Beiname des Auserwählten in sinnfälliger Weise zusammenfassen, was den Prinzeps selbst und Rom bewegte.

Der naheliegende Gedanke, Rom neu gegründet zu haben, wies zunächst auf den Namen Romulus. Schon Caesar hatte mit ihm gespielt, als er wie der erste König Roms dem Jupiter eine Rüstung als Ehrenbeute des Krieges weihte und im Jahre 45 das am 21. April gefeierte Stadtgründungsfest neu auszustatten befahl. Dieser Anspruch, ein zweiter Romulus zu sein, verlieh zweifelsohne Autorität – wenn er sich durchsetzen ließ. Gänzlich abwegig war er nicht, da die guten Könige nach dem frommen Glauben der Römer nicht wie Herren über Sklaven, sondern wie Väter über ihre Kinder regiert hatten. Dies aber beschrieb nur einen Teil der Wahrheit. Das Königtum war in Rom verfemt. Gerade die letzte Generation der Republik wollte an dem Glaubenssatz nicht rütteln lassen, dass das Volk nach der Vertreibung des letzten Königs in einem heiligen Eid geschworen habe, nie wieder einen Alleinherrscher zu ertragen. Vor dem drohenden Schatten dieses Schwurs gab es kein Entrinnen.

Und ein weiterer Makel kam hinzu. Romulus konnte in verschiedenen Gestalten auftreten. Einmal als Gründer der Ewigen Stadt, ein andermal als Brudermörder, dessen Tat man erklären, aber nur schwer verzeihen konnte. Einmal als König, der in den Himmel auffuhr und Gott wurde, ein andermal als Tyrann, den der Senat in Stücke riss, um sich von ihm zu befreien. Für welches Bild man sich auch entschied, immer erzählte es eine Blutschuld, und niemand konnte übersehen, dass Romulus Schuld und Gnade, die Verheißung der Ewigkeit und die Drohung des Untergangs gleichermaßen in sich barg.[8]

Am Ende langer Beratungen entschied sich der Sohn Caesars für den Namen *Augustus*. Er bedeutete soviel wie «erhaben, heilig» und diente bisher als Attribut für Götter und heilige Orte. Übertragen auf einen Menschen bekam er eine ganz neue Qualität. Augustus – dies enthielt die Erinnerung an die Tugenden des Romulus ohne den lastenden Gedanken an den Brudermörder und späteren Tyrannen; Augustus – dies verwies auf die Berufung der Götter durch das heilige Vorzeichen, das dem ersten und jetzt auch dem zweiten Stadtgründer seine Aufgabe gewiesen hatte (*augurium augustum*, erhabene Befragung); Augustus – dies verband sich mit der Hoffnung auf die Auferstehung nach dem Tode; Augustus – dies kündete an, dass der Träger dieses Namens im Einklang mit der Geschichte Roms handelte; Augustus – dies versprach die Erfüllung des Auftrags, Rom zur Herrin der Welt zu machen.

Drei Jahre nach der Entscheidung des Senats schrieb Livius das erste Buch seiner Römischen Geschichte, und die Gebildeten konnten dort nachlesen, worauf es im Januar 27 angekommen war: In der Gestalt des Augustus war der gute Romulus wiedergeboren worden. So ließ Livius Zeugen beeiden, der tote König sei beim ersten Tageslicht auferstanden und habe verkündet, «der Wille der Himmlischen sei es, dass mein Rom das Haupt des Erdkreises werde. Meine Nachkommen sollen den Krieg pflegen ... und weitergeben, dass keine Macht der Welt den Waffen Roms widerstehen kann.»[9] Dies war nun unter Caesars Sohn Wirklichkeit geworden und sollte für immer so bleiben.

An diesem Januartag hatte der letzte Sieger der Bürgerkriege seinen endgültigen Namen gefunden: *Imperator Caesar Divi filius Augustus*. Er fing wie in einem Hohlspiegel alle Grundgedanken der Politik seines Trägers ein: das Nahverhältnis zur wichtigsten sozialen Stütze der Macht, dem Heer (*Imperator*), die Bindung des Herrschaftsanspruches an die julische Dynastie des Caesar, dessen göttliche Ehren auch den Sohn umfingen (*Divi filius*), und die Würde eines zweiten, von den Göttern gesandten Staatsgründers (*Augustus*). Jahrzehnte nach dem Ereignis goss Ovid die offizielle Lesart des Staatsaktes in Verse, gerichtet an Germanicus:

> «Alle Gewalt im Reich bekam unser Volk wieder, und dein
> Großvater wurde damals zugleich Augustus genannt.
> Lies auf den Wachsmasken in der Adligen Atrien: Keiner,
> Findest du dann, bekam so einen Namen verliehn! ...
> [*es folgen Beispiele für ehrende Beinamen*]
> Aber sie alle feiert mit menschlichen Ehren man, *er* nur

Trägt einen Namen, der ihn gleichsetzt mit Jupiter selbst.
Nennen *augustum* ja die Ahnen, was heilig ist; Tempel
Werden *augusta*, wenn Priester sie weihten, genannt.
Auch *augurium* wird von dem gleichen Stamme abgeleitet,
Alles ebenso, was Jupiter helfend vermehrt.
Möge er mehren das Reich unseres Fürsten, auch mehren die Jahre,
Möge der Eichenkranz euch immer beschützen die Tür!
Von den Göttern behütet mit dem Omen des Vaters soll jener,
Welcher den Beinamen erbt, tragen die Bürde der Welt!»[10]

4. Die Bürde der Welt

Der Ruf der Provinzen

In vielen Provinzen des Reiches hatte man sich daran gewöhnt, die Grenze zwischen Gott und Mensch nicht allzu scharf zu ziehen. Wer wähnte, ein Gott stehe neben ihm und helfe, Großes zu vollbringen, hatte keinen weiten Weg vor sich, um zu glauben, er trage selbst göttliche Kräfte in sich. So forderten seit Alexander Sterbliche göttliche Ehren, auch wenn sich mancher die Frage anhören musste, ob es dabei mit rechten Dingen zuging. So berichtet Lukas, der Verfasser der Apostelgeschichte, ein Engel habe Herodes Agrippa I. mit dem Tode bestraft, als er sich anmaßte, mit der Stimme eines Gottes und nicht eines Menschen zu sprechen. Aber er weiß auch zu erzählen, Paulus und Barnabas hätten im kleinasiatischen Lystra einen Lahmen geheilt, woraufhin eine begeisterte Menschenmenge geschrien habe, «die Götter sind in Menschengestalt zu uns herabgestiegen»; erst als sich die Priester des Zeustempels zu einem gemeinsamen Opfer rüsteten, hätten die zu Tode erschrockenen Apostel eilends die Stadt verlassen.[11]

Wer so inbrünstig wie die Bürger von Lystra auf die Gegenwart der Götter hoffte, verlieh den Herrschern ohne Bedenken die Aura des Göttlichen. Denn der Glaube an eine heilende Kraft, die menschlicher Willkür entzogen war und ihre segenbringende Tätigkeit stetig entfaltete, milderte für Unzählige den mühseligen Kampf um das tägliche Brot. So richteten die Völker des Orients ihre Blicke auf die Monarchen von Gottes Gnaden, und als sie im Kampf gegen die Großmacht des Westens versagten, suchten sie sie unter den Feldherren der Republik. Der mächtigste war Caesar gewesen. Als er bei Pharsalos und Thapsos gesiegt hatte, feierten sie ihn als Erlöser, und nur wenige zweifelten, dass die absolute Macht eines Mannes eine Heilsnotwendigkeit sei. «Gaius Julius Caesar Imperator, Gott» schlugen die Bürger des thessalischen Demetrias in Stein, während die Städte der Provinz Asia «den von Ares und Aphrodite stammenden, sichtbar erschienenen Gott und allgemeinen Retter des menschlichen Geschlechts» feierten.[12] Sie alle taten, was ihnen längst vertraut war: Sie häuften göttliche Ehren auf den Übermächtigen.

Nach Aktium gab es ohnehin kein Halten mehr. In allen Provinzen des Reiches sprachen unzählige Weihinschriften von den Hoffnungen der Untertanen. Sie hatten genug und übergenug unter den korrupten Ausbeutern der Republik gelitten. Nun erwarteten sie von dem neuen Herrn Roms die Sicherheit der Gesetze, eine gerechte Herrschaft über die Völker und die Eintracht der römischen Bürger, ohne die es keinen Frieden geben konnte. Nach Jahrzehnten des Leids, so glaubten sie, waren dies Aufgaben, die nur ein Gott lösen konnte. Nur ihm war es gegeben, einen Zustand des Glücks zu schaffen und ihm Dauer zu verleihen.

Diese Hoffnungen durfte Octavian nicht enttäuschen. Wie sollte sich auch der mit den Göttern so sichtbar Verbündete dem Glauben von Millionen an den unbesiegten Gott und den Erretter von allen Übeln entziehen? Und warum sollte der General, der nur im scharfen Licht des Rechts seine absolute Macht allein der Gewalt verdankte, die Zuversicht der Massen zerstören, dass seine Herrschaft gottgegeben sei? Die Frage konnte ernsthaft nur lauten, in welcher Form diese Zuversicht auszudrücken war. Die Antwort fanden schnell und überzeugend die Untertanen selbst, die sich nach der Gunst und dem Schutz des Eroberers drängten.

Im Herbst 30 kehrte Octavian von Ägypten nach Kleinasien zurück, um zu ordnen, was im Argen lag (S. 151). Der dort seit langem existierende Landtag (*Koinon*), gewohnt, seinen hellenistischen Herrschern kultische Verehrung anzutragen, beeilte sich, seine Ergebenheit zu bekunden. Im Winter beschloss er, dem allmächtigen Römer ein Heiligtum zu bauen und Festspiele zu seinen Ehren einzurichten; der Landtag von Bithynien folgte dem Vorbild. Octavian stimmte zu, verlangte aber, dass nicht nur ihm, sondern auch der *Dea Roma*, dem vergöttlichten Rom, Heiligtum und Kult zu weihen waren.[13] Rom und er sollten den Beherrschten wie ein eng verbundenes Paar gegenübertreten. Damit war die ungeordnete Begeisterung der Massen an Zentren und Rituale gebunden und die provinzialen Oberschichten in der Lage, in angemessenen und geregelten Formen dem kaiserlichen Regiment zuzustimmen. Sie taten es überreich. Denn der neue Gott war für sie nicht nur der lang ersehnte Erlöser und der Bringer des Friedens, sondern auch der Helfer, der die Schuldenlast tragen half, welche die Bürgerkriegsgeneräle auf ihre Schultern geladen hatten, um die Treue ihrer Soldaten zu erkaufen.

Wer zu wenig Hingabe zeigte, versündigte sich, und wer zu viel tat, sah sich in bester Gesellschaft. So versprach der Landtag von Asia dem, «der die größte Ehre für den Gott [Octavian] fände», einen goldenen Kranz. Ihn erhielt zwanzig Jahre später der Prokonsul Paullus Fabius Maximus für seinen Vorschlag, den Kalender der Städte Kleinasiens dem römischen Vorbild anzupassen und mit dem Geburtstag des Augustus beginnen zu lassen. Denn dieser Tag, so verkündete der römische Beamte in einem pompösen Edikt, «brachte der Welt den Anfang der durch ihn versprochenen Verheißungen».[14] Die göttliche Vorsehung, so der Tenor des ganzen Beschlusses, hatte Augustus auf die Erde entsandt und ihn zum Beschützer aller Menschen bestimmt.

Was im Winter 30/29 in Asien geschah, setzte die Richtmaße, an denen sich nach und nach alle Provinzen des Reiches orientierten: «Dieser Brauch [des Kaiserkultes]», so schrieb über zweihundert Jahre später Cassius Dio, «nahm dort seinen Anfang und verbreitete sich unter den späteren Kaisern nicht nur in den Griechisch sprechenden Provinzen, sondern auch in allen anderen, die den Römern untertan sind.»[15] Das Beispiel machte auch jenseits der Grenzen des Imperiums Schule. Könige, Tetrarchen, Fürsten und Häuptlinge wetteiferten um die besten Einfälle, gaben Städten den Namen des Kaisers und bauten Tempel zu seinen Ehren. Sie hatten gute Gründe dafür, hing doch künftig ihre Herrschaft am seidenen Faden des kaiserlichen Wohlwollens.

Einer tat sich besonders hervor, und er mag für sie alle zeugen: Herodes, König von Judäa. Ihm hatte Octavian seine Schaukelpolitik im Bürgerkrieg verziehen und dem nach Ägypten mit demütig gefalteten Händen gekommenen Büßer Gebiete und Städte geschenkt und ihn mit Wohltaten überhäuft. Zum Dank baute der Beschenkte in Jerusalem ein Festspielhaus und in der Ebene vor der Stadt ein Amphitheater; dort richtete er Spiele zu Ehren seines Gönners aus. Zum Entsetzen seines frommen Volkes kämpften dabei Gladiatoren, fanden Pferderennen statt und starben Menschen, zerfleischt von wilden Tieren. Im festlich geschmückten Theaterrund zeigten Bilder die Großtaten des Augustus und die Trophäen, die er zahllosen Völkern geraubt hatte.[16] Die Beleidigung Jahwes, die mit alldem verbunden war, ließ den König kalt. Die Huld des fernen Herrn der Welt bedeutete mehr als das Einvernehmen mit dem eigenen Volk.

Abb. 15 Zu den wirkungsmächtigsten Bauten der Römer zählt das von Hadrian errichtete Pantheon, des «Tempels aller Götter». Es steht an der Stelle, an der Agrippa 25 v. Chr. auf seinem Grund und Boden ein erstes Heiligtum einweihte. Nach Cassius Dio war der Bau nach den Siegesfeiern von Aktium als Tempel des Augustus geplant worden, dessen Statue in der Cella mitten unter denen seiner Schutzgötter stehen sollte – es hätte die Vergöttlichung des lebenden Herrschers in Rom bedeutet. Am Ende nahm den Platz der vergöttliche Caesar ein, während die Statuen des Augustus und des Bauherrn rechts und links vor der Eingangstür standen – den Göttern nahe, aber ihnen nicht gleich. Das Bauwerk war das wichtigste und gewiss folgenreichste des Agrippa. Hadrian, der es neu errichten ließ und zum wichtigsten Vorbild für die gesamte europäische Architektur machte, hat den ersten Auftraggeber nicht vergessen. Auf dem Fries der achtsäuligen Vorhalle befahl er, die Inschrift anzubringen, die der Gründungsbau trug: M. AGRIPPA. L. F. COS. TERTIUM FECIT (Marcus Agrippa, der Sohn des Lucius, hat diesen Tempel in seinem dritten Konsulat errichtet). Am 13. Mai 609 wurde das Pantheon als Kirche zur Erinnerung an alle Heiligen geweiht. Piranesi (1720 bis 1778) zeichnete es 1762 in seinen «Vedute di Roma», in denen sich archäologische Genauigkeit und künstlerische Fantasie mischen.

Am Ende wurde der Prinzeps schon zu Lebzeiten zum Gott und seine kultische Verehrung Pflicht.[17] Jeder Untertan bewies nun seine Loyalität durch Tieropfer, andächtig gestreute Weihrauchkörner, mit Milch oder einem Tropfen Wein oder einigen Körnern Salz vor den Statuen der Götter. Der zusätzlich geforderte Eid bekräftigte die unverbrüchliche Treue zum Kaiserhaus: «Ich schwöre bei Zeus, der Erde, der Sonne, allen Göttern und Göttinnen sowie bei Augustus selbst, dass ich Caesar Augustus, seinen Söhnen und Nachkommen treu bleiben werde, solange ich lebe, in Wort, Tat und Gesinnung, indem ich seine Freunde als meine und seine Feinde als meine ansehen werde.» Eine Fluchformel am Schluss unterstrich, dass es aus dieser Bindung kein Entkommen gab und der Eidbrüchige bis ins zweite und dritte Glied den Zorn der Götter zu fürchten hatte: «Ich rufe auf meine Person, meinen Körper, mein Leben, mein Vermögen, meine Kinder und auf mein ganzes Geschlecht Untergang und Tod herab, und weder Meer noch Land soll die Körper der Meinen oder meiner Nachkommen aufnehmen.»[18] Die Menschen, die diesen Schwur leisteten, bekräftigten damit, dass nun auch sie zur Klientel des Herrschers zählten. Ihre Zuverlässigkeit wog im Konfliktfall weit schwerer als der 27 im Senat geschlossene Friede mit der Republik und ihrer Tradition.

Italien und der Westen

Die kultische Verehrung des Augustus folgte keinem Regierungsprogramm, schon gar nicht verbarg sich dahinter der Versuch, einen einheitlichen Reichskult einzurichten. Für jedermann erkennbar war allein der Wunsch des Monarchen, seine Macht im Licht göttlichen Wohlwollens auszuüben. Daraus ergab sich von selbst die Aufgabe der Untertanen, Riten zu finden und Zentren zu schaffen, die dem eigenen Herkommen gehorchen durften, aber den Herrn der Welt in den Dunstkreis des Göttlichen hoben. Sehr bald wetteiferten Städte und Provinzen um den Ruhm, den Prinzeps am inständigsten als Gott zu huldigen. Sie bauten Kultstätten und Kapellen, richteten Festspiele und Prozessionen aus, bestellten Priester und gründeten kultische Vereine. Nur dort, wo es eigene Traditionen nicht gab oder es an Einfallsreichtum mangelte, gab Rom behutsam die Spielregeln vor. Ausnahmen gab es nicht. Denn alle Bekundungen der Loyalität verlangten jetzt den sakralen Rahmen.

Für die in der Provinz ansässigen Römer galten anfangs eigene Normen. Sie verehrten die vergöttlichte *Roma* und mit ihr den Gott *Iulius* (Caesar), den Vater des Kaisers, eine zwar schwache, aber doch erkennbare Verbeugung vor dem römischen Herkommen, das einem Lebenden keine göttlichen Ehren zugestehen wollte. Dauer war dem nicht beschieden; wer wollte es auch den in Asien oder sonst wo lebenden Bürgern verbieten, an den Gottesdiensten der Provinzialen teilzunehmen? So waren bereits im Jahre 6 alle Vorbehalte Geschichte. Damals standen im kleinasiatischen Paphlagonien Provinziale und Römer um den Altar des

Augustus und schwuren ihm die Treue – unter den Göttern, die sie anriefen, stand die Statue des Kaisers.[19]

Auch die Hauptstadt konnte und wollte sich der magischen Kraft, die von dem Gottgeliebten ausging, nicht entziehen. Zwar hatte sich Augustus der offiziellen Vergöttlichung seiner Person in Rom durch Tempel, Standbilder und Kulte widersetzt.[20] Jede andere Entscheidung hätte in der Tat den Ausgleich mit dem Senat erschwert, dessen Willfährigkeit mit der Apotheose des Adoptivvaters und der sakralen Weihe des Augustus-Namens genügend strapaziert worden war. Ganz andere Regeln galten hingegen in den Wohnquartieren der Armen. Sie pflegten den Kompitalkult, ursprünglich ein ländliches Opferfest der Anwohner von Weggabeln (*compita*). Er wurde im Zuge der Einteilung Roms in 265 Sprengel neu gestaltet. Dort feierten die kleinen Leute wie eh und je ausgelassen an den Grenzwegen vor den Sakramentshäuschen und Hauskapellen der Laren, den Schutzgeistern des Grundbesitzes. In ihre Fürbitten aber schlossen sie künftig den *Genius Augusti* ein, die göttliche Kraft des Prinzeps, der auf den Altären als Opfernder vor ihnen stand, umringt von zwei Laren, dargestellt in der Gestalt tanzender Jünglinge.[21]

Augustus hat diese Gottesdienste der Mühseligen und Beladenen hoch geschätzt und ihren Vorstehern Geld und Larenstatuen geschenkt – er wusste, was er tat, waren doch an den Kreuzungen und den Imbissständen der Vorstädte immer wieder Pläne zu Aufruhr und Krawall geschmiedet worden. Der Kult war ob seiner Fröhlichkeit beliebt und verbreitete sich schnell in den Städten Italiens und der Provinzen. Auch dort blieb er ein Fest der Namenlosen, der Freigelassenen und der Sklaven. Ihre Dankbarkeit für das Ende der römischen Bruderkriege war nicht minder ehrlich wie die der Besitzenden, und wenn auch sie zeigten, dass sie der neuen Staatsordnung zustimmten, so war dies ganz im Sinne des Kaisers. Die Worte und Gebete, die sie fanden, sind vergessen. Aber ihre Hoffnungen spiegeln sich in den Versen, mit denen Vergil den Adoptivsohn Caesars feierte:

> «Der hier ist der Held, der oft und oft dir verheißen,
> Caesar Augustus, der Spross des Göttlichen. Goldene Weltzeit bringt er
> wieder für Latiums Flur, wo einstens Saturnus herrschte.»[22]

In den Städten Italiens galten dieselben Regelungen wie in Rom. Aber wie in den dortigen Armenvierteln nahm sie auch hier niemand ernst. Einzelne, Vereine, ja ganze Gemeinden konnten tun, was sie wollten, und niemand in Rom musste von den gefassten Beschlüssen Kenntnis nehmen. Bereits im Jahre 36 hatten viele italische Städte, befreit von der täglichen Angst, die Piratengeschwader des Pompeius am Horizont auftauchen zu sehen, das Bild Octavians neben das ihrer Götter gestellt – wer wollte das tadeln? Solche Huldigungen nahmen von Jahr zu Jahr zu, und so manche Stadt bestellte dem Kaiser einen lebenslänglichen Opferpriester, der oft der angesehenste Mann der Stadt war und am kaiserlichen Hof für die Anliegen seiner Heimat häufig auf ein wohlwollenderes Ohr traf als der jährlich wechselnde Bürgermeister.

In den Westprovinzen fand die im Osten längst eingeübte Praxis des Herrscherkultes zunächst nur zurückhaltenden Beifall. Dort waren die Voraussetzungen gründlich anders. Den unterworfenen Völkern war die Vorstellung fremd, dass ungewöhnliche Taten eines Menschen von göttlichem Wirken zeugen. Die Himmlischen, zu denen man betete, waren mit den Gewalten der Natur, und nicht mit denen des Menschen verbunden. Einig waren sich Ost und West indes in der Überzeugung, die Einzigartigkeit des Augustus in angemessener Form anerkennen zu müssen. Daher war es nur eine Frage des rechten Zeitpunktes, die Anbetung des Herrschers auch im Westen einzuführen. Anders als im Osten ging die Initiative dazu von Rom aus. Als in Gallien die ersten Steuereintreibungen Unruhen auslösten, verlangte es eindeutige Bekundungen der Loyalität zu Kaiser und Reich. Das Modell dazu musste nicht gesucht werden. Es hatte sich im Osten in Gestalt der Provinziallandtage bewährt und wurde im Jahre 12 erfolgreich auf die gallischen Provinzen übertragen. In Lugdunum (Lyon) versammelten sich damals in Anwesenheit des römischen Oberbefehlshabers vor dem neu geweihten Altar der Roma und des Augustus (*ara Romae et Augusti*) die Vornehmsten aller sechzig Stämme. Sie wählten einen Oberpriester, der einer Versammlung vorstand, die regelmäßig dem Kaiser opferte. Anlass und Form der Einrichtung ließen keinen Zweifel daran, dass diesmal der neue Landtag nicht das Ergebnis dankbarer Wertschätzung war, sondern vornehmlich als Mittel der Befriedung diente.[23] Vor der Opferstätte für den Kaiser sollten die alten Rivalitäten der Stämme verschwinden und an ihre Stelle die ehrfürchtige Anerkennung der Oberhoheit Roms und des Kaisers treten.

Augustus hat die in seinem langen Leben ausufernde Anbetung seiner Person immer als unersetzliches Fundament seiner Macht gesehen. Nur Wunder wirkte er nicht, obwohl sich auch dies angeboten hätte, wie einer seiner Nachfolger, Vespasian, vorführte, als er in Alexandria einen Blinden heilte.[24] Aber er hörte zufrieden, dass es in Italien und den Provinzen von Augustus-Priestern geradezu wimmelte und seine Hofdichter ihn ungehemmt einen «Gott» nannten. Nicht jeder war gewillt, dies zu tolerieren. Tacitus, der scharfsichtige Kritiker des ganzen Systems, sah darin gar den Untergang der alten Religion, denn «nichts ist für die Ehren der Götter übrig geblieben, da Augustus in Tempeln und im Götterbild durch Priester verehrt werden wollte».[25] Das Urteil ist selbst in seiner Unerbittlichkeit nicht falsch. Die dauerhafte Ballung von politischer, militärischer und religiöser Gewalt war mit der republikanischen Tradition in der Tat nicht vereinbar.

Der Nachfolger Tiberius und Claudius, der Sohn seines Bruders Drusus, müssen dies gespürt haben. Als Kaiser mit denselben Attributen wie sein Vorgänger überhäuft, erregte sich Tiberius (14–37) über die Eiferer, «die sein Wirken als göttlich und ihn selbst als *dominus* bezeichnet hatten», und Claudius schrieb den Alexandrinern, er lehne jeden Kult um seine Person ab: «Ich billige nicht die Ernennung eines Oberpriesters für mich und den Bau von Tempeln; denn ich wünsche nicht bei meinen Zeitgenossen Anstoß zu erregen, und meine Ansicht ist, dass Heiligtümer und ähnliches allein ein Vorrecht der Götter sind, das ihnen zu allen Zeiten gebührt.»[26] Beide Kaiser sahen sich wie Augustus den Göttern nahe. Aber sie fürchteten den letzten, entscheidenden Schritt zur Vergöttlichung. Nun, sie hatten es leichter. Sie regierten in ruhigen Zeiten, die noble Gesten des Verzichts erlaubten. Octavian/Augustus hingegen brauchte Kult und Tempel, bannten sie doch am wirkungsvollsten die Gespenster seiner Anfänge als Gesetzloser.

Es gab in Rom, und dies erleichtert das Verständnis der Herrscherverehrung, keine Trennung zwischen Politik und Religion, zwischen Staat und Kirche. Jeder der hohen Jahresbeamten besaß das *imperium* und das *auspicium*, die Befehlsgewalt und das Privileg, durch Vogelschau den Willen der Götter zu erkunden. Augustus war *Pontifex maximus* und Priester vieler Kollegien. Als solcher vollzog er alle sakralen Akte, wenn es ihm gefiel. Was dies bedeutet, zeigt ein vergleichender Blick auf die mittelalterlichen Könige. Sie waren zwar mit dem heiligen Öl gesalbt, aber keiner von ihnen hätte es gewagt, die genau umschriebenen Rechte wahrzunehmen, die nur durch die priesterliche Weihe übertragen wurden. Keiner von ihnen hätte sich für fähig gehalten, das Messopfer darzubringen und durch die Konsekration von Brot und Wein Gott selbst auf den Altar niedersteigen zu lassen. Eine kultische Verehrung ihrer Person war ohnehin undenkbar.

5. Ehren, jenseits menschlicher Maße

Der Staatsakt des Januar 27 im Senat endete mit Ehrungen. Von ihnen erwartete alle Welt nie Gehörtes und dies gekleidet in Bildformeln, die jedermann verständlich machten, was den Retter Roms adelte. An sich Unvereinbares war zu tun: Zunächst galt es, für die «wiederhergestellte Republik» zu danken und dann dem Erhabenen zu huldigen, der als Mitglied der vier großen Priesterkollegien amtierte und den die Priester in ihre öffentlichen Gebete einschlossen.

Im Senatsgebäude schwebte bereits seit 29 die Victoria über den Globus und beglaubigte die Weltherrschaft. Unter ihr wurde jetzt ein von Senat und Volk gestifteter goldener Ehrenschild (*clupeus virtutis*) aufgehängt, auf dem die vier wichtigsten Tugenden des Augustus zu lesen waren, die künftig das Schicksal des neuen Rom lenken sollten: *Virtus*, die tapfere Bewährung im Kampf, die den Krieger auszeichnet, der das Imperium mehrt; *Clementia*, die Schonung der Besiegten, geübt von dem Parteiführer, der nach Aktium römische Bürger begnadigt hatte; *Iustitia*, die Gerechtigkeit, bewiesen, als der Mord an dem Vater durch gesetzmäßigen Richtspruch gerächt wurde; *Pietas*, die Frömmigkeit, von der die renovierten und neu errichteten Tempel zeugten. *Pietas* war also keine individuelle Angelegenheit, und schon gar nicht hatte sie etwas mit Meditation, spiritueller Suche oder Ähnlichem zu tun. Sie war ganz im Gegenteil eine soziale Tätigkeit, die auf der Festlegung von Riten, Regeln und Zeremonien basierte und den Gottheiten diente, die den Staat schützten.[27] «Die Götter sind nützlich, und weil sie dies sind, lass uns an sie glauben», lautet ein Epigramm Ovids – besser kann man nicht ausdrücken, was Augustus antrieb.[28]

Alle auf dem Schild verzeichneten Eigenschaften entsprachen den Werten, die die römische Adelsgesellschaft immer hochgehalten hatte. Als sie jetzt in feierlicher Form einem einzigen zugeschrieben wurden, verwandelten sie sich in Herrschertugenden. Bei Vergil konnte sie jeder nachlesen: «Uns war König und Herr Aeneas: niemand gerechter, niemand frommer denn er, niemand stärker im Kriege.»[29] Der Schild unterstrich dies noch. Er stand bis dahin nur den Göttern zu. Wer mit ihm, wie es jetzt der Senat tat, einen Sterblichen ehrte, versetzte diesen in den Olymp.

Zwei weitere Ehren wiesen in dieselbe Richtung. Vor dem Palast pflanzten die Gärtner zwei dem Apoll geweihte Lorbeerbäume; sie symbolisierten den Schutz des Gottes, der über das Haus und seinen Fürsten wachte, und sie erinnerten an die mit seiner Hilfe errungenen Siege.[30] Die Tür schmückte die Bürgerkrone aus Eichenlaub (*corona civica*). Ursprünglich eingeführt als militärische Auszeichnung für Soldaten, die im Kampf einen Kameraden aus höchster Not befreit hatten, verband mit ihr jetzt jeder Römer die Rolle des Retters von Stadt und Reich. Wer dies fertigbrachte, stand unter dem besonderen Schutz Jupiters. Auf einer Goldmünze, geprägt noch im selben Jahr, flog der Adler des höchsten Staatsgottes, dem die Eiche heilig war, und hielt die Bürgerkrone in den Fängen. Jahrzehnte später pries die Stadt Pisa den Kaiser als «Hüter des römischen Reiches und Schutzherr des gesamten Erdkreises». Er ist nicht Gott, aber die Mission, die er erfüllte, rückte ihn in die Nähe Jupiters, der doch der oberste Weltenlenker war.[31]

Es waren eindringliche und bildhafte Symbole, die den Herrschaftsanspruch des Augustus der gebildeten Oberschicht ebenso wie dem namenlosen Heer seiner dankbaren Untertanen vorstellten. Zusammen mit den Formeln vom Friedensbringer und Universalherrscher, die in der *Ara Pacis* und der Statue von Primaporta Gestalt angenommen hatten (S. 250 ff.), legitimierten sie die Führungsrolle des Kaisers.

Dieser hat am Ende seines Tatenberichtes die Ehrungen unmittelbar mit der Verleihung des Augustus-Namens verknüpft und seiner *auctoritas* damit selbst göttliche Weihen verliehen. Die rechtliche Legitimation seiner Herrschaft durch Senat und Volk war nur ein erster Schritt, unvermeidlich, um sich nicht die führende Klasse Roms, die das Reich brauchte, zum Todfeind zu machen. Das eigentliche Ziel enthüllen die Auszeichnungen, die den Geehrten den Sterblichen entrückten. Die kleinen Leute in Rom und Italien, die ihre Larenfeste feierten, und die Untertanen, die vor den Statuen des Kaisers opferten und beteten, offenbarten, worum es wirklich ging: um den Monarchen von Gottes Gnaden. Für sie war seine heilende Hand wichtiger als politische Freiheit, die ohnehin nie die ihre, sondern die der Eliten war. Der Gedanke an die *res publica restituta* wärmte weder ihr Herz noch sagte er etwas darüber, wie Leben und Eigentum künftig gesichert werden konnten. Wer darauf hoffte, harrte auf den omnipotenten Weltherrscher, den Sachwalter göttlicher Kräfte.

Er hatte in der Person Caesars zum ersten Mal die Bühne des Imperiums betreten, war aber an der Vollendung seines Werkes durch die Dolche seiner Mörder gehindert worden. In der Gestalt seines Sohnes war er wieder auferstanden. Ihn als «Erhalter der Welt» (Properz) zu verehren, der Rom den Frieden und die Eintracht zurückbrachte, fiel daher nicht schwer. Velleius Paterculus, Offizier im Heer des Tiberius, sprach von der tiefen (und gewiss gezielt propagierten) Dankbarkeit der Untertanen gegenüber dem Kaiser:

«Von nun an konnten die Menschen nichts mehr von den Göttern wünschen, nichts die Götter den Menschen gewähren, nichts konnte in Gelübden erfleht, nichts an Glück erreicht werden, was Augustus nicht nach seiner Rückkehr in die Hauptstadt dem Staat, dem römischen Volk und der Welt gegeben hätte.»[32]

VIII. JAHRZEHNTE DER BEWÄHRUNG

«Lieber Tiberius, lass dich nicht von deiner Jugend hinreißen und sei nicht zu erbost darüber, dass es jemanden gibt, der Böses über mich verbreitet. Es ist nämlich sehr viel, wenn wir erreicht haben, dass niemand uns Böses antun kann.» *Augustus an Tiberius*

«Alles hängt ab von dem Willen des Einen, der um des gemeinen Nutzens willen für alle die Mühen und Sorgen auf sich genommen hat.»
Plinius

1. Die Verletzbarkeit der Macht

Legitimität ist die wichtigste Kraft, die die Fortdauer einer Regierung verbürgt. Um sie zu erlangen, muss sie jedoch eine geraume Zeit Bestand haben – ein Teufelskreis, dem auch Augustus nicht entkam. Er hatte sich durch das Bündnis mit der republikanischen Tradition erst einmal Luft verschafft, mehr jedoch nicht. Er blieb auch in den kommenden Jahren ein vom Bürgerkrieg Gezeichneter; ein schwerer Fehler, eine militärische Katastrophe oder eine politische Fehlentscheidung konnten alles Erreichte in Misskredit bringen. Noch war die Erinnerung daran lebendig, dass die neue Ordnung auf Blutvergießen und Anmaßung gegründet war. Ihr Träger hatte sie als Aufrührer geschaffen und sein Blick wohlgefällig auf allen erdenklichen Schandtaten ruhen lassen, während er die Beute an seine willfährigen Helfer verteilte.

Als nach den Januartagen des Jahres 27 der Alltag einkehrte, wurde zudem sehr schnell offenkundig, dass Augustus nicht daran dachte, die Macht mit dem Senat zu teilen. Die Zuversicht, er werde die ihm überlassenen Provinzen als Prokonsul führen und in Rom als Privatmann leben, wich der Einsicht, ihm auf Gedeih und Verderb ausgeliefert zu sein. Solange er weiterhin Jahr für Jahr auf dem Konsulat beharrte, verfügte er zwar über keine reguläre Kompetenz in den senatorischen Provinzen, wohl aber konnte er im Konfliktfall als höchster Magistrat den Gehorsam der vom Senat bestimmten Statthalter erzwingen.[1] In Rom hielt er als höchster Magistrat ohnehin alle politischen Fäden in der Hand. Wie immer man es drehen und wenden mochte, die Beibehaltung des Konsulats war höchst anstößig, so korrekt die Wahlen auch verlaufen sein mochten. Sie tauchte die Januarbeschlüsse in das trübe Licht der Usurpation.

Historiker neigen dazu, das am Ende erreichte Ergebnis schon im Anfang zu erkennen. Dies taten auch die antiken, als sie die Entscheidungen vom Januar 27 als Gründungsakt der Monarchie deuteten. Die heutigen wissen zudem, dass nach Aktium für zwei Jahrhunderte Frieden und Wohlstand die Länder des Mittelmeerraumes beglückten und allein dies dem Staatsakt von 27 eine besondere Bedeutung verleiht. Im Rückblick ist diese Einschätzung gewiss richtig. Für die Zeitgenossen jedoch war der letzte Vorhang noch lange nicht gefallen. Die römischen Eliten hofften weiterhin, am Ende doch noch die Rolle des Dieners mit der des Herrn eintauschen zu können, und die römische Welt, so laut sie das Ende der Bürgerkriege bejubelte, lebte noch lange in der Furcht, dass ihnen der Friede nur für kurze Zeit geschenkt sei. Ein Preislied auf die «ungeheure Majestät des römischen Friedens», wie es Jahrzehnte später Plinius anstimmte, wäre in den 20er Jahren von nur wenigen gehört und geglaubt worden.

Gründe, überall Feinde zu wittern, gab es für Augustus mehr als genug. Selbst der engsten Gefolgsleute konnte er sich nicht sicher sein. Im Bürgerkrieg hatten die meisten aus schierem Eigennutz treu zu ihrem Anführer gestanden. Jetzt, im Frieden, sah auch für sie die Welt anders aus und stellte die Frage neu, ob die Unterordnung unter den Machtanspruch des Juliers und seiner Familie politisch das letzte Wort sein müsse.

Agrippa war der Erste und Wichtigste, der darüber nachzudenken hatte. Viele flüsterten ihm ins Ohr, eigentlich sei er, der große Kriegsheld, doch dem Sohn Caesars gleich und nicht fürs Gehorchen geboren. Zentrale Münzserien stellten sein Porträt neben das des Prinzeps und sprachen von Gleichrangigkeit – war dies nur eine noble Geste des Augustus oder nicht doch Ausdruck eines gestiegenen Selbstbewusstseins des Generals? Niemand war so mächtig wie er, auch nicht die alten und neuen Familienclans im Senat. Sie dachten zwar nicht an Widerstand, aber sie warteten ab, ob die Machtverschiebungen nach Aktium nicht auch zu veränderten politischen Fronten führten.

Unberechenbar blieben auch die Kommandeure der Legionen in den Provinzen. Sie mahnte zwar das Schicksal des jungen Crassus zu äußerster Vorsicht, seine Kriegstaten jedoch spornten viele zur Nachahmung an, erwarteten sie doch wie alle ihres Standes Ehre und Ruhm (S. 177 f.). Auch der Oberbefehl über das Heer und die wachsende Zahl der Klienten aus allen sozialen Schichten und allen Territorien des Reiches gewährten dem Prinzeps nur trügerische Sicherheit – galt ihre Treue auch noch, wenn die fetten Jahre vorüber waren, die doch vornehmlich die ägyptische Beute garantierte? Wo blieb der große Krieg gegen auswärtige Feinde, den Antonius doch im Osten geführt hatte? War die bisher gezeigte Zurückhaltung auf diesem Feld, sieht man von den illyrischen Erfolgen einmal ab, eines Mannes würdig, der den stolzen Namen *Caesar* trug? Der Tod war ohnehin ein launenhafter Geselle – was, wenn er ungebeten und früh das Haus des Kaisers betrat?

Kurz, die Bewährung des neuen Herrschaftssystems stand noch aus. Noch lange Jahre sollte die wichtigste Stütze des Alleinherrschers die Angst vor der Anarchie sein, in die sein Sturz die Welt führen würde. Sie aber lastet hier wie sonst nicht für ewig. An ihre Stelle musste eines Tages Gewissheit treten. Gewissheit, dass der neue Herr besser regierte als der alte senatorische und sein Regiment Beständigkeit versprach. Erst dann war über Roms künftiges Schicksal entschieden und die schrankenlose Befehlsgewalt des Universalherrschers Wirklichkeit geworden. Opposition konnte es dann nicht mehr geben. Erst dann hing «alles von dem Willen des Einen ab, der um des gemeinen Nutzens willen allein für alle jede Mühe und Sorge auf sich genommen hat».[2]

Verlass war bis dahin nur auf die Götter. Sich ihnen gleichzustellen und auch hinfort sichtbar ihren Segen zu erhalten, war für Augustus das nachdrücklichste Gebot der Stunde, machte es doch Kritik an oder Widerstand gegen ihn zur Gotteslästerung. Je weiter sich Augustus von den Irdischen entfernte, umso sinnloser wurden peinliche Fragen nach der weltlichen Rechtlichkeit der Macht. Aber auch diese Lehre in Rom und Italien zu verbreiten, brauchte Zeit.

2. «Schütze den Caesar, der ans Ende der Welt zu den Britanniern zieht»

Die geschlossenen Tore des Janus-Tempels verkündeten den innerhalb des Reiches herrschenden Frieden. Nichts verhießen sie den Völkern jenseits der Grenzen. Dort war der Krieg nach wie vor allgegenwärtig, und ihm zu gehorchen, die wichtigste Pflicht des Monarchen. So verließ er bereits im Sommer 27 die Hauptstadt und reiste in seine gallische Provinz, die Caesar erobert hatte, für deren Ordnung aber keine Zeit geblieben war. So war es auch jetzt. Die Zeit reichte nur, um im Süden, in der Narbonensis, eine Volkszählung für die Steuererhebung zu organisieren und die Honoratioren einiger Städte durch Geschenke bei Laune zu halten. Dann gingen Meldungen aus Spanien ein, die zu Beginn des Jahres 26 zwangen, im westlichen und nördlichen Spanien Krieg gegen die Stämme der Asturier und Kantabrer zu führen.

Dies machte andere, hochfliegende Pläne zunichte. Wie einst Caesar wollte Augustus nach Britannien übersetzen und jenseits des Kanals Taten vollbringen, die ihn endlich den großen Eroberern Roms beigesellen sollten. Der vergöttlichte Vater hatte von Gallien aus zweimal den Atlantik überquert und gewagt, was keinem Sterblichen bisher in den Sinn gekommen war. Seine Energie hatte am Ende die alte Vorstellung von der Begrenztheit des Raumes aufgehoben und die Horizonte weit nach Westen verschoben. Einer der ihren, so feierte ihn Rom, habe «die römische Herrschaft über die Grenzen des bekannten Erdkreises hinaus erweitert». Für seine Person oder den Staat, notierte später Cassius Dio, «hatte Caesar in Britannien nichts erlangt – außer den Ruhm, überhaupt einen Feldzug dorthin unternommen zu haben».[3]

Dies wog alles andere auf. Denn rauschende Erfolge oder gar bleibende hatte der Prokonsul dort nicht feiern und in sein Kriegstagebuch eintragen können. Von den erhofften Reichtümern, Perlen, Gold oder Silber keine Spur, die Invasionsarmee war mit leeren Lastkähnen zurückgekehrt. Allenfalls tölpelhafte und ungebildete Sklaven ließen sich auf die mitgebrachten Transportschiffe schleppen – das war gewiss nicht genug, um den Göttern Dankfeste anzudienen. «Dort gibt es nichts, wovor wir uns fürchten müssen, aber auch nichts, worüber wir jubeln können», schrieb Cicero nicht ohne Häme an seinem Bruder Quintus, als er von Caesars Misserfolg erfuhr. Dessen Verluste waren gewaltig, aber – und dies zählte in römischen Augen unendlich viel – keine Sandbänke, keine Wälder, keine Sümpfe und kein barbarischer Gegner hatten den Willen dieses Mannes zu brechen vermocht, das Unmögliche zu wagen.

Jetzt also sollte der zweite Caesar leisten, was der erste vorgemacht hatte. «Schütze den Caesar, der ans Ende der Welt, zu den Britanniern zieht», betete Horaz. Aus dem Zug wurde nichts, aber die dichterische Begeisterung blieb. Noch zehn Jahre später rühmte Horaz, dem Augustus gehorche «voll von Ungeheuern der Ozean, der das ferne Britannien bespült.»[4] Der Kaiser selbst hat den Umfang seiner Eroberungen von

Indien bis zum Nordmeer ausgemessen und stolz auf die britannischen Könige Dumnobellaunus und Tincommius verwiesen, die sich seinem Schutz unterstellt hätten. Wann sie dies taten, bleibt sein Geheimnis, aber es zeigt, wie wichtig ihm die Fiktion war, sogar im fernen Britannien sei sein Herrschaftsanspruch anerkannt worden. Dies entsprang nicht einer Laune, sondern war Teil des imperialen Selbstverständnisses Roms. Nur wer ihm wie Caesar genügte, durfte hoffen, die Welt zu regieren.

Der Weg dorthin war lang. Zunächst galt es, statt großer Kriegszüge im fernen Britannien Guerillakämpfe gegen einen Gegner zu bestehen, der nichts von den Segnungen Roms wissen wollte. «Gegen die Keltiberer», beschrieb schon Cicero die spanischen Feldzüge, «wurde Krieg wie gegen Todfeinde und um die Frage geführt, wer überlebe, nicht wer herrsche», und schon Polybios hatte von einem «Krieg wie Feuer» gesprochen. Nichts hatte sich daran geändert.[5] Die in einem harten und unfruchtbaren Land lebenden Stämme, seit langem an Raubzüge gewöhnt, forderten auch jetzt den Kampf um alles oder nichts, in dem es kein Erbarmen, keine Verständigung, sondern nur die bedingungslose Kapitulation gab.

Rom siegte zu guter Letzt nach sieben Jahren, stürmte die Bergfestungen, warf immer neue Erhebungen nieder, schlug den Gefangenen die Hände ab und siedelte die Überlebenden in den Ebenen an. Die noch Kampffähigen zwang man in Auxiliareinheiten, die unter römischem Kommando in Germanien, in Illyrien und überall dort eingesetzt wurden, wo es brannte. Einen von ihnen, Bewohner eines asturischen Bergnestes, verschlug es an den Rhein. Sieben Jahre lang trug er die Fahne einer aus seinen Landsleuten gebildeten Kohorte, bis er in Bonn den Tod und sein Grab fand.[6] Seine alte Heimat, berühmt durch ihre Pferdezucht, umgaben inzwischen Militärkolonien, während römische Ingenieure mit der Ausbeutung der Goldminen begannen. Drei Legionen schützten sie; sie konnten erst in den 50er Jahren n. Chr. auf zwei reduziert werden.

Augustus hatte zu dieser Zeit Spanien schon längst wieder verlassen. Nach wenigen Monaten erbitterter Gefechte und schwerer Strapazen erkrankt, überließ er den Krieg seinen Legaten und erholte sich in den Kurorten der Pyrenäen. Im Sommer 24 kehrte er nach Rom zurück und schlug den angebotenen Triumph aus. Er hätte ihn lächerlich in einer Stadt gemacht, deren Bewohner Siegesmeldungen zu deuten wussten. Der Feldzug, der doch vor allem die Macht festigen und dem großen Caesar gleichmachen sollte, hatte dieses Ziel verfehlt. Die neuen Ehrungen, mit denen ihn der Senat empfing, verdeckten nur mühsam eine peinliche Wahrheit: Aus Spanien kehrte nicht ein strahlender Kriegsheld heim, sondern ein körperliches Wrack. Wie schlecht es um seine Gesundheit wirklich stand, erfuhr die Öffentlichkeit nur scheibchenweise. Vor allem fiel auf, dass im Jahre 24 Agrippa an seiner Stelle in die Rolle des Brautvaters schlüpfen musste und die Hochzeit des kaiserlichen Neffen Marcellus mit der vierzehnjährigen Tochter Julia ausrichtete.

3. Die Krisen der Jahre 23 bis 17

Auf Leben und Tod

Drei Ereignisse zerrissen das im Januar 27 so fein gesponnene Netz der neuen Ordnung: ein Prozess, eine Verschwörung und die Furcht, der kranke Imperator lege sich zum Sterben nieder.

Im Januar 23 trat er sein 11. Konsulat an. Sein Amtskollege Terentius Varro Murena war kein Unbekannter. Er hatte 25 die keltischen Salasser, die die Alpenpässe kontrollierten, endgültig unterworfen und das Gebiet durch die neu gegründete Kolonie *Augusta Praetoria*, das heutige Aosta, gesichert. Er galt als Freund und Vertrauter des Augustus, seitdem er ihm die Umtriebe des Salvidienus Rufus verraten hatte (S. 77). Zudem verfügte er über beste Verbindungen, da seine Schwester mit Maecenas verheiratet war und sein Halbbruder Proculeius zum engsten Beraterstab des Kaisers zählte. Dies alles versprach Harmonie und bestes Einvernehmen bei der Führung der Amtsgeschäfte.

Es kam ganz anders. Ein gewisser Marcus Primus, angeklagt, als Statthalter Makedoniens eigenmächtig Krieg gegen die mit Rom befreundeten Odrysen geführt zu haben, nahm sich, von seiner Unschuld überzeugt, als Anwalt ausgerechnet Augustus' Amtskollegen, den Konsul Murena. Vor Gericht führte er aus, er habe auf Anweisung des Augustus und des Schwiegersohns Marcellus gehandelt und sein Handeln sei daher rechtens. Dieses Argument enthielt, wenn auch nicht offen ausgesprochen, den Vorwurf, der Julier habe sich die Hoheitsrechte des Senats angemaßt, der allein über eine senatorische Provinz zu bestimmen habe.

Damit stand aus heiterem Himmel die im Januar 27 gefundene Lösung des Reichsregiments auf dem Prüfstand, das die Provinzen in kaiserliche und senatorische aufgeteilt hatte. Dies zwang Augustus zum Handeln. Er erschien ungeladen vor dem Gerichtshof und antwortete auf die

Frage des Vorsitzenden, ob er Primus den Kriegszug befohlen habe, mit nein. Daraufhin fragte ihn Murena, sichtlich erbost, was er bei der Verhandlung zu suchen und wer ihn geladen habe. Augustus erwiderte: «das Staatsinteresse». Die Reaktion war gut, änderte aber nichts daran, dass er mit seinem Auftritt vor Gericht versucht hatte, das Urteil zu beeinflussen. Primus wurde zwar für schuldig befunden, aber eine auffallende Zahl senatorischer Geschworener stimmte für Freispruch.[7]

Kurze Zeit nach dem Prozess brachten Denunzianten eine Verschwörung gegen das Leben des Kaisers zur Anzeige, an der Murena beteiligt gewesen soll. Ob dies tatsächlich so war, bleibt zweifelhaft. Augustus, tief getroffen durch den Bruch der Loyalität eines langjährigen Vertrauten, mag an einen Schauprozess gedacht haben, um den missliebig gewordenen Mitkonsul auszuschalten. Denn – Verschwörung hin oder her – dessen Angriff vor Gericht hatte fraglos die Autorität des Kaisers beschädigt, was nicht zuletzt die Richter des Primus geradezu besiegelten, als viele von ihnen für Freispruch stimmten. Die Erinnerung an den knapp vier Jahre zurückliegenden Übermut des engsten Gefährten Cornelius Gallus und das Auftrumpfen des Generals Licinius Crassus mag dazu beigetragen haben, dass Augustus nicht davor zurückschreckte, einen amtierenden Konsul zu vernichten. Angeklagt und in Abwesenheit verurteilt, töteten Kopfjäger Murena auf der Flucht. Sie hatte überhaupt erst seine Schwester Terentia ermöglicht, die alle von ihrem Gatten Maecenas ausgeplauderten Pläne des Kaisers an ihren Bruder weitergab. Der erschütterte Augustus musste erfahren, dass selbst in seiner engsten Umgebung Loyalität kleingeschrieben wurde, wenn es um die Interessen und das Leben der Besten ging.

Augustus bestimmte Cnaeus Calpurnius Piso zum Nachfolger des Murena. Piso war ein Mann von altem republikanischem Schrot und Korn, der noch mit den Caesarmördern paktiert und sich seit deren Niederlage von der politischen Bühne ferngehalten hatte. Er schien die richtige Wahl, um die durch den Tod des Murena aufgeschreckten Adelshäuser zu beruhigen und noch einmal deutlich zu machen, dass die Formel von der wiederhergestellten Republik ernst gemeint war.

Danach brach der ohnehin stark Geschwächte zusammen. Die Hoffnung mancher Clans, noch sei nicht aller Tage Abend und das republikanische Stundenglas noch nicht ganz leer, schien in Erfüllung zu gehen. Wie auf einem Schachbrett brachten sich die Gegner und Freunde in Position. Dazu gehörten Agrippa, der von dem Todkranken eine ihm genehme Nachfolgeregelung forderte, die liebende und machtversessene

Ehefrau Livia, die um das Schicksal ihrer Söhne Tiberius und Drusus bangte, die Schwester Octavia, die ihren Sohn Marcellus ganz oben sehen wollte, die alte republikanische Garde, die zum letzten Mal von der Rückkehr alter Zeiten zu träumen wagte, die Generäle der Armee, die nicht tatenlos zuzusehen gedachten, wenn andere über ihre Zukunft entschieden, und schließlich das Millionenheer der in den Bürgerkriegen Geschundenen, die ihre Hoffnungen auf ein Ende ihres Elends nicht mit ihrem Heiland und Retter begraben sehen wollten.

Dem Tode nah sah sich Augustus genötigt, zur Unzeit über sein Erbe zu entscheiden. Er tat es wohlüberlegt und in Abwägung der realen Machtverhältnisse. Sie verboten, den 19jährigen Marcellus, so teuer er ihm geworden war, zu seinem Erben zu machen – die Zeit für dynastische Nachfolgeregelungen war noch nicht gekommen. So blieb nur Agrippa, der Einzige, von dem der Todkranke hoffen durfte, dass er einen neuen Bürgerkrieg verhindern und seine Familie schützen konnte. Ihm übergab er seinen Siegelring und machte ihn mit dieser Geste zum Führer seiner Klientel und zum Sachwalter seines Vermögens, nicht aber zu seinem Nachfolger. Dem Mitkonsul Piso händigte er einige Staatsdokumente aus, darunter eine Liste der unter seinem Kommando stehenden Truppen und eine Aufstellung der Einkünfte aus seinen Provinzen. Sein Testament blieb unter Verschluss.

Hätte ihn die Krankheit besiegt, wäre alles einzig von den Fähigkeiten des Agrippa abhängig gewesen, nicht nur Legionen befehligen, sondern auch politische Krisen meistern zu können. Ein gütiges Geschick bewahrte Rom davor, die Probe aufs Exempel machen zu müssen. Der fiebernde Kranke, von seinem Arzt in kalte Bäder gesteckt, erholte sich und erfreute sich zur Verblüffung seiner Umwelt von diesem Tag an bester Gesundheit. Sein Lebensretter erhielt eine Statue neben der des Heilgottes Äskulap – er hatte sie verdient. So ging der dem Tod knapp Entkommene aus der Krise gestärkt hervor – war doch allen seinen Widersachern und Freunden klar geworden, wie abhängig die Welt von Leben und Tod dieses Mannes geworden war.

Die Stunde des Generalissimus Agrippa

Bei Hof entluden sich in diesen Monaten Spannungen, die weit gefährlicher als jeder offene Widerstand die neue Ordnung gefährdeten. Schwer traf es Maecenas. Er blieb zwar im engsten Beraterstab, aber seine Redseligkeit im Murena-Fall minderte das Gewicht seiner Vorschläge. Ganz konnte Augustus ihn nicht fallen lassen, ohne die eigene Position zu gefährden. Maecenas wusste zu viel. Seine Fähigkeit, die nützlichen Dichterfürsten bei Laune zu halten, und sein diplomatisches Geschick, dem eines Talleyrand vergleichbar, konnte ohnehin niemand übertreffen. Zum Kernproblem wurde Agrippa. Er hatte in allen Bürgerkriegen gekämpft und fast immer gesiegt, und an welchen Grenzen auch immer Rom nach dem Schwert griff – er führte es. Als er aufbegehrte, stand die Alleinherrschaft auf dem Spiel.

Agrippa trumpfte nicht offen auf und schon gar nicht stellte er Forderungen. Aber seiner Freundschaft zum Kaiser fehlte nach der Hochzeit der Tochter Julia mit Marcellus die alte Herzlichkeit. Denn der Erste und Mächtigste unter den Getreuen begann zu ahnen, dass der Monarch nicht ihn, sondern hinter seinem Rücken den 19jährigen Marcellus zu seinem Nachfolger auserkoren und vielleicht schon dessen testamentarische Adoption vorgesehen hatte. Augustus bestritt dies, als das Gerede nicht verstummen wollte, und bot die Verlesung seines Testaments im Senat an, was dieser erwartungsgemäß ablehnte. Agrippas Misstrauen aber war geweckt. Mündete es in Feindschaft, war alles bisher Erreichte dahin und ein neuer Bürgerkrieg wahrscheinlich.

Augustus handelte schnell. Er setzte alles daran, dem ebenso unersetzlichen wie gefährlichen Mann zu beweisen, dass er zu den Ersten im Staat zähle und niemand ihm diesen Rang je streitig machen werde. Als Beweis, dass dies ernst gemeint war, erhielt Agrippa Mitte 23 ein auf fünf Jahre befristetes eigenständiges Kommando über die Provinzen des Ostens.[8] Er reiste sofort nach der Verleihung ab und schlug sein Hauptquartier in Mytilene auf Lesbos auf, das er in den kommenden Monaten nicht verließ – die Demütigung der geplanten und geheim gehaltenen dynastischen Erbfolge saß tief. Den Konflikt entschärfte erst der unerwartete Tod des Marcellus im September – ihn hatten die Kaltwasserkuren des Hausarztes nicht retten können. Eine Welle des Mitleids schlug der Familie entgegen: «Was half ihm sein Geblüt», weinte Properz, «seine Tapferkeit, seine edle Mutter? Was half es ihm, dass es Caesars Hausaltar war, den er umarmte, oder dass eben noch im übervollen Theater die Sonnensegel flatterten? Dass alles durch die Hand seiner Mutter angeordnet worden war? Er ist gestorben.»[9] Insgeheim aber atmete Rom auf. Der Tod hatte die Machtfrage entschieden und einen möglichen Bürgerkrieg verhindert.

Fortan fiel keine Entscheidung mehr ohne Agrippas Billigung. Im Frühjahr 21 rief ihn Augustus nach Rom zurück und übertrug ihm die Herrschaft über den Westen, da er selbst im Osten das Partherproblem

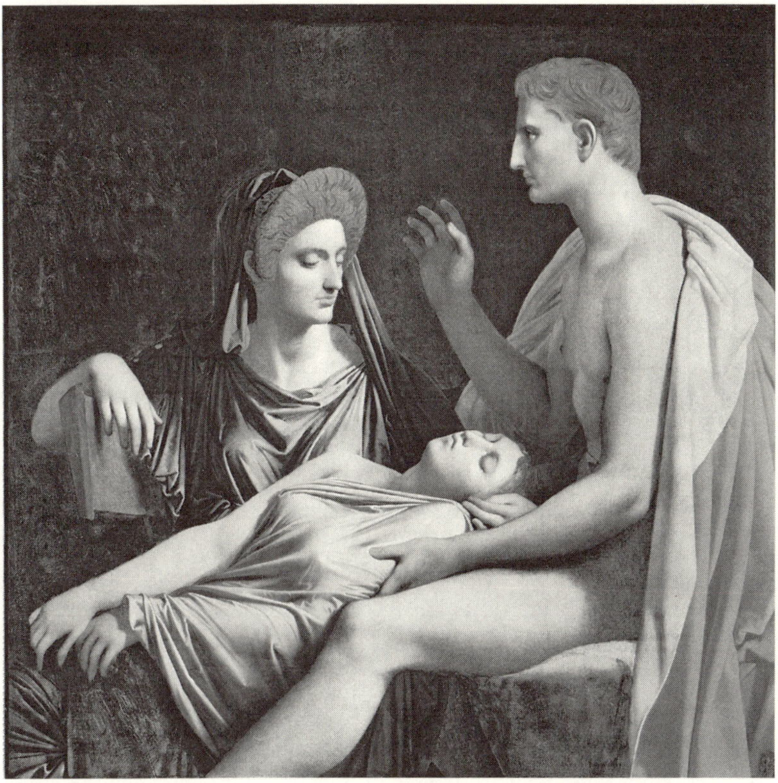

Abb. 16 Jean-Auguste-Dominique Ingres malte 1812: «Tu Marcellus eris.» Er hält den Augenblick fest, in dem Vergil vor Livia, Octavia und Augustus aus der Aeneis die Prophezeiung vom Tod des Marcellus vorliest. Ingres verzichtet auf den lesenden Vergil und alles Beiwerk, wichtig ist ihm allein die Reaktion der drei Zuhörer auf die Totenklage für den gerade 20 Jahre alt gewordenen Marcellus. Sie hält Anchises, der Vater des Aeneas, in der Unterwelt:

> «Tu wirst Marcellus sein!
> Mit Lilien füllt mir die Hände,
> Gebt mir Purpurblüten zu streun, die Seele des Enkels
> So, mit Spenden umhäuft, zu erfreun, wie nichtig die Gabe
> Immer auch sei!»

Die untröstliche Mutter Octavia fällt bei diesen Versen ohnmächtig in den Schoß ihres Bruders, während Livia, deren Sohn Tiberius der Nutznießer der Familientragödie sein wird, ihre kalte Genugtuung nicht verbergen will.

endgültig zu lösen gedachte. Noch im selben Jahr trennte sich Agrippa von seiner Frau Marcella und nahm die Hand der verwitweten Tochter des Augustus. Im Jahre 18 verlängerte der Senat seine eigenständige Befehlsgewalt und gab ihm die *tribunicia potestas*, die Amtsgewalt eines Volkstribunen, dazu. Wenig später heiratete seine Tochter Vipsania Tiberius, den Sohn der Livia, während Augustus die Söhne Gaius und Lucius aus der Ehe mit Julia adoptierte.

Agrippa war endgültig Teil der kaiserlichen Familie geworden und nach dem Kaiser der mächtigste Mann im Reich. Als er im Februar 12 im Alter von 51 Jahren in Kampanien starb, zermürbt von den Strapazen eines winterlichen Feldzuges in Pannonien, geleitete der Kaiser seinen Leichnam nach Rom, hielt ihm die Totenrede und ließ die Asche in sein eigenes Mausoleum bringen – Agrippa war der Zweite, der dort seine letzte Ruhe fand. Und er war der Erste unter den Getreuen, denen Augustus die Macht verdankte. Dies wussten in Rom die großen Familien, von denen viele demonstrativ den zu Ehren des Toten veranstalteten Spielen fernblieben. Die kleinen Leute, die jede Veränderung ängstigte, erzählten von Unheil verkündenden Vorzeichen, darunter von einem Kometen, der tagelang über der Stadt schwebte, bis er brennend vom Himmel stürzte.[10]

Agrippa hat nur einmal, im Sommer 23, an seinem kaiserlichen Freund gezweifelt und damit eine Staatskrise ausgelöst, die Augustus zwang, ihn zum Teilhaber der Macht zu machen. Gleichrangig war er nie. Es fehlte ihm die *auctoritas*, die den Sohn des Caesar, den Träger eines mehr als menschlichen Namens und den mit göttlichen Ehren überhäuften Wohltäter weit über die Sterblichen erhob. Als politischer Erbe war Agrippa nur in den Tagen der äußersten Not vorgesehen. Danach kam er nie mehr in Frage, da der Julier beharrlich an seinen dynastischen Plänen festhielt. So schlüpfte Agrippa, kaum war die alte Eintracht neu besiegelt, wieder in die Rolle des ersten Adjutanten. «Denn je mehr er die anderen an Tüchtigkeit übertraf, umso ergebener ordnete er sich freiwillig seinem Herrn unter», urteilte Cassius Dio. Dies tat er nicht, weil ihn die absolute Macht selbst kaltgelassen hätte, sondern weil er auf eine für seine Zeit eigentümliche Weise selbstlos war. In seinem Fach, dem militärischen, war er ein Meister, ein begnadeter Feldherr und Organisator, der ohne zu zögern seine Lebenskraft rücksichtslos auf fast allen Kriegsschauplätzen des Reiches ruinierte. Im Reich der Politik war er immer Lehrling geblieben. Nur unter schwerstem Druck wäre er imstande gewesen, das Äußerste zu wagen und selbst nach den Sternen zu greifen.

Die Umgestaltung der Rechtsgrundlagen

Die Krise war mit der Erhöhung Agrippas nicht ausgestanden. Noch hatte die Zeit die materiellen und moralischen Schäden der Proskriptionen und der Gewalt in den Bürgerkriegen nicht geheilt. Der patriotische Jubel über den Sieg von Aktium, der zum Gründungsmythos der Alleinherrschaft wurde, klang gedämpfter, und der innere Friede begann alltäglich zu werden. Die Senatsbeschlüsse vom Januar 27 hatten schon Mitte des Jahres erste Risse gezeigt, als sich Augustus erneut um das Konsulat bewarb. Vier Jahre später besaß er es zum elften Mal, und die Kritiker sprachen immer offener aus, er werde es auf Lebenszeit beanspruchen. Sie schienen recht zu behalten, als Augustus mit dem als Kompromiss gedachten Vorschlag herausrückte, das Konsulat dreistellig zu machen – der Senat lehnte ebenso höflich wie bestimmt ab. Jedes andere Votum hätte den Leitgedanken der augusteischen Politik von der restaurierten Republik zur Karikatur verkommen lassen, was allemal schlimmer als die unverhüllte Wahrheit war. Nein, die Zeit war gekommen, auf das Konsulat zu verzichten und die Rechtsgrundlage der Alleinherrschaft zu ändern. Danach musste auch das Murren des Adels gedämpfter klingen, der sich seit 32 der Aussicht beraubt sah, selbst einmal das nominell immer noch höchste Staatsamt zu erreichen.

Augustus, so schwer es ihm fiel, fügte sich in das Unvermeidliche. Im Juni legte er das Konsulat nieder. Um Unruhen vorzubeugen, gab er seine Entscheidung außerhalb der Stadt auf dem Albanerberg bekannt, wo jährlich zu Ehren Jupiters das Bundesfest der latinischen Städte (*feriae Latinae*) gefeiert wurde.[11] Zur Neuwahl durfte sich L. Sestius stellen, der für Brutus gekämpft, aber längst seinen Frieden mit dem Sieger gemacht und unter seinen wohlwollenden Augen Sizilien von 27 bis 23 verwaltet hatte; auch die für das kommende Jahr vorgesehenen Konsuln galten als Republikaner. Im Jahr 21 übergab Augustus die Provinzen Gallia Narbonensis und Zypern dem Senat und erfüllte damit sein 27 gegebenes Versprechen, befriedete Provinzen dem Senat zu unterstellen. Die Prokonsuln von Afrika durften wieder Krieg führen und 21 und 19 im Triumphzug durch Rom ziehen. Die hohen Herren konnten zufrieden sein, erwies ihnen doch der Prinzeps mit diesen Entscheidungen seinen Respekt.

Der Verzicht auf das Konsulat zwang, die Rechtsgrundlagen der Alleinherrschaft gründlich neu zu gestalten. So übertrug der Senat Augustus in einem ersten Schritt die Amtsvollmacht eines Volkstribunen auf Lebenszeit, nur mühsam kaschiert durch die Praxis des Kaisers, titular die Jahre seiner Herrschaft durch die jährliche Abfolge der *tribunicia potestas* zu zählen. Er konnte nun dem Senat vortragen, Gesetzesanträge vor das Volk bringen und Bürgern, denen ein Beamter mit Strafverfolgung drohte, zu Hilfe kommen (*ius auxilii*). In einem zweiten Schritt kam das Recht hinzu, nach eigenem Ermessen das Hohe Haus zu laden und in jeder Sitzung als Erster zu jedem beliebigen Tagesordnungspunkt zu sprechen. Die Initiative des Handelns innerhalb der Stadtmauern war damit wieder hergestellt, ohne dem Adel ein Amt vorzuenthalten und ohne die Fesseln zeitlicher Begrenzung.

Umfassende Befugnisse in Rom zu haben, war gewiss unverzichtbar. Den Schlüssel zur absoluten Macht vergab jedoch nur das Imperium. Die Herrschaft über die Provinzen neu zu regeln, war daher die wichtigste Aufgabe. Ihre Lösung lag in der Übertragung einer übergeordneten prokonsularischen Gewalt (*imperium proconsulare maius*), die in den folgenden Jahrzehnten um jeweils fünf beziehungsweise zehn Jahre verlängert wurde. Sie gab dem Kaiser das Recht, in allen Provinzen des Reiches, auch den senatorisch verwalteten, das letzte Wort zu sprechen. Da ein militärisches Kommando beim Überschreiten der Stadtgrenze (*pomerium*) erlosch und jedes Mal wieder hätte erneuert werden müssen, befreite der Senat Augustus von diesen Formalitäten.

An diesem umfassenden *imperium* konnten nur Gutgläubige Republikanisches entdecken. Es erinnerte zwar an die großen Ausnahmekommanden, die etwa Pompeius zur Bekämpfung der Seeräuber oder Brutus und Cassius zur Verfolgung des zum Staatsfeind erklärten Dolabella erhalten hatten. Aber die prokonsularische Befehlsgewalt des Kaisers war, sieht man von der Formalie einer Verlängerung ab, weder räumlich noch zeitlich begrenzt und machte seinen Träger rechtlich zum Herrn über das Weltreich. Dies war und blieb anstößig. Augustus hat daher in seinem Tatenbericht kein Wort darüber verloren. Es hätte den endgültigen Abschied von der Republik offenkundig gemacht.

Der kleine Mann in Rom hat alle diese Änderungen kaum wahrgenommen – für sein Wohlgefühl war nur von Bedeutung, dass sein Schirmherr am Leben war und weiter für ihn sorgte. Der Tag, um dies zu beweisen, kam schnell und politisch gerade recht. Im harten Winter 23/22 traten die Flüsse über die Ufer, Epidemien überzogen das Land, und der Hunger stand vor der Tür. In Rom strömten die Massen zusammen, schrien nach Brot, belagerten die Kurie und verlangten, Augustus müsse Diktator werden und sie retten. Dies schien wie ein Himmelsgeschenk und ermöglichte dem Kaiser einen Auftritt, an den sich die Menschen noch lange erinnerten. Vor aller Augen kniete der mächtigste Mann der Welt vor seinem Volk nieder, flehte um Nachsicht, riss sich die Toga vom Leib und entblößte die Brust, um vorzuführen, dass er lieber sterben als die in Rom geächtete Diktatur annehmen wolle. Er werde aber, rief er, seine Bürger nicht im Stich lassen und ihnen Brot verschaffen, und er sei bereit, dafür wie vormals Pompeius im Jahre 57 ein öffentliches Amt, die *cura annonae*, zu übernehmen. Er erfüllte sein gegebenes Wort mit der ihm eigenen Entschlossenheit, schonte seine private Schatulle nicht und schaffte das nötige Getreide in die Hauptstadt.

So zu handeln, hieß in seinen Augen herrschen. Es war ihm weit wichtiger, dass die Welt von solchen Taten erfuhr als von den Winkelzügen, mit denen seine Herrschaft eine rechtlich standfeste Basis erhielt. So hat er in seinem Tatenbericht der Hungersnot und seinem Eingreifen breiten Raum eingeräumt, nicht aber der erreichten juristischen Legitimation seiner Macht:

«Die Diktatur habe ich nicht angenommen. Nicht abgelehnt aber habe ich, als großer Mangel an Getreide herrschte, den Auftrag, Nahrungsmittel zu beschaffen. Ich tat es so, dass ich binnen weniger Tage durch meine Aufwendungen und meine Fürsorge die Bürger von der Furcht und der drohenden Gefahr befreien konnte. Auch das mir damals angetragene jährliche Konsulat auf Lebenszeit habe ich abgelehnt.»[12]

Beides, die Diktatur und das Konsulat auf Lebenszeit, kamen in der Tat nicht infrage. Sie hätten die republikanische Programmatik ebenso wie die nach der Niederlegung des Konsulats geschaffene neue Ordnung zerstört. Der Verzicht verdient also nicht als solcher, sondern dank der Art und Weise des Vorgehens Beachtung. Denn er führte besonders eindringlich vor Augen, worauf die Alleinherrschaft letztendlich beruhte: auf der hymnischen Zustimmung der Untertanen, die ihren Retter und Heiland gefunden hatten.

Letzte Korrekturen

Noch im Jahre 22 brach Augustus nach Sizilien auf, um sich dort als Patron seiner Veteranen persönlich um ihre Ansiedlung zu kümmern. Von dort reiste er nach Griechenland und in die wichtigsten Provinzen des Ostens, wo neue Klientelfürsten einzusetzen und alte Rechnungen mit den Königen Armeniens und Parthiens zu begleichen waren. Als er am 12. Oktober 19 nach Rom zurückkehrte, zogen ihm Senatoren und Beamte entgegen, und der Senat befahl, an der Via Appia einen Altar der Fortuna zu errichten, der Göttin, die den Prinzeps sicher nach Rom geleitet hatte; jährlich sollten Opfer und Spiele an diesen Tag erinnern. Nie zuvor hatte man von einer solchen Demonstration gehört, und der Kaiser vergaß auch nicht, sie in seinem Tatenbericht hervorzuheben. Sie kam zur rechten Zeit, war es doch während seiner Abwesenheit zu ständigen Krawallen gekommen, die besondere Gesten unverbrüchlicher Loyalität geradezu herausforderten.

Die Macht des Heimgekehrten und vor allem sein Ansehen als Kriegsherr waren unangreifbar geworden. Die Parther hatte er gezwungen, die bei Carrhae verlorenen römischen Standarten zurückzugeben, und der armenische König hatte sich seinen Befehlen gebeugt; gleichzeitig berichteten die Depeschen aus Nordspanien, Agrippa habe die letzten Widerstandsnester der einheimischen Stämme niedergebrannt und dem Feind das Rückgrat gebrochen (S. 208). Jetzt, und ganz anders als bei seiner Rückkehr im Jahre 24, hatte Augustus leichtes Spiel. Zu tun gab es allerdings viel. Bei den Konsulatswahlen seit dem Sommer 22 war es wieder zu Ausschreitungen gekommen, die selbst Agrippa, Mitte 21 aus Lesbos nach Rom beordert, nicht beenden konnte.

Als dieser Ende 20 nach Gallien aufbrach, betrat das Chaos in der Gestalt eines M. Egnatius Rufus die Stadt. Er war populär, hatte doch seine aus Freigelassenen und Sklaven zusammengestellte Feuerwehr nützliche Arbeit geleistet. Warum dies nicht nutzen und die Hand nach dem höchsten Staatsamt ausstrecken, zumal der Prinzeps und der zweite Mann im Staat in den Provinzen gebunden waren? Die Rechnung ging nicht auf. Der wahlleitende Konsul lehnte es wegen Missachtung der vorgeschriebenen Fristen ab, den Feuerkopf zur Wahl zuzulassen, und ließ sich durch den aufbegehrenden Pöbel nicht einschüchtern. Am Ende angeklagt, er und seine Spießgesellen hätten dem Prinzeps nach dem Leben getrachtet, übergab der Richter Egnatius dem Henker.

Das Beispiel zeigt, wie groß der Spielraum war, den Männer vom Zuschnitt eines Egnatius in der Hauptstadt noch hatten. Die dort in den Jahren nach 23 tobenden Auseinandersetzungen um das Konsulat hatten erneut Unfrieden gesät und die Bürger ein weiteres Mal an der Macht ihres Wohltäters zweifeln lassen. Die Wahlkämpfe sprachen zudem vom Übermut der alten Geschlechter, die die Neuordnung des Jahres 23 als ein Zurückweichen des Prinzeps interpretierten. Augustus musste sich nach seiner Heimkehr eingestehen, dass er innenpolitisch vor einem Scherbenhaufen stand und der Weg zu einer stabilen Monarchie noch lang und beschwerlich war.

Der erste Schritt dorthin zielte erneut auf das Konsulat. Das 23 gescheiterte Vorhaben, statt zwei künftig drei Konsuln zu wählen, von denen einer der Kaiser selbst sein müsse, kehrte in veränderter Form wieder. Augustus erhielt, da der Zugriff auf das Amt nicht mehr wiederholt werden konnte, die Amtsgewalt eines Konsuls (*imperium consulare*). Sie ergänzte die *tribunicia potestas* wirkungsvoll, da sie alle notwendigen Vollmachten enthielt, um in der Innenpolitik jederzeit handeln zu können. Der Amtssessel (*sella curulis*) des Trägers der Amtsgewalt bekam seinen Platz zwischen den Sitzen der Konsuln – es war, als ob der Triumvir von den Toten auferstanden sei. Bei diesem Anblick musste jedem Senator klar werden, dass nun die Zeiten alter Selbstherrlichkeiten, wie sie sich noch in den Wahlkämpfen der vergangenen Jahre ausgetobt hatten, nun endgültig vorbei waren. In der Folgezeit hat man denn auch nichts mehr davon gehört.

Der zweite Schritt zu einer stabilen Monarchie zielte auf die endgültige Botmäßigkeit des Senats. Mit ihm galt es behutsam umzugehen, trotz seines nie müde werdenden Misstrauens, trotz seines lauernden Wartens auf den einen, entscheidenden Fehltritt des Herrschers. Denn ohne ihn zerriss der republikanische Schleier, der den Militärdiktator verhüllte, und ohne seine führenden Familien war das Imperium nicht zu regieren. Das Gremium war in den Bürgerkriegen auf über 900 Mitglieder angeschwollen, eine anstößige Zahl, die der Tradition zuwiderlief. Die erste Reform im Jahre 28/7 hatte daran nicht viel ändern können. Sie jetzt fortzuschreiben, war aus der Position der neu gewonnenen Stärke möglich. So verloren mehr als 300 Senatoren ihre Sitze, und wer nicht freiwillig ging, wich der Gewalt. Die Schonungslosigkeit des kaiserlichen Vorgehens löste ein politisches Beben aus, dessen ganzes Ausmaß erst sichtbar wurde, als Augustus den Senat nur noch umgeben von einer Leibwache betrat und unter der Toga Panzer und Schwert trug.[13]

Angestrebt hatte Augustus einen Senat von 300 Mitgliedern. So war es in den vermeintlich glücklichen Jahrhunderten vor Sulla gewesen und daher das Maß aller Dinge. Aber auch mit dem Erreichten, einen auf etwa 600 Mitgliedern reduzierten Senat, konnte er zufrieden sein. Die senatorische Opposition war weitgehend mundtot gemacht, und das eigentliche Ziel, endlich einen folgsamen Senat vor sich zu haben, besetzt mit zum Dienen bereiten Männern, war erreicht. Es gab fortan nur noch ein einziges Zentrum der politischen Macht, und dort saß der Kaiser. Auf ihn richteten alle, die nach oben wollten, ihre erwartungsvollen Augen.

Versöhnende Gesten unterstrichen den Willen, es nun mit Senatsreformen genug sein zu lassen. So fielen die Konsulate der Jahre 19 bis 4, von zwei Ausnahmen abgesehen, an Vertreter der alten Nobilität. Zu Octavian hatte sich vor seiner Ehe mit Livia nur ein einziger Spross einer konsularischen Familie, Domitius Calvinus, bekannt. Jetzt drängten sich die Söhne der einst großen Familien um Augustus, der allein ihre Hingabe an ihn und die Aufgaben des Reiches reich belohnen konnte. Dabei kamen die eigenen Anhänger, meist namhafte Militärs, nicht zu kurz. Ihren Aufstieg förderten aufwendige Geldgeschenke, lukrative Heiraten, häufig mit der näheren oder ferneren Verwandtschaft des Augustus, und hohe Ämter in der Staatsverwaltung und im Heer. Nach wie vor kam in den Senat, wer vom Volk in ein Amt gewählt wurde und eine Wahlempfehlung des Kaisers vorweisen konnte. Aber es gab noch ein Kriterium, das es dem Kaiser ermöglichte, den Zugang zu kontrollieren: Geld. Als Senator oder Ritter viel davon haben zu müssen, war nicht neu. Beide hatten, wollten sie ihren Status behalten, schon immer ein bestimmtes Vermögen nachzuweisen. Für Senatoren wurde jetzt die Summe auf eine Million Sesterzen erhöht. Dies gab ihnen ein besonderes Profil, lieferte sie aber vielfach dem Wohlwollen des Kaisers aus. Er war der reichste Mann der Welt, und wenn es ihm gefiel, gab er dazu, wenn etwas fehlte, oder nahm, wenn einer in Ungnade fiel.

Allen Maßnahmen nach Aktium eignete ein unverrückbarer Kern: Der Senat blieb ein unverzichtbarer Teil staatlichen Handelns, und seine Familien regierten das Reich. In der Mitte des Staates jedoch stand allein der Prinzeps. Dies galt nicht nur in der Politik. Auch das soziale Leben richtete sich danach aus. Wie eh und je ruhte die Gesellschaft auf einer aristokratisch geprägten hierarchischen Ordnung. An ihre Spitze trat nun auf Grund seines Reichtums, seines Ansehens und der Größe seiner Gefolgschaft der Kaiser. Seine soziale Macht reichte nicht aus, die bestehende Ordnung umzustürzen. Aber sie war stark genug, jedem Einzelnen den Platz zuzuweisen, der ihm nach Verdienst und Treue zustand. Eigeninitiative und Phantasie waren keine gefragten Tugenden mehr. An ihre Stelle traten professionelle Leistung und Gehorsam.

Summa summarum machte die Bewältigung der Krise dieser Jahre Augustus endgültig zum Monarchen. Bedächtig, aber unaufhaltsam begann sich das Räderwerk aus umfassenden Amtsvollmachten und patrimonialer Herrschaft zu drehen. Die Möglichkeiten, die der Prinzeps als Oberhaupt einer Dynastie, Patron einer reichsweiten Klientel, Inhaber eines immensen Vermögens und Schützling der Götter besaß, verschmolzen mit der von Senat und Volk verliehenen Rechtsmacht. Kurz: der legitime Rahmen der Herrschaft füllte sich mit sozialem Leben.

Dies zeigte sich besonders eindringlich im Jahre 12. Anfang März eilten die Bürger vieler Städte Italiens nach Rom, um zusammen mit der stadtrömischen Bevölkerung Augustus zum Oberpriester (*Pontifex maximus*) zu wählen. Nie zuvor hatte Rom solche Menschenmassen gesehen. Einem außenstehenden Beobachter mochte es scheinen, als ob Rom nicht über die Priesterwürde, sondern über die neue monarchische Ordnung der Welt abstimme. Ein unvergesslicher Tag, darüber war man sich einig. Der Kaiser dankte, wie es einem Fürsten zukam: Ein ihm von Herodes gemachtes Geldgeschenk ließ er an das Volk verteilen – dies und die Masse der herbeigeströmten Menschen erwähnte er stolz in seinem Tatenbericht.[14]

Der Vorgang wiederholte sich im Jahre 2. Am 5. Februar verliehen ihm Senat, Ritterschaft und Volk den Ehrentitel «Vater des Vaterlandes» (*pater patriae*). Der Titel unterstrich die sakrale Würde des Augustus-Namens und betonte die Aufgabe des Kaisers, für alle sozialen Schichten zu sorgen. In ihm spiegelten sich republikanische Tradition, hellenistische Retter- und Heilandsvorstellungen und die Pflicht des Patrons, seine Hand helfend über seine Schutzbefohlenen zu halten. Augustus war erst ihr Retter, nun ihr Vater und Bürge ihres Wohlergehens. In diese Rolle war er hineingewachsen, und jedermann nahm sie ernst. Wie ernst, zeigt etwa der Unterschied zu Cicero. Ihn hatte der Senat als *pater patriae* geehrt, weil er in seinem Konsulat den Staat gerettet habe. Wirklich aufrichtig meinten das damals nur wenige, die meisten amüsierten sich über den dünkelhaften «Romulus aus Arpinum». Jetzt war es anders, und Augustus wusste es.

So nahm er den Titel mit Tränen in den Augen an. Er verstand ihn als die höchste aller ihm zuteil gewordenen Auszeichnungen. Dichter, Münzmeister und Kolonisten hatten ihn schon längst als Vater gefeiert. Jetzt aber war die offizielle Verleihung am Tag der Eintracht (*concordia*) zugleich eine Huldigung, mit der das römische Volk, einig wie nie, sich seiner väterlichen Gewalt unterstellte. Bewegt beschwor der Sohn des im Senat ermordeten Caesars sein Einvernehmen mit den Senatoren als das höchste Geschenk der Götter: «Um was kann ich, versammelte Väter, am Ziel aller meiner Wünsche die unsterblichen Götter noch bitten, als dass ich das Glück habe, mir diese Eure gemeinsame Liebe bis an mein Lebensende zu erhalten?»[15]

Der Senat ordnete an, den Beschluss in der Vorhalle des kaiserlichen Hauses und in der Kurie aufzustellen und in den Sockel der Quadriga des Kaisers schlagen zu lassen, die im Zentrum des Forum Augustum stand (S. 241). Der Tatenbericht des greisen Kaisers schloss mit dieser Ehrung. Sie war der letzte und gewiss eindrucksvollste Stein, der im monarchischen Haus gesetzt wurde.

4. Der unerfüllte Traum vom neuen Menschen

Gesetzlich verordnete Moral

Die Herrschaft des Augustus währte lange. Aber sie reichte nicht, um die Lebensart der Führungsschichten gründlich zu verändern, so nachdrücklich es der Kaiser auch versuchte. Er hat wie viele seiner Zeitgenossen geglaubt, der Sturz des erhabenen Rom in das Elend der Bürgerkriege sei die Folge des moralischen Verfalls gewesen (S. 64 f.). Horaz sprach aus, was Augustus bewegte:

> «An Sünden reich hat unsere Zeit zuerst
> Den Ehebund und Haus und Geschlecht befleckt:
> Aus diesem Urquell floss des Unheils
> Strom auf das Land und das Volk der Römer.»[16]

Diesen Strom aufzuhalten gehörte zu einer Politik, die den inneren Frieden durch die Wiederbelebung alter Tugenden dauerhaft bewahren wollte. Was der kleine Mann der Vorstädte mit seinen Lastern anfing, störte nicht sonderlich. Was hingegen die großen Familien in ihren Häusern trieben, entschied in den Augen des Augustus über das Schicksal Roms.

Es ist müßig, ihm vorzuwerfen, er habe ein Symptom des Übels, das in Gestalt des Bruderkrieges über Rom kam, für seine Ursache gehalten. Er tat es nun einmal und rechtfertigte damit eine Gesetzgebung, die die Lebensart der Eliten bestimmten Regeln unterwerfen wollte. Vorbild waren wie immer die Alten. Sie sah der verklärte Blick einer unruhigen Zeit als gute Patrioten und sittenstrenge Männer und Frauen, die an die Größe Roms glaubten und ein einfaches Leben im Kreis ihrer wohlerzogenen Kinder allen Verführungen des Fleisches vorzogen. Dieses Beispiel der Vorfahren galt es nachzuahmen, um eine verdorbene Welt zu retten: «Durch neue, auf meine Veranlassung hin eingebrachte Gesetze habe ich viele Einrichtungen der Väter, die in unserer Zeit schon zu schwinden drohten, wieder zum Leben erweckt.»[17]

Das Ergebnis waren Sittengesetze. Das erste, die *lex Iulia de adulteriis coercendis*, stellte Ehebruch, Unzucht und Kuppelei unter Strafe; ein eigener Gerichtshof sollte über die Schuldigen befinden. Ein zweites «Über die Heiratsverpflichtung der oberen Stände» (*lex Iulia de maritandis ordinibus*), modifiziert durch eine *lex Papia* 9 n. Chr., verbot die Ehe mit Dirnen und den Senatoren die mit Freigelassenen; es führte die Ehepflicht für alle Männer von 25 bis 60 und alle Frauen von 20 bis 50 Jahren ein, gleichgültig ob ledig oder geschieden. Wer nicht mindestens drei Kinder nachwies, hatte politische und privatrechtliche Nachteile in Kauf zu nehmen; wer eine kindereiche Ehe führte, erhielt Privilegien.[18]

Die Gesetze ernteten Hohn, Spott und Wut. Wie zu erwarten, maß die Öffentlichkeit den Kaiser selbst mit der Elle seiner Gesetze und befand ihn untauglich. Er machte es seinen Kritikern auch leicht. Seine zahllosen sexuellen Ausflüge waren Stadtgespräch, seine Frau Livia als Kupplerin verdächtig und seine Tochter Julia, sein einziges Kind, wegen Unzucht in die Verbannung geschickt. Sein besonders anstößiges Verhältnis zur ebenso schönen wie lebenslustigen Terentia, der Frau seines Freundes Maecenas, animierte die Spötter zu der Fabel, der Kaiser habe zwischen ihr und seiner Frau Livia einen Schönheitswettbewerb austragen lassen. Maecenas litt, ließ sich scheiden, heiratete die Geschiedene neu und sah doch zu, als Terentia im Sommer 16 Augustus nach Gallien begleitete. Solche Eskapaden haben die römischen Zuschauer, an Liebesabenteuer ihrer Großen gewöhnt, nicht sonderlich erschüttert. Im Licht der harten Regelungen der Sittengesetze ließen sie jedoch an den lauteren Absichten des Kaisers zweifeln.

Augustus blieb von dem erregten Disput scheinbar unberührt. Die Geschichte hatte ihn zum Missionar eines altväterlichen Lebenswandels bestellt, der allein Rom eine handlungsfähige Elite erhalten konnte. Was spielte demgegenüber sein eigenes Versagen für eine Rolle? Keine. So las er ungerührt im Senat die Rede des Metellus Macedonicus vor, der als Zensor bereits 131 wie ein zorniger Bußprediger gegen die zunehmende Ehe- und Kinderlosigkeit gewettert hatte: «Alle sollten zur Heirat angehalten werden, um Kinder zu zeugen», lautete sein Schlachtruf – es war auch der des Augustus. Da machte es nichts, dass Metellus' durchaus wunderliche Ansichten über die Ehe die Zwerchfelle der Senatoren arg strapazierten: «Wenn wir ohne Ehefrau leben könnten, Quiriten, würden wir alle gerne auf diese Plage verzichten. Da es aber die Natur so eingerichtet hat, dass man weder mit ihnen recht behaglich noch ohne sie überhaupt leben kann, so muss man eher auf die Dauer des Gemeinwohls als auf kurze Lust bedacht sein.» Es ist nicht überliefert, was Livia dazu gesagt hat.[19]

Die Hartnäckigkeit des Prinzeps versteht nur, wer den Zusammenhang sieht, den die damalige Zeit zwischen dem Zustand der Gesellschaft und dem Streben nach imperialer Macht hergestellt hat. Moral, Religion und Weltherrschaft bedingten sich gegenseitig. So hatten die Sittengesetze dieselbe Funktion wie die Restauration der verfallenen Tempel und die Wiederbelebung der alten in Vergessenheit geratenen Priesterschaften. Soweit teilten die Senatoren und Ritter die Ansichten ihres Zuchtmeisters. Auch für sie besaß das Leben ohne Bindung an Haus und Familie keinen vernünftigen Sinn. Wer keinem Haushalt angehörte, war ausgeschlossen und lebte unglücklich. Die Mutmaßung ist närrisch, in Rom hätten sich die oberen Zehntausend ein Schlaraffenland sexueller Freizügigkeit und ehelicher Ungebundenheit geschaffen, das erst der Gekreuzigte und die in seinem Namen verkündete Moral zerstört hätten. Tatsächlich war die Ehe das soziale und sittliche Fundament der Gesellschaft; sie beruhte auf dem Bestreben, erbberechtigte Kinder zu haben, monogam zu sein und in häuslicher Gemeinschaft verwirklicht zu werden. Nur dies allein zählte, nur dies bot Halt, nur dies verschaffte die von jedermann begehrte soziale Anerkennung. Wer aber daraus den Schluss zog, der Staat müsse in den Ehebetten seiner Bürger Ordnung schaffen, durfte nicht auf Beifall hoffen – im Gegenteil. Nun, die Betroffenen besaßen Phantasie genug, den missionarischen Eifer des Kaisers zu unterlaufen – ein Wunder nur, dass die meisten seiner Gesetze bis in die Spätantike in Kraft blieben.

Die einfachen Leute plagten diese Sorgen nicht. Sie hatten andere und ohnehin meist nur zu wählen zwischen Teufel und Beelzebub. Für sie schrieb Phaedrus, Freigelassener des Augustus und Fabeldichter, seine zeitlose Mär vom Esel und dem alten Hirten. Beide, von fernem Kriegsgeschrei bedroht, denken an Flucht, bis der Esel den Alten fragt, ob der neue Herr ihm wohl die doppelte Last auf den Rücken laden werde. Als der Hirte verneint, wendet sich das Grautier wieder dem Gras zu: «Was macht's mir dann aus, wem ich diene, wenn ich doch nur einen Packen trag?» Wer wollte dem widersprechen, schließt Phaedrus seine Fabel, denn «wenn Herrscher wechseln, ändert sich dem Armen nur der Herr, ansonsten bleibt's, wie es war.»[20]

Daran hätte nur eine Revolution etwas ändern können. Da sie ausblieb, orientierten sich alle wie bisher an den großen Herren. Der kleine Mann hatte kein eigenes Profil und keine eigenen Wertvorstellungen, und eine bessere Welt kam nur in seinen Träumen vor. Aber es ging ihm dank der Fürsorge seines kaiserlichen Patrons wenigstens besser, auch wenn die Götter sein Gebet um das tägliche Brot nicht immer erhörten. In der Hauptstadt, die wie andere große Städte auf die pünktliche Ankunft der Getreideschiffe aus Übersee angewiesen war, brachen häufiger Hungerrevolten aus. Aber sie hielten nicht an, und häufig entsprangen sie nicht ernsthaften Versorgungsproblemen, sondern der Reizbarkeit des Proletariats. Es war überzeugt, Kaiser, Senatoren und Notabeln seien dazu da, ihm das Leben angenehm, unterhaltsam und sorgenfrei zu machen.

Dies zerrte am kaiserlichen Hof schon bei den kleinsten Versorgungsengpässen an den Nerven. Denn allein die Zahl der Versorgungsempfänger, die sich in der Hauptstadt vor den Vorratslagern des Staates drängten und nach billigem Getreide schrien, bezifferte Augustus selbst für das Jahr 5 auf 320 000 und für das Jahr 2 auf 200 000. Für sie war er allein zuständig, während er in den Städten Italiens und der Provinzen den Notabeln das Ansteigen des Brotpreises anlasten konnte. Löste er wie im Jahre 22 das Problem durch energische Maßnahmen und den Griff in seine eigene Tasche, war ihm der Beifall der Straße sicher. Löste er es jedoch nicht schnell genug, verwandelte sich die Stadt in einen Hexenkessel. So geschah es in den Jahren 5 bis 9 n. Chr.: Die Beamten rationierten die Getreidezuteilungen, und um weniger Mäuler stopfen zu müssen, wurden Gladiatoren und zum Verkauf zusammengetriebene Sklaven aus der Stadt gewiesen. Viele Senatoren flohen mit ihrem Gefolge aufs Land, wo kein Mangel herrschte und man vor Randalierern und Plünderern sicher war. Der Kaiser harrte aus, verzichtete aber an seinem Geburtstag auf die übliche öffentliche Bewirtung. Als im Herbst 9 die Nachricht hinzukam, drei Legionen seien in Germanien besiegt worden, dachte der alt gewordene Imperator an Selbstmord.[21]

Der Volksfreund

Wie kein Zweiter wusste Augustus Volkstümlichkeit zur Erhaltung der Herrschaft zu nutzen. Für ihn war dies von existentieller Bedeutung, residierte er doch in einer brodelnden Metropole von etwa 800 000 Einwohner. Sie vergötterten ihn als den Bringer von Brot und Geldspenden. Sie jubelten ihm zu, wenn er nach langer Abwesenheit zurückkehrte und von erfolgreichen Kriegszügen berichtete. Und sie liebten ihn, wenn er mit ihnen große Feste feierte. Jedes öffentliche Ereignis, jede religiöse Feier, jeder Triumphzug machte sie glücklich, und sie beweinten die Toten der kaiserlichen Familie gemeinsam. Am lautesten beklatschten sie ihren Wohltäter bei den Spielen. In solchen Momenten entkam der namenlose Bürger den tiefen Schatten, die über seinem alltäglichen Leben lagen, und er war dankbar dafür. Der Prinzeps wiederum begegnete in Theater und Zirkus immer aufs Neue seinem Volk und hörte dessen Wünsche.

Ein späterer Redner rühmte es als Ausdruck höchster Regierungskunst, dass der Kaiser nie die großen Feste vernachlässigt hatte, habe er doch verstanden, dass «das römische Volk zwei Dinge am höchsten schätze: die Versorgung mit Brot und die Schauspiele». Und er fügte hinzu, «dass die Ausübung der Herrschaft sich ebenso im Reich der Unterhaltung wie der Erledigung ernsthafter Geschäfte bewähren müsse, denn die Vernachlässigung der Staatsangelegenheiten bewirke zwar schweren Schaden, die der Spiele aber vergifte die Stimmung».[22] Die Sätze hätten ein Zitat aus dem Regierungsprogramm des Augustus sein können, hatte er doch wie wenige jeden Anlass genutzt, die öffentliche Meinung zu beeinflussen. Konkurrenz duldete er auf diesem Feld ebenso wenig wie in der Außenpolitik. Den Triumph, die Getreideversorgung und die Feuerwehr monopolisiert und alle großen Spektakel selber durchgeführt zu haben, konnte ihm keiner streitig machen. Niemand durfte vor aller Welt dem Kaiser gleich sein.

Dies zeigte sich am auffälligsten im Zirkus. Augustus zählte in seinem Tatenbericht 67 Spiele auf, darunter Kämpfe von 10 000 Gladiatoren, Reitergefechte, eine Seeschlacht, zu der jenseits des Tiber ein Bassin ausgehoben wurde, und Tierjagden, die – so der stolze Veranstalter – 3500 Tiere, unter ihnen Hunderte von Tigern, Löwen, Elefanten und Krokodilen, das Leben gekostet hatten.[23] In zahlreichen Stadtvierteln fanden aus fast beliebigen Anlässen auf provisorisch errichteten Bühnen Kämpfe und Jagden statt, Schauspiele, an denen der Kaiser teilnahm, wann immer er konnte. Im Kampf der Gladiatoren, im monströsen Schauspiel des Ringens von Mensch und Tier wussten sich die Zuschauer mit ihrem Imperator so einig wie nie.

Augustus hat diese Spiele nicht erfunden. Ursprünglich gehörten sie in den privaten Raum und zu den Bestattungsritualen des Adels. Dort aber blieben sie nicht. Sie lösten sich aus ihrem alten Rahmen und dienten den großen Familien als Podium, auf der sie ihre politische und soziale

Macht zur Schau stellten, um im Kampf um die Staatsämter die Gunst der Wähler zu gewinnen. Fortan gehörte dieses Podium dem Kaiser allein. Denn nun war er der wichtigste Patron aller Plebejer, den sie dankbar verehrten und dem sie willig gehorchen sollten. Sie taten es nicht immer, und die Spiele verschafften ihnen häufig die Möglichkeit, ihrem Herzen Luft zu machen.

Ihr Beifall oder ihr Missmut galten jedoch nicht der großen Politik, sondern der Art und Weise der Fürsorge. «Das Volk», höhnte der Satiriker Juvenal, «das früher den Oberbefehl, die Fasces, die Legionen, kurz alles verlieh, hält sich jetzt zurück und wünscht sich nur noch zwei Dinge: Brot und Spiele.»[24] Die Häme des wohlsituierten Dichters zielte auf die kleinen Leute. Sie blieben davon unbeeindruckt. Denn sie waren sich ihrer Macht durchaus bewusst, wenn sie hinter den Sitzen der Senatoren und getrennt vom Militär im Theater Platz genommen hatten. Von ihren Vätern hatten sie gelernt, fürstlichen Großmut (*liberalitas*) zu fordern, und sie selbst hatten oft erfahren, dass die Großen ihren in der Arena gebündelten Zorn fürchteten und ihre Ovationen ersehnten. Sie waren sicher, dass sich nichts daran ändern würde. An den Tagen nämlich, an denen die Massen sie hochleben ließen, waren ihre Führer auf dem Gipfel ihres persönlichen Glücks angekommen: «Als der Wohltäter vor die Menge tritt, erheben sich alle von ihren Plätzen und begrüßen ihn mit lautem Jubel. Wie aus einem Munde lassen sie ihn als Schutzherrn und Herrscher ihrer Vaterstadt hochleben und strecken den Arm zum Gruß aus … Sie nennen ihn den Nil der Wohltätigkeiten und sagen, dass er mit seinen großzügigen Geschenken wie der Ozean unter den Gewässern sei.» Als dies Johannes Chrysostomos schrieb, waren 400 Jahre ins Land gegangen. Geändert aber hatte sich nichts. So vollendete der Kirchenvater seine Predigt mit dem zornigen Satz, alle Hochwohlgeborenen beteten heimlich, auch für sie möge der Tag anbrechen, an dem Tausende im Theater von ihren Sitzen aufspringen, um sie jubelnd als Väter der Stadt zu begrüßen.[25]

Was in Rom galt, war in den Städten des Reiches Gesetz. Hier wie dort hatte sich der Raum der Politik verengt, hielten der Kaiser und seine Bürokraten oder lokale Bürgermeister die Macht in Händen. So blieben die Theater und Stadien die einzigen Orte, um den Mächtigen zuzustimmen oder ihnen die Faust zu zeigen. Brüllte die Menge gemeinsam, verwandelte sich eine schaulustige Masse in einen ernsten politischen Gegner. Auch ein plötzliches Verstummen, etwa wenn der Statthalter das Rund des Theaters betrat, ließ nichts Gutes ahnen. Aus der Sicht des fernen, aber wachsamen Rom hatte ein solcher Beamter seine Untertanen nicht glücklich, sondern aufsässig gemacht und damit seine Aufgabe verfehlt, die Provinz ruhig zu halten.

Im Raum der Politik hat das Volk unter Augustus nichts mehr bewegt. Im Theater und im Zirkus indes bildete es die Kulisse, vor der der Herrscher als Monarch auftrat und sich der Zustimmung zu seinem Regiment versicherte. Dies aber beschreibt nur die eine Seite der Spiele. Die andere zeigt ein zweiter Blick auf die Zuschauerränge. Dort sahen Menschen auf die Bühne, deren Leben von Krieg und Eroberung und der Erinnerung daran geprägt war und deren kriegerische Gesinnung sich in den Kämpfen im Sand der Arena spiegelte. «Nun wurden den Schaulustigen Spiele geboten», freute sich Plinius, «doch nicht solche, die kraftlos machen und die Energien der Männer schwächen und zerbrechen, sondern Spiele, die dazu anspornten, ehrenvolle Wunden zu empfangen und den Tod zu verachten, weil man sogar an kämpfenden Sklaven und Verbrechern den Drang zum Ruhm und das Verlangen nach Sieg beobachten konnte.»[26]

Dort also, wo vor den Augen aller sozialen Schichten das Töten zur Kunst wurde, dort, wo der sozial Ausgegrenzte als Gladiator zum Vorbild für Reich und Arm aufstieg, dort, wo auch im Spiel mit dem Tod Ehre zu gewinnen war, enthüllte sich die römische Seele.[27] Auch die des Augustus. Wie sonst wäre seine Freude an improvisierten Kämpfen einzelner Stadtviertel zu erklären, wie sonst seine gespannte Aufmerksamkeit am Geschehen in der Arena? Während Caesar seine Korrespondenz bei den Spielen erledigte und Tiberius sie mied, blickte Augustus mit derselben Erregung wie sein Volk auf die blutigen Dramen, die tagelang vor seinen Augen aufgeführt wurden. Er tat es als Herrscher, der seinem Volk nahe sein wollte, und er tat es als Römer, für den es keinen Frieden ohne Krieg geben konnte.

5. Die Frauen am kaiserlichen Hof

Livia, «Odysseus im Weiberrock»

Der Palast des Kaisers lag auf dem Palatin und umfasste Heiligtümer und Häuser, in denen die kaiserliche Familie wohnte, geschützt durch germanische Leibwächter. Der ganze Komplex war weitläufig genug, um Senatssitzungen, Diplomatenempfänge, Audienzen und Fest-

Abb. 17 Porträt der Livia, gefunden im ägyptischen Fayum. Als der Kopf bei einer römischen Werkstatt in Auftrag gegeben wurde, war Livia etwa 60 Jahre alt. Ihre jugendliche Darstellung, betont durch ihre kunstvolle Frisur, spricht wie die Bildnisse des Kaisers selbst von der Zeitlosigkeit der Herrscherdynastie und dem Glück, das sie den Menschen brachte.

bankette dem Status des Gastgebers entsprechend auszurichten.[28] Bei diesen Anlässen entfaltete das gesellschaftliche Leben der Stadt Rom seinen höchsten Glanz, sorgten Dichter und Schauspieler für Unterhaltung, offenbarte der Kaiser, wen er zu seinen Freunden zählte. Ihn umgab ein Heer von Bediensteten, Personen meist unbedeutender Herkunft, aber vom Befehlshaber der Schutztruppe bis zu den Bürovorstehern der kaiserlichen Kanzlei mit Aufgaben befasst, die sie unentbehrlich machten. Sie ermöglichten oder verhinderten den Zugang zum Kaiser und konkurrierten mit den informellen und institutionalisierten Formen der Entscheidungsfindung, die die Tradition in der Gestalt von Klientel und Freundschaft bzw. von Magistratur und Senat bereithielt. «Sogar mit seinen Freigelassenen und Türhütern bekannt zu werden, galt als etwas Großartiges.»[29]

Die wichtigsten Personen bei Hof waren neben dem Kaiser seine Schwester Octavia, seine Tochter Julia und seine Frau Livia. Diese hatte er zum ersten Mal Ende des Jahres 39 gesehen und sich in ihre Arme geworfen. Ohne zu zögern trennte er sich von seiner Gattin Scribonia und heiratete Livia, «geblendet von ihrer Schönheit», während die Verlassene seine Tochter Julia gebar.[30] Das Festbankett des neuen Hochzeitspaares am 17. Januar 38 zierte Tiberius Claudius Nero, der als geschiedener Ehemann Livias den Brautvater spielte; als ehemaliger Gegner der Triumvirn versprach er sich politischen Nutzen von der schnellen

Einwilligung in die Scheidung. Drei Monate später erlebte Claudius die Geburt seines zweiten Sohnes Drusus, der in sein Haus gebracht wurde und dort ebenso wie sein Erstgeborener Tiberius aufwuchs. Als er 33 starb, kamen seine Söhne zu ihrer Mutter zurück und lebten fortan im Palast, da der sterbende Vater Octavian zum Vormund bestellt hatte.

Herz und Verstand banden die Eheleute über 50 Jahre lang, selten gestört von Zerwürfnissen, nach außen unbelastet von der Kinderlosigkeit des Paares. Für den Staat hingegen, schrieb Tacitus, der Livia nicht mochte, sei sie «eine Last als Mutter, eine Last für das Herrscherhaus als Stiefmutter» gewesen. Für ihn war sie einzig besorgt um das Wohlergehen und die Karriere ihrer Söhne Tiberius und Drusus und ohne Liebe für ihre Stiefkinder. So war es nicht ganz. Sueton kam der Wahrheit näher, als er von der «einzigartigen und beständigen Liebe und Wertschätzung» des Kaisers sprach und seinen Lesern anvertraute, ihr Urenkel, der spätere Kaiser Caligula, habe, schwankend zwischen Spott und Hochachtung, Livias politisches Geschick mit dem Kompliment versehen, sie sei ein «Odysseus im Weiberrock».[31]

Die Verfassung verweigerte ihr politische Mitsprache. Aber es gab noch andere Regeln, denen das öffentliche Leben gehorchte. Es war durchzogen von verschlungenen Pfaden der Einflussnahme, welche die großen Damen der Republik oder die Mütter, Ehefrauen und Geliebten der Caesaren nutzten. Wie im Paris des 18. und 19. Jahrhunderts wurde in ihren privaten Salons manche politische Entscheidung vorbereitet und über viele Karrieren entschieden. Ihr Reichtum und weit verzweigte gesellschaftliche Verbindungen förderten den Aufstieg der Ehemänner, Söhne und Liebhaber. In den Provinzen sprachen die Inschriften beredt von römischen Stifterinnen, feierten «Schirmherrinnen» und «Mütter» von Kollegien. Fast neunzig Frauen, lehrt die Statistik, reisten mit den Amtsträgern in die Provinz und standen ihnen zur Seite – offenbar so energisch, dass der Senat unter Tiberius die Statthalter daran erinnern musste, dass sie für alle Verfehlungen ihrer Ehefrauen haftbar gemacht würden.[32]

So hat auch Octavia Antonius in den Osten begleitet, und Livia folgte ihrem Gatten auf seiner ausgedehnten Reise in den Orient. Dort, in den Jahren 22 bis 19, trat sie ohne Zögern als Herrscherin auf. Sie empfing fürstliche Abgesandte aus Indien und den Hauptstädten der abhängigen Königreiche, darunter den jüdischen König Herodes, dessen Bruch mit seiner Schwester Salome sie durch eine klug eingefädelte Heirat verhinderte. Selbst die göttlichen Ehren, mit denen der Osten den Prinzeps überhäufte, schmückten nun auch Livia.

Augustus versäumte nie, Livias Rat einzuholen, war sie doch ebenso kenntnisreich wie verschwiegen. Fulvia hatte sich noch mit offenem Visier in die Politik gestürzt und den Hohn Ciceros ertragen müssen, im Hause ihres Gatten Antonius habe der Staat zum Verkauf gestanden und «eine Frau, segensreicher für sich selber als für ihre Männer, versteigere Provinzen und Königreiche». Livia verbarg ihre Macht hinter der Maske einer tugendhaften Ehefrau, der es genug war, einem bescheidenen Haushalt vorzustehen. Die täglichen Hofnachrichten berichteten denn auch immer wieder gleich, dass die Damen des kaiserlichen Hofes wie einst Penelope fleißig strickten und auf ihren guten Ruf achteten. Einst gefragt, wodurch ihr Rat für den Kaiser so wertvoll geworden sei, soll Livia geantwortet haben, durch ihre Keuschheit, durch ihre Leidenschaft, jeden seiner Wünsche zu erfüllen, und durch die Nichteinmischung in die Angelegenheiten des Staates. Die Schönheit der Venus und die Gesittung Junos zeichne sie aus, schrieb bewundernd Ovid aus der Verbannung; sie allein sei würdig gewesen, «Gattin des Gottes zu sein».[33]

Die wahre Macht Livias beruhte anfangs auf ihrer aristokratischen Herkunft und den Verbindungen, die sich daraus von selbst ergaben. Vor allem aber gründete sie auf Erfahrungen. Sie hatte schon als junge und adelsstolze Frau viele erhöht und erniedrigt gesehen. Sie hatte als Tochter aus einem republikanisch geprägten Haus Flucht und Todesangst ertragen, bevor sie dem Feind ihres Vaters und ihres Mannes Claudius die Hand reichte. Mit Octavian teilte sie Leid und Unglück der Bürgerkriege, mit Augustus den zähen und jahrzehntelangen Kampf um die Alleinherrschaft und immer neu das verzweifelte Ringen um die Nachfolge. Nichts davon harmoniert mit dem Bild der biederen Hausfrau, die im Kreis ihrer Mägde Wolle spinnt. Sie gefiel sich darin, weil es nützlich war. Denn es passte anfangs allzu gut in die Propaganda gegen die Hure Ägyptens, dann in das moralische Programm des Gatten, dessen Ehe- und Sittengesetze den vermeintlich liederlichen Adel in das tugendhafte Elysium der Väter zurückführen sollte.

Livia war nicht nur klug, sie war auch die reichste Frau ihrer Zeit. Viele wetteiferten darum, durch Geschenke und Erbschaften ihre Gunst zu erlangen. Sie hatte das Recht, ihre Besitztümer selbst zu verwalten und dafür eigene Angestellte zu beschäftigen. Die jüdische Regentin Salome, die Schwester Herodes des Großen, überschrieb ihr im Süden Palästinas die dortigen Seestädte und unendlich wertvolle Palmenhaine, die ihr der Bruder mit Zustimmung des Augustus geschenkt hatte. Diese Gabe machte sie zur Landesherrin und damit zur Klientelfürstin Roms.

Die Familie des Augustus

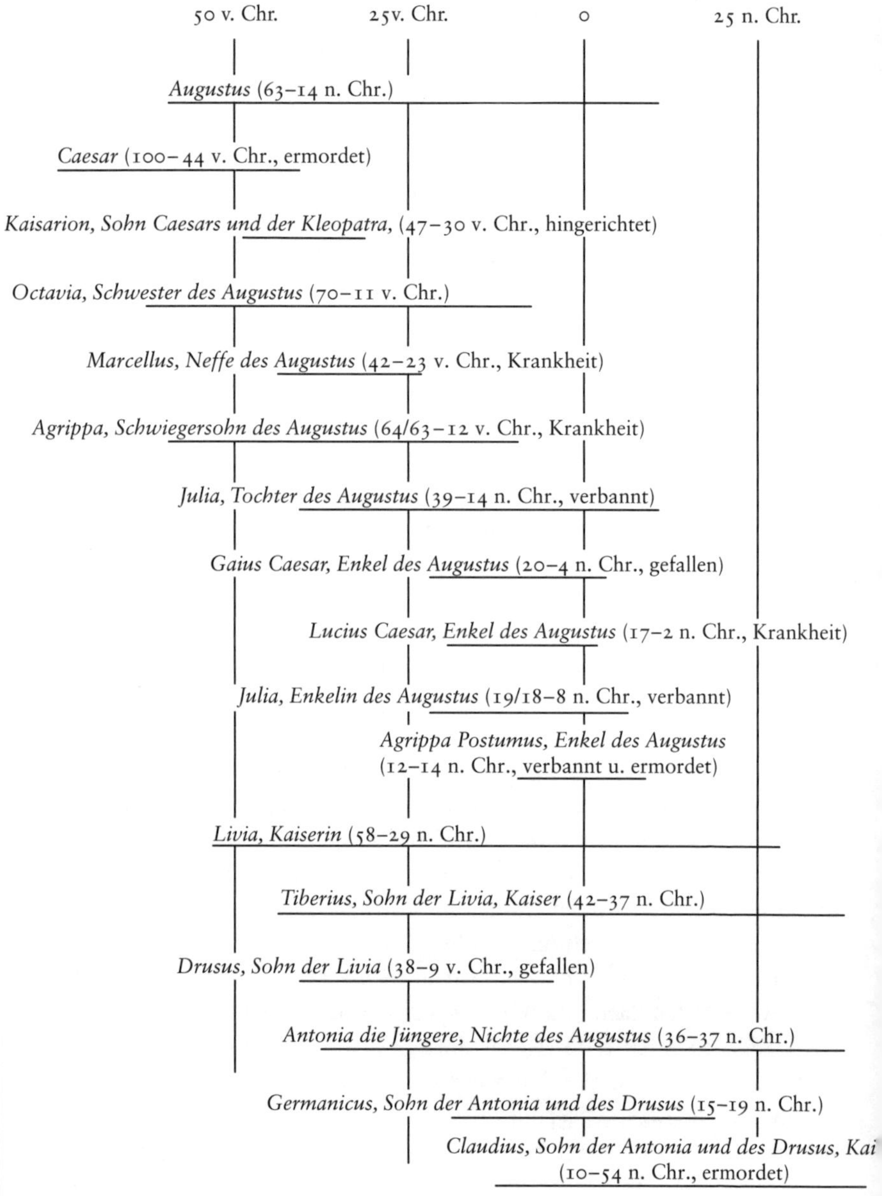
50 v. Chr.
25v. Chr.
0
25 n. Chr.
Augustus (63–14 n. Chr.)
Caesar (100–44 v. Chr., ermordet)
Kaisarion, Sohn Caesars und der Kleopatra, (47–30 v. Chr., hingerichtet)
Octavia, Schwester des Augustus (70–11 v. Chr.)
Marcellus, Neffe des Augustus (42–23 v. Chr., Krankheit)
Agrippa, Schwiegersohn des Augustus (64/63–12 v. Chr., Krankheit)
Julia, Tochter des Augustus (39–14 n. Chr., verbannt)
Gaius Caesar, Enkel des Augustus (20–4 n. Chr., gefallen)
Lucius Caesar, Enkel des Augustus (17–2 n. Chr., Krankheit)
Julia, Enkelin des Augustus (19/18–8 n. Chr., verbannt)
Agrippa Postumus, Enkel des Augustus
(12–14 n. Chr., verbannt u. ermordet)
Livia, Kaiserin (58–29 n. Chr.)
Tiberius, Sohn der Livia, Kaiser (42–37 n. Chr.)
Drusus, Sohn der Livia (38–9 v. Chr., gefallen)
Antonia die Jüngere, Nichte des Augustus (36–37 n. Chr.)
Germanicus, Sohn der Antonia und des Drusus (15–19 n. Chr.)
Claudius, Sohn der Antonia und des Drusus, Kai
(10–54 n. Chr., ermordet)

Ihr Geld gab sie aus, wie es sich für die Tochter eines großen Adelshauses ziemte: für Bauten, Spiele, soziale Programme der verschiedensten Art. Ganz im Sinne des Gatten achtete sie auf die Loyalität der Senatoren. Viele von ihnen, so berichtet Dio, habe sie vor dem Zorn des Kaisers gerettet, ihre Kinder aufgezogen und für die standesgemäße Aussteuer ihrer Töchter gesorgt. So mancher nannte sie die «Mutter des Vaterlandes», auch wenn ihr Sohn Tiberius als Kaiser den Vorschlag des Senates ablehnte, sie *mater patriae* zu nennen. Ob mit oder ohne Titel, ihre Fürsorge verschaffte ihr ein dankbares und ergebenes Heer von Vertrauten, das dem Kaiserpaar durch alle Krisen hindurch die Treue hielt.[34]

Eine öffentliche Stellung erhielt Livia erst nach dem Tod des Augustus. Er adoptierte die 71jährige testamentarisch, hinterließ ihr ein Drittel seines Vermögens und gab ihr den Augusta-Titel. Als «Julia Augusta» stand sie jetzt nicht rechtlich, wohl aber in der sozialen Hierarchie gleichberechtigt neben dem Prinzeps Tiberius. Ob ihm dieser Einfall des alten Kaisers genützt oder geschadet hat, ist immer wieder bedacht worden; wie auch immer man sich entscheidet, dies gehört zu einer anderen Geschichte.

Octavia, Schwester und Vertraute

Die zweite Frau am Hof war Octavia, die ältere Schwester des Kaisers. Aus ihrer ersten Ehe mit Claudius Marcellus stammten zwei Töchter und ein Sohn. Nach der zweiten Heirat mit Antonius hatte sie zu ihm gehalten, solange es eben ging, und in Rom die Sache seiner Anhänger vor ihrem Bruder vertreten. Nach dem Ausbruch des Bürgerkrieges zog sie mit ihren fünf Kindern – zwei Mädchen aus der Ehe mit Antonius waren hinzugekommen – und dem Sohn der Fulvia in das Haus ihres Bruders auf dem Palatin; als Antonius im fernen Alexandria in den Armen Kleopatras starb, nahm sie deren drei minderjährige Kinder zu sich. Auch sie war im Jahre 35 mit dem Recht ausgezeichnet worden, über ihr Vermögen eigenständig zu bestimmen, auch sie erhielt zusammen mit Octavian und Livia die Unverletzlichkeit (*sacrosanctitas*) der Volkstribunen. Damit war sie unzertrennlich mit dem Haus des späteren Kaisers verbunden und hatte Anteil an der religiösen Weihe des Alleinherrschers.

Von ihren politischen Anstrengungen nach Aktium berichten die Quellen nichts. Wohl aber, dass ihr wie Livia die Rolle der ehrbaren römischen Herrin gefiel und sie ihre Reichtümer zu nutzen wusste. Das aber kann nicht alles gewesen sein. Bereits ihr Sohn verschaffte ihr, die keine neue Ehe mehr eingegangen war, eine Stellung, die mit der Livias vergleichbar war. Denn Marcellus war der einzige männliche Erbe aus julischem Geschlecht, und auf ihn ruhten alle Hoffnungen des Augustus. Kaum war dessen einzige Tochter Julia heiratsfähig, vermählte er sie mit Marcellus; Octavia stand auf dem Gipfel ihres Glücks und ihres Ansehens als mögliche Kaisermutter. Der frühe Tod des jungen Mannes zerstörte ihre Hoffnungen. Bis zu ihrem Lebensende legte sie ihre Trauerkleider nicht mehr ab.

Aber sie blieb die einflussreiche Schwester ihres Bruders, der ihr die Stiftung einer nach ihr benannten Säulenhalle und einer Bibliothek gestattete. Ihren Rang unterstrichen die Feierlichkeiten zu ihrem Begräbnis. Sie starb 58jährig im Jahre 11, und alle Verwandten und die Amtsträger folgten wie ein Jahr zuvor dem toten Agrippa ihrer Totenbahre, die ihre Schwiegersöhne trugen. Der Schwester hielt Augustus die feierliche Leichenrede, der Schwiegermutter Drusus; ihre letzte Ruhe fand sie im kaiserlichen Mausoleum neben ihrem Sohn. Ihre Grabinschrift, auf der gleichen Grabplatte wie die ihres Sohnes eingraviert, nennt nur die Rolle, in der sie für Augustus wichtig war: «Octavia, Tochter des Gaius, Schwester des Augustus Caesar.»[35]

IX. DIE GESICHTER DER MACHT

«Rohe Schlichtheit herrschte früher, jetzt ist die Stadt voller Gold, denn sie besitzt die großen Schätze der unterworfenen Welt.» *Ovid*

«Beim einfachen Volk dringen die Dinge wirksamer über die Augen als über die Ohren ein, denn das Volk verinnerlicht besser das, was es sieht, als das, was es hört.»

Die Ratgeber des englischen Königs Heinrich VIII.

1. Steinerne Denkmäler monarchischer Autorität

Die öffentlichen Aufgaben der Architekten und Bildhauer

Das Gesicht jeder Herrschaft, der Zustand einer Gesellschaft, ihre Werte und ihre Stimmungen spiegeln sich in ihren Bauten und Bildern. Im Tugendkanon eines Herrschers sind sie unersetzlich, beweisen sie doch die Freigebigkeit des Fürsten ebenso wie seine Fähigkeit zu umsichtiger Planung. Im Rom des Augustus dokumentieren sie überdies sein Vorrecht, der erste Förderer des Staates zu sein, die Wirtschaft zu stützen und die Wohlfahrt der Untertanen zu mehren. Jeder Prachtbau ließ die Zeitgenossen die Überlegenheit der Alleinherrschaft gleichsam mit Händen greifen; den späteren Generationen beglaubigte er den Ruhm seines Schöpfers. Endlich forderte er von den Provinzen und den auswärtigen Königen Anerkennung und Respekt vor einer imperialen Herrschaft, die fähig war, Werke für die Ewigkeit zu schaffen.

Die Meisterschaft der Maler, Bildhauer und Architekten, politische Vorstellungen jedermann sichtbar zu machen, haben die Römer früh erkannt und genutzt. Große architektonische Anlagen, Städte, Straßen, Aquädukte, Porträts, Ehrenstatuen und historische Reliefs spiegelten den Machtanspruch der Tiberstadt ebenso wie die Vollkommenheit seiner Führer. Als Augustus zur Welt kam, war der gesamte öffentliche Raum in den Städten des Reiches bereits mit Denkmälern durchsetzt, deren vornehmlicher Sinn es war, Bürgern und Untertanen sowie den nachfolgenden Generationen die politischen Ansprüche der Großen fassbar zu machen.

Reichtum allein reichte nicht aus. Nur wer dem Staat diente, durfte das Recht beanspruchen, im öffentlichen Raum Bauten oder Ehrenmäler zu errichten. Die einmalige Tat, sichtbar gemacht etwa in Historiengemälden oder in Monumenten, gleich welcher Art, diente immer dazu, die dauerhaften Tugenden vor Augen zu führen, die Rom groß gemacht hatten. Dies tat man im Gegeneinander und mit dem festen Willen, die Taten der Vorfahren zu übertreffen. Sulla war der erste Meister der Selbstverherrlichung, als er sich ein Erinnerungsmal setzte, das alle bisherigen in den Schatten stellen sollte. Im Krieg gegen Jugurtha hatte er im Jahre 105 in einem halsbrecherischen Kommandounternehmen den numidischen König in einen Hinterhalt gelockt und gefangen genommen. Er feierte diesen Erfolg auf Münzbildern und auf dem Kapitol in Stein. Dort saß er auf erhöhtem Thron, vor ihm mit einem Ölzweig in der Hand der kniende mauretanische Fürst Bocchus, hinter ihm der gefesselte Jugurtha. Caesar machte aus dieser Form von Selbstvergöttlichung bereits eine monarchische Attitüde, als er im September 46 im Rahmen seiner Siegesfeiern stolz sein eigenes Forum einweihte, in dessen Mitte sich ein Tempel erhob. In seinem Inneren stand die Statue der Venus Genetrix («Erzeugerin»), der Stammmutter der Julier. In ihrem Kultbild verschmolzen die ins Mythische erhobenen göttlichen Ursprünge des julischen Geschlechts und der Sieg der römischen Waffen.[1]

Nach solchen Zeichen verlangte auch die Ordnung, die Augustus versprochen und deren Dauer er an den Erhalt seiner Herrschaft gebunden hatte. Sie sollten jedermann überzeugen, dass der Sieger von Aktium die Tradition der Republik und die Herrschaft über das Imperium in seiner Person vereint hatte.

Augustus hat in den langen Jahren, die ihn die Götter herrschen ließen, die politische Ordnung umgestürzt, die soziale jedoch im Geist des Überkommenen zu retten versucht. Hier wie dort kam es nun darauf an, eine Bildersprache zu finden, die Bürger und Untertanen, Römer und Griechen, von der Überlegenheit des Neuen überzeugte. Dazu mussten neue Formen der Darstellung von Macht im öffentlichen Raum gefunden werden. Dort standen vor Aktium noch die Monumente der rivalisierenden Generäle; jetzt hatten sie dem Kaiser Platz zu machen.

Es gab vieles, das der eigenen Zeit und den kommenden Jahrhunderten vorgestellt werden musste: die auf den Schlachtfeldern der Bürgerkriege geborene, aber dennoch segensreiche Monarchie, der Glanz des julischen Geschlechts, der Pakt mit der Republik und ihrer Tradition, das mit dem Schwert gewonnene Weltreich, das Glück des inneren Friedens und die Verehrung der Götter, denen doch alles geschuldet war. Die einen taten ihre Schuldigkeit mit der Feder, die anderen schlugen in Stein, woran sich alle Zeiten erinnern sollten. Vornehmlich ihnen war die Aufmerksamkeit auch der kleinen Leute sicher. «Beim einfachen Volk dringen die Dinge wirksamer über die Augen als über die Ohren ein», erklärte der Ratgeber der englischen Krone seinem König Heinrich VIII., als dem Volk der Abfall von der römischen Kirche begreiflich gemacht werden sollte. «Denn das Volk verinnerlicht besser das, was es sieht, als das, was es hört.»[2] Verinnerlichen hieß: sehen, glauben und gehorchen. Diese Einsicht galt auch im Reich des Augustus.

Die Antwort auf die nächstliegende Frage, wie denn das Neue zu formen sei, wiesen die Zeugnisse der klassischen griechischen Kunst. Ihre der Zeit entrückten Formen sollten einer vollkommenen Herrschaft, unter der sich allgemeiner Wohlstand, eine hohe Lebensmoral und ein gesicherter innerer Friede miteinander verbanden, ein unverwechselbares Gesicht geben.[3] Welthistorisch betrachtet war dies ein ungeheurer Vorgang, hüllte sich doch der Herr einer Weltmacht in die Kleider eines besiegten Volkes. Die römischen Zeitgenossen allerdings fanden daran nichts Ungewöhnliches, hatten sie doch längst ihre eigene Kultur der geistigen Tradition Griechenlands unterstellt und sie als maßgeblich in allen Belangen anerkannt (S. 333 ff.).

Rom: Der Mittelpunkt der neuen Weltordnung

Bei der Ausschmückung der Hauptstadt duldete Augustus keine Rivalen. Rom war seine Stadt, und in ihr durfte niemand sonst als Herr auftreten. Dem Adel stand es frei, sich in den Städten Italiens und der Provinzen schadlos zu halten und dort zu bauen, was nützlich und für Dank und Ehren gut war. In der Metropole hingegen hatte jedes Haus die Großmut des Kaisers zu beglaubigen. Seiner universalen Macht musste die Dimension seiner Bautätigkeit entsprechen – weithin sichtbar und von allen Bürgern und Besuchern zu bestaunen. An jedem zentralen Platz sollte die Heilslehre des Herrschers zu erkennen sein: Friede, Eintracht der Bürger, Wohlstand und Weltherrschaft. Davon behütet und betört von der umfassenden Fürsorge des Kaisers – gewiss nicht für alle, aber für immer mehr –, durfte der Bürger des Weltreiches in der Gewissheit ewigen Glücks leben. Nichts blieb dem Zufall oder dem Einfallsreichtum der Architekten oder Bildhauer überlassen. Rom selbst sollte bezeugen, dass Augustus nicht der erste Mann unter Gleichen war, sondern der Einzige, der Herr über die Welt. Als er starb, hatte die Stadt ihr Gesicht völlig verändert und war zum glanzvollen Mittelpunkt einer Weltmacht geworden.

Ein Bauwerk suchten die erwartungsfrohen Besucher der Metropole freilich vergebens: eine Residenz, in der sich die Herrlichkeit des absoluten Herrschers spiegelte wie später die Ludwigs XIV. in Versailles. Octavian wohnte auf dem Palatin, dort, wo seit langem die großen aristokratischen Familien ihre Domizile zu errichten pflegten. Sein Haus, das einst dem Redner Hortensius gehört hatte, war der Sage nach der Ort, von dem aus Romulus die Stadt errichtet hatte. Erst nach dem Erfolg über Sextus Pompeius kaufte Octavian in der Umgebung weitere Häuser für seine persönlichen Zwecke auf. Nach Aktium schmückten den Eingang zwei Lorbeerbäume, und über der Tür hing die Bürgerkrone als Zeichen des Dankes für die Rettung des Staates – kein anderes Gebäude der Stadt trug diese Auszeichnung. Schon früh mischten sich Öffentliches und Privates, so dass am Ende ein Gebäudeensemble aus ehemals von aristokratischen Familien bewohnten Häusern und Heiligtümern den Palatin zierte (S. 190).

Der Verzicht auf einen weithin ragenden Fürstensitz war weit mehr als eine ostentative Geste der Bescheidenheit. Die Mitte des Staates und des Imperiums durfte nicht der Palatin, sondern für immer das Kapitol sein. Hier war der Sitz des Jupiter Optimus Maximus, hier führten alljährlich die Priester die Opfertiere zum Altar, hierhin geleitete das Volk die siegreichen Feldherren, angetan mit dem Gewand des ersten Gottes, kurz: hier stand das Symbol für die Unbezwingbarkeit des Imperiums, das «Unterpfand der römischen Herrschaft (*pignus imperii*)».[4] Denn «solange, von der schweigenden Vestalin begleitet, der Pontifex zum Kapitol hinaufsteigt», wird, daran gab es keinen Zweifel, die Herrschaft Roms Bestand haben.[5] Wundersame Ereignisse bestätigten diesen Glauben. Das Auffallendste geschah, als im Jahre 387 gallische Krieger in der Stille der Nacht das Kapitol erklommen; damals weckten die heiligen Gänse der Stadtgöttin Juno durch Geschrei und Flügelschlagen die Wachmannschaften, die die Barbaren in die Tiefe stießen. Die Zeit hat dieser Geschichte nichts anhaben können. Viele Jahrhunderte später berichtet eine mittelalterliche Legende, auf dem Kapitol stünde die Statue der Roma, umgeben von anderen Standbildern, die die unterworfenen Völker verkörperten; diese trügen um den Hals Glocken, die zu läuten begonnen hätten, kaum dass einer einen Aufstand gewagt habe, so dass Senat und Volk von Rom immer und zur rechten Zeit gewarnt wurden.

In seinem Tatenbericht benötigt Augustus drei Kapitel, um sich seiner Bauten zu rühmen, und trotzdem ist sein Überblick unvollständig. Begonnen hatte er 30/29 mit der Errichtung eines Mausoleums auf dem Marsfeld.[6] Umgeben von einem ausgedehnten Park wölbte sich auf einer mit weißem Marmor verkleideten Basis ein Grabhügel mit einem Durchmesser von 90 und einer Höhe von fast 40 Metern, bewachsen mit immergrünen Bäumen, gekrönt von einer Panzerstatue des Erbauers, die ihn als Triumphator verherrlichte. Dies war weit mehr als eine aus den Fugen geratene Grablege einer Adelsfamilie. Vielmehr sollte sie die Verbindung des Herrscherhauses mit der Stadt Jupiters zum Ausdruck bringen und den Anspruch der Julier unterstreichen, für immer die Herren in Rom bleiben zu wollen.

Wenig später setzten die Umbauten des Forum Romanum ein, des alten Versammlungsplatzes, der fünfhundert Jahre lang das Zentrum des politischen Lebens und symbolischer Ort der Freiheit gewesen war. Dort galt es nun, die alten republikanischen Geister auszutreiben, ohne allzu schnell und bedenkenlos den neuen monarchischen zu huldigen. So zeichnete für die meisten Bauprojekte und ihre Finanzierung der Senat verantwortlich und beglaubigte die langsame Verwandlung des Forums in eine Ausstellungshalle julischer Größe. An ihrer Ostseite erhob sich der Tempel des vergöttlichten Caesar, und der Altar davor stand an dem Platz, an dem einst der Leichnam des Diktators verbrannte – sinnvoller konnte die neue Orientierung des alten republikanischen Kampfplatzes nicht angekündet werden. Neben dem Tempel spreizte sich nach dem diplomatischen Sieg über die Parther ein dreibogiger Triumphbogen, über dessen mittlerem Durchgang eine große bronzene Quadriga mit dem triumphierenden Imperator die Besucher blendete.

Umgestaltet wurde auch die Kurie, der Sitzungssaal des Senats. Auf den ersten Blick war dies kein Ort, um die Allmacht des einen zur Schau zu stellen. Auf den zweiten aber konnte niemand übersehen, dass sich Augustus sogar an dieser heiligen Stätte senatorischer Regierungsgewalt als Universalherrscher präsentierte. Dort schwebte vor aller Augen die Göttin Victoria mit wehendem Gewand über der Weltkugel, in der Rechten den Siegeskranz, in der Linken eine Palme oder ein Feldzeichen. Sie stammte aus Tarent, bevor sie Octavian nach Rom bringen und wenige Tage nach seinem Triumph als Symbol seines Sieges bei Aktium und als Zeichen der errungenen Weltherrschaft verehren ließ. Neben ihr stand seit 27 der goldene Ehrenschild, auf dem der Senat die ihm zugesprochenen Tugenden Tapferkeit, Milde, Gerechtigkeit und Frömmigkeit hatte einschlagen lassen. Im Jahre 12 befahl der neu gewählte *Pontifex maximus* die Aufstellung eines Altars, auf dem vor jeder Senatssitzung ein feierliches Opfer vollzogen wurde.[7] Keiner konnte die Botschaft des Ganzen missverstehen: Die persönliche Siegesgöttin Octavians forderte den Rang einer Staatsgottheit und verkörperte die Weltherrschaft ihres treuen Dieners. Die Münzen nahmen die Botschaft auf und zeigten ihn, wie er sie auf der Hand trug, und als er starb, wollten viele an der Spitze des Trauerzuges die Statue der Göttin gesehen haben, war sie doch von Anfang an die seine und nur die seine gewesen.

Die Außen- und Innenwände der Pfeiler des Partherbogens bekräftigten auf dem Forum, was ohnehin nicht zu leugnen war. Die Bürger, die den Platz ob seiner neuen Würde nur in der feierlichen Toga betreten durften, lasen dort die Namenslisten (*fasti*) der Konsuln und der Triumphatoren, beginnend mit dem Triumph des Romulus über die Leute von Caenina und endend mit den Siegesfeiern der eigenen Zeit. Augustus trat in der langen Reihe der Sieger als der letzte auf und beanspruchte die Rolle des Vollenders des imperialen Erbes der Republik: «Meine Absicht hierbei ist gewesen: Nach dem Vorbild jener großen Männer soll ich selbst, so lange ich lebe, von den Bürgern beurteilt werden und ebenso die Herrscher kommender Geschlechter.» Keiner durfte an diesem Ort mit ihm wetteifern. Das Forum blieb ein Ort der Julier. Denn ihr Geschlecht verkörperte alles, was in Rom lauter und redlich war.[8]

Nicht vergessen wurde der Bürger, dessen Wort einst Gesetz war und der lange Jahrhunderte über die Geschicke der Stadt und der Welt entschieden hatte. Seinen Versammlungen sollte eine bereits von Caesar begonnene und 26 fertiggestellte marmorne Halle (*Saepta Iulia*, «Julisches Gehege») dienen, 300 Meter lang und über 100 Meter breit, wenig später ergänzt durch einen nicht minder prächtigen Kuppelbau zur Auszählung der Stimmen. Alles dies hatte nur noch symbolische Bedeutung. An der politischen Realität gemessen war es ein sinnloser Kniefall vor einer Mitsprache, die immer unbedeutender wurde und die am Ende niemand mehr hören wollte. Das Volk nahm es als Abschiedsgeschenk hin, konnte es sich doch in diesen Bauten prächtig bei Konzerten, Theateraufführungen, in Bazaren und beim Flanieren amüsieren.

Ein zweiter öffentlicher Platz, das Forum Augustum, huldigte gänzlich unbeschwert dem Alleinherrscher. Eingeweiht wurde er im Jahre 2, als das Glück des Kaisers durch die Verleihung des Titels *pater patriae* und die durch seine Enkel gesicherte Nachfolge vollkommen schien. Die Feierlichkeiten eröffnete die Schlacht von Salamis, nachgespielt von tausenden Schauspielern und Dutzenden Schiffen. In diesem Seegefecht hatten 480 die Griechen die Perser geschlagen und ihre Freiheit gerettet. Nun sollte diese Tat an die Siege Octavians bei Aktium und Alexandria und an die Niederwerfung der Parther erinnern. Wenn das politische Testament des Kaisers von einer Macht sprach, die sich republikanisch gab, so besiegelte das neue Forum bis zum letzten Stein den Anbruch eines neuen monarchischen Zeitalters.

Der Platz, gebaut aus dem Erlös der Kriegsbeute, trug im Zentrum den Tempel des Kriegsgottes Mars. Bereits an seinen Eingängen blickte der Besucher auf «Waffen aus allen Ländern, die von römischen Soldaten erobert worden waren.»[9] Ihn zu errichten hatte Octavian vor der Entscheidungsschlacht gegen die Mörder des Vaters gelobt, aber erst vierzig Jahre später sein Wort einlösen können. Dort verhandelte künftig der Senat über Krieg und Frieden, dort wurden auswärtige Herrscher empfangen, und dort legten die Feldherren nach ihrer Heimkehr die Zeugnisse ihrer Siege nieder. Die Monarchie bekam an diesem Ort eigene Konturen, auch wenn sie weiterhin die republikanische Tradition in Beschlag nahm. Seine Mitte beherrschte die Statue des Kaisers als Vater des Vaterlandes: Jedermann sollte erkennen, dass er seine Hand fürsorglich über alle, Römer und Untertanen, hielt.[10] Mit diesem Bau wurde die Messe des neuen Rom zelebriert, mit Göttern und Menschen, mit den Helden der Vorzeit, mit dem neuen Herrn der Welt in der Mitte. Es war, als wäre die Aeneis des Vergil zu Stein geworden.

Weit in die Zukunft wies das Pantheon, der «Tempel aller Götter». Augustus und Agrippa weihten den Bau im Jahre 25 ein. Er zeigt sich heute in der Gestalt, die ihm zu Beginn des 2. Jahrhunderts n. Chr. Hadrian gab: ein Rundbau mit einer gewaltigen, von außen mit Gold überzogenen Kuppel, die das Himmelsgewölbe nachahmte. Durch ihre neun Meter große Öffnung fiel damals wie heute eine Lichtsäule: Tagsüber wandert sie, während die Sonne ihre Bahn zieht, vom Rand der Kuppel hinunter zum Fußboden und wieder den Zylinder hinauf; nachts wird sie von den leuchtenden Sternen denselben Weg geführt. Sie erhellt den Schrein der zwölf olympischen Götter, die in innerer Harmonie das Imperium schützen und bereit sind, den lebenden Herrscher als Mitbewohner in ihrer Mitte aufzunehmen und sich mit ihm die kultischen Ehren der Gläubigen zu teilen. So, im Kreis der Götter, hatten sich die hellenistischen Könige ihren Untertanen vorgestellt, so sollte es auch in Rom sein. Augustus hat seine Statue nur in der Vorhalle aufstellen lassen und die kultische Verehrung im Hauptraum seinen göttlichen Ahnen, Venus und Mars, sowie dem vergöttlichten Vater Caesar überlassen. Aber es war nur eine Frage der Zeit, bis der Kaiser auch an diesem Ort schon zu Lebzeiten göttliche Ehren empfing (S. 196).

Der Monarch war Herr über Leben und Tod unzähliger Untertanen, die niemals an der Überlegenheit Roms zweifeln durften. «Es ist wohl angezeigt, dass wir, die Herren über zahlreiche Völker, alle Menschen in allen Dingen übertreffen; Prunk solcher Art trägt auch dazu bei, unsere Untertanen mit Ehrfurcht, unsere Feinde aber mit Schrecken zu erfüllen.»[11] Der Senator Cassius Dio, in einer Zeit lebend, in der das Imperium wankte, sah die römische Welt aus der Perspektive seiner Feinde und kannte die einschüchternde Wirkung in Stein gefasster Größe. Augustus wusste es so gut wie er, als er begann, der Weltstadt ein neues, ihrer weltbeherrschenden Rolle gemäßes Kleid zu weben. Wenig durfte bleiben, was noch an das alte erinnerte: «Rohe Einfachheit herrschte früher, jetzt ist die Stadt voller Gold, denn sie besitzt die riesigen Schätze der unterworfenen Welt», triumphierte schon Ovid.[12] Ganz in diesem Geist schrieb der Architekt Vitruv, unter Caesar für den Bau und den Einsatz von Kriegsmaschinen verantwortlich, *Zehn Bücher über Architektur*. Ihm war bewusst geworden, dass der Imperator die Hauptstadt mit öffentlichen Bauten zu schmücken gedachte, die die Würde des Reiches (*maiestas imperii*) unterstrichen. Am Ende spiegelten sich der Umsturz der politischen Ordnung und der Herrschaftswille einer Weltmacht in den abgeräumten Lehmziegeln der republikanischen und im Marmor der kaiserlichen Bauten.[13]

Die Städte des Reiches: Sehen und Gehorchen

Rom war der Nabel, nicht aber die ganze Welt. Auch dort galt jetzt das Gesetz, das Rom verwandelt hatte: Der monumentale Prunk jeder Stadt musste der Macht des Reiches und des Kaisers Glanz verleihen. Dies war neu, hatte sich doch die Republik mit ihren Bauwerken auf Rom beschränkt und nur hie und da Staatsdenkmäler an anderen Orten des Reiches zugelassen – aus guten Gründen. Denn der Senat verfolgte mit Misstrauen jene, die wie Caesar «die mächtigsten Städte Italiens, der beiden Gallien und Spanien, auch die Asiens und Griechenlands mit prächtigen Bauwerken» ausstatteten.[14] Sueton fügte hinzu, «man fragte sich, worauf dies alles abziele». Seit Augustus fragte niemand mehr. Denn der Kaiser hatte sehr schnell eine Einsicht befolgt, die Jahrzehnte später Plinius auch seinem Kaiser Trajan zurief: «Wenn ich die Größe Deiner Stellung und Deines Geistes betrachte, so scheint es mir angemessen, Dir Bauten in den Provinzen vorzuschlagen, die Deiner Unsterblichkeit und Deines Ruhmes würdig sind und ebenso schön wie nützlich sein werden.»[15] Geld dafür im großen Stile auszugeben, gestatteten über Jahre hinaus die Goldminen Spaniens und die Schatzkammern Ägyptens. Aber auch die Städte des Reiches selbst, nun vom Krieg und den schlimmsten Blutegeln unter den römischen Statthaltern befreit, wetteiferten um die Ehre, ihre Ergebenheit gegenüber Rom und dem neuen Herrn durch eindrucksvolle Bauten zu bezeugen.

Kaiserliche Inszenierungen und Machtphantasien waren das eine. Weit wichtiger war, dass die Untertanen diese Sprache verstanden und eigene Formen der Verehrung hinzufügten. Die Städte lernten schnell, dass der Kaiser gab und nahm. Er gab Sicherheit, Geld, Steuernachlässe und sorgte für die innere Stabilität, die rechte Ordnung von oben und unten, und er nahm Dank in vielfältigen Formen entgegen: Beschwörungen unverbrüchlicher Loyalität, Ehrungen, Statuen, Tempel und Altäre. Nach Formeln und Bildern musste niemand suchen; sie fanden die Honoratioren, Landtage und Korporationen in Rom, auf das sich alle Blicke richteten. Staatliche Vorschriften waren daher ganz überflüssig. Jedermann wusste, woran er sich zu halten hatte, und den Umfang der Ehrenbezeugung regelte der Wettbewerb, getragen von dem brennenden Wunsch, dem Kaiser so nahe wie möglich zu sein und seine Gunstbeweise auf sich zu lenken. Denn von ihnen allein hingen sozialer Aufstieg, Einfluss und Besitz ab. Wer ganz nach oben wollte und gar von einem Sitz im Senat träumte, achtete sorgfältig darauf, von keinem Konkurrenten im Lob des Kaisers übertroffen zu werden. Ihn zu ehren wurde Teil der Selbstdarstellung in allen Städten des Reiches.

Was Augustus anstieß, machte Schule und wurde für seine Nachfolger zur Pflicht. Keiner von ihnen wollte es versäumen, die eigenen Fähigkeiten und die Größe des Reiches in immer kühneren Konstruktionen Stein werden zu lassen, und alle versicherten den Untertanen, das Wohl der Städte liege ihnen wie sonst nichts am Herzen. Und was für die Kaiser galt, traf nicht minder für die lokalen Führungsschichten zu. Sie schmückten die zentralen Plätze ihrer Städte mit prachtvollen Kaisermonumenten und nahmen es hin, dass diese im Lauf der Zeit den öffentlichen Raum nahezu vollständig beherrschten und die eigene Tradition verdrängten. Ein barockes Zeitalter begann: Gleichförmige Kolonnadenfluchten, mächtige Torbauten, öffentliche Plätze und gewagte Bogen lieferten die theatralische Kulisse für die Gemeinden, deren Bürger mehr und mehr hochherzige Gesten erst zu schätzen und dann zu fordern lernten.

Das Bildnis des Kaisers

Das Bild des Kaisers verkörperte in der Vorstellung des einfachen Volkes keine geringere Macht als die des Imperators selbst.[16] Es vertrat ihn dort, wo er persönlich nicht anwesend war. Das Repertoire an Darstellungsformen, in denen er auftrat, hatten schon die Großen der späten Republik festgelegt und die Künstler fanden es in ihren Musterbüchern vor. So legte Augustus mal das Bürgerkleid an und demonstrierte seine Verbundenheit mit den Idealen der alten *res publica*, mal schlüpfte er in das Gewand des Priesters und bewies seine Frömmigkeit, mal zeigte er sich in der Montur des Reisenden und tat seine Sorge um das Reich kund – tatsächlich hat später nur Hadrian eine vergleichbare Reisetätigkeit entfaltet wie Augustus –, und mal präsentierte er sich als nackter griechischer Heros und bekundete seine Nähe zu den Göttern. Am eindrucksvollsten aber paradierte er als Kriegsherr, dessen Siege das Imperium schützten und mehrten. Diese Rolle verbreiteten Reiterstandbilder, Triumphalquadrigen und – programmatisch wie aus einem Bilderbuch geschnitten – die Bildfolge der Primaporta-Statue, ein kompliziertes Geflecht von Motiven, vergleichbar dem *carmen saeculare* des Horaz und dem Bildschmuck der *Ara Pacis*.[17]

Ausgräber fanden die Statue 1863 als Marmorkopie auf der Gartenterrrasse der Villa Livias nördlich von Rom. Das verlorene Original muss, gearbeitet aus Gold oder Silber, auf einem zentralen Platz in Rom gestanden haben: Augustus tritt als Imperator auf, in der Rolle also, die dem Wesen seiner Herrschaft am nächsten kam. In der erhobenen Rechten hält er die Lanze, das Zeichen der Befehlsgewalt, in der Linken einen Lorbeerzweig, das Zeichen des Sieges. Auf dem Brustpanzer bricht ein neuer Tag der Geschichte an: Am Firmament, verkörpert durch den Gott Saturn, führt der Sonnengott seine Quadriga in den Himmel. Er symbolisiert die Rückkehr des Goldenen Zeitalters, das am Anfang der Geschichte war und mit Augustus neu anbricht. Ihm voran fliegt Aurora, die Göttin der Morgenröte, den Morgentau auf die Erde gießend. Hinter ihr erscheint Venus als Morgenstern, dargestellt mit einer Fackel als Lichtgöttin – so war sie nach Vergil schon Aeneas vorangegangen. Am unteren Rand sitzt die Erdmutter Tellus (oder Venus), das Füllhorn im Arm, geschmückt mit dem Ährenkranz und von Kindern umarmt – sie verkörpert die Fruchtbarkeit und das Glück der Erde (vgl. Abb. 18).

Die Mitte des Brustpanzers beherrscht der Krieg. Er tritt auf in der Gestalt des bewaffneten Mars, dem ein parthischer Feldherr die 53 bei Carrhae verlorenen römischen Feldzeichen zurückgibt (S. 293). Links und rechts davon verneigen sich die Provinzen des Ostens und des Westens vor der Macht Roms. Unmittelbar darunter treten die persönlichen Schutzgottheiten des Augustus auf: Apoll, der Helfer in der Schlacht bei Aktium, ein Gott des Lichts, auf dem Greifen reitend, und seine Schwester Diana, Helferin in der Schlacht bei Naulochos, als Göttin der Nacht das Feuer tragend. Sie alle verleihen dem Sieger über die Parther das Charisma des Weltherrschers, des unüberwindlichen Helden und des Segen stiftenden Heilsbringers. Mit diesem Bildprogramm hat die ideologische und zugleich emotionale Legitimation des Herrschers seinen in Marmor geschlagenen Gipfel erreicht.

Sein Antlitz darzustellen, verlangte besondere Sorgfalt und konnte nicht dem Belieben der Künstler überlassen werden. Der Kaiser selbst legte fest, wie er seinen Untertanen gegenübertrat. Es fiel ihm nicht leicht, das Urbild zu finden, das die Hofporträtisten fertigen und an alle Werkstätten des Reiches weitergeben sollten. Zum einen verbot die republikanische Tradition die Pose des omnipotenten Herrschers, zum anderen durften die Erwartungen der Untertanen nicht enttäuscht werden, die an einen mit göttlicher Macht ausgestatteten Weltherrscher glaubten. Auf ihn als den Ersten unter Gleichen (*princeps inter pares*) zu blicken, hätten die meisten als Sakrileg gegenüber dem Allmächtigen entsetzt von sich gewiesen, hatten sie ihm doch Tempel gebaut und Kulte eingerichtet. Wiederum half die griechische Klassik. Sie schenkte den Bildnissen des Augustus und seiner Familie, was alle, ob Senator in Rom oder Schuhmacher in Alexandria, erwarteten: alterslose Schönheit und Würde. Wer allen ein friedliches und glückliches Leben versprach, konnte es nur mit dem Ausdruck überzeitlicher Gültigkeit tun. Man versteht dies sofort, wenn man in das Gesicht das Kaisers Vespasian (69–79) blickt: ein vierschrötiger, zahnloser und glatzköpfiger Veteran vieler Schlachten, der sich seinen Legionären, denen er die Krone verdankte, weit mehr verbunden fühlte als seinen Untertanen.

2. Die Liturgie der Macht

Das Auftreten der Amtsträger

Immer in Kraft blieb das Grundgesetz adligen Lebens, Politik und Krieg. Wer ihm gehorchen wollte, hatte Tag für Tag zu beweisen, dass er allen Konkurrenten gewachsen war. Viele Gelegenheiten, große und kleine, mussten genutzt, viele Rollen eingeübt werden. Als Konsul, Feldherr oder Senator galt es, Autorität kundzutun, als Patron ein offenes Ohr für die Nöte der Klienten zu haben, als Priester die Furcht vor den Göttern zu bändigen und ihr Wohlwollen zu sichern. Über allem stand die Pflege der Familie und die Erinnerung an die ruhmreiche Geschichte der Vorfahren. Bilder und Losungen der verklärten Vergangenheit gesellten sich also zu jedem rationalen Kalkül, wenn es um politische Auftritte ging.

Ihr Turnierfeld war in der Republik deutlich abgesteckt: Wahlen, Streit vor Gericht, prächtige Spiele, opulente Gastmähler, an denen ganze Stadtviertel teilnehmen konnten, Begräbnisse der Großen, religiöse und staatliche Feste. Immer säumten Zuschauer die Straßen, drängten sich im Zirkus und auf Tribünen, brachen in Tränen oder in Jubel aus, fluchten, klagten oder freuten sich an der Pracht des Gebotenen. Sie alle erfuhren im Ritual und im städtischen Raum die Sinnfälligkeit der politischen und sozialen Ordnung und der ethischen Normen, denen sie gehorchten. Nichts daran konnte und wollte Augustus ändern. Wohl aber musste er das Seine hinzutun.

Am 1. Januar traten die neuen Konsuln ihr Amt an. Es war der erste Staatsakt des Jahres, der politische Macht in eindrucksvolle Bilder goss. Die Priester beobachteten den Vogelflug und holten glückverheißende Vorzeichen ein, während die Konsuln ihre Amtstracht anlegten. Langsam schritten sie die Stufen zum Kapitol hinauf, nahmen auf ihrem Amtssitz, der *sella curulis*, Platz und befahlen, das vorgeschriebene Stieropfer zu vollziehen. Von dieser Stunde an gingen ihnen die Liktoren mit ihren Rutenbündeln auf den amtlichen und privaten Wegen voran, begleiteten sie in die Kurie und ins Bad, auf das Forum und zu familiären Besuchen – wo immer sie auftraten, dort war die Macht Roms gegenwärtig.

Am Ende ihrer Amtszeit brachen die meisten als Promagistrate in ihre Provinzen auf. Wiederum standen sie auf dem Kapitol und beteten um glückliche Rückkehr und die Zustimmung Jupiters für ihr Tun. Sie vertauschten das bürgerliche Kleid, die Toga, mit dem purpurfarbenen Feldherrnmantel (*paludamentum*), und ihre Liktoren steckten die in der Stadt verpönten Beile in die Rutenbündel, um die Macht ihres Befehlshabers über Leben und Tod seiner Untergebenen sichtbar zu machen. Dann überschritten sie die heilige Stadtgrenze (*pomerium*) und waren in diesem Augenblick Statthalter und Kriegsherren mit unbegrenzter Machtvollkommenheit. Freunde und eine großen Menschenmenge begleiteten sie, nicht nur, «um eine Pflicht zu erfüllen, sondern auch aus Lust an dem Schauspiel, wollten sie doch den Mann sehen, dem sie aufgetragen hatten, mit seiner Macht und seiner Klugheit (*imperio consilioque*) den Staat zu schützen».[18]

Alles dies geschah mit «großer Würde und Hoheit (*magna dignitate ac maiestate*)» und erinnerte die Zuschauer daran, wie unberechenbar der Kriegsgott sein kann. So mancher, der davon geträumt hatte, das Reich zu mehren, war mit gebrochenen Flügeln heimgekehrt oder in der Ferne gestorben. Einer von ihnen, Licinius Crassus – unvergessen –, war im Frühjahr 54, beladen mit unheilvollen Zeichen und den Flüchen seiner Feinde zum Stadttor hinausgezogen. Ein Jahr später hatte er im Pfeilhagel parthischer Reiter seinen Sohn, drei Legionen, die Legionsadler und sein Leben verloren. Aber er war doch die Ausnahme. Viele blieben bei ihren Leisten und begnügten sich mit dem Regiment ihrer Provinz. Dort sahen ihn seine Untertanen «wie er auf hoher Tribüne stolz Recht spricht, umgeben von Liktoren; Ruten drohen ihrem Rücken, Beile ihrem Nacken».[19]

Macht als öffentliches Schauspiel, aufgeführt an vielen Tagen des Jahres und vor großem Publikum, war nun genau das, was den Wünschen des neuen Herrn Roms entsprach und was er wie kein Zweiter zu nutzen wusste. Denn es galt, die Hoffnungen und Sehnsüchte der von den Bruderkriegen Verstörten in der rauschhaften Form von nie dagewesenen Festen und Umzügen an seine Person zu binden. Das Drehbuch dazu schrieb er wiederum selbst. Es enthielt eine politische Liturgie, die zu einem großen Stimmungstheater ausgebaut werden konnte, und sie folgte einer Heils- und Erlösungsrhetorik, die den Herrscher in ein Andachtsbild verwandelte und seine Taten segnete.

Feste und Spiele

Seit es Städte im Mittelmeerraum gab, nahmen ihre Bewohner an den Kulten und staatlichen Festen teil. Das Imperium hat daran nichts geändert, wohl aber die Regeln neu gewichtet. In den Großstädten traf es zuerst die Kultgemeinschaft. Das Opfer, das einst die Bürger zum gemeinsamen Mahl vor dem Tempel einlud, verband Arm und Reich wenigstens in den Stunden, in denen die Stadt ihr Schicksal in die Hände der Götter legte. Dies blieb als Leitmotiv, aber es wurde neu bestimmt durch Feste kapitalen Ausmaßes, deren Besucher ihre Loyalität gegenüber Kaiser und Reich kundtaten. Wer jetzt vor den Tempeln niederfiel, reihte sich in die Bitt- und Dankfeiern für das Kaiserhaus ein, ehrte Kopien der Macht, aber keine Götter, die er liebte und von denen er Zuneigung erwartete. Namentlich in Rom bestimmten derartige Schauspiele das tägliche Leben auf eine einzigartige Weise. Die überlieferten Festkalender, darunter die *Fasti* des Ovid, offenbaren, dass die Zeitgenossen das Jahr als eine Abfolge von alten oder neu eingerichteten Festen erlebten, in deren Mittelpunkt die julische Dynastie stand. Ihre zentralen Gedenktage, wie z. B. der Geburtstag des Herrschers, huldigten gleich mehreren Göttern, und dies über viele Tage, die gefüllt waren mit aufwendigen Prozessionen und außergewöhnlichen Opfern, häufig ergänzt durch Theater- und Zirkusspiele. Ihre Botschaft war immer gleich: Der Monarch, der den Göttern gab, was sie begehrten, empfing ihren Dank und versprach seinen Untertanen eine Zeit voll Überfluss und Glück.

Die Zukunftshoffnungen einer ganzen Epoche und ein neues Lebensgefühl erhielten bei solchen Anlässen ihre eindrucksvolle Gestalt. Sie hielten mit ihrem sich stets wiederholenden Rhythmus den Menschen vor Augen, dass die Not der dunklen Jahrzehnte für immer vorbei war. «Der Erdkreis war befriedet, der Staat wiederhergestellt und uns danach eine ruhige und glückliche Zeit beschieden.» Der Senator, der dies am Grab seiner Gattin sprach und sein Preislied auf zwei Marmorplatten gravieren ließ, hatte die Wirren zweier Bürgerkriege dank des Mutes seiner Frau überlebt und wusste, wovon er sprach.[20]

3. Thron und Altar

Die Säkularspiele im Juni 17

Von den Feiertagen, die das neue Glück der Zeit zelebrierten, erzählte man sich jahrelang. Zu ihnen gehörte gewiss die aufsehenerregende Inszenierung der Säkularspiele im Jahre 17. Es war ein gutes Jahr. Wer Umschau hielt, sah alles aufs Beste bestellt und mochte tatsächlich an einen Wendepunkt der Geschichte glauben: Die Bürgerkriege waren endgültig Geschichte, Recht und Ordnung wiederhergestellt, Spanien unterworfen, die Parther in die Knie gezwungen, die Erneuerung des Senats abgeschlossen und die dynastische Erbfolge durch die beiden Söhne der Tochter Julia gesichert – Grund genug, den Göttern gemeinsam mit allen Römern zu danken und den Anbruch einer neuen Zeit festlich zu begehen.

Die Zeremonien waren ein Einfall des Augustus. Ihren Zeitpunkt fand er in einer Weisung der Sibyllinischen Bücher, jener alten, legendenumwobenen Ritualbücher, deren Abschriften sich damals bereits im Apollo-Tempel befanden, der Hauskapelle des Herrschers. Ihr Sinn ergab sich aus der Geschichte. Dass sie in Phasen des Glücks und des Leids verlaufe, war gewiss keine neue Erkenntnis, ebenso wenig wie die Hoffnung, in Zeiten höchster Not das verlorene Wohlwollen der Götter durch Opfer und Gebet zurückzugewinnen. Neu war die Ausrichtung auf die Zukunft. Sie verlangte, die überkommenen Riten, mit denen man die unterirdischen Gottheiten um Gnade bat, zu ergänzen und neben Jupiter und Juno jetzt auch Apollo und Diana, den Göttern des Kaisers, zu huldigen, waren doch nicht zuletzt sie die Bürgen künftigen Glücks.

Regie führte Augustus gemeinsam mit Agrippa vom 1. bis zum 3. Juni. Alle Welt war an diesen Tagen und Nächten auf den Beinen und selbst die Frauen, die Trauer trugen und sich von öffentlichen Schauspielen fernzuhalten hatten, wurden eingeladen. Der Kaiser selbst vollzog an der uralten Kultstätte am Rande des Marsfelds die archaischen nächtlichen Opfer, die jede Schuld sühnen sollten, und sprach die überkommenen magischen Beschwörungsformeln; den Verlauf der Feierlichkeiten hielten Marmortafeln für die nachfolgenden Generationen fest. Zu Apoll und Diana beteten Augustus und Agrippa: «Mehre die Herrschaft und Hoheit des römischen Volkes, der Quiriten, in Krieg und Frieden und beschirme immer den Stamm der Latiner ..., gewähre dem römischen Volk, den Quiriten, und den Legionen des römischen Volkes Deine Gunst.» Im Anschluss an dieses Gebet sangen je 27 Mädchen und junge Männer auf dem Palatin und auf dem Kapitol das Kultlied, dessen Inhalt Augustus vorgegeben und Horaz in Verse gegossen hatte. Er folgte dabei Vergil, der den Bogen von den mythischen Anfängen Roms zu den Nachkommen der Venus geschlagen hatte (S. 267). Wiederum wird die Macht des Imperiums beschworen, wiederum die neu belebten Tugenden der Väter, wiederum das Wirken des Augustus und der Segen der Götter:

«... Und wofür euch opfert die weißen Stiere
Venus' und Anchises' erlauchter Sprössling,
Das erlangt er, Sieger dem Gegner, schonend
Gegen Besiegte.

Seinem Arm, allmächtig zu Land und Meer, und
Albas Beilen beugt sich nun scheu der Meder;
Skythen, jüngst noch trotzig, und Inder holen
Seine Bescheide;

Und schon wagt auch Frieden und Treu und Ehre
Und der Vorzeit Zucht und vergessene Tugend
Sich zurück; glückspendend erscheint mit vollem
Horne der Segen ...

Phoebus (Apollo) lässt, wenn zum Palatin er huldvoll
Niederschaut, Roms Macht und das Glück Italiens
Auf ein neu Jahrhundert von Jahr zu Jahr stets
Schöner erblühen ...»[21]

Andachtsbilder der Macht: Der Friedensaltar

In den folgenden Jahren wurde die Erwartung, einer glücklichen Zukunft entgegenzueilen, zur Gewissheit, und der Kaiser hüllte sie immer offener in theologische Formen. *Pax*, die personifizierte Göttin des Friedens, wurde zum Sinnbild des ganzen Zeitalters. Sie symbolisierte allerdings mehr als ein vor langer Zeit verlorenes und nun wiedergefundenes Paradies. Der nüchterne Sinn der Römer hatte die Hoffnung auf Frieden früh mit dem Gedanken imperialer Herrschaft verbunden. Dem römischen Eroberer geschuldete Gesetze (*leges*), gesichertes Recht (*ius certum*) und dauerhafter Friede (*firma pax*) sind nur verschiedene Seiten ein und derselben Sache.[22] «Unsere Vorfahren», erklärte Cicero im Frühjahr 43 vor dem Senat – und selten war ihm der Beifall des ganzen Hauses so sicher –, «führten Krieg, nicht nur um die Freiheit zu gewinnen, sondern um zu herrschen.» Wie eine Zusammenfassung dieses Satzes erscheint der übliche Sprachgebrauch von *pacare* im Sinne von «unterwerfen». So rühmte sich der Sieger von Aktium, er habe die Tore des Janus-Tempels zum Zeichen des Friedens erst geschlossen, «als im ganzem Herrschaftsbereich (*totum imperium*) des römischen Volkes zu Wasser und zu Lande ein durch Siege gewonnener Friede eingekehrt war».[23] *Parta victoriis pax* lautet die entscheidende Formel. Sie besagt genau das, was einen Römer bewegte, wenn er vom Frieden sprach. So

Abb. 18 Die Erdgöttin Tellus oder Ceres auf der Ara Pacis. Sie verkündet, umgeben von Sinnbildern der Fruchtbarkeit, die Segnungen des Friedens und die Wiederkehr des Goldenen Zeitalters. Es verherrlicht den neuen Universalherrscher, der als Heiland der Welt den Frieden brachte. Diese und alle anderen Darstellungen und Schmuckelemente des Altars reden von der Erfüllung eines Menschheitstraums. Die Dichter nahmen dieses Evangelium auf und verbreiteten seine Kerngedanken: das Ende des Sittenverfalls, der Zwietracht und Bürgerkrieg heraufbeschworen hatte, die imperiale Ausdehnung bis an die Grenzen der Erde und die sakrale Erhöhung des Fürsten, dem alles zu danken war.

auch die auf Befehl des Kaisers geprägten Münzen: Auf ihnen defiliert *Pax* einmal als Segensgöttin mit Füllhorn und ein andermal steht sie als lanzenbewehrte und lorbeerbekränzte Siegerin triumphierend über dem unterworfenen Feind.

Wiederum wird ein einfacher Gedanke beschworen, der gebetsmühlenartig wiederholt wird: Friede und Weltherrschaft sind untrennbar. Das eine gibt es nicht ohne das andere, und die Götter haben Rom auserwählt, beides zu schaffen. Vergil deutete die Geschichte schon richtig: Die Griechen hätten sich zwar als glänzende Bildner und vertraut mit den Wissenschaften hervorgetan, die Römer hingegen seien zu ungleich Größerem, der Herrschaft über die Welt, berufen (S. 268). Nichts anderes verkündete die offizielle Propaganda, die den imperialen Ehrgeiz Roms im öffentlichen Bewusstsein wachhielt. Schließlich sollten die Siegesmeldungen aus fernen Ländern den kaiserlichen Machtwillen nicht minder überzeugend begründen wie der im Inneren bewahrte Friede. Als Augustus sich als Friedensfürst feiern ließ, so schloss dies – so paradox es in den Ohren eines modernen Zuhörers klingen mag – das Preislied auf den Kriegsherrn ein.[24]

Am eindrucksvollsten verbreiteten diese Lehren die Bilder des Altars, der dem vergöttlichten Frieden gewidmet war. Schon seine Entstehungsgeschichte verrät vieles. Der Kaiser war am 4. Juli 13 nach dreijähriger Abwesenheit mit seinen Truppen auf der Via Flaminia in Rom eingezogen und vom Senat mit Ehrungen überhäuft worden. Eine davon offenbarte die schon in den Jahren zuvor propagierte Heilslehre, dass Rom, Augustus und das Imperium eins geworden waren. «Als ich», so schildert Augustus die näheren Umstände, «aus Spanien und Gallien nach der glücklichen Ordnung dieser Provinzen nach Rom zurückkehrte, beschloss der Senat aus Anlass meiner Rückkehr die Weihung eines Altars des Augustusfriedens (*Aram Pacis Augustae*) auf dem Marsfeld; dort sollten nach seinem Befehl die Magistrate, die Priester und die Vestalischen Jungfrauen ein jährliches Opfer darbringen.» Nach mehrjähriger Bauzeit wurde der Altar am 30. Januar 9, dem Geburtstag Livias, auf dem Marsfeld eingeweiht. Er ist bis heute dank seines figürlichen und ornamentalen Schmucks das staunenswerteste Denkmal der Zeit.[25]

Die Bildsprache, mit der es den Frieden feierte, drückt die Verbindung von Thron und Altar, von Tradition und Neuanfang auf einzigartige Weise aus. Auf den Friesen der marmornen Umfassungsmauer, die den Altar umgibt, zieht jene Prozession zum Marsfeld, die an dem Tag stattfand, da der Senat den Bau gelobte. Augustus, Agrippa, die kaiserliche

Familie und die Priester sind zu sehen, deren verhüllte Häupter zeigen, dass die Kulthandlung bereits begonnen hat. Es ist die Momentaufnahme eines auf wenige Stunden beschränkten Ereignisses. Aber der Augenblick gerinnt zum Sinnbild einer ewigen Ordnung, denn die Figurenfelder des Bauwerks laden sie historisch und symbolisch mit einer zeitlosen Botschaft auf.

An der Ostseite sitzen sich Roma und eine junge Mutter gegenüber. Die eine, Schutzgöttin der Stadt, thront auf einem Waffenhügel und verkörpert die Siege, die den Frieden brachten. Die andere, zwei spielende Kinder auf dem Schoß und umgeben von den Sinnbildern der Fruchtbarkeit, kündet von der Wiederkehr des Goldenen Zeitalters. Wie immer man diese Frau benennen will – Erdmutter Tellus, Italia oder Venus –, sie verkörpert eine zur Idylle gewordene Welt, geschuldet den Waffen Roms und von ihnen geschützt. An der Westseite opfert der mythische Held Aeneas nach seiner Landung in Latium den aus dem brennenden Troja geretteten Penaten; er tut es dort, wo später einmal Romulus die Stadt gründen soll. Ihm benachbart bewundern Mars, der Vater des Stadtgründers, und der Hirt Faustulus, der die ausgesetzten Zwillinge Romulus und Remus fand, die Wölfin, die die Kinder nährt.

Es sind Gnadenbilder, denen sich der Besucher voll Ehrfurcht näherte. Sie gelten nicht dem Frieden als der höchsten Form menschlichen Miteinanders. Nicht ihm hat der Senat ein Denkmal setzen wollen, war doch nicht er, sondern die Weltmacht Roms und ihr Fortbestehen das Ziel, das alle politischen und militärischen Energien forderte. Gegenstand seines Beschlusses ist vielmehr die *Pax Augusta*, jener Friede also, den der aus Spanien, Gallien und von der Rheingrenze heimgekehrte Feldherr nach Rom brachte. Augustus steht denn auch im Mittelpunkt des Festzuges, an dem alle wichtigen Priesterschaften und die hohen Beamten teilnahmen – auch dies eine beredte Vorführung ihrer verlorenen Selbständigkeit und ihrer Gehorsamspflicht gegenüber dem Waffenträger, ohne dessen Taten es keinen Frieden geben konnte.

Die Bilder neben den Eingängen des Bauwerks verfolgen zwei Ziele. Historische verbinden den von den Göttern gesegneten Anfang Roms mit der Geschichte des julischen Geschlechts, symbolische veranschaulichen, dass Krieg und Frieden eins und Roms Schicksal sind. Beide Bildtypen verherrlichen den Universalherrscher, der dem Imperium den Frieden gebracht hat und ihn bis an die Grenzen der Erde ausdehnen wird. Beide rühmen den Nachfahren der mythischen Stadtgründer, deren Erbe er bewahrt. Beide preisen den Monarchen, dessen Frömmigkeit wie die des Aeneas den Zorn der Götter besänftigt, so dass sie wieder ihre schützende Hand über Rom ausstrecken.

Frühere Generationen hätten den Prokonsul, der die Provinzen des Westens befriedete und neu ordnete, mit einem Triumphzug belohnt. Diese Ehre hatte Augustus jedoch schon im Jahr Jahre 25 abgelehnt und diese Geste ostentativer Bescheidenheit auch künftig gepflegt. «Er war schon so groß, dass ihn auch ein Triumph nicht weiter erhöhen konnte», hörte man sehr viel später sagen, und der Satz traf genau das Selbstverständnis des Prinzeps.[26] So schlich er sich am 3. Juli 13 nachts in die Stadt, um am nächsten Morgen unter großer Anteilnahme zum Kapitol zu gehen. Dort nahm er den Lorbeer von den Rutenbündeln seiner Liktoren und legte ihn vor Jupiter nieder, so wie er es immer getan hatte, wenn er aus dem Krieg zurückkehrte.[27] Den Triumph aber feierte er auf seine Weise: Prozession und Kulthandlung auf dem Marsfeld, jährlich vor dem Altar seines Friedens wiederholt, wogen schwerer als die alte Form der republikanischen Ehrung. Denn sie begründeten eine neue Staatsreligion, in deren Zentrum der Monarch stand. Der göttlich verehrte Friede war, das sagt schon sein Name, der seine. Einen anderen gab es nicht.

Die Verbindung von Himmel und Erde: Die Sonnenuhr auf dem Marsfeld

Wie weit Augustus ging, auf dem Marsfeld seine von den Göttern gewollte Allmacht Stein werden zu lassen, verraten die weiteren Bauten. Unweit der Ara Pacis dehnte sich eine Jahres- und Tagessonnenuhr, auch sie im Jahr 9 eingeweiht. Ein Obelisk, eigens aus Ägypten herbeigeschafft und gekrönt von einer Kugel – unübersehbares Symbol der Herrschaft über die Welt –, diente als Zeiger und gab Stunden und Jahreszeiten an. Die Hauptachse der Uhr, die Äquinoktiallinie, die sich von der Frühlings- zur Herbst- Tag- und Nachtgleiche erstreckt, wies auf den Geburtstag des Augustus, den 23. September. Sie bestimmte zugleich die Größe und die Lage des Friedensaltars, durch dessen beide Türen sie verlief. In der Basis des Obelisken erinnerte eine Inschrift an den Sieg über Ägypten: «Der Imperator Caesar, Sohn des göttlichen (*Caesar*) / Augustus / Pontifex Maximus / zwölfmal Imperator, elfmal Konsul, vierzehnmal Inhaber der tribunizischen Gewalt / hat, nachdem er Ägypten unter die Herrschaft des römischen Volkes gebracht hat / (*diesen Obelisken*) der Sonne als Weihgabe gewidmet.»

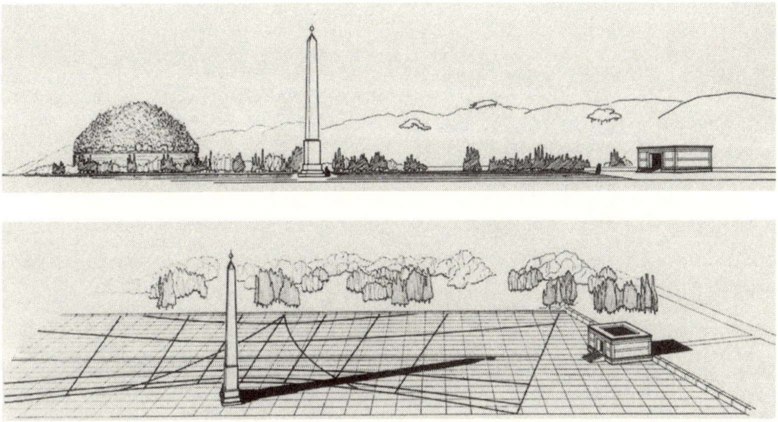

Abb. 19 Auf dem Marsfeld baute Augustus eine 135 m lange Sonnenuhr. Der 30 m hohe Obelisk (seit 1792 auf der Piazza di Montecitorio), dessen Schatten als Zeiger der Uhr diente, war auf das 390 m entfernte Mausoleum des Prinzeps ausgerichtet. Die Hauptachse der Uhr, die der Tag- und Nachtgleiche (Herbstäquinoktium), verlief durch die beiden Eingänge des Friedensaltars. Den Tag davor, der 23. September, beging Augustus als Geburtstag. Im Hintergrund Park mit Augustusmausoleum.

Damit aber nicht genug. Der Schatten des Zeigers, nicht exakt nach Norden ausgerichtet, wies in das Zentrum des Mausoleums des Kaisers. Der mit höchster mathematischer Präzision konstruierte Bau des gesamten Platzes band also die Empfängnis, die Geburt und den Tod des Monarchen in ein kosmisches System. An diesem Ort verwandelte sich die Ideologie des Heils- und Friedensbringers in Theologie. Sie entrückte Augustus zu den Sternen.[28]

X. DIE WIEDERKEHR DES GOLDENEN ZEITALTERS

«Provinzen des Geistes zu erobern, verdient noch höheren Lorbeer, als die Grenzen des Reiches zu erweitern.» *Caesar*

«Solange Caesar [Augustus] Hüter der Welt ist, stört
kein Bürgerwahnsinn, keine Gewalt die Ruh,
Kein grimmer Zorn, der Schwerter schmiedend
Städte verfeindet zum eigenen Elend.» *Horaz*

1. Die Mission der Dichter

Macht und Verführung: Literaten im Dienst adliger Häuser

In Rom gab es keine selbständigen Literaten, vergleichbar etwa den Humanisten der Frühen Neuzeit oder den Schriftstellern der Gegenwart. Wer zu den Ersten der Gesellschaft zählte, weihte sein Leben Politik und Krieg. Wenn er darüber hinaus literarisch glänzen wollte, widmete er sich den Genres, die seinem Lebensstil entsprachen: Geschichtsschreibung, Rhetorik und Jurisprudenz. Das Dichten überließ er denen, die dazu Talent und Neigung verspürten, oft strebsame kleine Leute, die aus den Landstädten Italiens nach Rom kamen und dort ihr Glück zu machen suchten. Das aber konnten sie nur im Dienst hoher Herren finden.

Dass Mächtige um Dichter werben, ist nicht außergewöhnlich, und dass große Künstler ihnen gehorchen, ebenso wenig. Autoren im Dienst adliger Häuser hat es daher auch in der römischen Republik immer gegeben, und jeder, der die ausgestreckte Hand der Großen ergriff, hatte Gold in der seinen gefunden und sich dankbar gezeigt. So hatte dies schon der kalabresische Dichter Ennius getan – er starb 169 im hohen

Ansehen. Seine Gönner fand er unter den Fulvii Nobiliores, die ihm das römische Bürgerrecht verschafften. Einer von ihnen, der Konsul von 189, nahm ihn auf seinem Feldzug in Griechenland gegen die Ätoler mit, wo Ennius tat, was der Sieger erwartete: Er feierte in seiner Dichtung die Einnahme von Ambrakia, der ehemaligen Residenz des Königs Pyrrhos, als das wichtigste Ereignis des ganzen Feldzuges. Dieser Fulvier folgte damit als Erster dem Beispiel Alexanders des Großen, den Dichter und Wissenschaftler auf seinem Perserzug begleitet hatten. Die Anmaßung forderte den Zorn des M. Porcius Cato heraus, dessen republikanisches Gewissen noch als Schande empfand, was wenig später mehr und mehr in Mode kam. Ebenso zu Diensten wie Ennius waren die Historiker der sullanischen Zeit, die die Taten der Familien, denen sie angehörten oder deren Brot sie aßen, auch dort zu rühmen wussten, wo es nichts zu rühmen gab.

Die Leistungen der Großen in Reime zu fassen, war also lange vor Augustus salonfähig geworden, und das Dichten gehörte zum guten Ton. Selbst in den Kreisen der großen Familien schmiedete man Verse. Cicero besang sein Konsulat im Stile eines großen Epikers, sein Bruder Quintus verfasste als Legat Caesars in Gallien gleich vier Tragödien, beide Brüder arbeiteten an einem Epos über Caesars Kriegszug nach Gallien. Caesar selbst schrieb wie Sophokles eine Tragödie über den unglücklichen thebanischen König Ödipus und ein Preislied auf Herkules.

Gänzlich Neues tat sich jedoch in der Poesie. Lukrez (97–55), in einfachen Verhältnissen geboren, hielt sich an das Weltbild des griechischen Philosophen Epikur und verfasste ein großes Lehrgedicht «Von der Natur». Die Einsicht in ihre Gesetze sollte den Menschen jede Angst nehmen und ihnen zu einem Glück verhelfen, das die äußeren Umstände nicht trüben konnten. Wie sehr ihn diese selbst plagten und ihn zum glühenden Anhänger der epikureischen Heilslehre machten, bekennt er in seinem einleitenden Gebet zu Venus: «Mache, dass die wilden Werke des Krieges über die Meere und Länder hin alle zur Ruhe kommen und schlafen. Du allein kannst ja mit ruhigem Frieden die Menschen beglücken.»[1] Ihm jedoch gewährte das Schicksal diesen Frieden nicht. Er starb, dem Wahnsinn verfallen, durch eigene Hand.

Als Lukrez mit seinem gewaltigen Stoff rang, beherrschte in Rom ein Kreis junger Dichter das geistige Leben. In dieser poetischen Avantgarde regierten die Verse des Catull (84–54). Sie waren innerhalb der römischen Literatur beispiellos – beispiellos auch die unverhüllt zur Schau gestellten Gefühle von Liebe und Hass, Freude und Trauer.

Dichter und Geschichtsschreiber zur Zeit des Augustus

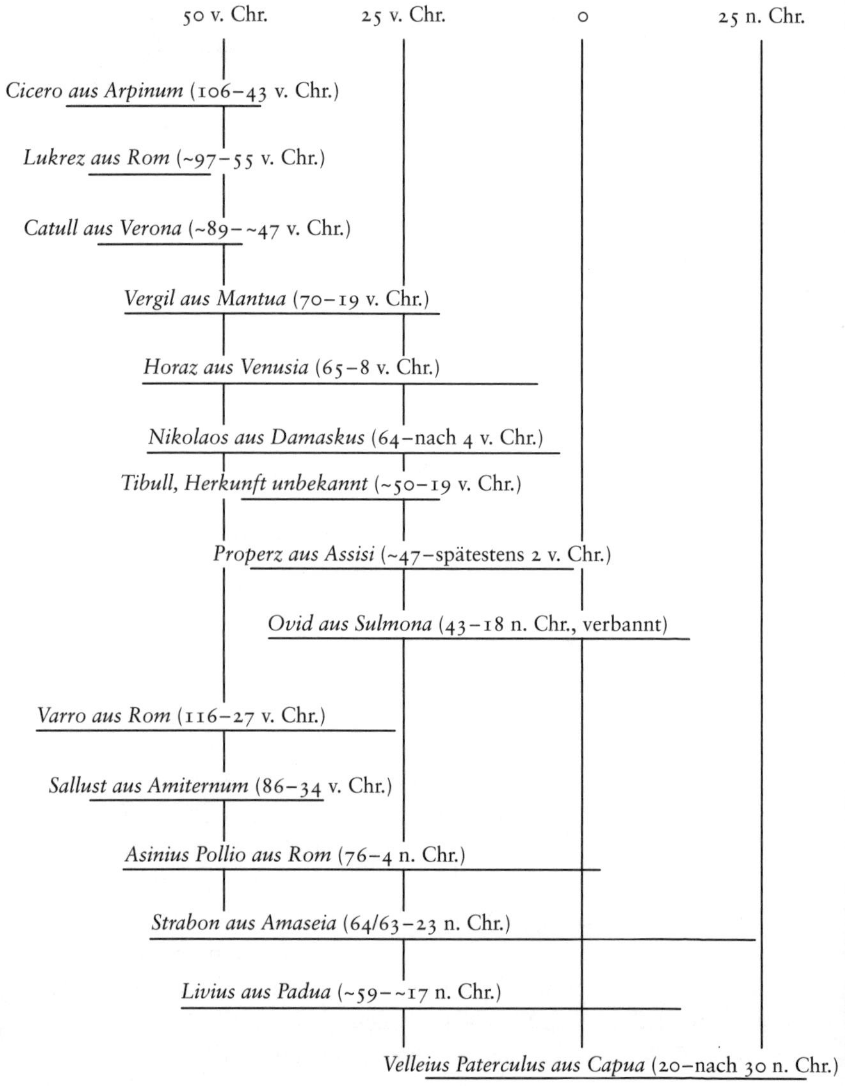

Catull und sein Freundeskreis hatten ihre Künste bei den Griechen gelernt und sie, angewidert von dem Treiben der Mächtigen, fern der Politik auf die Liebe und das individuelle Glück und Unglück angewandt. Die ihnen nachfolgende Dichtergeneration folgte diesem Vorbild – so gut sie konnte. Selbst die Jahre des Bürgerkrieges haben der Liebe zur Poesie nichts anhaben können. Das Verseschmieden kam regelrecht in Mode – auch bei denen, die diesem Geschäft besser ferngeblieben wären: «Wer vom Fechten nichts versteht», klagte Horaz, «lässt auf dem Marsfeld die Hand von den Waffen; wer im Ballspiel, wer im Diskuswurf oder Reifenschlag ungeübt ist, hält sich zurück, damit nicht die Massen im Zuschauerkreis verdientes Gelächter erheben; wer vom Versbau nichts versteht, baut trotzdem weiter seine Verse. Warum auch nicht? Er ist ja unabhängig und wohlgeboren.»[2] «Wohlgeboren», da schwingt die Verachtung des namenlosen Emporkömmlings gegenüber den Reime drechselnden Parvenüs aus den großen Häusern mit, die keine Kritik an einem der ihren zuließen, schon gar nicht, wenn er von den Tugenden ihrer Vorfahren sang. Diese allerorts ausgebrochene Begeisterung für lyrische Poesie schuf aber die Atmosphäre, in der auf die Könner das helle Licht öffentlicher Anerkennung fiel. Vorbei war es mit den Zeiten, in denen Cicero gewitzelt hatte, er werde sich selbst dann nicht mit Lyrik beschäftigen, wenn dies sein Leben verdoppeln könnte.[3]

Die Versuchung: Politische Botschaften in Versen

Mit Augustus gewann der Brauch, die Meister der Feder um sich zu sammeln, eine neue Qualität. Denn der Anspruch, die Besten von ihnen zu Werken zu ermuntern, die die Person des Prinzeps, seine Leistung für den Staat und seine Nähe zu den Göttern ins rechte Licht setzten, konnte mit niemandem geteilt werden. Augustus und seine Berater hatten schnell gelernt, dass der Ruhm viele Gesichter haben kann, der von den Literaten gewährte aber fortwährende Dauer verheißt.

Allerdings: Römische Vorbilder für ein Herrscherlob, wie es die hellenistischen Autoren eingeübt hatten, gab es nicht. So galt es zu improvisieren, galt es auszuloten, was am besten taugte, Unvereinbares doch zu vereinen: die Liebe der Dichter zu ihren privaten Sehnsüchten und der Wille des Monarchen, die Kunst politisch zu nutzen und seinen Taten ein unzerstörbares Denkmal zu setzen. Zwang taugte nicht dazu, Wohltaten und beharrliches Werben nur bedingt. «Mein Talent ist zu gering, des Kaisers Ruhm angemessen zu würdigen: Mir gelingen nur Trinklieder und Liebesgedichte», wiegelte Horaz ab, als der Hof auf mehr staatsmännische Verse drängte. Bei dieser Antwort mag viel Koketterie im Spiel gewesen sein, aber sie hatte einen ernsten Hintergrund. Am Ende gab den Ausschlag, dass die erste Generation der augusteischen Dichter zu schreiben begann, als die Republik in Trümmer fiel, und sie Meister wurden, als am Horizont eine neue, glückliche Zukunft für die geschundene Welt dämmerte. Nur der Glaube, dass es wirklich mehr als ein Traum war, konnte den Dichtern Verse entlocken, die die Wiederkehr des Goldenen Zeitalters mit dem Namen Augustus verbanden. «Fürchtest Du etwa», schrieb der Kaiser an Horaz, «es könne Deinem Ruf bei der Nachwelt schaden, wenn sich zeigt, dass Du mit mir befreundet warst?» Es kam der Tag, an dem die Antwort «Nein» lautete. So wandte sich Horaz nach langem Zögern Themen zu, die der Monarch und die Zeitumstände bestimmten, und Vergil verließ die Welt der Hirten und Bauern und verkündete die historische Mission Roms. Die Poesie des Herzens aber blieb die Passion beider bis zu ihrem Lebensende.

Erhalten blieben die Werke der Besten. Sie alle stammten wie schon Catull aus italischen Landstädten. Vergil in Mantua (70–19) und Horaz (65–8) in Venusia geboren, erlebten und erlitten den Bruderkrieg und kannten den Preis, der für den inneren Frieden nach Aktium zu zahlen war. Properz aus Assisi (47–2) und der Latiner Tibull (50–19) hörten noch den Lärm der Kämpfe zwischen Antonius und Octavian, während Ovid aus Sulmona (42 v.–18 n. Chr.) das Leben ohne bittere Erinnerungen an Krieg und Enteignung genoss.

Vergil, Sohn kleiner Leute aus Mantua und in Rom ungelenker und erfolgloser Anwalt, wurde durch die Gunst einflussreicher Gefolgsleute Octavians vor dem Verlust des väterlichen Gutes bewahrt, als die Landenteignungen den Soldaten, die bei Philippi und anderswo ihre Haut zu Markte getragen hatten, Heimat und eine sichere Existenz verschafften. Zu Beginn der dreißiger Jahre gelangte er in den Kreis des Maecenas, eines reichen etruskischen Magnaten im Dienste Octavians, zuständig für die Organisation der öffentlichen Meinung und loyal bis ins Mark. Nun von materiellen Sorgen unbelastet, schrieb er in den Jahren 42 bis 30 nach dem Vorbild des Griechen Theokrit, der im 3. Jahrhundert bukolische Gedichte verfasste, Hirtengedichte (*Eklogen*) und ein Lehrgedicht vom Landbau (*Georgica*); in den zwanziger Jahren feierte er mit der *Aeneis* Triumphe. Dieses Werk machte ihn zum Ersten unter den Dichtern, und alle Welt beeilte sich, ihm zu huldigen. Wenn der scheue Mann das Theater betrat, erhob sich die Menge von den Sitzen, und da

Abb. 20 Das im Auftrag Petrarcas von Simone Martini (1284 bis 1344) gemalte Frontispiz einer Vergil-Handschrift zeigt den dichtenden Vergil hinter einem Vorhang, den sein Kommentator Servius beiseitezieht. Im Vordergrund verkörpern drei Gestalten die Gegenstände der Vergilschen Dichtung: der Hirt die *Bucolica*, der Bauer die *Georgica*, der Krieger die *Aeneis*.

seine Verse nicht Menschenwerk allein sein konnten, glaubte so mancher an Magie und Zauberei. Noch zu seinen Lebzeiten fanden seine Gedichte den Weg in die Schulbücher, und für viele Jahrhunderte blieb er der meistzitierte Autor der Weltliteratur. Auf einer Reise nach Griechenland schwer erkrankt verfügte er, nichts aus seinem Nachlass dürfe herausgegeben werden, was er selber zurückgehalten habe. Er meinte die noch unfertige *Aeneis*, die er verbrannt wissen wollte, als er dem Tod ins Auge sah. Augustus setzte sich über den Willen des Sterbenden hinweg. Denn was er las, war die Sage seiner eigenen Familie, verwoben in die Geschichte Roms.

Sein Grab fand Vergil in Neapel, und der Epitaph hielt fest, was ihm wichtig war: «Weiden besang, Felder und Führer mein Lied (*cecini pascua, rura, duces*).»[4]

Horaz wurde in Venusia als Sohn eines Freigelassenen geboren. Der Vater übertrug alle Erwartungen, die er an das Leben hatte, auf sein Kind. Er hatte es zum Besitz einer kleinen Bauernwirtschaft gebracht und ihr Ertrag reichte, um den Sohn auf eine angesehene Schule nach Rom zu schicken, damit er dort Lesen und Schreiben, Dichten und Reden lernte. Auch sein Lehrer, Orbilius Pupillus, hatte gehofft, in Rom sein Glück zu finden, aber statt auf heiß ersehnte Reichtümer blickte er auf missratene Schüler. Horaz blieben die Ohrfeigen im Gedächtnis, die der Meister freigebig jedem verabreichte, der sich beim Studium des alten Livius Andronicus langweilte. Trotzdem: Der Weg nach Rom war der rechte. Und es war der ungewöhnliche Mut eines ehemaligen Sklaven aus einem italischen Provinznest, der seinen Sprössling ganz nach oben führte:

> «Wofern ich (um einmal mein eigen Lob zu singen) bieder bin
> und meinen Freunden wert: so war daran
> mein Vater ganz allein die Ursach; der,
> wiewohl von einem magern Gütchen spärlich lebend,
> mich nicht an unseren Ort zu Flavius,
> dem Rechenmeister, in die Schule schickte, …
> sondern mich, so jung ich war,
> nach Rom zu führen herzhaft sich entschloss,
> um dort so gut mich zu erziehen als
> ein Ritter oder Ratsherr seine Söhne
> erziehen lassen kann …
> und wollte die Natur, dass jeder mit
> gewissen Jahren sein vergangenes Leben

von vorn beginnen und sich Eltern nach Gefallen
vom Prunke wählen dürfte: möchten andre
sich wählen, wen sie wollten, ich, zufrieden mit
den meinen würde keine nehmen wollen
die Glanz von hohen Würden borgten.»[5]

Dies waren in einer Welt, in der die Gesellschaft dem Abkömmling eines Freigelassenen keine Achtung schuldete, anrührende Verse, und sie setzten den Eltern ein Denkmal für immer. Die im Hause des Orbilius anerzogene Belesenheit führte den Zwanzigjährigen im Jahre 45 nach Athen, dem damaligen Zentrum jeder höheren Bildung. Dort, mitten in den philosophischen Studien, brach die Geschichte in das vermeintlich klug geplante Leben des jungen Mannes ein. Ende 44 erschienen die Abgesandten der Caesarmörder in den Hörsälen und warben unter den Studenten Rekruten für ihre Sache. Horaz, ohne jede militärische Erfahrung, aber voller Begeisterung für die Republik, folgte Brutus als Militärtribun bis in die Schlacht von Philippi.

Dort kämpfte er mit wenig Fortune und schon gar nicht als Held. Dass es süß und ehrenvoll sei, für das Vaterland zu sterben, floss ihm später leicht aus der Feder. Im Grauen der Schlacht aber, so sein Geständnis, habe er, ganz ungeübt in der Handhabung der Waffen, sein Schwert ins Gebüsch geworfen und sei um sein Leben gerannt. Italischen Boden betrat er mit den Resten der geschlagenen Armee, «ganz kleinlaut, mit beschnittenem Fittich am Boden streichend». Das väterliche Haus und Grundstück waren dahin, sie fielen dem Fiskus anheim. «Da hat Armut mir den Wagemut gegeben und den Trieb zum Dichten.»[6] Das Gehalt eines Schreibers an der Staatskasse half beim Überleben. Das Glück kehrte zurück, als er Vergil kennenlernte, der ihn der Aufmerksamkeit des Maecenas empfahl. Der nahm ihn nach langem Zögern – offensichtlich wollte er prüfen, ob der Stolz des abgemusterten Tribunen gebrochen war – in seinen Freundeskreis auf und machte den mittellosen Dichter zum reichen Mann; 32 schenkte er ihm im sabinischen Bergland, nordöstlich von Rom, ein Hofgut und enthob ihn endgültig aller finanzieller Sorgen.

Ohnehin ließ es sich jetzt, als nach Aktium der Waffenlärm verstummte, in der Gunst des Siegers gut leben. Sein Ruhm, verkündete der Dichter augenzwinkernd, gründe nicht auf Ämter und großen Kommanden, sondern auf seiner Laufbahn als Liebhaber, habe er doch «ganz für die Mädchen gelebt» und sich auf diesem Felde nicht schlecht geschlagen.[7] Es zähle ohnehin nur der Augenblick:

«Was morgen sein wird, meide zu fragen! Sieh
In jedem Tage, den das Geschick dir schenkt,
Gewinn! Verschmäh' auch, Jüngling, nicht die
Wonnen der Liebe und nicht das Tanzen,
Solang' die Kräfte frisch und das Alter fern,
Das grämliche!»

Als die Jahre verrannen und das Alter ungebeten durch die Tür trat, klingen die Verse schwerer, ja verzweifelter:

«Nein, kein Purpur aus Kos, kein Diamantenschmuck
Bringt die Jahre zurück, die der beschwingte Tag
Einmal unwiderruflich
Eingetragen ins Buch der Zeit.»[8]

Am Ende blieb nur die Unterwerfung unter das eherne Gesetz der Zeit: «Stück für Stück machen uns die schwindenden Jahre ärmer: sie rauben den Scherz, die Liebe, den Festschmaus, das Spiel.»[9] Sein Leben endete am 27. November 8, elf Jahre nach Vergil und wenige Wochen nach dem Tod seines noblen Gönners Maecenas. Neben ihm, auf dem Esquilin, fand er sein Grab. Er starb wie Vergil und später Ovid in der stolzen Gewissheit, dass seine Verse die Zeit überdauern und ihm die Unsterblichkeit verleihen würden:

«Also schuf ich ein Mal dauernder noch als Erz,
Majestätischer als der Pyramiden Bau,
Das kein Regen zernagt, rasenden Nordens Wut
Nicht zu stürzen vermag nach der Jahrhunderte
Unabsehbare Reihen oder der Zeiten Flucht.»[10]

Der Glanz des Einzigartigen

Vergil und Horaz wünschten, sich ganz ihrer Dichtung widmen und überdies gut davon leben zu können. Sie wollten mehr als die Hoffnung, eines fernen Tages und lange nach ihrem Tod berühmt zu werden. So gehorchten sie dem Wunsch des Augustus, das nach Aktium angebrochene glückliche Saeculum und seinen Schöpfer zu preisen. Und wenn Vergil sein ländliches Italien und Horaz seine Eroberungen auf dem Feld der Liebe ohne drückende Sorgen feierten, so wussten sie wohl, dass der andere Teil ihrer Kunst der Macht gehörte. Beide genossen als Kinder der Revolution die Sonne fürstlichen Wohlwollens, beide waren zeitlebens Figuren in einem politischen Spiel, dessen Regeln andere festlegten. Was Wunder, dass aus der Ferne betrachtet ihr Verhältnis zu Augustus zwischen devoter Dienerschaft und selbstbewusster Behauptung zu schwanken scheint. Der Nachwelt konnten sie es auf diesem schmalen Grat selten recht machen. Die einen höhnten, sie hätten ihre Rücken als «bösartige Werbetexter der Macht» im Dienste eines «Triebmörders» gekrümmt und Horaz sei «des Imperators feister Hofnarr» gewesen. Andere zeigten sich entzückt von ihrer Geschmeidigkeit, mit der sie die Balance zwischen der Freiheit des Wortes und der Not des Dienens hielten. Wieder andere vernahmen in ihren Versen gar die schwache Stimme des Widerstandes. Und so mancher heuchelte Verständnis für eine Situation, die ihnen nur die Wahl ließ, als arme Schlucker in der Provinz zu enden oder in Rom im Glanz der Mächtigen Unsterbliches zu schaffen und öffentliche Anerkennung im Übermaß zu erfahren.[11]

Beide wären ihren heutigen Kritikern mit Kopfschütteln begegnet. Denn der Herr der Welt verlangte nichts über Gebühr, schon gar nicht den unbedingten Kotau, wusste oder ahnte er doch, dass es die Dichter und Historiker waren, die den Lorbeer verteilten, der den Menschen unsterblich macht. Also förderte er sie, erwartete offene Ohren für seine Wünsche, gab ihnen aber Raum für ihre persönliche Poesie. Der Kaiser hätte seine politischen Ziele auch ohne ihre Verse erreicht und wäre als allmächtiger Monarch gestorben. Mit den Dichtern jedoch kam der Glanz des Einzigartigen hinzu, der viele Jahrhunderte in ihren Bann schlug. So taten Vergil und Horaz das Ihrige, um für die Nachwelt die Herrschaft des Augustus in den Rang eines Goldenen Zeitalters zu erheben.

Die politischen Themen, die sie wählten, klingen ganz anders, als man zunächst vermuten sollte. Denn die rechtliche Stellung des Kaisers und die Idee von der wiederhergestellten Republik ließen sie kalt. Dies ist ungewöhnlich, da die Beziehungen zwischen Staat und Alleinherrscher die offizielle Propaganda beherrschten. Der Prinzeps selbst tat es in seinem Tatenbericht, und die senatorischen Schreiber, unter den später Geborenen auch Tacitus, glaubten dort das Wesentliche der neuen monarchischen Ordnung entdeckt zu haben. Die Dichter fanden es anderswo. Sie trafen weit besser das Ziel, als sie von der moralischen Erneuerung der Gesellschaft, von imperialen Siegeszügen bis an die Grenzen der Erde und von der Vergöttlichung des Kaisers sangen. Ihre Verse füllten mit Leben, was allen sozialen Schichten jenseits der politischen Eliten weit mehr auf den Nägeln brannte als die Frage nach der Zukunft einer Republik, die von Freiheit sprach, aber die Willkür der Mächtigen meinte.

Krieg und Not ließen allerorts Bürger und Untertanen von einem Weltherrscher und Heilsbringer träumen, der die gequälte Menschheit von ihren Leiden erlösen und ihr Frieden und Glück bringen würde. Die Herrschaft des Augustus – so formulierten die Dichter stellvertretend für die Sprachlosen – brachte die Erfüllung aller Hoffnungen und gab der römischen Geschichte zugleich ihren Sinn.[12]

Vergil vor allen anderen lieh der Zuversicht Worte und Bilder. Er war der Meister der leisen wie der lauten Töne, er besang den Zauber des Landlebens und das Tagwerk des Bauern ebenso wie den Rausch des Sieges und die Versuchung der Macht. Und er verlieh der Not der kleinen Leute eine Stimme. So beschreibt die erste Ekloge die Freude eines Glücklichen, der nach seiner Enteignung von Octavian begnadigt wurde, und die Trauer eines Unglücklichen, der sein väterliches Gut verlassen musste:

> «Werde ich jemals später wieder das Land meiner Väter,
> Meiner armen Hütte aus Rasen errichteten Gipfel,
> Meinen kärglichen Acker, mein Eigentum, staunend betrachten?
> Diese gepflegte Brache besitzt ein verruchter Soldat jetzt,
> Und ein Barbar dieses Saatfeld. Wehe, wohin die Zwietracht
> Uns Elende führt!»[13]

Die neunte Ekloge fügt den Fluch aller Enteigneten hinzu, die einer maßlos gewordenen Soldateska weichen mussten (S. 72 f.). Für die Davongekommenen aber, unter ihnen der Dichter, kam der Mann, der Gnade gewährt hatte, vom Himmel, war stets Gott (*semper deus*). Dies blieb er auch in den Büchern der *Georgica*, geschrieben in den dreißiger Jahren, und den griechischen Lehrgedichten ebenso verpflichtet wie der Naturerklärung des Lukrez:

> «So von der Pflege der Flur und des Viehs und so von den Bäumen
> sang ich. Caesar indes, der Gewaltige, schleudert am tiefen
> Euphrat Blitze im Krieg. Als Sieger gibt er Gesetze
> willigen Völkern, so strebt er hinan die Bahn zum Olympus.»[14]

Ackerbau, Baum-, Vieh- und Bienenzucht – davon schrieb einer, der seine Heimat Italien liebte und dem neuen Regime dankbar war, das den Frieden und das Land zum Blühen brachte. Octavian, 29 nach Rom zurückgekehrt, ließ sich das Werk vom Dichter vorlesen und hörte gleich in den ersten Versen, was zu werden er so sehnlichst erhoffte: Gott unter Göttern, Schutzherr der Städte, Spender der Früchte, Herr der Elemente, neues Gestirn am Himmel. Und er hörte bewegt das Gebet, das Jahre später tausendfach zum Himmel steigen sollte:

> «Stammväter, Vaterlandsgötter! Du Romulus, du, Mutter Vesta,
> die du den uralten Tiber und Roms Palatin schirmst,
> diesen Herrscher im Jugendglanz, wollt *ihn* doch nicht hindern,
> Retter zu sein der zerrütteten Welt.»[15]

Was Wunder, dass Augustus nun auf ein drittes Werk drängte, auf die große Weltbeschreibung, die den Untergang Trojas mit dem Aufstieg Roms verknüpfte. Ihr Held ist Aeneas, Sohn eines sterblichen Vaters und einer unsterblichen Mutter. Ihn schicken die Götter nach Italien und machen ihn zum Stammvater des julischen Hauses. Vergil fand den Anfang seiner Geschichte bei Homer. Das Schicksal des im Kampf selbst von Achill nicht besiegten Trojaners, der aus der brennenden Vaterstadt in den Westen floh, beginnt mit der einzigen Prophezeiung, die in der *Ilias* zu finden ist. Sie verspricht der Familie des Aeneas das Überleben und die Herrschaft über kommende Geschlechter bis in die ferne Zukunft.[16] Wie Odysseus nach zahlreichen Abenteuern sein Vorhaben, die Heimkehr nach Ithaka, gelingt, so findet Aeneas, wonach er sucht: Er rettet aus der brennenden Vaterstadt die heimischen Götter, schart die letzten Überlebenden um sich und bricht auf, um den verheißenen Ort und eine neue Heimat zu finden. Nach langer Irrfahrt und schweren Kämpfen überwindet er alle Hindernisse, die sich der von den Göttern befohlenen Gründung einer neuen Stadt entgegenstellen. Am Unterlauf des Tiber weiß er sich am Ort seiner Bestimmung. In einem großen Krieg um Latium besiegt er seine italischen Gegner und macht den Weg für die Gründung der Stadt Lavinium frei; aus ihr wird auf dem Weg über die Tochterstadt Alba Longa Rom entstehen.

Die Geschichte von der Erfüllung der homerischen Prophezeiung ist nicht von Vergil erfunden worden. Sie reicht zurück bis ins 5. Jahrhundert und zählt seit Beginn der römischen Geschichtsschreibung am Ende des 3. Jahrhunderts zur festen historischen Überlieferung. Jedoch: Mit der *Aeneis* bekamen alle umlaufenden Geschichten um den trojanischen Ursprung Roms einen neuen Sinn. Denn Vergil machte das Imperium zum Erben Griechenlands und bewies aus Mythos und römischer Eigenart den Anspruch Roms, Herrin der Welt zu sein, und dies so glanzvoll, dass sich jeder Römer für immer darin wiedererkannte.[17]

Die Entlehnungen aus Homer sind vielerorts greifbar. So hat der Gang des Aeneas in die Unterwelt sein Vorbild in der *Odyssee*, und die Spiele, die den Vater des Helden Anchises ehren, ähneln den Feiern beim Tod des Patroklos in der *Ilias* – und so immer wieder, hundertfach. Die homerische Abfolge von *Ilias* und *Odyssee* drehte Vergil um. Er beginnt seine Erzählung mit der Flucht der Trojaner und setzt sie in Latium mit Krieg und Eroberung fort, bis der letzte einheimische Stamm kapituliert und sein König im Kampf mit Aeneas fällt. Irrfahrt und Landung in Italien gehorchen einem Weltplan, der den Nachfolgern der besiegten Trojaner den Weg zur Weltherrschaft weist. Aus der Tiefe der Geschichte und dem Willen der Götter gehorsam, so will es Vergil, steigt Rom zur Herrin des Erdkreises auf:

> «Du bist ein Römer, dies sei dein Beruf:
> Die Welt regiere, denn du bist ihr Herr,
> Dem Frieden gib Gesittung und Gesetze,
> Begnad'ge, die sich gehorsam fügen,
> Und brich in Kriegen der Rebellen Trotz.»[18]

Geschichte wird zum Heilsweg. Er beginnt mit Aeneas und sein Ziel ist Augustus und ein Imperium, dem nach dem Willen Jupiters weder Zeit noch Raum Grenzen setzen. Damit erhält die Universalherrschaft des ersten Prinzeps den Glanz einer erhabenen, für die Ewigkeit gedachten Weltordnung. Das Gegenwärtige verwandelt sich in das Endgültige, Eschatologie und Verklärung werden eins. Aeneas erfährt es in der Unterwelt, als er weit in die Zukunft blicken darf und dort die Männer sieht, die Rom zur Weltmacht führen werden; am Ende ihrer langen Reihe steht Augustus, der Sohn des göttlichen Caesar, der Schöpfer des Goldenen Zeitalters, der Herr der Welt:

> «Der aber ist der Held, der oft dir verheißen.
> Caesar Augustus, der Spross des Göttlichen. Goldene Weltzeit
> bringt er wieder für Latiums Flur, wo einstens Saturnus
> herrschte, er dehnt sein Reich, wo fern Garamanten und Inder
> wohnen, und weiter – dies Land liegt außerhalb unserer Sterne,
> außer der Sonne jährlicher Bahn, wo Atlas, des Himmels
> Träger, die Wölbung dreht, die strahlt von funkelnden Sternen.
> Seine Ankunft fürchten schon jetzt die kaspischen Reiche,
> schaudernd vor Götterorakel, es zittern Skythiens Lande,
> bebend bangt die Flut des siebenarmigen Niles.»[19]

Der Stoff des Epos ist nicht um seiner selbst willen da. Vergangenheit und Gegenwart, Mythos und politische Wirklichkeit verschränken sich und verhalten sich zueinander wie Verheißung und Erfüllung. Aber die *Aeneis* ist noch weit mehr als die Vision einer neuen politischen Weltzeit, mehr als der naive Glaube an ein Ende der Geschichte, mehr als ein Kniefall vor den Träumen eines allmächtigen Monarchen. Ihr Vorrat an Geschichten und Bildern von Krieg und Frieden, von Vater und Sohn, von Freundschaft und Bosheit, von Liebe und Tod ist unerschöpflich; viele davon haben sich, losgelöst von ihrem heilsgeschichtlichen Hintergrund, in die Erinnerung Europas eingegraben. Dazu zählt das Schicksal der unglücklichen Königin Dido, Urbild aller Liebestragödien der späteren Literatur. Sie hat die Flüchtlinge aus Troja in Karthago freundlich aufgenommen, ihren Führer geliebt und sich das Leben genommen, als dieser, dem Befehl der Götter gehorchend, weiterzieht. Beide sehen sich noch einmal in der Unterwelt. Da aber wendet sich die Fürstin wortlos von dem in Tränen aufgelösten Geliebten ab, so reuevoll er auch seine Schuld gesteht, so eindringlich er auch von dem Zwang göttlicher Befehle spricht, die ihn nach Italien trieben, und so herzbewegend er auch um Gehör fleht: «Diesmal allein noch vergönnt dich anzureden mein Los mir!» Er kann ihr Herz nicht mehr erreichen: Sie, die bedingungslos Liebende, und er, der Held, der seine historische Mission über alles stellte, scheiden unversöhnt.[20]

Die Wiederkehr des Goldenen Zeitalters

Auch Horaz kapitulierte vor der Macht, auch ihm gefiel die Rolle eines Staatsklienten. Aber wie er es tat, blieb immer ein Stück Poesie, weit dauerhafter als das Herrschaftssystem, dem er diente. Nach dem Tod Vergils wurde der einst mittellose Deserteur der bei Philippi geschlagenen republikanischen Oligarchie zum ersten Dichter seiner Zeit. Er schrieb kein Epos, keine Tragödie, keine Komödie. Sein Ruhm gründete auf eine Art Dichtung, die er fast als Einziger zelebrierte und die im Grunde zu schwierig war, um wirklich populär zu werden. Er verfasste Epoden (*Iambi*), Satiren (*sermones*), Oden (*carmina*) und Briefe (*epistulae*), und als Augustus im Jahre 17 die Säkularspiele als Beginn einer neuen Geschichtsepoche begehen hieß, oblag es dem König der Dichter, die offizielle Hymne der Festlichkeiten zu schreiben (S. 249).

Auch Horaz berauschte sich an der Vorstellung vom Goldenen Zeitalter, von der Erfüllung eines Traums, der den Menschen die Rückkehr ins Paradies versprach. Es klingt in seinen Versen wie ein Kultlied, was die Zeit bewegte und was Augustus als die dichterische Überhöhung seiner politischen Ziele verbreitet sehen wollte: Das Ende des Sittenverfalls, der Zwietracht und Bürgerkrieg heraufbeschworen hatte, die Ausdehnung des Reiches bis an die Grenzen der Erde und die sakrale Überhöhung des Fürsten, dem alles zu danken war:

«Nunmehr zieht seines Wegs sicher der Stier dahin,
Ceres segnet die Flur wieder mit reicher Saat,
Friedlich schaukelt das Schiff durch die versöhnte Flut,
Treu und Glauben sind neu erwacht ...

Wen erfüllt noch mit Angst Parther und Skythe jetzt?
Wen Germaniens Brut, Söhne der rauen Luft?
Wen, da Caesar uns lebt, kümmert des Krieges Dräun
Fern im wilden Hiberien? ...

[Jeder] betet brünstig für dich, gießt aus dem Opferkelch
Reichlich Spende dir aus, stellt dein vergöttertes Bild
Zu den Laren ...

‹Schenke gütiger Fürst, dauernden Frieden nun
Der hesperischen Flur!› Siehe, so flehen wir
Nüchtern frühe am Tag, flehen wir trunken dir
Spät, wenn Phöbus zum Meere taucht.»[21]

Der hier nur angedeutete imperiale Jubel tönte an anderer Stelle hemmungsloser und gezügelt nur durch den Gedanken, die Hände des Herrschers über die Welt müssten rein sein:

«Ein Schrecken weithin, breit' es [Rom] den Namen aus
Zum fernsten Erdrand, dort, wo der Ozean
Europa trennt vom Afrer, dort wo
Schwellend der Nil die Gefilde tränket,

Wofern es Gold, das besser im Erdenschoß
Verborgen liegt, nur mutig verschmäht und nicht
Zum Dienst der Menschen zwinget, alles
Hehre mit gieriger Hand entweihend.

Zu jedem Markstein, welcher die Welt begrenzt,
Hintrag' es seine Waffen, die Länder all
Zu schaun begierig, wo der Sonne
Gluten, wo Nebel und Regen wüten.»[22]

Das von den Dichtern besungene Goldene Zeitalter durfte aber nicht eine Zeit des Stillstands und schon gar nicht eine Epoche lähmenden

Friedens sein. Rom, so lautete die von ihnen allen verbreitete Lehre, muss die Welt unterwerfen und ihre Ordnung bewahren, denn so wollen es die Götter. Die Vorstellung war nicht neu, hatte doch jeder gute Republikaner so gedacht. Neu daran ist die Bindung der Berufung Roms zur Weltherrschaft an den Gedanken der moralischen Erneuerung. «Italien schirmst du durch der Waffen Macht, du hebst es durch der Sitten Zucht», heißt es über Augustus.[23] Klarer konnten die politischen Ziele des Kaisers kaum formuliert werden. Und sie verbanden sich bei Horaz mit der Hoffnung, der Krieg gegen den äußeren Feind könne die überschüssigen Kräfte binden, die im Inneren so viel Unheil angerichtet hatten. An Gegnern sah er keinen Mangel, und er las sie wie von einem Handzettel ab: Britannier, Gallier, Germanen, Parther und Spanier, Völker, die schon Caesar bekriegt hatte.[24]

Aber auch Horaz wäre nicht Horaz, erschöpfte sich seine Kunst in politischer Lyrik. Auch für ihn war es eine Sache, Gunst und Geschenke des Mächtigen anzunehmen, eine andere, dadurch ungestört das menschliche Leben und Treiben beobachten zu können. Wer schreiben muss, um den Hauswirt und den Bäcker zu bezahlen, hat nicht die Muße dazu wie einer, der sich als Günstling des Hofes Zeit lassen kann, ja nur reimt, wenn er sich dazu aufgelegt fühlt. So sprechen die Verse des Horaz von allen Bereichen des Lebens, mal voll Herzenswärme, mal mit Ironie, mal voll Bosheit, immer aber serviert mit weltmännischer Geste. So belegt auch seine Dichtung die Kunst des Augustus, der Freiheit des Wortes nur soviel an Zügel anzulegen, wie sie ohne Gefährdung ihrer Substanz ertragen kann.

2. Wunschträume abseits der Politik

«Soll ein anderer tapfer sein im Krieg»: Tibull und Properz

Dies galt auch für Dichter, die ihren eigenen Weg, jenseits aller Staatskunst, suchten. Zu ihnen zählt Tibull, jung gestorbener Ritter und Gutsherr. Ihm bedeutete der Ruhm nichts, den Politik und Krieg gewährten: «Soll ein anderer tapfer sein im Krieg und, wenn Mars ihm gewogen ist, die feindlichen Anführer niederstrecken, damit er mir beim Gelage seine Taten als Kriegsmann erzählen und auf dem Tisch mit Wein ein Lager einzeichnen kann.»[25] Tibull blieb in seinem allzu kurzen Leben ein sanfter Träumer, dessen Elegien die Reize eines friedlichen Daseins priesen und lustvoll von Verführung und Ehebruch erzählten. Nur auf diesem Feld, so gesteht er freimütig, sei er ein tapferer Soldat: «Einzig bei meiner Delia möchte ich ruhen, lässig und träge im Tun» – fern nicht nur vom Monarchen, sondern auch von notorisch misstrauischen Ehemännern. Sein Zeitgenosse Properz stimmte das gleiche Lied an, auch er sah sich als Verführer auf dem Gipfel des Ruhms, denn die Gunst seiner Freundin Cynthia verdanke er nicht Gold und indischen Perlen, sondern seinen «verlockenden Liedern».

Ganz aber entkam Properz der Politik nicht, so sehr er sich sträubte. Denn anders als Tibull strandete er als verarmter Landadliger nahezu mittellos in Rom und konnte sein Glück kaum fassen, als ihm Maecenas Ohr und Börse lieh. Dessen Gunst, jeder wusste es, gab es nur um den Preis wenigstens eines Kniefalls vor dem Kaiser und seinen Taten. «Rom braucht selbst Jupiter nicht zu fürchten, solange Caesar (Augustus) lebt... Du aber Seemann, ob du einen Hafen ansteuerst oder ihn verlässt, sei Caesar eingedenk im ganzen Ionischen Meer.»[26] Dort, so jubelt nicht sein Herz, wohl aber sein Vers, habe Augustus Rom vor der «königlichen Dirne von Kanopos, diesem einzigartigen Schandmal» gerettet und verhindert, dass die Königin Ägyptens «auf dem tarpeischen Felsen ihr hässliches Moskitonetz aufspannt und Gesetze gibt zwischen den Statuen und Trophäen des Marius!» Aber auch Properz hasste den Krieg, den nach Tibull «der Fluch des köstlichen Goldes» in die Welt gebracht hatte, und dessen Diener, so oft sie auch gesiegt haben mochten, nichts in die Dunkelheit des Todes mitnehmen können: «Du wirst keine Schätze zu den Fluren des Acheron tragen: nackt musst du auf dem Totennachen fahren, du Narr!»[27] Keiner von ihnen musste den Zorn des Kaisers fürchten. Denn sie sangen auf ihre Weise vom Goldenen Zeitalter und dachten nicht daran, das von Augustus heraufgeführte in Frage zu stellen.

«Sänger zärtlicher Liebesgefühle»: Ovid

Anders das Schicksal des Ovid, der sie beide überragte und der nach dem Tod des Horaz Roms beliebtester Dichter wurde. Sein Leben erzählt er selbst: Geboren in Sulmona, 100 km östlich von Rom, im Hause eines wohlhabenden Landadligen, studierte er Rhetorik und ging auf Grand Tour nach Kleinasien und Griechenland. Seine Eltern glaubten an eine erfolgreiche politische Laufbahn, begruben aber alle Hoffnungen, als die Musen ihren Sohn zum Dichten überredeten und schon seine ersten Liebeselegien aus dem jungen Mann einen gefeierten Star machten.

Früh verlor er den älteren Bruder – «seitdem fehlt mir ein Stück von mir selbst»; früh gewann er die Freundschaft der namhaften Dichter seiner Zeit – «soviel Sänger, soviel Götter vermeint' ich zu sehen» –, und spät, zu spät kam ihm die Einsicht, dass für jeden, der im Rom des Augustus lebte, Loyalität das erste und das letzte Gebot war.[28] In der Hauptstadt lebte er bis 8 n. Chr., Teil der Jeunesse dorée der Stadt und verwöhnt von seinem Publikum. Er war der Liebling der Szene, und er war nicht wenig stolz darauf. Keine Zeile schrieb er, die nicht von Hand zu Hand ging, keine Seite, die nicht beklatscht, kein Buch, das nicht berühmt wurde.

Sein Förderer war Messalla Corvinus (Konsul 31), der auch über Tibull seine schützende Hand hielt. Sie konnte Ovid nicht mehr helfen, als ihn der kaiserliche Bannstrahl traf und im Herbst des Jahres 8 sein idyllisches Dasein abrupt beendete. Ohne Gerichtsverfahren und Knall auf Fall jagte ihn eine kaiserliche Kabinettsorder aus der Stadt und verfügte die lebenslängliche Verwahrung im unwirtlichen Tomi am Schwarzen Meer (das heutige rumänische Constanza), bewohnt von Halbblutgriechen und barbarischen Geten, stets bedroht von wilden Stämmen, die jenseits der Donau lauerten. Ovids Welt brach völlig in sich zusammen. Ihre Trümmer arrangierten sich in seiner Seele zu einer Klagemauer, an der er täglich Andacht hielt. So endeten auch die unschuldigsten Träumereien des einsamen Wanderers am Strand von Tomi in Ausbrüchen der Verzweiflung. Was ihn am Leben hielt, war neben der Hoffnung das stolze Selbstbewusstsein des Dichters.

Bereits die Ankunft an diesem wüsten Ort am Ende der Welt war für den bereits grau gewordenen mondänen Mann wie ein Sturz ins Nichts:

> «Nun, da die Reise beendet, die Drangsal der Fahrt überstanden,
> da ich die Erde betrat, die man zur Strafe mir wies,
> mag ich nur weinen ...»[29]

Ovid hat den Schlüssel zu seiner Verbannung mit ins Grab genommen. Der Grund für sein Verderben, so sagt er, sei vielen bekannt und er dürfe ihn nicht unverhüllt nennen. Sicher scheint nur, dass mehr dahinterstecken muss als die Laune eines gekränkten Potentaten, hat doch selbst sein Nachfolger jedes Gnadengesuch zerrissen. Gewiss, die Verse des von der Gunst des Publikums verwöhnten Bonvivants waren häufig frivol, ja überschritten in den Augen des sittenstrengen Imperators in der «Liebeskunst» die Grenzen des guten Geschmacks. An manchen Stellen sprachen sie gar von Subversion. «Zu sträflicher Lust» habe er die römischen Frauen angeleitet und sie gelehrt, «ihre Treue zu vergessen», vernahm man am kaiserlichen Hofe, und dies war in der Tat ein Vorwurf, der einen allzu lockeren Umgang mit den strengen Regeln der neuen Ehegesetze unterstellte.[30] Trotzdem: Für Tomi reicht dies nicht aus. Wahrscheinlicher ist die Verwicklung in einen Sittenskandal um die Enkelin des Imperators oder die Mitwisserschaft um ein politisches Komplott.

Am Schwarzen Meer angekommen, blieb Ovid nur die Feder. Sie arbeitete unermüdlich und brachte trotz oder wegen aller Pein elegische Episteln (*Tristia*) und vier Bücher Briefe (*Epistulae ex Ponto*) zu Papier, denn an der Dichtkunst «hat Caesar kein Recht». Ovid starb verbittert im Jahre 18 n. Chr. in Tomi. «Andere wurden von dir», wandte er sich an den Kaiser, «aus schwereren Gründen vertrieben, weiter hinweg wurde noch nie einer verstoßen als ich.» Sein Grab kennt niemand, seine letzten Verse jeder:

> «Der ich hier liege, ein Sänger der zärtlichen Liebesgefühle,
> durch mein Talent ging ich, Naso, der Dichter, zugrunde.
> Der du vorbeikommst, liebtest du je, so mögest du gerne
> sagen: Sanft in der Grube soll ruhen Nasos Gebein!»[31]

In Rom las man derweil unbehelligt von kaiserlichen Bütteln jeden Vers, der aus Tomi übers Meer kam, mit demselben ungetrübtem Vergnügen, mit dem man seine Liebeselegien (die *Ars amatoria* und die *Heroidenbriefe*), die poetische Bearbeitung des römischen Festkalenders (*Fasti*) und vor allem die *Metamorphosen*, Verwandlungssagen in 15 Büchern, verschlang. Ovids Schaffenskraft überstieg die aller anderen Poeten der Zeit um ein Vielfaches, und sie umfasste Gegenstände der Liebestechnik, Schönheitsmittel, Mythologie, Kalender, Religion und schließlich die eigenen Leiden im Exil.

Nicht alles wird Augustus missfallen haben. Aber wer die römische Jugend die Kunst der Verführung lehrte, wer sich ungeniert über die Gestalten der Geschichte, darunter die julischen Ahnen des Imperators, lustig machte, wer die frohe Botschaft von der Wiederkehr des Goldenen Zeitalters nicht hören und schon gar nicht verkünden wollte, der lebte unter einem Herrn gefährlich, der die Moral und das Vorbild der Väter als Heilmittel gegen die Übel des Bürgerzwistes predigte. Ovid hat es bei aller Leichtfüßigkeit gespürt und in den zwischen 4 und 8 n. Chr. geschriebenen *Metamorphosen* und den *Fasti* versucht, sich wie Vergil und Horaz den Wünschen des Mächtigen anzunähern. Man liest es in seinem Kalender immer dort, wo er die religiösen Feste, die an die Taten des Kaiserhauses erinnern, besonders eindringlich behandelt. Und die *Ver-*

wandlungen, beginnend mit der Schöpfungsgeschichte, enden mit einem Preislied auf die Herrschaft des Augustus. Ovid zählt, wie bei seinen Vorgängern gelernt, alle Legitimationsformeln des monarchischen Herrschaftsanspruchs auf. Jupiter selbst wird in den Zeugenstand gerufen: Als er das von den Parzen verwahrte Archiv der Weltgeschichte einsah, habe der Erste der Götter seiner Tochter Venus erklärt:

«Was soll ich dir die Barbarenwelt und die Völker an beiden Ozeanen aufzählen? Alle bewohnbaren Gebiete der Erde werden ihm (Augustus) gehören; auch das Meer wird ihm dienen. Nachdem er der Erde den Frieden geschenkt hat, wird er seinen Geist dem Recht zuwenden, das für die Bürger gilt, Gesetze als deren gerechtester Anwalt vorschlagen und durch sein eigenes Beispiel den Sitten ein Richtmaß geben. In die Zukunft und die Zeit der Enkel vorausblickend, wird er den von der keuschen Gattin geborenen Nachkommen seinen Namen und seine Sorgen mittragen lassen und erst, wenn er als alter Mann die Jahre des Vaters übertroffen hat, die himmlischen Hallen und die ihm verwandten Sterne erreichen.»[32]

Der Kotau kam zu spät. So reichte ein Tropfen, um das Fass zum Überlaufen zu bringen. Die Vertreibung des Mannes, der in den besten Kreisen des Adels verkehrte, sollte allen eine Lehre sein: Der Kaiser teilte die neue Begeisterung der Zeit für die Poesie, wenn sie seinem Hause und dem Staat diente; er tolerierte sie, solange sie ihn nicht herausforderte – die ungehinderte Verbreitung der Verse des Verbannten aus Tomi zeigt genau dies –, aber er beschnitt ihr entschlossen die Flügel, wenn sie ihm zu schaden drohte.

Das lag auch daran, dass die Literaten längst die stillen Stuben verlassen hatten und die Aufmerksamkeit eines ständig wachsenden Publikums auf sich zogen. Ihre Schriften wurden publiziert und in öffentlichen Bibliotheken zugänglich gemacht. 38 öffnete die erste von ihnen im Atrium des Libertas-Tempels ihre Tore, zehn Jahre später folgte die zweite als Teil des von Augustus neu geweihten Tempels des Apoll auf dem Palatin, und fünf Jahre später die dritte in der Säulenhalle der Octavia. Als erstes literarisches Werk wurde die *Aeneis* vervielfältigt und verkauft. Die gesamte lateinisch sprechende Welt hütete sie als ihren vornehmsten Bildungsschatz, der in der Schule gelehrt wurde. Vergils Eklogen hörte ein hingerissenes Publikum im Theater, Lesungen im kleineren oder größeren Kreis machten ihn und die anderen Dichter stadtbekannt und ihre Kunst, nun da sie Vermögen und Ruhm versprach, gesellschaftsfähig. Ihre Popularität erleichterte es, sie unter Kontrolle zu halten, und ihre

Wirkung reizte, sie für die eigenen Ziele zu nutzen. Eine Bedingung erfüllten sie alle, denn ohne sie war alles nichts: Sie waren Patrioten und keiner zweifelte nach dem Ende des Bruderkrieges, dass die Welt nur als römisch geordnete lebenswert war.

3. Die Auskunft der Geschichte

Die Pflichten der Historiker

Die Überlieferung hat es nicht gut gemeint mit den Historikern der Zeit. Es hat an ihnen nicht gefehlt, aber, so will es Tacitus, die zunehmende Liebedienerei habe sie mehr und mehr abgeschreckt.[33] Erhalten blieben nicht zufällig nur Namen und Fragmente, so dass allein das monumentale Werk des Livius einen Einblick in das historische Denken der Zeit gewährt.

Wer Geschichte schrieb, tat es nicht als Wissenschaftler, sondern als Literat. Er hielt sich an Cicero, der Historiographie als «eine Aufgabe für den Redner» vorstellte, der Sprache und Stil beherrscht und sich «um eine fließende, ohne Anstoß fortlaufende und gleichmäßig dahin strömende Darstellung» bemüht. Keiner konnte dies besser als Livius. Ihm bescheinigten die Späteren, er habe «in seiner Erzählweise etwas wundersam Liebliches und strahlend Lauteres, und seine Reden wirken ungemein überzeugend: So sehr sind alle Worte den jeweiligen Umständen und Rednern angepasst».[34]

Der Nutzen der historischen Kunst war nicht minder klar wie ihre Darstellungsform: der Leser musste unterhalten und moralisch erzogen werden. Die Geschichte war die Lehrmeisterin des Lebens (*magistra vitae*) und hatte daher die vornehme Pflicht, Beispiele des rechten Verhaltens vor Augen zu führen. An ihnen konnte sich jeder orientieren, wo immer er öffentlich auftrat und wie immer er privat zu leben gedachte. Auf der Strecke blieben geschichtliche Zusammenhänge, das Knüpfen kausaler Ketten und das Verstehen des Andersartigen und Einmaligen. Sie traten hinter der Pflicht zurück, verwendbares Wissen in packender Erzählung zu servieren.

Der Gedanke, die Historiker müssten die Menschen anspornen, für den Staat einzustehen, und sie hindern, sich «von dem Leben in der Gemeinschaft abzusondern», war nicht neu. Schon Sempronius Asellio, der 133 als Offizier unter Scipio Aemilianus in Spanien focht und im Alter

Zeitgeschichte schrieb, gehorchte diesem Lehrsatz.[35] Die Frage war nur, wie man ihn zum Sprechen brachte. Wie es Polybios im 2. Jahrhundert vorgemacht hatte? Dieser Grieche war Weltmann, Politiker und Militär gewesen, hatte Universalgeschichte geschrieben, Legendäres und Antiquarisches verworfen und jeden verachtet, der sentimentale Stimmungsbilder malte. Ein breites Publikum aber hatte er so nicht gewinnen können. Denn dies verlangte Geschichten, nicht Analysen, dies forderte Fleisch und Blut, keine Verfassungsdebatten.

Trotzdem blieb die einmal aufgeworfene Frage in den Köpfen und musste von jeder Generation neu beantwortet werden. Leicht war das unter Augustus nicht, da im Raum der Geschichte die Ehe zwischen Kunst und Macht unauflöslich ist und das Geschäft der Historiker gefährlicher als in den Tagen der Republik geworden war. Er gehe auf aschebedeckter Glut, warnte ahnungsvoll Horaz den Asinius Pollio, der in 17 Büchern die Ereignisse von Caesars Aufstieg bis zur Schlacht von Philippi geschildert hatte. Der alte General wusste es selbst und zog sich bereits 39 ins Privatleben zurück; auf eine Behandlung der Jahre nach Philippi verzichtete er. Er hatte als Konsul des Jahres 40 zu viel Kampf und Intrigen erlebt. Es reizte ihn nicht mehr, unter den argwöhnischen Augen des Imperators die Grenze zwischen möglicher Kränkung und getreuer Faktenwiedergabe auszuloten.[36]

Ohnehin war der Spielraum für einen objektiven Blick auf die Jahre der Bürgerkriege gering. Sie hatten Augustus die Macht verschafft, und er konnte niemandem gestatten, von der amtlichen Wahrnehmung der Ereignisse abzuweichen, zu ungesichert war die dem Schwert geschuldete Herrschaft, zu ungeklärt die Nachfolge. Zudem hatte der Julier selbst in einer umfänglichen Autobiographie, die bis in die 20er Jahre reichte, seine Sicht der Dinge vorgestellt und damit jeden davon abweichenden Bericht geächtet.[37] Trotzdem gab es kritische Stimmen, aber sie konzentrierten sich auf das Privatleben und die Blutspur auf dem Weg zur Macht. Der Monarch jedoch wurde als solcher kaum wahrgenommen.

Ein weiteres Problem machte den Historikern das Leben schwer. Ihr Blickfeld war enger geworden. Seitdem der Monarch das Sagen hat, erklärt Cassius Dio seinen Lesern, «wird das Meiste als Staatsgeheimnis verschwiegen und findet, wenn es überhaupt an die Öffentlichkeit gelangt, keinen Glauben mehr, da man der Wahrheit nicht mehr auf den Grund gehen kann. Vielmehr vermutet man, dass alles, was gesprochen und getan wird, sich nach dem Willen der Herrscher und derer richtet, die sie an ihrer Herrschaft teilhaben lassen.»[38]

Patriotische Geschichtsschreibung: Livius

Zum gefeierten Meister seine Fachs wurde Livius, 59 geboren und 17 n. Chr. gestorben. Seine Heimat war Padua, reich durch den Handel, gerühmt wegen der Sittenstrenge seiner Bewohner, verachtet wegen seiner Provinzialität. Die Eltern zählten zu den Großbürgern der Stadt, deren Ehrenkodex verlangte, dem Sohn eine gründliche Bildung zu ermöglichen. Sie schickten ihn auf Rhetorikschulen, an denen er bald selbst als Lehrer auftrat. Wie er nach Rom kam, in welche Kreise er dort geriet, wer ihn der kaiserlichen Familie vorstellte und ob er vornehmlich in der Hauptstadt oder in Padua arbeitete – niemand fand es berichtenswert. Er kam früh zu Ruhm und Ansehen, aber sein Leben blieb, ganz anders als das Vergils, ohne Widerhall. Es lag wohl am glanzlosen Alltag eines fleißigen Gelehrten, der seine Studierstube nur selten verließ, ausgedehnte Reisen nicht schätzte und im Kreis seiner Familie sein privates Glück fand. Die Tore zur großen Welt öffneten sich ihm am Schreibtisch, wenn er in die erhabenen Weiten des Imperiums und seiner Baumeister eintauchte. Der Tod fand ihn in seiner Heimatstadt.

Livius war gerade erwachsen geworden, als die Legionen der Caesarmörder bei Philippi die Waffen streckten. In den folgenden Jahren, in denen auf der Weltbühne römische Generäle um die Macht kämpften, reifte in ihm der Plan, sich in das ferne Zeitalter der römischen Könige und die Gründerjahre der Republik zu versenken.[39] Es waren großartige Zeiten, weit entfernt von der trüben Realität eines Rom, das ein Weltreich gewonnen, aber die Fähigkeit verloren hatte, sich darin zurechtzufinden. Was Livius zu einer Fortsetzung seiner Darstellung bis in die eigene Zeit trieb, lässt sich nur erahnen. Was er nicht wollte, bezeugt sein Werk: keine Altertümer sammeln wie der gelehrte Varro, keine Zeitgeschichte schreiben wie der Politiker Asinius Pollio, keine eigenständigen Schilderungen der schwärzesten Perioden der römischen Geschichte wie der finstere Sallust. In seinem Werk sollten gute Patrioten und sittenstrenge Männer und Frauen auftreten, die an die Größe Roms und die ewige Dauer des Imperiums glaubten.

Wer davon erzählte, geriet ins Rampenlicht der Politik, ob er wollte oder nicht. Worte wogen so schwer wie Taten. Als Augustus hörte, wie Livius den Pompeius rühmte, hob er den Zeigefinger: Sein gelehrter Freund sei wohl ein Pompeianer, rief er belustigt. Was im Gewand eines Scherzes daherkam, enthielt eine tödliche Drohung. Denn jeder kannte das Schicksal des Titus Labienus. Dieser hatte unverhohlen Partei für

Pompeius ergriffen, worauf der Senat sein Werk dem Scheiterhaufen empfahl und den Verzweifelten in den Tod trieb.[40] Livius war gewiss kein bekennender Republikaner, und der Drang, zum Märtyrer einer verlorenen Sache zu werden, plagte ihn ohnehin nicht. So beugte sich der Gescholtene vor der Drohung des Kaisers, und Tacitus konnte notieren, diese Episode habe das gute Einvernehmen mit dem Prinzeps nicht getrübt.

So war Livius bei Hofe wohlgelitten, weil er anders als Labienus begriffen hatte, wo die Freiheit des Historikers endete. Seine Darstellung vom Tod Ciceros, den er verehrte, zeigt es mit fast peinlicher Deutlichkeit. Octavian hatte Cicero «Vater» genannt und ihn dann doch seinen Feinden ausgeliefert, die den Greis auf der Flucht erschlugen und mit seiner Leiche Schindluder trieben. Cicero, erklärt Livius seinen Lesern, habe von seinen Gegner nur erlitten, was er ihnen als Sieger auch angetan hätte.[41] Augustus, den das unselige Ende Ciceros und die öffentliche Meinung darüber peinigte, durfte zufrieden sein. Hatte sich doch jetzt zu den Dichtern, die ihn als Retter Roms und als Vollender des Weltreiches besangen, ein Historiker gesellt, der loyal zur herrschenden Familie stand und willens war, alte Sünden mit Nachsicht zu behandeln.

Livius beendete sein Werk mit der Darstellung des Jahres 9. Es war ein trauriges und zugleich glanzvolles Jahr für Rom. In ihm starb Drusus, der Bruder des Tiberius und der General der Truppen, die seit 12 in Germanien operierten und bis an die Elbe vorstießen. Aber noch einmal hatte die Stadt unerhörte Siege feiern können, noch einmal trug sie einen Krieger zu Grabe, der das Imperium gemehrt hatte. Die Jahre danach sahen nichts mehr davon. Warum also nicht jetzt ein Werk enden lassen, das sich der Größe Roms und der Wiederkehr seines Glücks verschrieben hatte?

Erzählte Staatsbürgerkunde

Das Werk des Paduaners hat die Zeiten nur als Ruine überlebt. Erhalten blieben nur die Bücher, die die Jahre von der Gründung Roms bis zu den Samnitenkriegen (753 bis 293) und vom Zweiten Punischen bis zum Zweiten Makedonischen Krieg (218 bis 167) schildern; dazu kommen die Inhaltsangaben (*Periochae*) für nahezu alle Bücher. Das Erhaltene genügt, um zu erkennen, dass Livius den Vorratsraum der Erinnerung mit Beispielen füllte, die seinem und den künftigen Geschlechtern den Weg zu den Lehren der Väter weisen sollten: «Ich wünsche», be-

Abb. 21 Der Kupferstich von Marcantonio Raimondi (1474 bis 1534) folgt einer heute verlorenen antiken Skulptur, die um 1500 gefunden wurde. Ihr Gegenstand ist von Livius zum Hohelied der Tugend stilisiert worden. Rom, so beginnt er seine lange Erzählung, gehorchte 244 Jahre lang sieben Königen. Der letzte, Tarquinius Superbus, habe seinen Vorgänger ermordet, seine Herrschaft gewaltsam errichtet und ohne Zustimmung von Senat und Volk regiert. Als sein Sohn die Gattin eines Patriziers, die tugendhafte Lucretia, vergewaltigte und diese sich entehrt den Tod gab, habe die Familie unter Führung eines gewissen Lucius Junius Brutus Rache genommen und den Tyrannen aus Rom vertrieben. Das Schicksal der vornehmen Lucretia und die Vergeltung ihres Todes sollte den Römern beweisen, dass die Gründung ihrer Republik mit reinen Händen erfolgt war.

schwor er seine Leser, «dass jeder darauf achtet, wie das Leben, wie die Sitten gewesen sind, durch was für Männer und durch was für Eigenschaften zu Hause und im Krieg die Herrschaft geschaffen und vergrößert wurde.»[42]

Livius war ein Patriot und Moralist. Er führt seine Leser durch eine Gemäldegalerie, in deren Räumen großformatige Bilder bedeutender Männer und Frauen hängen. Er erklärt sie mit unendlicher Geduld und hörbarer Freude, erzählt die dargestellten Geschichten, mahnt, aus ihnen zu lernen, und zeigt, wie arge Fehler sich rächen. Er tut es ohne Hintersinn, ohne Ironie und ohne Bosheit. Und niemals verliert er den roten Faden, der alle seine Erzählungen zusammenhält: Immer geht es um Römer, deren Tapferkeit und Opfermut die Größe ihres Volkes und den Glanz der imperialen Republik verkörpern. Wer von ihnen hörte, sollte mit Stolz auf Rom und die Tugenden seiner Großen blicken. Denn am Ende jeder Geschichte sieht der Leser die Macht Roms wachsen, trotz aller Krisen, trotz der Furcht, in einer Zeit zu leben, «in der sich die Kräfte des Volkes, das schon längst übermächtig ist, selbst aufzehren».[43]

Von dem Gebot, sich an die Wahrheit zu halten, sprach auch Livius; wirklich wichtig war es ihm nicht. Ihn leitete die Einsicht, dass Wirrsal und Schrecken ebenso wie Größe und Niedertracht der Anschauung bedürfen, wollte der Historiker Leser finden. Illusionen über den historischen Wert der Informationen, die er ausgrub, hatte er nicht. Zu Beginn des Sechsten Buches bekennt er freimütig, dass alle bisher geschilderten Ereignisse in tiefes Dunkel gehüllt seien, da die Menschen der Frühzeit nur selten etwas schriftlich festgehalten hätten. Trotzdem füllte er Bücher um Bücher, alle prallvoll mit Stoff. Es war altes Wissen, das er ausbreitete, tief verwurzelt in der römischen Erinnerung und daher niemals preiszugeben. Die Zeitgenossen und die kaiserliche Familie, die sich bereits an der *Aeneis* begeisterten, sahen es nicht anders und geizten nicht mit Beifall.

Rom, so beginnt Livius seine lange Erzählung, sei 753 gegründet und zunächst von sieben Königen regiert worden. Der Letzte habe seinen Vorgänger ermordet, seine Herrschaft gewaltsam errichtet und ohne Zustimmung von Senat und Volk regiert. Als sein Sohn die tugendhafte Lucretia vergewaltigte und diese sich den Tod gab, habe die Familie Rache genommen und den Tyrannen aus Rom vertrieben. Brutus, ihr Anführer, habe danach das Volk schwören lassen, niemals wieder einen König zu dulden – es schlug die Geburtsstunde der Republik. Sie aber, so fährt der Erzähler fort, sei eine gestrenge Herrin und fordere von ihren

Dienern alles – wenn es not tue, das eigene und das Leben der Kinder. So habe Brutus, zum Konsul gewählt, den Henkern seine beiden Söhne übergeben, als sie sich verschworen, die Rückkehr der Königsfamilie aus dem Exil zu betreiben.[44] Dieses Hohelied über einen Mann, der zusah, wie seine Söhne starben, füllte mit erzählter Geschichte den Satz Ciceros, das Wohl des Staates sei das höchste Gesetz (*salus publica lex suprema esto*). Es galt nicht minder im Staat des Augustus, und wer es propagierte, war ein Freund des Kaisers.

Damit fiel auch neues Licht auf die römischste aller Tugenden, die Tapferkeit. Wer den Mutigen preisen will, muss wissen, dass er allein keinen Krieg gewinnt. Livius belegt dies am Schicksal des Titus Manlius, eines Kriegers, der zum Nationalhelden wurde, als er im Zweikampf einen Gallier fällte. Ihn wählte 340 das Volk zum Konsul und gab ihm das Kommando im Krieg gegen die Latiner. Unter seinen Offizieren diente sein Sohn, hitzköpfiger Kommandant einer Reiterschwadron. Der Befehl des Feldherrn, den er in der Tasche trug, lautete unmissverständlich: keine Feindberührung, kein Angriff ohne ausdrückliche Order. Der Sohn aber, herausgefordert von einem gegnerischen Prahlhans, schlug die Order in den Wind, griff an, errang einen glänzenden Sieg und brachte die Rüstung des erschlagenen Feindes stolz dem Vater. Dieser aber wandte sich ab. Ohne militärische Disziplin, erklärte er bündig, könne der Staat keinen Bestand haben, und daher habe sein Sohn das Leben verwirkt.

Für Livius war dies eine schaurige, aber richtige Entscheidung, entsprach sie doch dem Stil und der Größe alter Römerart. Wer, so lautete die erzählte Lehre von Schuld und Sühne, gegen das Gesetz oder gegen den Befehl verstieß, gleichviel, ob in bester Absicht oder unwillentlich, war schuldig und hatte selbst seine Begnadigung verwirkt. Gepredigt wird ein Römertum, dessen Werte der Bürgerkrieg begraben hatte und die jetzt, unter dem Zepter des Heilsbringers, wieder zum Leben erwachten. Augustus mochte versucht sein, diese Geschichte als Tagesbefehl an sein Offizierskorps zu schicken.

Das Wohl des Staates wird zum ersten Gebot. Wer ihm folgt, scheut auch nicht davor zurück, sich selbst zu opfern. Livius ruft dafür Marcus Curtius als Zeugen auf, einen jungen, im Krieg ausgezeichneten Mann. Berühmt wurde er, als am Forum die Erde aufriss und die Seher verkündeten, wenn Rom wolle, dass sein Staat ewig sei, dann müsse es in dem Spalt begraben, wodurch es am meisten vermöge. «Waffen und der Mut eines Mannes (*arma virtusque*)» seien es, rief Curtius seinen ratlosen

Mitbürgern zu, betete zum Himmel, weihte sich als Opfer und stürzte sich mit Pferd und Waffen in den Spalt, der sich über ihm schloss, während die Menge Opfergaben und Früchte über ihn warf.[45]

Curtius, Brutus, die Manlii und viele andere, so lehrt es Livius, haben gelebt, um der Nachwelt ein Beispiel zu geben, was Pflicht (*disciplina*) gegenüber dem Staat ist und wo die Grenzen persönlicher Entscheidungsfreiheit liegen. Keiner der Gepriesenen war gewaltig wie Achill oder listig wie Odysseus. Sie fanden ihren Ehrenplatz in der römischen Geschichte, weil sie bis zur Selbstaufgabe Regeln gedient hatten, die für jeden Römer galten. Ihre Geschichte bewegte die Leser nicht als Schicksalstragödie von Menschen am Scheideweg, wo zu wählen war zwischen Tod oder Leben, sondern als staatsbürgerliches Lehrstück, in dem alles, was geschah, auf das eigene Leben übertragbar war.

Soldatische Tugenden hatten das Imperium geschaffen – für jeden Römer eine Binsenweisheit. Reichten sie aber aus, um es zu erhalten? «Möge die Liebe zum Frieden, in dem wir jetzt leben», beschwört Livius seine Zeit, «und die Sorge um die innere Eintracht andauern.» Beides verlangte andere Fähigkeiten als die im Krieg erprobten. Denn schließlich hing die Dauer der Herrschaft davon ab, ob die Unterworfenen die neue Ordnung anerkannten. Also galt es, die Verdienste zu schildern, die nicht die Macht, sondern die Fürsorge des Siegers bewiesen. Von ihnen erzählen eindrucksvolle Bilder nobler Gesten gegenüber den Besiegten, und sie alle enthalten ein einfaches Dogma: Die Herrschaft Roms ist ehrenwert, denn sie gründet auf dem Recht und der Großmut.

Livius liebte dieses Thema und schwelgt in vielen, meist anrührenden Geschichten. Eine führt in das von römischen Truppen belagerte benachbarte Falerii.[46] Von dort verschleppt der Schulmeister die ihm anvertrauten Kinder ins feindliche Lager und prahlt, nun habe er die Stadt in die Hand seiner Widersacher gegeben. Der Konsul Camillus lässt ihn jedoch nackt nach Falerii prügeln und gibt den Eltern ihre Kinder zurück: «Auch der Krieg», erklärt er dem Fassungslosen, «hat wie der Friede seine Rechtsgrundsätze; wir haben gelernt, ihn nicht weniger rechtlich als tapfer zu führen.» Und zu seinen Soldaten gewandt fügt er hinzu: «Ich werde mit römischen Mitteln siegen, mit Tapferkeit, mit Belagerungsmaschinen und mit Waffen.» Besiegt von diesem Edelmut und der Einsicht, dass Rom auch im Krieg die der Menschlichkeit geschuldeten Regeln achtet, ergeben sich die Stadtväter Faleriis: «Wir glauben …, dass wir unter eurer Herrschaft besser als unter unseren eigenen Gesetzen leben werden.»[47] Es ist dies nicht das einzige Beispiel, aber die Botschaft ist immer gleich: «Die zuverlässigste Herrschaft ist nur die, der man gerne gehorcht.»[48]

Das Schauspiel von Falerii ist eine Kalendergeschichte, intellektuell anspruchslos, aber voller Emotionen. Gerade darin liegt ihre Überzeugungskraft. Der wohlerwogene eigene Vorteil, der den römischen Heerführer leitet, deckt sich mit dem höchsten Ethos, dem Völker gehorchen müssen, die verdientermaßen herrschen. Augustus selbst hat dies immer wieder betont. Im Jahre 4 erließ er eine neue Gerichtsordnung für die Provinz Kyrenaika und rühmte in der Präambel seines Edikts die Fürsorge, «die ich und der Senat darauf verwenden, dass keiner unserer Untertanen wider die Billigkeit etwas zu erleiden hat oder einer Erpressung ausgesetzt ist».[49] Der Geist dieses Satzes führte die Feder des Livius, als er der Hochherzigkeit römischer Krieger applaudierte.

Dieser Historiker, und darauf kommt es an, war wie kein Zweiter ein Augusteer. Die Überzeugung, dass die Alten bereits alle das Imperium tragenden Ideale gefunden hatten, verband ihn mit dem Kaiser. Das Beispiel der Vorfahren, mahnte dessen Tatenbericht, dürfe kein Wunschtraum bleiben, sondern müsse Teil der Wirklichkeit werden: «Durch neue, auf meine Veranlassung hin eingebrachte Gesetze habe ich viele Einrichtungen der Väter, die in unserer Zeit schon zu schwinden drohten, wieder zum Leben erweckt.» Livius tat dies auf seine Weise, als erzählender Patriot. In seiner Gemäldegalerie erfährt der Besucher, was zu aller Zeit als römischer Wesenszug galt: «Kein Staat war je größer, heiliger und an guten Vorbildern reicher.»[50] Die Gewissheit, diese Lehre wie kein Zweiter mit Leben gefüllt zu haben, ließ Livius hoffen, dass sein Werk die Zeiten überdauern möge – auch wenn er, bescheidener als Horaz und Ovid, sich dies nicht laut zu sagen traute.

Seine Leser genossen den Schein der Wirklichkeit: ein Bild aus Wille und Vorstellung, das Glück des Gelingens im Kampf um die rechte Tugend und die Größe des Imperiums, beides untrennbar miteinander verbunden. Das war nun gewiss das, was man bei Hofe lesen wollte und wovon der Kaiser hoffte, dass es seine Zeit auch ihm zuschrieb. Dies macht Livius nicht zum Propagandisten eines vom Kaiser verordneten Programms, wohl aber zu einem Mitstreiter. Er stand auf seine unaufdringliche Weise dem Fürsten näher als der gehorsamste Dichter, dem sein gehobener und leicht frivoler Lebensstil letztlich näher lag als das Wohl des Staates.

Die Zeitgenossen rühmten ihn und vergaßen seine Vorgänger. Die Späteren machten ihn zur maßgeblichen Autorität für die Geschichte der

Republik, und noch lange reizte sein Erfolg die Phantasie: «Erinnerst Du Dich nicht», schrieb Plinius an seinen Freund, «an den Mann aus Gades, der, magisch vom Ruf des Livius angezogen, vom Ende der Welt kam, nur um ihn zu sehen, und wieder abreiste, als sein Wunsch in Erfüllung gegangen war?»[51] Diesen Mann lockte ein Künstler nach Rom, der den Menschen und den Requisiten ihres politischen, gesellschaftlichen und militärischen Alltags soviel Leben einhauchte wie sonst keiner. Seine Feder wurde scheinbar mühelos dem nüchternen politischen Kalkül ebenso gerecht wie den überbordenden Emotionen, den Siegen wie den Niederlagen. So gelingt ihm, wovon viele Historiker träumen – das Unglaubhafte zu beglaubigen.

Später verblasste der Ruhm. Allzu viele hielten sein Werk ob seines Umfangs für unlesbar und begnügten sich mit einem Blick in die Inhaltsangaben. Aber der Abschied von ihm war nicht endgültig. Als sich die Gelehrten der Renaissance aufmachten, mit Hilfe der alten Texte eine Vergangenheit zu rekonstruieren, über die die Tradition keine Macht haben sollte, standen auch die Helden des Livius wieder von den Toten auf. Unter ihnen war auch Brutus, der seine Söhne dem Vaterland geopfert hatte. Er irrlichterte durch das 18. Jahrhundert, und seine Tat sollte in den Jahren der Französischen Revolution das Herz selbst eines kleinmütigen Citoyen begeistern und ihn jedes Opfer für das Vaterland bringen lassen. Hätte Augustus davon erfahren, er hätte beifällig genickt.

XI. HERR ÜBER KRIEG UND FRIEDEN

«Die Grenzen der Herrschaft Roms sind nicht auf der Erde zu finden, sondern durch die Himmelsräume bestimmt.» Cicero

«Ich habe Pferde und Männer, Waffen und Reichtümer besessen. Was Wunder, dass ich mich wehrte, dies alles zu verlieren? Denn wenn ihr über alle herrschen wollt, folgt daraus auch, dass alle die Knechtschaft auf sich nehmen?» Der Britannier Caratacus nach Tacitus

1. Der Krieg als Berufung

Die römische Außenpolitik war ihrem ganzen Wesen nach aggressiv. «Unsere Vorfahren führten Krieg, nicht nur um die Freiheit zu gewinnen, sondern um zu herrschen», erklärte Cicero und duldete keinen Widerspruch. Sallust bestimmte das Motiv näher: «Für die Römer gibt es nur einen einzigen Grund, alle Stämme, Völker und Könige herauszufordern: ihre unermessliche Gier nach Herrschaft und Reichtum.» Für beide Autoren wie für ihre Zeitgenossen pflanzte sich bereits mit dem Beginn der Republik ein Geschlecht fort, das den Krieg zu seinem wichtigsten Programm machte, ein Geschlecht, das die Lösungen aller inneren Probleme in der Expansion sah, ein Geschlecht, für das Frieden nur dort vorstellbar war, wo seine Waffen die Ordnung Roms geschaffen hatten. Sein Ehrenkodex gipfelte denn auch in dem Wunsch, im Krieg zu glänzen, von sich reden zu machen und bei alldem den eigenen Vorteil zu suchen. Militärische Taten wurden zur Eignungsprüfung für jeden, der nach Ämtern, Ansehen und Reichtum strebte. Sie allein versprachen das Maß an Ruhm, nach dem Unsterblichkeit zugemessen wird. «Wenn einem das Recht zusteht, hinaufzusteigen in die Gefilde der Himmelsbewohner, so steht nur mir das große Himmelstor offen» – so Scipio Africanus, der Ende des 3. Jahrhunderts den Karthager Hannibal besiegt hatte. Sein Lied sangen in der Folgezeit viele.[1]

Augustus folgte diesen Idealen und Sehnsüchten mit Inbrunst – waren es doch auch die seinen. Der Krieg hatte sein Leben wie das von Generationen geprägt und ein unverrückbares Grundgesetz des staatlichen Lebens in Kraft gesetzt: Nur der kann nach der Macht greifen, der das Reich verteidigt und es bis an die Grenzen des Horizonts ausdehnt. So lastete auf dem Sieger von Aktium, wollte er der Herr Roms bleiben, die Pflicht, sich mit den gefeierten Feldherren der Republik zu messen. Er gehorchte ihr und führte Krieg wie niemand vor und niemand nach ihm. Seine Erfolge machten ihn zum größten Imperialisten, den Rom je gekannt hatte. Der Stolz darauf prägt sein politisches Testament und nimmt dort die zentrale Rolle ein: «Kriege zu Wasser und zu Lande, gegen innere und äußere Feinde, habe ich auf dem ganzen Erdkreis geführt», lautet die selbstbewusste Botschaft an die Zeitgenossen und die Nachwelt. In der Tat war das Erreichte gewaltig und wog schwer auf der Waage der Geschichte. «Bei allen Provinzen, die Völker zu Nachbarn hatten, die unserem Befehl nicht gehorchten, habe ich die Grenzen erweitert», beginnt die Darstellung des militärischen Teils, und je tiefer der Leser in die Einzelheiten des Kriegsgeschehens eindringt, umso unverhüllter tritt ihm der Herr der Welt entgegen.[2]

Der imperiale Jubel des Tatenberichtes macht fast vergessen, dass der Kaiser nie die Wahl zwischen Krieg und Frieden hatte. Kampf und Eroberung waren und blieben unverzichtbare Mittel der Herrschaftssicherung. Sie gehorchten nicht nur der Tradition, sondern gaben den alten Eliten, die die höchsten Beamten und Offiziere blieben, ihr wichtigstes Betätigungsfeld, auf dem sich ihr Verlangen nach Bewährung austoben konnte. «Nah und fern soll die ganze Welt die Söhne des Aeneas fürchten, und ein Land, das Rom nicht fürchtet, mag es lieben», forderte Ovid. Treffender ließ sich das Leitmotiv augusteischer Außenpolitik gar nicht in Worte fassen.[3]

Fragen nach den Anlässen der Kriege traten demgegenüber ebenso in den Hintergrund wie Berechnungen der materiellen Vorteile, die die Feldzüge mit sich bringen mochten. Es ging auch nicht um die Suche nach Land für arme, vom Hungertod bedrohte Schlucker. Schon gar nicht marschierten die Legionen mit einer Idee von einer vollkommeneren Welt im Gepäck, und schon gar nicht leitete sie der selbstlose Glaube, anderen ein neues Leben in Frieden und Sicherheit bringen zu müssen. Was immer sie und ihre Befehlshaber taten, taten sie aus Selbstsucht, und vor brutalem Raub oder gemeinem Mord schreckten sie nicht zurück.

Und dennoch: Sie sprengten die alte Vorstellung von der Begrenztheit des Raumes und verschoben die Horizonte der Welt. Ihre Generäle hatten die Länder von Spanien bis Persien, von England bis Ägypten durchmessen und das Blickfeld nach Osten und Westen, nach Norden und Süden erweitert. Weit entfernte und ganz unterschiedliche Länder und Völker brachten sie miteinander in Verbindung und verurteilten sie zu einem gemeinsamen Schicksal. Die historische Geographie des weit gereisten Griechen Strabon dokumentiert das neue Raumgefühl ebenso wie die Weltkarte des Agrippa. Sie wurde von Augustus nach dem Tod seines getreuen Sekundanten öffentlich ausgestellt und bekräftigte die Entschlossenheit Roms, Herrin der Welt zu sein und zu bleiben. Wenige Jahrzehnte später schlug Seneca, der Lehrer Neros, einen Bogen weit in die Neuzeit, als er den Chor in der Tragödie «Medea» prophezeien ließ, man müsse von der äußersten Küste Spaniens mit östlichen Winden nach Westen segeln, um in wenigen Wochen das im Osten gelegene Indien zu erreichen: «Es werden Zeiten kommen, da der Ozean die Riegel seiner Geheimnisse lockert und ein riesiges Land offensteht und Thetys [die Göttin des Meeres] neue Welten erschließt und nicht mehr Thule das Ende der bekannten Welt ist.»[4] Augustus und seinen Nachfahren fehlten die Schiffe, nicht der Wille, nach den neuen Welten zu suchen.

2. Die Leitlinien der Außenpolitik

«Ein Reich ohne Ende habe ich verliehen»

«Weder in Raum noch Zeit setze ich Rom eine Grenze. Ein Reich ohne Ende habe ich verliehen», erläuterte der Jupiter Vergils seinem auserkorenen Volk. Genährt wurde die Gewissheit, der Gott könne nicht irren, durch die Militarisierung der römischen Gesellschaft, die unauflösbare Bindung des Monarchen an das Heer, das es zu beschäftigen galt, und der ideologischen Überhöhung der Weltherrschaft. Ihre erste Leitlinie brachte Augustus auf die einfache Formel: Sie bringt den Frieden. Diese Formel legte später unübertroffen Tacitus dem Feldherrn Cerialis in den Mund. Er zwang germanische Häuptlinge, die von der alten Freiheit nicht lassen wollten, einen Blick in die Zukunft zu tun: «Werden nämlich, was die Götter verhüten mögen, die Römer aus dem Lande verjagt, was kann es dann anderes geben als gegenseitige Kriege aller Völker? ... Das Imperium ist ein Gebilde, das nicht zerstört werden kann ohne das Verderben derer, die daran rütteln.»[5]

Das zweite Dogma der Außenpolitik spricht von der Zivilisation: Sie könne es nur innerhalb der Reichsgrenzen geben und sie eigne weder sesshaften Barbaren noch umherziehenden Nomaden. So rang Plinius über die chaukischen Friesen die Hände, die in ihren Pfahlbauten bei Flut wie Segelschiffer, bei Ebbe wie Schiffbrüchige säßen und weder Vieh halten noch Milch von ihren Nachbarn kaufen könnten. Wenn diese Menschen in dem Glauben lebten, von Rom beherrscht zu werden bedeute Sklaverei, so schulde man ihnen nichts außer Mitleid. Hundert Jahre später, um 161 n. Chr., rühmte der Grieche Aelius Aristides, nur die Römer hätten Brücken gebaut, Straßen durch die Berge getrieben und die Wüsten bewohnbar gemacht. Der christliche Advokat Tertullian stimmte ihm zu: Er sähe statt berüchtigter Einöden lachende Kulturen, und überall gebe es Städte, mehr als einst Hütten. Es war eine hochmütige Lehre, die beide kundtaten. Denn sie band Kultur an Sesshaftigkeit und städtisches Leben. Wer daran teilhaben wollte, hatte Rom zu dienen.[6]

Die Welt, so formulierte es die dritte Lehre, gehört den Frommen, und zu ihnen zählten zuerst die Römer, auserwählt von den Göttern. Ihre Geschichte interpretierten die römischen Literaten als fortlaufende göttliche Offenbarung. Vergleichbares taten nur die Autoren des Alten Testaments, für die Jahwe die Geschicke des jüdischen Volkes mit helfender und strafender Hand lenkte. Die Römer hatten die Himmlischen als Dank für die ihnen gezeigte Verehrung mit dem Imperium belohnt: «Sie begünstigten nämlich die Frömmigkeit und Treue, durch die das römische Volk zu solcher Höhe gekommen sei», wies Livius nach und fügte an seine Leser gewandt hinzu: «Ihr werdet finden, dass denen, die den Göttern folgten, alles glückte, über die aber, die sie missachteten, alle Übel kamen.»[7] So war jeder hohe Staatsbeamte mit Befehlsgewalt (*imperium*) ausgestattet und dem Recht, den Willen der Götter zu erkunden (*auspicium*). Ohne göttliche Billigung war alles nichtig, was man tat oder vorhatte. Horaz fand fast gleichzeitig wie Livius den klassischen Ausdruck dieses Glaubenssatzes: «Weil du dich für geringer als die Götter hältst, übst du die Herrschaft aus.»[8] Er sprach vom Rom des Augustus, der die verwahrlosten Tempel der Stadt erneuern hieß, Tempel, die man einst geweiht hatte, um Sieg auf Sieg zu feiern. Ihre strahlend neuen Fassaden zeigten den Frommen, dass die Befolgung göttlicher Befehle himmlische und irdische Macht bewirkt. Der Alleinherrscher, der sich stets den Unsterblichen unterordnet, übt seine Macht legitim aus, tut es guten Gewissens und mit dauerndem Erfolg. Und er darf, da er sich dem Höchsten beugt, von anderen verlangen, dass sie dem Beispiel folgen und ihm gehorchen.

Geschichte ist im römischen Verständnis also alles andere als ein verworrenes Chaos unzusammenhängender Ereignisse. Sie hatte in der Existenz des von den Unsterblichen geliebten Rom einen Mittelpunkt gefunden, der ihr Sinn und Ordnung verlieh. So wurde eine Stadtgründung wie jede folgende Amtshandlung eines Beamten von dem Ruf begleitet: Gott will es!

Hinter dieser Vorstellungswelt, die den Griechen fremd war, verbarg sich die Verwunderung, erreicht zu haben, was niemandem bisher gelungen war. Wir mögen uns noch so hoch einschätzen, schrieb Cicero, aber wir sind «nicht zahlreicher als die Spanier, nicht kräftiger als die Gallier, nicht schlauer als die Punier, in den Künsten nicht fähiger als die Griechen und nicht heimatliebender als die Italiker». Aber, so fügte er stolz und demütig zugleich hinzu, «wir übertreffen alle Völker an Frömmigkeit und durch das Wissen, dass alles der Lenkung der Götter anheimgestellt ist». Was wunder, dass sich die Historiker wie Priester gebärdeten. So schloss Velleius Paterculus seine Römische Geschichte, die mit der Belagerung Trojas begann, mit zum Gebet ausgebreiteten Armen: «Du, Jupiter Capitolinus, und du, Mars Gradivus, Gründer und Erhalter Roms, du, Vesta, Hüterin des ewigen Feuers, und all ihr Gottheiten, die ihr dieses gewaltige römische Reich zur höchsten Macht auf Erden erhoben habt – euch rufe ich an, euch bitte ich im Namen aller: Beschützt, bewahrt und hütet diese Staatsordnung, diesen Frieden und diesen Prinzeps.»[9]

Das unerreichbare Erbe: Der Verzicht auf Caesars unvollendeten Krieg

Die Vision von einer Herrschaft jenseits von Raum und Zeit machte es schwer, abzuwägen zwischen imperialen Zielen und vorhandenen Kapazitäten, zwischen der Wahrung konkreter Interessen und der Lust an ungehemmter Expansion. Aber es führte kein Weg daran vorbei. Die spürbar reduzierte Armee und die herkulische Aufgabe, die Provinzen neu zu ordnen, ließen keine andere Wahl. Das Nötige zu tun, ohne die Rolle des Weltherrschers aufzugeben, wurde durch die mit der Alleinherrschaft von selbst gegebene neue Form der Entscheidungsfindung erleichtert. Über Krieg oder Frieden beschlossen nicht mehr Senat und Volk, sondern der Kaiser und seine Ratgeber allein und geheim. Vorbei war es mit der Selbstherrlichkeit des Adels, entweder im Benehmen mit dem Senat oder gestützt auf Volksgesetze, den Legionen Marschbefehle nach Osten oder nach Westen auszustellen, wie es noch unter Pompeius und Caesar geschah.

Die Feldzüge der beiden großen Krieger enthielten eine glanzvolle und eine ernüchternde Wahrheit. Die römischen Militärs verfügten über die nahezu unbegrenzte Fähigkeit, jeden auswärtigen Gegner zu besiegen. Zugleich aber waren sie willens, ihre zerstörerische Kraft auch nach innen zu richten, wenn es die Gier der Generäle nach den hohen Staatsämtern oder der Hunger der Soldaten nach Geld und Versorgung verlangten. Dagegen gab es nur das Mittel der Abrüstung, und das bedeutete eine grundlegende Umrüstung der Armee und die Vertreibung der Legionen aus Italien. Augustus hat beides getan und in Kauf genommen, dass er nicht mehr über unerschöpfliche militärische Mittel verfügte. Er konnte zwar die Illusion aufrechterhalten, dass niemand dem Willen Roms Grenzen setzen konnte, in der Praxis war er jedoch gezwungen, die Welt aufzuteilen in Gebiete, die er dem Legionär verschloss, und in Länder, die er angriff, um den Nimbus des Universalherrschers nicht zu verlieren.

In den 20er Jahren sprach zunächst nichts von Beschränkung. Der Zwang, die großen Erfolge der Republik übertreffen zu müssen, um den Anspruch auf den Thron des Weltherrschers nicht gleich wieder zu verlieren, forderte Krieg – wo auch immer. So erschien es nach 27 noch ein verlockendes Ziel, auf den Spuren Caesars die Eroberung Britanniens erneut zu versuchen. Als indes der Krieg im Nordwesten Spaniens nicht enden wollte und mehr und mehr Kräfte band, wurde der britannische Feldzug vertagt, seine Ziele jedoch in der Propaganda als erreicht verkündet: «Dir gehorcht, voll von Ungeheuern, der Ozean, der das ferne Britannien bespült.»[10] Der Vorgang wiederholte sich im äußersten Süden. In Arabien und Äthiopien marschierten die Legionen über tausend Kilometer bis zum südlichen Wendekreis und zerstörten Napata, den alten Vorort der Äthiopier, während 25 bis 24 der Vorstoß in den Südjemen in dem wasserarmen Land nur mühsam vorwärtskam; zwar erreichte das Expeditionskorps sein erstes Angriffsziel Marib, konnte die stark befestigte Stadt aber nicht nehmen und trat den Rückzug an. Auch diesmal rühmte sich der Kaiser, sein Heer habe gewaltige feindliche Scharen besiegt und Napata am 4. Nilkatarakt und das jemenitische

Marib erreicht. Tatsächlich hatte er lernen müssen, dass dem unwegsamen Arabien nicht beizukommen war und der Grundsatz des Pompeius, im Südosten neue Erwerbungen tunlichst zu unterlassen, der einzig vernünftige war.[11]

Die Entscheidung über die Zukunft des Imperiums und das künftige Schicksal Mitteleuropas fiel an der armenischen und syrischen Grenze. Dort warteten die Parther auf den römischen Angriff, während die römische Öffentlichkeit endlich die schicksalhafte Frage beantwortet haben wollte, ob Rom im Osten zum Angriff auf Mesopotamien antrat. Wann, wenn nicht jetzt, sollte Augustus die Pläne Caesars doch noch in die Tat umsetzen und die Legionen über den Euphrat führen? Oder sollte die Einsicht obsiegen, mit diesem Abenteuer die Kräfte Italiens zu überdehnen? Konnte schon damals gelten, was zweitausend Jahre später der amerikanische Außenminister Kissinger seinem Volk ans Herz legte, als er mahnte: «Erfolg in der Außenpolitik besteht in der Kunst, das Mögliche zu erkennen und zu erreichen?» Was aber war das Mögliche?

Sicher nicht, die Sache in der Hoffnung auf sich beruhen zu lassen, der in Thronstreitigkeiten verstrickte Gegner bliebe auf Jahre hinaus gelähmt. Ohne militärische Erfolge war die Herrschaft schnell dahin, während ein siegreicher Kriegszug gegen die Parther das beste Mittel zu ihrer Festigung war. Das römische Selbstbewusstsein verlangte nun einmal im Orient die Begleichung der Rechnung, die seit der Niederlage des Crassus bei Carrhae und dem erfolglosen Feldzug des Antonius offengeblieben war (S. 109). Das Problem zu vertagen, kam ebenfalls nicht in Frage; schon bald nach dem Staatsakt vom Januar 27 hatte die öffentliche Meinung zum Rachekrieg aufgerufen und Horaz zu ihrem Sprachrohr gemacht.

Augustus verstand die Botschaft und reiste 21 selbst in den Osten. Dort kam es zunächst darauf an, Armenien wieder botmäßig zu machen, dessen König Artaxias sich im Einverständnis mit den Parthern an der Ost- und Westgrenze seines Reiches wie ein Löwe aufführte, obwohl er doch nur ein Lamm war. Dies zeigte sich schnell, als Augustus im Frühjahr 20 in Kleinasien eintraf, während sechs Legionen unter der Führung des kaiserlichen Stiefsohns Tiberius die Balkanhalbinsel durchquerten. Ehe sie zum Einsatz kamen, brachten die Armenier ihren allzu ruhmsüchtigen König um, der Ende der 30er Jahre alle im Land verbliebenen Römer zu Freiwild erklärt hatte. Der Adel, die Rache Roms fürchtend, beugte sich Tigranes, der als Bruder des Artaxias über Jahre hinweg in Rom gelebt hatte und mit Augustus in den Osten gezogen war; seine feierliche Investitur fand im Lager des Tiberius statt – eine sinnfällige Demonstration der neuen Machtverhältnisse.

Damit war der Weg frei, von Armenien und Syrien aus in Mesopotamien einzufallen. Der Angriff endete jedoch, noch ehe er begann. Der parthische König Phraates IV. bat um Frieden. Er hatte seinen Vater Orodes auf dem Gewissen und lebte in steter Furcht vor Attentaten, inszeniert von seinen Söhnen oder dem latent rebellischen Adel, für dessen Loyalität in einem Krieg gegen Rom niemand bürgen wollte. So nahm er die römische Lösung der Armenien-Frage hin, hoffend, dass damit das letzte Wort noch nicht gesprochen war. Als Zeichen seines guten Willens händigte er die eroberten Feldzeichen des Crassus und Antonius aus und erlaubte den römischen Kriegsgefangenen der vergangenen Jahre die Heimkehr. Augustus befahl den Rückzug.

Der Entschluss kann ihm nicht leichtgefallen sein. Ihn rechtfertigte allein die Einsicht, dass jenseits des Euphrat vom Waffenglück mehr zu fürchten als zu erhoffen war. Denn in den weiten Räumen des Ostens musste der Feldzug mit jedem Tag schwieriger, der Ausgang zweifelhafter und der eroberte Besitz ungewisser werden. Die Erfahrungen des Crassus und des Antonius verliehen dieser nüchternen Analyse noch größeres Gewicht. Was die Sicherheit der häufig von parthischen Reitern bedrohten syrischen Provinz und die Würde Roms forderten, war getan, und die eindrucksvolle Demonstration der militärischen Stärke Roms konnte ihre Wirkung nicht verfehlt haben. Die Rückkehr der verlorenen Standarten und der letzten Kriegsgefangenen beglaubigten obendrein einen großen Erfolg, der Caesars Vermächtnis erfüllte.

Die offizielle Propaganda verkündete denn auch den nicht stattgefundenen Krieg als einen grandiosen Sieg, und der Kaiser triumphierte: «Die Parther habe ich gezwungen, die Beute und Feldzeichen dreier römischer Heere zurückzugeben und demütig die Freundschaft des römischen Volkes zu erbitten», was nichts anderes als die Unterwerfung unter die römische Oberhoheit besagen wollte. Augustus lehnte es zwar ab, als Triumphator in Rom einzuziehen, ordnete aber den Bau eines Triumphbogens auf dem Forum an. Dessen Bildschmuck ebenso wie die auf der Panzerstatue von Primaporta gezeigte Rückgabe der römischen Legionsadler verliehen der Siegesbotschaft die nötige Anschauung (S. 244 f.). Horaz nahm sie auf und verlieh ihr Schwingen: «Auf den Knien nahm Phraates Caesars Gebot und Befehl entgegen. Goldene Fülle hat aus üppigem Horn ihre Früchte ausgeschüttet über Italiens Fluren.»[12] Wunderschön formuliert, meilenweit an der Wahrheit vorbei, aber notwendiger

Teil der Agitation. Denn niemand in Rom hätte verstanden, dass der Traum von den Legionsadlern auf der Königsburg in Ktesiphon ausgeträumt war und der Kaiser im Osten nur ein Ziel verfolgt hatte: die Sicherung des Status quo.

An der weltpolitischen Bedeutung des Vorgangs ändert das nichts. Mit dem Befehl zum Rückzug waren die Interessensphären im Osten für die kommenden Jahrzehnte mal mehr, mal weniger stabil abgegrenzt, auch wenn Armenien als Zankapfel blieb und für neue Krisen sorgte. Eine Entscheidung aber war für vier Jahrhunderte gefallen: Das Zentrum des Imperiums lag unverrückbar in Italien. Bereits der Krieg gegen Antonius und die ihn begleitende Stimmungsmache hatten dies vorgegeben. Was immer es an Vorstellungen von einem Reich, konzentriert auf das östliche Mittelmeer, gegeben haben mag, sie waren im Jahre 20 dahin. Während die Parther den Iran, Babylonien und Mesopotamien kontrollierten, gehorchten Kleinasien, das Hinterland der levantinischen Küste und Syrien Rom. Dort überließ es der ungefährdete Friede den Griechen selbst, die Anziehungskraft ihrer städtischen Lebensform auf die kleinasiatischen und syrischen Binnenländer wirken zu lassen.

Der Schatten Caesars fiel nun nicht mehr über die römische Ostpolitik. Daran änderten auch neue Konflikte, die meist um die armenische Frage kreisten, nichts mehr. Als im Jahre 1 n. Chr. Gaius Caesar noch einmal mit den Parthern in Streit geriet, brach in Rom erneut das gewohnte Kriegsgeschrei aus und Ovid sah den jungen Caesar schon am Werk, «auch die übrige Welt zu bezwingen und den äußersten Orient»; auch der Ruf nach Rache für Carrhae begeisterte wieder die Hitzköpfe – es wurde nichts daraus, da die Diplomaten den Hader begruben.[13]

Wie weit Augustus sich der Tragweite seiner Entscheidung bewusst war, ist eine müßige Frage. Sein Verzicht auf den Ruhm, als zweiter Alexander in der Erinnerung der Menschen fortzuleben, achtete Grenzen, deren Überschreiten den Schwerpunkt des Reiches nach Osten verschoben und den Charakter der noch ungefestigten, aber in der republikanischen Tradition verankerten Alleinherrschaft verändert hätte. Erst die 330 n. Chr. erfolgte Gründung Konstantinopels sollte die Tür zu einem Imperium aufstoßen, das ohne Rom und Italien lebensfähig war und seinen Schwerpunkt im hellenistischen Osten fand.

3. Der Angriff auf Mittel- und Nordeuropa

Der Kampf um die Elbgrenze

Durch den Verzicht im Osten war der Weg frei, im Westen den von Caesar durch den Einmarsch in Gallien eingeschlagenen Weg fortzusetzen und die Eroberung Mittel- und Nordeuropas vorzubereiten. Die dort wohnenden Barbaren haben in Rom lange Zeit weder den Wissensdurst der Gelehrten, noch den Ehrgeiz der Militärs, noch die Gewinnsucht der Kaufleute herausgefordert. Ihre Wege führten sie in das keltische Gallien, nicht aber in die unzugänglichen Wälder jenseits der Alpen. Erst der Einfall der Kimbern in Gallien und Oberitalien Ende des 2. Jahrhunderts veränderte den Blick, verwandelte ungeschlachte Wilde in gefährliche und unberechenbare Gegner.

Solcher Art erschienen sie auch Caesar, der es als Prokonsul Galliens mit dem Sueben Ariovist und germanischen Reisläufern im Dienst keltischer Fürsten zu tun bekam. Seine kurzfristigen Vorstöße ins rechtsrheinische Gebiet dienten allerdings weniger der ernsten Erkundung oder gar der dauerhaften Besetzung des Landes. Weit mehr sollten sie zusammen mit den britannischen Expeditionen seinen Ruf als Bezwinger ferner Völker am Rand der Welt festigen. So zog er die Grenze des römisch beherrschten Galliens am Rhein und definierte alle östlich davon hausenden Stämme als *Germani*, zivilisatorisch den Kelten weit unterlegen und eine ständige Bedrohung der neu gewonnenen Provinz.

Die Jahrzehnte nach Caesar bestätigten diese Einschätzung. Immer wieder durchbrachen marodierende germanische Kriegerhorden den römischen Abwehriegel am Rhein und zwangen Rom zu immer heftigeren Reaktionen, die sich schließlich zu weiträumig angelegten Feldzügen bis an die untere und mittlere Elbe steigerten. Nichts blieb dem Zufall überlassen. Denn auf einen Krieg, so dozierte Augustus gerne, dürfe sich nur der einlassen, «dessen Hoffnung auf Erfolg größer sei als die Furcht vor Verlust»; wer dies vergesse, gleiche Leuten, «welche mit einem goldenen Angelhaken fischen; reißt dieser ab, so ist der Verlust durch keinen Fang zu ersetzen».[14] Trotz aller Vorsicht: Der Haken riss von der Schnur – wenn auch erst nach ungeheuren Siegen und Triumphen.

Alles begann mit der Neuordnung Galliens und der Bezwingung der Alpenvölker, deren Überfälle auf die oberitalischen Siedlungen und fahrende Händler die Republik hingenommen hatte. Der erste Kriegszug

Abb. 22 Ein in der Villa von Boscoreale gefundener Silberbecher zeigt den thronenden und von Liktoren, Offizieren und Soldaten umgebenen Augustus, der die Unterwerfung barbarischer Völker entgegennimmt. Gehüllt in Fellkleider nähern sich ihre Vertreter auf den Knien und führen ihre Kinder mit, um den Allmächtigen gnädig zu stimmen. Die andere Seite des Bechers folgt dem Leitthema der imperialen Politik: Augustus thront als Weltherrscher auf der *sella curulis*, den Globus in der Hand. Venus, die Stammmutter der Julier, setzt eine kleine Victoria auf die Weltkugel. Mars führt sieben Personen, die sieben Provinzen verkörpern, dem Kaiser zu. Die dargestellten Szenen ergeben in ihrer Summe das Leitmotiv einer Weltherrschaft, die mit dem Machtanspruch des Augustus untrennbar verbunden ist.

richtete sich 25 gegen die Salasser am Fuß des Mont Blanc und des Großen Sankt Bernhard; die Besiegten verschwanden praktisch von der Landkarte. Wer überlebt hatte, wanderte in die Sklaverei, während römische Siedler ihre Heimat unter sich aufteilten, gesichert durch die Kolonie *Augusta Praetoria*, das heutige Aosta. Zehn Jahre später eroberten die Stiefsöhne des Kaisers, Tiberius und Drusus, das Land zwischen dem Bodensee im Westen und dem Inn im Osten; es ging in der Provinz *Raetia* auf. Das östlich angrenzende Königreich *Noricum* – es reichte bis zum heutigen Slowenien – streckte die Waffen; das dortige Königshaus überlebte als Klientelfürstentum. Augustus, der von Gallien aus den Oberbefehl führte, verewigte die Erfolge im Einvernehmen mit dem Senat auf einem Siegesmonument, gelegen weithin sichtbar hoch über dem heutigen Monaco in La Turbie. Die Inschrift nennt 46 unterworfene Stämme, deren wehrfähige Mannschaften als Hilfstruppen in die Armee gepresst wurden. Über die Alpentäler senkte sich der römische Friede, der wie im Nordwesten Spaniens der Ruhe eines Friedhofes gleichkam.[15]

Das aber waren nur die Vorboten eines Kampfes, der ganz Mitteleuropa erschüttern sollte. In den Jahren 15 v. bis 16 n. Chr. unterjochte Rom in einem Dreißigjährigen Krieg die Binnenräume nördlich der Alpen, erreichten seine Truppen die Donau und überschritten den Rhein. Geplant wurden diese Feldzüge wohl schon im Jahre 19, als ein großer Teil der in Spanien frei gewordenen Legionen nach Gallien verlegt und die rechts des Rheins siedelnden Ubier in die Kölner Bucht deportiert wurden. Ein Beutezug der Sugambrer nach Gallien im Jahre 16, dem sich der Legat M. Lollius vergeblich und unter schweren Verlusten entgegenwarf, bestärkte den Kaiser und seinen Generalstab in ihrem Entschluss, die Grenzen des Imperiums nach Norden und Osten zu verschieben.[16]

Im Jahre 12 überschritten starke römische Verbände unter dem Kommando des Drusus den Rhein und fielen in ein unwirtliches Land ein, «schaurig durch seine Urwälder oder hässlich durch seine Moore und unfreundlich im Anbau und Aussehen». Von ihm hatte bereits Caesar gesagt, ein Reisender könne dort 60 Tage ohne Gepäck unterwegs sein, ohne je ein Ende zu sehen.[17] Der Widerstand war schwächlich und planlos, die römischen Operationen hingegen akribisch geplant und begünstigt durch eine genaue Kenntnis des Landes und seiner Bewohner. So brachten die jährlich im Frühjahr neu eröffneten Offensiven schnelle Erfolge, die in Rom mit der ganzen imperialen Phraseologie der Zeit gefeiert wurden. Bald weitete sich der Krieg bis zur Elbe aus und nahm den

Charakter eines Unterwerfungskrieges an, dessen Ziel es war, die germanischen Siedlungsräume auf Dauer zu beherrschen.[18]

Im September 9 erlag Drusus auf dem Rückmarsch von der Elbe Verletzungen, die er sich beim Sturz vom Pferd zugezogen hatte. Die Erwartung des Horaz, unter dem Schutz Jupiters führe ihn sein Feldherrntalent «erfolgreich durch die Gefahren des Kriegs zum Sieg», erfüllte sich nicht. Mit Drusus starb ein begnadeter Krieger, ein Abgott der Soldaten und ein Liebling des Volkes. Er war aufgewachsen und glücklich verheiratet gewesen mit Antonia, der jüngsten Tochter des Antonius und der Octavia. Im Spanischen Krieg hatte er das Soldatenhandwerk gelernt und es bis zu seinem frühen Tod mit Leidenschaft ausgeübt. Als Augustus in Pavia durch Eilboten die Nachricht von der Verwundung erhielt, sandte er Tiberius nach Norden. Dieser jagte über die Alpen, übernahm am Rhein einheimische Führer und stand nach wenigen Tagen am Sterbelager seines Bruders – zu helfen aber gab es nichts mehr. Den Toten trugen seine Offiziere zum Rhein, von wo er unter Führung des Tiberius nach Rom gebracht wurde. Dort hielt der Bruder vor dem Tempel des göttlichen Caesar die Leichenrede, und der Stiefvater ehrte im Circus Flaminius den Gefallenen. Augustus schloss seine Rede mit dem Wunsch, die Götter möchten seine Söhne Gaius und Lucius wie Drusus werden lassen und ihm selbst einst den Tod gewähren, den Drusus gefunden habe.[19] Der Senat befahl den Bau eines Triumphbogens in Rom; noch heute trägt eine Ruine in der Stadt den Namen *Arco di Druso*.

Im Frühjahr 8 beendete der Krieg jede Trauer. Tiberius übernahm den Oberbefehl über die Rheinarmee und brachte bis zu seiner Ablösung im Jahre 6 das Land unter die Kontrolle Roms. Dort verkündeten die Siegesfanfaren, alle Stämme «zwischen Rhein und Elbe» hätten kapituliert. Davon allerdings konnte in dem unwegsamen Land, in das man erste Schneisen geschlagen hatte, keine Rede sein. Der Krieg hörte denn auch unter den Nachfolgern des Tiberius nicht auf, die sich darauf verlegten, die Lebensgrundlagen des Feindes zu vernichten. Die Legionäre verwüsteten die Äcker der Widerspenstigen, verbrannten ihre Dörfer, erschlugen jeden, der mit der Waffe ergriffen wurde, verlangten Geiseln und Waffendienste und deportierten ganze Stämme. 4 n. Chr. kehrte Tiberius, von den Soldaten begeistert empfangen, an den Rhein zurück. Unter seinem Kommando bezogen die Invasionstruppen im Winter 4/5 zum ersten Mal feste Quartiere im Land. Die Zeit schien reif, Germanien bis zur Elbe endgültig zu bezwingen und eine zusammenhängende Elbdonaugrenze zu schaffen.

Karte 7 Krieg in Germanien

Ein nicht vorhersehbares Ärgernis erschwerte den letzten, großen Schlag. In Schlesien, Böhmen und Mähren war es dem Markomannenkönig Marbod gelungen, aus verschiedenen Stämmen eine Herrschaft zu zimmern, die im mitteleuropäischen Raum ihresgleichen suchte und einem römisch gewordenen Germanien gefährlich werden konnte. Tiberius war entschlossen, das Problem militärisch zu lösen, obwohl Marbod, der in Rom aufgewachsen und von Augustus gefördert worden war, alles tat, um das Imperium nicht herauszufordern. Trotzdem sollte in einer sorgfältig vorbereiteten Zangenbewegung der rheinischen und illyrischen Legionen der Gefahrenherd ein für alle Mal beseitigt werden. Im Frühjahr 6 n. Chr. begann der Angriff: Eine römische Heersäule marschierte von Mainz aus in Richtung Nürnberg und Eger, während eine zweite bei Carnuntum die Donau überschritt und nach Norden vordrang. Wenige Tage vor dem Zusammentreffen der beiden Heere verließen die Götter die römischen Kriegsadler. Eine Erhebung in Dalmatien und Pannonien zwang zum Abbruch der Offensive und zum Frieden mit den Markomannen.[20] Tiberius führte seine Truppen über die Donau zurück. Statt der Krönung seines bisherigen Lebens, der endgültigen Bezwingung eines über lange Jahre furchtbaren Gegners, wartete ein Kampf auf Leben und Tod gegen aufständische und zu allem entschlossene Völker, die er selbst vor Jahren besiegt hatte.

In Germanien übernahm Quinctilius Varus das Kommando. Er war ein erfahrener Mann, Konsul im Jahr 13, Prokonsul in Afrika (7/6), Statthalter in Syrien (6–4) und seit nahezu 30 Jahren enger Vertrauter des Augustus und in dessen Pläne eingeweiht. Nach dem Abbruch der Offensive in Böhmen und angesichts des in Pannonien tobenden Aufstandes hatte er Order, weitreichende militärische Operationen zu unterlassen und den Status quo zu wahren. So konzentrierte er sich auf die Rechtsprechung und sorgte für den Eingang der Tribute. Beides schuf keine Freunde in einem Land, das Derartiges nicht gewohnt war. Im September 9 n. Chr. erfüllte sich sein Schicksal. Auf dem Rückmarsch in die rheinischen Truppenlager überrumpelte ihn eine Revolte seiner germanischen Auxiliarkohorten, die gemeinsame Sache mit aufständischen Stämmen machten. Die Soldaten dreier Legionen und ihrer nichtgermanischen Hilfstruppen fielen im Kampf, Varus stürzte sich in sein Schwert. Der Anführer der Rebellion, der Cherusker Arminius, hochdekorierter Offizier und Präfekt einer Hilfstruppe im römischen Heer, übernahm die Führung des Krieges, an dem sich bald weitere germanische Stämme beteiligten.[21]

Als die Nachricht von der Katastrophe nach Rom gelangte, zogen in der Hauptstadt militärische Wachen auf, um Unruhen im Keim zu ersticken. Der erschütterte Augustus leitete die Verteidigung Italiens ein, das keine einsatzbereiten Truppen beherbergte. Es zeigte sich jedoch schnell, dass die Angst vor einem Zusammenbruch der Rheinfront grundlos war. Die dort siedelnden Stämme blieben ruhig, während sich Arminius in seiner Heimat in Machtkämpfe verstrickte. Sein Erfolg hatte ihm die romfreundlichen Fürsten zu Feinden gemacht. Sie waren des Krieges müde

Abb. 23 Ansichtskarte zur 1900-Jahrfeier der Schlacht im Teutoburger Wald. Arminius, nach Tacitus der «Befreier Germaniens», blieb den Deutschen lange als Inbegriff ihrer völkischen Selbständigkeit lieb und teuer.

und fürchteten die römische Antwort ebenso wie die Ansprüche des siegreichen Cheruskers, dem sie den Griff nach der Königskrone zutrauten.

Der kaiserliche Hof durfte also hoffen, der Rebellion bald ein Ende machen zu können. Der glücklose General der zugrunde gegangenen Heeresgruppe fand keine Gnade. Die Tradition degradierte ihn zu einem Dummkopf, der durch eigene Schuld und mangelnde Menschenkenntnis in die Falle getappt sei. Der Vorwurf ist nicht völlig aus der Luft gegriffen. Herrendünkel und kulturelle Überheblichkeit haben so manchem römischen Kommandeur den Verstand vernebelt. «Menschen, an denen außer der Stimme und den Gliedern nichts Menschliches sei», soll das Urteil des Varus über die Germanen gelautet haben.[22] Wahrscheinlicher aber ist, dass Varus zu vertrauensselig mit seinen Auxiliaroffizieren verkehrte, Warnungen leichtfertig in den Wind schlug und nicht beherzigte, dass das Ende des offenen Widerstandes in Germanien keine Sicherheit vor Überfällen bot – schon gar nicht, wenn das Herz des Aufstands im eigenen Lager schlug.

Der Kaiser ließ zum Zeichen der Trauer Bart und Haupthaar wachsen und fastete am Jahrestag der Tragödie. Aber er verlor darüber weder den Mut noch die Entschlossenheit, das einmal gesteckte Ziel doch noch zu erreichen. Fraglos war der Untergang der varianischen Brigaden ein herber Verlust, da aber der Gegner mit seinem Sieg nichts anzufangen wusste, stand einer Fortsetzung der Offensive in Germanien nichts im Wege. Bereits ein Jahr später übernahm Tiberius wieder den Oberbefehl am Rhein. Er disziplinierte die demoralisierte Truppe, verstärkte sie durch neu ausgehobene Einheiten und drang erneut nach Osten vor. Das Grenzgebiet wurde in zwei militärische Bezirke, Unter- und Obergermanien, neu eingeteilt, um die auf acht Legionen erhöhte Armee effektiver einsetzen zu können. Als Tiberius im Herbst 12 n. Chr. nach Rom zurückkehrte und das Kommando an Germanicus, den Sohn des Drusus, übergab, war der Boden für eine neue Offensive bis zur Elbe bereitet.

Tiberius ließ diese Chance nicht ungenutzt. Noch einmal befahl er den Angriff und setzte in den Jahren 14 bis 16 n. Chr. den Kampf im Sinne des inzwischen verstorbenen Augustus fort. Über 25 Jahre hindurch war seine Lebensgeschichte mit dem Krieg gegen die Germanen verbunden. Wie kein zweiter Römer kannte er das Land, und wie kein Zweiter hatte er dem Plan des Augustus gedient, die Stämme Germaniens Rom botmäßig zu machen. Gab er den Krieg verloren, zerschlug er selbst ein Stück seines Lebenswerkes und verriet seinen Bruder, der für dieses Ziel gestorben war. So drang auf seinen Befehl und unter dem Kommando des

Thronfolgers Germanicus eine große Armee noch einmal ins Herz der germanischen Wälder vor.

Die Niederlage des Varus hatte die Aufgabe äußerst erschwert, da jetzt die Verteidiger gegen Angreifer kämpften, die sie schon einmal besiegt hatten. Der alte Haudegen Caecina, erfahrenster General der Rheinarmee, wusste, worum es in jeder Minute dieses Krieges ging, und er fand auch das rechte Bild dazu: Eines Nachts, während er mit seinen Männern im Sumpf steckte und die umliegenden Höhen von dem Triumphgeheul seiner Feinde widerhallten, sei ihm Varus erschienen, habe ihn gerufen und seine blutige Hand nach ihm ausgestreckt – ein Traumgesicht, das als Menetekel den ganzen Feldzug begleitete und auch den Kaiser im fernen Rom verfolgt haben muss.

Nach zwei schweren Kriegsjahren mit großen, aber unter außergewöhnlichen Opfern errungenen Erfolgen gab er den Befehl zum Abbruch der Invasion. Es sei nun genug der Verluste, mahnte er nach zwei Kriegsjahren den widerstrebenden Germanicus, der noch um einen Sommer bat, um den Krieg abschließen zu können. Er selbst, schrieb ihm Tiberius, habe in Germanien «mehr durch kluges Verhandeln als durch Gewalt erreicht»; nun sei die Zeit gekommen, die Cherusker und alle anderen Rebellen ihren inneren Fehden zu überlassen.

Das eigentliche Motiv des Verzichts muss jedoch woanders gesucht werden. Tiberius konnte die Gefahr nicht übersehen, die von der Rheinarmee ausging. Rief sie im Siegestaumel ihren als Eroberer Germaniens gefeierten Feldherrn, den Augustus ohnehin als Nachfolger des Tiberius vorgesehen hatte, zum Kaiser aus, kam der Bürgerkrieg nach Rom zurück. Allein der Gedanke daran mag für Tiberius schwerer gewogen haben als der Verzicht auf die Erfüllung seines Lebenstraumes.

So zog am 26. Mai 17 n. Chr. Germanicus nicht die Weser aufwärts, sondern als Triumphator durch Rom, in Ketten vor sich Thusnelda, die Ehefrau des Arminius, und ihren Sohn Thumelicus. Über die Cherusker, die Chatten, die Angrivarier und die anderen bis zur Elbe hin siedelnden Stämme habe er gesiegt, lautete die Botschaft, die seine Soldaten auf Bilder gemalt hatten und im Triumphzug mitschleppten.[23] Tatsächlich hat keiner von ihnen die Elbe gesehen. Sie zu erreichen blieb ein unerfüllbarer Traum für sie und alle, die nach ihnen ihre Waffen nach Germanien trugen. Strabon, der seine Geographie um diese Zeit abgeschlossen hat, ließ denn auch an diesem Fluss die Welt enden, die im Westen und Norden von den Römern erschlossen worden war. Allmählich geriet die Elbe ganz in Vergessenheit.

Die Folgen

Auch für die Germanen war der Krieg unerträglich und der Frieden zur letzten Hoffnung geworden. Die Streiter der zum Kampf entschlossenen Häuptlinge, gewohnt nur an kurze Stammesfehden, verzweifelten an einem Kampf, der kein Ende und keine Gnade kannte: «Einen Raum von fünfzig Meilen ließ er mit Feuer und Schwert völlig verwüsten», rühmte Tacitus seinen Helden Germanicus, um fortzufahren: «Nicht Geschlecht, nicht Alter brachte Erbarmen; weltliche Gebäude ebenso wie Heiligtümer ließ er einebnen.» Gefangene wurden nicht mehr gemacht. Man brauche keine, rief Germanicus seinen Legionären zu, allein die Vernichtung des ganzen Stammes werde dem Krieg ein Ende machen.[24] Unter diesem Druck machten viele Stämme ihren Frieden mit dem unerbittlichen Gegner, der den Frontwechsel fürstlich zu belohnen versprach. Andere senkten erschöpft die Waffen: Zu oft waren ihre leicht gezimmerten Dörfer erstürmt, ihre Vorräte verbrannt und ihre Familien in die Wildnis gejagt worden, wo sie vor Hunger und den Unbilden der Natur rasch verkamen.

Das abschließende Urteil, das Gewonnenes und Verlorenes zu wägen hat, ist unstrittig. Was Augustus erreichen wollte, als er seinen Feldherren den Vorstoß nach Germanien befahl und den Angriff auch nach dem Verlust eines ganzen Armeekorps nicht aufgab, war eine neue Grenze des Imperiums, gebildet von Elbe und Donau. Alle möglicherweise darüber hinausreichenden Expansionspläne, die dem Traum von der Weltherrschaft durchaus entsprochen hätten, wurden mit den in den germanischen Wäldern Gefallenen begraben. Dies gilt auch für den Versuch, die Rheingrenze nach Osten zu verschieben. Er endete mit dem Abzugsbefehl, den Tiberius dem Germanicus aushändigen ließ.

Trotz des Rückschlags in Germanien war das Erreichte außerordentlich. Nach dreißig Kriegsjahren herrschte Rom über große territoriale Binnenräume Mitteleuropas. Dies veränderte den bisherigen Charakter des Imperiums als ein auf das Mittelmeer zentriertes Weltreich. Künftig lag sein militärischer Schwerpunkt für vier Jahrhunderte an Rhein und Donau. Germanien aber blieb frei und für lange Zeit Barbarenland. Denn alle weiteren Versuche Roms, östlich des Rheins Fuß zu fassen, brachten nur Teilerfolge. So gelangen Domitian (81 bis 96 n. Chr.) am Ober- und Mittelrhein ein Sieg über die Chatten und die Anlage fester Stützpunkte; in späteren Jahren trennte ein Grenzwall, der Limes, das eroberte und dicht besiedelte Land vom Neuwieder Becken bis in die Schwäbische Alb von den nur dünn besiedelten germanischen Gebieten. Am Ende krönte die Gründung der neuen Provinzen *Germania superior* und *inferior* ein Eroberungswerk, mit dem die römische Propaganda eilfertig den imperialen Herrschaftsanspruch über Germanien erfüllt sah. Wer immer dies in Rom geglaubt haben mag: Der Form, in die man den römischen Sendungsauftrag zu hüllen pflegte, war Genüge getan. Für die Zukunft sollte es kein germanisches Problem mehr geben. Wer jetzt nicht dazugehörte, fristete sein Dasein am Rand der Welt.

Fast hundert Jahre nach der Niederlage des Varus erschloss Tacitus ihre welthistorische Dimension, die dem Blick der Zeitgenossen noch verborgen geblieben war. Tacitus formulierte treffend und mit ans Herz gehender Prosa. Er verwandelte den in Rom bestgehassten Sieger über eine römische Armee, einen meuternden römischen Offizier, der, um König möglichst vieler Germanenstämme zu werden, drei Legionen ins Verderben lockte, in einen Hüter untergegangener Ideale, in einen kühnen und seine Heimat über alles liebenden Helden:

«Arminius, ohne Zweifel der Befreier Germaniens, der das römische Volk nicht, wie andere Könige und Anführer, in den Frühzeiten, sondern das Imperium auf dem Höhepunkt herausforderte, bei schwankendem Schlachtenglück, im Kriege unbesiegt, seines Alters siebenunddreißig Jahre, von denen er zwölf sich an der Macht hielt, von den Barbaren noch heute in Liedern besungen, unbekannt den griechischen Historikern, die nur das Eigenste bewundern, ohne gerechten Ruhm auch bei den Römern, die wir die alten Zeiten verherrlichen, von den modernen zu wissen unbegierig.» In Germanien, das solche Helden gebar, da war sich Tacitus sicher, musste sich das Schicksal Roms entscheiden. Dort war für ihn der Ort, an dem die Römer erfahren würden, woraus sie wirklich gemacht waren.[25]

Krieg auf dem Balkan

Im Nordosten der Adria besaß die Republik nur einen schmalen Küstenstreifen Dalmatiens. Augustus, der nach der Kapitulation des Sextus Pompeius 35 bis 33 seine Truppen in Illyrien den großen Krieg proben ließ, machte die Save zur Grenze. Wenige Jahre später stieß der Prokonsul Makedoniens, Licinius Crassus, bis an den Unterlauf der Donau vor und siegte im Nordwesten Bulgariens über die Bastarner (S. 177f.). Die Eroberung des gesamten balkanischen Raums bis zur Donau blieb

Tiberius vorbehalten, der nach dem Tod des Agrippa im Jahre 12 den Feldzug in Illyrien gegen die pannonischen Stämme begann. Sie streckten nach vier Jahren eines lustlos geführten Krieges die Waffen. An stammesübergreifende Operationen nicht gewöhnt, waren sie einzeln der römischen Übermacht nicht gewachsen und ahnten wohl auch nicht, was auf sie zukam. Der Sieger tat, was er im Barbarenland zu tun gewohnt war: Die Stämme wurden entwaffnet, Tausende auf die Sklavenmärkte getrieben, die Waffenfähigen zum Dienst in die Armee gepresst. Bei Hofe herrschte Zuversicht. «Ich habe die pannonischen Völker», schrieb Augustus, «zu denen vor meinem Prinzipat kein römisches Heer vorgedrungen war, durch Tiberius Nero, der damals mein Schwiegersohn und Legat war, niedergekämpft und dem Spruchrecht des römischen Volkes unterworfen. Die Grenze Illyriens habe ich bis ans Ufer der Donau vorgeschoben.»[26] Dies aber war erst nach einem zweiten vierjährigen Krieg möglich, der Rom alles abverlangte und das Heer an den Rand einer Katastrophe brachte.

Es fing damit an, dass Tiberius im Krieg gegen Marbod mit sechs Legionen die Donau überschritt und in Pannonien nur wenige Kohorten zurückließ. Ihre Offiziere hatten den Befehl, im Land einheimische Hilfskontingente auszuheben und nach Norden zu führen. Als sich die Sammellager füllten, mischten sich Agitatoren unter die Rekruten. Sie sprachen von der eigenen Stärke in dem von römischen Truppen entblößten Land und erinnerten an das Leid, das römische Blutsauger in ihre Dörfer gebracht hatten. Nachdem sie einen fähigen Führer in dem Dalmater Bato gefunden hatten, griffen sie zu den Waffen. Ihre Empörung, angeheizt von Scharfmachern und getragen von dem allseitigen Hass auf die fremden Ausbeuter, breitete sich in Windeseile über ganz Illyrien aus und riss die pannonischen Stämme mit, die unter dem Befehl eines zweiten Bato, eines Häuptlings der Breuker, den Kampf aufnahmen. Der Hofchronist Velleius, der als Offizier im Generalstab des Tiberius diente, sprach von 200 000 Mann, die, verführt «durch die Segnungen eines langen Friedens», die Rebellion getragen hätten – richtig hätte es bei Velleius lauten müssen: aufs Blut gereizt durch Ausplünderung und Versklavung zu den Waffen griffen. Viele der Aufständischen waren mit der römischen Kampftaktik vertraut, und fast alle kannten jeden Weg und Steg, den die Legionen nehmen konnten.[27]

Tiberius, von der Erhebung völlig überrascht, führte seine Legionen in Eilmärschen ins Kampfgebiet. In Italien zogen die Aushebungsoffiziere durch die Städte und musterten sogar Sklaven, während emsige Steuer-

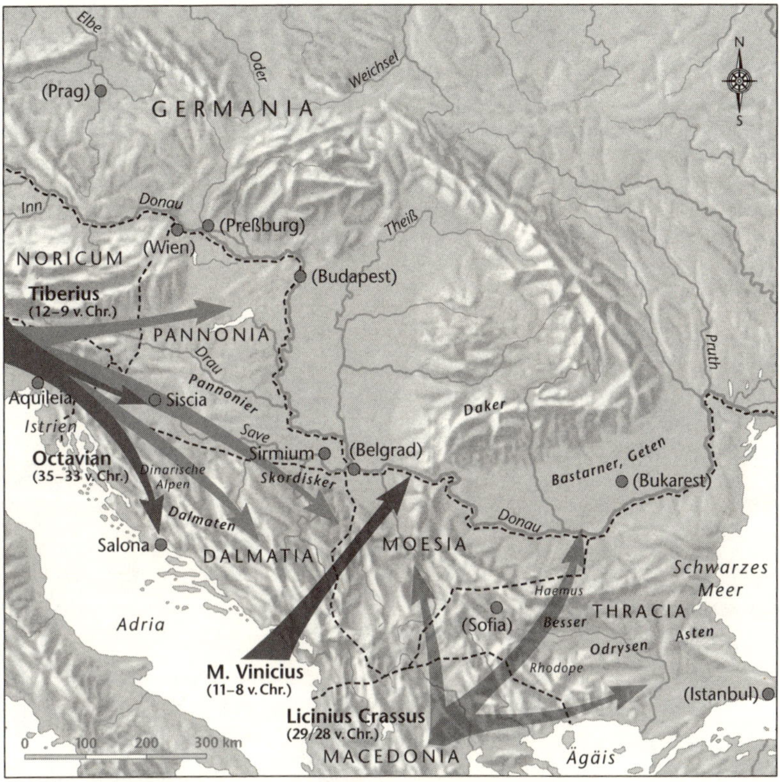

Karte 8 Die Eroberung des Balkan- und Donauraumes

eintreiber Sonderabgaben erhoben. Im Senat erklärte Augustus, der Feind könne in zehn Tagen vor den Toren Roms stehen. Er übertrieb nicht ohne Kalkül, war doch die Angst das wirkungsvollste Mittel, um seine Forderung nach Geld und Truppen durchzusetzen. In *Asia* erhielt der Statthalter Plautius Silvanus Order, in den Ostprovinzen alle kampffähigen Einheiten zusammenzuziehen und in den Balkanraum zu verlegen. Auf dem Höhepunkt des Aufstandes fochten im illyrisch-pannonischen Raum fünfzehn Legionen, ein gleichstarkes Kontingent von Hilfstruppen, Tausende von in den Dienst zurückgerufenen Veteranen und zehn Reiterschwadronen, insgesamt etwa 150 000 Soldaten, mehr als ein Drittel der gesamten römischen Wehrmacht.

Tiberius machte die Zeit zu seinem wichtigsten Verbündeten. Er vermied verlustreiche Gefechte, deckte die zentralen Plätze und unterband die Nachschublinien der Aufständischen. Hunger und Erschöpfung bra-

Abb. 24 Die Gemma Augustea feiert die Unterwerfung der aufständischen Balkanvölker durch Tiberius (10–12 n. Chr.). Der Feldherr steigt vom Triumphwagen, den Victoria selbst zieht, um seinem Kaiser den Sieg zu verkünden. Dieser sitzt in der Pose Jupiters auf einem Thronsessel, die waffenstarrende Roma neben, den Adler Jupiters unter und sein Sternzeichen über sich. In der Rechten hält er den Stab der Auguren als Zeichen seiner Verbindung mit den Göttern, in der Linken eine Lanze als Zeichen seiner kriegerischen Macht. Die Oikumene krönt den Weltherrscher mit dem Eichenkranz, dem Ehrenzeichen für die Rettung aller Bürger. Diesen Priester, Kosmokrator und von den Göttern geliebten Krieger umgibt ein Hauch von Ewigkeit.

chen schließlich deren Widerstandsgeist; der eine, Bato, wurde hingerichtet, der andere Aufrührer als Gefangener nach Italien gebracht und mit seiner Familie reich beschenkt in Ravenna angesiedelt – er hatte während des Krieges den von ihm eingekesselten Tiberius mit seinem Stab entkommen lassen. Das Land von den Küsten der Adria bis an die Ufer der mittleren Donau wurde in zwei Provinzen geteilt, das eigentliche Illyrien im Süden und Pannonien im Norden. In die verwüsteten Landstriche hielt der römische Friede Einzug – auch hier wie im Norden Spaniens und den Alpenvorländern für lange Zeit der Stille eines Friedhofes vergleichbar. Fünf Legionen wachten über ihn, bezogen feste Kastelle und bauten Straßen und Wege, die ihnen ermöglichten, jeden Unruheherd in wenigen Tagen zu erreichen. Die Wehrkraft der Stämme wurde reichlich genutzt; allein der pannonische Stamm der Breuker, deren Führer die Revolte ausgelöst hatten, musste acht Kohorten stellen, die mit dalmatischen Kolonnen an den Rhein oder nach Afrika verlegt wurden; an der mauretanischen Küste findet der Wanderer noch heute Gräber der 6. und 7. Kohorte der Dalmater.[28]

Der Sieg war vollkommen. Nie wieder sollten sich die Völker des Balkans erheben. Auch das Gebiet der unteren Donau erschien jetzt in einem anderen Licht. Von dort drohte nicht nur, wie bisher, der Provinz Makedonien Gefahr durch Raubzüge von Völkern, die dies- und jenseits der Donau siedelten und in Zeiten der Not nach Süden vordrangen, sondern nun auch dem illyrischen Raum. Seit den Feldzügen des Crassus hatte sich Rom die Gefolgschaft von Klientelfürsten gesichert und im Ernstfall die in Makedonien stationierten Truppen in Marsch gesetzt. Wie am Rhein griff man auch hier zu dem bewährten Mittel der Umsiedlung; so wurden etwa 50 000 Geten gezwungen, sich diesseits der Donau neue Wohnsitze zu bauen und Rom Militärhilfe zu leisten. Auf eine Provinzialisierung verzichtete Augustus und begnügte sich mit der Einrichtung eines Militärbezirkes, der vom Schwarzen Meer bis zur Morava reichte; Thrakien blieb Klientelstaat, zerrissen von Stammesfehden, aber isoliert ungefährlich. Erst Claudius richtete 46 n. Chr. in Südrumänien und Nordbulgarien die Provinz *Moesia* ein.

Römer wurden die Stämme des illyrischen Binnenlandes nicht. Augustus war nach den gemachten Erfahrungen auch klug genug, die alten Verfassungen zu belassen und auf die Zeit und die Überlegenheit römischer Lebensweise zu setzen. Auch hier kam der Tag, an dem die Wunden vernarbten und die Häuptlinge der Stämme und die vom Militärdienst in fernen Landen zurückkehrenden Offiziere und Mannschaften ihren Familien das Imperium als unabwendbares Schicksal und zugleich als Tor zu einer besseren Zukunft deuteten.

Das neue Gesicht Mitteleuropas

Der Schwerpunkt der Feldzüge des Augustus lag in Germanien und auf dem Balkan. Ungerührt durch furchterregende Aufstände und kräftezehrende Verluste verfolgte er das Ziel, Mitteleuropa ein römisches Gesicht zu geben. In seinem Tatenbericht hielt er fest, dass er Spanien, Gallien und Germanien und die Länder von Gades bis zur Elbmündung befriedet habe – er übertrieb nur wenig. Denn er erweiterte wie kein zweiter Römer die Grenzen des Imperiums und begründete damit die Rolle des omnipotenten Weltherrschers, in die alle seine Nachfolger schlüpften. Die wichtigsten seiner Eroberungen blieben für lange Jahrhunderte Teil des Imperiums und stellten die Soldaten und schließlich auch die Kaiser, die im 3. und 4. Jahrhundert Rom das Überleben sicherten.

Über die Größe und schließlich auch über den Untergang des Reiches entschieden die großen Erfolge des Augustus jenseits des Mittelmeerraumes. Denn sein Entschluss, die Legionen in breiter Front nach Mitteleuropa zu führen und sie an Rhein und Donau dauerhafte Lager aufschlagen zu lassen, hatte Rom mit zwei Aufgaben belastet, die es für lange Zeit, aber nicht auf Dauer lösen konnte: die Ziehung einer politisch und strategisch haltbaren Grenze und die Zivilisierung der germanischen Barbaren. Während die Völker diesseits von Rhein und Donau von der lateinischen Sprache bis zur städtischen Lebensform über Jahrhunderte römisch beeinflusst wurden, behielten die Germanen ihre stammesstaatliche und soziale Ordnung bei. Das hat die römischen Garnisonen an Rhein und Donau nicht gehindert, Vieh und Getreide auch jenseits der Grenzen zu erstehen. Der Kaufmann, der dort Geschäfte machte, handelte alles und jedes mit jedermann, und der römische General schloss Abkommen mit den germanischen Nachbarn, wann immer es vernünftig schien. Aber dies rettete den Frieden nicht, als im 4. Jahrhundert germanische Völker die Grenzen berannten. Jetzt wurden die von Augustus gezogene Nordgrenze und die Schrecken der Wälder und Sümpfe jenseits des Rheins und der Donau zum Prüfstein für das Reich. Das waren die Orte, an denen Rom feststellen musste, dass es sterblich war.

Der Krieg gegen die Germanen hat schließlich auch deren Bild für lange Jahrhunderte geprägt. Tacitus hat es durch die Zeiten bewahrt. Den dort wohnenden Menschen, schrieb er, gehört die Freiheit, und er meinte nicht die Ungebundenheit wilder Tiere, sondern die Eigenständigkeit naturverbundener Menschen. In ihren Ländern grabe niemand nach Gold oder Silber, so dass ihnen dieser verderbliche Luxus erspart blieb. Im Gegensatz zu den Sitten des verkommenen Rom würden die Germanen auch nicht durch opulente Gastmähler verdorben oder in der Arena verführt; ihre Nahrung ist einfach, sie begnügten sich mit einer Frau, Ehebruch gebe es kaum, und die Mütter stillten ihre Kinder selber, anstatt sie Ammen zu überlassen. Es ist die Vitalität der Unschuld, der dieses Preislied galt. Sie schenkte Nachkommen von harter Zähigkeit und gewaltiger Statur: «Sie besitzen alle dasselbe Aussehen: trotzige, blaue Augen, rotblondes Haar und hünenhafte Leiber, die freilich nur zum Angriff taugen.» Im öffentlichen Leben existierten bei ihnen keine ausgeklügelten Standesunterschiede, und es herrschten spontane Formen der Gastlichkeit: «Einem Menschen, gleich welchem, kein Obdach zu bieten, gilt als Unrecht.»

Es ist keine Idylle und schon gar kein romantisches Arkadien, was Tacitus in den Hütten Germaniens zu finden vorgibt. Es ist vielmehr eine harte Lebensschule voll instinkthafter Gewohnheiten, die zugleich die Kraftquelle des Widerstandes gegen Rom ist: Seit etwa «210 Jahren siegen wir über Germanien, und noch in jüngster Zeit haben wir mehr Triumphe über sie gefeiert, als sie wirklich besiegt.» Es ist aber auch die mit Abscheu und Bewunderung beschriebene Welt eines Gegen-Rom. Dort erwürgen die Caesaren die Freiheit, und die Laster ersticken die alten Tugenden; hier, unter der trüben Sonne des Nordens, blühen Freiheit und Tapferkeit: Marmor gegen Holz, Gold gegen Eisen.[29]

4. Die Zähmung des Wolfes: Die Umrüstung des Heeres

Die Armee verlässt den Mittelmeerraum

Die Expansion in die Länder jenseits der Küsten des Mittelmeeres hatte professionell ausgebildete und lang dienende Soldaten gefordert. Als sie kamen, rekrutiert mehr und mehr aus den unteren Schichten, verwandelten sich einst staatstreue Milizsoldaten in auf ihr Wohl bedachte Berufskrieger (S. 71 f.). Ihre Zahl wuchs beständig, und sie hing seit den 40er Jahren nicht mehr von den Bedürfnissen des Weltreiches ab, sondern von den Zwängen eines reichsweit geführten Bruderkrieges um die alleinige Macht im Staat. Augustus, nach Aktium als der Bringer des inneren Friedens gefeiert, tat, was ihm und dem Staat diente: Er entließ einen Teil der Revolutionsarmee und sorgte für die Versorgung der Veteranen mit Land und Geld. Die Legionen, die blieben, entwickelten sich zu einem stehenden Heer, das der Befehlsgewalt des Kaisers unterstellt und aus dem politischen Raum herausgedrängt wurde. Die für den Staat lebenswichtigen Entscheide durften nicht länger der bedrückenden Frage ausgesetzt bleiben, ob sie dem Soldaten nützten oder nicht.

Mit der Abrüstung schwand der Alptraum, hilflos den eigenen marodierenden Truppen ausgeliefert zu sein.[30] Dafür nahm man in Kauf, dass das Heer den Charakter einer persönlichen Armee des Alleinherrschers nicht mehr verlor. Jedermann wusste, dass dies die Monarchie unangreifbar machte. Aber es war der einzige Weg, um nicht noch einmal in den Abgrund der Bürgerkriege blicken zu müssen. So regte sich auch kein Widerstand, als der Prinzeps beanspruchte, künftig allein der Patron seiner Soldaten zu sein und für ihr Wohlergehen und ihr Auskommen allein zu sorgen. Den Diensteid schwor der Rekrut auf Augustus, sein Bild trugen die Legionsadler, seine Büste stand zwischen den Göttern, denen der Soldat opferte, und nur der Kaiser zog noch im Triumphzug in Rom ein (S. 160).

Trotz aller Sicherungen: Die Armee blieb ein Wolf, den an den Ohren zu halten unendlich schwer war. Dies zeigte bereits der Thronwechsel im September 14 n. Chr., als die germanischen und pannonischen Legionen meuterten und nach Geld und Erleichterung ihrer Dienstpflichten riefen. Ihre Forderungen luden sie mit der Drohung auf, den am Rhein kommandierenden Germanicus zum Prinzeps ausrufen zu wollen.

Noch schlimmer kam es nach dem Tod Neros und dem Ende des julisch-claudischen Kaiserhauses. Damals, in den Jahren 68 und 69 n. Chr., marschierten die Grenztruppen vom Rhein, von der Donau und aus Syrien nach Rom, brandschatzten auf ihrem Weg Städte und Landschaften, schlugen Schlachten gegeneinander, lösten Aufstände in den Provinzen aus, hoben drei Kaiser auf den Thron und stürzten sie wieder. Ein seit Aktium verschwunden geglaubtes Menetekel erschien wieder an der Wand der Geschichte: Die Legionen maßten sich an, ihren Befehlshaber zum Kaiser zu küren, von dem sie reichen Lohn, lukrative Feldzüge und eine noble Versorgung erhofften. Für alles dies waren sie bereit, in Schutt und Asche zu legen, was sich ihnen in den Weg stellte. Gegen diese existentielle Bedrohung von Monarchie und Reich gab es kein Heilmittel. Denn die von Augustus betriebene Massierung der Truppen an den Grenzen war endgültig.

Zurück in die Jahre nach 27. Der innere Friede half, die Erfolge der Abrüstung zu festigen. Er vertrieb den Legionär weitgehend aus dem Mittelmeerraum und zwang ihn, als Berufssoldat in den Grenzprovinzen des Reiches ständig einsatzbereit zu sein. Dort veränderte die Armee auch ihr soziales Gesicht. Sie suchte sich Freiwillige vornehmlich in den Nordprovinzen, auch wenn die Legionen noch für lange Zeit nur römische Bürger aufnahmen. In den Rekrutierungsbüros meldeten sich mehr und mehr die zweiten und dritten Söhne der Kolonisten, der Veteranen und der Auxiliarsoldaten, die in der Nähe ihrer alten Standorte ein Mädchen liebten und dort bleiben wollten. Es waren Männer, die sechzehn Jahre und länger in Manövern, Gewaltmärschen und stumpfem Drill den Ernstfall geübt hatten und es zufrieden waren, wenn es Orden und Auszeichnungen für Gehorsam und Pflichterfüllung ebenso wie für Tapferkeit und Todesbereitschaft gab. Am Ende lockten der soziale Aufstieg, eine ehrenvolle Stellung in der Gesellschaft, auch wenn es nicht mehr die war, die man einst verlassen hatte, und eine neue Heimat etwa in Mauretanien, in die man als fremder, aber geachteter Mann kam.

Die im Mittelmeerraum stationierten Kohorten versahen ihren Dienst als Besatzungstruppen meist unauffällig und übernahmen vielfältige zivile Aufgaben. Häufig sah man sie als Polizisten, Handwerker in Ziegeleien und Rüstungsbetrieben, als Straßenbauer, Wachtposten und als Beamte in den Kanzleien der Statthalter. Es waren Truppen ohne ernsthafte kriegerische Aufgabe und Bewährung; mit den Kampfverbänden, die an den Grenzen standen, hatten sie nichts gemein. Sympathien konnte keiner erwarten, egal wo er Dienst tat. Die öffentliche Meinung in den Städten sah in ihnen zumeist Landräuber, Fresser und Säufer, Kerle von wilder Gesinnung. Wie sollte es nach den Erlebnissen der Bürgerkriege auch anders sein: Ohne Drachen besteht kein Bedarf an Drachentötern, und friedliche Jahre verwischen schnell den Gedanken daran, dass der Tag kommen mag, an dem man sie brauchen wird. So war auch der Heimkehrer nach Jahren des Krieges in fernen Landen ein Fremder geworden und als solcher in Italien nur selten willkommen. Als Soldat oder Offizier ohne Uniform trug er doch unbewusst den Dünkel des entlassenen Frontsoldaten unter die Schar derer, die ihn und seine wachsenden Versorgungsansprüche fürchten gelernt hatten.

Die Mobilisierung der Provinzen

Rom war es in nahezu allen Kriegen gewöhnt gewesen, auf dem Schlachtfeld ebenso zahlreich wie die Feinde oder zahlreicher zu sein. Daran festzuhalten, war in einer Welt überlebenswichtig, in der es keine militärtechnischen Revolutionen gab und ein ausgebildeter Soldat es mit zwei, vielleicht drei Gegnern aufnehmen konnte, niemals aber mit zehn oder mehr. Augustus hatte seine Abrüstungspolitik um des inneren Friedens willen weit getrieben, zugleich aber seine imperialen Ziele immer höher geschraubt. Sie aber waren ohne zusätzliche Rekruten nicht zu erreichen, da das auf 150 000 Legionäre abgerüstete Heer für die geplanten Feldzüge zu schwach war. Damit stellte sich die Frage von selbst, ob und in welcher Form die Mobilmachung der Untertanen möglich sein könne.

Vorbild wurde auch hier die Republik. Sie hatte ihre Legionen schon immer durch angeworbene Söldner und Verbände befreundeter Stämme oder Könige vergrößert. Sie fochten unter ihren eigenen Kommandeuren meist in der Nähe ihrer Heimat und wurden nach Kriegsende wieder dorthin entlassen. Ihr Dienst war wertvoll. Das hatten etwa die gallischen Schwadronen demonstriert, die für Caesar in den Kampf gezogen waren, oder germanische Reiter, die langfristig dienten und räumlich und zeitlich unbegrenzt verwendet wurden. Diese Praxis zeigte Augustus den Weg, das reduzierte Heer nachhaltig aufzustocken. Es schlug die Geburtsstunde regulär ausgehobener Untertanenverbände (*auxilia*). Ihr Auftauchen formte das Gesicht des Heeres neu und gab den Menschen in den Grenzprovinzen eine Aufgabe, die das Reich an sie und sie an das Reich band.

Rom rekrutierte nach Belieben, unterteilte die Eingezogenen in Alen und Kohorten und unterstellte diese römischen Offizieren oder eigenen Stammesfürsten, die von römischen Aufpassern (*rectores*) überwacht und angeleitet wurden. Zusammen mit der Legion bildeten sie einen taktischen Verband, der an allen Fronten des Reiches eingesetzt werden konnte. Die Dienstzeit der neuen Soldaten wurde auf 25 Jahre festgesetzt; ihr Sold war geringer als der der Legionäre, jedoch einträglich genug, wie die aufwendigen Bildgrabsteine auch der unteren Chargen belegen. Wer sich bewährte und die Urkunde über die ehrenvolle Entlassung in Händen hielt, bekam seit Claudius, Kaiser seit 41 n. Chr., das römische Bürgerrecht – ein Privileg, das Augustus, erschüttert durch die germanischen und pannonischen Meutereien, noch nicht gewähren wollte, obwohl es nur die logische Konsequenz seiner Entscheidung gewesen wäre. Den Legionen durch ihre Zahl, ihre Organisation, ihre allseitige Verwendbarkeit und ihre dauerhafte Existenz gleich, verdoppelten die Auxilien die militärische Kraft des Imperiums.

Damit des Nutzens aber nicht genug. Augustus befahl ihre Aushebung bewusst in gerade eroberten oder aufständischen Gebieten. Dort kam die Einberufung zu den römischen Waffen der Dezimierung und der Deportation der wehrfähigen Jungmannschaft gleich, da sie meist nicht in ihrer Heimat eingesetzt, sondern sofort außer Landes gebracht wurden. Bald tauchten an allen gefährdeten Grenzen des Reiches Kohorten der spanischen Asturer, der germanischen Sugambrer, der alpenländischen Räter, der pannonischen Breuker oder afrikanischer Stämme auf (S. 208). In Mainz steht bis heute der Grabstein eines Reiters, der aus dem kilikischen Anazarba östlich von Tarsus stammte; er tat Dienst in einem an der Ostgrenze zusammengestellten Regiment der Parther und Araber, das unter Augustus oder Tiberius an die Rheinfront verlegt wurde.[31]

Was der Kaiser weder beabsichtigen noch voraussehen konnte, war der langfristige Romanisierungseffekt, der sich jenseits aller Planung von selbst einstellte. Die römische Sprache, die militärische Disziplin und die neuen Lebensgewohnheiten passten diese Männer nach jahrelanger Dienstzeit gründlich der römischen Welt an. Selbst bei den länger befriedeten Völkern meldeten sich viele zum Dienst in den Auxilien, da er Gewinn und Ansehen eintrug. Dies ließ auch die Söhne des einheimischen Adels zu den römischen Fahnen eilen, da die ihnen von Rom eingeräumte Befehlsgewalt über eine fest organisierte Truppe aus Angehörigen des eigenen Volkes Macht und Prestige verschaffte. Durch Tapferkeit und Treue sicherten sich auf diese Weise viele eine Zukunft, die ihnen ihr Vaterland nie hätte gewähren können.[32]

Trotz aller Vorteile war diese aus der Not geborene Militärpolitik ein Spiel mit dem Feuer. Augustus hat leidvoll erfahren müssen, dass die Loyalität dieser Truppen mit der Festigkeit des römischen Regiments in den Provinzen stand und fiel. Als dies im Norden wankte, verwandelten sich die in Illyrien und Germanien aufgebotenen Hilfstruppen in Träger des Widerstands, die ihre Waffen nicht, wie sie geschworen hatten, für, sondern gegen Rom erhoben. Zu ändern war an dem System trotzdem nichts. Die innere Stabilität des Reiches hatte erst die Abrüstung der Bürgerkriegsarmee, dann die Aufrüstung der Unterworfenen unvermeidbar gemacht. Meuternde Hilfskorps, die unter versierten Führern wie Arminius oder den Breuker Bato reguläre Truppenverbände angriffen und die Provinzen verheerten, waren so furchtbar wie Hunger und Pest. Es galt, sie zu ertragen: «Wir können nicht erst im Notfall weitere Hilfsvölker aufbieten», lautete der erste Lehrsatz der neuen Militärphilosophie, «da wir von Feinden umgeben sind und die Grenzmarken unseres Reiches weit entfernt voneinander sind.»[33]

XII. DAS REICH UND SEINE DIENER

«Was? Rom bringt keine Kunst hervor? Ist Frieden keine Kunst? Sind Krieg, Verwaltung, Zivilisation keine Künste?»

Der Caesar des George Bernard Shaw

«Es ist Sache eines Eroberers, einen Teil des Unrechts, das er begangen hat, wiedergutzumachen. Ich definiere das Eroberungsrecht folgendermaßen: Ein notwendiges, legitimes und unglückliches Recht, das immer nach der Bezahlung einer ungeheuren Schuld verlangt, um sich der menschlichen Natur gegenüber zu entlasten.» *Montesquieu*

1. Das Zentrum der Macht

Der Kern

In den Jahrzehnten der politischen Raserei hatte der Senatsadel seine Macht über den Staat verloren. Sein größtes Werk jedoch hielt Rom fest in Händen: das Imperium. Es hatte nach dem, was die Republik seinen Völkern angetan hatte, alles zu gewinnen.

Wie immer die künftige Ordnung der Welt aussehen mochte, sie kam nicht ohne fähige Krieger aus und verlangte treue und verschwiegene Diener. «Stets innezuhalten und die besten Ratgeber zu verwenden», sei die Richtschnur, an die sich jeder Monarch zu halten habe, schrieb Mark Aurel.[1] Sie war auch die des Augustus. Er hatte Caesar als Leitfigur vor sich und dessen wichtigste Männer als Helfer hinter sich. Sie brachten die Eigenschaften mit, die in den schweren Jahren der Bürgerkriege die Kunst des Überlebens zur höchsten Blüte gebracht hatten und jetzt, da es um die Festigung der Alleinherrschaft ging, immer noch unersetzlich waren. Anders als die laut und öffentlich politisierenden Aristokraten wirkten sie im Hintergrund und ließen ihre wahre Machtfülle selten nach außen dringen. Sie agierten geschmeidig als Vertraute, die alles wussten und darüber schwiegen. Als Berater waren sie immer gegenwärtig, und wenn es nottat, schlüpften sie in die Rolle leisetretender Diplomaten, die alle Vollmachten vorweisen konnten.

Der Beste unter ihnen war Cornelius Balbus. Er kam aus dem spanischen Gades, vom Ende der Welt, erhielt früh das römische Bürgerrecht und hatte schon im Jahre 60 bei der Gründung des Ersten Triumvirats zwischen Pompeius, Caesar und Crassus Kostproben seines Geschicks als Vermittler abgegeben. Seit Mitte der 50er Jahre war er unter Caesar Chef des Stabes und diente nach dessen Tod Octavian in vielen Missionen; ein ansehnliches Vermögen und das Konsulat im Jahre 40 waren der verdiente Lohn. Die Zeitgenossen nahmen ihn und seinesgleichen nur am Rande zur Kenntnis.

Andere waren unübersehbar. Als Erster natürlich Agrippa, nach der Krise von 23 der zweite Mann im Staat, Schwertarm und Schwiegersohn des Augustus (S. 299 ff.). Dann Maecenas, Ritter aus einem alten etruskischen Königsgeschlecht. Er war wenig älter als Octavian und gewiss der Auffallendste im inneren Zirkel der Macht. Sein Ehrgeiz war gänzlich ungewöhnlich, denn anders als alle anderen wollte er weder ein hohes Staatsamt noch begehrte er einen Sitz im Senat. Ihm genügte die Rolle des Ratgebers, des Mannes für schwierige Aufgaben und des Ministers für Agitation und Werbung. Seine Verdienste in den 30er und 20er Jahren wog Augustus mit Gold auf; wie viel es immer gewesen sein mag, es war, gemessen an den unschätzbaren Leistungen des listigen Diplomaten, zu wenig. Seinen bis heute anhaltenden Ruhm aber begründete sein Geschick, die öffentliche Meinung im Sinne seines Herrn zu beeinflussen. Dazu sammelte er die Dichter der Zeit um sich und entlockte ihnen Verse, welche die Taten des gottgesandten Retters Augustus für immer in den Glanz des Zeitlosen hüllten.

In seinem turmartigen Palais auf dem Esquilin gastierten alle, die zum geistigen Mittelpunkt der römischen Gesellschaft dazugehören wollten. Inmitten weiter Parkanlagen gelegen, gewährte es eine wundervolle Aussicht auf die Albaner- und Sabinerberge. Dies war das angemessene Podium eines Geltungsbedürfnisses, das sich in Luxus und Eleganz gefiel. Velleius hat Maecenas treffsicher beschrieben, als er ihn als tatkräftigen und ruhelosen Helfer rühmte, der sich aber nach getaner Arbeit hemmungslos ins Wohlleben stürzte. Seneca urteilte später, seine hohe Stellung habe ihn entnervt, ja geradezu entmannt, und er vergaß nicht, mit strafend erhobenem Zeigefinger auf seine Trunksucht zu verweisen.

Abb. 25 Philipp Hackert, Die Villa des Maecenas in Tivoli, 1783. Wie alle Großen des Reiches hat sich auch Maecenas eine prächtige Villa bauen lassen, in der sich fürstlich leben ließ und die zugleich die eroberte Macht weithin sichtbar machte. Herder schrieb am 28. Oktober 1788 an seinen Sohn, was er davon noch sah: «Die Stadt Tivoli ist ein Bettelnest, wie alle kleinen Städte im Kirchenstaate ... Hier war die Villa des Maecenas; sie steht in den Ruinen des unteren Stockwerks und der unterirdischen Gewölbe noch prächtig da; das stolze hohe Haus aber ist verschwunden. Sie sah weit vor sich, stand aber noch mehr da, um gesehen zu werden, und muss über alles, was wir jetzt machen, schön und prächtig gewesen sein; jetzt aber stehen Weinreben auf ihr ...» (Italienische Reise, München 1988, S. 188 ff.)

Dichter wäre er gerne geworden. Seine Verse jedoch, von denen einige unzüchtige erhalten geblieben sind, lösten statt Beifall nur Gelächter aus.[2]

Augustus hat die private Verschrobenheit des Maecenas ebenso wie seine Unerschrockenheit ertragen, mit der er sich öffentlich der Neigung seines Herrn zur Grausamkeit widersetzte. Nicht vergessen hatten seine Mitbürger den Tag, an dem der Imperator als Gerichtsherr ein Todesurteil nach dem anderen fällte, bis ihm Maecenas ein Billet in den Schoß warf, auf dem vier Wörter standen: «Steh endlich auf, Henker!» Einen solchen Satz und was ihm folgte, erlaubte nur eine feste Freundschaft: Der Kaiser erhob sich und schloss die Verhandlung.

Agrippa war der militärische Degen, Maecenas waltete als politischer Stratege. Beide durften mit dem Ring ihres Herrn siegeln, beide verfügten über weitreichende Vollmachten, beide bildeten zusammen mit Augustus ein Triumvirat der Machtergreifung und des Machterhalts. Erst nach 23 kühlte sich das Verhältnis ab, als die schöne und lebenshungrige Terentia das Bett des Kaisers dem ihres alt gewordenen Mannes vorzog, der sein Los in ausschweifenden Vergnügungen und Gelagen zu betäuben suchte. Den Rat seines Freundes Horaz, «glücklich, ein freier Mann, ist der allein, der täglich sich sagen darf: Ich habe gelebt!», muss in seinen letzten, von Schlaflosigkeit geplagten Jahren wie Hohn in seinen Ohren geklungen haben. Als er im Jahre 8 starb und sein schlichtes Grab am Ende der esquilinischen Gärten fand, war der Schmerz des Kaisers echt. Rom hatte Grund, mit ihm zu trauern.[3]

Er, Agrippa und alle Familien, die mit dem Imperator über Krieg und Politik entschieden, verfügten über ungeheure Reichtümer, bauten Villen in den schönsten Landstrichen Italiens, besaßen weite Ländereien und lebten in Rom in eigenen Palästen. Der Kaiser fragte in allen Staatsangelegenheiten von Bedeutung nach ihrer Meinung. Neben ihnen im Rat fand eine Senatskommission Gehör, über deren Mitglieder alle sechs Monate das Los neu entschied. Ihr gehörten die amtierenden Konsuln und je einer der übrigen Magistrate sowie 15 Senatoren an. Ihre Aufgabe war es, Gesetze und Beschlüsse zu beraten, bevor sie dem Senat vorgelegt wurden. Im Jahre 13 n. Chr. ersetzte der Senat den alten Beirat durch eine neue, aus 30 Senatoren bestehende Kommission, die jährlich gewählt wurde und die unter dem Vorsitz des Kaisers bindende Entscheidungen treffen konnte.

Die ganze Einrichtung war eine Konzession an die Senatoren. Sie gab vielen das Gefühl, besonders geschätzt und bedeutsam zu sein. Zudem entsprach es guter republikanischer Tradition, dass jeder Magistrat bei allen Verfügungen Ratgeber hinzuzog: Der Konsul wandte sich insbesondere an seine ehemaligen Amtskollegen, der Prätor befragte erfahrene Juristen, der Feldherr beachtete die Einschätzung seiner Offiziere, der Statthalter hörte den ihm zugewiesenen Quästoren zu. Augustus machte aus dem Rat eine ständige Einrichtung (*consilium principis*), die das Recht des Senats auf politische Mitsprache und zugleich den Willen des Kaisers unterstrich, nicht an seinen Standesgenossen vorbei zu regieren.[4]

Die Peripherie

Den Senat zu befragen, war das eine. Ihm reale Macht einzuräumen das andere. Schon der erste Blick zeigt eine fast paradoxe Entwicklung: Die Institution verzichtete mehr und mehr auf eigenständige Initiativen, während ihre Mitglieder weiterhin das Weltreich regierten. Der Grund ist leicht zu benennen. Die Tollheit der Generäle hatte die Grundfesten der Republik zerstört, die Administration des Imperiums jedoch nicht verändert. So zählte auf dem Kampfplatz der Politik nur noch einer, Augustus. Auf dem weiten Feld der Verwaltung jedoch handelten die alten Eliten wie eh und je.

Sie befehligten alle bedeutenden Provinzen, mal als Legaten im kaiserlichen Auftrag, mal als vom Senat bestimmte Prokonsuln. Allein Ägypten gehorchte einem ritterlichen Präfekten – die nach Aktium noch ungeklärte Stellung Octavians verbot, die Schätze des reichen Landes in die Hände eines Senators zu legen. Ritter, die kleine Territorien wie etwa Judäa oder Mösien an der Unteren Donau leiteten, unterstanden dem senatorischen Statthalter einer benachbarten Großprovinz. Senatoren kommandierten auch die Legionen. Aber ihre Rolle im Staat bestimmte nicht mehr ihre Begabung, politische Entscheidungen zu fällen, sondern ihre Fähigkeit, alle wesentlichen militärischen, zivilen und richterlichen Funktionen auszuüben. Dies machte sie unentbehrlich und zugleich dem Kaiser gefährlich – insbesondere dann, wenn sie fern von Rom und über Jahre hinweg Provinzen verwalteten und Legionen kommandierten. Gallus in Ägypten und Balbus in Makedonien hatten vorgeführt, wozu Männer dieses Schlages fähig waren (S. 177 ff.). Aus diesem Spannungsfeld gab es keinen Ausweg. Der Kaiser konnte nur vorsorgen. So leitete er, wo immer es ging, alle großen Kriegszüge selbst oder übertrug sie Agrippa oder seinen Stiefsöhnen Tiberius und Drusus. Alles Weitere gründete auf der Hoffnung, dass die hohen Herren, vollgestopft mit Geld, ihren gesellschaftlichen Glanz nicht aufs Spiel setzen wollten und Loyalität einem Kampf mit ungewissem Ausgang vorzogen.

Die Rechnung ging auf. Dies lag nicht zuletzt daran, dass das römisch gewordene Italien die verwaisten Bänke des Senats auffüllte und der Adel seiner Landstädte die Offizierspatente der Legionen erhielt. Die Männer aus ihren Reihen achteten sorgsam auf soziale Stabilität und wirtschaftliche Prosperität, die ihnen der Friede und der kaiserliche Dienst gewährten. Die große Politik war ihre Sache nicht. Sie sahen ihre Ideale unter dem kaiserlichen Regiment weit besser gewahrt als unter der Herrschaft der römischen Senatsaristokratie, die für Aufsteiger wenig übrig hatte. Zu tun gab es ohnehin viel. Pro Jahr waren mehr als 120 amtliche Stellen von Senatoren zu besetzen; hinzukamen Aufgaben als Einzelrichter und in den ständigen Gerichtshöfen.[5]

2. Die Beute des Siegers

Habgier und Willkür

Das schwerste Erbe, das auf den Schultern des Kaisers lastete, war das Imperium. In seinen Grenzen herrschten vielerorts Not und Verzweiflung, verursacht durch die Bürgerkriege und die Misswirtschaft der Republik. Ihre Führer hatten die Charakterprobe nicht bestanden, die ihnen die Herrenrolle über die Welt abverlangte. Im Schutz der militärischen Allmacht der Legionen brauchten sie in den Provinzen keine Rücksichten zu nehmen, und selbst schwere Fehler, wie sie etwa gegenüber den Seeräubern gemacht wurden, richteten nur leichten Schaden an. Was immer die Sieger trieben, die Besiegten mussten es hinnehmen. Die Macht erlaubte nicht nur alles, sondern rechtfertigte es am Ende auch. Wo höchste Verantwortung geboten war, herrschte fast jede Willkür. Cicero hat es in seiner Schrift «Vom pflichtgemäßen Handeln» (*de officiis*), verfasst nach Caesars Tod, beklagt. Als Schuldigen machte er Sulla aus, dessen Tyrannis den apokalyptischen Reitern der Bürgerkriege Tür und Tor geöffnet habe. Davor, so täuschte er sich und seine Leser, sei der Senat «Schutz- und Zufluchtsort für Könige, Völker und Stämme» gewesen und die Beamten und Feldherren Roms gute Hirten, die ihre Untertanen umsorgt hätten: «Deshalb kann zutreffender von einer Schutzherrschaft (*patrocinium*) als von einer Gewaltherrschaft (*imperium*) über den Erdkreis gesprochen werden.»[6]

Tacitus sah schärfer. Selbst er, der um die Republik trauerte, sprach ihre Führer schuldig, die sich wie Raubritter auf ihre Beute gestürzt hatten: «Verleidet war den Untertanen Senats- und Volksherrschaft wegen der Machtkämpfe der führenden Männer und der Habsucht der Beamten; schwach war der Schutz der Gesetze, die durch Willkür, politische Umtriebe, zuletzt durch Bestechung unwirksam gemacht wurden.» Bitterer ist über das Herrschaftsvermögen der Republik nie wieder der Stab gebrochen worden. Das Urteil erteilt zugleich den Totengräbern der alten Ordnung Absolution und segnet den Mann, der die Monarchie begründete. «Unter dem Titel Prinzeps», sagten seine Anhänger, und Tacitus widerspricht ihnen nicht, «habe Augustus den Staat neu gegründet; durch den Ozean oder durch weit entlegene Ströme sei das Reich geschützt; Legionen, Provinzen, Flotten, alles sei untereinander straff verbunden; Recht gelte gegenüber den Bürgern, Recht gegenüber den Provinzialen.»[7]

War es tatsächlich so? Hat Augustus die Regeln der Herrschaftsausübung und die Moral der Männer ändern können, die die Provinzen regierten und nicht weniger habgierig waren als ihre Vorgänger?

Roms Imperium reichte nach dem Tod Caesars von den Ufern des Euphrat bis zu den Küsten des Atlantik und von den Wüsten Nordafrikas bis zu den Gebirgsketten der Alpen. In seinen Grenzen lebten Römer, Griechen und Barbaren, und innerhalb dieser drei existierten schier unübersehbar viele Gesellschaften, deren Sprachen, Kulte, Rechtsordnungen und Verhaltensnormen wenig oder nichts miteinander zu tun hatten.[8] Was diese buntscheckige Welt lange zusammenhielt – nicht einte –, war das Militär. Wann und wo immer es wollte, konnte es Furcht und Gewalt säen und jeden ans Kreuz hängen, der sich des Widerstands auch nur verdächtig machte. Die Griechen, die unter der Primitivität dieses Systems am meisten gelitten haben, sprachen denn auch von Knechtschaft: «Als die Römer nahezu die ganze bewohnte Erde beherrschten», schrieb einer von ihnen, «da begannen sie, ihre Herrschaft durch Terror und die Vernichtung der ansehnlichsten Städte zu sichern.»[9] Rom hat gegen dieses Urteil nicht protestiert. Solange die Republik bestand, dachten ihre Eliten vor allem an die Ausbeutung der eroberten Gebiete – «Weidegründe des römischen Volkes» (*praedia populi Romani*) etikettierte sie treffend Cicero. Noch über hundert Jahre später erfuhren die verblüfften Leser des Tacitus nichts anderes über die Väter des Weltreiches: «Plündern, Morden, Rauben nennen sie mit falschem Namen Herrschaft, und wo sie eine Öde schaffen, heißen sie es Frieden.»[10]

Diese Anklage legte Tacitus einem aufständischen britannischen Fürsten in den Mund. Trotzdem war sie mehr als ein literarischer Einfall, gerade passend zu den geschilderten Ereignissen. Denn neben den moralischen Verwerfungen, die die Eroberungszüge bewirkten, charakterisiert sie einen fundamentalen Mangel römischer Herrschaftspraxis, die keine Bürokraten und keine festumrissenen Regeln kannte. Wer als Gouverneur in die Provinz ging, bekam wenig Helfer und keinen Kontrolleur mit auf den Weg. Als einziger Beamter begleitete ihn ein Quästor, der sich um das Budget kümmerte, dann ein Militärtribun (oder Präfekt), zuständig im Grunde für alles, was gerade anfiel, sowie ein bis vier Legaten aus dem Senatorenstand. Zum Tross gehörten Diener, die zumeist aus dem Haushalt des Statthalters stammten und ihm gestatteten, seinem Rang gemäß aufzutreten. Nur wenige Statthalter kannten das Land und die Menschen, die sie regieren sollten, hatte sie doch der Senat, der sie in diese oder jene Provinz schickte, nicht wegen ihres Sachverstandes ausgesucht. Niemand hatte sie geschult, niemand hatte ihnen Anweisungen in die Hand gedrückt, kein kolonialer Verwaltungsdienst gab ihnen Handreichungen – er existierte nicht. So betrat etwa Quintus Cicero im Jahre 61 als Proprätor die ihm zugewiesene Provinz Asia mit einem Stab von ungefähr 15 Personen. Mit ihnen sollte er ein Gebiet regieren, das vom Bosporus bis an die südliche und von den Hochländern Anatoliens bis an die westliche Mittelmeerküste reichte und von rund fünf Millionen Menschen bewohnt wurde.

Die einzige Order, an die sich der Statthalter zu halten hatte, war einfach und klar: Er hatte dafür zu sorgen, dass die Provinz ruhig blieb.[11] So beschränkte er sich darauf, die Kapital- und höhere Zivilgerichtsbarkeit auszuüben, den pünktlichen Eingang der Tribute zu überwachen und die Grenzen zu sichern. Alles andere forderte mehr den Diplomaten als den allmächtigen Vizekönig. Seiner Kunst oblag es, jeden zwischen den Untertanen ausbrechenden Zank geräuschlos zu beenden und alles Alltägliche den städtischen Organen zu überlassen. Gerieten sie ins Stolpern, war er ohne bürokratischen Apparat verloren. Seine Rolle glich denn auch der eines Friedensrichters und nicht der eines Potentaten. Die Pflichten, die Rom und seine Vertreter den Provinzialen auferlegen konnten, schlossen Leistungen jedes Augenblicks und jeder Art ein: Steuern, Dienstleistungen für den Statthalter und seine Entourage, Quartier und Unterhalt für die Truppen, Sondersteuern, und – alles überwölbend – Gehorsam, wo immer er verlangt wurde.

Bei aller Schwäche im täglichen Geschäft des Regierens öffnete die Macht über Leben und Tod der Raffgier Tür und Tor und vergiftete die Regentschaft vieler Statthalter. Nahezu alle suchten nach märchenhaften Reichtümern und plünderten ihre Provinzen wie habgierige Barone. Anfangs ging es noch um kleine Fische, eine Gefälligkeit hier, ein goldener Kranz dort. Aber die Forderungen wuchsen, als sich das Reich ausdehnte und die Summen stiegen, die in der Hauptstadt für eine politische Karriere durch das Ausrichten von Spielen, Getreidespenden und Bestechungen für Hinz und Kunz aufzuwenden waren. Mit dem Aufstieg vermehrte sich auch zwangsläufig die Schar echter und falscher Freunde, die auf ihren Anteil an der Beute drängten. Zu ihnen zählten neben den adligen Nachbarn Männer der Finanz- und Geschäftswelt, die ihre Interessen als Steuerpächter oder Kreditgeber gewahrt sehen wollten oder ein Amt ersehnten, um selbst im Mantel der Obrigkeit ungestraft und nach Gutdünken im Trüben fischen zu können.

Die Abgaben, die auf dem provinzialen Grund und Boden lasteten, vergab der Senat meist an private Unternehmer, die das Steueraufkommen einer Provinz gegen Höchstgebot ersteigerten. Die Gebühr wurde sofort fällig, so dass die Pächter sich beeilen mussten, in den kommenden Jahren weit mehr als die gezahlte Summe aus den Provinzialen herauszupressen. Kamen diese den Tributforderungen nicht nach oder konnten sie die Gouverneure, die Soldaten und die Bürgerkriegsgeneräle nicht rechtzeitig bedienen, fielen sie in die Hände umtriebiger Spekulanten, die für ihr Geld die besten Anlagemöglichkeiten suchten. Kredite an verschuldete Gemeinden gehörten dazu.

Zu den ersten Adressen der Geldgeber zählten die Städte der reichen Provinz *Asia*. Dort hatte sich seit Sullas Krieg gegen Mithridates in den 80er Jahren die Schuldenspirale zu drehen begonnen, dort schlug die goldene Stunde der Investoren. Denn Sulla hatte den Gemeinden Asiens Reparationen in Höhe von 20000 Talenten als Ersatz für die Ausfälle der letzten fünf Kriegsjahre auferlegt und auf sofortiger Zahlung bestanden. Als alles Bitten um Stundung vergeblich blieb, wandten sich die Malträtierten an Geldverleiher, denen sie nun Jahr für Jahr immer horrendere Summen an Zins und Zinseszinsen zahlen mussten; in den folgenden 14 Jahren war der geschuldete Betrag auf schier unglaubliche 120000 Talente angewachsen, von denen die Städte bereits 40000 gezahlt hatten. Einer der Schamlosesten unter den Geldverleihern, die dem schnellen Gewinn nachjagten, trug den erlauchten Namen Junius Brutus, zu allen Zeiten gefeierter Vorkämpfer republikanischer Freiheit. Er genierte sich nicht, den Einsatz von Truppen gegen die Stadt Salamis auf Zypern zu fordern, als sie ihm die geliehenen Gelder nebst Wucherzinsen in Höhe von 48 Prozent nicht termingerecht zahlen konnte.[12]

Die Erinnerung an das Elend der Provinzialen blieb lange lebendig und hat das Verhältnis der Griechen zu Rom schwer belastet. So hat Plutarch noch Ende des 1. Jahrhunderts n. Chr. in bewegten Worten geschildert, was den römischen Feldherrn Licinius Lucullus erwartete, als er im Jahre 73 kleinasiatischen Boden betrat: «Die Provinz war von unsäglichen und unglaublichen Leiden heimgesucht, da sie von Steuerpächtern und Wucherern ausgeraubt und geknechtet wurde. Bürger wurden gezwungen, wohlerzogene Söhne und jungfräuliche Töchter, die Gemeinden, Weihgeschenke, Gemälde und Götterstatuen zu verkaufen. Ihr eigenes Ende war, dass sie ihren Gläubigern zugesprochen und deren Sklaven wurden, und was vorausging, war noch schlimmer: Fesseln, Kerker, Folter, Stehen müssen unter freiem Himmel, im Sommer in der heißen Sonne, im Winter in Schlamm und Eis, so dass ihnen der Sklavenstand wie eine Befreiung von schwerer Last und eine Zeit des Friedens schien.»[13]

Auch wer nicht jeden Satz dieser bitteren Klage für bare Münze nehmen will, versteht, warum die Untertanen im Osten mit Schaudern auf die ferne Weltstadt Rom blickten. Von dort waren die adligen Führer aufgebrochen, die mit kalter Leidenschaft für den Krieg alle Reiche besiegt und ihre Könige vertrieben hatten. Von dort kamen danach die Männer, die die Völker neuen Teufeln ausgeliefert und sich nur selten die Mühe gemacht hatten, wenigstens die Maske fürsorglicher Statthalter anzulegen. Und von dort nahten die Marschälle der Bürgerkriege, die geldgierigsten von allen, mussten sie doch die Börsen einer wachsenden Schar von Soldaten und Gefolgsleuten füllen. So nahm Cassius im Frühjahr 43 Rhodos ein, das zu den ältesten Bundesgenossen Roms in Asien zählte, und zog das staatliche Eigentum, die Tempelschätze und das private Vermögen der Reichen ein; seinen Soldaten verbot er die Plünderung der Stadt – nicht um Gnade zu üben, sondern um seiner Kriegskasse möglichst alle Reichtümer einverleiben zu können. Den Städten Asiens legte er das Zehnfache ihrer Jahressteuer als Kriegsentschädigung auf und trieb sie ohne Gnade ein.[14]

Zur Ausplünderung kamen Dienstleistungen aller Art hinzu. Plutarch konnte nicht vergessen, was sein Urgroßvater Nikarchos über die Wochen vor der Schlacht von Aktium immer wieder erzählte. Als längst jeder Sklave, jeder Wagen und jeder Esel requiriert worden war, trugen er und die Männer seiner Heimatstadt Chaironeia auf ihren Schultern Weizensäcke zum Golf von Korinth, wo diese ins Lager des Antonius verschifft wurden; wer zusammenbrach, wurde mit Peitschenhieben wieder auf die Beine gebracht.[15]

Nach Gutdünken gewährte Gnade

Glücklich die Städte, für die im Lager der Kriegsherren einer der ihren als Fürsprecher auftreten konnte. Davon allerdings gab es viele, hatten sich doch bereits seit dem Beginn der römischen Eroberungszüge die Sieger bemüht, mit den Honoratioren der griechischen Städte Freundschaften zu schließen – vorausgesetzt, diese bezeugten in Wort und Tat ihre Ergebenheit gegenüber Rom. Wer als Grieche persönlich in römischen Diensten ganz nach oben und zugleich seiner Heimatstadt Gutes tun wollte, trat in die Klientel einer römischen Adelsfamilie ein.

So war es geblieben, auch wenn in den Machtkämpfen der Generäle das richtige Lager nicht immer leicht auszumachen war. Unter denen, die es schafften, war ein gewisser C. Julius Zoilos aus dem karischen Aphrodisias. Er nutzte sein gutes Verhältnis zu Antonius und Octavian, um Anfang der 30er Jahre die alten Freiheitsrechte seiner Heimatstadt bestätigen zu lassen. Die Bürger jubelten ihm zu und machten ihn zum Priester der Stadtgöttin Aphrodite – sie hatten allen Grund dazu, waren doch mit dem Status einer freien Stadt die Steuerfreiheit und andere Privilegien verbunden. Ein anderer war der Spartaner Eurycles, von Natur aus ein Hasardeur. Ihn führte der Wunsch nach Rache an die Seite Octavians, denn Antonius hatte seinen Vater des Raubes anklagen und hinrichten lassen. In der Schlacht von Aktium musste er zusehen, wie der Sohn des Toten unter seinen Schiffen wie ein Berserker wütete.

Der dankbare Octavian beschenkte Sparta mit einigen Küstenstädten und der Insel Kythera, Eurycles selbst gab er das römische Bürgerrecht und machte ihn zum Herrn über seine Heimatstadt. Dort aber hielt es ihn nicht. Er vagabundierte als fahrender Ritter bis nach Judäa und Kappadokien, zog den Mächtigen mit wilden Geschichten Geld aus der Tasche und empfahl sich anschließend bei Nacht und Nebel. Zurück in der Heimat handelte er sich als Unruhestifter zwei Anklagen in Rom ein; am Ende starb der einstige Held von Aktium einsam in der Verbannung den Tod eines Abenteurers. Seine Familie aber wurde nicht vergessen. Der dankbare Kaiser ließ ihr noch Jahrzehnte später die Macht in Sparta und Achaia, wo sie sich in der Pflege des Kaiserkultes hervortat.[16]

Aphrodisias und Sparta waren keine Einzelfälle. Aber sie verraten, dass persönliche Freundschaften zu den römischen Herren der Königsweg waren, um das Los der Untertanen zu erleichtern.[17] Die Ehrungen, mit denen die begnadigten Städte ihre Bürger überhäuften, denen sie Schutz und Privilegien verdankten, zeugen aber auch von ihrer Schwäche. Kein Argument, kein Verweis auf ihre Not hätte sie vor den römischen Geldeintreibern schützen können. Ohne ihre Anwälte im Lager der Mächtigen wären sie so gnadenlos wie diejenigen geschröpft und misshandelt worden, die wie die Bürger von Chaironeia niemanden hatten, der für sie sprach.

Die Bilanz ist augenfällig. Wer immer sich in den Jahrzehnten der Bürgerkriege im Reich umsah, blickte auf Länder, die hilflose Objekte in den Händen römischer Generäle waren. Diese folgten ihrem Schwur, notfalls mit allen Regimentern der eigenen Partei zur Hilfe zu kommen, selbst dann, wenn dabei die eine oder andere Provinz verloren ging. So schrieb der Statthalter Spaniens, Asinius Pollio, 43 an Cicero, er wisse nicht so recht, ob er den Interessen des Staates besser diene, wenn er in der Provinz bliebe oder seine Armee nach Italien führe. Es sei natürlich bequem, fuhr er fort, in Spanien zu bleiben, aber die Zeitläufe verlangten anderes: «Ich sehe ja, dass in Augenblicken wie jetzt Legionen viel wichtiger sind als Provinzen, zumal diese sich ohne Weiteres zurückerobern lassen; so habe ich beschlossen, mich mit meiner Armee auf den Weg zu machen.»[18] Nichts zeigt besser die Ohnmacht der Unterworfenen. In der Raserei des Bürgerkrieges konnten selbst Aufstände der Provinzialen vernachlässigt werden; kam es ganz schlimm, eroberte man eben eine abgefallene Provinz wieder zurück.

3. Herrschaft und Verantwortung

Die Herrschaftsformen

Trotz aller Gräueltaten, mit denen die Republik die Besiegten heimsuchte, hatte sie doch alle Herrschaftsformen gefunden und erprobt, die weit in die Zukunft wiesen. Viele davon wurden durch die Bürgerkriege unkenntlich gemacht, aber nach ihrem Ende entfalteten sie wieder ihre alte Kraft. So gab es keine Stunde null, bei der Augustus hätte anfangen müssen – im Gegenteil.

Die Herrschaft Roms ruhte auf sechs Säulen: Gewalt, Provinzialisierung, Patronat, städtische Autonomie, die völkerrechtliche Klientel und die Verleihung des römischen Bürgerrechts an Provinziale, die als Angehörige der Oberschichten oder als Soldaten Rom ihre Treue bewiesen hatten.

Die militärische Dominanz überlagerte alles. Von ihr machte Rom im Westen mit ausgesuchter Brutalität Gebrauch. Davon zeugen die erbarmungslosen Kriegszüge gegen Widerspenstige wie in den Jahren nach 27 in Spanien (S. 208) sowie große Umsiedlungen in unruhigen Grenzgebieten. Sie trafen insbesondere die Stämme rechts des Rheins. Von dort vertrieb Augustus die Ubier, Nemeter und andere Stämme und zwang sie, sich auf dem linken Flussufer anzusiedeln. Ihnen folgten nach den Siegen des Drusus seit dem Jahre 12 große Teile der Sueben und Sugambrer, die nach den Deportationen aufhörten, als eigenständige Stämme zu existieren. Kein Barbar durfte an der Entschlossenheit Roms zweifeln, die Grenzzonen um jeden Preis dauerhaft zu sichern. Dazu genügten keine kurzfristigen Strafexpeditionen, vielmehr sollte dem Widerstand für immer das Rückgrat gebrochen und der politische Zusammenhalt der Stämme zerstört werden.

Längst bewährt hatten sich die provinziale Ordnung und die Patronate der römischen Großen. Ihre Vertreter handelten ohne Auftrag des Staates, aber ganz in seinem Sinne. So schlichteten sie Grenzstreitigkeiten zwischen den Städten und versöhnten Hitzköpfe, wenn sie wegen einiger Äcker oder politischer Ämter in Streit gerieten. Waren Zwistigkeiten nicht zu vermeiden, stand das Selbstregiment der Untertanen auf dem Spiel. Es zu bewahren war das wichtigste Ziel Roms, und ihm dienten auch alle anderen Formen des Beistandes, den die Patrone gewährten. Am kaiserlichen Hof waren sie zur Stelle, wenn es galt, erpresserischen Statthaltern oder Steuereintreibern das Handwerk zu legen. In den Städten selbst knauserten sie nicht mit Geld und Brot, Bauten und Spielen. Dies taten sie in der Erwartung von Auszeichnungen, die zu erhalten das höchste Glück der Schirmherren war: Statuen, Dankgottesdienste, Spiele und in Stein gemeißelte Hochrufe des Stadtrates. Der Kaiser profitierte von ihrem Tatendrang nicht minder wie vom provinzialen Regiment. Denn er kontrollierte beide Formen der Machtausübung entweder als oberster Kriegsherr oder kraft seiner sozialen Übermacht, die allzu ehrgeizige Patrone zu zähmen wusste.

Die Hauptrolle spielten die Besiegten selbst. Das Reich ruhte auf ihrem Können, innere Angelegenheiten selbst zu regeln. Ersetzen konnte diese Fähigkeit nur die Einrichtung einer hierarchisch geordneten Bürokratie. Sie jedoch war um keinen Preis zu haben, da sie von geschulten und gehorsamen Beamten lebt. Solche Männer aber hatte Rom nicht, und seine Führer haben auch nie daran gedacht, sie auszubilden. So gehorchten die Untertanen vor allem ihren Notabeln, die ihrerseits dafür sorgten, dass der Kaiser erhielt, was des Kaisers war.

Die Belohnung mit dem Bürgerrecht als Dank für erwiesene Treue und als Verpflichtung für die künftige hat Rom immer als Teil seiner Herrschaftspolitik verstanden. Die sich daraus ergebende Konsequenz, den Kreis der Bürger immer weiter ausdehnen zu müssen, hat es gutgeheißen – auch dann, wenn es die Teilung der höchsten Macht im Senat mit den Familien vormals besiegter Barbaren bedeutete. «Meine Vorfahren mahnen mich, bei der Staatsführung nach ihren Grundsätzen zu verfahren und nach Rom zu versetzen, was sich irgendwo hervorgetan hat», mahnte Kaiser Claudius 47 n. Chr. zögernde Senatoren, als die Urenkel gallischer Häuptlinge um ihre Aufnahme in den Senat baten.[19] Er veranschaulichte damit das unverrückbare Grundgesetz der Herrschaft Roms: Nur wenn die führenden Familien der Unterworfenen ihre Hoffnungen und Energien auf das Imperium richteten, konnte es bestehen. Denn nur dies konnte das Missverhältnis der Zahl zwischen Siegern und Besiegten ausgleichen, ebenso die Weite des Raumes, die Verschiedenartigkeit der Beherrschten und die Mängel eines Herrschaftssystems, das über keinen flächendeckenden Beamtenapparat verfügte.

Schon die Republik hat mit der Bürgerrechtspolitik begonnen, den Gegensatz von Siegern und Besiegten in den sozialen Raum zu verschieben. *Civis Romanus* benannte einen privilegierten Rechtsstand, der reichsweit mehr und mehr die tonangebenden Schichten adelte. Aber auch der kleine Mann stand nicht abseits. Ihm und seiner Familie verschaffte der Militärdienst in den Hilfstruppen nach 20 bis 25 Jahren das begehrte Privileg; es schloss eine harte Schule der Romanisierung und des Einsatzes für das Reich sinnvoll ab.

Das Instrument der Provinzialisierung wurde durch die völkerrechtliche Klientel ergänzt. Augustus hat sie als gelehriger Schüler des Pompeius und des Antonius intensiv genutzt. Als er starb, reichten im Westen und im Norden die Territorien befreundeter Fürsten von Britannien über Germanien bis zum Bosporanischen Königreich auf der Krim. Im Orient versammelte sich eine miteinander verschwägerte Familie abhängiger Könige von Pontos über Kappadokien und Armenien bis an die Euphratgrenze. Südlich schlossen sich kleinere Dynastien in Syrien und Palästina bis hin zu den arabischen Nabatäern mit ihrer Hauptstadt Petra an. In Nordafrika umgab ein Gürtel abhängiger Wüstenstämme den Südrand der fruchtbaren Küstenländer von Tripolis bis Mauretanien.

Das Schicksal Mauretaniens offenbart, dass und in welchem Maße alle Klientelstaaten Hörige des Kaisers waren. In das Land marschierten nach dem Tod des Königs Bocchus im Jahre 33 römische Truppen ein und schützten die Kolonistenstädte, die zahlreich in den fruchtbarsten Landstrichen auf Kosten der einheimischen Bauern gegründet wurden. Acht Jahre später setzte dort Augustus den numidischen Königssohn Juba II. auf den Thron, obwohl die Armee und die angesiedelten Veteranen die Provinzialisierung nahelegten. Augustus entschied sich anders.

Er tat es zum einen aus Dankbarkeit gegenüber einem Fürsten, der an seiner Seite gefochten hatte. Zum anderen machten ihm die Berichte seiner dort eingesetzten Kommandeure wenig Hoffnung, in den endlosen Weiten des dünn besiedelten und von Nomadenstämmen durchzogenen Raumes stabile gesellschaftliche Ordnungen schaffen können, die den Gouverneuren das Regieren erleichtert hätten. Vor allem aber war für Augustus von Belang, in Afrika jenseits der Provinzgrenzen einen Vasallen zu haben, der nur auf ihn hörte und der gegen jeden, der den Gehorsam aufkündigte, seine Reiter mobilisierte, bevor die Nachrichten von Unruhen Rom erreichten.

Was in Afrika galt, traf auch anderswo zu. In allen Randgebieten des Reiches waren die Klientelkönige persönliche Schutzbefohlene des Kaisers, dem sie den Thron verdankten und die Herrschaft über Völker, die ihnen meist fremd waren und mit denen sie wenig oder nichts verband. Landesväter dieser Couleur dienten aus schierem Eigennutz ihrem kaiserlichen Patron. Auf sie sah Augustus mit Wohlgefallen. Solange seine Herrschaft in Rom gefährdet war, brauchte er jeden Verbündeten.

Der ruchloseste unter ihnen war Herodes. Er hatte es auf seinem Weg zum König von Judäa nicht leicht gehabt. Weder stand seine Wiege in einem Königshaus, noch war er unter den Söhnen seines Vaters Antipatros der Erstgeborene, noch konnte er sich auf die Verwandtschaft mit den seit 135 in Palästina herrschenden Hasmonäern berufen. Jude war er nach orthodoxer Auffassung auch nicht, da seine Mutter Kypros die Tochter eines arabischen Scheichs war. Um die Macht in Jerusalem kämpfte er mithin als Außenseiter. König wurde er im Jahre 37, und er blieb es bis zu seinem Tod im Jahre 4.[20] Der Preis waren jahrelange Gratwanderungen am Abgrund, Winkelzüge, Wortbrüche, Morde und eine diplomatische Meisterschaft, die selbst Augustus verblüffte (S. 154). Er begann seinen Aufstieg im Dienst Caesars, wechselte nach dessen Tod ins Lager der Mörder, verließ die bei Philippi Geschlagenen und eilte zu Antonius. Als dessen Stern sank, kniete er in Rhodos und Alexandria vor Octavian, der ihn als König von Judäa bestätigte und das jüdische Staatsgebiet erweiterte. Das von Herodes regierte Territorium war schließlich so groß wie einst unter König David, und die Hauptstadt Jerusalem glänzte als eine der führenden Städte im Vorderen Orient – und doch war die Herrschaft des Königs auch nach dreißig Jahren so instabil wie am Anfang.

Herodes war sich jede Stunde seines Lebens bewusst, dass er König von Roms Gnaden war. So hatte er alles daran gesetzt, um sie nicht zu verlieren. Nur einmal löckte er wider den Stachel, als er im Süden Judäas ohne römischen Befehl die Nabatäer angriff. Augustus erteilte ihm einen scharfen Verweis und ließ ihn wissen, komme dies noch einmal vor, sehe er ihn nicht mehr als Freund, sondern als Untertan.[21] Die Drohung wirkte, und Herodes tat Buße. Seine beiden Söhne schickte er nach Rom, um sie dort erziehen zu lassen – eine vornehme Umschreibung der freiwilligen Geiselstellung. Er besuchte Augustus mehrfach, schloss Freundschaft mit Agrippa, pflegte den Kaiserkult, ungerührt von den Protesten seines Volkes, und gebärdete sich als der Treueste der Treuen.

Und trotzdem: Ein kleiner Fehler nur, eine bloß geringfügige Machtverschiebung in Rom, und schon platzten alle Träume von einer Großmacht im Osten wie eine Seifenblase. Sein Sohn, Herodes Archelaos, der Judäa, Samaria und Idumäa geerbt hatte, musste es leidvoll erfahren. Als er sich, kaum an der Macht, wie ein Geier auf die Besitztümer seiner Untertanen stürzte, machte sich eine jüdische Gesandtschaft auf den Weg nach Rom und bat um Intervention. Augustus zögerte nicht und nahm dem Unruhestifter 6 n. Chr. alles. Verbannt durfte er im fernen Gallien sein Leben fristen. Dort erreichte ihn die Nachricht, sein Reich und die Hauptstadt Jerusalem gehorchten künftig römischen Statthaltern.[22]

Die Herrschaftspraxis

Die Eroberung von Ländern mit ganz unterschiedlicher Geschichte und eigenen politischen und sozialen Lebensformen forderte von Rom vielfältige militärische, politische und mentale Fähigkeiten. Die Dauer der errungenen Herrschaft zu sichern, verlangte nur die Eignung, die Eliten der Unterworfenen davon zu überzeugen, dass es ihrem und dem Glück ihrer Städte und Völker nützt, das Spruchrecht des römischen Siegers anzuerkennen.

Die erste Voraussetzung dafür hatte das Ende der Bürgerkriege geschaffen. Die zweite gab die Beschaffenheit der damaligen Welt ohne weitere Anstrengungen Roms dazu. Nach den Kriegszügen des Augustus sah sich das Imperium von Ländern umgeben, in denen sich wenig veränderte und deren Bewohner leicht berechenbar blieben. Die afrikanischen Gebiete blickten im Süden auf Nomaden, deren klimatisch bedingte Wanderungen von den Provinzgrenzen ferngehalten werden konnten. Im Westen und Norden grenzte das Reich an das Meer oder an wenig einladende Wald- und Steppengebiete, deren Stämmen der Wille und die Begabung fehlte, stabile politische Verhältnisse zu schaffen. Im Osten herrschten Dynasten, von denen die meisten ihr Diadem dem Kaiser verdankten. Eine derartige Konstellation der äußeren Welt gewährte die Geschichte erst wieder den neuzeitlichen Kolonisatoren auf dem amerikanischen und zum Teil auf dem afrikanischen Kontinent. Hier wie dort schaffte sie die Basis für die säkulare Dauer imperialer Herrschaft.

Das Imperium trug zwei Gesichter: ein römisches in Italien und den Provinzen des Westens, ein griechisches in den Ländern des Ostens. Dort bestimmten seit Jahrhunderten Städte das Leben. Wie es einer Polis gebührte, besaßen sie alle die Volksversammlung, den Rat, die Behörden, die Tempel und die Gymnasien. Ihre Bewohner sprachen Griechisch in einem modifizierten attischen Dialekt, der sich über den ganzen Osten ausbreitete – die Evangelien des jungen Christentums zeugen von ihm. Einige der Neugründungen wuchsen zu Weltstädten, wie das ägyptische Alexandria, Antiochia in Syrien oder Seleukeia am Tigris. Sie übertrafen das klassische Athen an Größe, Bevölkerungszahl und Wohlstand und wollten sich nur an der Hauptstadt des Reiches messen lassen.

Als Rom in die griechische Welt einbrach und bis zum Euphrat vordrang, änderte sich nichts an den dortigen Lebens- und Denkgewohnheiten. Sie verloren auch nicht ihre Anziehungskraft, sondern verbreiteten sich weiterhin in den angrenzenden, nun von Rom statt von beliebig wechselnden Potentaten abhängigen Staaten. Gegen die Sprache und Lebensart des Siegers blieben die Griechen immun. Rom hat auch nie versucht, daran etwas zu ändern, ja es hielt sich von den inneren Vorgängen der Städte fern – es sei denn, die Herrschaft stand auf dem Spiel. Es machte sich deren Eliten zu Freunden und schützte ihr Eigentum und ihren Führungsanspruch vor offenem Aufruhr oder schleichendem Verfall. Und es unterwarf sich der Kultur der Besiegten – nie wieder in der Weltgeschichte tat ein Sieger Vergleichbares.

Der Widerspruch, in den dies die römischen Herren stürzte, war auf Dauer unerträglich und musste ihr Verhalten ändern. Wie sollten sie weiterhin in Griechenland und den Ländern des östlichen Mittelmeeres nach Herzenslust plündern, exekutieren oder versklaven, wenn sie zugleich ihre Kultur anbeteten? Sie regierten nach den Prinzipien von Gewalt und Herrschaft, aber sie lebten und genossen die griechische Lebensart und stellten dies ungeniert zur Schau – wie lange konnte das gut gehen? Die Heiligtümer und die öffentlichen Plätze Roms füllten sie mit den großen Meisterwerken der griechischen Künstler, und ihre Literaten schwelgten in griechischen Vorbildern – musste dies nicht früher oder später die Herrschaftspraxis verändern?

Vergil hat für das Problem die passende Antwort ganz im Stil der römischen Herrenattitüde gefunden: Andere mögen die besseren Statuen aus dem Marmor hauen, die Kunst der Rede pflegen oder die Bahnen der Gestirne studieren; die Kunst des Römers sei es, die Welt zu regieren und dem von ihm geschaffenen Frieden Gesetz und Moral zu geben. Sein Zeitgenosse Horaz setzte den Akzent anders und weit überzeugender: Das besiegte Griechenland, gestand er unter dem Beifall vieler, habe mit seinen Künsten den rohen Sieger verzaubert.[23] Aber nicht nur dies. Es setzte die Maßstäbe der öffentlichen Zurschaustellung der Macht des Augustus. Sein Programm eines friedlichen und glücklichen Zeitalters hüllte sich in die zeitlosen Formen der griechischen Klassik, und seine Bildnisse zeigen ihn in altersloser apollinischer Schönheit und Würde (S. 235 ff.).

In dem Ausruf des Horaz spiegelt sich auch das gewandelte Selbstverständnis des römischen Adels. Er hatte sich seit Jahrhunderten in die Tradition der griechischen Geschichte und Kultur gedrängt und wollte nicht mit der Anklage leben, Führer einer Barbarenhorde zu sein. Als er endlich freigesprochen wurde, war der Weg zur Verständigung frei – so mühselig er im Angesicht von Terror und Ausbeutung auch war und so unversöhnlich viele blieben.

Zu ihnen gehörte der Alexandriner Timagenes, der als Kriegsgefangener nach Rom kam und sich als Historiker für kurze Zeit der Gunst des Augustus erfreute: Ihn, rief er aus, stimme der Gedanke an eine Zerstörung Roms, so herrlich er sei, nur traurig, da die Stadt anschließend umso schöner wieder aufgebaut würde. Andere erinnerten mit galligem Witz an die Anfänge der Tiberstadt, in denen Brudermörder und Frauenräuber ihr Unwesen trieben. Im Grunde vergaßen viele Griechen nie, wer der Herr und wer der Diener war, und pflegten daher umso bewusster die eigene Sprache und die Erinnerung an frühere glanzvolle Tage. Andere erkannten an, dass erst unter dem römischen Schild ein Leben in Frieden und Wohlstand möglich geworden sei. «Die Götter mögen gnädig gewähren», bat deshalb Aristides um 150 n. Chr. in seiner Geburtstagsrede auf Rom, «dass dieses Reich und diese Stadt auf ewig gedeihen und nicht eher vergehen, als bis glühendes Eisen auf dem Meer schwimmt und die Blätter im Frühling nicht mehr sprießen.» Es war gewiss ein glücklicher Tag für Rom, an dem ein Angehöriger eines besiegten Volkes um den Bestand des Weltreiches der einstigen Peiniger betete.[24]

Gewalt und Herrschaft im Westen

Im lateinischen Westen und in Nordafrika war alles anders. Von der Sonne Andalusiens bis zu den Nebeln des Nordmeeres hatte das römische Schwert nicht die stolzen Pforten eines Paradieses, sondern die morschen Türen eines Armenhauses gesprengt. In ihm hatten Krieg, Unterdrückung und Hunger das Leben der Menschen bestimmt. Dort kämpfte niemand um den Verlust oder die Bewahrung der Freiheit. Dort war es immer nur darum gegangen, wer wen unterwarf. In diesem Haus die Oberhand zu bekommen, war für Rom unendlich schwer gewesen, dort auf Dauer zu bleiben nahezu unmöglich. Denn um diese Länder ohne Verkehrswege, ohne feste soziale Verhältnisse und ohne beständige politische Organisationsformen zu beherrschen, musste es gelingen, den Besiegten ein neues, stabiles Zentrum ihres Lebens aufzuzwingen.

Dies konnte angesichts der in Italien gemachten Erfahrungen nur die Stadt sein. Denn beide Formen der Herrschaftspraxis, das Regiment der Vizekönige und die patronale Fürsorge adliger Familien oder des Kaisers, brauchten einen sich selbst verwaltenden Mitspieler. Dessen soziale Mitte musste stabil sein, im römischen Verständnis also aus einer grundbesitzenden Aristokratie bestehen, der die städtischen Ämter zufielen: eine ratgebende Versammlung, vergleichbar dem römischen Senat, und die Magistratur als Exekutive, geführt von Bürgermeistern. Gemeinsam oblag es beiden zu tun, was Rom nicht konnte: das flache Land zu verwalten, die unteren städtischen Schichten ruhigzuhalten und den Statthalter zu unterstützen, wenn er die Steuern einsammelte oder Leistungen verschiedenster Art forderte. Wer wie viel an den Kaiser und die städtischen Kassen zu bezahlen hatte, regelte der Zensus, der bei der Einrichtung der Provinz durchgeführt wurde. Den auferlegten Verpflichtungen konnte sich der Grundbesitzer nicht entziehen, da die Landvermesser seinen Besitz Scholle für Scholle erfasst hatten. Besser erging es dem reichen Händler und Bankier. Der Dichter Apuleius überliefert die zeitlose Geschichte von einem Geldwechsler, der in Lumpen gehüllt durch die Stadt gestrichen sei, einsam und bescheiden wohnte, tatsächlich aber «auf seinen Goldsäcken saß» und seinen Reichtum erfolgreich verheimlichte.[25]

Mit der Gründung der Provinz war der ersten Generation der Besiegten ein blutiger Weg gewiesen. Ihre überkommene Welt sank in Trümmer. Die Rauchsäulen über den niedergebrannten Stammesburgen, lange Züge aus ihren Wohnsitzen vertriebener Stämme, gewaltsame Neuansiedlungen und die festen Mauern römischer Militärkolonien kündeten von der Entschlossenheit des Siegers, die vorgefundene geographische und ethnische Ordnung zu zerstören und den besiegten Völkern eine neue aufzuzwingen. Seine Pioniere zerstörten jede befestigte Ansiedlung, während seine Architekten neue Städte in die Ebenen bauten, wehrlos dem Zugriff römischer Truppen ausgeliefert. Die dort Angesiedelten hatten nur zu wählen zwischen Kollaboration oder Tod.

Mit den Jahren ging die Trauer um das verlorene Eigene in das Sichfügen über. Es folgte die Einsicht, dass Rom nicht durch Glück oder Zufall, sondern dank seiner politischen und strategischen Überlegenheit gesiegt hatte. Vieles addierte sich. Den Ausschlag gaben die Unabwendbarkeit der römischen Herrschaft, die Aussichtslosigkeit, im Falle eines Aufstands Hilfe jenseits der Grenzen oder innerhalb des Reiches zu finden, der Segen des Friedens und die Aussicht der Eliten auf große Karrieren im Dienste des Weltreiches.

Augustus glaubte gewiss, eine bessere Weltordnung schaffen zu können. Gekommen aber war er als Herr und Krieger, der seine Beute behalten wollte, da sie ihm und seinen Gefolgsleuten ein reiches und glanzvolles Leben versprach. Was immer er in den Provinzen tat, tat er wie seine adligen Vorgänger aus Eigennutz und ohne moralische Skrupel. Aber seine Rechtfertigung, er hätte jenseits von Tod und Zerstörung Frieden, Wohlstand und Sicherheit geschaffen, stieß auf offene Ohren. Der griechische Geograph und Weltmann Strabon, der in diesen Jahrzehnten das Mittelmeer von Armenien bis Sardinien bereiste, verwies seine Leser auf das Schicksal Lusitaniens. Obwohl reich mit Getreide, Vieh und Edelmetallen gesegnet, hätten die dort lebenden Stämme seit Menschengedenken durch Krieg und Raub ihre Lebensgrundlagen zerstört; erst jetzt, als Rom sie gewaltsam sesshaft gemacht hatte und italische Kolonisten ins Land strömten, blühten Reichtum und Zivilisation.[26] Jahrzehnte später klang es noch euphorischer: Nur innerhalb der Reichsgrenzen entstünden Städte, herrsche die Sicherheit des Rechts, sei der Austausch von Gütern und Meinungen gegeben. Nur dort – dieser Gedanke überlagerte am Ende alles – regiere die «unermessliche Majestät des Friedens».[27]

Der Friede aber kam nicht von selbst, sondern musste in jahrelangen Anstrengungen in den vom Bürgerkrieg verwüsteten Gebieten erst errungen werden. Zu ihnen zählte Gallien, das Caesar in einem achtjährigen Vernichtungskrieg unterworfen hatte. Hundertausende waren in den Jahren 58 bis 51 im Kampf gefallen oder in die Sklaverei getrieben wor-

Abb. 26 Eine der großen Wasserleitungen des Reiches führte nach Karthago (heute: Tunis); der Zaghouan-Aquädukt erreichte nach 132 Kilometern die Stadt. Seine Wassermassen flossen in die Straßenbrunnen, füllten die Bäder der Thermen, sprudelten aus den Löwenköpfen der Wasserspiele oder reinigten unauffällig die Kloaken. In Karthago und anderswo war Wassermangel ein Wort aus ferner Vergangenheit geworden. Denn die Versorgung der Städte mit Wasser war der eindrucksvollste Beweis kaiserlicher Fürsorge und römischer Lebenskultur.

den, während ihre Reichtümer die Kassen des Eroberers füllten. Unter der eisernen Faust des Siegers war es still geworden im Lande. Die überlebten, hatten Jahre des Terrors und der Ausbeutung zu überstehen. In den Bürgerkriegen blieben sie schutzlos jedem ausgeliefert, der aus Italien kam und nach Reichtümern suchte: wachsende Scharen von nach Land und Lohn gierigen Soldaten, habsüchtige, vom Senat kaum noch gezügelte Steuereintreiber, Geldverleiher, überschuldete Statthalter, Beamte, Senatoren und machthungrige Feldherren, Erpresser ohne Moral und Anstand die meisten.

Erst das Ende der Kriege in Nordspanien lenkte den römischen Blick wieder auf das geplagte Land. Seine Neuordnung nahm in den Jahren 16 bis 13 Augustus selbst in die Hand. Feste Formen des Zusammenhalts gab es noch, da die gallischen Völker dem Willen ihrer adligen Führer oder königlichen Sippen wie gewohnt gehorchten. Gelang es, ihren Ansprüchen nach Führung, Reichtum und Ansehen einen neuen Weg zu weisen und ihren alten Göttern den neuen kaiserlichen Gott zuzugesellen, konnte Rom es dem keltischen Adel überlassen, die Stämme des Landes auf eine neue Zukunft einzuschwören. Im Grunde ein einfacher Gedanke: Die Enkel des Vercingetorix mussten in eine neu gebaute Stadt ziehen und Bürgermeister werden. Dort sollten sie Tempel, Wasserleitungen und Arenen bauen und das Kommando über eine römische Auxiliareinheit an der Donau ehrenvoller und einträglicher finden als einen Beutezug im Stile des Großvaters. Wurde aus der Idee Wirklichkeit, konnte Rom die Herrin Galliens bleiben.

Um sein Ziel zu erreichen, stülpte Caesars Sohn eine neue Ordnung über die vorgefundene. In drei Provinzen geteilt (*Aquitania*, *Lugdunensis* und *Belgica*), erhielten die dort ansässigen Stämme städtische Zentren. Sie ersetzten die alten Bergfesten, wurden Amtssitze und beherrschten das umliegende Land; ihre Steuerpflicht hielten Zensuslisten fest, die ein zentrales Archiv in Lugdunum (Lyon) beherbergte. So räumten die Häduer ihre alte Höhenstadt Bibrakte und bauten sie in der Ebene als «Augustusstadt» (*Augustodunum*, heute Autun) wieder auf.

Wenige Beispiele spiegeln so klar die römische Begabung zur Herrschaft wie diese Regelung. Sie ist geprägt durch den Verzicht auf eine Politik der umfassenden Kolonisation jenseits der Narbonensis, um nicht abrupt die stammesstaatliche Ordnung zu zerstören, die das Leben des Landes immer bestimmt hatte. So begnügte sich Augustus mit der Einrichtung von Vororten, hinter deren Mauern alle Regierungsorgane residierten. Jeder von ihnen überwachte ein Territorium von durchschnittlich 8300 qkm und wurde zum einzigen Partner der kaiserlichen Bürokratie. Der Herr aller lokalen Entscheidungen blieb so der grundbesitzende Adel, dessen Familien nach Verdienst das römische Bürgerrecht erhielten. Sie führten die Stämme, wie sie es immer getan hatten – jetzt allerdings gehüllt in die römische Toga, fest ansässig in einer Stadt, gelockt von der Aussicht auf eine Karriere im Dienst der Weltmacht, ihrem Zugriff aber jederzeit ausgeliefert.

In den neu eingerichteten Provinzen begann ein neues Leben. Die keltische Sprache wurde rasch von der lateinischen verdrängt. Die Erinnerung an die Bilder brennender Dörfer und nach Italien getriebener Sklavenkolonnen verblasste. Wirtschaftlich beließ Rom die Dinge so, wie es sie vorgefunden hatte. Ohnehin dachte niemand in Rom von sich aus über Wirtschaft nach, und niemand sah sich berufen, ihre Gesetzmäßigkeiten zu erkunden. So kümmerte sich der Kaiser um Handel und Gewerbe nur dann, wenn es akute Nöte zu beheben galt, nicht, um reichsweit das tägliche Wirtschaften zu regeln. So blieb Gallien ein Land großer Güter, reicher Grundherren und abhängiger Bauern. Es war dies die logische Konsequenz der dem Adel zugeteilten Rolle. Solange Rom auf das Regiment und die Loyalität der Nachfahren der alten Stammeshäuptlinge angewiesen war, musste es ihren Reichtum und ihre Zufriedenheit wahren.

So wuchsen die von Augustus gegründeten Vororte zu blühenden Städten, in denen römische Zivilisation und Lebensart triumphierten. Dem heutigen Betrachter ihrer Ruinen bietet sich ein erstaunlich gleichförmiges Bild. Nach römisch-italischen Normen gebaut und ausgestattet mit Forum, Rathaus, Tempel, Basiliken, Amphitheater, Thermen und Kloaken künden sie von der neuen Wirklichkeit, die dem Eroberer nützte, aber zugleich den Besiegten die Trauer um das verlorene Eigene nahm. In Gallien, wie in allen anderen ehemals barbarischen Provinzen des Imperiums, richtete sich der stadtsässig gemachte Adel unter den wachsamen Augen der kaiserlichen Residenten auf eine römische Zukunft ein. Die Zeit half dabei. Nicht sofort und nicht überall. Noch im Jahre 21 n. Chr. zettelten selbst mit dem römischen Bürgerrecht ausgezeichnete Adlige einen Aufstand an, da sie «die Fortdauer der Besteuerung, die drückende Last der Wucherzinsen und den Hochmut der Statthalter» nicht länger ertragen wollten.[28] Aber auch der letzte, den noch die Sehnsucht nach der Wiederkehr der alten, verlorenen Welt umtrieb, kapitulierte am Ende angesichts der Sinnlosigkeit militärischen Aufbegehrens und der Verlockungen römischer Lebensweise.[29]

Infolgedessen zog ungehindert, ja mehr und mehr stürmisch gefordert, die mittelmeerische Kultur über die Alpen und schuf sich in Gestalt der Stadt den Ort, den sie zu ihrer höchsten Entfaltung brauchte. In ihren Mauern schlug der Rhythmus des Lebens schneller als in den alten Dörfern und Bergnestern, und hinter ihren steinernen Fassaden verhallte der Ruf nach der Rückkehr der alten Zeiten ungehört. Vierhundert Jahre nach den Reformen des Augustus verteidigten die Nachkommen der Rebellion von 52 ihre Städte gegen die Germanen als «Wohnstatt der Gesetze und Schule der Bildung».[30]

Wozu Städte und Kolonien einst gegründet wurden, war längst bedeutungslos geworden. Tacitus hat es noch gewusst. Jahrzehnte nach Augustus hatte ihn sein Schwiegervater Agricola aufgeklärt, der in den Jahren

77 bis 85 n. Chr. in Britannien kommandierte: Um die verstreuten und in den Krieg verliebten Barbaren an Ruhe und Muße zu gewöhnen, müsse man sie ermuntern, Tempel, Märkte und Häuser zu errichten. Es gelte, die Söhne der Stammesführer auszubilden und in der Sprache Roms zu unterrichten. Dann könne man hoffen, aus barbarischen Holzköpfen zivilisierte und friedliebende Untertanen zu machen: «So ließen sie sich allmählich auf Dinge ein, die zur Entartung verführen: Säulenhallen, Bäder und erlesene Festgelage. Und das hieß bei den Unerfahrenen Kultur, während es doch nur ein Teil der Knechtschaft war.»[31]

Selten hat ein Römer die Urbanisierungspolitik derart unverhohlen als das beste Mittel der politischen Befriedung und der Herrschaftssicherung gerühmt. Aber sein Urteil traf den Nagel auf den Kopf, als er aussprach, was das imperiale Rom zu allen Zeiten ohne großes Nachdenken praktizierte. Die besiegten Völker haben sich dagegen gewehrt, solange es eben ging, und sie betraten nur zögernd den Weg, auf dem sie ihre Lebensumstände den mediterranen anpassten. Als sie aber die ersten Schritte getan hatten, zählten von Mauretanien bis zum Atlantik nicht mehr das Motiv, sondern die Folgen der von Tacitus beschriebenen Politik: «Bäder, Wein und die Liebe zerstören uns», verkündete ausgelassen ein Grabstein, stellvertretend für seinen stummen Herrn zwei Meter unter ihm, «aber sie machen das Leben aus: Bäder, Wein und die Liebe.»[32]

4. Im Namen der Fürsorge

Die Fesseln der überkommenen Regierungspraxis

Die Geschichte kennt Augenblicke, in denen sie innezuhalten scheint. Dann gewährt sie Bilder, in denen sie wie in einem Spiegel fängt, was eine ganze Epoche bewegte. Eines dieser Bilder zeigt den greisen Augustus kurz vor seinem Tod auf dem Weg nach Capri. Als sein Schiff an der Bucht von Puteoli vorbeifuhr, riefen ihm, weiß gekleidet und mit Kränzen geschmückt, die Matrosen und Passagiere eines entgegenkommenden Schiffes aus Alexandria ihre Glückwünsche zu: «Nur dank ihm würden sie leben, dank ihm zur See fahren und dank ihm Freiheit und Wohlstand genießen.»[33] Diese Menschen waren in der Provinz Ägypten aufgebrochen, und sie wussten wie alle Provinzialen, wovon sie sprachen – wirklich? War es Augustus tatsächlich gelungen, Raffgier und Scham, Habsucht und Pflichtgefühl in eine ungefähre Balance zu bringen?

Männer, die es versucht hatten, kannte die Republik bereits. Licinius Lucullus, der im Krieg gegen Mithridates seine Legionen nach Armenien geführt hatte und 56 in geistiger Umnachtung starb, war einer von ihnen. Er hatte 70 ein Edikt erlassen, das den monatlichen Zinssatz in Asien auf maximal ein Prozent festschrieb, alle Zinserträge, die das geliehene Kapital überstiegen, ersatzlos strich und den Gläubigern verbot, mehr als 25 Prozent der Einkünfte ihrer Schuldner zu pfänden[34]. Q. Mucius Scaevola und P. Rutilius Rufus gehörten ebenfalls dazu, die 99 und 94 vom Senat nach Asien geschickt wurden, um die Zustände in der Provinz zu bessern und die Raublust der großen Pachtgesellschaften zu bändigen. Der große Pompeius dachte und handelte wie sie, als er in den 60er Jahren den Osten neu ordnete. Millionen Menschen, die wenigstens für eine kurze Zeit von ihren Peinigern befreit waren, erwiesen ihnen Ehre und feierten sie als «Wohltäter» (*Euergetes*), wie es seit Menschengedenken Göttern und Königen gebührte.

Diese Männer hatten als Einzelne getan, was ihnen politische Vernunft und adliger Anstand eingaben. Andere folgten und veränderten den Blick der römischen Herrenkaste auf ihre Eroberungen. Senat und Volk verabschiedeten Repetundengesetze, die Klagen gegen Statthalter zuließen, die allzu ungeniert ihre Amtsgewalt missbraucht und allzu maßlos in die eigenen Taschen gewirtschaftet hatten.[35] Erreicht war damit zunächst wenig, da die Gesetze im politischen Tageskampf genutzt wurden, um lästige Gegner in Rechtshändel zu verstricken und damit zur Strecke zu bringen. Dieses Ziel überlagerte alle anderen Motive und verwandelte die Repetundenverfahren in eine Waffe zur Bekämpfung von Rivalen.

Trotzdem sprechen sie von der Einsicht, Untertanen, denen der Sieger alles nimmt, nicht dauerhaft versklaven zu können. So packte Caesar als Konsul das Problem systematisch an. Sein Gesetzentwurf *de repetundis* enthielt über hundert Einzelparagraphen und ächtete jede mögliche Form unerlaubter Bereicherung und jeden denkbaren Erpresser; der Prozessgang wurde detailliert festgelegt und die Bestechung jedes Richters unter Strafe gestellt.[36] Entscheidendes aber blieb ungeregelt. Denn Caesar schonte seine politischen Freunde, unter ihnen die Nutznießer der großen Pachtgesellschaften. Auch konnte er nicht verhindern, dass selbst sein Gesetz mehr als Waffe gegen unliebsame Rivalen denn als Heilmittel für vergewaltigte Provinziale gebraucht wurde. Noch fehlte die Instanz, die jenseits aller aristokratischen Hahnenkämpfe die Linderung der Not der Provinzialen als staatliche Aufgabe durchsetzte.

Die Monarchie konnte es – aber nicht von heute auf morgen. Über zwei Jahrhunderte eingeübte Praktiken der Ausbeutung lassen sich nicht durch einen Federstrich aus der Welt schaffen und durch ein Regiment der Fürsorge ersetzen. Selbst in den Städten der Provinzen füllten sich die dortigen Notabeln im Schutz Roms auch ihre Taschen auf Kosten der Bauern. Vor allem aber fehlte den Statthaltern der Wille, sich mit dem zufriedenzugeben, was ihnen der Kaiser an Gehalt bewilligte.

Auch das Steuersystem konnte Augustus nicht grundlegend ändern. In den senatorischen Provinzen trieben wie gewohnt der Prokonsul und sein Quästor die regelmäßigen Grund- und Kopfsteuern ein. In den kaiserlichen taten es Prokuratoren, die als private Beauftragte des Kaisers, unterstützt von Sklaven und Freigelassenen, über die Steuererhebung wachten; beigesellt waren ihnen Geschäftsführer, die sich um den Privatbesitz des Prinzeps kümmerten. Auch dies war ein Modell, das die Republik erfunden hatte, als sie die Provinzialen durch ritterliche Pachtgesellschaften schröpfen hieß.

Anders konnte es erst werden, wenn die Eliten des Reiches ihre Rolle als Diener annahmen und die Unterschiede zwischen Italien und den Provinzen, zwischen Sieger und Besiegten schwanden. Davon war Rom unter Augustus weit entfernt. Noch Jahrzehnte nach seinem Tod applaudierte der Senat einem Redner, der «den unerhörten Übermut der Provinzialen» beklagte, die in Rom Beschwerden vorzutragen wagten. Er beschwor die alten Zeiten, in denen noch ganze Völker vor den Berichten heimkehrender römischer Gesandter gezittert hätten.[37] Solche Stimmen zeigen, dass Octavian als Augustus Monarch werden, aber nicht die alten Denkmuster aus den Köpfen verbannen und nicht die staatliche Administration von Grund auf reformieren konnte. Hierzu hätte ihm niemand die Hand gereicht, und hierzu bestand auch gar keine Notwendigkeit. In den Augen eines Römers hatte die Republik zwar die Provinzialen terrorisiert, die Interessen ihrer Bürger aber sehr wohl gewahrt. So genügte ein Eingreifen dort, wo die alten Mittel versagten und die Verwaltung neu justiert werden musste.

Dies war für das provinziale Regiment nicht nötig. Dort hatte sich die fast monarchische Stellung des Vizekönigs bewährt. Die in seinen Händen liegende zivile und militärische Gewalt versetzte ihn in die Lage, die Untertanen ruhig und zahlungswillig zu halten. Für sie hatte sich daher auf den ersten Blick wenig geändert. Dieselben Männer mit denselben Vollmachten regierten sie wie früher. Was wunder, dass die Zahl habgieriger römischer Barone nicht weniger wurde. Bato, einer der Anführer des in den Jahren 6 bis 9 n. Chr. tobenden Pannonischen Aufstandes, nannte nur einen Grund für die Rebellion seiner Landsleute, und er war ein Schrei der Verzweiflung: «Ihr Römer habt als Wächter für eure Herde keine Hunde, sondern Wölfe geschickt.»[38] Später sollte Tiberius seine zögerliche Vergabe der Statthalterposten mit dem eindrucksvollen Bild von den Schmeißfliegen erklären, die einmal gesättigt, von den Gepeinigten leichter zu ertragen seien als neue hungrige.[39]

Das Kernproblem waren und blieben mithin die Ausbeuter. Einer von ihnen war der Kaiser selbst. Seine Geldnöte ließen ihn nicht nur die Schätze Ägyptens, sondern die aller Provinzen plündern. Unter seinen Helfern ragte einer besonders heraus, ein gewisser Licinus. Im gallischen Krieg diensteifriger Sklave Caesars, dann im Haushalt des Augustus geschäftstüchtiger Freigelassener, machte ihn der Kaiser schließlich zum Steuereintreiber in der *Gallia Lugdunensis*. Dort mauserte er sich zum Finanzgauner großen Stils. Nach eigenem Ermessen erhöhte er die Steuern und machte seinen ehemaligen Landsleuten weis, im Lateinischen bedeute November der neunte, und Dezember der zehnte Monat und daher seien Steuern nicht für zwölf, sondern für 14 Monate zu zahlen. Die Unglücklichen wandten sich an den Kaiser, der ihnen versprach, seinem Knecht auf die Finger zu schauen. Als er es tat, zeigte ihm dieser stolz seine erbeuteten Schätze und erklärte wortreich, er habe sie für den Kaiser beiseite geschafft, um zu verhindern, dass die Gallier, durch ihre Reichtümer verführt, an Aufstand dächten. Augustus nahm sich von dem Diebesgut, was er sah, aber das, was er nicht sah, war immer noch groß genug, um den Reichtum des Licinus sprichwörtlich werden zu lassen.[40]

Mit welchen Methoden Räuber dieses Zuschnitts ihr Unwesen trieben, zeigt ein 23 n. Chr. geführter Prozess vor dem Senat. Der Angeklagte Lucilius Capito, als Manager zuständig für das Privatvermögen des Kaisers in der asiatischen Provinz, hatte sich die Amtsgewalt eines Prätors angemaßt und Truppen eingesetzt, um seine Forderungen durchzusetzen. Als der Senat sogar bei diesem Tatbestand des Hochverrats mit seinem Schuldspruch zögerte, verlor Tiberius die Geduld: «Man soll die Provinzialen hören», beschwor er den Senat.[41] Er setzte sich durch. Sein Vorgänger war an diesem Tag schon zehn Jahre tot.

Der lange Weg zur Mäßigung

Gleichwohl hatten die Passagiere des ägyptischen Schiffes recht, als sie dem greisen Augustus ihre Segenswünsche zuriefen. Denn der Monarch ist notwendig Monarch für alle. Entsprechend unbegrenzt waren seine sozialen Pflichten – auch gegenüber den Provinzialen, die ihn als Heiland verehrten. Diese Rolle durften nimmersatte Statthalter und Steuereintreiber nicht zur Karikatur machen. Es war schwer, ihnen beizukommen. Denn sie waren nicht alle seine Untergebenen und selbst wenn, so meist einflussreich und in Rom hoch angesehen. Im Konfliktfall wogen jedoch die Interessen der Provinzstädte schwerer als die Bereitschaft zu dulden, was der Standessolidarität und auch der kaiserlichen Kasse nützte. Allein die Existenz des einen Patrons, des Vaters des Vaterlandes, veränderte die Administration des Reiches, schleppend zwar, aber unumkehrbar.

Dazu trug die Neigung der städtischen Notabeln bei, den kaiserlichen Patron bei allen möglichen und unmöglichen Problemen um Intervention zu bitten. Im Zentrum stand meist das Geld. Geld, das die Städte in glücklichen Jahren dem Ruhm, das schönste Theater und die bequemsten Thermen zu besitzen, geopfert hatten, Geld, das ihnen in schlechten Jahren durchziehende Truppen, räuberische Beamte oder die Eintreiber kaiserlicher Sondersteuern aus der Tasche zogen, Geld, das alle Jahre wieder unfähige städtische Notabeln verschleuderten. Geld schließlich, das in Zeiten der Missernten, Seuchen und Naturkatastrophen ohnehin niemals gereicht hätte, um deren Folgen aus eigener Kraft zu bewältigen.

So führte nicht der Wille des Siegers, sondern die Not der Städte dazu, dass sich ihre Gesandtschaften im Quartier des Gouverneurs oder vor den Türen des kaiserlichen Palastes drängten. Dort wurden sie alles andere als freudig begrüßt, widersprach ihre Anwesenheit doch der römischen Doktrin, den Städten selbst das Lösen ihrer Probleme zu überlassen. Aber es half natürlich nichts: Der Universalherrscher konnte nicht gleichzeitig Herr und Zuschauer sein. So begann die römische Bürokratie zu arbeiten und Dinge zu regeln, die sie immer tiefer in die inneren Belange der Beherrschten verstrickten. «Tausende Menschen musst du anhören, zahllose Bittschriften erledigen», bewunderte Seneca den Leiter der zuständigen Kanzlei am Hofe des Claudius, und er fügte hinzu, alle Entscheidungen müssten so vorbereitet werden, dass der Kaiser das letzte Wort habe.[42]

Alles dies begann mit Augustus. Ein Beispiel genügt, um zu zeigen, dass das Reich ihm Pflichten aufbürdete, denen er sich nicht entziehen konnte. Im Januar 5 regelte er auf Drängen der kleinasiatischen Stadt Knidos einen Kriminalfall, den die städtische Gerichtsbarkeit nicht in den Griff bekam. Zwei verfeindete Familien waren in der Stadt wie die Montagues und die Capulets aufeinander losgegangen und hatten sich drei Tage lang geprügelt, bis einer von ihnen, von einem Mistkübel tödlich getroffen, zu Boden sank. Augustus wies den Prokonsul an, den Fall vor Ort nach den ihm mitgeteilten Verfahrensregeln zu Ende zu bringen.[43]

Anfragen wie die aus Knidos enthüllen allein schon aufgrund der Tatsache, dass sie nicht im kaiserlichen Papierkorb landeten, wie ernst der Monarch seine Pflicht des Zuhörens nahm und damit ungewollt die Axt an die Wurzel der Eigenständigkeit der Städte legte. Ihre Bittprozessionen nach Rom schlugen die Lehre in den Wind, niemand müsse sich, wenn das Bein schon gefesselt sei, freiwillig die Kette auch noch um den Hals legen. Genau dies aber taten die Bürgermeister, die für alle Amtsgeschäfte, wie belanglos sie auch sein mochten, das zustimmende Nicken des Statthalters oder des Kaisers erbaten. «Kleinmut, Furcht und Ohnmacht» richten die städtische Selbstverwaltung zugrunde, mahnte später Plutarch. Wahre Worte, aber die Hilflosigkeit der städtischen Honoratioren änderten sie nicht.[44]

Augustus, das zeigt sein Vorgehen in Knidos und anderswo, hat auf die Initiative der Untertanen reagiert, nicht aber durch allgemeingültige Verfahrensregeln regiert. Trotzdem ergab die Summe der gemachten Erfahrungen ein fest umrissenes Regierungsprogramm. Es findet sich in einem Senatsbeschluss aus dem Jahre 4, der dem fünften Edikt des Imperators an die Stadt Kyrene beigegeben wurde. In der Präambel des Beschlusses heißt es:

«Imperator Caesar Augustus, Pontifex maximus, im neunzehnten Jahr seiner tribunizischen Gewalt [26.6.5 bis 25.6.4], verkündet: Der folgende Senatsbeschluss ... verfasst in meiner Gegenwart und mit meiner Unterschrift versehen, betrifft die Sicherheit der Bundesgenossen [d.h. der Provinzialen] des römischen Volkes. Um den Beschluss allen bekannt zu machen, habe ich beschlossen, ihn in die Provinzen zu senden ... Ihm können alle Bewohner entnehmen, wie groß die Fürsorge ist, die ich und der Senat darauf verwenden, dass keiner unserer Untertanen wider die Billigkeit etwas zu erleiden hat oder einer Erpressung ausgesetzt ist.»[45]

Die dankbaren Stadtväter stellten das fünfte Edikt des Kaisers, wie auch die in den drei Jahren zuvor erlassenen auf dem Marktplatz auf.

Alle Edikte bezeugen eindrucksvoll den Übermut der römischen Herren und die Ohnmacht der Beherrschten, deren Bevollmächtigte immer häufiger in Rom auftauchten und um Hilfe bettelten. Der Senatsbeschluss des 5. Edikts erlaubte ihnen, sich bei Erpressungen mit Hilfe eines römischen Magistrats direkt an den Senat statt an den zuständigen Gerichtshof zu wenden – allerdings nur dann, wenn sie lediglich die ihnen widerrechtlich entwendeten Gelder zurückforderten und auf eine Kapitalklage verzichteten.[46]

Das erste Edikt beendete Intrigen römischer Bürger, die in der Kyrenaika ihre vermögenden griechischen Nachbarn vor römischen Richtern auf Leben oder Tod verklagten und dabei abwechselnd als Zeugen und Ankläger auftraten. Da in der Provinz nur 215 Römer lebten, aus denen die Geschworenen bestimmt werden konnten, war die Anklage zumeist gleichbedeutend mit einem Todesurteil. Ein Teil des nach dem Prozess konfiszierten Vermögens wanderte in die Taschen des Klägers und seiner Zeugen. Augustus beendete das tödliche Spiel, indem er neue Gerichtshöfe einzusetzen befahl, in denen die Hälfte der Geschworenen Griechen sein mussten. Als Ankläger durften nur noch mit dem Bürgerrecht belehnte Griechen auftreten, und dies auch nur dann, wenn es um die Ermordung eines Verwandten ging. Das 4. Edikt schließlich verfügte, dass in allen Verfahren zwischen Griechen verschiedener Gemeinden nur griechische Richter gelost werden durften, es sei denn, der Beklagte erhob dagegen Einspruch.

Gut gemeint ist nicht gut getan, und die schönsten Prinzipien taugen wenig, wenn die Kraft fehlt, ihnen Geltung zu verschaffen. Seit der Einrichtung der Alleinherrschaft hatte es 25 Jahre gedauert, bis in der Kyrenaika einer Handvoll Römern ein Handwerk gelegt wurde, das Raub und Mord im Schatten des Rechts und im stillen Einvernehmen mit dem Statthalter betrieb. Trotzdem konnte die schiere Existenz der sich festigenden Monarchie die Wende einleiten. Ihre Legende vom Retter und Heiland, der den Frieden in die Welt brachte, verleitete die Untertanen dazu, im Konfliktfall immer beherzter Augustus als die letzte Instanz anzurufen. Die Edikte von Kyrene und ihre eindringliche Botschaft der Verantwortung wiesen den Weg, auf dem die Herrschaft Roms und der Machtanspruch des Kaisers die Zustimmung der Untertanen finden konnte – so lange und beschwerlich er auch sein mochte.

Rund hundert Jahre nach der Intervention des Augustus in Kyrene war der römische Universalherrscher am Ziel: «So sorgt ein Prinzeps, ja ein Gott für die Seinen: er schafft Versöhnung zwischen zerstrittenen

Abb. 27 In der Renaissance waren römische Kaisermünzen äußerst begehrt und wurden fleißig nachgeahmt. Der Paduaner Giovanni Cavino (1499 bis 1570) schuf eine Serie von Augustus-Münzen, die den Originalen sehr nahekamen. Sie zeigen den Kopf des vergöttlichten Augustus (DIVUS) als Vater (PATER) mit der Strahlenkrone und riefen den Herrschern der eigenen Zeit ihre wichtigste Pflicht gegenüber den Untertanen in Erinnerung, ohne deren Erfüllung Unsterblichkeit nicht zu erreichen war.

Städten, er bändigt aufgebrachte Völker weniger durch sein strenges Gebot als durch vernünftige Argumente, er schreitet ein bei Rechtsbrüchen der Behörden und hebt Maßnahmen auf, die nicht hätten getroffen werden dürfen; schließlich, wie das rascheste der Gestirne, die Sonne, sieht er alles, hört er alles, und wo immer man ihn anruft, ist er alsbald, wie eine Gottheit, hilfreich zur Stelle.»[47] Die Sätze klingen wie ein Gebet. Ihr Inhalt gibt wieder, was ein goldenes Zeitalter ziert – auch wenn hinter der Fassade Licinus lauert.

5. Das Reich und die Herrlichkeit

Rom, schrieb Montesquieu, habe Schuld auf sich geladen, als es über eine Welt herfiel, die es nicht geschaffen hatte. Herder, Dichter und Philosoph der Generation nach Montesquieu, geriet gar in wilden Zorn, wenn er an die Römer dachte: «So machen sie, die der Welt Licht bringen wollen, allenthalben zuerst verwüstende Nacht; Schätze von Gold und Kunstwerken werden erpresst.» Tacitus verurteilte bereits 1700 Jahre früher den Herrscher, der diese Welt regierte: «Es hat noch nie einer die Herrschaft, die er durch Verbrechen erlangte, auf löbliche Weise ausgeübt.»[48] Die Untertanen des Augustus hätten ihm nicht zugestimmt. Gefragt, was der neue Romulus im fernen Rom verlangte, hätten sie geantwortet: Wer sich unterwarf, lebte in Frieden.

Die Provinzen überdauerten in einer Zeit des Umbruchs. In den Augen ihrer Bewohner verlief sie quälend langsam, immer wieder unterbrochen von Ausbrüchen ungezügelter Raffgier ihrer römischen Herren. Von ihnen erwarteten sie endlich einen neuen Blick auf die Gebiete, die unter Augustus zum ersten Mal nicht mehr als ein Konglomerat ungleicher Besitztümer, sondern als Weltreich erkennbar wurden. Von Augustus forderten sie ein Regiment, das seinem Anspruch, Patron aller zu sein, entsprach. Für sie war mit ihm der Mann für ihr künftiges Geschick verantwortlich, dessen Macht unbegrenzt war und dessen Entscheidungen für immer zu gelten versprachen. Also pilgerten sie zu ihm und legten ihm ihre großen und kleinen Sorgen zu Füßen, immer entschlossener und immer erfolgreicher.

Dies gab den Ausschlag. Als Augustus begann, auf sie zu hören, veränderte das Imperium sein Gesicht – langsam, gewiss, aber unaufhaltsam und gebunden an den Monarchen. Am Ende entschieden das Reich und seine Dauer über das Werk Roms und seines ersten Kaisers. Es beglaubigt eine Herrschaft, welche die griechische Kultur in sich aufnahm, der mediterranen Stadt und ihrer Zivilisation weltweite Geltung verschaffte und die führenden Eliten in die Pflicht nahm, dem Imperium zu geben, was immer es verlangte. Eine fast singuläre Lernfähigkeit kam hinzu. Sie zeigte sich nirgends deutlicher als bei der Organisation Galliens. Mit ihr bewiesen Augustus und seine Berater die Beherrschbarkeit großer binnenländischer Territorien, ohne die alten Traditionen gänzlich zu zerstören.

Das Fundament von allem aber war eine erstaunliche Konstanz der gesellschaftlichen und wirtschaftlichen Verhältnisse. Sie wurden von keiner sozialen oder technischen Revolution, vergleichbar etwa der industriellen des 18. Jahrhunderts, erschüttert. Die Stunde tief greifender Umbrüche schlug erst, als die Europäer der Neuzeit, getrieben von dem Glauben, was rational erkannt werde, müsse auch praktisch machbar sein, immer neue Entdeckungen in die Welt setzten und das einmal Gefundene für die nächste, neuere Erfindung umstießen. Bei allem Einfallsreichtum, der die Bauherren des Augustus leitete, die Zeit für technische Umwälzungen war noch so fern wie der Gedanke an soziale Umbrüche. Die Grundregeln des Lebens blieben unerschüttert: Das Vermögen qualifizierte für die öffentlichen Ämter, und der Reiche fand gesellschaftliche Macht und Anerkennung nur durch die noble Art, es auszugeben. Der Vornehme war «hochgestellt von Geburt, reich an Kapital und ausgezeichnet durch Freigebigkeit».[49] Der kleine Mann gehorchte ihm, solange er Grund dazu hatte, denn er «hasst den Reichen, der nichts gibt, mehr als den Armen, der öffentliche Gelder entwendet. Denn er spürt bei dem einen Stolz und Verachtung, doch bei dem anderen dringende Not.»[50]

So haben die Menschen des Reiches in keiner Phase ihrer Geschichte eine völlig neue Lebensform entdecken müssen. Wer unter Augustus lebte, hätte den Bürger des konstantinischen Trier in seinen Lebensumständen wiedererkennen können, obwohl beide mehr als drei Jahrhunderte trennten. Sie wohnten in einer Stadt und waren damit Teil eines sozialen Organismus, der die Freiheit der Selbstverwaltung, die soziale und geographische Mobilität und die Respektierung der gewachsenen Verhältnisse gewährte. Dieses Gebilde verlor seine Kraft erst, als die Legionen an Rhein und Donau den inneren Frieden nicht mehr schützen konnten. Damit setzte sich ein verhängnisvoller Mahlstrom von wachsenden Leistungen und staatlichem Zwang in Gang, der Freiheit in Reglementierung, Mobilität in erbliche Bindung an Stand und Ort und die lokale Tradition in gleichmachende Ordnung verwandelte.

Erst jetzt verlor eine alte Überlieferung aus den Tagen des Augustus ihre Überzeugungskraft. Sie erzählt, Terminus, der Gott der Grenzen, habe sich geweigert, das Kapitol zu verlassen, als unter dem König Tarquinius Jupiter selbst den Ort für sich allein beanspruchte. Die eilends befragten Auguren deuteten die Starrköpfigkeit des alten Gottes als günstiges Vorzeichen und erklärten, die Grenzen der römischen Herrschaft würden niemals zurückweichen:

> «Andere Völker haben ein Land mit fester Begrenzung;
> Rom und der Erdkreis jedoch haben dasselbe Gebiet.»[51]

XIII. SATT AN LEBEN

«Hört auf einen alten Mann, auf den alte Männer hörten, als er jung war.»
Augustus

«Ich habe das Reich begehrt, ich habe es erlangt,
doch als ich's begehrte, wusste ich nicht,
dass sein Besitz mir für jeden Reiz
furchtbare Sorge, ewige Last einbringen werde:
Tausend heimliche Feinde, den Tod vor Augen,
keine Freude ohne Qual und nie, niemals Ruhe.»
Der Augustus des Corneille

1. Die letzten Jahre einer Epoche

Bittere Ernte: Der Kampf um die Nachfolge

Der Krieg war und blieb das beherrschende Thema der zweiten Regierungshälfte des Prinzeps. Innenpolitisch hatte sein Herrschaftsanspruch alle Prüfungen bestanden. In Rom und den Städten des Reiches standen seine Statuen, Bauten und Tempel, feierten ihn Inschriften als Retter und Heiland, beteten die Menschen für sein Wohlergehen. Sein Wille füllte den staatlichen Raum ganz und Gehorsam war das erste Gebot des öffentlichen Lebens. Er war Monarch im strengen Sinne des Wortes und von den Göttern geliebt. Es fehlte nur eine Entscheidung, die letzte und für die Zukunft des Imperiums schwerwiegendste: die Regelung der Amtsübernahme.

Das Staatsrecht schloss eine dynastische Erbfolge aus. Es kannte keinen «Kaiser», sondern nur Amtsvollmachten, die Senat und Volk übertragen und dadurch alle Macht im Staate vergeben konnten. Der in Monarchien ansonsten so vertraute Satz, «Der König ist tot, es lebe der König», galt in Rom nicht. Es blieb nach dem Buchstaben des Rechts immer möglich, dass der Senat die Vollmachten verweigerte und damit die Republik wieder aufleben ließ – davon aber träumten allenfalls dilettantische Verschwörer in weltvergessenen Zirkeln. Denn die Monarchie hatte in dem Jahrzehnt nach 23 ein unangreifbares militärisches und soziales Fundament gefunden, das jeden Versuch, alte Zeiten wieder aufleben zu lassen, zum Scheitern verurteilte. Vornehmlich aber hatte sie das selbstmörderische Treiben der alten Oligarchie beendet und der Welt den Frieden gebracht – dies allein rechtfertigte nahezu alles. So kam es auf den Willen des Augustus an, den Mann zu benennen, dem der Senat zu geben hatte, was ihm zustand. Gänzlich frei war seine Entscheidung jedoch nicht. Denn auf wen immer seine ausgestreckte Hand wies, er musste fähig sein, jeden nach dem Tod des Prinzeps ausbrechenden Aufruhr in den Straßen Roms oder in den großen Militärlagern der Grenzprovinzen zu bändigen.

Das Glück, das dem Politiker Augustus immer treu geblieben war, verließ den Familienvater, als es ihm den Sohn, den Kronprinzen, versagte. Trotzdem verfolgte er mit eiserner Beharrlichkeit über vier Jahrzehnte nur ein Ziel: Wenn schon nicht der eigene Sohn, so sollte wenigstens einer aus dem Geschlecht der Julier seine Macht und seinen Reichtum erben. Die Frau, die er als junger Mann geheiratet hatte, die er liebte und in deren Armen er starb, war in diesem Spiel seine Gegnerin: Livia.

Tacitus beschrieb sie als ewige Stiefmutter, ohne Liebe für ihre Stiefkinder, einzig besorgt um das Wohlergehen und die Karriere ihrer Söhne Tiberius und Drusus. Auf beide Claudier wartete gewiss eine glänzende Laufbahn in Politik und Krieg; als Prinzeps aber kam keiner von ihnen in Frage, solange Augustus hoffen konnte, seinem eigenen, wie weit auch immer entfernten Fleisch und Blut die Thronfolge sichern zu können – wenn es nottat auch gegen Livia und gegen den Einspruch selbst der treuesten Gefolgsleute. So war der Knoten geschürzt für eine ausladende Familientragödie, die das Leben am Hof früh zu vergiften begann und über deren Ausgang erst nach Jahrzehnten der Tod entschied.

Der erste suchende Blick des Familienvaters fiel auf Marcellus, den 42 geborenen Sohn seiner Schwester Octavia; der junge Mann wurde mit außerordentlichen Ehren überhäuft und erhielt im Jahre 25 die Hand Julias, der vierzehnjährigen Tochter des Augustus. Als sich zwei Jahre später die Gerüchte verdichteten, der Kaiser plane die Adoption des jungen Mannes, kam es zum Zerwürfnis mit Agrippa. Dieser Freund aus frühen Jugendjahren hatte an allen Fronten für seinen Patron gekämpft und war als seine eiserne Faust zum zweiten Mann im Staate aufgestiegen. Nun, konfrontiert mit einem unbedarften Jüngling, begehrte er auf und forderte Gehör, offenbar im Einvernehmen mit Livia. Der Konflikt endete mit der Versöhnung, als Marcellus noch im gleichen Jahr starb und der aus Schaden klug gewordene Monarch seinen treuesten Knappen in seine Planung einbezog. 21 gab er ihm die Hand der verwitweten Julia, die wenig später zwei Söhne, Gaius und Lucius, gebar. Endlich, so glaubte er, hatten die Götter seine Gebete erhört und ihm Enkel geschenkt, die er adoptieren und wie seine Söhne großziehen konnte.

Auf Agrippa war nun Verlass. Starb Augustus zu früh, fiel diesem die Rolle eines Premierministers zu, der seine Söhne den Umgang mit der Macht lehren konnte. Als Agrippa im Jahr 12 den Strapazen unzähliger Kriege erlag, musste das dynastische Netz neu geknüpft und ein neuer Beschützer für die Prinzen bestellt werden. Die Wahl fiel auf Tiberius, den ältesten Sohn Livias, der eng an das julische Haus gebunden wurde. Vom Kaiser und von seiner Mutter bedrängt, heiratete er Julia, nachdem er seine Ehe mit Vipsania, der Tochter Agrippas, schweren Herzens gelöst hatte. Er soll, als er seiner geschiedenen Frau zufällig auf der Straße begegnete, mit einem Weinkrampf zusammengebrochen sein, was den verstörten Augustus veranlasste, ein nochmaliges Zusammentreffen zu verhindern.[1]

Der Einfall, den Sohn der Livia mit der Tochter des Augustus zu verheiraten, war verhängnisvoll, wie sich fünf Jahre später herausstellte. Denn Tiberius, der an der Peinlichkeit schier erstickte, an der Seite einer ungeliebten Frau den Platzhalter für die julische Brut spielen zu müssen, begehrte auf. Taub gegen alle Drohungen des Stiefvaters verließ er Rom und ging nach Rhodos ins selbstgewählte Exil. Erst Jahre später kehrte er zurück, als beide Enkel tot waren und ihre Mutter fern in der Verbannung lebte. Julias Ausschweifungen und die Zahl ihrer Liebhaber, so lautete die offiziell bekannt gemachte Begründung für die Bestrafung, hätten das Maß überschritten, das der Prinzeps, der allerorten die Rückkehr zur keuschen Moral der Vorväter predigte, ertragen konnte. Dies allein aber reichte nicht, um die Tochter lebenslänglich zu verstoßen. Der eigentliche Grund war vermutlich, dass sich Julia mit einer politisch gefährlichen Clique herumtrieb, deren Anführer Iullus Antonius war, der Sohn des bei Aktium besiegten Triumvirn.[2]

Nach dem Tod des Enkels Gaius, der im Februar 4 n. Chr. in Lykien an den Folgen einer Verwundung starb, lebten noch der älteste Sohn der Livia, Tiberius, der im Jahre 12 geborene jüngste Sohn der Julia und des Agrippa, Agrippa Postumus, und der im Jahre 15 geborene Sohn des

Drusus und der Antonia, Germanicus. Er und Postumus waren zu jung und zu unerfahren, um das Erbe anzutreten; auf die Zustimmung der Armee und erst recht des Senats hätten sie nicht rechnen können. Es blieb nun keine Wahl. Augustus rief Tiberius aus dem Exil zurück und adoptierte ihn und Postumus. 13 n. Chr. erhielt Tiberius die höchste Kommandogewalt, das *imperium proconsulare maius*, und wurde damit rechtlich zum Mitregenten.

Zu diesem Zeitpunkt fristete Postumus bereits seit Jahren seine Tage und Nächte als Verbannter auf Planasia, einer kleinen Insel nahe Elba. Er mochte nach der Adoption gehofft haben, wie seine verstorbenen Brüder Lucius und Gaius ausgezeichnet und begünstigt zu werden. Daraus aber konnte nichts werden, da Augustus sich für Tiberius entschieden hatte und nur dessen Tod den alt gewordenen Kaiser veranlasst hätte, die Frage der Nachfolge neu zu stellen. Trotzdem wollte sich der Zurückgesetzte mit der Rolle eines Kronprinzen im Vorzimmer eines anderen nicht abfinden. Aufgestachelt von übereifrigen Freunden, die glaubten, Augustus sei erpressbar, da es doch um die Zukunft seines Enkels ging, begehrte er auf – warum, so musste er sich fragen, verwehrte ihm der Kaiser eine große politische Zukunft, obwohl er ihn doch adoptiert hatte? Er wollte nicht verstehen, dass nicht er, sondern Tiberius unentbehrlich war. Sein Schicksal war damit besiegelt. Nach langer Leidenszeit bezahlte er seine Starrköpfigkeit mit dem Leben. Der Senat verbannte ihn 7 n. Chr. aus Rom, sein Vermögen wurde eingezogen, der Kaiser verstieß ihn aus der Familie und unterschrieb auf dem Sterbebett den Befehl zu seiner Hinrichtung.

Mit der Entscheidung für Tiberius hatte Augustus das letzte Wort noch nicht gesprochen. Selbst jetzt, als das Schicksal alle Versuche zerstört hatte, einem Julier die direkte Thronfolge zu sichern, wollte er von seinem Traum nicht lassen, eines wie immer fernen Tages einen Blutsverwandten im Besitz seiner Macht zu wissen. Also drängte er Tiberius, obwohl der einen eigenen Sohn hatte, einen Knaben zu adoptieren, in dessen Adern das Blut der Julier floss: Germanicus, Nachfahre seiner Schwester Octavia. Kaum war dies getan, erfüllte sich das Schicksal seiner Enkelin Julia. Ihr war nicht gelungen, das Herz des kaiserlichen Großvaters zu gewinnen. Aufgewachsen im Haus ihrer lebenslustigen Mutter gefiel sich die junge Prinzessin in Luxus und Verschwendung und baute sich einen prächtigen Palast, der die offizielle Lehre von der Bescheidenheit der Herrscherfamilie verhöhnte. Augustus ließ ihn kurzerhand abreißen, als der Ehemann, Aemilius Paullus, der Verschwörung verdächtigt, angeklagt und verurteilt wurde. Julia war nun nicht mehr zu retten. Ähnlich wie ihre Mutter des Ehebruchs beschuldigt, wurde sie 8 n. Chr. auf die Insel Trimerus, unweit der apulischen Küste, verbannt. Dort lebte sie zwanzig Jahre, unterstützt von Livia, «die ihre Stiefkinder», so die Interpretation des Tacitus, «zuerst durch geheime Machenschaften erst ins Unglück stürzte, dann aber ihr Mitleid mit den Unglücklichen offen bekundete.»[3]

Der Winter des Alters

Augustus hatte die 70 überschritten, und die Gebrechen des Alters begann seinen Körper heimzusuchen. Senatssitzungen wurden ihm zu viel, aufwendige Gastmähler ebenso oder öffentliche Auftritte. Selbst die Freude am geliebten Würfelspiel war schal geworden. Er ermüdete schnell, fror über Gebühr und litt unter rheumatischen Anfällen. Fast alle, mit denen er Jugend und Glück und die Gefahren der ersten Jahre geteilt hatte, waren tot; auch seine Feinde waren lange vor ihm ins Grab gesunken. Tochter und Enkelin lebten im Exil, und der einzig überlebende Enkelsohn, auch er verbannt, galt als gewalttätiger Narr.

So war er allein geblieben unter einer neuen Generation, die ihn nur noch als absoluten Monarchen kannte. An seiner Seite waren noch Tiberius und Livia. Von ihr behaupteten bösartige Zungen, sie hätte den Kaiser ganz unter ihre Fuchtel gebracht und den Agrippa Postumus als lästigen Konkurrenten ihres Sohnes aus Rom vertrieben, nachdem sie bereits beim Tod des Gaius Caesar ihre mörderische Hand im Spiel gehabt hätte.[4] Ein wunderbarer Stoff für den Romancier, aber ein undankbarer für den Historiker. Denn wie jeder Monarch achtete auch Augustus sorgsam darauf, dass die Türen und Fenster des Palastes geschlossen blieben und nichts nach außen drang, was dem Ansehen der kaiserlichen Familie abträglich sein konnte. Die Verlautbarungen des Hofes nahmen die Römer höflich zur Kenntnis, während sich ihre Phantasie an Gerüchten und Vermutungen entzündete. Von Verschwörungen und familiären Dramen hörte man besonders gerne, und wenn die Alleswisser hinter vorgehaltener Hand von Gift und Mord tuschelten, hielt sich niemand die Ohren zu – auch nicht die Geschichtsschreiber, sorgsam darauf bedacht, ihr Publikum nicht zu langweilen.

Das politische Vermächtnis: Der Tatenbericht

Die Erinnerungen an die Vergangenheit drängten sich von Tag zu Tag stärker ins Gedächtnis. Sie sprachen wenig von Jugend und Glück und Gesundheit, viel jedoch von Tod und Krieg. Die Zeit war gekommen, Rechenschaft abzulegen vor der Geschichte und der Zukunft. So schrieb der Kaiser auf, was er für den Staat getan hatte. Nach seinem Tod übergaben die Vestalinnen dem Senat sein Testament und drei versiegelte Papyrusrollen. Eine davon enthielt eine Darstellung seiner Taten (*index rerum gestarum*). Augustus hatte sie in seinem letzten Lebensjahr abgeschlossen; auf Wunsch des Toten wurde sie in Erztafeln gegraben und vor seinem Grabmal in Rom sowie in allen großen Städten des Reiches aufgestellt. Sie beschreibt nicht die Geschichte eines langen und aufregenden Lebens, schon gar nicht wollte sie dem Leser das Herz rühren. Nichts ist zu finden über Mutter oder Vater, Geburt und Jugend, Liebe und Leid, Freund- und Feindschaften, nicht einmal seinen Namen nennt der Verfasser. Der Text beginnt mit dem ersten Schritt in der Politik, dem Augenblick, in dem der Staatsmann und Retter Roms die Bühne betritt.

Nur dies ist wirklich wichtig. So berichten die knappen Sätze nüchtern von Leistungen und Auszeichnungen, die alles bisher Dagewesene übertrafen. Sie verleugnen nicht die Opfer, die der Kampf um Macht und Ehre gefordert hatte, und sie vertuschen auch nicht, dass es am Ende nur den einen geben konnte, dem alles zufiel und der an Autorität (*auctoritas*) alle überragte. Gegliedert nach Sachgruppen sowie am Anfang, in der Mitte und am Ende durchbrochen von erzählenden Partien, zeugt der Bericht von einer Schöpfung, die ihren Urheber zum Weltherrscher, zum väterlichen Patron und zum Beschützer seiner Untertanen machte. Wer zu Ende gelesen hatte, verharrte in Ehrfurcht.

Es ist gewiss nicht ungewöhnlich, dass sich die Großen der Welt selbst bejubeln, ihren Eifer und ihre Erfolge preisen, den Göttern für die gewährte Gnade danken und versichern, das Glück ihrer Untertanen sei auch das Ihrige. Die Macht ungeschminkt darstellen, ohne Verstellung, ohne das Lied von der Liebe des Herrschers zu seinem Volk, kann niemand und erwartet auch niemand. Zu einladend ist die Gelegenheit der Rechenschaft, als dass man sie nutzlos verstreichen lässt, zu verführerisch ist es zu verführen und zu tief sitzt die Begierde, im strahlenden Licht zu stehen und andere zu belehren.

So band der greise Augustus seine Verdienste in die Geschichte der Republik ein und forderte den Vergleich mit den Taten der republikanischen Heroen bis hinauf zu Romulus heraus. Er war sich dabei sicher, dass seine Person und seine Werke neue Vorbilder geschaffen hatten, an denen sich die Nachwelt orientieren würde. In ihrer Summe sollten sie ein gültiges Leitbild für die dauerhafte Form der Alleinherrschaft in Rom begründen – für Tiberius und alle Nachfolger ein starker Rückhalt ihrer Ansprüche. Im ersten Jahr seiner Laufbahn, so beginnt er, mit neunzehn Jahren, habe er den Staat von den Launen einer politischen Clique befreit, und im Jahre 27, so endet er, habe er die von den Bürgerkriegen erlöste *res publica* in die Hände von Senat und Volk zurückgegeben. Zwischen diesen Befreiungstaten stehen die Maßnahmen für den Staat, gegliedert nach den ihm zuteil gewordenen Ehrungen (*honores*), nach den Aufwendungen für das römische Volk (*impensae*) und der Ausweitung der Grenzen des Imperiums bis an die Enden der Erde (*res gestae*).

Jeder Satz ist, getreu der republikanischen Tradition, von den Werten der Vorfahren geprägt. Dessen ungeachtet wird die Einzigartigkeit der vollbrachten Leistung mit jedem Wort spürbarer. Die Wucht, mit der die imperialen Taten geschildert werden, enthüllt ungeschminkt den Universalherrscher, der die von den Göttern gewollte historische Sendung Roms erfüllt hat und dessen Macht keine Grenzen anerkennen will. Dieser Gedanke führt weit über den Adressatenkreis der römischen Bürger hinaus, ohne ihn ganz zu verlassen.

Ein ganz anderes Ziel verfolgen die eingestreuten historischen Kapitel. Sie handeln von den Kämpfen der 40er und 30er Jahre, der Neuordnung des Staates im Jahre 27 und der Verleihung des Titels «Vater des Vaterlandes». Sie sind ein Meisterstück der Verschleierung. Sie erzählen nichts Falsches, sagen nicht alles, aber gerade so viel, um dahinter das Wichtigste zu verbergen. Der Zipfel der Wahrheit, den der Leser zu fassen bekommt, dient der Verhüllung der ganzen Wahrheit. So wird der Krieg gegen Sextus Pompeius zur Piratenjagd und das Niederringen des Antonius zum Krieg, «in dem ich bei Aktium siegte». Erst das vorletzte Kapitel spricht zum ersten und einzigen Mal von den Bürgerkriegen, aber nur, um ihre Beendigung anzuzeigen.

Der Tatenbericht ist nicht beispiellos. Die Könige des Ostens haben ebenso wie die großen römischen Adelshäuser ihre Taten in Wort und Bild verherrlicht. Am bekanntesten ist der des persischen Königs Dareios, der nach 521 v. Chr. die Geschichte seines Triumphes über seine Widersacher in den Felsen von Behistun (Bagistana) schlagen ließ. Über dem siegreichen König, dessen Fuß den besiegten Aufrührer in den Staub tritt – so das zentrale Bild –, thront der Reichsgott Ahuramazda mit dem

Abb. 28 Marmorbüste des Augustus mit der Bürgerkrone (*corona civica*), einem aus Eichenlaub gefertigten Kranz. Ihn trugen Soldaten, die in der Schlacht einem Kameraden das Leben gerettet hatten. Augustus beanspruchte ihn, da er nicht nur einen, sondern alle Mitbürger von der Not der Bürgerkriege befreit hatte. Er hat dieses Verdienst immer wieder betont und es zu einem der beliebtesten Münzmotive gemacht. Bis zum Ende hat er an seiner Rolle als jugendlicher Retter, der in der 4. Ekloge Vergils als Gott gefeiert wurde, festgehalten. Sein Bildnis ist kein Privatporträt, sondern zeigt ihn als ins Göttliche erhobenes, altersloses Wesen, das jede Kritik verstummen lässt.

Ring der Weltherrschaft, thront der Gott, von dem der König bekannte: «Nach dem Willen Ahuramazdas wurde ich König.»[5] Augustus sah sich wie dieser Monarch im Einvernehmen mit den Göttern, und als Herr der Welt verstand sich auch er. Aber er war Römer, geprägt von einer jahrhundertealten Republik und ihrer Geisteshaltung. Und sie verlangte eine ganz andere Sprache als die eines orientalischen Despoten.

Bereits Pompeius demonstrierte dies am klarsten. Sein Rapport über seine Taten nahm den Kerngedanken des augusteischen Berichtes vorweg, als er nach seinem Sieg im Osten im Tempel der Minerva einzugravieren befahl, «Pompeius der Große, Imperator, der einen dreißigjährigen Krieg beendete, 12 183 000 Menschen in die Flucht schlug, tötete, und zur bedingungslosen Kapitulation zwang, 846 Schiffe versenkte oder erbeutete, 1538 Städte und Burgen zur Übergabe zwang und die Länder vom Asowschen bis zum Roten Meer unterwarf.»[6] Dies war die Sprache der großen Führer der Republik. Augustus aber wollte mehr. So sprengte er die überkommenen Formen aristokratischer Selbstvergötterung und verwandelte sie in die Legitimation der Monarchie, ohne diese mit einem Wort zu benennen. Er verriet nicht das Vorbild der Großen der Republik, deren Statuen ihn auf seinem Forum umringten und deren

Masken nach seinem Willen den endlosen Zug der um ihn Trauernden begleiteten. Aber er machte sich zum Vollender ihrer historischen Mission und erhob sich zugleich weit über sie.

Die Botschaft des Augustus blieb bis zu dem Tag verschollen, an dem 1555 eine Gesandtschaft des Königs Ferdinand I. an den Hof Sultan Suleimans II. in Ankara, der alten Hauptstadt der Provinz Galatien, Station machte. Neugierige Gesandte, die durch die Stadt streiften, entdeckten an den Wänden eines in eine Kirche umgewandelten Tempels der Roma und des Augustus eine zweisprachige Inschrift, die sie als den bisher nur literarisch bezeugten Tatenbericht des ersten römischen Kaisers erkannten. Ihre Abschrift stieß in Europa jenseits der Gelehrtenzunft auf wenig Begeisterung. Das Thema und die Art seiner Präsentation waren zu römisch, um das Nachdenken über Vor- und Nachteile der Monarchie zu befruchten. So kam der Bericht erst zu Ehren, als sich unter der Führung Theodor Mommsens die historische Wissenschaft in der zweiten Hälfte des 19. Jahrhunderts der «Königin der antiken Inschriften» annahm. Politischen Zündstoff für die Nachlebenden enthielt ihr Inhalt zu keiner Zeit.[7]

2. Der Sieg über die Vergänglichkeit

Die letzten Tage

Es waren nicht viele Menschen anwesend, als Augustus in Nola in den Armen seiner Frau starb. Was sie darüber zu berichten wussten, war ganz und gar nicht in ihr Belieben gestellt. Denn der Tod eines Kaisers ist nicht irgendein Ereignis, und seine Darstellung muss seiner Größe angemessen sein. Dazu gehörte die Nachricht, Tiberius sei nach Nola geeilt und habe dort mit dem Todkranken die Aufgaben der kommenden Wochen besprochen. So wird es wohl gewesen sein, aber auch wenn es nicht so war, beglaubigt die Nachricht die offizielle Version des Hofes, der die Eintracht der Familie in der Nachfolgeregelung und die Autorität des Tiberius unter Beweis stellen wollte.

Die Klatschsucht der historischen Zunft, die Jahrzehnte später auf die Augusttage des Jahres 14 n. Chr. zurückblickte, hat die Szenerie des Todes breit ausgewalzt und mit Verschwörungstheorien angereichert. Sie zielen insbesondere auf das Zusammenspiel zwischen Livia und ihrem Sohn, die angeblich um die ungestörte Übergabe der Herrschaft gebangt und letzte einsame Beschlüsse des Kranken gefürchtet hätten. Einige wollten gar wissen, Livia habe ihren Gatten mit vergifteten Feigen nach dem Leben getrachtet, als sie fürchtete, Augustus habe sich mit Agrippa Postumus ausgesöhnt und wolle ihn auf dem Thron sehen.[8] Die Mär von einem hinterhältigen Weib, das versucht, den Anspruch ihres Sohnes auf die Krone mit Gift und Mord erst an Agrippa, dann an dem Kaiser zu sichern, folgt dem Drehbuch einer späteren Tragödie. Sie spielte 54 n. Chr. am Hofe des Kaisers Claudius und trägt den Namen Agrippina; diese hatte in der Tat ihren Mann Claudius vergiftet, um ihrem Sohn Nero (und sich selbst) die Macht zu erhalten, als der leibliche Sohn des Herrschers mehr und mehr das Herz des alten Vaters rührte.

Augustus ging nicht als Opfer einer Palastintrige, sondern wohlvorbereitet auf seine letzte Reise. Er tat es mit betonter Würde, bedacht auf sein Aussehen und angestrengt bemüht, die Umstehenden seine Angst nicht spüren zu lassen. Zunächst nahm er Abschied von früheren Konsuln und Freunden, die auf die Nachricht von seiner Erkrankung hin aus Rom herbeigeeilt waren. Lächelnd fragte er sie in griechischer Sprache, ob er seine Rolle «mit Anstand gespielt habe»; dies war die übliche Frage der Schauspieler am Ende des Stücks an das Publikum. Die Umstehenden, die mit den Tränen kämpften, antworteten, dass keiner es je besser vermocht hätte. «Dann klatscht Beifall», antwortete der Sterbende, «und gebt alle uns mit Freude das Geleit.» Das klang ganz anders und weit zuversichtlicher als die Melancholie, die Caesar in seinen letzten Wochen befallen hatte: «Ich habe lange genug gelebt, an Jahren wie an Ruhm.» Beide aber beugten sich der Einsicht, die Horaz verzweifeln ließ – Augustus mag sich an seine Verse erinnert haben: Ob Reich oder Arm, jeder wird ein Opfer des Orkus:

> «Wir alle werden dorthin zusammengetrieben,
> und unser aller Los fällt früher, fällt später,
> aus der Urne gezogen, und übergibt uns
> zu ewiger Verbannung dem Nachen.»[9]

Augustus verschied in den Armen Livias «in demselben Schlafgemach wie sein Vater Octavius, unter dem Konsulat des Sextus Pompeius und Sextus Apuleius am 19. August in der neunten Stunde.»[10]

Noch am selben Tag brach die Kaiserin auf, um das Schicksal Roms in die Hände ihres Sohnes Tiberius zu legen – nichts und niemand durfte jetzt mehr zwischen der Macht und ihrer Familie stehen. «In Rom aber», so hielt es die böse Feder des Tacitus fest, «drängten sich in die Sklaverei Konsuln, Senatoren, Ritter. Je höher der Rang, desto größer Heuchelei und Hast, wohlkomponiert die Mienen, damit sie weder Vergnügen über das Ende des alten noch gar Kummer über den Beginn des neuen Regimes ausdrückten, Tränen also und Freude, Klagen und Schmeicheleien in der rechten Mischung.»[11]

«Der König ist tot, es lebe der König»

Als sich die Nachricht vom Tod des Kaisers mit Windeseile verbreitete, schlug der Monarchie die Stunde der Wahrheit. Tiberius, nunmehr 56 Jahre alt, bestand sie. Er war seit 10 Jahren der Adoptivsohn des Kaisers, besaß das Oberkommando über alle Truppen und Provinzen und die tribunizische Gewalt, die ihm ein Jahr zuvor bestätigt worden war. Er war damit juristisch und faktisch der mächtigste Mann im Staat und handelte danach. Als Imperator erteilte er den Prätorianern die Parole, schickte Sendschreiben an die Truppen, verlangte und erhielt den Treueid. Als designierter Nachfolger hatte er in den letzten Jahren mehr und mehr die Regierungsgeschäfte übernommen. Er war wie kein Zweiter als Krieger und Staatsdiener ausgewiesen, und nur er – keiner wusste es besser als der Sieger von Aktium – stand zwischen dem inneren Frieden und neuen Bürgerkriegen.

Augustus hatte seinem Adoptivsohn den Weg zum Herrschersitz umsichtig geebnet. Der Befehl, Agrippa Postumus zu töten, war ausgefertigt; obwohl verbannt, war er als Enkel und Julier der Erste, der dem Claudier Tiberius hätte gefährlich werden können. Dass diese Sorge kein Luftgespinst war, zeigte sich zwei Jahre später, als ein Sklave in die Rolle des Postumus schlüpfte und einige Wochen lang großen Zulauf fand. Der Vorgang blieb Episode, und die ausgesandten Häscher machten mit dem von unbekannten Hintermännern offenkundig verführten Mann nicht viel Federlesens. Aber er zeigt, wie schnell die Stimmungen in Rom und Italien umschlagen konnten.

Ein besonderes Gewicht kam dem Testament des Augustus zu, das zwei Bände füllte.[12] Wie es bereits Caesar getan hatte, warteten auch jetzt auf das Volk in Rom und auf die Armee noble Geldgeschenke, die ihre Bindung an das Kaiserhaus festigen sollten. Tiberius wurde Haupterbe des Vermögens, und Livia erhielt den dritten Teil der Erbschaft; der spätere Kaiser Claudius, wegen unheilbarer körperlicher Gebrechen zu einem Schattendasein verurteilt, erhielt eine geringfügige

Abfindung. Livia wurde zudem adoptiert und damit Angehörige der julischen Familie. Mutter und Sohn sollten den Beinamen *Augusta* respektive *Augustus* tragen. Damit verfügte der Kaiser selbstherrlich über einen Namen, der ihm selbst vom Senat verliehen worden war. Er brachte seinen Träger dem Himmel näher und versprach auf der Erde Schutz. Die eigenmächtige Anweisung war der deutlichste Fingerzeig auf die unstrittig gewordene monarchische Machtvollkommenheit, die ihre republikanischen Stützen abwarf, wenn es darauf ankam.

Augustus hatte damit alles getan, um Tiberius einen reibungslosen Regierungsantritt zu ermöglichen. Beide Männer, von ihrem Wesen her grundverschieden, verband erst in den letzten Jahren ein Hauch von Freundschaft. Dem Sohn der Livia fehlte die verbindliche Wesensart des Augustus. Als Aristokrat reinsten Wassers und als Soldat, der an Befehl und Gehorsam gewöhnt war, ließ er jede Leutseligkeit vermissen und verachtete Popularität. Sein Leben im übermächtigen Schatten des kaiserlichen Paares war gekennzeichnet von Schicksalsschlägen, die ihn seiner Familie und vieler seiner Freunde beraubten. Erst spät schenkte ihm Augustus mehr als Hochachtung. So beschwor er den selbst Altgewordenen, sich zu schonen und auf seine Gesundheit zu achten, denn das Imperium brauche ihn. «Ich bestürme die Götter, dass sie dich uns erhalten und immerfort gesund sein lassen, wenn sie nicht das römische Volk ganz und gar hassen.» Nichts liege an seinem eigenen, sondern alles an dem Wohlbefinden des Tiberius. Worüber auch immer er nachdenke oder sich sorge, heißt es in einem anderen Brief, rufe er nach Tiberius, der Verse des Homer eingedenk: «Ja, wenn der mich begleitet, dann kehrten wir beide sogar aus sprühenden Flammen zurück, so klug versteht er zu planen.»

Augustus zitierte die Bitte des Diomedes, Odysseus solle ihn bei einem gefährlichen Kommandounternehmen begleiten. Sie geht noch heute ans Herz. Denn sie offenbart die Angst, als Greis und ohne einen Helfer sein Lebenswerk nicht erhalten und Rom nicht vor dem Schlimmsten bewahren zu können.[13] Das Gespenst des Bürgerkrieges, dem er selbst doch alles verdankt hatte, erschien jede Nacht an seinem Lager. Wiederholt fragte der Sterbende, ob man von Unruhen gehört habe, ein deutliches Zeichen seiner tiefen Sorge, ob Tiberius, der das Kriegshandwerk, nicht aber die hohe Kunst der Menschenführung studiert hatte, jeder Situation gewachsen war.

Die Ikonographie des Todes: Vereint mit den Göttern

Wenn Könige und Kaiser zu Grabe getragen werden, spricht der Tote das prachtvollste und symbolträchtigste Wort. So auch in den ersten Tagen des September im Jahre 14 n. Chr., und dies gleich in mehrfacher Weise. Denn mit Augustus starb ein Aristokrat, ein Familienvater, als *pater patriae* auch der Vater aller Reichsbewohner, der Herr der Armee, der oberste Priester, ein Beamter des Staates, der Monarch und Gründer einer Dynastie – Grund genug für ein Zeremoniell, das den großen wie den kleinen Mann zur Anteilnahme verpflichtete. Grund genug auch für eine überzeugende Antwort auf die letzte Frage, ob die Himmlischen willens waren, einen Sterblichen, den seine Untertanen schon zu Lebzeiten mit göttlichen Ehren überhäuft hatten, als einen der ihren in ihren Reihen willkommen zu heißen.

Einer jahrhundertealten Tradition folgend haben die Römer die Toten der mächtigen Familien in öffentlichen Trauerzügen auf ihrem letzten Weg durch die Stadt begleitet. Gemeinsam hielten sie die Erinnerung an die Großtaten der Vergangenheit wach. So zogen mehrmals im Jahr lange Kondukte durch die Straßen; dem Leichnam voran schwankten die Masken der Vorfahren. Hatte der Zug sein Ziel an der Rednertribüne erreicht und der älteste Sohn den Ruhm seines Vaters und seines Geschlechts verkündet, setzten sich die personifizierten Ahnen auf elfenbeinerne Stühle und nahmen den Verstorbenen in ihren Kreis auf. Der von diesem Schauspiel tief beeindruckte Grieche Polybios sprach von dem Sinn, der dem Ganzen innewohnte: «Das ehrende Gedächtnis der Wohltäter des Vaterlandes bleibt im Volke wach und wird weitergegeben an Kinder und Enkel. Vornehmlich wird die Jugend angespornt, für das Vaterland alles zu ertragen, um selbst den Ruhm, der dem verdienten Manne folgt, zu gewinnen.»[14]

Dies war eine Botschaft für alle und für immer. Noch Augustinus hat sie vierhundert Jahre später gewogen und den Männern, die sie befolgten, seine Achtung nicht versagt. Gott, so schrieb er, habe den Römern den Ruhm, den sie über alles begehrten, als Lohn für alle Tugenden verliehen, die sie so lange verkörperten: «Sie haben ja auf ihren persönlichen Vorteil um des Gemeinwohls, um des Staates und des Haushaltsbudgets willen verzichtet, der Habgier sich verschlossen, dem Vaterland mit freimütigem Rat gedient, den Gesetzen gehorsam Vergehen und Leidenschaften gemieden. Mit all diesen Mitteln, also auf dem rechten Wege, trachteten sie nach Ehre, Herrschaft und Ruhm. So wurden sie denn auch in fast allen Völkern geehrt, legten vielen Völkern die Gesetze ihrer Herrschaft auf, sind noch heute dank der literarischen Überlieferung und Geschichtsschreibung bei fast allen Völkern hochgerühmt. Sie können sich nicht über die Ungerechtigkeit des höchsten und wahren Gottes beklagen. ‹Sie haben ihren Lohn empfangen›.»[15]

Die um 415 n. Chr. geschriebenen Sätze des Kirchenvaters lassen das Gefühl des endgültigen Abschieds ahnen, das ihn angesichts des 410 von den Barbaren geplünderten Rom überwältigte. Für die Zeit des Augustus gilt das Gegenteil. Selbst an der Bahre des Monarchen überwog die Überzeugung, in einer Zeit des Aufbruchs in eine neue und bessere Welt zu leben. Was beide – Augustus und Augustinus – teilten, war der Gedanke von der überwältigenden Größe Roms und der Ideale seiner Eliten.

Als der Leichnam des Kaisers nach Rom überführt wurde, durfte nichts dem Zufall überlassen bleiben. Nie und nimmer sollte sich wiederholen, was am 20. März 44 geschehen war, als eine außer Rand und Band geratene Menge Caesars Leiche auf dem Forum von der Bahre gezerrt und sie auf einem eilends aus Stühlen, Bänken und Tischen errichteten Scheiterhaufen verbrannt hatte. An diesem Tag hatte der letzte Bürgerkrieg begonnen, und er war der furchtbarste von allen gewesen. Die bange Frage des sterbenden Prinzeps, ob sich Tumulte in der Hauptstadt ausbreiteten, entsprang auch der Furcht, ihm drohe Caesars Schicksal. Sein ganzes Lebenswerk wäre in diesem Fall gescheitert, er selbst einer in der Reihe neben Sulla, Pompeius, Caesar und Antonius geblieben. Denn nur wenn es gelang, die mit dem Schwert gewonnene Alleinherrschaft ohne Gewaltausbrüche zu übertragen und sie damit zur Institution zu machen, war und blieb seine Herrschaft der End- und Höhepunkt der römischen Geschichte. Seine absolute Macht, gegründet auf den Oberbefehl über das Heer, eine riesige Klientel und die Nähe zu den Göttern, stand zum letzten Mal auf dem Spiel.

Augustus traf selbst Vorsorge, so gut er konnte. In einem Schreiben, das ein eigens bestellter Redner im Senat verlas, verfügte er peinlich genau, was mit seinen sterblichen Überresten zu geschehen habe, nachdem die Honoratioren der Landstädte Italiens den Leichnam nach Rom begleitet hatten, wo er im Vestibül des kaiserlichen Palastes aufgebahrt wurde. In den ersten Septembertagen fand das prächtige Leichenbegängnis nach seinen genauen Regieanweisungen auf dem Forum statt. Vor der Bahre aus Elfenbein und Gold trug man sein mit den Triumphalgewändern behängtes Bildnis und die Statue der Victoria, die als persönliche Siegesgöttin seit dem Triumph von Aktium in der Kurie stand: Über der Weltkugel schwebend und mit dem Siegeskranz in der Rechten symbolisierte sie die Weltherrschaft Roms und des Mannes, der sie für immer gesichert hatte. Es folgten im Trauerzug die Darstellungen der Kriegstaten, Bilder der unterworfenen Völker und die Masken der Vorfahren, angeführt von Romulus als dem Gründer der Stadt. Es war, als seien sie aus der Unterwelt emporgestiegen, um dem Mann, der Rom neu gegründet hatte, die letzte Ehre zu erweisen.

Wie bei allen staatlichen Festen erhielten auch jetzt die Krieger der Republik, «die die Herrschaft des römischen Volkes aus den kleinsten Anfängen zu größter Macht entfaltet hatten», ihren Auftritt.[16] Der Julier hatte sie schon auf seinem Forum durch eigene Statuen ehren lassen, und an ihren Taten, so hatte er immer wieder erklärt, wolle er sich messen lassen. So standen wie bei den Triumphzügen Krieg und Sieg, Herrschaft und Reich im Mittelpunkt des gemeinsamen Erinnerns. Noch einmal lernten die Trauernden, dass das Paradies, in das sie der Tote geführt hatte, seinem eisernen Willen zur imperialen Herrschaft zu danken war. In der stolzen Schar der Ahnen fehlte allerdings Caesar. Ihm als Gott dienten andere Rituale. Zudem hätte die Maske des Mannes, der so ganz anders dahingegangen war, die Feierlichkeiten mit peinlichen Erinnerungen aufgeladen.

Als die Trauerparade das Forum erreicht hatte, würdigte der Erbe und Nachfolger Tiberius vor dem Tempel des vergöttlichten Caesar die Taten des Prinzeps. Gegenüber, auf der alten Rednertribüne der Republik, sprach Drusus, designierter Konsul des Jahres 15 und Sohn des Tiberius, über den Spross des von Venus abstammenden Geschlechts. Getreu der Tradition der römischen Aristokratie pries der eine die Bewährung des Toten in Krieg und Frieden, während der andere an die Sorgen erinnerte, die das Familienoberhaupt um die Erhaltung und Mehrung des Ansehens der Julier getragen hatte.

Die Beamten, der Senat, die Ritter und eine schier endlose Volksmenge begleiteten die Bahre zum Marsfeld, auf dem ein Scheiterhaufen in der Gestalt eines mehrstöckigen und vielfältig verzierten Gebäudes wartete. Es war Abend geworden, als beim Schein der Fackeln Offiziere den Scheiterhaufen entzündeten. Als die Flammen aufloderten, sah ein Senator den Toten in Gestalt eines Adlers zum Himmel emporsteigen und unterrichtete wenig später den ergriffenen Senat. Die vornehmsten der Ritter – in der bloßen Tunika, ohne Gürtel und mit nackten Füßen – sammelten die Gebeine. Sie setzten sie im Mausoleum bei, das seit 29 als monumentales Denkmal auf dem Marsfeld die Bindung des Herrschers an Rom und seinen Anspruch auf die alleinige Macht versinnbildlichte.[17]

Es war Augustus' Wille, dass sich das private Begräbnis eines Juliers in ein großes Staatsritual verwandelte. Es ließ nichts aus, was auch die Leichenfeiern des republikanischen Adels ausgezeichnet hatte. Aber Wesentliches war doch neu. So ordneten sich alle sozialen Schichten und alle Träger staatlicher Macht in den Trauerzug ein: der Hof, die Senatoren, die Beamten, die Priester und das römische Volk. Sie alle bekräftigten durch ihre Anwesenheit, jeder auf seine Weise, ihre Zustimmung zur neuen Herrschaftsform. Erstmalig und revolutionär war das Zeremoniell der Himmelfahrt. Der einzige, den die Götter so in ihren Kreis aufgenommen hatten, war Romulus gewesen. Livius, der davon erzählt, lässt einen Zeugen beeiden, der tote König sei beim ersten Tageslicht vom Himmel herabgestiegen und habe verkündet, «es sei der Wille der Götter, dass mein Rom das Haupt des Erdkreises (*caput orbis terrarum*) sei.»[18] Dies war nun Jahrhunderte später unter dem Sohn des Caesar Wirklichkeit geworden. Daher konnte auch seine Aufnahme in den Himmel nur gottgewollt sein – Romulus hatte seine historische Sendung als Vorbild und Gründer Roms zum letzten Mal erfüllt.

Der neue Gott bekam, was ihm zustand: Einen eigenen Kult mit Tempel, Altar, jährlichen Festtagen und eigenen Priestern; der Senat bestimmte seine Witwe Livia zu seiner Priesterin.[19] Damit war die Apotheose zur höchsten Form der Herrscherverehrung geworden. Was einst sterblich war, zeigte sich nun als Teil des Unsterblichen. Augustus hatte den Schlussstein einer politischen Theologie gesetzt, die die neue Staatsform irdischer Kritik entzog.

XIV. BOTSCHAFTEN DER GÖTTER

«Ich habe ein Werk vollendet
das dem Feuer standhalten wird
und dem Eisen
Selbst dem Zorn Gottes und
der allesvernichtenden Zeit.

Wann immer er will
mag nun der Tod
der nur über meinen Leib
Gewalt hat
mein Leben beenden.

Aber durch dieses Werk
werde ich fortdauern und mich
hoch über die Sterne emporschwingen
und mein Name wird unzerstörbar sein.»

Ovid (Übers.: Christoph Ransmayr)

«Im Himmel ist der Staat der Heiligen, wenn er auch auf Erden Bürger erzeugt, in denen er dahin pilgert, bis die Zeit seines Reiches kommt. Dann sammelt er alle leiblich Auferstandenen, und das verheißene Reich wird ihnen gegeben. Dort werden sie mit ihrem Fürsten, dem König der Welt, ohne zeitliches Ende herrschen.»

Augustinus

1. Die Botschaft der alten Götter

«Alle Völker übertreffen wir an Religiosität und durch die Einsicht, dass alles dem Regiment und der Lenkung der Götter anheimgestellt ist», schrieb Cicero. So sah es auch hundert Jahre früher der griechische Historiker Polybios. Die Grundlage des römischen Staates, wunderte er sich, sei eine beinahe abergläubische Gottesfurcht. Wo immer man hinschaue, regelten die Götter das private und öffentliche Leben.

Die einzige Erklärung, die er dafür finden könne, sei das Interesse der Herrschenden, die von Natur aus aufsässigen Massen durch die Furcht vor dem Zorn der Götter zu zähmen.[1]

Der Grieche beobachtete richtig und begründete falsch. Nur wenige Römer waren wie er bereit, den Götterhimmel als Erfindung der Mächtigen zu deuten, und wer es tat, sprach es nicht offen aus. Vielmehr waren die Römer fromm, auch wenn sie nicht so gefühlvoll beteten wie ihre mittelalterlichen Nachfahren. Sie glaubten an die Nützlichkeit der Götter, nicht aber an ihr Mitleid oder gar ihre Liebe zu den Menschen. Ihre Frömmigkeit (*pietas*) entsprang vielmehr der nüchternen Anerkennung unauflöslicher Bindungen, die Götter und Menschen aneinander fesselten.

Die Pflichten der Sterblichen galten vielen Göttern, deren Gesamtheit erst die göttliche Welt ausmachte. Keiner von ihnen war eifersüchtig wie der jüdische und christliche Gott, die nichts und niemanden neben sich duldeten. So gehörten zu den Himmlischen, die ein Römer anrief, auch fremde Gottheiten. Wo immer sich die Legionen Roms zum Angriff auf feindliche Städte rüsteten, bestürmten ihre Feldherren die dort heimischen Götter, ihre bisherigen Wohnsitze zu verlassen und nach Rom überzusiedeln, wo ihnen alle Ehren zuteil würden.[2]

In Zeiten der Not hieß man in Rom jeden neuen und hilfsbereiten Gott willkommen, so fremd er auch sein mochte. Im Jahre 205 etwa beschloss der Senat, die kleinasiatische Göttermutter Kybele (*Magna Mater*) nach Rom zu holen. Damals erschütterte während des Krieges gegen Karthago die Angst vor der Niederlage die Moral der Bevölkerung. Die Priester befragten daraufhin die Sibyllinischen Bücher und fanden die Prophezeiung, dass dieser Gegner nur mit Hilfe der fernen Muttergottheit besiegt werden könne.

Augustus suchte und fand als Helfer im Bürgerkrieg den griechischen Gott Apoll, den er nach dem Sieg nach Rom holte und unter dessen Schutz er sich fortan stellte. Eine Bedingung allerdings hatten Kybele, Apoll und die Vielzahl der neuen Gottheiten zu erfüllen: Sie mussten ihre Gläubigen zur unbedingten Staatstreue anhalten und ihre kultische Verehrung einzig in der Öffentlichkeit gestatten – nur dann durften sie in der Weltstadt bleiben und Gaben und Gebete entgegennehmen.

Alle Götter waren unsterblich, aber Himmel und Erde wurden nicht durch sie erschaffen. Sie geboten über die Elemente und die Menschen und sie gingen, wohin es ihnen beliebte. Aber sie waren auch undurchschaubar und blickten voll Neid auf die Sterblichen, wenn diese das Glück oder die eigene Tüchtigkeit hoch, manchmal zu hoch, getragen hatte.

Es gab unzählige Gründe, die göttlichen Weltenlenker nicht zu reizen und unaufhörlich ihr Wohlwollen und ihre Hilfe zu erflehen. Die Form, in der man dies tat, war nicht beliebig, sondern hatte festen Regeln zu genügen. So hob der Priester die Hände zum Gebet unter freiem Himmel, während er dem Tempel und dem Standbild des Gottes den Rücken und den Menschen sein Gesicht zukehrte. Auf Altären, die die Bürger umstanden, schlachteten seine Helfer die Opfertiere und verbrannten Gekröse und Häute als dampfende Mahlzeit der Götter. In den Tempeln hingegen blieb es still. Sterbliche wurden dort nicht empfangen. Nur selten öffneten sich die Türen und gestatteten den Gläubigen, die Statue der Gottheit im fernen Halbdunkel zu bestaunen. Und nur ab und an verließen die Götter ihre Wohnsitze und zogen auf schwankenden Tragaltären in feierlicher Prozession über die Felder und durch die Straßen der Stadt. In ihr Heiligtum zurückgekehrt, wollten sie wieder allein bleiben, verschont von Neugierigen und jammernden Unglücklichen, unbehelligt von der Not der Sterbenden.

Die Bürgerkriege lehrten neu beten – nicht, um den Unsterblichen zu gefallen, sondern um ihren Zorn zu besänftigen. Das Bild der rächenden Götter war nicht nur im Alten Testament, sondern auch in der römischen Vorstellung allgegenwärtig. Wer ihnen rauchende Altäre und tägliche Gebete verweigerte, wer ihre Gebote vernachlässigte, hatte Grund zur Furcht: «Nie ist durch schrecklichere Leiden des römischen Volkes, nie durch gewaltigere, gerechtere Anzeichen deutlich geworden, dass den Göttern nicht unsere Sicherheit am Herzen liege, sondern die Rache.» Tacitus schrieb diesen Satz, als er mit der Geschichte des Vierkaiserjahres 68/69 n. Chr. begann. Seine Worte fassten eine überzeitliche Wahrheit zusammen, deren Gültigkeit nicht zuletzt die Jahre der Bruderkriege erwiesen hatten.[3] Wer ihn vergaß, spielte mit dem Feuer: «Was für ein Wahn hat dich gepackt», rief Cicero 54 dem als Zeugen geladenen Vatinius zu, «dass du als Beamter die Auspizien missachtest hast, unter deren Schutz diese Stadt gegründet wurde und auf denen unser ganzer Staat und seine Macht ruht?»[4] Das war dick aufgetragen, aber nicht falsch. Derartige Vorwürfe wogen in der Öffentlichkeit schwer und schadeten dem Ansehen. Augustus kam ihnen zuvor, als er die Tempel Roms in einer Mischung aus tiefer Religiosität und Geltungssucht restaurieren ließ. Beides harmonierte in einer Welt, die prachtvolle Gotteshäuser baute und zugleich demütig bekannte, alles den Himmlischen zu schulden.

In einem Punkt gab es keine Zweifel: Die Herrschaft Roms über die Welt war der verdiente Lohn für die strikte Befolgung göttlichen Wil-

Abb. 29 Livia hält als Verkörperung der Ceres eine Ährengarbe in der Hand und ist wie die Magna Mater mit der Mauerkrone geschmückt. In der Rolle einer segensspendenden Göttin trägt sie die Büste des Augustus, dessen Priesterin sie nach seinem Tod wurde. Das Haupt des Augustus ziert ein Lorbeerkranz, dessen Strahlen den Vergöttlichten als Apoll und Schöpfer des Goldenen Zeitalters ausweisen.

lens. Das bewies Livius seinen Lesern auf seinem langen Gang durch die Geschichte: «Ihr werdet finden, dass denen, die den Göttern gehorchten, alles glückte, die aber, die ihnen respektlos begegneten, ins Elend fielen.»[5] Selbst als Jahrhunderte später die Macht Roms wankte, lebte dieser Glaube an das von den Göttern zur Weltherrschaft auserwählte Volk. Der heidnische Senator Symmachus lieh 384 n. Chr. der göttlichen Roma seine Stimme. Auf die Missachtung der alten Religion, rief sie, könne nur Unheil, Hunger und Not folgen. Denn «der Dienst an den Göttern hat den Erdkreis unter meine Gesetze gebracht, er hat Hannibal von den Mauern, vom Kapitol die Senonen zurückgeworfen.»[6] Dreißig Jahre später oblag es dem wirkungsmächtigsten Diener Christi, dem Satz einen neuen Sinn zu geben. Augustinus erläuterte, Rom sei zwar als die Tochter des verfluchten Babylon gegründet worden. Aber «Gott gefiel es, durch Rom den Erdkreis zu unterwerfen, ihn in eine einzige Staats- und Gesetzesgemeinschaft zu überführen und weit und breit zu befrieden.»[7]

Die Himmlischen gaben nichts umsonst. Sie wünschten gebeugte Knie, die Anerkennung ihrer Macht und mächtige Wohnsitze. Sie forderten Opfer, Gebete und die Beachtung ihrer Vorzeichen, die ausgewählte Priester deuten mussten. Aber auch sie wussten, dass Wünsche Abhängigkeiten erzeugen: «Wenn uns die Götter weder helfen können noch wollen, sich um uns überhaupt nicht kümmern, unser Tun nicht beachten und von ihnen her nichts auf das Leben einwirkt», so bilanzierte nüchtern Cicero das wie ein beidseitiger Vertrag geschlossene Verhältnis, «warum sollen wir dann den unsterblichen Göttern irgendwelche Kulte einrichten?»[8]

Wehe also dem Gott, der gleichgültig auf die Qual der Menschen blickte, und wehe dem Menschen, der es an Respekt mangeln ließ oder den Göttern vorenthielt, was ihnen zustand. Denn sie sahen jede Schuld und verlangten Sühne. Daher erwies ihnen Augustus alle erdenklichen Ehren und rühmte sich seiner Frömmigkeit. Dafür liebten sie ihn und gaben ihm, was sein Herz begehrte:

> «Dein ist das Reich, weil du dich den Göttern beugst;
> Das war dein Anfang, lass es dein Ende sein!»[9]

2. Die Botschaft des neuen Gottes

Die Mission des in Bethlehem geborenen Gottessohnes

Als 431 das Konzil in Ephesos tagte, blickten vor dem Rathaus der Stadt die Vorübergehenden auf die Statuen des Augustus und der Livia. Beide waren unzerstört, beide trugen ein eingeritztes Kreuzeszeichen auf der Stirn. Götter waren sie schon lange nicht mehr, und ihre Tempel und Altäre hatten die Gehilfen des neuen Gottes längst abgetragen. Aber die Geschichte verband sie mit dem Mensch gewordenen Gott, dessen Mutter die in der Stadt versammelten Bischöfe mit dem Titel «Gottesgebärerin» ehrten. Sie lebten zur selben Zeit, und sie hatten die Welt verändert.

Rund vierhundert Jahre vor den Ereignissen in Ephesos erreichte die Nachricht vom Tod des Augustus den ärmlichen Flecken Nazareth im fernen Galiläa. Dort war der Sohn eines Bauhandwerkers 18 Jahre alt geworden. Als Livia 86jährig im Jahre 29 n. Chr. starb, hatte er noch ein Jahr zu leben. Sein Name war Jesus, der Sohn der Maria. Er hat Rom nie gesehen und wusste nur wenig von dessen Geschichte und wenig von einem Kaiser, von dem die jüdischen Nachbarn kopfschüttelnd berichteten, er sei nach seinem Tod in den Himmel aufgestiegen und habe sich den Unsterblichen zugesellt. Am Haus des Vaters Joseph mag ab und an eine Kohorte römischer Hilfstruppen vorübergezogen sein und für Gesprächsstoff in den folgenden Tagen gesorgt haben. Das war aber schon alles.

Sein Leben verbrachte Jesus am Nordufer des Sees Genezareth. Das Gebiet gehörte nicht zur römischen Provinz, sondern wurde von dem Klientelfürsten Herodes Antipas regiert. Dort lebte er als Wanderprediger und Wundertäter, schloss sich für kurze Zeit Johannes dem Täufer an und predigte von der unmittelbar bevorstehenden Königsherrschaft Gottes. «Nachdem Johannes gefangen gesetzt worden war, kam Jesus nach Galiläa, verkündete das Evangelium Gottes und sprach: Die Zeit ist erfüllt und das Reich Gottes ist angebrochen; tut Buße und glaubt an das Evangelium (die frohe Botschaft).»[10]

Wenige Tage vor seinem Tod pilgerte er nach Jerusalem. Dort ergriff ihn am Abend des 6. April 30 n. Chr. eine Polizeistreife und führte ihn den Mitgliedern des Synhedrions, des Hohen Rates, vor. Zeugen hatten behauptet, der in die Stadt gekommene Galiläer habe erklärt, er könne den Tempel eigenhändig niederreißen und in drei Tagen wieder aufbauen.[11] Die Aussage, nahm man sie ernst, wog schwer. Denn neben der Gotteslästerung unterstellte sie, der Beschuldigte verwerfe die tempelstaatliche Ordnung der Provinz Judäa. Sie aber hatte Rom bei der Provinzialisierung Judäas bestehen lassen, und der in Jerusalem amtierende Präfekt hatte Order, für ihr reibungsloses Funktionieren zu sorgen. Als die Befragung vor dem Hohen Rat die Beschuldigung zu erhärten schien, übergab die jüdische Behörde den Angeklagten dem Statthalter Pontius Pilatus. Nur er hatte als römischer Gerichtsherr das Recht, Todesurteile zu verhängen.

Pilatus tat, was ihm die Prozessordnung vorschrieb. Er fragte Jesus, ob er der König der Juden sei, ein Aufrührer gegen die von Rom sanktionierte Ordnung. «Du sagst es», erwiderte Jesus. Pilatus fragte ein zweites Mal, erhielt jedoch keine Antwort mehr. Zweifel waren nun nicht mehr angebracht. Die Anmaßung, ein König zu sein, erfüllte den Tatbestand des Hochverrats, und das Geständnis machte die Fortführung des Prozesses überflüssig. Das Urteil lautete «Kreuzigung» und wurde sofort vollstreckt. «Dies ist Jesus, der König der Juden», lasen Neugierige an der Hinrichtungsstätte.[12] Der Mann, den seine Mutter Maria in Bethlehem in einem Stall geboren haben soll und den eine Schar himmlischer Engel als Heiland begrüßt hatte, war am Ende seines irdischen Weges angekommen. Er starb, von seinen Anhängern verlassen, qualvoll auf Golgotha.

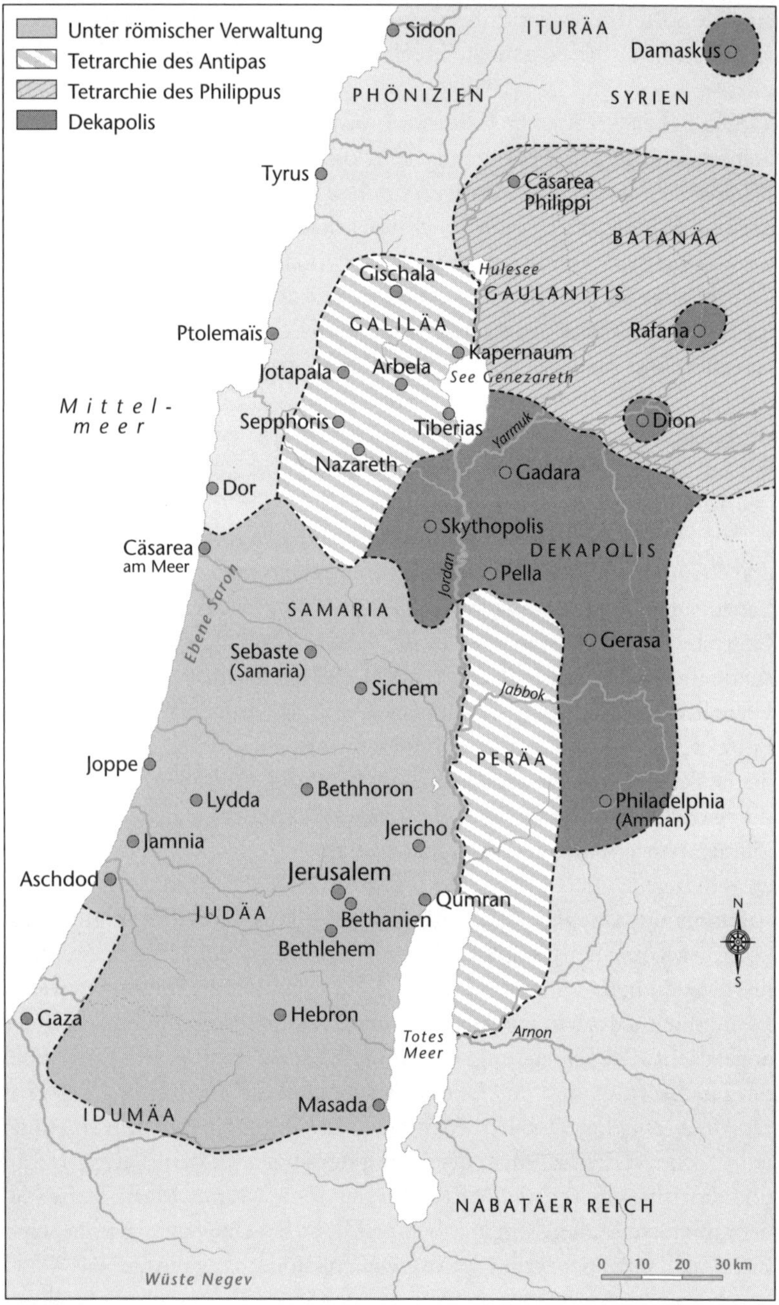
Unter römischer Verwaltung
Tetrarchie des Antipas
Tetrarchie des Philippus
Dekapolis
Sidon
ITURÄA
Damaskus
PHÖNIZIEN
SYRIEN
Tyrus
Cäsarea Philippi
BATANÄA
Gischala
Hulesee
GAULANITIS
GALILÄA
Ptolemaïs
Rafana
Kapernaum
Jotapala
Arbela
See Genezareth
Mittel-meer
Sepphoris
Tiberias
Yarmuk
Dion
Nazareth
Gadara
Dor
Skythopolis
Cäsarea am Meer
DEKAPOLIS
Jordan
Pella
Ebene Saron
SAMARIA
Gerasa
Sebaste (Samaria)
Sichem
Jabbok
PERÄA
Joppe
Bethhoron
Lydda
Philadelphia (Amman)
Jericho
Jamnia
Jerusalem
Aschdod
Qumran
JUDÄA
Bethanien
Bethlehem
N
S
Gaza
Hebron
Totes Meer
Arnon
Masada
IDUMÄA
NABATÄER REICH
0 10 20 30 km
Wüste Negev

Karte 9 Judäa zur Zeit Jesu

Wenige Wochen später sammelten sich seine Jünger in Jerusalem und richteten sich dort ein, überzeugt, dass Gott den Gekreuzigten «von den Toten auferweckt» habe. Viele erzählten, sie hätten den Auferstandenen gesehen und gehört, und alle hofften, die von ihm verkündete neue Weltzeit sei nahe. Sein schändlicher Tod, so predigten sie, sei «gemäß der Schrift» (gemeint ist die alttestamentliche Prophetie) geschehen, und der Gott Abrahams und Jakobs habe seinen Sohn Mensch werden lassen, um allen schuldig gewordenen Geschöpfen die Vergebung ihrer Sünden zu gewähren; den am Kreuz Gestorbenen habe er wieder zum Leben erweckt, ja zu sich selbst erhöht.[13] Trotz Folter und Kreuz war er der Messias. Von ihm zu sprechen und ihn allen Menschen als auferstandenen Christus nahezubringen, war daher die nächstliegende und wichtigste Aufgabe.

Das neue Ziel des Lebens

Im Zentrum des christlichen Glaubens steht die Hoffnung auf Erlösung, auf den Einzug in ein Paradies, das nicht von dieser Welt ist und das nur erreicht, wer die Schwelle des Todes überschritten hat. In ihm hat der Einzelne, und nur der Einzelne, Teil an der Unsterblichkeit. Denn der Auferstandene, der am Ende aller Tage wiederkehren wird, um Gericht zu halten, lässt an seinem Schicksal teilhaben, und er öffnet jedem das Tor zum ewigen Leben, sei er Sklave oder Freier, Grieche oder Barbar, Römer oder Ägypter. In seinem Reich werden alle guten und schönen Augenblicke des irdischen Daseins erlebt werden, dort werden die Menschen glücklich den Gott schauen, zu dem sie tapfer gebetet haben, obwohl er nicht viele ihrer Wünsche erfüllt hatte.

Dieser Glaube an die Wiederkehr Christi und die Zuversicht, nach dem Tod warte ein zweites und diesmal ewiges Leben, gewichtete alle Werte um, die eine auf das Diesseits ausgerichtete Gesellschaft anerkannte. «Der Tod ist nicht vergleichbar mit dem Leben. Er ist ein Nichts», hatte die trojanische Königin ihrer Schwiegertochter Andromache zugerufen, als Leid und Tod sie zu übermannen drohten.[14] Jetzt war das Gegenteil richtig. Das Leben zählte in allen seinen Äußerungen nur noch im Bezug auf das jenseitige Heil.

Auch die Hoffnung, einen Zipfel der Unsterblichkeit zu erhaschen, erhielt einen ganz neuen Inhalt. Den Tod nicht schauen zu müssen, stand bisher lediglich den Himmlischen zu. Den Irdischen blieb nur die Möglichkeit, durch große Taten in der Erinnerung der Menschen für immer fortzuleben. «Der Ruhm allein tröstet uns durch das Andenken der Nachwelt über die Kürze des Lebens hinweg; er allein hat die Wirkung, dass wir als Abwesende anwesend, als Tote lebendig sind; endlich erlaubt er allein den Menschen, sich wie auf Stufen bis in den Himmel zu erheben.» Insbesondere die Bewährung im Dienst am Staat hob in die «Ewigkeit der Zeiten» (*in aeternitate temporum*) und rückte die großen Kriegshelden in die Nähe der Götter. Nichts davon zählte vor dem Richterstuhl des auf Erden Gekreuzigten.[15]

Der Graben, der den Prediger aus Galiläa von dem allmächtigen Herrn über Krieg und Frieden trennte, konnte nicht tiefer sein: hier der Sohn des großen Caesar im Zentrum des Imperiums, dort der Sohn eines Bauhandwerkers in einem Dorf am Ende der Welt. Der eine verkündete die Rückkehr des Goldenen Zeitalters, der andere das Kommen des Gottesreiches. Von Augustus forderten die Menschen ein besseres Leben nicht irgendwann und irgendwo, sondern hier und jetzt. Von Jesus erhofften sie die Vergebung ihrer Sünden und das Glück nicht hier und jetzt, sondern jenseits der Schwelle des Todes. Gemeinsam war ihnen die Verehrung ihrer Anhänger. Diese machten sie in dem festen Glauben zu Göttern, dass sie nur in dieser Rolle ihr Versprechen halten konnten, das menschliche Elend zu beenden.

Augustus hätte den Glauben an ein jenseitiges Heil wie Jahrzehnte später der Statthalter Plinius als krausen Aberglauben (*superstitio*) abgetan.[16] Die Oberhand behielt am Ende der unter seiner Herrschaft geborene jüdische Prediger, den unter seinem Nachfolger ein römischer Statthalter ans Kreuz schlagen ließ. Es gibt viele Gründe für den Sieg des Gekreuzigten. Einer würde Augustus eingeleuchtet haben: Als die Mühseligen und Beladenen dieser Welt begreifen mussten, dass auf Erden das versprochene Glück nicht zu finden war, hörten sie mehr und mehr auf die Missionare des Gottes, der ihnen das ewige Leben nach der Last der irdischen Existenz verhieß.

«Die Herrschaft Caesars (Augustus) wurde wegen der Ankunft Christi vorbereitet»

Trotz der hohen Schranken, die sie von ihren heidnischen Nachbarn trennten, waren die Christen seit dem 2. Jahrhundert überzeugt, Gott habe um die Zeitenwende nicht eine, sondern zwei Entscheidungen getroffen. Die erste habe seinen Sohn Mensch werden und als Mensch sterben lassen, um durch seinen Opfertod allen, die an ihn glauben, das

Tor zur ewigen Seligkeit zu öffnen. Durch die zweite Entscheidung habe Augustus das Zepter des Universalherrschers erhalten, damit er die Welt befriede und der Lehre von der Erlösung der Menschen den Weg ebne. Die so dachten, sahen die Hand Gottes nicht nur über der Milvischen Brücke walten, an der im Oktober 311 n. Chr. Konstantin seinen Widersacher Maxentius besiegte, sondern auch über dem Meer bei Aktium, auf dem Octavian im September 31 Antonius in die Flucht schlug.

Solche Gewissheiten kamen nicht von ungefähr. Ihren Ausgangspunkt fanden sie in der Beschaffenheit des Imperiums unter Augustus. Es trug im Osten, ungeachtet der Vielfalt der dort lebenden Völker, ein griechisches Gesicht. Außerhalb standen nur die iranischen Parther, die arabischen Stämme und die palästinensischen Juden, obwohl Teile ihrer Eliten griechische Lebensart schätzten und das königliche Regiment des Herodes dem eines hellenistischen Potentaten sehr nahe war (S. 195). Politisch hatten sich alle Städte und Fürstentümer, seit langem an fremde Herren gewöhnt, der italischen Großmacht gebeugt; an Widerstand dachte niemand. Rom selbst hatte sich der griechischen Kultur angepasst. Wer auf sich hielt, sprach griechisch wie lateinisch, während der Hof sein herrscherliches Auftreten in den künstlerischen Formen der griechischen Klassik zelebrierte. In den Ländern des Westens trug das Imperium ein römisches Gesicht. Dort begann mit Augustus die Romanisierung der Unterworfenen, die die Sprache und den Lebensstil des Siegers übernahmen. Ihre soziale Ordnung bestimmte wie im Osten die Stadt, ausgestattet mit der Freiheit, ihre inneren Angelegenheiten selbst zu regeln (S. 328 ff.).

Die Götter allerdings waren die alten geblieben, auch wenn ihre Gesichter im Westen immer mehr römische Masken trugen. Ihnen hatte sich jedoch ein neuer in der Gestalt des Kaisers hinzugesellt. Sein Kult verband alle Menschen zwischen Britannien und Syrien, und seine Liturgie war überall dieselbe. Das kam einer religiösen Revolution gleich. Denn zum ersten Mal in der Geschichte des Mittelmeerraumes beteten die Menschen zu einem Gott, der ihnen allen gemeinsam war. Er beschützte sie vor den Plagen der Bürgerkriege und versprach ihnen Glück und Wohlstand zum Dank für ihre Loyalität. «Erhalter der Welt» (*mundi servator*) nannte ihn Properz. Es war eine «frohe Botschaft» (*Euangelion*), von der niemand ausgeschlossen war. «Die Vorsehung, die über allem Leben waltet, schenkte uns Augustus», erklärten feierlich die Bürger des kleinasiatischen Priene, «und sie sandte ihn uns und unseren Nachkommen als Heiland (*sotēr*), der dem Krieg ein Ende machen und das All ordnen sollte.»[17] Der in Bethlehem geborene neue Heiland betrat damit eine Welt, die seine Botschaft als ihrem Lebensstil wesensfremd zunächst ablehnte, zugleich aber für ihre Aufnahme wie geschaffen schien.

Die zweite Voraussetzung, um glaubhaft von zwei Entscheidungen Gottes zu sprechen, findet sich in der Geschichte Jesu. Mit seiner Geburt fand die Menschwerdung Gottes nicht außerhalb der Zeit, sondern in der Geschichte statt. Kein Mythos, keine Sage, keine vermittelte Offenbarung umgibt den Sohn Gottes. Er kam nicht auf den Wolken des Himmels, er erschien nicht in einem brennenden Dornbusch, er kam als und wie jeder Mensch in diese Welt. Für die äußeren Umstände waren römische Beamte verantwortlich – jedenfalls waren die frühen Christen sich dessen ganz sicher. Für sie sprach um 90 der Evangelist Lukas, der das Erscheinen Christi in den welt- und reichsgeschichtlichen Zusammenhang einordnete, indem er die Geburt Jesu im Winkel eines Stalls mit der Geschichte Roms und seines ersten Kaisers verknüpfte. Lukas hat wahrscheinlich nicht daran gedacht, einem Ereignis der römischen Geschichte die Würde eines heilsgeschichtlichen Datums zu geben, als er seine Geschichte von der Geburt in Bethlehem mit Augustus beginnen ließ. Seine späteren Interpreten taten jedoch genau dies.

Überlagert wurde alles durch die Überzeugung, der uralte Traum vom Frieden auf Erden habe sich erfüllt. Die Zeitgenossen und die späteren Generationen feierten Augustus als den «Gründer des ewigen Friedens» (*fundator pacis aeternae*), und die Christen gesellten sich zu ihnen. Wiederum war es Lukas, der als Erster ihrer Einsicht Sprache verlieh. Seine Erzählung der Geburt Jesu endet mit dem bewegenden Bild der Engel, die vom Himmel steigen und den Hirten verkünden, dass ihnen der Heiland geboren sei und «auf Erden Friede» herrsche.[18]

Die Autorität des Evangelisten wog schwer. Was welthistorisch als Zufall erscheint, war in den Augen der Christen angesichts der angebrochenen Friedenszeit alles andere als dies. Der Gedanke drängte sich schließlich geradezu auf, theologisch zu verknüpfen, was zeitlich so offensichtlich war: Augustus war wie das in Bethlehem geborene Kind ein Werkzeug der göttlichen Vorsehung. Unser Glaube, schrieb Bischof Melito von Sardes (gest. vor 190) an seinen Kaiser Mark Aurel, «reifte während der ruhmreichen Regierung eures Vorgängers Augustus unter euren Völkern zur Blüte und brachte vor allem eurer Regierung Glück und Segen. Von da ab erhob sich nämlich die römische Macht zu Größe und Glanz.»[19] Diese Sätze verbinden den politischen Fortschritt untrennbar mit dem heilsgeschichtlichen. Denn mit dem ersten Kaiser öffneten sich

Abb. 30 «Es begab sich aber in jenen Tagen, dass vom Kaiser Augustus ein Befehl erging, dass der ganze Erdkreis sich schätzen lassen sollte ... Auch Joseph ging von Galiläa aus der Stadt Nazareth hinauf nach Judäa in die Stadt Bethlehem ..., um sich mit Maria, seiner Verlobten, einschätzen zu lassen.» Die vom Evangelisten Lukas vorgenommene Verknüpfung der kaiserlichen Order mit der Geburtsgeschichte Jesu ist nicht nur theologisch folgenreich gewesen, sondern immer wieder gemalt und den Christen in Erinnerung gerufen worden. So zeigt das Regensburger Perikopenbuch (um 1030) Augustus, der umgeben von seinem Hofstaat das Zensus-Edikt erlässt, während Maria und Joseph sich, seinem Befehl gehorsam, auf den Weg nach Bethlehem begeben, der Stadt Davids.

den Missionaren die Tore zur Welt, die ohne das Imperium niemand gefunden hätte oder verschlossen geblieben wären.

«Gehet hin in alle Welt und lehret alle Völker» zitiert der Kirchenvater Origenes (gest. 254) den Auftrag Jesu, um dann fortzufahren: «Von da aus wird verständlich, dass Jesus unter der Herrschaft des Augustus geboren wurde, der, wenn ich so sagen darf, durch seine Alleinherrschaft die vielen auf der Erde zusammengeführt hat.» Wäre es anders gewesen, fährt er fort, hätten die Kriege der Völker untereinander die Ausbreitung des Glaubens verhindert: «Wie wäre es dann möglich gewesen, dass eine so friedfertige Lehre wie die der Christen wachsen konnte, obwohl sie es nicht erlaubt, sich gegen Feinde zu wehren?»[20] Gar nicht, lautete die mit der Frage provozierte Antwort.

Origenes beließ es nicht dabei. Der von Lukas berichteten Steuereinschätzung (*census*) des Augustus, fuhr er fort, habe sich Jesus unterzogen, damit der Erdkreis geheiligt würde. Denn die Namen derer, die mit ihm in die Zensuslisten eingetragen wurden, habe er «in das Buch des Lebens» aufgenommen, das am Ende aller Tage aufgeschlagen wird. Der Verwaltungsakt eines Römers wird damit der Erlösung aller Menschen dienstbar gemacht und christianisiert. Was der Kaiser zu notieren befahl, wird auch im Himmel verzeichnet. Von dieser Deutung ist es nur ein kleiner Schritt zu der Fiktion, Jesus sei römischer Bürger gewesen und das Volk, dem er damit angehörte, von Gott auserwählt.

Diesen Schritt tat zu Beginn des 5. Jahrhunderts Orosius, der Verfasser einer christlichen Weltgeschichte. In ihr mühte er sich, das Chaos der Völkerwanderung zu verstehen. Seine Leser sollten aus dem Verlauf der Geschichte begreifen lernen, dass sich mit dem Erscheinen Christi ungeachtet der Gräuel der Barbarenkriege alles zum Besseren gewandelt habe und «das Reich des Augustus wegen der Ankunft Christi vorbereitet wurde» (*Christi gratia praeparatum Caesaris imperium*). Der wichtigste Beweis dafür seien die Vorzeichen, die den Kaiser auf allen wichtigen Lebensabschnitten begleitet hätten. Orosius fand sie alle bei Sueton und deutete sie als von Gott gegeben um. Das eindrucksvollste Wunderzeichen geschah für ihn beim ersten Einzug Octavians in Rom: Bei klarem Himmel habe sich ein Kreis nach Art eines Regenbogens um die Sonne gebildet und angezeigt, dass Augustus «der einzige und mächtigste in dieser Welt und allein der Herrlichste auf dem Erdkreis sei, zu dessen Zeit derjenige kommen sollte, der ganz allein die Sonne und die ganze Welt erschaffen hatte und sie regierte».[21] Die Gnade, Zeitgenosse Jesu gewesen zu sein, wird zum Zeichen der Erwählung.

Die Augustustheologie erreichte damit ihren Höhepunkt. Die Kirchenväter, angetreten, um die Loyalität der Christen zum Staat trotz der Ablehnung des Kaiserkultes zu beweisen, hatten allzu gründlich über das Verhältnis von Kirche und Staat nachgedacht. So führten sie den Aufstieg der Weltmacht unter Augustus auf die Ankunft Christi zurück und verbanden den universalen Missionsauftrag, den die Evangelisten dem Sohn Gottes in den Mund legten, unlösbar mit der Friedenspolitik des Kaisers.

Das Reich Gottes und der Menschen

Dass es so weit kam, ist so verwunderlich nicht. Denn auch ein nur flüchtiger Blick in die Geschichtsbücher belehrte die gebildeten Christen, dass mit Augustus in die Welt kam, was die Länder vom Euphrat bis zur Themse nie erlebt hatten: eine mehr als 200 Jahre währende Periode des Friedens. «Allerorten», schrieb Seneca, «schweigen die Waffen, auf dem ganzen Erdkreis herrscht Sicherheit», ja der Friede hätte selbst die Germanen verändert, und der Himmel über ihnen scheine milder und weicher geworden zu sein.[22] So war es erst für die römische und dann für die christliche Auslegung der Geschichte nur ein kleiner Schritt zu der Erkenntnis, dass das Imperium und sein kaiserlicher Schöpfer Teil eines göttlichen Heilsplans sein müssten. Darüber hinaus hofften viele Christen gemeinsam mit ihren heidnischen Nachbarn – nein: waren sich sicher –, dass ein Weltreich, das der Himmel so sichtbar ausgezeichnet hatte und das sich von Sonnenaufgang bis Sonnenuntergang erstreckte, den Unglücksfällen der Zeit enthoben und unvergänglich war.

«Ein Reich ohne Ende habe ich gegeben», hatte denn auch der Jupiter Vergils seiner Tochter Venus, der Urmutter des julischen Kaiserhauses, versichert. Für die Erfüllung dieser Prophetie beteten nun auch die Christen. Denn der Wille des römischen deckte sich mit dem ihres Gottes. Noch der spanische Dichter Prudentius (348 bis 405) übertrug die vergilische Verheißung auf das Recht und Gesetz stiftende christliche Rom, ewig wie das alte heidnische. Eusebius (gest. 339), der am Hofe des Kaisers Konstantin ein und aus ging, hatte es zuvor nicht minder unmissverständlich formuliert: «Nun ist dies aber ein Werk des über allen stehenden Gottes gewesen, dass er die Feinde seines Logos durch die große Furcht vor der Macht des römischen Kaisers unterworfen hat.»[23] Es war ein Bischof, der dies festhielt. Als er es tat, stieg von den Opferaltären Roms kein Rauch mehr auf und kein Augur beobachtete den Flug der Vögel.

Es bedurfte erst des Gotenkönigs Alarich, um den theologischen Unterbau des Reiches ohne Grenzen in Zeit und Raum zu zerstören. Als seine Krieger im August 410 Rom brandschatzten, entwarf wenige Jahre später der aufgewühlte Kirchenvater Augustinus seine die folgenden Jahrhunderte prägende Lehre, nach der es zwei Staaten gäbe, den Gottes und den dieser Welt. Nur einem gehört die Ewigkeit. Aber «beide machen sich in gleicher Weise die zeitlichen Güter zunutze, beide plagen sich in gleicher Weise mit den zeitlichen Übeln; doch verschieden ist ihr Glaube, verschieden ihre Hoffnung, verschieden ihre Liebe.»[24]

Folgerichtig fielen Augustus und seine Götter zurück in die Vergangenheit, während der Sohn Gottes nun allein die Ewigkeit für sich beanspruchte. Für Augustinus entsprach dies der Logik der Geschichte und des Glaubens. Denn die Predigt Jesu galt nicht einem Reich von dieser Welt, sondern einem jenseitigen, zu dessen Frieden nur der Tod das Tor öffnete. Der Retter, der den Weg dorthin wies, konnte auch kein Mensch sein, der wie Augustus zum Gott wurde, sondern nur ein Gott, der Menschengestalt annahm.

3. Die Christianisierung der augusteischen Überlieferung

Vergil: Die Geburt des göttlichen Kindes

Der angestrengte Blick der gebildeten Christen auf die Zeitumstände der Geburt Jesu richtete sich unvermeidlich auch auf die augusteischen Dichter, allen voran auf Vergil. Denn er hatte nach christlicher Lesart das Gedicht verfasst, das prophetisch die Ankunft Christi auf Erden verkündete.

Entstanden ist es im Herbst 40, als der Krieg um Italien noch einmal verschoben wurde. In ihm sang Vergil von der Morgenröte der Erlösung und einem göttlichen Wunder: Das Eiserne Zeitalter und seine Schrecken gingen zu Ende, der göttliche König, auf den die Welt seit den Pharaonen gewartet habe, werde auf Erden geboren. Die Frevel der Vergangenheit lösche er aus und die Länder der Erde befreie er von unaufhörlicher Furcht. Ein weltumspannendes Friedensreich werde er gründen und das Goldene Zeitalter heraufführen. Selbst die Natur werde ihr Gesicht verändern: Schlangen und giftige Kräuter verschwinden, Rind und Löwe hausen friedlich zusammen, und die Wildnis verwandelt sich in einen Paradiesgarten:

«Endzeit ist nun da, wie cumaeisches Lied sie verkündet,
und von neuem geboren wird der große Lauf der Zeiten.
Schon kehrt die Jungfrau zurück, kehrt wieder saturnische Herrschaft,
nun wird ein neues Geschlecht vom hohen Himmel entsandt.
Sei der Geburt nur des Knaben, mit dem das eiserne Geschlecht gleich
sich endet und auf der ganzen Welt sich ein goldenes erhebt,
günstig, keusche Lucina, schon jetzt regiert dein Apollo!».[25]

Die Verse sprechen von der Hoffnung auf Frieden. Sie keimte auf, als der Konsul Asinius Pollio, dem Vergil sein Gedicht widmete, den Streithähnen Octavian und Antonius noch einmal den Weg zur Verständigung wies (S. 77f.). Wer aber, die Frage drängt sich geradezu auf, ist dieses Kind, mit dessen Geburt ein neues, glückliches Zeitalter beginnt? Existiert es tatsächlich oder personifiziert es ein neues Zeitalter? Will Vergil nur sagen, dass mit jedem Neugeborenen auch eine Stunde neuer Unschuld und neuer Hoffnung anbricht? Oder denkt er an Asinius Gallus, den Sohn des Konsuls, oder gar an das zu erwartende Kind aus der Ehe der Octavia mit Antonius? Damit wäre eine allzu kühne Hoffnung ausgesprochen. Denn das fürstlichen Paar bekam das Kind – aber es konnte die Prophezeiung nicht erfüllen, war es doch ein Mädchen, dem Octavia das Leben schenkte.[26]

Wie auch immer: Die Verse, kaum veröffentlicht, wurden als Ruf nach Erlösung begriffen, nach der sich das vom Bürgerkrieg erschütterte Italien sehnte. Die Christen haben sich diese Deutung zu eigen gemacht und auf die Ankunft des Gottessohnes übertragen. Sie lasen die Ekloge als Weissagung und machten Vergil zu einem prophetischen Vorläufer Jesu, Johannes dem Täufer vergleichbar. Denn das Gedicht enthielt Bilder, welche die Auslegung geradezu aufdrängten, der Heide habe die Ankunft des Messias vorausgesehen. Ihr Bogen reicht von der Jungfrauengeburt bis hin zur Vorstellung des göttlichen Knaben, dessen Erscheinen die Sterne ankündigen und der ein Zeitalter des Friedens bringen wird, in dem die Erde Früchte im Überfluss trägt, die Rinder die Löwen nicht mehr fürchten und die Natur zum Frieden und zur paradiesischen Unschuld zurückfindet. Dann schwinden auch die Spuren menschlicher Verbrechen und die Schlange wird sterben – unschwer zu interpretieren als das Ende der Macht des Teufels.

Vergil schien zudem die messianische Weissagung des Propheten Jesaja zu bestätigen: «Ein Kind ist uns geboren, ein Sohn wird uns geschenkt, auf seinen Schultern ruht die Weltherrschaft und sein Name wird sein: Friedensfürst... Dann wohnt der Wolf bei dem Lamm, der Panther lagert bei dem Böcklein. Kalb und Löwe weiden gemeinsam.» Es bedurfte keiner angestrengten Interpretationskünste, um den gefeierten Knaben mit dem in Bethlehem geborenen Heiland gleichzusetzen. Der augusteische Dichter, eingeordnet in die jüdische Tradition, wurde damit noch glaubwürdiger. Selbst Konstantin der Große, der erste christliche Nachfolger des Augustus, zitierte vor Bischöfen die Ekloge Vergils, um die Göttlichkeit des Gottessohnes zu beweisen, Für die Frommen war ihr Verfasser, so hatte es bereits Tertullian (gest. um 230) hervorgehoben, eine *anima naturaliter christiana*, eine wesenseigen christliche Seele.[27] In keiner mittelalterlichen Klosterbibliothek fehlten Abschriften seiner Werke.

Die Prophetien der Sibyllen

Vergil beruft sich auf eine Weissagung der Sibylle von Cumae, der Priesterin des Apoll. Gott, so glaubten auch die Christen, habe nicht nur zu den jüdischen Propheten und dem größten Dichter Roms gesprochen, sondern auch zu den weissagenden Sibyllen der Heiden. Von den vielen Legenden, die sie umhüllen, rankt sich die berühmteste um die tiburtinische Sibylle.

Das Kapitol in Rom war im frühen Mittelalter kein Ort ehrfürchtigen Gedenkens. Nur wenige Menschen lebten dort, und wer es besuchte, stolperte durch Ruinen namenloser Gebäude, in denen Ziegen kletterten. Der Tempel des Jupiter lag zerstört, und niemand hatte sich seinen Namen eingeprägt. Die ganze Gegend, einschließlich des Forums, war längst verödet, und von ihrer einstigen Größe kündeten nur Legenden. Eine von ihnen erzählt von einem Palast auf dem Kapitol, der den dritten Teil aller Schätze der Welt wert gewesen sei, so reich war er verziert mit Gold und Edelsteinen. Vor ihm hätten Statuen gestanden, die alle unterworfenen Gebiete verkörperten und um den Hals Glöckchen trugen. Diese sollen zu läuten begonnen haben, wenn eine Provinz einen Aufstand wagte, so dass die Priester den Senat immer und zur rechten Zeit warnen konnten.

Diese Sage war nicht der einzige Blick zurück in das ferne Rom. Im 10. Jahrhundert ragte aus der Trümmerwüste des Kapitols ein Konvent der Jungfrau Maria auf, dessen Mönche auf dem Hügel Gemüse pflanzten, Gärten anlegten und ihre Bußübungen abhielten. Das Kloster stand auf der höchsten Erhebung und wurde nach 850 durch eine Kirche ersetzt; sie blieb die einzige, die die Römer dort errichteten. Gewidmet war sie Maria und trug den Beinamen «im Himmelsaltar» (*ara coeli*). Er geht auf eine alte Fabel zurück, bewahrt in den Mirabilien der Stadt, eine um

Abb. 31 Antoine Caron (1521 bis 1599), Hofmaler Katharina de' Medicis, zeigt den Kaiser kniend vor der tiburtinischen Sibylle, die auf die am Himmel erscheinende Maria mit dem Kind auf dem Schoß deutet. Die Kulisse, in der Caron die Geschichte ansiedelt, ist das phantasievoll ausgestaltete Paris seiner Zeit.

1150 verfasste Beschreibung der Sehenswürdigkeiten Roms.[28] Sie führt ihre Leser in den römischen Senat. Seine Mitglieder, von der Schönheit des Augustus und seiner glücklichen Herrschaft tief beeindruckt, wollen seine Vergöttlichung beschließen. Der überraschte Kaiser fordert Bedenkzeit und lässt die Sibylle von Tibur aufs Kapitol rufen und bittet sie um Rat. Nach dreitägigem Fasten offenbart sie ihm das Wunder aller Wunder: Ein neuer König, größer als er, sei in die Welt gekommen, um sie zu beherrschen. Bei diesen Worten öffnet sich der Himmel und in einem Ring um die Sonne erscheint die Gottesmutter mit dem Kind im Arm über einem Altar. Auf den Knien liegend hört Augustus eine himmlische Stimme: «Das ist die Jungfrau mit dem Weltenheiland und der Altar des Gottessohnes.» Augustus betet das Kind an und lehnt am nächsten Morgen die Vergöttlichung im Senat ab: Nicht einmal von seinen Kindern wolle er «Dominus» genannt werden, denn er sei sterblich und der Name des Herrn gebühre ihm nicht.

An dem Ort der Vision habe der Kaiser, so schloss der Erzähler, dem

Sohn Gottes einen Altar errichtet und die Kirche, die ihn beherberge, heiße noch heute *Sancta Maria Ara Coeli*.

Die Erzählung vereinigt mehrere Motive. Ihren Ursprung hat sie in der Nachricht Suetons, Augustus habe die Anrede «Herr» (*dominus*) abgelehnt, da er sie als Beleidigung empfinde. Schon Tertullian zeigte sich von dem Vorgang berührt und rühmte den Kaiser, der sich weigerte, den Beinamen Gottes zu beanspruchen. Über Orosius fand der Bericht seinen Weg ins Mittelalter. Dort verband er sich mit der 4. Ekloge Vergils und der bei Johannes Malalas (491 bis 578), dem Verfasser einer Weltchronik, bewahrten Geschichte, Octavian habe auf die Frage, wer sein Nachfolger würde, die Antwort erhalten: ein Kind.[29]

Nach den Gotenkriegen des 6. Jahrhunderts verwilderte Rom, hinter dessen Mauern nur noch 30000 Menschen lebten. Aber die Sagen bewahrten die verwunschene Erinnerung daran, dass das Kapitol einst der magische Mittelpunkt eines großen Imperiums war. Noch immer blieb die Idee eines Weltregiments unlösbar an diesen Hügel gebunden, noch immer hörten viele die Predigt, es könne kein Zufall gewesen sein, dass der Sohn Gottes in die Welt kam, als Augustus Monarch, Friedensbringer und Weltherrscher war. Es war unerlässlich, schrieb Dante 1304, dass nicht nur der Himmel, sondern auch die Erde im bestmöglichen Zustand war, als Gott Mensch wurde. Dieses die Welt umstürzende Ereignis forderte das Regiment eines Fürsten, der den Frieden auf Erden bewahrte. Daher «hat die göttliche Vorsehung das Volk und die Stadt bestimmt, die diese Bedingungen erfüllen sollen, nämlich das glorreiche Rom».[30] Daher lenkte Gott Roms Geschicke und half mit vielen Wundern, damit es seine schicksalsträchtige Rolle spielen und dem Heil aller Menschen dienen konnte.

Zurück zu Jesus und seinen Aposteln. Sie hatten den Gläubigen untersagt, Rom als Feind zu betrachten oder gar an Widerstand zu denken. In seinem Brief an die Gemeinde in Rom, geschrieben in den frühen 50er Jahren, nannte Paulus den römischen Staat als von Gott gegeben, dem jedermann Gehorsam schulde. Wenige Jahrzehnte später ließ der Evangelist Matthäus Jesus seine Anhänger ermahnen, «gebt dem Kaiser, was des Kaisers ist.» Daher beteten die Christen für ihn und seine Beamten: «Gib ihnen, Herr, Gesundheit, Frieden, Eintracht und Beständigkeit, damit sie die ihnen von dir gegebene Herrschaft ohne Fehl ausüben.»[31] Selbst das Blut der Märtyrer konnte ihre Loyalität gegen Kaiser und Staat nicht ins Wanken bringen. Denn es floss zu Ehren des einen Gottes und nicht zur Verdammnis des einen Kaisers.

XV. AUFRÜHRER, HERRSCHER UND HEILAND: DIE ERINNERUNG AN EINEN RÖMER

«Will man das Maß an Genialität, das ein Mann besitzen musste, um sein Jahrhundert zu beherrschen, richtig einschätzen, muss man dieses Jahrhundert beurteilen können.» *Metternich über Napoleon*

«Dir aber, großer Caesar, bringen wir,
noch weil du bei uns bist, die Ehren dar,
die du verdienst. Wir setzen die Altäre
im Leben Dir, bei denen unsere Enkel
einst schwören werden, und bekennen laut
dadurch, dass deines gleichen nie zuvor
die Welt gesehen, noch künftig sehen wird.» Horaz (Übers.: Wieland)

1. Der Mann

Widerstreit der Wahrnehmungen

Am Anfang der neuen Weltordnung steht das persönliche Geschick und die lange Lebenszeit eines Emporkömmlings: Octavius aus Velitrae, Caesars Sohn durch die Gnade der Adoption, Augustus aus eigener Kraft. Ein gut aussehender Mann, dunkelblond, strahlend helle Augen, von Statur eher klein. Seinem Körper, der ihn bis in die zwanziger Jahre mit Krankheiten plagte, rang er das Wunder eines langen Lebens ab. Mit 64 schrieb er launig an seinen geliebten Enkel Gaius, er habe das Klimakterium alter Leute, das 63. Lebensjahr, unbeschadet überstanden, und er bete zu den Göttern, die Zeit, die ihm bleibe, gesund in einem Staat verleben zu können, dessen Glück fortbestehen möge. Die Götter erfüllten ihm seine Bitte und gaben ihm noch zwölf Jahre.[1]

Es hat in der Antike nicht an Versuchen gefehlt, den Charakter des Augustus zu bestimmen. Am eindringlichsten mühte sich Sueton. Mit kaum verhülltem Behagen schrieb er eine lange Liste von Eigenheiten auf, die ihn und seine Leser unterhalten sollten. Über die Wesensart des Kaisers klären sie nur ansatzweise auf. Die Schönheit der Natur sagte ihm nichts, und das höchste Glück gewährte ihm gewiss nicht ein Sommertag mit «frischer Luft und Wind, der über die Felder streicht».[2] Philosophische Neigungen plagten nur den jungen Mann, der die Nase zu tief in den 45 geschriebenen *Hortensius* des Cicero gesteckt hatte. Wenn er Zerstreuung suchte, schlug er Bücher auf, setzte sich mit Freunden und den Enkeln ans Würfelbrett, warf die Angel in den Tiber und besuchte die Spiele und private Faustkämpfe in den Vorstädten. Er achtete sorgfältig auf göttliche Vorzeichen und maß Träumen eine große Bedeutung bei. Als ihn eine nächtliche Vision vor dem Neid der Götter warnte, schlüpfte er, um sie zu versöhnen, einmal im Jahr in die Rolle eines Bettlers und bat die Umstehenden um eine milde Gabe.[3] Blitz und Donner fürchtete er so sehr, dass er immer Felle von Seehunden bei sich trug, da diese der Legende nach nie der Blitz treffe. Er war ein leidenschaftlicher Briefschreiber, verfasste Verse, eine Biographie des im Jahre 9 gefallenen Drusus und eine Tragödie des *Aias*, über die er scherzte, der Held habe sich bei ihm nicht ins Schwert, sondern in den Schwamm gestürzt.

Scharfsinnigen Witz wusste er auch dann zu schätzen, wenn er im Wortgefecht unterlag – so, als er im Circus einem schmausenden Ritter ein Billet mit dem Satz schickte, wenn er, der Kaiser, essen wolle, gehe er nach Hause. Auf der Rückseite des postwendend zurückgesandten Briefleins las er, «Aber ja, du brauchst ja auch keine Angst um Deinen Sitzplatz zu haben!» Den Kürzeren zog er auch im Wortgefecht mit einem Straßendichter, der ihm häufig seine Gedichte zum Kauf anbot. Der Sache schließlich leid, schrieb Augustus dem Poeten selbst einige Verse, worauf dieser aufsprang, einige Geldstücke aus der Tasche zog und sie dem Kaiser reichte: «Erhabener, die Verse sind gut! Wenn ich mehr hätte, würde ich dir mehr geben!» Der Mann hatte den richtigen Ton getroffen und zog reich beschenkt von dannen.[4]

Seinen streng erhobenen Zeigefinger, mit dem er anklagend auf den liederlichen Lebenswandel der Eliten wies, richtete er nicht gegen sich selbst. Seine Liebschaften seien zahllos gewesen, berichten die antiken Gewährsmänner. Die peinlichste war unstreitig die mit Terentia, der Frau seines Freundes Maecenas (S. 223). In den Armen junger Mädchen und Knaben, die nicht selten seine Ehefrau aussuchte, fand er das schönste

Vergnügen, das die Natur zu spenden wusste. Sein Verhältnis zu Livia hat dies nicht getrübt. Er hatte sie in jungen Jahren nach zwei politischen Ehen in einem einflussreichen Adelsgeschlecht gefunden und sie zeitlebens geliebt. Selbst als die Kinder ausblieben, die doch sein Werk fortsetzen sollten, dachte er nicht an Trennung. Mit ihr beriet er alle Fragen von Belang, und ihr Urteil bedeutete ihm so viel, dass er sich auf wichtige Unterredungen mit ihr schriftlich vorbereitete und akribisch festhielt, was sie zu sagen wusste. Geredet und geschrieben wurde über alles, Götter und Menschen, Politik und Familie. So berieten beide sorgenvoll, welche öffentliche Rolle ihr Enkel Claudius (der spätere Kaiser) spielen könne, ohne dass die Leute «ihn und uns verlachen». Denn der Sohn des vergötterten Drusus stotterte, hinkte, konnte Kopf und Hände nicht ruhig halten und verlor bei hoher Anspannung die Kontrolle über sich. Augustus legte Livia ans Herz, mit dem Unglücklichen nach klaren Grundsätzen zu verfahren, «damit wir nicht zwischen Hoffnung und Furcht hin und her geworfen werden». Die Staatsräson obsiegte über die familiäre Fürsorge und schloss Claudius von der senatorischen Laufbahn aus.[5]

Baumeister des Wandels

Alles dies sind Momentaufnahmen und Streiflichter. Sie vermitteln nur einen ungefähren Eindruck von der Persönlichkeit des Augustus. Wer mehr erfahren will, muss tiefer graben als Sueton und muss die Zeitumstände und die Zwänge bedenken, die auf dem Mann lasteten, als er nach der absoluten Macht griff. Wieland, der dies im 18. Jahrhundert versucht hat, begann mit einem Ausruf der Hilflosigkeit: «Ich weiß nicht, ob die Geschichte in ihrem ganzen Umfang einen Sterblichen aufzuweisen hat, dessen Charakter zweideutiger, rätselhafter und schwerer unter einen Hauptbegriff zu fassen wäre.» Wer den Weg des Augustus durch die Zeit der Bürgerkriege und die folgenden 42 Jahre der Alleinherrschaft verfolge und miteinander vergleiche, könne sich kaum vorstellen, dass er das Leben ein und derselben Person studiere. Bekanntlich habe der Terrorist der ersten zwei Jahrzehnte eine Monarchie begründet, die «durch eine Mäßigung, eine Klugheit, eine Aufmerksamkeit und Tätigkeit für das allgemeine Beste, die fast ohne Beispiel ist, beliebt und zu einer Wohltat für die Welt gemacht wurde». Die Geschichte kenne für eine solche Verwandlung kein zweites Beispiel, und ihr Geheimnis wäre nie gelüftet worden, wenn es Augustus nicht selbst in den letzten Minuten seines Lebens mit der Frage preisgegeben hätte, ob er seine Rolle gut gespielt habe. Dieser letzte Auftritt des Sterbenden lehre, dass der vermeintlich Große, dem die Menschen Altäre bauten, nichts weiter als ein «Komödiant» gewesen sei, Wachs in den Händen seiner Berater, eine Marionette, die dachte und tat, was andere ihm vorsprachen.[6]

Wielands Interpretation ist fraglos eigenwillig. Sie wurde jedoch gerne und oft im Bild von dem Mann mit der Maske variiert, der wie ein Aussätziger niemals sein wahres Gesicht hätte zeigen wollen. Trotzdem trifft die Frage Wielands den Kern des Problems. Augustus hat vom ersten Tag seines politischen Aufstiegs an lernen müssen, Haken zu schlagen, Mord und Totschlag zu planen, kalten Herzens Terror zu üben und zu lügen und zu betrügen, wann immer es ihm nützlich schien. Nichts Göttliches noch Menschliches sei ihm heilig und kein Bubenstück zu schändlich gewesen, um seine ehrgeizigen Pläne zu verwirklichen, hielt Wieland fest. Niemand wird ihm widersprechen wollen. In den Jahren des Bruderkrieges ging es immer um alles oder nichts, erschien Großmut als Schwäche und Nachgeben als Kapitulation. Was dem Sohn Caesars freiwillig auf die eine Weise nicht gegeben wurde, nahm er sich auf die andere mit Gewalt. Die Not, anders nicht überleben zu können, diktierte sein Verhalten und prägte seinen Charakter.

Zudem musste er eine Schwäche ausgleichen, die in Zeiten, in denen die Waffen das letzte Wort sprechen, tödlich sein kann: Ihm fehlte das Rüstzeug des Kriegers. Er könne noch nicht einmal ein Schlachtreihe mit sicherem Auge abschätzen, höhnte Antonius, und allzu Voreilige nannten ihn zu Unrecht einen Feigling (S. 99). Gänzlich fehlte ihm die Glorie eines charismatischen Soldatenführers. Beides hatte Caesar im Übermaß ausgezeichnet, beides hatten seine Generäle, die den Eroberer Galliens beerben wollten, von diesem gelernt – der eine mehr, der andere weniger. Die Lehrjahre, um es ihnen gleichtun zu können, verweigerten Octavian die Umstände. So war er von Anfang an (und blieb es für immer) gebunden an Berufskrieger, deren Loyalität jeden Tag neu geprüft werden musste. Abhängig blieb er auch von den Armeen, die den Preis für ihre Künste immer höher trieben. Den einen gab er, was immer Rom an Ämtern und Ehren zu verteilen hatte, den anderen opferte er das Wohl Italiens. Um seine Legionäre zu mästen, entvölkerte er viele Städte und vertrieb Hundertausende aus ihrer angestammten Heimat. Hätte er es nicht getan, hätten es andere tun müssen. Er aber tat es und dies unbeirrbar und mit höllischer Präzision.

Hemmungen oder gar Bedauern über das, was sein musste, waren Augustus fremd, ja sie wären ihm gar nicht in den Sinn gekommen.

Rechtfertigung wohl, denn sie war an vielen Stationen seines Lebens politisch unumgänglich. So hat er seine mörderischen Winkelzüge der ersten Jahre zu verschleiern versucht, so gut es eben ging – die historischen Kapitel seines Tatenberichtes beweisen es. Aber er starb in dem Bewusstsein, dass ihn die Welt von allen Bluttaten freisprechen müsse. Wer hätte auch zweifeln dürfen, dass er den Drachen der Bürgerkriege erschlug, Rom und sein Reich vor dem Untergang bewahrte und der Welt den Frieden brachte? Wer hätte den vielstimmigen Chor missachten können, der ihn als Gott und Heiland pries und für ihn und den Bestand seiner Herrschaft betete? Die Flüche derer, die auf der Strecke geblieben waren, wollte niemand mehr hören. «Jede Erinnerung an die Wirren der Zeit in ewigem Vergessen zu begraben» hatte schon Cicero nach Caesars Tod gefordert – galt der Satz nicht jetzt erst recht, um mit der bösen Erbschaft von Hass und Vergeltung fertigzuwerden? Hatte Augustus nicht am Ende Rom mehr Glück gebracht, als ein von Not und Krieg geschlagener Erdkreis zu träumen gewagt hatte? Die Toten waren mit allem, was sie einst für unverzichtbar hielten, längst begraben und mit ihnen die Republik, für die sie einst gekämpft hatten.

Trotzdem wollte sich das «ewige Vergessen» nicht einstellen. Das Friedensreich des Monarchen hatte die alte Ordnung zerstört, nicht aber ihre Führungsschicht beseitigt. Viele wünschten immer noch, ein Attentat, der Tod auf dem Krankenbett oder schwere politische Fehler des Potentaten könnten der Republik wieder Leben einhauchen und ihnen die Rolle des Dienens ersparen. Ihre Hoffnungen machten die Furcht vor dem Schicksal Caesars zum ständigen Begleiter des Prinzeps. Er blieb daher zeitlebens misstrauisch und unberechenbar gefährlich. Wer klug war, vergaß es nicht und hielt sich an den Rat des erfahrenen Asinius Pollio, den der junge Octavian mit Spottversen verfolgt hatte. Der General, obwohl nicht aufs Maul gefallen, versagte sich die fällige Replik – mit gutem Grund: «Ich schweige. Denn es ist nicht leicht, gegen den Mann zu schreiben, der mich auf die Proskriptionsliste setzen kann.» Der Satz wurde für viele zum Leitmotiv ihres Umgangs mit dem Herrscher. Denn Worte wogen so schwer wie Taten. Jeder kannte das Schicksal des Titus Labienus. Dieser hatte in seiner Zeitgeschichte unverhohlen Partei für Pompeius ergriffen, worauf der Senat sein Werk dem Scheiterhaufen empfahl und den Verzweifelten in den Tod trieb.[7]

Im Raum der Politik mahnten alle wichtigen Entscheidungen zu höchster Vorsicht. An den Tagen, an denen sie gefällt werden mussten, trug Augustus sogar im Senat das Panzerhemd unter der Toga und in den

Straßen Roms wich seine germanische Leibwache nicht von seiner Seite. Noble Begnadigungsakte wechselten mit starrsinnigem Beharren auf lebenslänglicher Bestrafung. Dies traf nicht nur den armen Ovid, den der Kaiser ins entlegene Tomi verbannte und damit den verwöhnten Großstädter lebendig begrub, es traf auch die eigene Familie. So starben seine Tochter, seine Enkelin und sein Adoptivsohn Postumus unversöhnt im Exil. Tiberius, der sich im Jahre 6 verbittert über seine Zurücksetzung für Jahre nach Rhodos zurückgezogen hatte, wurde erst wieder bei Hofe willkommen geheißen, als niemand mehr da war, der als Nachfolger in Frage kam.

Diese Schicksale zeigen, in welchem Ausmaß auch die Familienehre ständige Beachtung verlangte. Augustus war Julier, Führer eines Geschlechts, das stolz von sich behauptete, älter zu sein als der römische Staat. Als Stammmutter verehrte es Venus, und seine Angehörigen zählten sich zu den Auserwählten. Als solche waren sie alle dem ersten Grundgesetz aristokratischen Lebens unterworfen: Politik und Krieg. Sie lebten für den Staat und für ihre Familien und dachten nicht daran, die einmal errungene Macht mit anderen zu teilen. Die Verbissenheit, mit der Augustus um die Nachfolge eines Juliers kämpfte, erklärt sich unschwer aus dieser Tradition. Sie enthüllt zugleich einen Charakterzug, der auch seine ganze politische Existenz bestimmte: Er gab nie auf. So adoptierte er Tiberius und öffnete ihm das Tor zur Alleinherrschaft erst, als er den letzten seines Clans im Mausoleum der Julier beigesetzt hatte.

Seine Entschlossenheit, sich nie zu beugen, trug viele Gesichter. Im Bürgerkrieg prägte eines davon der Wille zu überleben, auch wenn dabei die Welt in Stücke flog. Ein anderes zeigte in der Außenpolitik die Wucht, mit dem die Unterwerfung Mitteleuropas vorangetrieben wurde, ungerührt von der Länge des Krieges, unbeirrt von jahrelangen Aufständen, unerschüttert von schweren Niederlagen. Ein drittes enthüllte in der Innenpolitik die schulmeisterlicher Pedanterie, mit welcher der Kaiser die römische Gesellschaft zu erziehen versuchte. Auf diesem Feld zog Augustus seine Furchen, ohne auf längst eingespielte gesellschaftliche Gewohnheiten oder gar menschlicher Schwächen zu achten. Ein viertes und zugleich das eindrucksvollste Gesicht zeigte die Darstellung der eigenen Größe: Der Universalherrscher verwandelte Rom in eine Stadt aus Marmor, in der jeder öffentliche Bau seine Fürsorge für jedermann bezeugte und die Früchte des inneren Friedens und der imperialen Expansion sichtbar machte.

Der Beharrlichkeit des Kaisers stand seine Disziplin in nichts nach. Sie zeigt sich am augenfälligsten in dem rastlosen Bemühen, die zerrütteten Provinzen neu zu ordnen. Solange es ging, tat er es selbst. So weilte er in den ersten 14 Jahren seines Prinzipats die meiste Zeit außerhalb Italiens: 27 bis 24 in Gallien und Spanien, 22 bis 19 im Osten, 16 bis 13 in Spanien und Gallien – nur sein späterer Nachfolger Hadrian ist noch öfter gereist als er.[8] Nimmt man die Kriegszüge der Jahre 44 bis 30 hinzu, hat Augustus bis auf Afrika jede Provinz gesehen. Zu solchen Leistungen war nur ein Mann fähig, den ungeachtet aller Krankheiten eine außergewöhnliche Vitalität antrieb.

Fortuna, die Glücksgöttin, blieb dem Kaiser von der frühen Jugend bis ins hohe Alter treu. Tacitus hielt es voller Bewunderung fest.[9] Tatsächlich hat sie nur für wenige Sterbliche so viel wie für Augustus getan. Sie gab ihm Agrippa, der alle Talente eines großen Feldherrn mit der Treue eines Knappen verband, sie sandte ihm Maecenas, der die hohe Schule der Diplomatie mit der Leidenschaft eines Apostels vereinigte, sie schickte ihm Vergil und Horaz, die seine Herrschaft als den von den Göttern vorbestimmten Beginn einer Epoche des Friedens und des Heils verewigten, und sie schenkte ihm ein Imperium, das andere geschaffen hatten. In den Schlachten, die gegen die Mörder des Vaters, gegen Sextus Pompeius und gegen Antonius geschlagen wurden, halfen die Götter, und sie waren bei ihm, als er das Imperium bis an die Grenzen der Erde erweiterte.

Die antiken Autoren liebten Anekdoten. Auf die Frage aber, an welchen Tagen Augustus glücklich war, schwiegen sie. Hat er privates Glück überhaupt gesucht, oder genügten ihm die kurzen Momente körperlichen Behagens? Opferte er der Politik Augenblicke, die nie zurückkehren, Tage die unwiderruflich dahin sind? Oder war die Politik für ihn, was für Caesar der Krieg war, Erfüllung des Lebens, der nichts gleichkam? Die Macht, der Ruhm und die schrankenlose Bewunderung der Massen begeisterten ihn wie jeden Aristokraten weit über den Tag hinaus. Sie stärkten seinen Glauben an sich selbst und das Bewusstsein, fähig zu sein, eine historische Aufgabe zu erfüllen, die alles übertraf, was andere je getan hatten: die Rettung Roms und die Heilung der verwüsteten Welt. Früh verband sich diese Überzeugung mit dem Glauben, von den Göttern auserwählt zu sein und eines Tages zu ihnen gezählt zu werden. Welches Glück konnte beständiger sein als die Unsterblichkeit?

2. Das Werk

Staat und Imperium

Staatsordnungen entstehen, blühen – und werden verworfen, wenn sie den Wandlungen der Welt nicht mehr genügen. In Rom war dieser so selbstverständlich erscheinende Vorgang angesichts der unermesslichen Erfolge, die die lange Geschichte der Republik auszeichneten, unendlich schwer umzusetzen. Die jahrzehntelangen Bürgerkriege zeugen davon. Ihre Generäle zerbrachen die republikanische Ordnung. Aber sie taten es um ihrer persönlichen Macht willen, nicht, um einen neuen Staat zu gründen.

Octavian war einer dieser Generäle, die der Wunsch antrieb, mehr als eine Randnotiz im Buch der Geschichte zu hinterlassen. Für seine Erfüllung sprach lange wenig. In den ersten zwei Jahrzehnten ging es für den Erben Caesars nur darum, sich seiner Haut zu wehren, am Leben zu bleiben, den Tod des Vaters zu rächen und den Rivalen im Kampf um die Macht das Grab zu schaufeln. Als es gelang und mit Antonius der letzte dahin war, begann das jahrelange Ringen um die Sicherung der auf dem Schlachtfeld gewonnenen Alleinherrschaft; die mit allem monarchischen Pomp gefeierte Säkularfeier im Jahre 17 krönte diese Lebensphase. Die letzte ist geprägt von dem Willen, Mitteleuropa von der Elbe bis zur Donau zu unterwerfen. Sie begann im Jahre 20 mit dem Verzicht, das Partherreich zu erobern und als zweiter Alexander nach Rom zurückzukehren. Sie endete mit der Eroberung des Alpenraums und der Länder des Balkans. In diesen Jahrzehnten wuchs Augustus in die Rolle eines Eroberers wie kein Römer vor oder nach ihm. In dem rauschhaften Jubel der Dichter spiegelte sich, was Rom angesichts dieses Erfolges bewegte.

Der Makel des Anfangs aber blieb. Die Herrschaft des Augustus ruhte wie die Sullas und Caesars auf einem Gründungsakt revolutionärer Willkür. Niemand vergaß, dass mit der Anwerbung bewaffneter Rotten im Oktober 44 Octavian den Bürgerkrieg neu entfacht hatte, der fünfzehn Jahre lang das Unterste zuoberst kehrte. Nirgendwo war so deutlich zu erkennen wie hier: Die ersten Schritte des späteren Kaisers waren die eines Gesetzlosen, der sich des Hochverrats schuldig machte. Wie aber sollte eine Herrschaft Bestand haben, auf deren Gründungsakt die tiefen Schatten von Aufruhr und Verrat fielen, und wie sollte ein Mann vor der

Geschichte bestehen können, der alles, was er besaß, räuberischer Erpressung verdankte?

Als bei Aktium der letzte Waffengang entschieden war, rissen der Sieger und seine Gefolgschaft die staatliche und gesellschaftliche Macht an sich. Den gesetzlichen Rahmen steckten auf ihren Befehl Senat und Volk im Januar 27 ab. Offen blieb die Frage, wie die Gegner in Schach zu halten waren. Einer Lösung harrte auch das Problem, wie ein Imperium zu regieren war, das weite Teile Afrikas, Asiens und Europas umfasste. Welche Mittel taugten, um die Besiegten, alte Kulturvölker und wilde Stämme, zivilisierte Stadtbewohner und einfache Bauern, auf die Person des neuen Herrn Roms einzuschwören? Welche Zukunft musste eine neue Ordnung den Untertanen versprechen, die unter der Misswirtschaft der Republik gelitten hatten? Wie sollten die alten Führungsschichten der Republik an der Macht beteiligt werden, die allein Provinzen verwalten und Legionen führen konnten, das Dienen jedoch hassten? Welche Instrumente taugten, die Willkür der maßlos gewordenen und ihrer Macht bewussten Militärs zu zähmen?

Alle diese Aufgaben überlagerte der Wille, die unter großen Opfern gewonnene Macht um keinen Preis mehr aus den Händen zu geben. Für Augustus kam es nicht darauf an, ob, sondern wie die errungene Befehlsgewalt einzurichten war. Das staatliche Zentrum bildeten noch immer Senat und Magistrat, und jeder Neuanfang musste mit ihrer Restauration beginnen. Caesar hatte diese Pflicht wie ein lästiges Insekt abgeschüttelt. Er war zu sehr in den Krieg verliebt, um der Vorstellung von der Wiedergeburt des Staates etwas abgewinnen zu können. «Die Republik ist ein Nichts», beschied er barsch lästigen Mahnern. Octavian hingegen war nach 15 Jahren Bürgerkrieg zum Handeln gezwungen. Dem einen, Caesar, gestattete die Geschichte noch eine Vision von Größe, in der Rom ihm zu dienen hatte. Der andere, Augustus, hatte nur noch die Möglichkeit, Rom zu dienen, um selbst groß zu werden.

So hüllte Augustus seine Herrschaft in einen rechtlichen Mantel, der ihn als Diener, nicht aber als Herrn (*dominus*) des Staates auswies. Die Allmacht des Militärführers fügte er mit den Scherben einer jahrhundertealten Geschichte zusammen. Das, was die Römer von der Alleinherrschaft zu sehen und zu hören bekamen, trug sichtbar den Stempel der Erinnerung und nahm dem Neuen sein allzu grelles Licht. Auf diese Weise feierte Rom die Hochzeit mit dem gänzlich Ungewohnten in der Maske des Alten. Es war dies kein Akt mildtätiger Heuchelei. Denn alles, was Rom war, hatte die Republik geschaffen.

Abb. 32 Das von Kaiser Otto III. um 990 gestiftete Vortragekreuz (sog. Lotharkreuz) aus dem Aachener Domschatz. Auf seiner mit Edelsteinen verzierten Vorderseite leuchtet ein eingesetzter antiker Kameo mit dem Bild des Augustus. Er ist mit dem Lorbeerkranz geschmückt, mit Panzer und Kriegsmantel bekleidet und trägt in seiner Rechten einen Legionsadler als Feldzeichen. Auf der schmucklosen Rückseite des Kreuzes, dem Priester zugewandt, ist der Gekreuzigte eingraviert, das Haupt auf die Brust gesunken, zu seinen Füßen die durch seinen Tod besiegte Schlange des Bösen. Die mit dem Tod Christi begonnene Erlösung verbindet sich nach dem Willen Ottos mit dem römischen Imperator, dessen Siege der Welt den Frieden brachten und den Missionaren des neuen Gottes die Wege in die Welt ebneten.

Nur sie konnte daher den Rahmen abgeben, in dem eine neue Staatsordnung Gestalt erhielt.

Dies nahm dem Befehl des Monarchen nichts von seiner unbedingten Wirksamkeit, gab ihm jedoch eine Kontur, welche die Selbstachtung der alten Eliten nicht zerbrach. Eine ungewöhnliche Spielart der Politik war damit geboren: Senat und Magistrat fügten sich, während der Prinzeps die Formen wahrte, in denen die Republik Entscheidungen zu fällen gewohnt war. Damit ermöglichte er auch seinen Gegnern, als Sieg zu feiern, was doch nur das Ende der alten politischen Ordnung war. Tacitus tat die Zustimmung des Senatsadels als freiwilligen Sturz in die Knechtschaft ab. Er fand keinen Widerspruch, aber auch kein Gehör. Denn das Sichbeugen bewahrte die bestehende soziale Hierarchie und stabilisierte die gesellschaftliche Ausnahmestellung der Aristokratie.

Krieg und Frieden

Viele Unzulänglichkeiten der Regierung des Prinzeps waren verzeihlich oder korrigierbar – soldatische Unfähigkeit nicht. Also führte Augustus Krieg, getrieben von der Geschichte und dem unbeugsamen Willen, Herr eines von den Göttern gewollten Reiches zu werden. Dies war das eigentliche Motiv seiner Feldzüge, die er in alle Himmelsrichtungen zu führen befahl. Geopolitische Analysen, geboren etwa aus dem Wunsch, dem Reich sichere Grenzen zu verschaffen, spielten keine Rolle. Die Legionen, hätten es die Umstände zugelassen, wären auch nach Indien, Britannien oder Thule marschiert. «Bei allen Provinzen, die Völker zu Nachbarn hatten, die unserem Spruchrecht nicht gehorchten, habe ich die Grenzen erweitert», verkündete stolz der Monarch in seinem Tatenbericht. Wer weiter las, blickte in das unverhüllte Gesicht des Universalherrschers. Er herrschte über große territoriale Binnenräume in Mitteleuropa und hatte den Charakter des Imperiums als ein auf das Mittelmeer zentriertes Weltreich verändert. Auch wenn alle Länder jenseits des Euphrat selbständig blieben, durften die Dichter mit einigem Recht von einem Reich ohne Grenzen in Raum und Zeit träumen.

Wirklichkeit konnte es nur werden, wenn es gelang, den geschundenen Untertanen die Hoffnung auf ein besseres Leben zurückzugeben. Davon hing der Bestand des Imperiums ab. Sein Zerfall war nur zu verhindern, wenn statt Gewalt und Terror «Recht gelte gegenüber den Bürgern, Recht gegenüber den Provinzialen», erläuterte unübertroffen Tacitus. Dieses Ziel forderte ganz andere Energien als das Bündnis mit der Staatsordnung der Väter oder der Krieg im Jemen und in den Wäldern Germaniens. Vom Euphrat bis zum Atlantik riefen Reiche und Arme nach dem Erlöser aus dem Elend der Zeit. Auf sie zu hören und ihre Sehnsüchte zu erfüllen, war die wichtigste Aufgabe des neuen Herrn in Rom. Scheiterte er, beschwor er die Anarchie herauf.

Das Drehbuch für die Rolle des Heilands schrieb Augustus selbst. Es enthielt eine politisch-theologische Liturgie, die in allen Provinzen durch Umzüge und Festtage zu einem großen Stimmungstheater ausgebaut werden konnte. Zusammen mit den ersten praktischen Ansätzen, das Los der Provinzialen erträglicher zu machen, war dies der einzige Weg, das Vertrauen der Untertanen zu gewinnen und die in den Bürgerkriegen verlorene staatliche Autorität wiederherzustellen.

Das Losungswort, das alles zusammenband, lautete: Friede. Wie aber war er zu verwirklichen und wie konnte er allen nützen? Was besagte das Wort «Friede» in einer wenig brüderlichen Welt? Es bezeichne einen paradiesischen Zustand, glaubten die Griechen, und daher tue der Mensch sich so schwer, ihn ohne göttliche Hilfe zu gestalten. Ganz anders lautete die römische Antwort: Friede (*pax*) sei unlösbar mit Herrschaft verknüpft und allein dem erfolgreichen Einsatz der Waffen zu danken. Ganz in diesem Sinne versicherte Augustus, er habe die Tore des Janus-Tempels zum Zeichen des Friedens erst geschlossen, «als im ganzem Herrschaftsbereich des römischen Volkes zu Wasser und zu Lande ein durch Siege gefestigter Friede (*parta victoriis pax*) eingekehrt war». Friede und Weltherrschaft, so lautete die Botschaft, sind untrennbar, und die Götter haben Rom auserwählt, beides zu schaffen. «Alle streben nach Frieden», schrieb Augustinus, «auch die, die Krieg führen. Denn die wollen nicht, dass kein Friede, sondern *der* Friede sei, den *sie* wollen.» Roms Friede war mit der Herrschaft über den Erdkreis identisch.

3. Das Urteil der Nachwelt

Das Bild des Kaisers hatte schon zu seinen Lebzeiten eine Gesellschaft, die der Umstürze müde geworden war, mit sakraler Patina versehen. Allen voran taten es die Dichter. Sie wussten sehr genau, dass der Prinzeps ihnen dafür Dank schuldete. So schrieb Horaz an Augustus:

> «Es bleibt doch wohl der Mühe wert
> zu wissen, was für Tempelhüter man

der Tugend gäbe, die in Krieg und Frieden
sich groß erzeigt, und solch ein Amt nicht sorglos
unwürd'gen Dichterlingen zu vertrauen.»

Die schlimmste Art des Ruhms, so fährt er fort, liefere die Dienstbeflissenheit von Sudlern. Sie machen den Großen zum Gespött der Massen, und ihre Ergüsse taugten bestenfalls dazu, im Krämerladen als Packpapier verwendet zu werden.[10] Nur Künstlern wie ihm gebühre zu sagen, was Augustus sein wollte: machtvoller Herrscher, segensbringender Friedensfürst und Mehrer des Reiches.

Die zeitgenössischen Historiker taten sich schwerer. Ihrem Lob haftete allzu schnell das Stigma des Lohnschreibers an, der seinem Fürsten zu Willen sein muss. Zudem litten sie unter der Entschlossenheit des Kaisers, die Archive seiner Vergangenheit nach seinen Wünschen geordnet zu sehen. Politische Entscheidungen von großer Tragweite, dies kam hinzu, traf er ohnehin hinter verschlossenen Türen, durch die nur selten Nachrichten drangen. An der Größe des Fürsten zweifelten aber auch die Historiker nicht. Für sie sprach geradezu beschwörend Velleius, unter Augustus und Tiberius Offizier und Staatsbeamter, der 29/30 n. Chr. eine Römische Geschichte vorlegte. Nichts, unterwies er seine Leser, könnten die Menschen von den Göttern erbitten, was nicht Augustus dem Erdkreis gegeben hätte: Der Bürgerkrieg sei dem Frieden gewichen, die Gesetze besäßen wieder ihre alte Kraft, die Gerichte ihre Autorität und der Senat seine hohe Würde. «Ruhe und Sicherheit unter den Menschen wurden wiederhergestellt», lautete sein Fazit.[11]

Den Christen erschien Augustus' Herrschaft als ein Werk Gottes. Seinen Sohn, so glaubten viele, habe eine irdische Mutter geboren, um die Menschen zu retten. Augustus habe Gott zum Herrn des Erdkreises gemacht, damit die Botschaft von der Erlösung von allen gehört werden könne. Mit dieser Geschichtsdeutung erlangte die *Pax Augusta* durch die *Pax Christiana* ihre göttliche Legitimation. Erst die Feder des Augustinus zerstörte sie, verhinderte aber nicht, dass sie noch lange in den Köpfen spukte. So noch in dem eines gewissen Gaspard Bretton, Advokat am Pariser Parlament. Nach der Enthüllung eines Monuments 1686, das Ludwig XIV. als Friedensfürsten vorstellte, rügte er den angestellten Vergleich mit Augustus: Der Römer verdanke den Frieden durch die Menschwerdung Christi göttlicher Fügung, der Franzose hingegen diktiere ihn als *arbitre de tout le monde* aus eigener Machtvollkommenheit.[12]

Die christlichen Kaiser des Mittelalters mühten sich auf ihre Weise, einen Zipfel vom Ruhm des Augustus zu erhaschen. Die karolingischen und ottonischen rühmten sich, das Römische Reich erneuert zu haben, dessen Monarchie mit Karl dem Großen auf die Franken und die Deutschen übergegangen sei. Der Augustus-Titel zierte ihre amtlichen Urkunden und Münzen. Otto von Freising (1115–1158) lobte Kaiser Friedrich I. Barbarossa als Fürsten, der dem Reich und der Welt Dauer und Sicherheit bringe: «Eine solche Seligkeit des Friedens leuchtet von diesem Tage bis heute dem Reich jenseits der Alpen, dass Friedrich mit Recht nicht nur Kaiser und Augustus, sondern auch Vater des Vaterlandes genannt wird.»[13] Diese und andere Rückblicke auf den ersten Prinzeps Roms waren Formeln, die das Kaisertum über den christlichen Konstantin hinaus heilsgeschichtlich legitimieren und von der Vermittlung des Papstes unabhängig machen sollten.

Zu Beginn der Neuzeit büßte die universale Kaiseridee ihre Überzeugungskraft ein, und die durch das ganze Mittelalter hindurch wuchernden Fabeln um den von Gott geliebten Römer verloren ihren Glanz. Noch aber wollte sich Augustus nicht kampflos in sein Schicksal ergeben, als historische Gestalt aus ferner Vergangenheit nur noch in den Gelehrtenstuben willkommen zu sein. In den Jahrzehnten der Renaissance und des Humanismus blühte die Verehrung der Antike wieder auf und führte die Literaten und Architekten wieder zu dem Mann, der sich als Schirmherr des Baumeisters Vitruv und der Dichter Vergil und Horaz verdient gemacht hatte. Dafür huldigte ihm noch einmal die künstlerische Intelligenz ganz Europas.

Die politischen Eliten jedoch wandten sich von ihm ab. Er habe die Freiheit der Republik und ihre Sitten zerstört und Rom damit dem Verfall preisgegeben, klagte Machiavelli und fügte hinzu, schöpferische Tugend (*virtù*) und die *grandezza dell'animo* hätten auch im alten Rom nur in einem freien Staat blühen können, nicht aber in dem von einem Militär unterjochten. Drei Jahrhunderte später fand der preußische König Friedrich II., dass nur die Dichter der augusteischen Zeit zählten und ihr Gönner nur ihnen seinen Ruhm schulde: «Das augusteische Zeitalter ist bekannter durch einen Cicero, Ovid, Horaz und Vergil als durch die Ächtungslisten jenes grausamen Herrschers, der schließlich doch ein gut Teil seines Nachruhms der Leier des Horaz verdankt.»[14]

In Deutschland bahnten die Reformatoren einer neuen Interpretation den Weg. Sie rückten ins Bewusstsein, dass Augustus seine Kriege im Namen einer universalen Ordnung geführt und den Geist selbständiger

Völker gebrochen habe. Dieser Gedanke verband sich nahtlos mit der Leidenschaft, mit der die wiederentdeckte *Germania* des Tacitus studiert wurde. In den dort auftretenden Wilden entdeckten die Leser ein Volk voller Treue, hoher Moral und Freiheitsliebe, das sie ohne Bedenken als «deutsch» identifizierten. Damit nicht genug. 1515 stieß Ulrich von Hutten auf die ersten fünf Bücher der Annalen des Tacitus und schrieb 1529 einen Dialog *Arminius*, in dem sein deutscher Held den Platz neben den großen Feldherren der Antike einnahm. Nun endlich schien die Sehnsucht nach einem eigenen Ursprungsmythos gestillt, nun bekamen die Deutschen ihr eigenes Altertum, nun glaubten sie sich nach Alter und Rang den Nationen Europas gleichgestellt. Denn nur ihr Held hatte die Römer das Fürchten gelehrt.[15]

Einen ganz anderen Weg ging Frankreich. Ludwig XIV. las bei Sueton, dass Augustus in Friedenszeiten die Pforten des Janus-Tempels schloss. Dadurch angeregt befahl er einen Nachbau, der ihn als Kaiser eines Weltreiches und als Nachfolger des Augustus ausweisen sollte. In der Kuppel des neuen Tempels wollte der König als Schöpfer des Friedens dargestellt werden, geschmückt mit den universalen Bezeichnungen *maitre de l'univers* und *arbitre de la paix*.[16] Die geistige Elite des Landes zeigte sich davon wenig beeindruckt und hielt sich von diesem Mummenschanz fern.

Die Aufklärer, die dem absolutistischen Königtum ohnehin den Kampf angesagt hatten, blickten mit ganz anderen Augen auf den ersten Kaiser Roms. Montesquieu, Gibbon und Voltaire brachen schließlich den Stab über ihn. Für sie hatte der Römer die bürgerlichen Freiheiten zerstört und den Frieden, auf den die Zeitgenossen und die Nachfahren bis zu den Königen Frankreichs voll Bewunderung verwiesen hatten, mit Strömen von Blut erkauft.

Voltaire schließlich machte in seinem *Zeitalter Ludwigs XIV.* vier glückliche Epochen der Weltgeschichte aus. Eine davon war das Zeitalter von Caesar und Augustus. Diese Verbeugung vor zwei Imperatoren hat ihn nicht gehindert, im Artikel *Auguste Octave* des *Dictionnaire philosophique* den Kaiser einen Straßenräuber zu nennen: «Es ist mehr als sicher, dass die Welt vom Euphrat bis ans Ende von Spanien verwüstet wurde von einem schamlosen, treulosen, ehrlosen, gewissenlosen, einem schlauen, undankbaren, geizigen, blutrünstigen, beim Verbrechen seelenruhigen Mann, der in einem wohlgeordneten Staat schon beim ersten seiner Verbrechen der höchsten Strafe anheimgefallen wäre.» Ähnlich sprach Montesquieu von der «Sklaverei», in die Augustus Rom geführt habe, die aber durch das ständige Gerede von der wiedergewonnenen «Freiheit» verdeckt worden sei. Ganz ähnlich äußerte sich Gibbon, deutlich beeinflusst von Tacitus. Er hörte die Ketten klirren, «die Rom trug, ohne es zu merken», und definierte die Herrschaft des ersten Prinzeps «als eine durch republikanische Formen maskierte absolute Monarchie», die zum Vorbild für alle Nachfolger wurde: «Die Herren der römischen Welt hüllten ihren Thron in Dunkel, verbargen ihre unwiderstehbare Macht und gaben sich bescheiden als rechenschaftspflichtige Diener des Senats aus, dessen höchste Beschlüsse sie diktierten und befolgten.»[17] Der absolute Monarch, der der Vater seiner Untertanen sein wollte, erschien als das Ergebnis eines welthistorischen Abstiegs und wurde zum Symbol einer Krisenzeit.

Die französischen Revolutionäre schoben die Erinnerung an Augustus ganz beiseite. Sie hatten bei den Oratorianern, Jesuiten und in den Collèges Frankreichs von Livius bis Tacitus alles gelesen, was der klassische Bildungskanon hergab. Das Rom, das ihnen hier begegnete, war ein ganz anderes als das, was in Versailles oder in den Gelehrtenschulen herrschte. Es bevölkerten harte und unerbittliche Heroen, die wie Brutus ihr Leben der Republik und der Freiheit verschrieben und diesem Ziel ihr persönliches Glück geopfert hatten. Sie erzogen ihre Verehrer zu neuen Menschen und forderten eine neue Gesellschaft, an deren Wiege als Paten Umsturz und Revolution standen, nicht aber ein republikanisch drapierter Alleinherrscher.[18]

Der Staatsstreich Napoleons veränderte noch einmal alles. Dessen Ziel, Frankreich in einen zentralistischen Kaiserstaat zu verwandeln und Europa als *Grand Empire* zu einigen, verschaffte Augustus den letzten großen Auftritt. Gleich mehrfach stellte sich der neue Staat als legitimer Nachfolger des römischen vor: Im Inneren waren es die Verwaltung der Präfekten und der Senat als beratendes Organ des Kaisers, nach außen fassten den imperialen Machtanspruch Assoziationen an das Mittelmeer als *mare nostrum* ein. Der Kaiser selbst, der aufgebrochen war, ein neues, französisches Weltreich zu schaffen, erinnerte sich gerne an seinen Aufstieg, der dem des Augustus ähnelte. Auch dieser hatte seine Herrschaft der Armee verdankt, auch er hatte seinem Reich Gerechtigkeit, Ordnung und Dauer gegeben.

Alle diese Assoziationen waren nach dem Umsturz der sozialen Verhältnisse durch die industrielle Revolution doch sehr weit hergeholt und blieben daher politisch wirkungslos. Zudem bargen sie die Gefahr, jeden, der sie zu sehr betonte, lächerlich zu machen. So kam es, als der

Abb. 33 Auf einer sogenannten Medici-Vase, seit dem 16. Jahrhundert eine der attischen Kunst nachempfundenen Prachtvase, malte Louis-Bertin Parant (1789 bis 1851) Augustus, wie er, umgeben von großem Gefolge und auf einem Triumphwagen sitzend, befiehlt, die Tore des Janus-Tempels zu schließen. Der französische König Ludwig XVIII. schenkte das kostbare Gefäß 1824 seinem Bruder, dem Comte d'Artois, der im September desselben Jahres 67jährig als Karl X. den Thron bestieg. Die ihm auf der Vase mitgegebene Bitte, wie der antike Kaiser den inneren und äußeren Frieden zu wahren, konnte er nicht erfüllen – im Juli 1830 floh er nach England ins Exil.

Künstler Antonio Canova 1811 eine bronzene Kolossalstatue Napoleons schuf, welche die Bürger Mailands glücklich machen sollte. Sie präsentierte den Kaiser in idealer Nacktheit, in der Linken das Zepter, in der Rechten die über die Erdkugel schwebende Göttin Victoria – Augustus war als korsischer Kriegsherr und Friedensbringer hüllenlos wiederauferstanden. Für Mailand und Europa aber gab es Wichtigeres als diese Form der Erinnerung an eine heroische Antike.

Dies galt erst recht für das faschistische Italien unter Mussolini. Kaum hatte es 1936 in Nordafrika Abessinien (Äthiopien) annektiert, sah es sich als legitimen Nachfolger des römischen Imperiums. Millionenfach verbreiteten sich augusteische Bilder und Schlagwörter auf den Briefmarken, während weiträumige Ausgrabungen die monumentale Pracht des kaiserlichen Rom wieder sichtbar machen sollten. Unter diesem Vorzeichen veränderte Mussolini das Erscheinungsbild Roms, geprägt in der Zeit der Renaissance und des Barock, einschneidender als alle Vorgänger. So fielen Teile der mittelalterlichen Stadt der Spitzhacke zum Opfer, um durch die *Via dei Fori Imperiali* die *Piazza Venezia* mit der Fassade des Kolosseums zu verbinden: links und rechts der Straße die Ruinen der Kaiserforen, die Maxentius-Basilika und der Venus- und Romatempel. So viel antikes Rom ward seit dem gotischen König Theoderich (gest. 526) nicht mehr gesehen – aber es diente jetzt nur noch als ideologische Kulisse.[19]

Im Grunde war die Politisierung einer vermeintlich vorbildlichen Vergangenheit längst unzeitgemäße Schleuderware geworden. Seit dem Beginn des 19. Jahrhunderts hatte die historische Forschung begonnen, der Antike mit wissenschaftlichem Ernst zu Leibe zu rücken. Was sie in den folgenden Jahrzehnten zustande brachte, entbehrte nicht einer gewissen Tragik: Je energischer sie mit einem immer feiner werdenden methodischen Rüstzeug den spärlichen Quellen neue Einsichten über die Römer abgewann, umso tiefer fielen diese in die Vergangenheit. Dort wurde ihnen der Mantel der Heiligkeit abgenommen, dort mussten sie ihre Blößen zeigen, Armut und Not, Machtgier und Krieg, Unterdrückung und Sklaverei bekennen und von Gemeinheit und Größe sprechen – kurz: unter den erbarmungslos kritischen Augen der Historiker verwandelten sie sich in Menschen aus Fleisch und Blut und verloren bereits wenige Jahre nach ihrem letzten Triumph in Revolution und Klassik ihren unsterblichen Glanz.

So ging es auch Augustus. Seine Leistung verdunkelte zudem mehr und mehr der aufgehende Stern Caesars. Dessen Übergang über den Rubikon im Januar 49 feierte jenseits des Kanals Thomas De Quincey (1785 bis 1859) als den Beginn eines über tausendjährigen Reiches. In seinen Augen handelte Caesar wie ein großer und verehrungswürdiger Mann, während Augustus doch nur eine merkwürdige Mischung von Gut und Böse gewesen sei und niemand ihn geliebt habe.[20] Diesseits des Kanals fand die Heiligsprechung Caesars nicht minder eindrucksvolle Worte. Jacob Burckhardt schrieb im Revolutionswinter 1848/49, dass sich alles Große in der wunderbaren Gestalt Caesars sammle, der dank seiner Begabung vielleicht der größte Sterbliche gewesen sei. «Alle, die sonst groß heißen in der Geschichte, sind einseitig neben ihm.»[21] Dies galt auch für den Adoptivsohn.

Dann kam Mommsen. In seiner Interpretation hatte Caesar aus einem Staat ohne eigene Kultur und einer kosmopolitischen Zivilisation ein neues Ganzes gemacht, «in welchem auf dem Gipfel menschlichen Daseins, in der reichen Fülle des glückseligen Alters Staat und Kultur wiederum sich zusammenfanden».[22] Augustus schrumpfte unter der Wucht dieses Urteils zum historischen Zwerg: «Des großen Mannes Maske hat er zwar geschickt getragen, groß war er nicht.» Der Satz hinterließ für lange Jahre tiefe Spuren. Selbst die von den Christen besungene *Pax augusta* verlor ihren Glanz. Der einflussreiche Altphilologe Wilamowitz fand in der langen Friedensperiode, die nach Aktium begonnen habe, die Ursache des Niederganges des Weltreiches, da der Friede «die Menschen feige und faul mache, mürbe und müde, krumm und krank».[23]

Dieser törichte Satz ist den Zeitumständen des Ersten Weltkrieges geschuldet und darf nicht auf die Goldwaage gelegt werden. Das Kernproblem des historischen Urteils liegt ohnehin woanders. Das Elend, das die Generäle Caesars nach seinem Tod über Rom brachten, wog in den Augen der von den Weltkriegen und den faschistischen Diktaturen erschütterten modernen Betrachter schwer. Die Bluttaten, die Octavian auf dem Weg zur Macht kalten Herzens begangenen hatte, die Zehntausende, die unbeweint auf den Schlachtfeldern verrotteten, die Hunderttausende, die vertrieben wurden, und die breite Spur der Verwüstung, die sich durch die Welt des Mittelmeerraumes zog, machten es unmöglich, dem Sohn Caesars Absolution zu erteilen, wie immer man seine späteren Leistungen auch bewertete. De Quinceys Ausruf traf damals wie heute ins Herz: «Jeder, der Augustus verehrt, möchte wünschen, dass seine zwölf Kampfjahre für immer aus der menschlichen Erinnerung ausgelöscht würden. Während der zweiundvierzig Jahre seines Glücks und seiner Triumphe, in denen er nichts mehr zu fürchten hatte, zeigte er eine natürliche und kluge Milde.» Geliebt habe ihn trotzdem niemand.

So verweigerten ihm sogar die Bewunderer seiner staatsmännischen Leistung die Zuneigung, welche anderen, weit weniger erfolgreichen Helden der späten Republik und allen voran Caesar zuflog. Das Herz wärmte er ohnehin niemandem. Emotionslos notierte ein moderner Biograph, «er ist kein Sympathieträger, weder damals noch heute.»[24] Viele sahen in Augustus nur den Gewalttäter, der seinen rücksichtslosen Egoismus mit tödlicher Raffinesse umsetzte und sich von Rückschlägen unbeeindruckt zeigte. Persönlich anziehend war er auch nicht. Viele amüsierten sich über den Mann, der gerne lange Unterhosen und Plateauschuhe trug, wenige fühlten mit dem skrupellosen Erotomanen ohne den Charme eines Don Juan, kaum einer verzieh es dem unerbittlichen Moralapostel, dass er seine eigenen Lehren in den Wind schlug. Die meisten verachteten den Soldaten, der Magenkrämpfe bekam, wenn es ins Gefecht ging, und jeder belächelte den Abergläubischen, der sich beim Ausbruch eines Gewitters unter ein Seehundsfell verkroch. Nichts, so scheint es, findet sich vom Glanz eines Caesar, alles aber vom Grau eines machthungrigen Strebers.

4. Was bleibt

Jedoch: selbst der kritischste Beobachter steht am Ende des augusteischen Zeitalters vor einem mit menschlichem Maß kaum auszumessenden Erfolg. In allen Kämpfen siegte Augustus über seine zahlreichen Rivalen mit unerschütterlicher Geduld, mit gnadenloser Härte und dem Glück an seiner Seite. Die Herrschaft, die er nach Aktium gewann, war die eines Usurpators, und dies blieb sie für immer. Trotzdem stimmten ihr Rom, Italien und die Provinzen zu. Sie richteten, befreit vom wilden Ehrgeiz und der grenzenlosen Raubgier machtbesessener Adliger ihre Hoffnungen auf das Regiment des nun mit dem Namen «Augustus» ausgezeichneten Mannes. In einer Mischung aus Glauben und Zuversicht zweifelten immer weniger Menschen daran, dass er den Frieden und das allgemeine Glück für immer auf die Erde zurückgebracht hatte. Wir bekennen laut, schrieb Horaz, «dass deinesgleichen nie zuvor die Welt gesehen, noch künftig sehen wird».

Dieses Maß an Zustimmung beantwortet auch die Frage nach der Legitimität der Herrschaft des Augustus. Der Staat, das Imperium und die

Monarchie, die er als Rechtsordnung gegründet hatte, trotzten für Jahrhunderte allen Stürmen. Die Zeitgenossen ehrten ihn wie kaum einen Menschen zuvor, und die Götter wiesen ihm nach seinem Tode einen Platz im Himmel zu. Die Nachwelt berief sich auf ihn, wenn es galt, über Könige und Weltreiche zu urteilen, und die Christen, von seinen Nachfolgern als Verbrecher verfolgt, priesen den Frieden, den er der Welt zu der Zeit gab, als Gott Mensch wurde. Triumph über Triumph in einem langen Leben, Ruhm noch zweitausend Jahre nach dem Tode – wie viel mehr kann ein Mensch erwarten? Wenn die Dauer einer Leistung der Maßstab für Größe ist, dann war dieser Römer ein großer Mann.

XVI. ANHANG

ANMERKUNGEN

Zur Zitierweise: Jahreszahlen ohne weitere Angabe beziehen sich auf die Zeit vor Christus. Die Augustus-Biographie des Sueton wird ohne ihren Titel «Divus Augustus» zitiert, die Römische Geschichte des Cassius Dio mit Dio. Übersetzungen stammen, wenn nicht anders angegeben, vom Autor. In den Anmerkungen abgekürzt zitierte Literatur wird im Literaturverzeichnis vollständig aufgeführt. Augustus, der diesen Namen im Januar 27 erhielt, wird, einer lange bewährten Tradition folgend, in den Jahren davor Octavian genannt. Er selbst hat den Zusatz *Octavianus*, der auf seine Herkunft verwiesen hätte, immer vermieden. Sein Name lautete wie der seines Adoptivvaters: *Gaius Julius Caesar*.

I. Die Republik dankt ab

1 Michel de Montaigne, Les Essais, 1580; Übers.: A. Franz.
2 Sueton, Caesar 19,2; Livius, Periochae: *conspiratio inter tres civitatis principes.*
3 Sueton, Caesar 78,2.
4 Sueton, Caesar 77.
5 Sueton, Caesar 86,2.
6 Cicero, An Atticus 14,1,1.
7 Oder *perpetuo*; Sueton, Caesar 45; Dio 43,42–6; Appian, Bürgerkriege 2, 106–109.
8 Die Einzelheiten bei E. Baltrusch, Caesar und Pompeius, Darmstadt 2004, S. 131 ff.; zur Vergöttlichung Caesars M. Clauss, Kaiser und Gott, Stuttgart 1999, S. 46 ff.
9 Plutarch, Caesar 58.
10 Dio 43,51,1.
11 Cicero, Über die Pflichten 2,2; Briefwechsel Cicero/Brutus 25,5; 26,6 Kasten.
12 Cicero, Über die Pflichten 3,84.
13 Zur Bedeutung Alexanders S. 144 f.
14 Cicero, An Atticus 14,4.
15 Cicero, An seine Freunde 9,17,2.
16 An Atticus 14,2,1.
17 Vgl. zur Offenheit der politischen Situation U. Gotter, Der Diktator ist tot!

Politik in Rom zwischen den Iden des März und der Begründung des Zweiten Triumvirats, Stuttgart 1996.

18 Appian, Bürgerkriege 2,501; 507

19 Appian, Bürgerkriege 2,565.

20 Cicero, An Atticus 14,10,1.

21 K. W. Welwei, Lucius Iunius Brutus. Zur Ausgestaltung und politischen Wirkung einer Legende, in: Gymnasium 108, 2001, S. 123–135.

22 Die Ereignisse im Osten sind gut belegt: Appian, Bürgerkriege 4,57–138; Dio 47,20–49; Plutarch, Brutus 28–44; hinzukommt die Korrespondenz Ciceros. Zu den militärischen Ereignissen und der Gewinnung von Legionen grundlegend H. Botermann, Die Soldaten und die römische Politik in der Zeit von Caesars Tod bis zur Begründung des Zweiten Triumvirats, München 1968.

23 W. Dahlheim, Julius Caesar. Die Ehre des Kriegers und die Not des Staates, Paderborn 2005, S. 159 ff.

24 W. Sternkopf, Die Verteilung der römischen Provinzen vor dem Mutinensischen Krieg, in: Hermes 47, 1912, S. 321 ff.

25 Cicero, An Atticus 5,21,2 mit einer ganz anderen Einschätzung der militärischen Lage.

26 Die Briefe des Cassius an Cicero: An seine Freunde 12,11 und 12.

27 Briefwechsel Cicero/Brutus 26,6.

28 Ciceros letzter Brief an Cassius: An seine Freunde 12,10,2.

29 Homer, Ilias 18,114 ff.

30 Cicero, An Atticus 14,5,3; Sueton 8; die Fragmente der Lebensgeschichte des Nikolaos von Damaskus, dem unter anderen Texten die Autobiographie des Kaisers vorlag, behandeln die Jugend des späteren Kaisers.

31 Cicero, Philippische Reden 13,24 f.

32 Annalen 12,60.

33 Cicero am 19. April an Atticus (14,10,3).

34 Nikolaos 56.

35 Nikolaos 55; Appian, Bürgerkriege 3,39.

36 Cicero, An Atticus 16,16,C 11: *quae lex earum rerum quas Caesar statuisset, decrevisset, egisset, consulibus cognitionem dedit.*

37 Cicero, An Atticus 15,2,3, A. Alföldi, Octavians Aufstieg zur Macht, Bonn 1976, S. 96 ff.

38 Velleius 2,59,6; Sueton 95.

39 Plinius, Naturgeschichte 2,93 f. nach der Autobiographie des Kaisers: Bringmann/Wiegandt, S. 195 f.

40 Cicero, An seine Freunde 12,23,2.

41 Die Ereignisse im Einzelnen bei J. Osgood, Caesars's Legacy. Civil War and the Emergence of the Roman Empire, Cambridge 2006; die Politik des Antonius in extenso bei K. Matijević, Marcus Antonius, Consul – Proconsul – Staatsfeind. Die Politik der Jahre 44 und 43 v. Chr., Rahden 2006.

II. Der Krieg der Erben

1 An seine Freunde 12,22,1.
2 *Me principem senatui populoque Romano professus sum*: An seine Freunde 12,24,2; vgl. I. Mäckel, Zeitbewußtsein, S. 35 ff.
3 De consulatu suo, frg. 7.
4 Erste Rede über das Siedlungsgesetz 27, Übers.: Kasten.
5 Erste Philippische Rede.
6 Die Kerngedanken der Vorwürfe des Antonius sind aus der nicht gehaltenen Zweiten Philippischen Rede Ciceros zu rekonstruieren.
7 Dio 45,12–13; Appian, Bürgerkriege 3,123.
8 An Atticus 2,1,8, Übers.: Kasten.
9 An seine Freunde 20,1,9.
10 An Atticus 4,7,(6).
11 An seine Freunde 12,25,5.
12 Nikolaos 31,130 ff.
13 Cicero, Dritte Philippische Rede, bes. 5 und 8.
14 Tatenbericht 1 (mit der Kommentierung von Volkmann, Res gestae, S. 10 f.).
15 An Atticus 16,15,3.
16 An Atticus 16,14,1.
17 Fünfte Philippische Rede 43.
18 Dio 42,49,4.
19 Appian, Bürgerkriege 1,253.
20 Cicero, Briefe an seine Freunde 12,12,2.
21 Cicero, Zehnte und Elfte Philippische Rede.
22 Cicero, Elfte Philippische Rede 27; An seine Freunde 12,7,2.
23 Cicero, Erste Philippische Rede 1: *ieci fundamenta pacis*.
24 Pseudo-Aristoteles, Rhetorica ad Alexandrum 1,15,1422a36.
25 Topica 90: *ulciscendi ius*.
26 Plutarch, Cato der Ältere 15,3.
27 Plutarch, Crassus 6,4.
28 M.T. Fögen, Römische Rechtsgeschichten. Über Ursprung und Evolution eines sozialen Systems, Göttingen 2002, S. 21 ff.
29 Augustus, Tatenbericht 2; vgl. Velleius 2,69,5; hier S. 67 f.
30 Theognis 361 f.
31 Nepos frg. 58, Übers.: Till.
32 Fasti, 3,705 ff., Übers.: Holzberg.
33 Appian, Bürgerkriege 3,265.
34 Cicero zitiert in der Dreizehnten Philippischen Rede einen offenen Brief des Antonius (28–48).
35 In: Cicero, An seine Freunde 12,11.
36 An Brutus 7,9; 1,3.
37 Velleius 2,62,4 f.; Appian, Bürgerkriege 3,354 f.

38 Cicero, An seine Freunde 10,26,3; Dio 46,41,3.
39 Appian, Bürgerkriege 3,337; Plutarch, Cicero 45,5 f.
40 Sueton 26,1.
41 Dio 46,43,1 ff.
42 Im Juni 43 an Brutus: 1,10,3, zit. nach K. Bringmann, Krise und Ende der römischen Republik (133–42 v. Chr.), Berlin 2003, S. 211.
43 Für Cluentius 146, Übers.: Fuhrmann.
44 Cicero, Ad Caesarem iuniorem, Frg. 23 B Watt.
45 Sueton, Caesar 89.

III. Die Vorherrschaft des Antonius

1 Cicero, An seine Freunde 10,11,2.
2 Quellen und Literatur bei Bringmann/Schäfer, S. 150 ff. Die fünfjährige Laufzeit war am 31. Dezember 38 abgelaufen; die Verlängerung um weitere fünf Jahre bis Ende 33 erfolgte im Oktober 37.
3 Appian, Bürgerkriege 4,16–26; 28–224; Bleicken, Augustus, S. 142 ff.
4 L. Schuhmacher, Servus Index, Wiesbaden 1982, S. 98 ff.; zur triumviralen Amtsgewalt K. Bringmann, Das zweite Triumvirat, in: Ausgewählte Schriften, Frankfurt 2001, S. 257 ff.; zur Entwicklung des Sklavenrechts O. Behrends, Prinzipat und Sklavenrecht, in: Rechtswissenschaft und Rechtsentwicklung 11, 1980, S. 53–88; vgl. hier S. 97 ff.
5 Seneca, Suasorien 6,17.
6 D. Flach, Die sogenannte Laudatio Turiae, Darmstadt 1991.
7 Horaz, Epode 16,1 ff., Übers.: Lefèvre.
8 Tacitus, Annalen 3,65.
9 Sallust, Jugurthinischer Krieg 41 f.
10 Plutarch, Cicero 52.
11 Plutarch, Lucullus 30,2.
12 Dio 47,39.
13 Shakespeare, Julius Caesar, 4. Akt, 3. Szene.
14 2,649.
15 Ausführliche Berichte finden sich bei Plutarch, Brutus.
16 Cicero, An seine Freunde 11,3,4, Übers.: Kasten.
17 Tacitus, Annalen 3,76.
18 Dante, Inferno 34, 55–68, Übers.: Vossler.
19 Zur Wirkungsgeschichte siehe M.I. Clarke, The Noblest Roman. Marcus Brutus and his Reputation, Ithaca 1981.
20 Die Liste der betroffenen Städte bei L. Keppie, Colonisation and Veteran Settlement in Italy 47–14 B.C. London 1983; Bringmann, Augustus, S. 71; vgl. Karte 2.
21 Vergil, 9. Ekloge, 2 ff., Übers.: Theodor Haecker. Opfer der Enteignungen waren auch die Dichter Properz (4,1,127 ff.) und Horaz (Briefe 2,2,49 ff.).

22 Dio 43,24,3.
23 8. Philippische Rede 8,9.
24 Die Vorgänge im Einzelnen im 5. Buch Appians.
25 Sueton 15.
26 Appian, Bürgerkriege, 5,272 ff.; Bringmann/Schäfer, S. 160 f.

IV. Der Gefangene des Meeres

1 Cicero, Vom Gemeinwesen 2,5 ff.
2 Plutarch, Antonius 64.
3 Für die ganzen Vorgänge ist Ciceros Rede über den Oberbefehl des Pompeius die entscheidende Quelle.
4 Diodor 40,4; vgl. H. Pohl, Römische Politik und Piraterie im östlichen Mittelmeer vom 3. bis 1. Jh. v. Chr., Berlin 1993.
5 Cicero, An Atticus 10,8,4. Zur Entwicklung des Seekrieges in den Jahren des Bürgerkrieges J. Kromayer, Die Entwicklung der römischen Flotte vom Seeräuberkriege des Pompeius bis zur Schlacht von Actium, in: Philologus 56, 1897, S. 426–491 und R. Schulz, Die Antike und das Meer, Darmstadt 2005, S. 187 ff.
6 Zu den Anfängen des Pompeius siehe Dio 48,17–20; generell: M. Hadas, Sextus Pompey, New York 1930; F. Miltner, RE 21, Sp. 2213–2250. Zur lex Pedia S. 57.
7 Appian, Bürgerkriege 4,180.
8 RE VI A 2, nr. 18.
9 Appian, Bürgerkriege 5,212, 231–234.
10 Appian, Bürgerkriege 5,218.
11 Appian, Bürgerkriege 5,303–308; Bringmann/Schäfer, S. 161 ff.
12 Horaz, Epode 7, Übers.: Lefèvre; vgl. die im selben Jahr entstandene Epode 16; zur Schuldfrage: Mäkel, Zeitbewußtsein, S. 121 ff.
13 Sueton 70.
14 F. Münzer, RE 29,1931, Sp. 896 ff.
15 Velleius 2,77,3; Appian, Bürgerkriege 5,293–297.
16 Dio 49,14,1 ff.
17 Appian, Bürgerkriege 5, 538 ff.
18 H. Bellen, Antike Staatsräson, in: Ders., Studien zur Alten Geschichte, Stuttgart 1997, S. 283–297.
19 Tatenbericht 25.
20 Plinius, Naturgeschichte 36,121.
21 Ausführlich Appian, Illyrisches Buch 16,46–28,83 (nach dem Rechenschaftsbericht Octavians vor dem Senat, den er in seine Autobiographie aufgenommen hat; weitere Nachrichten existieren nicht). Vgl. W. Schmitthennner, Octavians militärische Unternehmungen in den Jahren 35–33 v. Chr., in: Historia 7, 1958, S. 189–236.

V. «Raum war nicht für uns beide in der ganzen weiten Welt»

1 Plutarch, Antonius 27; die Literatur zu Kleopatra ist in den letzten Jahren sprunghaft gestiegen, vgl. Literaturverzeichnis.
2 Appian, Bürgerkriege 2,102; Dio 51,22,3.
3 J. Deininger, Bemerkungen zum alexandrinischen Scherznamen für Ptolemaios XV., in: ZPE 131, 2001, S. 221–226.
4 Sueton, Caesar 52,3.
5 Einen genauen Bericht über ihr Erscheinen in Tarsos, das die Zuschauer in helles Entzücken versetzte, gibt Plutarch (Antonius 26 ff.) nicht ohne Häme gegenüber dem armen Antonius, dem das Schauspiel den Verstand geraubt haben soll.
6 Cicero, Für Rabirius 5.
7 Plutarch, Antonius 54,9; Dio 50,5; Clauss, Kleopatra, S. 69 ff.
8 Zu den Plänen Kleopatras gibt es eine lebhafte Forschungsdiskussion. Vgl. G. Hölbl, Geschichte des Ptolemäerreiches, 2. Aufl. Darmstadt 2004, kritisch Th. Schrapel, Das Reich der Kleopatra. Untersuchungen zu den «Landschenkungen» Mark Antons, Trier 1996. Die Dinge aus ägyptischer Sicht bei W. Huß, Ägypten in hellenistischer Zeit, München 2001, S. 703 ff. mit ausführlicher Diskussion der Quellen und der Literatur. Die Isis-Theologie belegt bei Plutarch, Antonius 14,9; Dio 50,5,3,; 15,2; 25,3; Serv. Aen. 8,696; Stähelin, in: RE 11,1, 1921, S. 764.
9 Plutarch, Crassus 16,3.
10 Den ausführlichsten Bericht gibt Dio 48,39,3 ff.; 49,19,1 ff.
11 W. Dahlheim, Gewalt und Herrschaft. Das provinziale Herrschaftssystem der römischen Republik, Berlin 1977, S. 261 ff.; die besten Karten zur Orientpolitik von Pompeius bis Augustus finden sich im Tübinger Atlas des Vorderen Orients, Karte B V 7.
12 Diodor 40,4.
13 Appian, Mithridates 114,558.
14 Dio 49,41.
15 Vgl. C. Schneider, Kulturgeschichte des Hellenismus II, München 1969, S. 801 ff.
16 Dazu im Einzelnen P. Wallmann, Triumviri Rei Publicae Constituendae, Untersuchungen zur politischen Propaganda im zweiten Triumvirat (43–30 v. Chr.), Frankfurt 1989.
17 Appian, Bürgerkriege 4,175 ff.
18 Dio 50,6,3; Sueton17,2.
19 In aller Breite ausgeführt im Bericht des Dio 50,24–25 über die Ansprache Octavians am Vorabend der Schlacht von Aktium.
20 Plinius, Naturgeschichte 37,201; Vergil, Aeneis 1,531.
21 Cicero, An Atticus 8,13,2 (1. März 49).
22 Properz, Elegien 3, 11, 38.

23 Vergil, Aeneis 8,677 ff., Übers.: Götte.
24 Horaz, Epode 9,12 ff.
25 Dio 50,4,5; vgl. Livius 1,32,4 ff.; zum Forschungsstand E. Baltrusch, Außenpolitik, Bünde und Reichsbildung, München 2008, S. 92 ff.
26 Ehrenberg/Jones, 49.
27 Tatenbericht 25; Sueton 17; P. Herrmann, Der römische Kaisereid, Göttingen 1968, S. 78 ff.
28 Ausführlich Dio 50,8–9.
29 Shakespeare, Antonius 5, 1.
30 So zehn Jahre früher Cicero, Siebte Philippische Rede 19.
31 Horaz, Ode 1,7; Velleius 2.83: *morbo proditor.*
32 Mesalla nach Seneca, Suasorien 1,7; vgl. Horaz, Ode 2,3.
33 Zu den Freunden und Gefolgsleuten des Antonius H. Bengtson, Antonius, S. 254 ff.
34 Cato, de re militari frg. 3 (R. Till, Res publica, 1976, S. 101).
35 Caesar, Bürgerkrieg 2,31,3.
36 Plutarch, Antonius 75 f.
37 Plutarch, Cicero 49.
38 Shakespeare, Antonius und Kleopatra 4,13.
39 Plutarch, Antonius 24; vgl. das Urteil bei Dio.
40 Shakespeare, Antonius und Kleopatra 5,2.
41 Lucan, Pharsalia 10,87 ff.
42 Dante, Göttliche Komödie (1307–1321), Inferno 6,63; Boccaccio, De claris mulieribus (1361–1375).
43 Antonius und Kleopatra 2,2. Zur Rezeptionsgeschichte sei auf Schuller, S. 196 ff., Clauss, S. 110 ff., E. Frenzel, Stoffe der Weltliteratur, s. v. Kleopatra, L. Hughes-Hallett, Cleopatra. Histories, Dreams and Distortions, London 1990, und E. Osterkamp, Transformationen einer schönen Königin in der Neuzeit, in: Kleopatra und die Caesaren, München 2006, S. 194–203 verwiesen. Zur Kunst: Cléopâtre dans le miroir de l'art occidental, Ausstellungskatalog Genève 2004.
44 Horaz, Ode 1,37,31 ff.; Properz, 4,6,65 ff.

VI. Zerbrechliche Ordnung

1 A. Heuss, Alexander der Große und die politische Ideologie des Altertums, in: Gesammelte Schriften I, Stuttgart 1995, S. 147 ff., O. Weippert, Alexander-imitatio und römische Politik in republikanischer Zeit, Augsburg 1972.
2 Sueton 18,1; Dio 51,16,5. D. Kienast, Augustus und Alexander, in: Gymnasium 76, 1969, S. 430 ff.
3 Dio 78,7,2.
4 F. Kolb, Rom, München 1995, S. 340.
5 Plinius, Naturgeschichte 34,18,48; 35,10,27; 36,93.
6 Livius 9,17–19.

7 Bringmann/Wiegandt 254 F.
8 Horaz, Briefe 2,1,240 ff., Übers.: Schöne.
9 Sueton 17,3; Dio 51,4; Tatenbericht 16.
10 Plinius, Naturgeschichte 33,83.
11 Tacitus, Historien 2,80,3; P.Oxy.8,1154.
12 Ovid, Fasti 4,378–386, Übers.: Holzberg.
13 Tacitus, Annalen 14,27.
14 Sueton 49,2; Dio 55,25,2; Tacitus, Annalen 1,78,2.
15 Plutarch, Antonius 81.
16 Tatenbericht 27.
17 Zur Ordnung des Ostens Dio 51–56 und Strabon 8–17. D. Magie, Roman Rule in Asia Minor I, 1950, S. 442 ff.; CAH X, 1996, S. 647 ff.
18 Strabon 12,8,8 f.
19 Plinius, Naturgeschichte 8,82; Strabon 10,5,3.
20 Livius 42,49,4 ff.
21 Sueton 22; Dio 51,21,5–9; Ovid, Tristien 4,2.
22 Vergil, Äneis 8,717 ff. (Schildbeschreibung).
23 Tatenbericht 4 (Übers.: Bringmann/Wiegandt); die Kriege gegen die äußeren Feinde nennt der zentrale Teil des Berichtes in den Kapiteln 26–33. Vgl. E. Künzl, Der römische Triumph, 1988, S. 119 ff.; umfassend T. Itgenshorst, Der Triumph in der römischen Republik, Göttingen 2005; vgl. auch K.-J. Hölkeskamp, Hierarchie und Konsens, in: A. H. Arweiler/B. M. Gauly (Hg.), Machtfragen, Göttingen 2008, S. 79 ff.
24 Tacitus, Annalen 3,28,2.
25 So Marius im Bundesgenossenkrieg, als er an der Front tausend bewährte italische Soldaten mit dem Bürgerrecht auszeichnete.
26 Zum *consensus universorum* existiert eine lang anhaltende Kontroverse, vgl. Kienast, Augustus, S. 67 f.
27 Properz 2,16,45 ff.
28 Tatenbericht 12; vgl. Volkmann zur Stelle.
29 1,709 ff., Übers.: Holzberg.
30 Tacitus, Annalen 1,2.
31 Vorrede 11.
32 Dio 50,24,6.
33 Sutherland/Carson, 1984, nr. 476, Tafel 8.
34 Cicero, Für Sestius 137, Übers.: Fuhrmann.
35 Bleicken, Augustus, S. 320 ff.
36 2,89,3.
37 Cicero, Achte Philippische Rede 9.
38 Elegien 2,6,35 f.
39 Tatenbericht 20.
40 Cicero, Zweite Philippische Rede 72.
41 Cicero, An seine Freunde 4,9,3; 9,21,3.
42 An Atticus 13,40,1.

43 Annalen 3,55.
44 Zur Prachtentfaltung in den römischen Häusern Martial 12,57,18 ff.; Vitruv 6,5,2. Zu den festlichen Gastmählern und ihrer politischen Bedeutung A. Winterling, Aula Caesaris, München 1999, S. 145 ff.; E. Stein-Hölkeskamp, Das römische Gastmahl, München 2005; zu den Getreidespeichern C. R. Whittaker, Trade and the Aristocracy in the Roman Empire, in: Opus 4, 1988, S. 49–75.
45 L. Schuhmacher, Römische Inschriften, Stuttgart 1988, nr. 170; zu Munatius Plancus S. 131.
46 Gottesstaat 4,4–5; 5,12,15–19.
47 *optima civilis belli defensio oblivio est*: T. Labienus nach Seneca d. Ä., Controversiae 10,3,5; vgl. S. 389.
48 Annalen 1,2.
49 Sueton 66,1; Dio 53,23 f.; die Ruhmsucht des Gallus belegt die dreisprachige Inschrift von Philae vom 16.4.29: ILS 8995; vgl. die Karte S. 155.
50 Livius, Periochae 134 f.; Dio 51,23 ff.; M. Dettenhofer, Widerstand, S. 69 ff. Zu den späteren Rechtfertigungsversuchen des Kaisers: Bleicken, Augustus, S. 314.
51 Vergil, Georgica 1,499 ff.

VII. «Herrschen heißt, die Macht eines Gottes zu besitzen.»

1 Augustus, Tatenbericht 34: *rem publicam ex mea potestate in senatus populique Romani arbitrium transtuli.* Dio 53,12–19; weitere Quellen bei Volkmann zu Kap 34.
2 Cicero, Über die Pflichten 3,84.
3 Tatenbericht 34.
4 Besonnen zusammengestellt von E. Baltrusch, Caesar und Pompeius, Darmstadt 2004, S. 131 ff.; zur Vergöttlichung Caesars s. M. Clauss, Kaiser und Gott, Stuttgart 1999, S. 46 ff.
5 Sueton 94,1 ff.
6 Kienast, Augustus, S. 231 f., F. Kolb, Rom, S. 334 ff.
7 Ovid, Fasti 3,420 ff., Übers.: Holzberg; G. Wissowa, Religion und Kultus der Römer, 1912, S. 69 f.
8 W. Burkert, Caesar und Romulus-Quirinus, in: Historia 11, 1962, S. 356–376, J. von Ungern-Sternberg, Romulus-Bilder, in: Ders., Römische Studien, Leipzig 2006, S. 30 ff.
9 Livius 1,16,7.
10 Ovid, Fasti 1,588 ff. (zum 13. Januar), Übers.: Holzberg.
11 Apostelgeschichte 12,20 ff.; 14,8 ff.; der geringe Wahrheitsgehalt beider Geschichten mindert nicht ihre grundsätzliche Aussagekraft.
12 SEG XIV/474; SIG, 3. Aufl. nr. 760; S. Weinstock, Divus Julius, Oxford 1971.
13 Cass. Dio 51,20,6 ff.; J. Deininger, Die Provinziallandtage der römischen Kaiserzeit, München 1965, S. 16 ff.

14 OGIS 458; Bringmann/Schäfer, S. 334 f.; B. Dreyer/H. Engelmann, Augustus und Germanicus im ionischen Metropolis, in: ZPE 158, 2006, S. 173 ff.

15 Dio 51,20,7 f.

16 Josephus, Jüdische Altertümer 8,258 ff.

17 Erschöpfend und grundlegend zum ganzen Problem und zum Forschungsstand M. Clauss, Deus praesens. Der römische Kaiser als Gott, in: Klio 78, 1996, S. 400–433 und: Kaiser und Gott, aaO. Einen Überblick über die gesamte Entwicklung des Herrscherkultes bei Cerfaux-Tondriau, Un concurrent du christianisme. Le culte des souverains dans la civilisation gréco-romaine, Tournai 1957.

18 OGIS 532; Bringmann/Schäfer, S. 345 f.; grundlegend P. Herrmann, Der römische Kaisereid, 1968, S. 90 ff. unter Verweis auf die enge Verbindung mit dem Kaiserkult.

19 Kienast, Augustus, S. 249.

20 Sueton 52.

21 Zum Larenkult G. Wissowa, aaO. S. 78 ff.; zu den bildlichen Darstellungen T. Hölscher, Staatsdenkmal und Publikum, Konstanz 1984, S. 26 ff.

22 Vergil, Aeneis 6,790–796, Übers.: Götte.

23 Deininger, aaO. S. 21 ff.

24 Tacitus, Historien 4,81.

25 Annalen 1,10,6.

26 Tacitus, Annalen 2,87; PLondon 1912, zit. nach Barrett/Thornton, Texte zur Umwelt des Neuen Testaments, Tübingen 1959, nr. 52.

27 Alle diese Tugenden mit Leben gefüllt zu haben, zeigt der Tatenbericht: *virtus* in den Kapiteln 13 und 26 ff., *iustitia* in Kap. 2 (*iudiciis legitimis*), *clementia* in Kap. 3 und *pietas* in Kap. 20.

28 Ovid, Liebeskunst 1,637.

29 Aeneis 1,544 f., Übers.: R. A. Schröder.

30 Galinsky, Augustan Culture, S. 80 ff.

31 CIL XI, 1421, Z. 8 f.: *custos imperi Romani totiusque orbis terrarum praeses.*

32 2,89; Properz 4,6,36.

VIII. Jahrzehnte der Bewährung

1 J. Bleicken, *Imperium consulare/proconsulare* im Übergang von der Republik zum Prinzipat, in: Gesammelte Schriften II, 1998, S. 705 ff.

2 Plinius, Briefe 3,20,12.

3 Plutarch, Caesar 23,3; Dio 39,53,1.

4 Oden 1,35,29 f.; 4,14,4 f.; zu den Plänen Dio 53,22,5; 25,2; W. Schmitthenner, Augustus' spanischer Feldzug, in: Schmitthenner (Hg.), Augustus, Darmstadt 1969, S. 404 ff.

5 Cicero, Vom pflichtgemäßen Handeln 1,12,38; Polybios 35,1,1.

6 ILS 2580. Zu den spanischen Kriegen Dio Buch 53 und 54.

7 Dio 54,3,2 f. mit falscher Datierung. Zu den Ereignissen Dettenhofer, Widerstand, S. 96 ff.

8 Flavius Josephus, Jüdische Altertümer 15,350; 16,86.

9 Properz 3,18, Übers.: Luck; vgl. Vergil Aeneis 6,863 ff.

10 Dio 54,28–29; zu Agrippa J.-M. Roddaz, Marcus Agrippa, Rom 1984. Ein Auszug aus der Leichenrede des Kaisers ist (wenn auch in griechischer Übersetzung) inschriftlich erhalten geblieben: Bringmann/Schäfer, S. 321 f., W. Ameling, Augustus und Agrippa, in: Chiron 24, 1994, S. 1 ff., K. Bringmann, in: Ausgewählte Schriften, Frankfurt 2001, S. 271 ff.

11 Dio 53,32,2 ff.

12 Tatenbericht 5; Sueton 52; weitere Belege bei Volkmann zur Stelle.

13 Sueton 35,1; Dio 54,12,3 f.; 15,1 ff.

14 Tatenbericht 10 und 15.

15 Sueton 58; Tatenbericht 35.

16 Horaz, Oden 3,6,17 ff., Übers.: Kayser, Nordenflycht, Bürger.

17 Tatenbericht 8.

18 Zu den Quellen: Bringmann/Schäfer, S. 273 ff.; zu den Folgen: Bringmann, Augustus, S. 164 ff.; zur lex Papia Sueton 34,2. Eingehend A. Mette-Dittmann, Die Ehegesetze des Augustus, Stuttgart 1991, mit der These, diese Gesetze hätten weniger als demographische oder moralische denn als politische Instrumente gedient, um die Macht des Kaisers auf Kosten der großen Familien durchzusetzen.

19 Gellius 1,6,8, Übers.: Seel; Livius, Periochae 59.

20 H. C. Schnur, Fabeln der Antike, München 1985, S. 179.

21 Dio 55,26 f.; 31,3.

22 Fronto, Grundsätze der Geschichtsschreibung 17.

23 Tatenbericht 22 f. (vgl. Volkmann zur Stelle); Sueton 43 ff.; Kolb, Rom, S. 587 ff.

24 Satiren 10,88.

25 Johannes Chrysostomos, Über Hoffahrt und Kindererziehung 4 f.

26 Plinius, Panegyrikus 33, Übers.: nach Kühn.

27 C. A. Barton, The Sorrows of the Ancient Romans: The Gladiator and the Monster, Princeton 1993, K.-W. Weeber, Panem et circenses, Mainz 1999, Th. Wiedemann, Kaiser und Gladiatoren, Darmstadt 2001.

28 A. Winterling, Aula Caesaris, München 1999, A. Wallace-Hadrill, The Imperial Court, in: CAH X, S. 283–308; vgl. hier S. 174 f.

29 Tacitus, Annalen 6,8,6.

30 Vgl. S. 96; Tacitus, Annalen 5,1,2; 1,10,5; Sueton 62,2.

31 Sueton 62,2; Sueton, Caligula 23,2.

32 Tacitus, Annalen 4,20,6.

33 Ovid, Briefe vom Schwarzen Meer 3,1,116 ff.; Dio 58,2,4; vgl. Chr. Kunst, Die soziale Funktion der Domus, in: Imperium Romanum, hg. Kneissl/Losemann, Stuttgart 1998, S. 450 ff.

34 Dio 58,2,3. Zu den Frauen am kaiserlichen Hof siehe H. Temporini, Die Kaiserinnen Roms, München 2002, S. 31 ff., Claudia-Martina Perkouning, Livia

Drusilla – Iulia Augusta. Das politische Porträt der ersten Kaiserin Roms, 1995.

35 AE 1928, 88.

IX. Die Gesichter der Macht

1 Kolb, Rom, S. 266 ff.

2 Zitiert nach M. Warnke, Politische Ikonographie, in: Die Lesbarkeit der Kunst, Berlin 1992, S. 23.

3 Zu dieser historischen Wertung des augusteischen Klassizismus siehe F. Bianchi-Bandinelli, Die römische Kunst, München 1975, S. 95 ff.

4 Tacitus, Historien 3,72,1.

5 Horaz, Ode 3,30,7 ff. zum Ewigkeitsanspruch seiner Dichtung.

6 Tatenbericht 19–21; Strabon 5,236.

7 T. Hölscher, Victoria Romana, Mainz 1967.

8 Sueton 31,4 f.; P. Zanker, Forum Romanum. Die Neugestaltung durch Augustus, Tübingen o. J.

9 Tatenbericht 21; Ovid, Fasti 5,561 f.

10 Grundlegend zur Verwandlung Roms P. Zanker, Augustus und die Macht der Bilder; erschöpfend: F. Kolb, Rom; zum Publikum: T. Hölscher, Staatskunst und Publikum, Konstanz 1984; zum Forum Augustum: Galinsky, Augustan Culture, S. 197 ff.

11 Dio 52,30,1, Übers.: O. Veh.

12 Liebeskunst 3,113 f.

13 Vitruv, de architectura, Vorrede 2; Sueton 28,3.

14 Sueton, Caesar 28.

15 Briefe 10,41.

16 Tacitus, Historien 1,36.

17 Bringmann/Schäfer, S. 243 ff., P. Zanker, Augustus, S. 192 ff.

18 Livius 42,49.

19 Livius 31,29,9 f.

20 Laudatio Turiae II 25; D. Flach, Die sogenannte Laudatio Turiae, Darmstadt 1991.

21 Die Quellen bei Bringmann/Schäfer, S. 276 ff.

22 Cicero, Über die konsularischen Provinzen 19.

23 Tatenbericht 13.

24 Grundlegend H. Fuchs, Augustin und der antike Friedensgedanke, Berlin 1926.

25 Tatenbericht 12; S. Settis, Die Ara Pacis, in: Kaiser Augustus und die verlorene Republik, S. 400 ff.; A. H. Borbein, Die Ara Pacis Augustae, in: JbDAI 90, 1975, S. 242–266.

26 Florus 2,34.

27 Dio 54,25,4.

28 E. Buchner, Die Sonnenuhr des Augustus, Mainz 1982.

X. Die Wiederkehr des Goldenen Zeitalters

1 1,29 ff., Übers.: J. Martin.
2 Horaz, de arte poetica 372 ff.
3 Seneca, Briefe 49,5. Zur Dichtung der augusteischen Zeit siehe P. White, Promised Verse: Poets in the Society of Augustan Rome, Oxford 1993; M. von Albrecht, Geschichte der römischen Literatur, 2. Aufl. Bern 1994; K. Galinsky, Augustan Culture, S. 225 ff.; I. Mäkel, Zeitbewußtsein; einen Überblick gibt D. Gall, Die Literatur in der Zeit des Augustus, Darmstadt 2006.
4 Vita des Sueton 1143 ff., Übers.: Bayer; H. Strasburger, Vergil und Augustus, in: Gymnasium 90, 1983, S. 41–76; P. White, aaO.
5 Horaz, Satiren 1,6,65 ff., Übers.: Christoph Martin Wieland.
6 Horaz, Briefe 2,2,41 ff.
7 Horaz, Oden 3,26.
8 Oden 4,13,13–16.
9 Briefe 2,2,55 f.
10 Oden 3,30, Übers.: Kayser, Nordenflycht und Burger.
11 R. Hochhut, Täter und Denker, Stuttgart 1987; die Gegenposition am deutlichsten bei H. Strasburger, aaO. Alle neueren Biographien beachten dieses Problem: N. Holzberg, Ovid; White, aaO.
12 Grundlegend K. Bringmann, Weltherrschaft und innere Krise Roms, in: Ausgewählte Schriften, Frankfurt 2001, S. 143 ff., Kienast, Augustus, S. 274 ff.
13 Ekloge 1,67 ff., Übers.: Theodor Haecker.
14 Georgica 4,560 ff.
15 Vergil, Georgica 1,499 ff., Übers.: Götte.
16 Homer, Ilias 20,300 ff.; seine Herkunft erzählt Aeneas selbst: 20,203 ff.
17 H.P. Stahl (Hg.), Vergil's Aeneid: Augustan Epic and Political Context, London 1998.
18 Vergil, Aeneis 6,847 ff., Übers.: Ed. Norden.
19 Vergil, Aeneis 6,790–800, Übers.: Götte.
20 Aeneis Buch 4; die Begegnung in der Unterwelt: 6,450 ff.; zum Schicksal des Turnus, den Aeneas am Ende des Epos tötet, siehe S. 49 f. Zur uferlosen Vergil-Literatur sei verwiesen auf Galinsky, Augustan Culture, S. 244 ff. und N. Holzberg, Vergil, München 2006.
21 Oden 4,5, Übers.: Kayser, Nordenflycht und Burger.
22 Oden 3,3,45 ff. (27 v. Chr.).
23 Briefe 2.
24 Z. B. Oden 1,35,9 ff.; 3,6,13 ff.; Mäkel, Zeitbewußtsein, S. 283 ff.
25 1,10, 31 ff., Übers.: Luck.
26 3,11,70 ff.
27 3,5,14 f., Übers.: Luck.
28 Ovids Lebensbeschreibung: Tristien 4,10; M. Giebel, Ovid, 1991; N. Holzberg, Ovid, München 1997; U. Schmitzer, Ovid, Darmstadt 2001.

29 Tristien 3,2,171 ff.; zu den Gründen der Verbannung D. Liebs, Vor den Richtern Roms, München 2007, S. 79 ff.
30 Dazu S. 222 ff.
31 Tristien 3,3,73 ff.
32 Ovid, Metamorphosen 15,829 ff., Übers.: M. von Albrecht.
33 Annalen 1,1,2; E. Gabba, The Historians and Augustus, in: Caesar Augustus. Seven Aspects, hg. F. Millar/E. Segal, Oxford 1984.
34 Cicero, de legibus 2,64; Quintilian, Institutio oratoria 10,1,101.
35 Cicero, de officiis 1,29; H. Beck/U. Walter, Die frühen römischen Historiker II, Darmstadt 2004, S. 87.
36 Horaz, Oden 2,1,1 ff.
37 Bringmann/Wiegandt, S. 191 ff.
38 53,19.
39 Die Einleitung und die erste Dekade des Werkes wurden vor der Schlacht von Aktium konzipiert. Literaturübersicht bei Kienast, Augustus, S. 265 ff.
40 Seneca, Controversiae 10, praef. 4–8.
41 Seneca, Suasoriae 6,22.
42 Vorrede 8.
43 Vorrede 4 f.
44 2,5,5 ff.
45 7,6,1–6.
46 5,27.
47 *melius nos sub imperio vestro quam legibus nostris victuros.*
48 8,13,16.
49 J. Stroux/L. Wenger, Die Augustusinschrift auf dem Marktplatz von Kyrene, München 1928.
50 Augustus, Tatenbericht 8; Livius, Vorrede 11.
51 Plinius, Briefe 2,3,8.

XI. Herr über Krieg und Frieden

1 Warmington, Remains of Old Latin I, S. 394 f.
2 Siehe S. 355 ff.
3 Ovid, Fasti 1,709 ff.
4 Seneca, Medea 5,375–380.
5 Tacitus, Historien 4,73 f.
6 Naturgeschichte 16,2–4; Aristides, Romrede 101; Tertullian, de anima 20.
7 Livius 44,1,11; 5,51,5; vgl. Polybios 6,56; 27,9,2; Vergil, Aeneis 6,847 ff.
8 Oden 3,6,5: *dis te minorem quod geris imperas.*
9 2,131,1–2, Übers.: M. Giebel.
10 Horaz, Oden 4,14,47 f.; vgl. S. 206 ff.
11 Karte 6; Augustus, Tatenbericht 26; vgl. Volkmann zur Stelle.
12 Tatenbericht 29; Horaz, Briefe 1,12,25.

13 Ovid, Liebeskunst 1,177 ff.
14 Sueton 25.
15 Plinius, Naturgeschichte 3,136 (die Siegesinschrift), Dio 54,22,1 ff.; Bleicken, Augustus, S. 572 ff.
16 Zu den strategischen Möglichkeiten Roms D. Timpe, Römische Geostrategie im Germanien der Okkupationszeit, in: Bodenaltertümer Westfalen Bd. 45, 2008, S. 199 ff.
17 Tacitus, Germania 2,1; Caesar, Der Gallische Krieg, 6,25.
18 Die Ziele der augusteischen Germanienpolitik sind in der Forschung seit Mommsen Gegenstand heftiger Kontroversen: Ging es um die Eroberung des Landes, also um die Ausdehnung des Imperiums, oder um die Verteidigung Galliens, also um zeitlich und örtlich begrenzte Strafexpeditionen? Oder ging es gar um weit über die Elbe hinausgehende Ziele, wofür der in Rom umsichgreifende Weltherrschaftswahn spräche, oder war die Elbe der von Anfang an vorgesehene Schlusspunkt der Expansion? Die Quellenlage, die keine abschließenden Antworten zulässt, hat schon Mommsen treffend beschrieben, als er klagte, dass wir über die Kämpfe in Germanien nicht besser unterrichtet sind als über die Samnitenkriege. Grundlegend für jede Diskussion sind die Arbeiten von D. Timpe (die wichtigsten zusammengestellt in: Römisch-germanische Begegnung in der späten Republik und frühen Kaiserzeit, München 2006); zum Forschungsproblem erhellend J. Deininger, Germaniam pacare, in: Chiron 30, 2000, S. 749 ff. (mit eingehender Forschungsdiskussion). Alle Möglichkeiten der Interpretation wägt überlegt K.-P. Johne, Die Römer an der Elbe, Berlin 2006 (S. 83–198 zu den Jahren 9 v. bis 20 n. Chr.).
19 Horaz, Oden 4,4; Tacitus, Annalen 3,5,1 f.; Sueton, Claudius 1; Dio 55,2,2; Gardthausen I 3, S. 1061 ff.
20 Velleius 2,108 f.
21 Als Ort der Schlacht gilt vielen der Nordhang des Wiehen-Gebirges bei Kalkriese; Zweifel sind erlaubt: R. Wolters, Die Schlacht im Teutoburger Wald, München 2008. Zur Diskussion vgl. Johne, aaO. Zum verzerrten Varus-Bild Velleius 2,11 ff., zum Nachleben des Varus der RE-Artikel von W. John.
22 Velleius 2,117.
23 Tacitus, Annalen 1,65,2 f.; 2,26,3; D. Timpe, Der Triumph des Germanicus, Bonn 1968.
24 Annalen 1,5,1.2,21.
25 Annalen 2,88, Übers.: Golo Mann. Zum Nachleben des Arminius (seit Martin Luther auch Herrmann der Cherusker genannt): W. M. Doyé, Arminius, in: Deutsche Erinnerungsorte III, hgg. E. François/H. Schulze, München 2001, S. 587 ff.; R.-P. Märtin, Die Varusschlacht, Frankfurt 2008, S. 283 ff.; S. Shama, Der Traum von der Wildnis, München 1995, S. 108 ff.; einen Gesamtüberblick über Roms Verhältnis zu den Germanen bei B. Bleckmann, Die Germanen. Von Ariovist bis zu den Wikingern, München 2009.
26 Tatenbericht 30.
27 Velleius 2,110–117; Dio 55,29–34; 56,11–17.

28 CIL XIII 7507–11.
29 Tacitus, Germania 4; 37.
30 K. Raaflaub, Die Militärreform des Augustus, in: Saeculum Augustum I, Darmstadt 1987, S. 264–307.
31 G. Walser, Römische Inschrift-Kunst, Stuttgart 1988, nr. 98.
32 D. B. Saddington, The Development of the Roman Auxiliary Forces from Caesar to Vespasian, Harare 1982.
33 Dio 52,27.

XII. Das Reich und seine Diener

1 Mark Aurel, Selbstbetrachtungen 10,12.
2 Velleius 2,88,2; Tacitus, Annalen 53,3; Seneca, Briefe 19,9 u.ö.
3 Dio 55,7 mit einer eingehenden Würdigung des Toten; Horaz, Oden 3,29,41 f.
4 Dio 53,23,4 f. (zum Jahr 27 v. Chr.), Bringmann, Augustus, S. 148 f.; W. Kunkel, Kleine Schriften, Weimar 1974, S. 192 ff.
5 Grundlegend sind die Arbeiten von W. Eck, Die Verwaltung des Römischen Reiches in der Hohen Kaiserzeit, 2 Bde., Basel 1995/98 und: Die Ausformung der ritterlichen Administration, in: Opposition et Résistances à l'empire d'Auguste à Trajan, Genf 1986, S. 249 ff.
6 2,26 f.
7 Tacitus, Annalen 1,2; 9,5.
8 Einen Überblick über das Reich unter Augustus bei Strabon 17,3,24 ff.; CAH X, S. 414 ff.
9 Diodor 32,4,4.
10 Tacitus, Agricola 29.
11 *ut pacata atque quieta provincia sit quam regit*: Digesten 1,18,13.
12 Cicero, An Atticus 5,15,3; 21,10; 6,1,3 ff.; An seine Freunde 8,2. Die Einzelheiten bei R. Schulz, Herrschaft und Regierung. Roms Regiment in den Provinzen in der Zeit der Republik, Paderborn 1997.
13 Plutarch, Lucullus 20 über Asien im Jahre 70 v. Chr. (Übers.: K. Ziegler).
14 Plutarch, Brutus 32; Appian, Bürgerkriege 4,71; 82 f.
15 Plutarch, Antonius 68.
16 Plutarch, Antonius 67; zur Sache F. Quaß, in: Hermes 112, 1984, S. 199 ff.
17 Die Einzelheiten bei G. Bowersock, Augustus and the Greek World, Oxford 1965.
18 In: Cicero, An seine Freunde 10,31 (16. März 43).
19 Tacitus, Annalen 11,24.
20 P. Schäfer, Geschichte der Juden in der Antike, Stuttgart 1983; K. Bringmann, Geschichte der Juden im Altertum, Stuttgart 2005, S. 161 ff.
21 Flavius Josephus, Jüdische Altertümer 16,291.
22 Zu den Klientelkönigen CAH X, S. 586 ff. u.ö.
23 Vergil, Aeneis 6,847 ff.; Horaz, Briefe 2,1,156. Zur gewaltsamen Aneignung

griechischer Kulturgüter: T. Hölscher, Hellenistische Kunst und römische Aristokratie, in: Das Wrack, Bd. 2, Köln 1994, S. 875 ff.

24 H. Fuchs, Der geistige Widerstand gegen Rom in der antiken Welt, Berlin 1938; S. Swain, Hellenism and Empire, Oxford 1996.

25 Metamorphosen 4,9,3.

26 Strabon 3,3,5.

27 Plinius, Naturgeschichte 27.

28 Tacitus, Annalen 3,40–42.

29 Zur Romanisierung Galliens H. Botermann, Wie aus Galliern Römer wurden, Stuttgart 2005; zur Einführung des Kaiserkults hier S. 194 ff.

30 Brief (2,9,6) des Sidonius Apollinaris, Bischof von Clermont-Ferrand, gest. 480 n. Chr.

31 Agricola 21.

32 CIL VI 15258.

33 Sueton 98,2.

34 Plutarch, Lucullus 20.

35 *Pecuniae repetundae* = wieder zu erstattende Gelder.

36 Digesten 48,11.

37 Tacitus, Annalen 15,20 f.

38 Dio 54,34,3; 55,2.4; zum Aufstand S. 305 ff.

39 Flavius Josephus, Jüdische Altertümer 18,5.

40 Dio 54,21.

41 Tacitus, Annalen 4,15.

42 Seneca, Ad Polybium de consolatione 6,5.

43 Bringmann/Wiegandt S. 86 ff. mit weiteren Beispielen.

44 Plutarch, Moralia 815C.

45 Geraffte Übersetzung; vgl. J. Stroux/L. Wenger, Die Augustusinschrift auf dem Marktplatz von Kyrene, München 1928; Bringmann/Schäfer, S. 309 ff.

46 Dazu im Einzelnen W. Kunkel, aaO. S. 284 ff.

47 Plinius, Panegyricus 80, Übers.: Kühn.

48 Historien 1,30,2.

49 Apuleius, Der Goldene Esel 4,13,2.

50 Plutarch, Moralia 822A.

51 Ovid, Fasti 2,667 ff.; Livius 1,55.

XIII. Satt an Leben

1 Sueton, Tiberius 7,2.

2 Die Nachrichten über den Julia-Skandal sind durchweg ungenau oder widersprüchlich.

3 Sueton 64,4; 72,3; Tacitus, Annalen 4,71,4; B. Levick, in: Latomus 35, 1976, S. 301 ff. In die Verschwörung war wohl auch Ovid verstrickt (S. 273 ff).

4 Tacitus, Annalen 1,3,4.

5 R. G. Kent, Old Persian, 2. Aufl. 1953, S. 116 ff.
6 Plinius, Naturgeschichte 7,96.
7 Th. Mommsen, Res gestae divi Augusti, 2. Aufl. Berlin 1883. Grundlegend zur Interpretation A. Heuss, Zeitgeschichte als Ideologie. Die neueste Übersetzung mit Kommentar bei Bringmann/Wiegandt, S. 229 ff.
8 Dio 56,30; Tacitus, Annalen 1,5.
9 Oden 2,324 ff., Übers.: Lefèvre.
10 Sueton 99.
11 Annalen 1,7,1, Übers.: Golo Mann.
12 Sueton 101.
13 Sueton (Tiberius 21,3 ff.) zitiert die Briefe, um das Geschwätz zu widerlegen, Augustus habe Tiberius zum Nachfolger gewählt, damit die Geschichte ihn vor diesem Hintergrund leichter als Lichtgestalt wahrnehmen könne; das Homerzitat: Ilias 10,246. Vgl. Bringmann/Wiegandt, S. 38 ff.
14 Polybios 6,53; Julius von Schlosser, Tote Blicke, hg. Th. Medicus, Berlin 1993.
15 Gottesstaat 5,15, Übers.: nach W. Thimme; Augustinus zitiert den letzten Satz aus Matthäus 6,2.
16 Sueton 31,5.
17 Dio 56,30 ff.; Sueton 100; zu vergleichen ist das Staatsbegräbnis für Sulla: Appian, Bürgerkriege 1,493 ff.; P. Zanker, Die Apotheose der römischen Kaiser, München 2004.
18 Livius 1,16,7.
19 Dio 56,46.

XIV. Botschaften der Götter

1 Polybios 6,56.
2 Zum Institut der *evocatio* Livius 5,21,1 ff.; Plinius, Naturgeschichte 28,18.
3 Tacitus, Historien 1,3,2.
4 Cicero, Gegen Vatinius 14.
5 Livius 5,51,5.
6 Symmachus, 3. Relatio im Streit um den Altar der Victoria.
7 Augustinus, Gottesstaat 18,2; 22.
8 Cicero, Vom Wesen der Götter, Vorrede.
9 Horaz, Oden 3,6,5 f.
10 Markus 1,14.
11 Markus 14,58.
12 INRI: *Jesus Nazarenus Rex Judaeorum*; Matthäus 27,37. Bei der Darstellung des Verhörs vor Pilatus stimmen alle Evangelisten überein, die zwischen 70 und 90 Leben und Tod Jesu beschrieben.
13 Paulus, Römer 10,9; 1 Korinther 14,34.
14 Euripides, Die Troerinnen 632 f.
15 Cicero, Für Milo 97; Tacitus, Agricola 46,2. Vgl. H. Arendt, Fragwürdige Tra-

ditionsbestände im politischen Denken der Gegenwart, Frankfurt a. M., 1957, S. 52 ff.

16 Plinius, Briefe 10,96 f. (um 115 n. Chr.).

17 OGIS 458.

18 2,1–3. Die Datierung des Lukas ist widersprüchlich; wahrscheinlich wurde Jesus im letzten Regierungsjahr des Herodes 4 v. Chr. geboren.

19 Eusebius, Kirchengeschichte 4,26 f. Zu Melito und den Kirchenvätern W. Kinzig, Novitas christiana. Die Idee des Fortschritts in der Alten Kirche bis Eusebius, Göttingen 1994, S. 459 ff.

20 Matthäus 28,19; Origenes, Gegen Kelsos II 30, der an Psalm 71,7 anknüpft: «Aufgegangen ist in seinen Tagen Gerechtigkeit und eine Fülle des Friedens.»

21 Sueton 94/96; Orosius 6,20,5.

22 Briefe 91,2.

23 Prudentius, Gegen Symmachus 2, 578 ff.; Eusebius, Evangelische Beweisführung 3,7,35.

24 Augustinus, Gottesstaat 18,54.

25 Vergil, 4. Ekloge, Übers.: Gauger. «Lucina» ist ein Synonym für Diana; sie tritt hier als Geburtsgöttin auf.

26 Zum Forschungsstand H. Ottmann, Geschichte des politischen Denkens 2/1, Stuttgart 2002, S. 186 ff.

27 Jesaja 9,5; 11,6–9. Die Quellen in: Sibyllinische Weissagungen, hg. und übersetzt auf der Grundlage der Ausgabe von A. Kurfeß von J.-D. Gauger, Düsseldorf 1998, S. 226 ff.

28 *Mirabilia urbis Romae*. F. Gregorovius, Geschichte der Stadt Rom im Mittelalter, 1859 bis 1872, VIII 4,2.

29 Sueton 53,1 ff.; Tertullian, Apologie 41,1; Orosius 6,22,3 f.; Malalas 10,358; Legenda aurea, hg. R. Benz, S. 52 f. Zur theologischen Legitimation des Imperiums grundlegend E. Peterson, Der Monotheismus als politisches Problem, in: Theologische Traktate, München 1951, S. 45 ff. (Einspruch von Carl Schmitt, Politische Theologie II, Berlin 1970). Zur Quellendiskussion: I. Opelt, Augustustheologie und Augustustypologie, in: Jb. für Antike und Christentum 4, 1961, S. 44 ff.; R. Klein, Das Bild des Augustus in der frühchristlichen Literatur, in: R. von Haehling (Hg.), Rom und das himmlische Jerusalem, Darmstadt 2000, S. 203 ff. Zum Bild des Mittelalters: B. Schimmelpfennig, Jesus, Maria und Augustus, in: Festschrift Falkenstein, 1998, S. 119 ff.

30 Dante, Das Gastmahl (*Convivio*) IV 5.

31 Paulus, Römerbrief 13,1; Matthäus 22,20; Erster Clemensbrief 61 (geschrieben um 95).

XV. Aufrührer, Herrscher und Heiland: Die Erinnerung an einen Römer

1 Eine lange Litanei der Krankheiten und Gefahren, denen Augustus ausgesetzt war, verfasste Plinius, Naturgeschichte 7,147 ff.; der Brief an Gaius: Bringmann/Wiegandt, S. 45 f.
2 Seneca, Briefe 90,43.
3 Sueton 91,2; Dio 54,35.
4 Sueton 69 ff.; Bringmann/Wiegandt, S. 285 ff.
5 Sueton 4,1 ff.
6 Christoph Martin Wieland, Erster Brief an Augustus, in: Übersetzung des Horaz, hg. M. Fuhrmann, Frankfurt 1986, S. 332 ff.
7 Pollio bei Bringmann/Wiegandt, S. 29; Labienus: Seneca (d. Ä.), Controversiae 10, praef. 4–8.
8 Die Reisen des Augustus bei Gardthausen II, S. 267 ff.; 644 ff.; 905 ff.; Übersichtskarte bei Buchan, Umschlagseite.
9 *valida divo Augusto in rem publicam fortuna*: Annalen 3,24.
10 Horaz, Briefe 2,1,228 ff., Übers.: Wieland.
11 2,89,3 ff.; eine Übersicht über die Aussagen der antiken Quellen bei K. Hönn, Augustus im Wandel zweier Jahrtausende, Leipzig 1938.
12 D. Erben, Paris und Rom, Berlin 2004, S. 314 ff.
13 *Gesta Frederici imperatoris* 2,56.
14 Die Werke Friedrich des Großen, Bd. 7: Antimachiavell und Testamente, hg. G. B. Volz, Berlin 1912, S. 90.
15 W. M. Doyé, Arminius, in: Deutsche Erinnerungsorte III, hg. E. François/H. Schulze, München 2001, S. 587 ff.; R. Wolters, Die Schlacht im Teutoburger Wald, München 2008.
16 Erben, aaO. S. 310 f.
17 Montesquieu, Considérations sur les causes de la grandeur des Romains et de leur décadence, 1734; Voltaire, Siècle de Louis XIV, 1751; E. Gibbon, History of the Decline and Fall of the Roman Empire, 6 Bde., London 1776–1788, dt. Übers. von M. Walter, München 2003, Bd. 6: W. Nippel, Einführung, hier S. 43 ff. Zur Rezeptionsgeschichte neben Hönn M. Cagnetta, in: Kaiser Augustus und die verlorene Republik, S. 612–621; zu Wieland siehe hier Anm. 6.
18 W. Nippel, Antike oder moderne Freiheit?, Frankfurt a. M. 2008, S. 160 ff.
19 Nippel, aaO. S. 310 (mit weiterer Literatur).
20 Historical Essays and Researches, in: The Collected Writings of Thomas De Quincey, Bd. 6, hg. D. Mason, Edinburgh 1890, S. 242–267.
21 Zit. nach W. Kaegi, Jacob Burckhardt. Eine Biographie, Bd. 3, S. 308.
22 Th. Mommsen, Römische Geschichte Bd. 3, 1856, Kap. XI.
23 Rede im März 1915, zitiert nach Cagnetta, aaO. S. 614.
24 Bleicken, S. 684; auch er macht keinen Hehl daraus, dass er seinen Helden nicht liebt – der Gedanke daran wäre ihm bereits suspekt gewesen. Zur Forschung

des 20. Jahrhunderts bis 1945 I. Stahlmann, Imperator Caesar Augustus, Darmstadt 1988; für die Zeit danach W. Dahlheim, Geschichte der römischen Kaiserzeit, 3. Aufl. München 2003, S. 172 ff.; U. Walter, Der Princeps als Produkt und Gestalter: Augustus, Tiberius und ihre neueren Biographen, in: A. Winterling (Hg.): SB des Historischen Kollegs zu den Möglichkeiten einer römischen Kaisergeschichte, München 2010.

ZEITTAFEL

63 v. Chr.	Gaius Octavius (Octavian) wird am 23. September unter dem Konsulat Ciceros geboren; die Verschwörung des Catilina.
51	Thronbesteigung Kleopatras VII. in Ägypten.
49 bis 45	Weltweit geführter Bürgerkrieg zwischen Caesar und dem Senat. Pompeius wird am 28. September 48 auf der Flucht in Ägypten erschlagen.
44	Am 15. März Attentat auf Caesar; sein Großneffe Octavian nimmt das Testament an, das ihm Namen und Vermögen Caesars vermacht; im Herbst stellt er selbstherrlich ein Heer zur Durchsetzung seiner Ansprüche auf.
43 bis 42	Brutus und Cassius bemächtigen sich des gesamten Ostens. In Rom erhalten Octavian, Antonius und Lepidus als Triumvirn diktatorische Vollmachten. Ihre Gegner, unter ihnen Cicero, werden verfolgt und getötet. Die Heere der Caesarmörder werden im Oktober 42 bei Philippi geschlagen.
40	Vertrag von Brundisium. Octavian erhält Italien und die westlichen, Antonius die östlichen Provinzen, Lepidus Afrika. Heirat des Antonius mit Octavia, der Schwester des Octavian. Vergil schreibt seine vierte Ekloge.
40 bis 36	Krieg gegen Sextus Pompeius, dessen Flotten das westliche Mittelmeer beherrschen. Seine Niederlage bei Naulochos im September 36 besiegelt auch das Schicksal des Lepidus, der alle Macht verliert, aber bis zu seinem Tod 12 v. Chr. *Pontifex maximus* bleibt.
38	Heirat Octavians mit Livia Drusilla. Die Ehe bleibt kinderlos.
37 bis 33	Kriege des Antonius gegen Armenien und Parthien.
Um 33	Livius beginnt mit der Arbeit an seiner Römischen Geschichte (*ab urbe condita*); sie endet mit dem Jahr 9 v. Chr. Er stirbt 17 n. Chr. in seiner Heimatstadt Padua.
32 bis 30	Bürgerkrieg zwischen Octavian und Antonius; er endet im September 31 mit der Seeschlacht von Aktium und im August 30 mit der Einnahme Alexandrias; Kleopatra und Antonius sterben von eigener Hand. Ägypten wird römische Provinz. Der Sieg von Aktium wird zum Gründungsmythos der Alleinherrschaft.

29	Octavian gestattet auf Antrag der Landtage von Bithynien und Asia den Provinzialen die Einrichtung eines Kultes für die Göttin Roma und seine eigene Person. Das Modell für die künftige kultische Verehrung des Kaisers als Gott ist gefunden.
27	Octavian legt im Januar alle außerordentlichen Gewalten der Bürgerkriegsära nieder. Die Herrschaft über das Imperium wird geteilt: Der Senat regiert wie bisher die befriedeten Provinzen, der Prinzeps übernimmt die Grenzprovinzen. Der Senat verleiht Octavian das Cognomen Augustus; der offizielle Name des Prinzeps lautet nunmehr: *Imperator Caesar Divi filius Augustus.*
27 bis 24	Römische Heere stoßen bis nach Nubien und das südliche Arabien vor.
26 bis 19	Die Unterwerfung Nordwestspaniens unter dem Oberkommando des Prinzeps.
25	Vollendung des Pantheons in Rom durch Agrippa.
23	Augustus verzichtet auf die jährlich neue Bekleidung des Konsulats. Die *tribunicia potestas*, nach der künftig die Regierungsjahre der Kaiser gezählt werden, tritt neben das *imperium proconsulare*, das auf alle Provinzen ausgedehnt wird.
21	Agrippa heiratet Julia, die Tochter des Augustus. Die Söhne Lucius und Gaius werden von Augustus adoptiert.
22 bis 19	Augustus im Orient; der seit Jahrzehnten mit den Parthern schwelende Konflikt wird beendet, die bei Carrhae 53 verlorenen Feldzeichen werden an Rom zurückgegeben. Armenien wird Klientelstaat.
19	Vergil stirbt in Brundisium; die *Aeneis* erscheint.
17	Feier der Säkularspiele; Horaz verfasst das *carmen saeculare.*
16 bis 9	Augustus 16 bis 13 in Gallien; das Land wird in Provinzen eingeteilt. Die Stiefsöhne Tiberius und Drusus erobern die Alpenländer sowie Pannonien und Dalmatien.
13 bis 9	Errichtung des Altars der Friedensgöttin (*Ara Pacis*) auf dem Marsfeld. Sein Bildprogramm verherrlicht die augusteische Ordnung als die Erfüllung der römischen Geschichte.
12	Tod des Agrippa nach seinem letzten Feldzug auf dem Balkan Anfang März; er wird im Mausoleum des Augustus bestattet.
12 v. bis 16 n. Chr.	Der römische Versuch, die Elbe zu erreichen und Germanien zu provinzialisieren, scheitert nach großen Anfangserfolgen des Drusus (12–9 v. Chr.) am germanischen Widerstand, der seit 9 n. Chr. von dem abgefallenen Auxiliaroffizier Arminius geführt wird.
8	Tod des Maecenas. Im November stirbt Horaz in dem Bewusstsein, «ein Monument, das Erz überdauert», geschaffen

	zu haben. Tiberius setzt nach dem Tod seines Bruders Drusus den Angriffskrieg in Germanien fort.
7 bis 4	Fünf Edikte des Augustus über Kyrene; sie erheben das Wohlergehen der Provinzen zum Regierungsprogramm.
6/4 (?)	Geburt Jesu; 30 n. Chr. verurteilt ihn der Statthalter Pontius Pilatus zum Tod am Kreuz.
2	Augustus erhält am 5. Februar den Titel «Vater des Vaterlandes». Am 1. August weiht er zusammen mit seinen Adoptivsöhnen Gaius und Lucius, den präsumtiven Nachfolgern, das Forum Augustum und den Tempel des Mars ein. Aufwendige Spiele unterstreichen die Bedeutung des Tages; er erinnerte an den 1. August 30 v. Chr., an dem mit der Einnahme Alexandrias der Bürgerkrieg endete.
2/4 n. Chr.	Tod des Lucius Caesar in Massilia und des Gaius Caesar in Armenien; Scheitern aller Pläne, einem Julier die Nachfolge zu sichern. Adoption des Tiberius, der die *tribunicia potestas* und im Jahre 13 das *imperium proconsulare maius* erhält; er wird damit Mitregent.
6 bis 9	Tiberius wirft den Pannonisch-Dalmatischen Aufstand nieder, der alle bis dahin in Mitteleuropa erzielten Erfolge gefährdete. In Germanien verliert im Spätsommer 9 n. Chr. Quinctilius Varus drei Legionen und sein Leben.
8	Ovid wird nach Tomi am Schwarzen Meer verbannt, wo er 17 n. Chr. stirbt.
14	Tod des Herrschers am 19. August; Regierungsantritt des Tiberius. Am 17. September erklärt der Senat Augustus zum Gott. Der Tatenbericht (*res gestae*) des Kaisers wird vor seinem Mausoleum aufgestellt.
13 bis 16	Germanicus, von Tiberius adoptiert, setzt den Krieg in Germanien fort.
29	Tod der Livia; 42 durch Kaiser Claudius zur Göttin erklärt.
Um 90	Der Evangelist Lukas verknüpft die Geburt Jesu mit der Herrschaft des Augustus.

DIE QUELLEN

Überblicke über die Quellenlage finden sich bei K. Bringmann, Augustus, S. 282–285, H. Bengtson, Marcus Antonius, S. 298–305, W. Dahlheim, Römische Kaiserzeit, S. 356 ff.

Quellensammlungen:

Bringmann, K./Schäfer, Th.: Augustus und die Begründung des römischen Kaisertums, Berlin 2002 (*mit den wichtigsten Quellentexten in deutscher Übersetzung*)

Braund, D.C.: Augustus to Nero: A Sourcebook on Roman History 31 BC-AD 68, London/Sydney 1985 (*Übersetzungen*)

Dessau, H.: Inscriptiones Latinae selectae (ILS), 3 Bde., Berlin 1892–1916, Nachdruck 1974 (*Auswahlsammlung; wichtig die reichen Indices*)

Freis, H.: Historische Inschriften zur römischen Kaiserzeit von Augustus bis Konstantin, 2. Aufl. Darmstadt 1994 (*Übersetzungen*)

Sibyllinische Weissagungen, neu übersetzt und herausgegeben von J.-D. Gauger, Düsseldorf 1998

Goetz, H.-W./Welwei, K.-W. (Hgg.): Altes Germanien, Bd. II, Darmstadt, S. 46–129 (*Die Quellen zur Germanienpolitik*)

Levick, B.: The Government of the Roman Empire: a Sourcebook, London 1985; 2. Aufl. 2000 (*systematisch geordnete Quellensammlung zu allen Bereichen der Herrschaftspraxis*)

Schriften des Augustus; der Tatenbericht:

Augustus. Schriften, Reden und Aussprüche, hg., übers. und kommentiert von K. Bringmann und D. Wiegandt, Darmstadt 2008

Volkmann, H.: Res gestae divi Augusti. Das Monumentum Ancyranum, 3. Aufl. Berlin 1969 (*lateinischer und griechischer Text; Kommentierung; grundlegend*)

Augustus: Res gestae/Tatenbericht (Monumentum Ancyranum), Lat./Gr./Dt. von M. Giebel, Stuttgart 2004

Heuss, A.: Zeitgeschichte als Ideologie. Bemerkungen zu Komposition und Gedankenführung der Res Gestae Divi Augusti (1975), in: Gesammelte Schriften Bd. 2, Stuttgart 1995, S. 1319–1359 (*grundlegende Interpretation*)

Weber, E. (Hg.): Augustus, Meine Taten, 2. Aufl. München 1974 (*mit der Parallelüberlieferung*)

Die Dichter und Historiker:
Cairns, F.: Virgil's Augustan Epic, Cambridge 1989
Freund, S.: Vergil im frühen Christentum, 2000
Galinsky, K.: Augustan Culture. An Interpretive Introduction, Princeton 1996 (*Die literarische, religiöse und architektonische Umsetzung der augusteischen Idee von der Wiederkehr des Goldenen Zeitalters*)
Giebel, M.: Vergil (1994); Ovid (1997)
Holzberg, N.: Ovid. Dichter und Werk, München 1997
Holzberg, N.: Horaz. Dichter und Werk, München 2009
Strasburger, H.: Vergil und Augustus, in: Gymnasium 90, 1983, S. 41–76
White, P.: Promised Verse: Poets in the Society of Augustan Rome, Oxford 1993

Die materielle Kultur:
Kaiser Augustus und die verlorene Republik, Ausstellungskatalog, Berlin 1988
Bianchi Bandinelli, R.: Rom. Das Zentrum der Macht, München 1970
Buchner, E.: Die Sonnenuhr des Augustus, Mainz 1982 (*Die Ausgrabungen auf dem Marsfeld und ihre historische Bedeutung*)
Kolb, F.: Rom. Die Geschichte der Stadt in der Antike, München 1995
Simon, E.: Augustus. Kunst und Leben in Rom um die Zeitenwende, 1986
Zanker, P.: Augustus und die Macht der Bilder, 4. Aufl. München 2003 (*Grundlegend zur augusteischen Bildwelt in ihrem machtpolitischen Kontext*)

AUSGEWÄHLTE LITERATUR

Forschungsberichte/Bibliographien:
Stahlmann, I.: Imperator Caesar Augustus. Studien zur Geschichte des Principatsverständnisses in der deutschen Altertumswissenschaft bis 1945, Darmstadt 1988; CAH X, 2. Aufl., 1996, S. 1015–1137; J. Bleicken, Geschichte der römischen Republik, 5. Aufl. 1999, S. 241 ff. (*für die Frühzeit*); W. Dahlheim, Geschichte der römische Kaiserzeit, 3. Aufl. 2003, S. 172 ff.; D. Kienast, Augustus, S. 431–452; K. Bringmann, Augustus, S. 282-290; U. Walter: Der Princeps als Produkt und Gestalter: Augustus, Tiberius und ihre neueren Biographen, in: A. Winterling (Hg.): SB des Historischen Kollegs zu den Möglichkeiten einer römischen Kaisergeschichte, München 2010.

Biographien:

Bleicken, J.: Augustus. Eine Biographie, Berlin 1998

Bringmann, K.: Augustus, Darmstadt 2007 (vgl. Ders.: Kaiser Augustus. Grenzen und Möglichkeiten einer Biographie, in: Gymnasium 115, 2008, S. 169–183)

Buchan, J. (Lord Tweedsmuir): Augustus, London 1937; dt. Übersetzung Frankfurt 1979 (mit einem Nachwort von A. Heuss).

Eck, W.: Augustus und seine Zeit, 5. Auflage München 2009

Gardthausen, V.: Augustus und seine Zeit, 2 Teile in 3 Bänden, Leipzig 1891–1904, Nachdruck 1964 (*grundlegend*)

Giebel, M.: Augustus, Hamburg 1985

Kienast, D.: Augustus. Prinzeps und Monarch, Darmstadt 1982; 4. Auflage 2008

Meier, Chr.: Augustus. Die Begründung der Monarchie als Wiederherstellung der Republik, in: Ders.: Die Ohnmacht des allmächtigen Dictators Caesar, Frankfurt 1980, S. 223–287

Schlange-Schöningen, H.: Augustus, Darmstadt 2005

Vittinghoff, F.: Kaiser Augustus, 3. Aufl. Göttingen 1991

Yavetz, Zvi: Kaiser Augustus. Eine Biographie, Hamburg 2010

Die Epoche:

Binder, G. (Hg.): Saeculum Augustum, 3 Bde., Darmstadt 1987–1991 (*Aufsatzsammlung zu Herrschaft und Gesellschaft, Religion und Literatur, Kunst und Bildersprache*)

Cambridge Ancient History (CAH) X: The Augustan Empire, 43 B.C.-A.D. 69, hg. A. K. Bowman, E. Champlin, A. Lintott, 2. Aufl. Cambridge 1996

Flaig, E.: Den Kaiser herausfordern. Die Usurpation im Römischen Reich, Berlin 1992

Mäckel, I.: Das Zeitbewußtsein und der Bürgerkrieg. Eine Untersuchung zur geistigen und politischen Situation im Umbruch zwischen Republik und Principat, Göttingen 2002

Osgood, J.: Caesars's Legacy. Civil War and the Emergence of the Roman Empire, Cambridge 2006 (*die Zeit von 44–29 v. Chr.*).

Schmitthenner, W. (Hg.): Augustus, WdF 128, Darmstadt 1969 (*Aufsatzsammlung*)

Syme, R.: The Roman Revolution, London 1939; dt. Übers. von Eschweiler/Degen, revidierte Neuausgabe hg. von Ch. Selzer und U. Walter, Stuttgart 2003

Die Bürgerkriege:

Bengtson, H.: Marcus Antonius. Triumvir und Herrscher des Orients, München 1977

Botermann, H.: Die Soldaten und die römische Politik in der Zeit von Caesars Tod bis zur Begründung des Zweiten Triumvirats, München 1969 (*grundlegend*)

Buchheim, H.: Die Orientpolitik des Triumvirn Marcus Antonius, Heidelberg 1960

Chamoux, F.: Marcus Antonius. Der letzte Herrscher des griechischen Ostens, Gernsbach 1989

Clauss, M.: Kleopatra, 4. Auflage München 2010

Fischer, R. A.: Fulvia und Octavia: die beiden Ehefrauen des Marcus Antonius in den politischen Kämpfen der Umbruchszeit zwischen Republik und Prinzipat, Berlin 1999

Kromayer, J.: Die Entwicklung der römischen Flotte vom Seeräuberkriege des Pompeius bis zur Schlacht von Actium, in: Philologus NF 56, 1897, S. 426–491

Schäfer, Chr.: Kleopatra, 2006

Schuller, W.: Kleopatra. Königin der drei Kulturen, Hamburg 2006

Volkmann, H.: Kleopatra. Politik und Propaganda, München 1953

Der Herrscher:

Beck, H./Scholz, P./Walter, U. (Hgg.): Die Macht der Wenigen. Aristokratische Herrschaftspraxis, Kommunikation und ‹edler› Lebenstil in Antike und Früher Neuzeit, München 2008

Clauss, M.: Kaiser und Gott. Herrscherkult im römischen Reich, Stuttgart 1999

Deininger, J.: Von der Republik zur Monarchie: Die Ursprünge der Herrschertitulatur des Prinzipats, in: ANRW I 1, 1972, S. 982–997 (*Zur Entstehung der Herrschertitulatur*)

Dettenhofer, M.: Herrschaft und Widerstand im augusteischen Prinzipat. Die Konkurrenz zwischen *res publica* und *domus Augusta*, Stuttgart 2000

Fantham, E.: Julia Augusti: The Emperor's Daughter, London 2006

Mette-Dittmann, A.: Die Ehegesetze des Augustus: Eine Untersuchung im Rahmen der Gesellschaftspolitik des Princeps, Stuttgart 1991

Millar, F.: The Emperor in the Roman World, 2. Aufl. Ithaca 1992

Nitschke, J.: Dignitas und Auctoritas. Der römische Senat und Augustus. Prosopographische Überlegungen zur Karriere der Konsuln und Statthalter 30 v. Chr. bis 14 n. Chr., 2. Aufl. 2006

Perkouning, Claudia-Martina: Livia Drusilla – Iulia Augusta. Das politische Porträt der ersten Kaiserin Roms, 1995

Raaflaub, K.: Die Militärreform des Augustus, in: Saeculum Augustum I, S. 264–307

Sattler, P.: Augustus und der Senat. Untersuchungen zur römischen Innenpolitik zwischen 30 und 17 v. Chr., Göttingen 1960

Schmitthenner, W.: Caesar Augustus – Erfolg in der Geschichte, Saeculum 36, 1985, S. 286–298

Zanker, P.: Die Apotheose der römischen Kaiser. Ritual und städtische Bühne, 2004

Außen- und Reichspolitik:

Bechert, T.: Die Provinzen des Römischen Reiches. Einführung und Überblick, Mainz 1999

Bleckmann, B.: Die Germanen. Von Ariovist bis zu den Wikingern, München 2009

Botermann, H.: Wie aus Galliern Römer wurden. Leben im Römischen Reich, Stuttgart 2005
Brunt, P. A.: Roman imperial themes, New York 1990 (*Aufsätze des Autors*)
Christ, K.: Zur augusteischen Germanienpolitik, in: Chiron 7, 1977, S. 149–203
Coskun, A./Heinen, H. (Hgg.): Roms auswärtige Freunde in der späten Republik und im frühen Prinzipat, Göttingen 2005
Deininger, J.: Germaniam pacare. Zur neueren Diskussion über die Strategie des Augustus gegenüber Germanien, in: Chiron 30, 2000, S. 749–773
Eck, W.: Die Verwaltung des Römischen Reiches in der hohen Kaiserzeit. Ausgewählte und erweitere Beiträge, 2 Bde., Basel 1995/98 (*grundlegend*)
Johne, K.-P.: Die Römer an der Elbe. Das Stromgebiet der Elbe im geographischen Weltbild und politischen Bewusstsein der griechisch-römischen Antike, Berlin 2006 (*S. 83–198: 9 v. Chr. bis 20 n. Chr.*)
Lintott, A.: Imperium Romanum. Politics and Administration, London 1993
Mattern, S.P.: Rome and the Enemy. Imperial Strategy in the Principate, Berkeley 1999
Meyer-Zwiffelhoffer, E.: Geschichte der römischen Provinzen, München 2009 (*präziser Überblick über die Provinzialgeschichte*)
Timpe, D.: Arminius-Studien, Heidelberg 1970
Timpe, D.: Römisch-germanische Begegnung in der späten Republik und frühen Kaiserzeit. Voraussetzungen – Konfrontationen – Wirkungen. Gesammelte Studien, Leipzig 2006
Wiegels, R.: Von der Niederlage des M. Lollius bis zur Niederlage des Varus. Die römische Germanienpolitik in der Zeit des Augustus, in: Feindliche Nachbarn, hg. H. Schneider, Köln 2008, S. 47–76
Wolters, R.: Die Schlacht im Teutoburger Wald, 2. Auflage München 2008

Die Rezeptionsgeschichte:

Cléopâtre dans le miroir de l'art occidental, Ausstellungskatalog Genève 2004
Der Neue Pauly 14, 2000, Sp. 362–413 s.v. Herrscher
Fischer, H.D.: Beiträge zum Nachleben römischer Kaiser in der deutschen Literatur des Mittelalters, Bochum 1969
Frauenholz, E. von: Imperator Octavianus Augustus in der Geschichte und Sage des Mittelalters, in: Historisches Jahrbuch 1926, S. 86–122
Hönn, K.: Augustus im Wandel zweier Jahrtausende, Leipzig 1938
Strothmann, J.: Christus, Augustus und der mittelalterliche römische Kaiser in der staufischen Herrschaftstheologie, in: Archiv für Kulturgeschichte 84, 2002, S. 41–65
Walther, G.: Adel und Antike. Zur politischen Bedeutung gelehrter Kultur für die Führungselite der Frühen Neuzeit, in: HZ 266, 1998, S. 359–38

PERSONENREGISTER

Achill (homerischer Held) 32, 49, 71
Aelius Aristides (Redner) 289, 334
Aelius Gallus, M. (Statthalter Ägyptens) 155, 177 f., 321
Aeneas (trojanischer Held) 49 f., 253
s. auch Vergil, Aeneis
Agricola (römischer Feldherr) 339 f.
Agrippa Postumus (Enkel des Augustus) 352 f., 354, 359, 360, 390
Agrippa, M. Vipsanius (Feldherr und Freund des Augustus) 34, 89 ff., 93, 318, 132 ff., 147, 160, 179, 196, 205 f., 209, 218, 212 ff., 241, 249, 288, 318, 320, 351
Agrippina (Kaiserin) 359
Ahuramazda (persischer Gott) 356 f.
Alarich (gotischer König) 380
Alexander der Große (als Vorbild) 21, 66, 111, 112, 144 ff., 157, 188, 257, 294
Alexander Helios (Sohn der Kleopatra und des Antonius) 115, 118
Amyntas (Galaterfürst) 154
Anaitis (Göttin) 149
Antonius, Iullus (Sohn des Triumvirn) 353
Antonius, L. (Bruder des Triumvirn, Konsul 41) 74 ff.
Antonius, Marcus (Triumvir) 38–141
Antyllos (Sohn des Antonius) 153
Apelles (Maler) 146
Aphrodite (Göttin) 105, 109, 194
Apoll (Gott) 170, 189 f., 201 f., 245, 249, 369
Appian (Historiker) 67
Apuleius (Dichter) 335
Arminius (Cherusker) 300, 305, 399
Arsakes (parthischer König) 109
Arsinoë (Schwester Kleopatras) 106 f.
Artavasdes (König Armeniens) 114
Asinius Pollio (Konsul 40) 44, 54, 59, 74, 76, 77, 328, 277, 328, 381, 389
Atia (Mutter des Augustus) 31, 32, 188
Atticus (Freund Ciceros) 24, 44, 173
Augustinus (Kirchenvater) 362 f., 366, 369, 380, 396, 397

Balbus, Cornelius (Kabinettschef Caesars) 32 f., 160, 318
Bato (Häuptling der Dalmater) 306, 309, 343
Bato (Häuptling der Breuker) 306, 309
Boccaccio, Giovanni (Dichter) 142
Brutus, Junius Decimus (Prätor 45) 26, 40, 45, 51, 54, 59
Brutus, Junius L. (erster Konsul Roms) 280, 281 f., 285, 400
Brutus, Junius M. (Caesarmörder) 20, 25, 26, 27, 28 f., 35, 47, 52, 55, 56, 67 ff., 69 f., 325
Burckhardt, Jacob 403

Caecilius Bassus (General) 28
Caecina (römischer General) 303
Caesar, C. Julius (Diktator) 15–29, 46 f., 67 ff., 83, 102, 173, 183,

187 f., 294, 295 f., 318, 337, 341
Calenus, Q. Fufius (Konsul 47) 74 ff.
Caligula (Kaiser) 230
Calpurnia (3. Ehefrau Caesars) 104
Calpurnius Piso, Cn. (Konsul 23) 210, 211
Calvisius Sabinus, C. (Admiral) 85
Camillus (römischer Held) 283 f.
Canidius Crassus (Feldherr des Antonius) 113, 115
Caracalla (Kaiser) 146
Caratacus (britannischer Fürst) 286
Caron, Antoine (Maler) 62, 383
Cassius Longinus, C. (Caesarmörder) 27 f., 35, 47, 52, 55, 56, 69 f., 326
Cato der Ältere 48, 136, 257
Cato, M. Porcius (der Jüngere) 41
Catull (Dichter) 257 ff.
Cerialis (römischer Feldherr) 288 f.
Cicero, M. Tullius (Konsul 63) 20, 21, 27, 29, 34, 37, 38 ff., 42, 45 ff., 51 ff., 61 ff., 73, 83, 103, 144, 167, 171, 173, 82 f., 207, 221, 230, 231, 257, 259, 276, 279, 286, 290, 322 f., 366, 369 f.
Cicero, M. Tullius (Sohn Ciceros) 138
Cicero, Q. Tullius (Bruder Ciceros) 62, 208, 257, 324
Claudia (Stieftochter des Antonius) 59
Claudius (Kaiser) 200, 309, 314 f., 330, 359, 360 f., 387
Claudius Tiberius Nero (Vater des Tiberius und des Drusus) 96, 229
Constant, Benjamin (Gegner Napoleons) 180
Corneille (Dichter) 350
Cornelius (Centurio 43 v.Chr.) 55
Cornelius Dolabella, P. (Konsul 44) 27 f., 28, 36
Crassus, Licinius C. (Konsul 70 und 54) 48, 110 f., 247
Curio, Scribonius C. (Anhänger Caesars) 136

Dante Alighieri 70, 142
Dareios (persischer König) 356 f.
Dellius, Q. (Legat des Antonius) 131 f.
Diana (Göttin) 245, 249
Dido (Königin Karthagos) 269
Dionysos (Gott) 109, 119 f., 137, 145
Dolabella s. Cornelius
Domitian (Kaiser) 304 f.
Domitius Ahenobarbus, Cn. (Admiral unter Antonius) 71, 86 f., 132
Drusus, Nero Claudius (Feldherr in Germanien) 199, 234, 279, 297 f., 299
Drusus, Nero Claudius (Sohn des Tiberius) 364

Egnatius Rufus, M. (Verschwörer) 218
Ennius, Q. (Dichter) 258 f.
Eurycles (Abenteurer aus Sparta) 327

Fortuna (Göttin) 189, 218, 391
Friedrich II. (König in Preußen) 398
Fulvia (Gattin des Antonius) 74 ff., 231

Gabinius, A. (Konsul 58) 99, 107
Germanicus (Sohn des Drusus) 302 f., 304, 353 f.
Gibbon, Edward (Historiker) 399, 400

Hackert, Philipp (Maler) 319
Hadrian (Kaiser) 196, 241
Heinrich VIII. (englischer König) 237
Hektor (trojanischer Held) 32; 71
Herder, Johann Gottfried 319, 347
Herodes Archelaos (König Judäas) 332
Herodes der Große (König) 117, 154, 195, 230, 331 f.
Hirtius, A. (Konsul 43) 45, 51 f., 54, 86
Hirtius, L. (Gefolgsmann des Sextus Pompeius) 86

Homer 70, 267 f.
Horaz (Dichter) 64, 131, 143, 147, 170, 207, 222, 249 f., 256, 259 f., 262 ff., 269 ff., 289, 293 f., 320, 334, 359, 385, 396 f.
Hutten, Ulrich von 399

Ingres (Maler) 213
Isis (Göttin) 108 f., 118

Janus (Gott) 163 s. auch Janus-Tempel
Jesaja (jüdischer Prophet) 381 f.
Jesus von Nazareth 13; 170, 370 ff., 384, 394
Johannes Chrysostomos (Kirchenvater) 227
Johannes Malalas 384
Juba II. (mauretanischer König) 330 f.
Jugurtha (numidischer König) 236
Julia (Enkelin des Augustus) 274, 353 f.
Julia (Schwester Caesars) 31, 33
Julia (Tochter Caesars) 37, 78
Julia (Tochter des Augustus) 234, 351 f.
Julius Caesar, C. (Enkel des Augustus) 146, 194 352 f., 354, 385, 431
Julius Caesar, L. (Enkel des Augustus) 431
Julius Zoilos (Fürsprecher) 327
Junia (Schwester des Brutus) 70
Jupiter (Gott) 120, 158, 238, 246 f., 254, 268, 288, 308, 379
Juvenal (Dichter) 227
Kaisarion (Ptolemaios XV. Kaisar) 103, 104, 105, 118, 131, 153
Kleon (Räuberhauptmann) 154
Kleopatra VII. (Königin von Ägypten) 101–143
Konstantin der Große 382
Kybele (Göttin) 367

Labienus, Titus (General in parthischen Diensten) 111 f.
Lepidus, Aemilius L. (Triumvir) 23, 35, 44, 51, 58 ff., 77, 89 ff.
Licinius Crassus (Prokonsul Makedoniens) 177 f., 305 f.
Licinus (Steuereintreiber) 343
Livia Drusilla (Kaiserin) 96, 126, 211, 213, 228–233, 244, 351 f., 354, 358 ff., 369, 387
Livius (Historiker) 49, 64, 146 f., 166, 192, 276 f., 278 ff., 289, 365, 369
Lollius, M. (Feldherr) 297
Lucan (Dichter) 142
Lucilius Capito (Vermögensverwalter) 343
Lucretia (römische Heldin) 49, 280, 281
Lucullus, Licinius L. (Konsul 74) 66, 325 f.
Ludwig XIV. (König) 397, 399
Ludwig XVIII. (König) 401
Lukas (Evangelist) 193, 376 f., 378
Lukrez (Dichter) 257 f.

Maecenas, C. Cilnius (Vertrauter des Augustus) 77, 211 f., 318 ff., 260, 264, 272, 318 ff.
Marbod (markomannischer König) 299 f.
Marcellus, Claudius C. (Sohn der Octavia) 179, 211, 212, 213, 234, 351 f.
Marcus Curtius (römischer Held) 282 f.
Marcus Primus (Statthalter Makedoniens) 209 f.
Maria (Gottesmutter) 383
Mark Aurel (römischer Kaiser) 317
Mars (Gott) 189, 241, 253
Martini, Simone (Maler) 261
Matius, C. (Freund Caesars) 16 f.
Melito (Bischof) 376 f.
Menodoros (Admiral des Sextus Pompeius) 83, 89, 91 f.
Messalla, M. Valerius (Gefolgsmann des Augustus) 273

Metellus Macedonicus (Zensor 131) 223 f.
Mommsen, Theodor 358, 403
Montesquieu 180, 271, 317, 347, 399 f.
Munatius Plancus, L. (Konsul 42) 26, 44, 51, 54, 59, 131, 175
Mussolini 401

Napoleon I. 11, 40 f., 385
Neptun (Gott) 135
Nero (Kaiser) 155
Nikarchos (Urgroßvater des Plutarch) 326

Octavia (Schwester des Augustus) 77 f., 124, 127, 211, 213, 229, 230, 233–234, 381
Odysseus (homerischer Held) 361
Ofilius (Kriegstribun) 94
Oppius, C. (Gefolgsmann Octavians) 32 f., 44
Origenes (Kirchenvater) 378
Orodes (parthischer König) 111, 113
Orosius (Historiker) 378, 384
Otto III. (Kaiser) 394
Ovid (Dichter) 50, 150, 165, 192 f., 201, 231, 235, 260, 264, 272 ff., 287, 294, 366, 390

Pacorus (parthischer Prinz und Feldherr) 112 f.
Pansa, Vibius C. (Konsul 43) 45, 51 f., 54
Paullus, Fabius Maximus (Prokonsul) 195
Paulus (Missionar) 193
Pax (Göttin des Friedens) 167, 250 ff., 397 s. auch Friede
Pedius, Q. (Konsul 43) 56, 57, 58, 84
Phaedrus (Fabeldichter) 224
Phraates (König der Parther) 115
Pilatus, Pontius 371
Plinius der Ältere 128, 285, 289
Plinius der Jüngere 204, 205, 243
Plutarch (Historiker und Philosoph) 65, 139 f., 146, 147, 326
Polybios (Historiker) 208, 277, 362, 366 f.
Pompeius Magnus, Cn. (Konsul 70) 78, 82 f., 85, 116 ff., 121, 140, 144 f., 153, 157, 216, 343, 357 f.
Pompeius, Gnaeus (Sohn des Magnus) 84, 85
Pompeius, Sextus (Sohn des Magnus) 60, 71 f., 81, 84–93
Popilius (Mörder Ciceros) 61 f.
Properz (Dichter) 143, 169 f., 202, 212, 271 f., 375
Prudentius (Dichter) 379
Ptolemaios XII. Auletes (König Ägyptens) 102, 107
Ptolemaios XIII. (Bruder und Mitregent Kleopatras) 102

Quincey, Thomas De (englischer Schriftsteller) 403 f.
Quinctilius Varus, P. (Feldherr) 300, 302, 303

Rabirius Postumus (Spekulant) 107
Roma (Göttin) 253, 308, 369
Romulus (Gründer Roms) 56, 162, 178, 188, 190, 191, 192, 238, 365

Sallust (Historiker) 64 f., 286
Salvidienus Rufus (General Octavians) 34, 77 f.
Scipio, Cornelius (Sieger über Hannibal) 144, 146, 286 f.
Scribonia (2. Ehefrau Octavians) 87
Seneca 288, 318, 344, 379
Sestius L. (Konsul 23) 215
Shakespeare 25, 67, 71, 130, 139, 140, 141, 142 f.
Sosius, C. (Konsul 32) 125
Staius Murcus (Admiral) 71, 86, 92
Strabon (Geograph) 288, 303, 336

Sueton (Historiker) 67, 230, 386
Sulla, L. Cornelius (Konsul 88) 16, 21, 46, 48, 54, 60, 61, 65, 236, 322
Sibylle von Cumae 382
Sibylle von Tibur 382 f.
Symmachus (Senator) 369

Tacitus (Historiker) 165, 174, 200, 230, 276, 288, 305, 310 f., 322 f., 339 f., 354, 359 f., 368, 395, 399
Tellus (Erdgöttin) 251
Terentia (Ehefrau des Maecenas) 210, 223, 320, 386
Terentius Varro Murena (Verschwörer) 209 f.
Terminus (Gott der Grenzen) 349
Tertullian (Kirchenvater) 382, 384
Tiberius, Claudius Nero (Sohn der Livia, Kaiser) 160, 179, 200, 213, 292 f., 297, 298, 299, 300, 302, 306 ff., 343, 352 ff., 361 f., 358 f., 360 ff., 364
Tibull (Dichter) 260, 271 ff.
Tigranes (armenischer König) 292 f.
Timagenes (Historiker) 334
Titius, M. (Gefolgsmann des Antonius, Konsul 31) 86, 90, 131
Titius, P. (Volkstribun 43) 60
Titus Labienus (Historiker) 278 f.
Titus Manlius (römischer Held) 282
Trebonius, C. (Gefolgsmann Caesars) 28
Turnus (Held in der Aeneis) 49

Velleius Paterculus (Historiker) 169, 203, 290, 306, 397
Ventidius Bassus, P. (Konsul 43) 59, 76, 112 f.
Venus (Göttin) 83, 104, 189, 236, 245, 257, 379
Vergil 128, 129, 158 f., 164, 185, 249, 252, 260 ff., 288, 334
Vergil, Aeneis 49 f., 50, 213, 262, 267 ff., 275
Vergil, Eklogen 275, 357, 380 ff.
Vespasian (Kaiser) 245
Vesta (Göttin) 190
Victoria (Göttin) 135, 201, 239 f., 296, 308, 363 f.
Vitruv (Architekt) 242
Voltaire 11, 399

Wieland, Christoph Martin 387 f.
Wilamowitz-Moellendorff, Ulrich v. (Philologe) 403

SACH- UND ORTSREGISTER

Abrüstung 291, 312 ff.
Adoption s. Nachfolgeregelung
aerarium militare 151
Adel/Aristokratie
– Aufgaben 172 f., 176 f., 183 f.
– Ideale 20, 26, 65 f., 69 f., 175, 183, 223, 224, 246
– Lebensstil 348 f.
– Stellung 174 ff., 246
Adria 68, 73, 77, 99 ff., Karte 2
Afrika/nordafrikanische Provinzen 38, 215, 330 f.
Ägypten (als Provinz) 151, 168
Ägypten (Königreich) 28, 101 ff., 123, 143
Aktium (Schlacht) 84, 133 ff., 326
Alexandria (in Ägypten) 101, 108 f., 118, 123, 137 f., 143
Alpenvölker 295, 297
Ambrakia (Golf von) s. Aktium
Amnestie 47 f.
Amt/Amtsgewalt 45, 214, 215 f., 219 s. auch imperium
Aeneis s. Vergil
Annalistik s. Livius
Annuität 171
Aosta (Stadt in Oberitalien) 297
Apameia am Orontes 28
Aphrodisias 327
Apotheose (des Kaisers) 365, 405
Ara coeli 382 f.
Arabien 291, Karte 6
Armenien (Königreich) 66, 113, 114 f., 116, 117, 122, 153, 217 f., 292 ff.
Aquädukte s. Wasserversorgung
Ara Pacis s. Friedensaltar
Asien/Provinz Asia 29, 34, 111 f., 294, 325
Athen 131, 154 ff.
Äthiopien 155, 177, 291, 402
auctoritas 184 f., 214
Auferstehung (Glaube an die) 373
augurium 200
Ausbeutung der Provinzen 65, 66, 156, 165, 324 ff., 341, 343, 344 f., 348
Außenpolitik 99 ff., 206 ff., 288–311
Auxiliartruppen 208, 309, 314 ff., 338

Balkan/Balkanprovinzen 80, 305 ff.
Bastarner 178, 305
Baupolitik (in den Provinzen) 243 f.
Beamte s. Magistrate
Bevölkerung der Hauptstadt 98, 198, 227
Bildersprache 236 ff.
Bildnisse/Statuen des Augustus 97, 196, 222, 244 f.
Bithynien 116
Böhmen 299
Bononia (Bologna) 149
Boscoreale (Silberbecher von) 296
Breuker (pannonischer Stamm) 306, 309, 315, 316
Britannien 207 f., 291, 330, 340
Brundisium (Brindisi) 42, 76, 86 f., 80, 147

Bürgerkrone 201, 238, 357
Bürgerrecht/Bürgerrechtspolitik 314, 318, 329 f.

Carrhae (Schlacht) 19, 110 f., 218
Clementia-Politik 18, 49
Commentarii (Caesars) 19
consilium principis 320 f.

Dalmatien 100, 300, 305
Demetrias (thessalische Stadt) 194
Diktatur (Amt) 17, 35, 60, 216 f.
Dyrrachium (Durazzo) 156
Dynastie s. Nachfolgeregelung

Ehrenschild des Augustus 201
Ehrungen des Augustus 18, 201 f.
Ehrungen des Octavian 96 f.
Elbe (als Grenze) 295 ff.
Ephesos 105, 122, 370
Euphrat 110, 113, 118, 153, 292 f., 330, 395
Ewigkeit (Vorstellung) 156, 175, 192, 236, 268, 309, 374, 380

Falerii 283 f.
Festkultur 226, 229, 247 ff.
Fetialen (Priesterschaft) 129 f.
Flottenpolitik s. Seekrieg
Forum Augustum 146, 189, 222, 241
Forum Romanum 239 f.
Freigelassene (Ansehen) 263
Freiheitsparole 45, 46, 70, 98, 166 f.
Friede (als politisches Ziel) 97, 163, 250 ff., 376 f., 381, 396, 397
Friedensaltar (Ara Pacis) 250 ff.
Friesen 289
Frömmigkeit (pietas) 169 f., 289 f., 367 f.
Fürsorge (des Kaisers) 159, 168 f., 225 f., 227, 238, 341 f., 395 f.
Fürsprecher 326 ff., 344 ff.

Gades (südspanische Stadt) 318
Galater (Stamm in Kleinasien) 154
Gallia Cisalpina 35, 40, 71
Gallien/gallische Provinzen 76, 139, 182, 199, 207 ff., 215, 218 ff., 252, 295 f., 336–340
Garos (Kykladeninsel) 156
Gefolgschaften 32 f., 34, 130 ff., 169, 317–320, 388
Gefolgschaftseid 130, 162
Geldwirtschaft/Geldverleih 107, 325 f.
Gemma Augustea 308
Gericht/Gerichtshöfe 57, 209 f.
Germanenbild 310 f.
Germanien/Provinzen 305
Geschichtsverständnis (römisches) 268, 275, 276 ff., 290
Gesellschaftsordnung 220, 348 f.
Gesetz (als Grundlage des Staates) 56 f., 162, 167
Geten 274, 309
Getreideversorgung Roms 72, 83, 101, 134, 169, 174, 217, 225, 226
Gott/Götter 366 ff.
Grand Empire 400
Griechen (als Untertanen) 323, 333 f.
Griechen (Eigenständigkeit) 157
Griechen (kulturelle Bedeutung) 237, 334
Gründungslegenden 280, 281 f.

Habgier 322 ff.
Heer (soziale Veränderung) 313 f.
s. auch Soldat
Heiratspolitik 59, 77, 87, 96, 124, 214
Heldenlegenden 280 ff. s. auch Livius
Herrschaftsprinzipien Roms 115 f., 117 ff., 121 f., 152, 153, 154 f., 326 ff.
Herrscherbild 244 f.
Herrscherkult 199
s. auch Vergöttlichung
Herrscherlob 259

Herrschersitz 189 f., 201 f., 228 f., 238
Herrschertugenden 201
Hofhaltung/kaiserlicher Hof 228 ff.
Hungersnöte 74, 76, 86, 87 f., 89, 98, 129, 156, 159, 163, 216 f., 225

Ideale, militärische s. Krieg
Illyrien (als Kriegsgebiet) 99–100, 305, 306, 309
Imperator (Name) 191, 192
imperia extraordinaria 17, 82, 183
imperium (Befehlsgewalt) 45, 51, 200, 216
imperium proconsulare 216
Imperium sine fine 288 f.
Italien (Ausplünderung) 71 ff., 75
Italien (politische Bedeutung) 118 f., 124, 125 ff., 128 f., 163, 169, 170, 321 f.

Janus-Tempel 163 f., 206, 250, 399, 401
Jenseitsvorstellung 375 f.
Judäa (Provinz) 154, 371 f.

Kabinettsregierung 277, 318
Kaisereid 196 f., 197 f.
Kaiserkult 199 f., 375 f.
Kapitol 158 f., 384
Karthago 337
Kilikien 154
Klientelstaaten 116, 117 f., 154, 297, 330 ff.
Knidos (Stadt in Kleinasien) 345
Kollegialität 171
Kolonie/Koloniegründung 338 f.
Kompitalkult 198
Königtum (altrömisches) 162 s. auch Romulus
Konstantinopel 294
Konsulat 54, 56, 125 f., 162, 171, 204 f., 213 f., 217, 219, 220, 246
Korinth 134, 156
Krieg (als Ideal) 159, 160, 161, 245, 250, 286 ff.
Ktesiphon (parthische Königsstadt) 294
Kult/Kultgemeinschaft 248, 368
Kurie (Sitzungssaal des Senats) 128, 222, 239 f., 364
Kyrene-Edikte 284, 345 ff.

La Turbie (Inschrift von) 297
Laren/Larenfeste 198, 202, 270
Laudatio Turiae 63
Legenden 382 f.
Legitimität (der Herrschaft) 181, 162 f., 204 ff., 404 f.
Leitbilder/Vorbilder 356
lex Pedia 57, 84
lex Titia 60
Limes 304 f.
Lotharkreuz 394
Loyalitätsakte 243
s. auch Kaiserkult
Lugdunum (Lyon) 199
Lupiae (Lecce) 30 f.

Magistrate (Rechte und Pflichten) 167
s. auch Konsulat, Statthalter
maiestas imperii 242
Makedonien (Provinz) 28 f., 52, 178
Marib (Stadt im Jemen) 291 f., Karte 6
Markomannen s. Marbod
Marsfeld 239, 249, 254 f., 364
Mauretanien 330 f.
Mausoleum 146, 214, 234, 239
Meer (strategische Bedeutung) 71, 80 ff., 91 f.
Mentalität 228
Mesopotamien 113 f., 123, 140, 293
Messias 373
Methone 134 (messenische Stadt) 134
Meutereien 78, 147 f., 312 f., 314
Mission/Missionare 378 f.
Monumentum Ancyranum
s. Tatenbericht

Moral/moralischer Verfall 49, 64–67, 170, 271
Münzen 202, 222 ff., 347
Mutina 52, 59

Nachfolgeregelung 179 f., 211, 212, 350–354
Napata (Stadt in Äthiopien) 291, Karte 6
Naulochos (Schlacht von) 84, 90
Neapel (Villen) 174 f.
Nikopolis (Stadt bei Aktium) 154 f.
Noricum 297, Karte 8

Offiziere 73, 148 f.
Ordo decurionum 149

Palästina 107, 112, 154, 331
Palatin 190, 238
Pannonien 100, 306 ff., 309, 343
Pantheon 196, 241 f.
Parther/Partherkriege 19, 27, 30, 71, 94, 105, 109 ff., 118, 153, 127, 217, 292 ff.
pater patriae 221 f.
Patriotismus 284, 400
patrocinium 322
Patronat 329 f.
Pax Augusta s. Friede
Perusia 76 f.
Philae (ägyptische Stadt) 177
Philippi (Schlacht von) 68 ff.
Phraaspa (medische Hauptstadt) 113 f., Karte 4
pietas 48, 85, 201, 367
pomerium 216, 247
Pontifex maximus 91, 96, 200, 221
Priesterschaften 170
Primaporta (Panzerstatue) 244 f.
Princeps senatus 168
Prokonsul s. Statthalter
Propagandakrieg 120 ff., 123 f., 127 f., 129
Proskriptionen 61 ff., 85

Provinzen
– Ausbeutung 65, 66, 156, 165, 324 ff., 341, 343, 344 f., 348
– Erwartungen 193 ff.
– Gründung 117 f., 300, 335 f.
– Regierung 182, 321 ff., 322 ff., 345 f.
Provinziallandtage 194 f., 199 f.
Ptolemäer 101 ff., 107, 143, 145 f.

Rache 25, 30, 37, 44, 47–51, 67 f., 368
Rätien/Räter 297
Raumverständnis 288
Reichsteilung 77, 120, 156 f.
Reichtum 174, 220, 230, 231 f., 320, 321
Reisen des Kaisers 391
Religionsverständnis Roms 200, 224, 254, 289
Repetundengesetze 341
Republik als Leitbild 39, 45 f., 165 f., 184, 393 f.
Retter des Staates (Parole) 43, 44, 201 f.
Rheinarmee 302, 303
Rhodos (unter Cassius) 326
Rom (Ausstattung) 98, 170, 237 ff.
Rom (im Mittelalter) 382 f.
Romanisierung 310, 325, 330, 338 f.
Ruhm/Ruhmsucht 18, 175, 286 f., 373 f.

sacrosanctitas 96 f.
Säkularfeier 248 f., 392
Salamis (Stadt auf Zypern) 323
Salasser 209, 297
Seekrieg 88 f., 133 ff.
Seeräuber 81 ff., 100, 216, 322
Senat (als Machtfaktor) 95 ff., 167, 171 f., 179, 180 f., 320
Senatoren (Macht der) 321 f.
Senatsreform 168, 169, 219 f.
Siegel des Augustus 146

Siegesdenkmäler 97, 297
Siscia (Stadt an der Save) 100
Sittengesetze 65, 223 f.
Sizilien 84 f., 88 ff.
Sklaven (Behandlung in den 30er Jahren) 97 f.
Soldat (als Gefahr für den Staat) 46, 55, 71 f., 76 ff., 94 f., 151, 303, 312
Soldat
– Ansehen 313
– Bindung an den Feldherrn 54, 66 f.
– Versorgung s. Veteranen
Soldaten-/Offiziersräte, 55 f., 75 f., 77 f.
Sonnenuhr auf dem Marsfeld 254 ff.
Soziale Ordnung 167, 173, 220, 225, 348 f.
Spanien/spanische Provinzen 84, 182, 208 f., 218, 291, 336
Sparta 327
Spiele (politische Bedeutung) 36, 226–228, 246 ff.
Staatsbegräbnis 24 f.
Staatsfeind (hostis) 52
Staatsverständnis (römisches) 165 f., 167, 180, 185, 282 f., 350 f.
Statthalter (Rechte und Pflichten) 230, 246 f., 323 f., 341 f.
Steuer/Steuererhebung 335 f., 338, 342, 343, 377
Sueben (germanischer Stamm) 295, 329
Syrien (Provinz) 27 f., 29, 36, 112, 116, 182, 293 f.

Tapferkeit 282
Tarsos (in Kilikien) 105, 106
Tatenbericht
– des Augustus 42 f., 45, 50, 98, 160, 163, 170, 181, 184, 216, 217, 239, 252, 287, 306, 310, 355 ff.
– des Pompeius 117
Tempelbau 170, 196, 289 f.
Terror (als Mittel der Politik) 64, 79, 323, 337, 388
Testament Caesars 24, 31, 32 f., 36
Thrakien 178, 309
Tomi (am Schwarzen Meer) 274 f.
Totenfeier 234, 24 f., 362 f.
Traditionsbewusstsein 166
Triumph/Triumphzug 16, 53 f., 112 f., 157 f., 160, 240, 254, 303
Triumphbogen 240, 293
Triumvirat (43 v.Chr.) 59 ff., 61, 79, 95, 120 f., 125, 162
Triumvirat (60 v.Chr.) 15

Ubier 297, 328 f.
Umsiedlungen 297, 298, 304, 309, 315, 328 f.
Unsterblichkeit (Streben nach) 66, 144, 243, 264, 286, 347, 351, 373 f.
Urbanisierung 335 f., 338–340

Velitrae 31, 33
Venusia 262
Vergeltung s. Rache
Vergöttlichung des Herrschers 18, 37, 108 f., 120, 145, 186 ff., 193 f., 365, 369
Verschwörung gegen Caesar 19 f., 21 ff.
Vertrag von Brundisium 74 ff.
Vertrag von Misenum 88, 89, 92 f.
Vertrag von Tarent 89, 94, 124
Veteranen/Veteranenversorgung 23 f., 42, 43, 46, 71–73, 75, 94 f., 97, 147, 149 f., 151
Via Appia 30, 217 f.
Via Domitia 80
Via Egnatia 68, 80
Villen 174 f., 319 f.
Volkstribun/Rechte des 96, 214, 215 f., 219
Vorzeichen 37, 67, 130, 137, 188

Wasserversorgung 98, 337
Weltherrschaft (als Geschenk der Götter) 368 ff.

Weltherrschaft/Weltherrschaftsanspruch 18, 240, 270 ff., 287, 288 ff., 310, 349, 379, 392, 396
Weltherrscher 202 f., 244, 245, 308, 392, 395
Widerstand gegen Augustus 177 f., 205, 206, 209 f., 218, 389 f.
Widerstand gegen Rom 306 ff., 323, 343
Wirtschaftspolitik 339
Wucher 325, 339

Xanthos (lykische Stadt) 69

Zensus s. Steuer
Zeitalter, Goldenes 269 ff., 274
Zivilisation (als Folge der römischen Herrschaft) 289, 348, 403

KARTEN- UND ABBILDUNGSNACHWEIS

Abb. 1: akg-images/Pirozzi; *Abb. 2:* Fine Arts Museum of San Francisco, Achenbach Foundation for Graphic Arts, 1963. 30.1981. Kolorierter Punktierstich (Julius Caesar, Akt IV, Szene 3); *Abb. 3:* Dieter Jansen, Artemis-Reiseführer Latium, 1994, S. 55 (Photo: Dieter Jansen); *Abb. 4, 5, 33:* akg-images/Erich Lessing; *Abb. 6:* Photo aus Propyläen-Weltgeschichte Band III, hg. Mann/Heuß, Berlin 1962, Bild vor S. 493; *Abb. 7:* bpk, Berlin; *Abb. 8:* Musei Vaticani, Propyläen-Weltgeschichte Band III, hg. Mann/Heuß, Berlin 1962, Bild nach S. 304; *Abb. 9:* Vorderseite aus Silvia Mani Hurter, Kaiser Roms im Münzporträt. Stuttgart 2003; Rückseite: Museo Archeologico Nazionale, Neapel / Bridgeman Art Library; *Abb. 10:* Museo de la Real Academia de Bellas Artes de San Fernando (Nr. D / 1568); *Abb. 11:* Boston, Museum of Fine Arts, Gemme/Karneol, Schenkung von Francis Bartlett 1912. Inv. 27.733 © 2010. Museum of Fine Arts, Boston. Alle Rechte vorbehalten / Scala, Florenz; *Abb. 12:* The Art Archive / Musée de Beaux Arts Grenoble / Gianni Dagli Orti,; *Abb. 13:* G. Hölbl, Altägypten im Römischen Reich, Mainz 2004, Abb. 212 (mit freundlicher Genehmigung von Günther Hölbl); *Abb. 14:* Dresdner Gemäldegalerie / akg-images; *Abb. 15, 24:* akg-images; *Abb. 16:* Musée Royaux des Beaux-Arts de Belgique / akg-images / Erich Lessing; *Abb. 17:* Ny Carlsberg Glyptotek, Kopenhagen, Inv. 1444. Photo: Ole Haupt; *Abb. 18:* bpk / Scala; *Abb. 19:* Erika Simon, Augustus. Kunst und Leben in Rom, München 1986, S. 29, Nr. 23 und 24 (mit freundlicher Genehmigung von Erika Simon); *Abb. 20:* Biblioteca Ambrosiana, Mailand / Bridgeman; *Abb. 21:* bpk / Kupferstichkabinett / SMB / Jörg P. Anders; *Abb. 22:* (oben) Zanker, Augustus und die Macht der Bilder, 5. Aufl. 2008, Abbildung 180 b, (unten): DAI Rom; *Abb. 23, 26:* Archiv des Autors; *Abb. 25:* © The State Hermitage Museum, St. Petersburg. Photo: Vladimir Terebenin, Leonard Kheifets, Yuri Molodokovets. Inv. Nr. GE 7156; *Abb. 27:* Aus: Die Bildnisse des Augustus, hg. K. Vierneisel / Zanker, München 1979, Katalog der Sonderausstellung in der Glyptothek, Dez 1978 bis März 1979, S. 33.; *Abb. 28:* München Glyptothek, Inv. Nr. 317; bpk / Jochen Remmer; *Abb. 29:* Archäologisches Institut der Universität Göttingen. Photo: Stephan Eckart; *Abb. 30:* Staatsbibliothek München, Handschriftenabteilung; *Abb. 31:* akg-images / VISIOARS; *Abb. 32:* Aachen, Domschatz. akg-images / Erich Lessing

Sämtliche Karten wurden von Peter Palm, Berlin, gefertigt.

HIBERNIA
(Irland)
Nordsee
BRITANNIA
GERMANIA
Vetera
Atlantischer
Ozean
Rhein
12 v. Chr.
bis 9 n. Chr.
BELGICA
Augusta
Treverorum
Mogontiacum
Lutetia
LUGDUNENSIS
Loire
GALLIA
ab 16 v. Chr.
Argentorate
Augusta
Vindelicum
Castra Reg
Vind
RAETIA
ab 15 v. Chr.
Augustodunum
Vindonissa
Carnunt
NORICUM
ab 16 v. Chr.
AQUITANIA
Burdigala
Lugdunum
Mediolanum
Aquileia
ab 22 v. Chr.
NARBONENSIS
Tolosa
Arelate
Genua
Ebro
Narbo
Bononia
Ravenna
Massilia
Burnum
Salamantica
TARRACONENSIS
ab 19 v. Chr.
Olisipo
Tajo
Caesaraugusta
Elba
LUSITANIA
Toletum
Tarraco
CORSICA
Korsika
ITALIA
Emerita Augusta
Adri
Rom
Corduba
Valentia
Hispalis
Balearen
SARDINIA
Sardinien
Misenum
Neapolis
Gades
BAETICA
Carthago Nova
Mittelmeer
Tyrrhenisches
Meer
Tingis
Caesarea
(Iol)
Messana
SICILIA
Sizilien
Sitifis
Karthago
MAURETANIA
ab 26 v. Chr.
Cirta
NUMIDIA
Lambaesis
Agrigentum
Thapsus
Malta
AFRICA
Leptis Magn
Senatorische Provinzen
Kaiserliche Provinzen
Erwerbungen des Augustus
Abhängige Staaten
Legionslager unter Augustus